Programmieren lernen von Kopf bis Fuß

Wäre es nicht wunderbar, wenn es ein Buch gäbe, mit dem man lernen könnte zu programmieren und dabei mehr Spaß hätte als beim Zahnarzt und das verständlicher wäre als eine Steuerklärung? Aber das ist vermutlich nur ein Traum ...

Eric Freeman

Deutsche Übersetzung von Jørgen W. Lang

Beijing • Boston • Farnham • Sebastopol • Tokyo

Eric Freeman

Lektorat: Alexandra Follenius
Übersetzung: Jørgen W. Lang
Korrektorat: Sibylle Feldmann, www.richtiger-text.de
Herstellung: Stefanie Weidner
Umschlaggestaltung: Randy Comer, Michael Oréal, www.oreal.de
Satz: Ulrich Borstelmann, www.borstelmann.de
Druck und Bindung: M.P. Media-Print Informationstechnologie GmbH, 33100 Paderborn

Bibliografische Information der Deutschen Nationalbibliothek
Die Deutsche Nationalbibliothek verzeichnet diese Publikation in der Deutschen Nationalbibliografie;
detaillierte bibliografische Daten sind im Internet über http://dnb.d-nb.de abrufbar.

ISBN:
Print 978-3-96009-076-2
PDF 978-3-96010-186-4
ePub 978-3-96010-187-1
mobi 978-3-96010-188-8

Dieses Buch erscheint in Kooperation mit O'Reilly Media, Inc. unter dem Imprint »O'REILLY«.
O'REILLY ist ein Markenzeichen und eine eingetragene Marke von O'Reilly Media, Inc. und wird mit Einwilligung des Eigentümers verwendet.

1. Auflage 2018

Wieblinger Weg 17
69123 Heidelberg

5 4 3 2 1 0

Vor KISS hatte ich null Erfahrung darin,
in einer Rockband zu spielen, die Make-up trägt.
— Gene Simmons

Eric Freeman

Eric wurde von Kathy Sierra, der Mitschöpferin der *Von Kopf bis Fuß*-Reihe, als eine der seltenen Persönlichkeiten beschrieben, die »die Sprache, die Umgangsformen und das Selbstverständnis von so unterschiedlichen Menschen wie Hackern, Managern, Ingenieuren und Wissenschaftlern gleichermaßen verstehen«. Und genau das beschreibt auch seinen Hintergrund ziemlich gut. Eric ist von Haus aus Informatiker. Er hat während seiner Promotion an der Yale University bei der IT-Koryphäe David Gelernter studiert. Beruflich hat Eric viel Zeit in der Führungsetage eines Medienunternehmens verbracht – er war CTO bei Disney.com und der Walt Disney Company. Eric war außerdem bei O'Reilly Media, der NASA und in verschiedenen Start-ups tätig. Seine IP ist lizenziert und auf jedem Mac und PC in Gebrauch. Während der letzten 15 Jahre war Eric einer der meistverkauften technischen Autoren zu Themen wie Web- und anspruchsvoller Softwareentwicklung.

Aktuell ist Eric Leiter von WickedlySmart, LLC, und lebt mit seiner Frau und seiner kleinen Tochter in Austin, Texas.

Schreiben Sie Eric unter *eric@wickedlysmart.com* oder besuchen Sie seine Site unter *http://wickedlysmart.com*.

Inhalt (im Überblick)

Inhalt (jetzt ausführlich)

Einführung

Ihr Gehirn und das Programmieren. *Sie* versuchen, etwas zu *lernen*, und Ihr *Hirn* tut sein Bestes, damit das Gelernte *nicht hängen bleibt*. Es denkt nämlich: »Wir sollten lieber ordentlich Platz für wichtigere Dinge lassen, z. B. für das Wissen darüber, welche Tiere einem gefährlich werden könnten, oder dass es eine ganz schlechte Idee ist, nackt Snowboard zu fahren.« Tja, wie schaffen wir es nun, Ihr Gehirn davon zu überzeugen, dass Ihr Leben davon abhängt, dass Sie programmieren können?

Rechnerisch denken

1 Erste Schritte

Durch die Fähigkeit, rechnerisch zu denken, haben Sie die Kontrolle. Jeder weiß, dass die Welt um einen herum immer vernetzter, konfigurierbarer, programmierbarer und eben **rechnerischer** wird. Entweder Sie bleiben passiv, oder Sie lernen zu programmieren. Sobald Sie es können, sind Sie Regisseur und Schöpfer – Sie sagen dem Computer, was er für Sie tun soll. Sobald Sie es können, bestimmen Sie Ihr Schicksal selbst (oder können zumindest Ihre Rasensprinkleranlage über das Internet steuern). Aber wie lernt man zu programmieren? Zuerst müssen Sie lernen, **rechnerisch** zu denken. Dann schnappen Sie sich eine **Programmiersprache**, um mit Ihrem Computer, Mobilgerät oder eigentlich allem mit einer CPU sprechen zu können. Und was haben Sie davon? Mehr Zeit, mehr Fähigkeiten und mehr kreative Möglichkeiten, die Dinge zu tun, die Sie wirklich tun wollen. Dann mal los …

Einfache Werte, Variablen und Typen

2 Kennen Sie Ihren Wert

Computer können nur zwei Dinge richtig gut: Werte speichern und Operationen daran ausführen. Es scheint, als täten Computer sehr viel mehr, wenn Sie Texte schicken, online einkaufen, Photoshop benutzen oder Ihr Telefon als Navi verwenden. Dennoch kann alles, was Computer tun, in **einfache Operationen** aufgeteilt werden, die an **einfachen Werten** ausgeführt werden. Deshalb besteht ein wichtiger Teil des **rechnerischen Denkens** darin, zu lernen, diese Operationen und Werte benutzen, um etwas Anspruchsvolleres, Komplexeres und Sinnvolleres zu erschaffen. Zuerst sehen wir uns aber an, um welche Werte es geht, welche Operationen Sie daran ausführen können und welche Rolle **Variablen** dabei spielen.

Boolesche Werte, Entscheidungen und Schleifen

3 Entscheidender Code

Finden Sie unsere Programme auch ein wenig langweilig? Bis jetzt enthält unser Code einfach ein paar Anweisungen, die der Interpreter **von oben nach unten** auswertet. Keine unerwarteten Handlungswendungen, keine Überraschungen, kein unabhängiges Denken. Damit der Code interessanter wird, muss er **Entscheidungen treffen können** – um **sein eigenes Schicksal zu bestimmen** und um Dinge **mehr als einmal** ausführen zu können. Genau das lernen wir in diesem Kapitel. Danach erfahren wir mehr über ein mysteriöses Spiel namens Shoushiling und treffen einen Typ namens Boole. Außerdem sehen wir, warum ein Datentyp mit nur zwei Werten durchaus unsere Aufmerksamkeit verdient. Wir lernen sogar, wie wir die gefürchtete **Endlosschleife** bändigen können. Und los!

Listen und Iterationen

Etwas mehr Struktur

Zahlen, Strings und boolesche Werte sind nicht die einzigen Datentypen in Python. Bisher haben Sie beim Schreiben Ihres Codes nur sogenannte **primitive Datentypen** verwendet – Fließkomma- und Integerwerte, Strings und natürlich boolesche Werte mit Werten wie `3.14`, `42`, „`Hey, ich bin dran!`" und `True`. Und damit lässt sich schon eine Menge anfangen. Aber irgendwann müssen Sie Code schreiben, der mit großen Datenmengen umgehen muss, z. B. dem Inhalt eines Warenkorbs, den Namen aller nennenswerten Promis oder mit einem kompletten Produktkatalog. Dafür brauchen wir etwas mehr *Wumms*. In diesem Kapitel lernen wir einen neuen Datentyp kennen: die **Liste**, die eine ganze Sammlung von Werten enthalten kann. Mit Listen können Sie Daten **strukturieren**. Anstatt eine Fantastillion einzelner Variablen im Code zu verwenden, können Sie diese Variablen auch als Einheit behandeln und mithilfe der `for`-Schleife (die wir aus dem vorigen Kapitel kennen) über die einzelnen Elemente **iterieren**. Wenn Sie dieses Kapitel abgeschlossen haben, können Sie mit Daten umgehen, die wachsen und sich ausdehnen.

Funktionen und Abstraktion

5 Funktional werden

Sie wissen bereits eine Menge. Allein mit Variablen, Datentypen, Bedingungen und Iterationen könnten Sie schon alle Programme schreiben, die Sie jemals brauchen werden. Ein Informatiker würde vermutlich sagen, dass Sie sich damit jedes nur vorstellbare Programm schreiben können. Trotzdem sind wir noch lange nicht am Ende. Im nächsten Schritt des rechnerischen Denkens lernen Sie, Ihren Code zu **abstrahieren**. Auch wenn es kompliziert klingt, wird es Ihr Leben als Programmierer sogar einfacher machen. Durch die Abstraktionen erreichen Sie einen höheren Wirkungsgrad und können komplexere und mächtigere Programme leichter erstellen. Sie können Ihren Code in praktische kleine und vor allem wiederverwendbare Einheiten verpacken. Sie brauchen sich nicht mehr um jedes kleine Detail Ihres Code zu kümmern und können stattdessen anfangen, auf einer höheren Ebene zu denken.

Sortierung und verschachtelte Iteration

4 Teil 2 Ordnung in die Daten bringen

Manchmal reicht es einfach nicht aus, die Daten nur zu ordnen. Angenommen, Sie haben eine Liste Ihrer Highscores von 80er-Jahre-Arcade-Spielen. Diese sollen alphabetisch nach Spielen sortiert werden. Und dann gibt es die Liste, in der festgehalten ist, wie oft Ihre Mitarbeiter Sie schon betrogen haben. Sie wollen wirklich gerne wissen, wer auf dieser Liste ganz oben steht. Dafür müssen Sie allerdings lernen, Daten zu sortieren. Zu dem Zweck betrachten wir ein paar Algorithmen, die es etwas mehr in sich haben als die bisher gesehenen. Wir werden uns außerdem mit verschachtelten Schleifen beschäftigen und ein wenig über die Effizienz des von Ihnen geschriebenen Codes nachdenken. Dann wollen wir Ihr rechnerisches Denken mal auf das nächste Level heben!

Text, Strings und Heuristiken

6 Die Einzelteile verbinden

Sie haben schon eine Menge Superkräfte erworben. Jetzt geht es darum, sie auch zu benutzen. In diesem Kapitel werden wir alle bisher gelernten Dinge miteinander koppeln, um damit **ziemlich coolen Code** zu schreiben. Außerdem erweitern wir Ihr Wissen und Ihre Programmierfähigkeiten. In diesem Kapitel lernen Sie, Code zu schreiben, der **sich etwas Text schnappt**, ihn in seine Einzelteile zerlegt und dann eine **Datenanalyse** daran durchführt. Außerdem erfahren Sie, was eine **Heuristik** ist. Schnallen Sie sich an, denn dies ein tiefergelegtes, hart getuntes Vollgas-Coding-Kapitel!

Ganz schön anspruchsvolle Texte in diesem Buch ...

Module, Methoden, Klassen und Objekte

7 Die Module spielen verrückt …

Ihr Code wird umfangreicher und komplexer. Also brauchen Sie bessere Möglichkeiten, ihn zu abstrahieren, zu modularisieren und zu organisieren. Durch Funktionen können mehrere Codezeilen zusammengefasst und wiederverwendet werden. Außerdem wissen Sie inzwischen, dass Sammlungen von Funktionen und Variablen in Modulen gespeichert und dadurch leichter weitergegeben und wiederverwendet werden können. In diesem Kapitel befassen wir uns noch einmal mit Modulen und lernen, sie effizienter zu nutzen (z.B. um den Code direkt mit anderen teilen zu können). Dann kommen wir zur ultimativen Form der Codewiederverwendung: *Objekte*. Sie werden merken, dass Sie quasi von Python-Objekten umgeben sind, die nur darauf warten, von Ihnen benutzt zu werden.

CRIME SCENE DO NOT ENTER

Rekursion und Dictionaries

8 Mehr als Iteration und Indizes

Es ist Zeit, Ihr rechnerisches Denken auf die nächste Ebene zu heben. Und genau das werden wir in diesem Kapitel tun. Bisher haben wir einen eher iterativen Programmierstil verwendet. Wir haben Datenstrukturen (z. B. Listen, Strings und Zahlenbereiche) erstellt und Code geschrieben, der darüber iteriert, um zu einer Lösung zu kommen. In diesem Kapitel vermitteln wir Ihnen eine neue Weltsicht: zuerst in Bezug auf die Art, Dinge zu berechnen, und dann in Bezug auf Datenstrukturen. Rechnerisch befassen wir uns mit einer Programmiertechnik, die *rekursiven* Code verwendet – Code, der sich selbst aufruft. Wir lernen außerdem eine neue Datenstruktur kennen, die funktioniert wie ein Wörterbuch, also eher wie *assoziative Beziehungen* und weniger wie eine Liste. Danach verbinden wir die beiden neuen Konzepte und verursachen eine Menge Schwierigkeiten. Seien Sie gewarnt: Diese Themen brauchen etwas Zeit, um sich in Ihrem Gehirn festzusetzen. Aber der Aufwand lohnt sich auf jeden Fall.

Dateien speichern und auslesen

9 Persistenz

Sie wissen, dass Sie Werte in Variablen speichern können. Aber sobald Ihr Programm endet, sind sie für immer verloren. Genau da kommt die *persistente Speicherung* ins Spiel – eine Möglichkeit, Werte und Daten über die Laufzeit des Programms hinaus zu speichern. Die meisten Geräte, auf denen Python läuft, besitzen die eine oder andere Form von persistenter Speicherung, z. B. Festplatten, SD-Karten oder Cloud-Speicher. In diesem Kapitel lernen Sie, Code zu schreiben, der Daten in Dateien speichert und wieder ausliest. Und wann hilft uns das? Zum Beispiel jedes Mal, wenn Sie Benutzereinstellungen oder die Ergebnisse einer Analyse für den Chef speichern wollen, ein Bild zur Bearbeitung einlesen, die E-Mails der letzten zehn Jahre durchsuchen oder bestimmte Daten in einer Tabellenkalkulation berechnen wollen. Wir könnten die Liste noch endlos weiterführen, aber wir fangen wohl besser mit dem Kapitel an.

Web-APIs benutzen

10 Sie sollten wirklich öfter mal ausgehen

Sie haben großartigen Code geschrieben, aber Sie sollten wirklich öfter ausgehen. Im Web wartet die ganze Welt der **Daten** auf Sie: Brauchen Sie Informationen zum Wetter? Oder wollen Sie auf eine riesige Datenbank mit Kochrezepten zugreifen? Oder stehen Sie mehr auf Sportergebnisse? Vielleicht eine Musikdatenbank mit Künstlern, Alben und Titeln? Mit **Web-APIs** brauchen Sie nur zuzugreifen. Um APIs zu benutzen, benötigen Sie lediglich ein paar Informationen über ihre Funktionsweise, die Aussprache des lokalen Dialekts und die Verwendung einiger neuer Python-Module: `requests` und `json`. In diesem Kapitel werden wir Web-APIs erforschen und Ihre Python-Fähigkeiten auf eine neue Ebene heben. Tatsächlich nehmen wir Sie mit in den Weltraum – und wieder zurück.

Widgets, Events und emergentes Verhalten

11 Interaktivität

Sie haben inzwischen schon einige grafische Applikationen geschrieben. Eine echte grafische Benutzerschnittstelle fehlt aber noch. Das heißt, Sie haben noch nichts programmiert, mit dessen Hilfe der Benutzer mit einer grafischen Benutzeroberfläche (auch als GUI bezeichnet) interagieren kann. Hierfür brauchen Sie eine neue Denkweise dazu, wie ein Programm ausgeführt wird, sodass es direkt auf die Benutzereingaben **reagiert**. Hat der Benutzer gerade einen Button angeklickt? Dann sollte Ihr Code auch wissen, wie er darauf reagieren muss und was als Nächstes zu tun ist. Die Programmierung von Benutzeroberflächen unterscheidet sich stark von der bisher verwendeten prozeduralen Vorgehensweise. In diesem Kapitel werden Sie Ihr erstes echtes GUI programmieren. Das wird übrigens weder ein einfacher To-do-Listenmanager noch ein Höhe/Breite-Rechner. Wir machen etwas viel Interessanteres. Wir schreiben einen Simulator für künstliches Leben mit emergentem (sich weiterentwickelndem) Verhalten. Und was heißt das? Finden Sie es heraus.

Objektorientierte Programmierung

12 Ausflug nach Objekthausen

In diesem Buch haben Sie meist Funktionen benutzt, um Code zu abstrahieren. Bisher haben Sie für die Programmierung einen **prozeduralen Ansatz** verwendet: einfache Anweisungen, Bedingungen und `for`/`while`-Schleifen mit Funktionen. Nichts davon ist wirklich **objektorientiert**. Eigentlich ist es *überhaupt nicht* objektorientiert! Im Code haben wir uns Objekte und ihre Verwendung bereits angesehen. Aber eigene Objekte haben Sie bisher nicht erstellt, und mit dem objektorientierten Design Ihres Code haben Sie sich auch noch nicht beschäftigt. Daher ist es jetzt Zeit, diese langweilige prozedurale Stadt hinter sich zu lassen. In diesem Kapitel finden Sie heraus, warum die Verwendung von Objekten Ihr Leben deutlich erleichtern kann – zumindest bei der **Programmierung** (für Unterstützung in anderen Lebensbereichen reicht dieses Buch einfach nicht aus). Nur eine Warnung: Sobald Sie Objekte entdeckt haben, wollen Sie nicht mehr zurück. Schicken Sie uns eine Postkarte, wenn Sie angekommen sind.

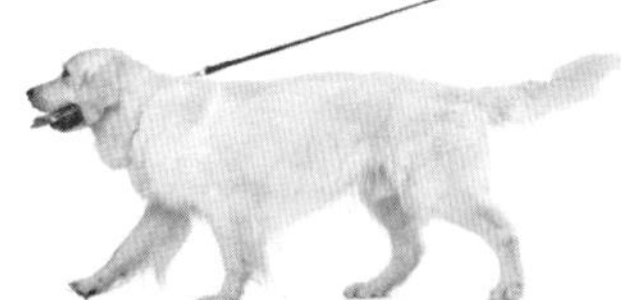

Anhang: Was übrig bleibt

Die Top Ten der Themen, die wir nicht behandelt haben

Wir haben eine Menge Themen behandelt, und Sie haben das Buch fast durchgelesen. Wir werden Sie vermissen. Aber ganz ohne etwas mehr Vorbereitung wollen wir Sie auch nicht in die Welt entlassen. Natürlich passt nicht alles, was Sie wissen müssen, in diesen relativ kurzen Anhang. Ursprünglich hatten wir sogar sämtliche Informationen über die Programmierung mit Python (die in den anderen Kapiteln bisher nicht zur Sprache kamen) für Sie hier hineingepackt, indem wir die Schriftgröße auf 0,00004 Punkt reduziert hatten. Hat alles wunderbar gepasst. Nur konnte es leider niemand mehr lesen. Also haben wir das meiste wieder rausgeschmissen und nur die besten Dinge für diesen Top-Ten-Anhang behalten. Dies ist *wirklich* das Ende des Buchs. Natürlich bis auf den Index (absolut lesenswert!).

Wie man dieses Buch benutzt

Einführung

Ich kann einfach nicht fassen, dass ***so etwas*** in einem Buch zum Programmieren steht!

In diesem Abschnitt beantworten wir die brennende Frage: »Warum steht SO ETWAS in einem Buch, in dem man programmieren lernen soll?«

Für wen ist dieses Buch?

Wenn Sie alle folgenden Fragen mit »Ja« beantworten können …

1. Wollen Sie **lernen, verstehen** und **behalten**, wie man programmiert?
2. Bevorzugen Sie eine **anregende Unterhaltung beim Abendessen** oder **trockene, langweilige Vorlesungen?**

… dann ist dieses Buch etwas für Sie.

[Hinweis aus der Marketingabteilung: Dieses Buch ist etwas für jeden mit einer Kreditkarte.]

Dies ist KEIN Nachschlagewerk. *Programmieren lernen von Kopf bis Fuß* ist ein Buch, in dem Sie programmieren *lernen*. Es ist kein Lexikon mit Programmierfakten (dafür gibt es Google, oder?).

Wer sollte eher die Finger von diesem Buch lassen?

Wenn Sie eine der folgenden Fragen mit »Ja« beantworten müssen …

1. **Sind Computer völliges Neuland für Sie?**

   Wenn Sie sich auf Ihrem Computer nicht auskennen, nicht wissen, wie man mit Dateien und Ordnern umgeht, Programme installiert oder mit einem Texteditor arbeitet, sollten Sie diese Dinge zuerst lernen.

2. Sind Sie ein Oberklasse-Programmierer, der nach einem **Referenzbuch** sucht?
3. Haben Sie **Angst, etwas Neues auszuprobieren?** Ist Ihnen eine Wurzelbehandlung lieber, als Streifen mit Karos zu tragen? Glauben Sie, dass ein technisches Buch nicht seriös sein kann, wenn man beim Lernen Spaß hat?

… dann ist dieses Buch nichts für Sie.

Wir wissen, was Sie gerade denken.

»Kann *das* wirklich ein seriöses Buch sein?«

»Was sollen all die Abbildungen?«

»Kann ich das auf diese Weise wirklich *lernen*?«

Und wir wissen, was Ihr *Gehirn* gerade denkt.

Ihr Gehirn lechzt nach Neuem. Es ist ständig dabei, Ihre Umgebung abzusuchen, und es *wartet* auf etwas Ungewöhnliches. So ist es nun einmal gebaut, und es hilft Ihnen zu überleben.

Also, was macht Ihr Gehirn mit all den gewöhnlichen, normalen Routinesachen, denen Sie begegnen? Es tut alles in seiner Macht Stehende, damit es dadurch nicht bei seiner *eigentlichen* Arbeit gestört wird: Dinge zu erfassen, die wirklich *wichtig* sind. Es gibt sich nicht damit ab, die langweiligen Sachen zu speichern, sondern lässt diese gar nicht erst durch den »Dies-ist-offensichtlich-nicht-wichtig«-Filter.

Woher *weiß* Ihr Gehirn denn, was wichtig ist? Nehmen Sie an, Sie machen einen Tagesausflug und ein Tiger springt vor Ihnen aus dem Gebüsch: Was passiert dabei in Ihrem Kopf und Ihrem Körper?

Neuronen feuern. Gefühle werden angekurbelt. *Chemische Substanzen durchfluten Sie.*

Und so weiß Ihr Gehirn:

Dies muss wichtig sein! Vergiss es nicht!

Aber nun stellen Sie sich vor, Sie sind zu Hause oder in einer Bibliothek. In einer sicheren, warmen, tigerfreien Zone. Sie lernen. Bereiten sich auf eine Prüfung vor. Oder Sie versuchen, irgendein schwieriges Thema zu lernen, von dem Ihr Chef glaubt, Sie bräuchten dafür eine Woche oder höchstens zehn Tage.

Da ist nur ein Problem: Ihr Gehirn versucht, Ihnen einen großen Gefallen zu tun. Es versucht, dafür zu sorgen, dass diese *offensichtlich* unwichtigen Inhalte nicht knappe Ressourcen verstopfen. Ressourcen, die besser dafür verwendet würden, die wirklich *wichtigen* Dinge zu speichern. Wie Tiger. Wie die Gefahren des Feuers. Wie die Notwendigkeit, schnell das Browserfenster mit dem YouTube-Video zu einer Alien-Entführung zu verbergen, wenn Ihr Chef die Nase ins Büro steckt.

Und es gibt keine einfache Möglichkeit, Ihrem Gehirn zu sagen: »Hey, Gehirn, vielen Dank, aber egal, wie langweilig dieses Buch auch ist und wie klein der Ausschlag auf meiner emotionalen Richterskala gerade ist, ich *will* wirklich, dass du diesen Kram behältst.«

Wir stellen uns unseren Leser als einen aktiv Lernenden vor.

Also, was ist nötig, damit Sie etwas *lernen*? Erst einmal müssen Sie es *aufnehmen* und dann dafür sorgen, dass Sie es nicht wieder *vergessen*. Es geht nicht darum, Fakten in Ihren Kopf zu schieben. Nach den neuesten Forschungsergebnissen der Kognitionswissenschaft, der Neurobiologie und der Lernpsychologie gehört zum *Lernen* viel mehr als nur Text auf einer Seite. Wir wissen, was Ihr Gehirn anmacht.

Einige der Lernprinzipien dieser Buchreihe:

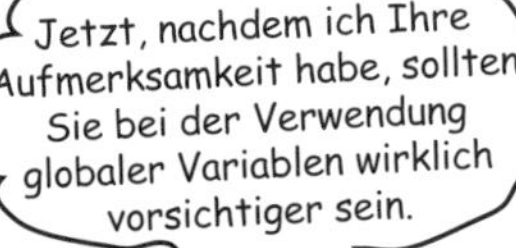

Der Python-Interpreter.

Bilder einsetzen. An Bilder kann man sich viel besser erinnern als an Worte allein und lernt so viel effektiver (bis zu 89 % Verbesserung bei Abrufbarkeits- und Lerntransferstudien). Außerdem werden die Dinge dadurch verständlicher. **Setzen Sie Text in oder neben die Grafiken,** auf die sie sich beziehen, anstatt darunter oder auf eine andere Seite. Die Leser werden auf den Bildinhalt bezogene Probleme dann mit *doppelt* so hoher Wahrscheinlichkeit lösen können.

Verwenden Sie einen gesprächsorientierten Stil mit persönlicher Ansprache. Nach neueren Untersuchungen haben Studenten nach dem Lernen bei Tests bis zu 40 % besser abgeschnitten, wenn der Inhalt den Leser direkt in der ersten Person und im lockeren Stil angesprochen hat statt in einem formalen Ton. Halten Sie keinen Vortrag, sondern erzählen Sie Geschichten. Benutzen Sie eine zwanglose Sprache. Nehmen Sie sich selbst nicht zu ernst. Würden *Sie* einer anregenden Unterhaltung beim Abendessen mehr Aufmerksamkeit schenken oder einem Vortrag?

Ich glaube wirklich, Sie sollten diesen Code in eine Funktion abstrahieren.

Bringen Sie den Lernenden dazu, intensiver nachzudenken. Mit anderen Worten: Falls Sie nicht aktiv Ihre Neuronen strapazieren, passiert in Ihrem Gehirn nicht viel. Ein Leser muss motiviert, begeistert und neugierig sein und angeregt werden, Probleme zu lösen, Schlüsse zu ziehen und sich neues Wissen anzueignen. Und dafür brauchen Sie Herausforderungen, Übungen, zum Nachdenken anregende Fragen und Tätigkeiten, die beide Seiten des Gehirns und mehrere Sinne einbeziehen.

Lernen Sie nicht einfach zu programmieren – lernen Sie, rechnerisch zu denken.

Jetzt, nachdem ich Ihre Aufmerksamkeit habe, sollten Sie bei der Verwendung globaler Variablen wirklich vorsichtiger sein.

Ziehen Sie die Aufmerksamkeit des Lesers auf sich – und behalten Sie sie. Wir alle haben schon Erfahrungen dieser Art gemacht: »Ich will das wirklich lernen, aber ich kann einfach nicht über Seite 1 hinaus wach bleiben.« Ihr Gehirn passt auf, wenn Dinge ungewöhnlich, interessant, merkwürdig, auffällig, unerwartet sind. Ein neues, schwieriges, technisches Thema zu lernen, muss nicht langweilig sein. Wenn es das nicht ist, lernt Ihr Gehirn viel schneller.

Sprechen Sie Gefühle an. Wir wissen, dass Ihre Fähigkeit, sich an etwas zu erinnern, wesentlich von dessen emotionalem Gehalt abhängt. Sie erinnern sich an das, was Sie *bewegt*. Sie erinnern sich, wenn Sie etwas *fühlen*. Nein, wir erzählen keine herzzerreißenden Geschichten über einen Jungen und seinen Hund. Was wir erzählen, ruft Überraschungs-, Neugier-, Spaß- und Was-soll-das?-Emotionen hervor und dieses Hochgefühl, das Sie beim Lösen eines Puzzles empfinden oder wenn Sie etwas lernen, das alle anderen schwierig finden. Oder wenn Sie merken, dass Sie etwas können, was dieser »Ich-bin-ein-besserer-Techniker-als-du«-Typ aus der Technikabteilung *nicht kann*.

Metakognition: Nachdenken übers Denken

Wenn Sie wirklich lernen möchten, und zwar schneller und nachhaltiger, dann schenken Sie Ihrer Aufmerksamkeit Aufmerksamkeit. Denken Sie darüber nach, wie Sie denken. Lernen Sie, wie Sie lernen.

Die meisten von uns haben in ihrer Jugend keine Kurse in Metakognition oder Lerntheorie gehabt. Es wurde von uns *erwartet,* dass wir lernen, aber nur selten wurde uns auch *beigebracht,* wie man lernt.

Wir nehmen aber an, dass Sie wirklich etwas über das Programmieren lernen möchten, wenn Sie dieses Buch in den Händen halten. Und wahrscheinlich möchten Sie nicht viel Zeit aufwenden. Und Sie wollen sich an das *erinnern,* was Sie lesen, und es anwenden können. Und deshalb müssen Sie es *verstehen.* Wenn Sie so viel wie möglich von diesem Buch profitieren wollen oder von irgendeinem anderen Buch oder einer anderen Lernerfahrung, übernehmen Sie Verantwortung für Ihr Gehirn. Ihr Gehirn im Zusammenhang mit diesem Lernstoff.

Der Trick besteht darin, Ihr Gehirn dazu zu bringen, neuen Lernstoff als etwas wirklich Wichtiges anzusehen. Als entscheidend für Ihr Wohlbefinden. So wichtig wie einen Tiger. Andernfalls stecken Sie in einem dauernden Kampf, in dem Ihr Gehirn sein Bestes gibt, um die neuen Inhalte davon abzuhalten, hängen zu bleiben.

Wie bringen Sie also Ihr Gehirn dazu, programmieren für so wichtig zu halten wie einen Tiger?

Da gibt es den langsamen, ermüdenden Weg oder den schnelleren, effektiveren Weg. Der langsame Weg geht über bloße Wiederholung. Natürlich ist Ihnen klar, dass Sie lernen und sich sogar an die langweiligsten Themen erinnern *können,* wenn Sie sich die gleiche Sache immer wieder einhämmern. Wenn Sie nur oft genug wiederholen, sagt Ihr Gehirn: »Er hat zwar nicht das *Gefühl,* dass das wichtig ist, aber er sieht sich dieselbe Sache *immer und immer wieder* an – dann muss sie wohl wichtig sein.«

Der schnellere Weg besteht darin, **alles zu tun, was die Gehirnaktivität erhöht**, vor allem verschiedene Arten von Gehirnaktivität. Eine wichtige Rolle dabei spielen die auf der vorhergehenden Seite erwähnten Dinge – alles Dinge, die nachweislich dabei helfen, dass Ihr Gehirn *für* Sie arbeitet. So hat sich z. B. in Untersuchungen gezeigt: Wenn Wörter *in* den Abbildungen stehen, die sie beschreiben (und nicht irgendwo anders auf der Seite, z. B. in einer Bildunterschrift oder im Text), versucht Ihr Gehirn, herauszufinden, wie die Wörter und das Bild zusammenhängen, und dadurch feuern mehr Neuronen. Und je mehr Neuronen feuern, umso größer ist die Chance, dass Ihr Gehirn mitbekommt: Bei dieser Sache lohnt es sich, aufzupassen, und vielleicht auch, sich daran zu erinnern.

Ein lockerer Sprachstil hilft, denn Menschen tendieren zu höherer Aufmerksamkeit, wenn ihnen bewusst ist, dass sie ein Gespräch führen – man erwartet dann ja von ihnen, dass sie dem Gespräch folgen und sich beteiligen. Das Erstaunliche daran ist: Es ist Ihrem Gehirn ziemlich egal, dass die »Unterhaltung« zwischen Ihnen und einem Buch stattfindet! Wenn der Schreibstil dagegen formal und trocken ist, hat Ihr Gehirn den gleichen Eindruck wie bei einem Vortrag, bei dem in einem Raum passive Zuhörer sitzen. Nicht nötig, wach zu bleiben.

Aber Abbildungen und ein lockerer Sprachstil sind erst der Anfang.

Das haben WIR getan:

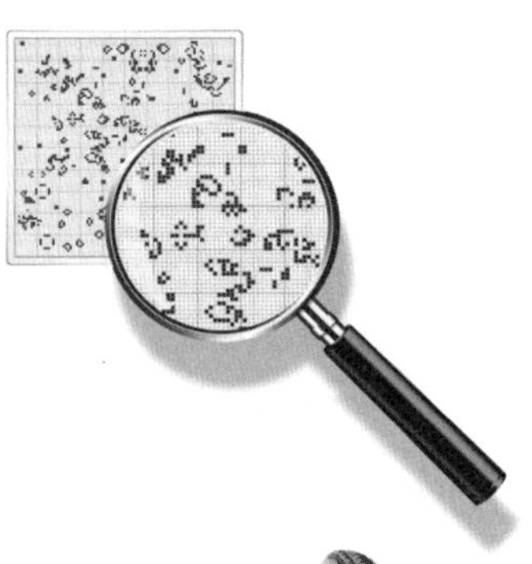

Wir haben ***Bilder*** verwendet, weil Ihr Gehirn auf visuelle Eindrücke eingestellt ist, nicht auf Text. Soweit es Ihr Gehirn betrifft, sagt ein Bild *wirklich* mehr als 1.024 Worte. Und dort, wo Text und Abbildungen zusammenwirken, haben wir den Text *in* die Bilder eingebettet, denn Ihr Gehirn arbeitet besser, wenn der Text *innerhalb* der Sache steht, auf die er sich bezieht, und nicht in einer Bildunterschrift oder irgendwo vergraben im Text.

Wir haben ***Redundanz*** eingesetzt, d. h. dasselbe auf *unterschiedliche* Art und mit verschiedenen Medientypen ausgedrückt, damit Sie es über *mehrere Sinne* aufnehmen. Das erhöht die Chance, dass die Inhalte an mehr als nur einer Stelle in Ihrem Gehirn verankert werden.

Wir haben Konzepte und Bilder in ***unerwarteter*** Weise eingesetzt, weil Ihr Gehirn auf Neuigkeiten programmiert ist. Und wir haben Bilder und Ideen mit zumindest *etwas* ***emotionalem*** *Charakter* verwendet, weil Ihr Gehirn darauf eingestellt ist, auf die Biochemie von Gefühlen zu achten. An alles, was ein *Gefühl* in Ihnen auslöst, können Sie sich mit höherer Wahrscheinlichkeit erinnern, selbst wenn dieses Gefühl nicht mehr ist als ein bisschen ***Belustigung, Überraschung oder Interesse.***

Wir haben einen ***umgangssprachlichen Stil*** mit direkter Anrede benutzt, denn Ihr Gehirn ist von Natur aus aufmerksamer, wenn es Sie in einer Unterhaltung wähnt als wenn es davon ausgeht, dass Sie passiv einer Präsentation zuhören – sogar dann, wenn Sie *lesen.*

Seien Sie der Python-Interpreter

Wir haben mehr als 100 ***Aktivitäten*** für Sie vorgesehen, denn Ihr Gehirn lernt und behält von Natur aus besser, wenn Sie Dinge ***tun,*** als wenn Sie nur darüber *lesen.* Und wir haben die Übungen zwar anspruchsvoll, aber doch lösbar gemacht, denn so ist es den meisten Lesern am liebsten.

Punkt für Punkt

Wir haben ***mehrere unterschiedliche Lernstile*** eingesetzt, denn vielleicht bevorzugen *Sie* ein Schritt-für-Schritt-Vorgehen, während jemand anderes erst einmal den groben Zusammenhang verstehen und ein Dritter einfach nur ein Codebeispiel sehen möchte. Aber ganz abgesehen von den jeweiligen Lernvorlieben profitiert *jeder* davon, wenn er die gleichen Inhalte in unterschiedlicher Form präsentiert bekommt.

Puzzles

Wir liefern Inhalte für ***beide Seiten Ihres Gehirns,*** denn je mehr Sie von Ihrem Gehirn einsetzen, umso wahrscheinlicher werden Sie lernen und behalten, und umso länger bleiben Sie konzentriert. Wenn Sie mit einer Seite des Gehirns arbeiten, bedeutet das häufig, dass sich die andere Seite des Gehirns ausruhen kann; so können Sie über einen längeren Zeitraum produktiver lernen.

Und wir haben ***Geschichten*** und Übungen aufgenommen, die ***mehr als einen Blickwinkel repräsentieren,*** denn Ihr Gehirn lernt von Natur aus intensiver, wenn es gezwungen ist, selbst zu analysieren und zu beurteilen.

Sie begleiten uns.

Wir haben ***Herausforderungen*** eingefügt: in Form von Übungen und indem wir ***Fragen*** stellen, auf die es nicht immer eine eindeutige Antwort gibt, denn Ihr Gehirn ist darauf eingestellt, zu lernen und sich zu erinnern, wenn es an etwas *arbeiten* muss. Überlegen Sie: Ihren *Körper* bekommen Sie ja auch nicht in Form, wenn Sie nur die Leute auf dem Sportplatz *beobachten.* Aber wir haben unser Bestes getan, um dafür zu sorgen, dass Sie – wenn Sie schon hart arbeiten – an den *richtigen* Dingen arbeiten. Dass Sie ***nicht einen einzigen Dendriten darauf verschwenden,*** ein schwer verständliches Beispiel zu verarbeiten oder einen schwierigen, mit Fachbegriffen gespickten oder übermäßig gedrängten Text zu analysieren.

Wir haben ***Menschen*** eingesetzt. In Geschichten, Beispielen, Bildern usw. – denn *Sie sind* ein Mensch. Und Ihr Gehirn schenkt *Menschen* mehr Aufmerksamkeit als *Dingen.*

Wir haben einen ***80/20***-Ansatz benutzt. Wir gehen davon aus, dass dies nicht Ihr einziges Buch sein wird, wenn Sie ein genialer Webentwickler werden wollen. Deshalb besprechen wir nicht *alles.* Nur das, was Sie wirklich *brauchen* werden.

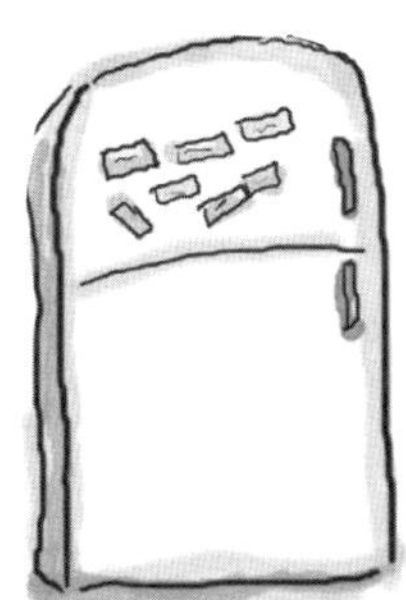

Und das können SIE tun, um sich Ihr Gehirn untertan zu machen

So, wir haben unseren Teil der Arbeit geleistet. Der Rest liegt bei Ihnen. Diese Tipps sind ein Anfang; hören Sie auf Ihr Gehirn und finden Sie heraus, was bei Ihnen funktioniert und was nicht. Probieren Sie neue Wege aus.

Schneiden Sie dies aus und heften Sie es an Ihren Kühlschrank.

1. **Immer langsam. Je mehr Sie verstehen, umso weniger müssen Sie auswendig lernen.**
   Lesen Sie nicht nur. Halten Sie inne und denken Sie nach. Wenn das Buch Sie etwas fragt, springen Sie nicht einfach zur Antwort. Stellen Sie sich vor, dass Sie das wirklich jemand *fragt*. Je gründlicher Sie Ihr Gehirn zum Nachdenken zwingen, umso größer ist die Chance, dass Sie lernen und behalten.

2. **Bearbeiten Sie die Übungen. Machen Sie selbst Notizen.**
   Wir haben sie entworfen, aber wenn wir sie auch für Sie lösen würden, wäre das, als ob jemand anderes Ihr Training für Sie absolviert. Und sehen Sie sich die Übungen *nicht einfach nur an*. **Benutzen Sie einen Bleistift.** Es deutet vieles darauf hin, dass körperliche Aktivität *beim* Lernen den Lernerfolg erhöhen kann.

3. **Lesen Sie die Abschnitte »Es gibt keine Dummen Fragen«.**
   Und zwar alle. Das sind keine Zusatzanmerkungen – ***sie gehören zum Kerninhalt!*** Überspringen Sie sie nicht.

4. **Lesen Sie dies als Letztes vor dem Schlafengehen. Oder lesen Sie danach zumindest nichts *Anspruchsvolles* mehr.**
   Ein Teil des Lernprozesses (vor allem die Übertragung in das Langzeitgedächtnis) findet erst statt, *nachdem* Sie das Buch zur Seite gelegt haben. Ihr Gehirn braucht Zeit für sich, um weitere Verarbeitung zu leisten. Wenn Sie in dieser Zeit etwas Neues aufnehmen, geht ein Teil dessen, was Sie gerade gelernt haben, verloren.

5. **Trinken Sie Wasser. Viel.**
   Ihr Gehirn arbeitet am besten in einem schönen Flüssigkeitsbad. Austrocknung (zu der es schon kommen kann, bevor Sie überhaupt Durst verspüren) beeinträchtigt die kognitive Funktion.

6. **Reden Sie drüber. Laut.**
   Sprechen aktiviert einen anderen Teil des Gehirns. Wenn Sie etwas verstehen oder Ihre Chancen verbessern wollen, sich später daran zu erinnern, sagen Sie es laut. Noch besser: Versuchen Sie, es jemand anderem laut zu erklären. Sie lernen dann schneller und haben vielleicht Ideen, auf die Sie beim bloßen Lesen nie gekommen wären.

7. **Hören Sie auf Ihr Gehirn.**
   Achten Sie darauf, Ihr Gehirn nicht zu überladen. Wenn Sie merken, dass Sie etwas nur noch überfliegen oder dass Sie das gerade erst Gelesene vergessen haben, ist es Zeit für eine Pause. Ab einem bestimmten Punkt lernen Sie nicht mehr schneller, indem Sie mehr hineinzustopfen versuchen; das kann sogar den Lernprozess stören.

8. **Aber bitte mit *Gefühl!***
   Ihr Gehirn muss wissen, dass es *um etwas Wichtiges geht*. Lassen Sie sich in die Geschichten hineinziehen. Erfinden Sie eigene Bildunterschriften für die Fotos. Über einen schlechten Scherz zu stöhnen, ist *immer noch* besser, als gar nichts zu fühlen.

9. ***Erschaffen* Sie etwas!**
   Wenden Sie das hier Gelernte auf ein Design an, an dem Sie gerade arbeiten, oder gestalten Sie ein älteres Projekt damit um. Tun Sie *irgendetwas*, um neben den Übungen in diesem Buch weitere Erfahrungen zu sammeln. Sie brauchen dazu nur einen Bleistift und ein zu lösendes Problem ... ein Problem, das davon profitieren würde, dass Sie programmieren können.

10. **Schlafen Sie ausreichend.**
    Sie müssen Ihr Gehirn mächtig anstrengen, wenn Sie gut programmieren wollen. Schlafen Sie viel, es wird Ihnen helfen!

Lies mich!

Dieses Buch ist als »Lernerfahrung« konzipiert, nicht als Nachschlagewerk. Wir haben bewusst alles herausgestrichen, was an irgendeiner Stelle des Buchs hinderlich für den Lernprozess sein könnte. Und wenn Sie das Buch zum ersten Mal durcharbeiten, müssen Sie am Anfang beginnen, denn das Buch baut stets darauf auf, was Sie schon gesehen und gelernt haben.

Wir wollen, dass Sie den Denkprozess hinter dem Programmieren lernen.
Manche Leute nennen die Informatik auch »Computerwissenschaft«. Hier ein kleines Geheimnis: Die Computerwissenschaft ist keine Wissenschaft und hat nicht einmal viel mit Computern zu tun (so wie es bei der Astronomie auch nicht um Teleskope geht). Es geht eher um »rechnerisches« Denken, wie man heutzutage sagt. Sobald Sie das gelernt haben, können Sie diese Denkweise leicht auf beliebige andere Probleme, Umgebungen oder Programmiersprachen anwenden.

In diesem Buch verwenden wir Python.
Fahren lernen ohne Auto ist ein bisschen zu theoretisch. Rechnerisch denken lernen ohne Programmiersprache ist eher ein Gedankenexperiment als eine tatsächlich anwendbare Fähigkeit. Daher benutzen wir in diesem Buch die beliebte Programmiersprache Python. Warum diese Sprache besonders gut geeignet ist, erfahren Sie in Kapitel 1. Egal ob Sie das Programmieren nur als Hobby betreiben oder einen sechsstellig dotierten Softwareentwicklerjob landen wollen, Python ist ein guter Startpunkt (und vielleicht ein Endpunkt).

Wir werden nicht jeden Aspekt von Python behandeln.

Nicht einmal im Ansatz. Es gibt eine Menge über Python zu lernen. Dieses Buch ist kein Nachschlagewerk, sondern ein Lehrbuch. Es wird also nicht alles behandelt, was es Wissenswertes zu Python gibt. Wir wollen Ihnen die Grundlagen des Programmierens und des rechnerischen Denkens beibringen, damit Sie ein Buch über jede *beliebige Programmiersprache* zur Hand nehmen können, ohne sich komplett verloren zu fühlen.

Sie können einen Mac, einen PC oder Linux benutzen. Völlig egal.
Da wir in diesem Buch hauptsächlich die plattformunabhängige Programmiersprache Python einsetzen, können Sie einfach das Betriebssystem benutzen, das Ihnen am besten liegt. Die meisten Abbildungen in diesem Buch stammen von einem Mac. Auf Ihrem PC oder Ihrer Linux-Kiste sollte es ähnlich aussehen.

Dieses Buch befürwortet gut strukturierten, lesbaren Code, basierend auf den gängigen »Best Practices«. Sie wollen Code schreiben, den Sie und andere Leute lesen und verstehen können, Code, der auch noch in kommenden Python-Versionen funktioniert. In diesem Buch bringen wir Ihnen bei, von Anfang an klaren, gut organisierten Code zu schreiben, Code, auf den Sie stolz sein können, Code, den Sie rahmen und an die Wand hängen wollen (aber nicht vergessen, den Rahmen wieder abzuhängen, falls Sie Ihr Rendezvous mit nach Hause bringen). Der einzige Unterschied zu professionell geschriebenem Code ist, dass dieses Buch handgeschriebene Randbemerkungen verwendet, um zu erläutern, was der Code tut. Wir haben gemerkt, dass diese Methode in einem Lehrbuch besser funktioniert als traditionelle Codekommentare. (Es ist nicht schlimm, wenn Sie keinen Schimmer haben, wovon wir hier reden. Nach ein paar Kapiteln werden Sie es wissen.) Aber keine Sorge. Wir bringen Ihnen natürlich bei, wie Sie Ihren Code dokumentieren, und wir zeigen Ihnen Beispiele, wie wir es machen würden. Wir wollen Ihnen auf möglichst direktem Weg zeigen, wie man programmiert, damit Sie den Job erledigen und mit wichtigeren Dingen weitermachen können.

Anmerkungen wie diese.

Programmieren ist eine ernste Sache. Sie werden arbeiten müssen, manchmal auch hart. Programmierer haben eine eigene Denkweise, eine eigene Sicht der Dinge. Manchmal wird Ihnen das Programmieren sehr logisch vorkommen, manchmal aber auch sehr abstrakt oder gar bewusstseinsverändernd. Einige Programmierkonzepte brauchen ihre Zeit, um in Ihr Hirn einzudringen – Sie werden teilweise eine Nacht darüber schlafen müssen, um sie zu kapieren. Aber kein Problem, wir gehen dabei sehr gehirnfreundlich vor. Lassen Sie sich einfach Zeit, die Konzepte auf sich wirken zu lassen, und wiederholen Sie das Material bei Bedarf einfach ein paarmal.

Die Übungen sind NICHT optional.
Die Übungen und sonstigen Aktivitäten in diesem Buch sind *keine* Zugaben, sondern Grundbestandteile dieses Buchs. Manche helfen Ihnen beim Einprägen, andere beim Verständnis und wieder andere bei der Anwendung des Gelernten. Wenn Sie sie überspringen, werden Sie große Teile des Buchs verpassen (und vermutlich ziemlich durcheinanderkommen). Nur die Kreuzworträtsel sind keine Pflicht, obwohl Ihr Gehirn die Wörter dadurch auch einmal in einem anderen Zusammenhang wahrnehmen kann.

Die Redundanz ist beabsichtigt und wichtig.
Ein wesentliches Anliegen eines »Von Kopf bis Fuß«-Buchs ist, dass wir wirklich wollen, dass Sie das Gesagte kapieren und dass Sie sich nach dem Lesen des Buchs an das Gelernte erinnern. Den meisten Referenzwerken geht es nicht ums Behalten und Abrufen, aber in diesem Buch geht es ums Lernen. Daher werden Sie viele Konzepte mehr als einmal sehen.

Die Beispiele sind so knapp wie möglich.
Unsere Leser finden es frustrierend, sich durch 200 Zeilen Beispielcode zu graben, um die zwei Zeilen zu finden, um die es tatsächlich geht. Daher haben die meisten Beispiele in diesem Buch gerade so viel Kontext wie nötig, um den Teil, den Sie lernen sollen, so klar und einfach wie möglich rüberzubringen. Erwarten Sie nicht, dass alle Beispiele robust oder gar voll funktionsfähig sind – sie sind speziell für das Lernen geschrieben. Außerdem haben wir versucht, zumindest die großen Beispiele so zu gestalten, dass sie auch Spaß machen, faszinieren und so richtig cool sind – etwas, das Sie Ihren Freunden und Ihrer Familie gerne zeigen.

Alle Beispieldateien stehen im Web zum Herunterladen bereit. Sie finden sie unter `http://wickedlysmart.com/hflearntocode`.

Unsere Callcenter-mitarbeiter warten NICHT auf Sie. Aber Sie finden den gesamten Code und die Beispieldatei-en unter http://wickedlysmart.com/hflearntocod.

Zu den Kopfnuss-Aufgaben gibt es normalerweise keine Lösungen.
Für einige Aufgaben gibt es keine richtige Antwort, bei anderen wiederum ist es ein Teil der Lernerfahrung, dass Sie selbst entscheiden müssen, ob und wann Ihre Antworten richtig sind. In einigen Kopfnuss-Aufgaben finden Sie Hinweise, die Ihnen die richtige Richtung weisen.

Finden Sie Codebeispiele, Hilfe und Diskussionen
Alles, was Sie zu diesem Buch brauchen, finden Sie online unter `http://wickedlysmart.com/hflearntocode`, die Dateien mit dem Beispielcode und zusätzliches englischsprachiges Material eingeschlossen.

Sie müssen Python installieren

Mit großer Wahrscheinlichkeit ist Python nicht oder nicht in der richtigen Version auf Ihrem Computer installiert. In diesem Buch verwenden wir Python 3, das beim Schreiben die Version 3.6 hatte. Sie müssen also die Version 3.6 oder neuer installieren. Und zwar so:

- **Für macOS** starten Sie Ihren Browser und geben ein:

    `https://www.python.org/downloads`

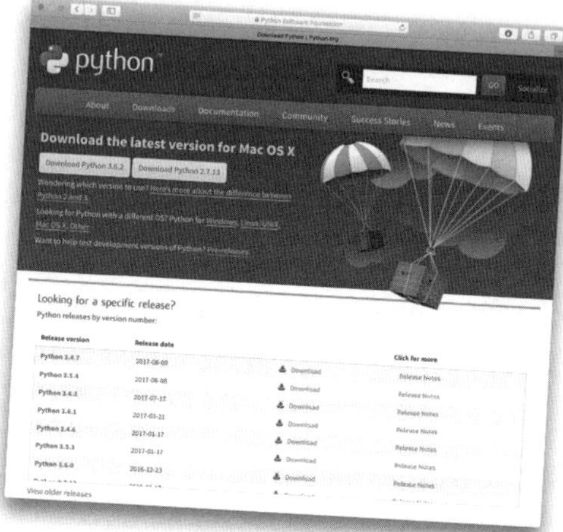

Auf dieser Seite finden Sie die Download-Links für macOS. Falls nicht, sehen Sie im Downloads-Menü der Seite nach.

1. Klicken Sie auf den Download-Button für Python 3.x (wobei x für die neueste Version steht). Laden Sie nicht die Version 2.7 herunter.
2. Nach dem Herunterladen des Installationsprogramms öffnen Sie das Installationspaket in Ihrem Download-Ordner und folgen den Installationsanweisungen.
3. Nach der Installation gehen Sie zum Ordner ***Programme***, in dem sich jetzt der ***Python 3.x***-Ordner befindet. Um Ihre Installation zu testen, doppelklicken Sie auf die IDLE-Applikation im ***Python 3.x***-Ordner.

Beachten Sie, dass Sie für die Installation von Python Administratorrechte benötigen. Wenn Sie Ihre Programme normalerweise selbst installieren, sollte das eigentlich klappen. Ansonsten bitten Sie Ihren Administrator um Hilfe.

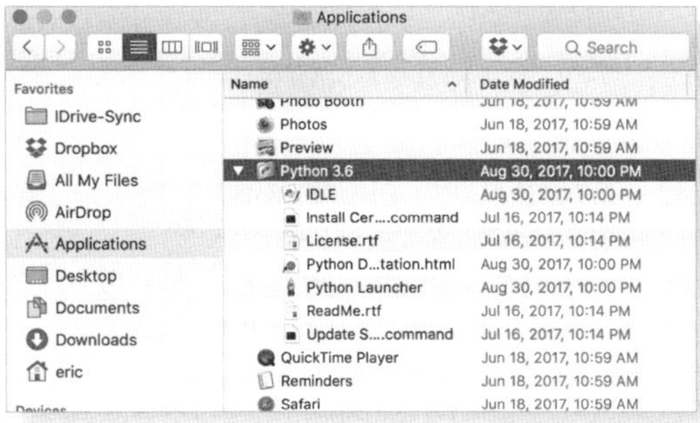

Das IDLE-Programm befindet sich im Ordner »Python 3.x« innerhalb Ihres Programme-Ordners. Im ersten Kapitel werden wir genauer darüber sprechen, was IDLE ist.

4. Wenn die IDLE-Applikation auf Ihrem Bildschirm erscheint, sollte das so ähnlich aussehen wie in der unten stehenden Abbildung. Falls nicht, überprüfen Sie, ob bei der Installation irgendwelche Fehler aufgetreten sind.

Falls noch nicht geschehen, ist es eine gute Idee, IDLE zu Ihrem Dock hinzuzufügen, weil wir es in diesem Buch ziemlich oft benutzen. Klicken Sie hierfür bei gedrückter Strg-Taste auf das Icon im Dock und wählen Sie im Kontextmenü den Befehl Optionen > Im Dock behalten.

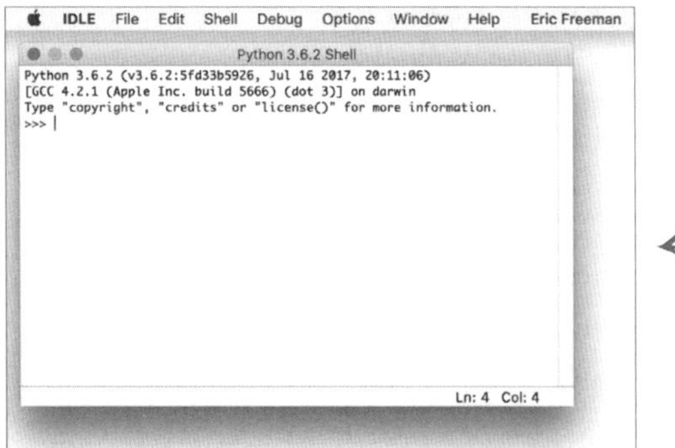

Mit dem Menübefehl IDLE > Quit IDLE können Sie das Programm beenden.

- **Für Windows** starten Sie Ihren Browser und geben ein:

  https://www.python.org/downloads

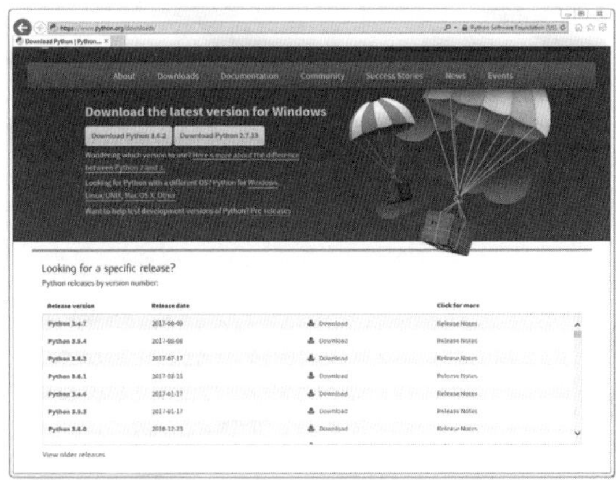

1. Klicken Sie auf den Download-Button für Python 3.x (wobei x für die neueste Version steht). Laden Sie nicht die Version 2.7 herunter.
2. Entscheiden Sie, ob Sie die Datei speichern oder das Installationsprogramm sofort ausführen wollen. Im zweiten Fall klicken Sie, um den Installer direkt nach dem Herunterladen auszuführen.
3. Erscheint das Installer-Fenster auf Ihrem Bildschirm, markieren Sie das Kontrollkästchen »Add Python to PATH« unten im Fenster und klicken dann auf »Install Now.«
4. Ist die Installation beendet, navigieren Sie mithilfe des Start-Buttons zu **Alle Programme**. In der Programmliste sollte jetzt eine Menüoption für Python 3.x (mit Versionsnummer anstelle des x) zu finden sein. Unter dem Python-Menü sehen Sie die Wahlmöglichkeiten für die Python 3.x-Dokumentation und IDLE. Das ist der Editor, den wir auch in diesem Buch benutzen werden.
5. Klicken Sie testweise auf den IDLE-Menüeintrag. Nach dem Start sollte das IDLE-Programm ungefähr so aussehen wie auf der Abbildung unten. Falls nicht, überprüfen Sie Ihre Installation auf mögliche Fehler.

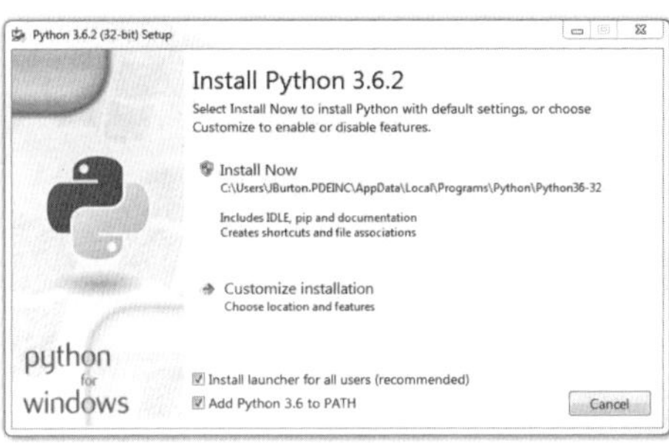

Um die Applikation zu beenden, wählen Sie die Menüoption IDLE > Quit.

Hinweis für Linux-Benutzer: Um Sie machen wir uns keine Sorgen. Ganz ehrlich: Sie wissen, was Sie tun. Holen Sie sich einfach die richtige Distribution von python.org.

Ein paar Worte zur Organisation Ihres Codes

Ihr *Quellcode* ist der gesamte Code, den Sie bei der Arbeit mit diesem Buch schreiben. Wir empfehlen, Ihren Code kapitelweise zu ordnen. Wir erstellen pro Kapitel einen Ordner, wie hier gezeigt: Anm. d. Ü.: Aus Konsistenzgründen und zur Fehlervermeidung haben wir in diesem Buch die englischen Namen für Ordner und Dateien beibehalten.

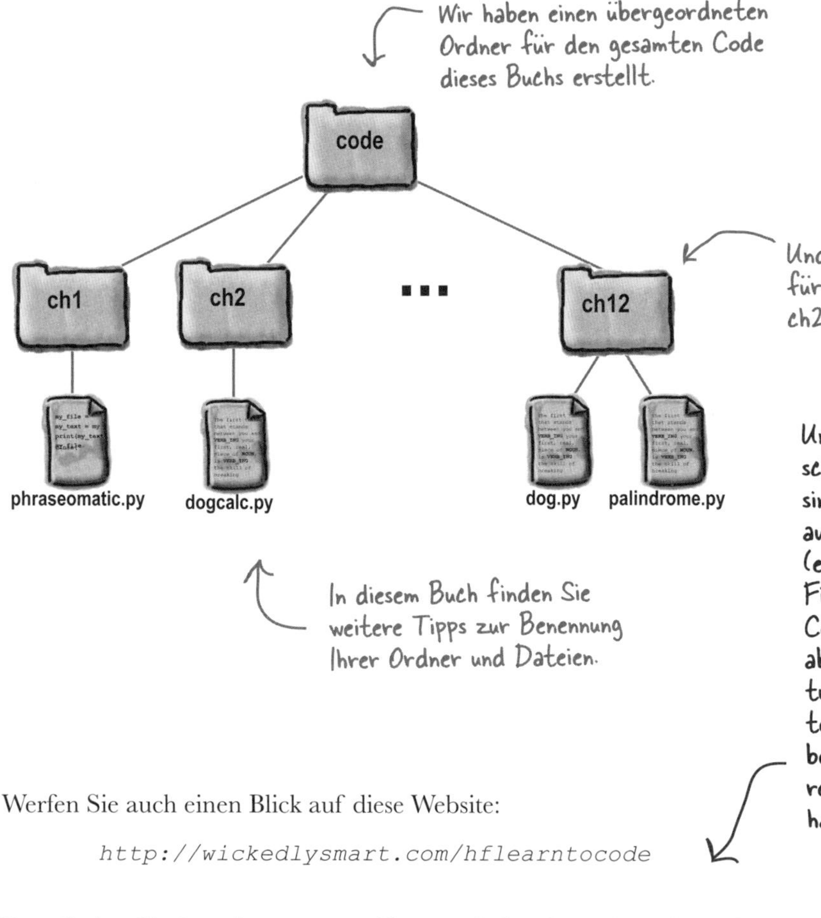

Und wenn Sie schon mal da sind, können Sie auch gleich den (englischen) Head First Learn to Code-Newsletter abonnieren. Damit tun wir unser Bestes, um Ihr Hirn beim Programmieren in Schwung zu halten.

Werfen Sie auch einen Blick auf diese Website:

`http://wickedlysmart.com/hflearntocode`

Dort finden Sie Anweisungen zum Herunterladen des vollständigen Quellcodes für dieses Buch. In diesem Code finden Sie unsere Versionen der Programme, die Sie schreiben werden, sowie die dafür nötigen Datendateien und Bilder. Bitte tippen Sie die Programme trotzdem selbst ein (das hilft, Ihr Muskelgedächtnis fürs Programmieren zu entwickeln; außerdem kann sich Ihr Gehirn die Dinge so besser merken). Finden Sie die Lösung für eine Aufgabe partout nicht, können Sie Ihren Code selbstverständlich immer mit unserer Version vergleichen, um den Fehler zu finden.

Danksagungen*

Ein großes Dankeschön geht an meine hochgeschätzten technischen Sachverständigen: **Elisabeth Robson** hat das Manuskript sorgfältig und mit wachsamem Auge aus »Von Kopf bis Fuß«- und Informatik-Sicht beurteilt. **Josh Sharfman** war der MVP-Gutachter. Er hat jedem Winkel des Buchs mehr Tiefe und Qualität gegeben. **David Powers** hat den technischen Text auf seine typisch rigorose Art durchkämmt (und sein Wissen zu Harry Potter ist auch nicht übel). »Von Kopf bis Fuß«-Autorenveteran **Paul Barry** hat einen dringend nötigen Blick auf den Python-Code geworfen. Außerdem war mein **Gutachterteam** (auf der folgenden Seite) für jeden Aspekt der Begutachtung des Buchs von unschätzbarem Wert.

Meine größte Dankbarkeit gilt meinen Lektoren **Jeff Bleiel**, **Dawn Schanafelt** und **Meghan Blanchette**. Meghan war hauptverantwortlich dafür, dass dieses Buch überhaupt geschrieben wurde, Dawn hat es in seinen frühen Entwicklungsstadien begleitet, und Jeff sorgte dafür, dass das Buch es tatsächlich über die Ziellinie schaffte.

Ein weiteres großes Dankeschön gebührt dem gesamten O'Reilly-Team inklusive **Susan Conant, Rachel Roumeliotis** und **Melanie Yarbrough**. Danke auch an **Jamie Burton** von WickedlySmart für all die Hilfe, inklusive meiner frühen Leserbefragungen und der Leitung des Gutachterteam-Forums. Und wie immer danke an **Bert Bates** und **Kathy Sierra** für die Inspiration, interessante Diskussionen und ihre Hilfe bei der Lösung aller möglichen Schreibprobleme. Danke auch an **Cory Doctorow** für seine Unterstützung und seinen Beitrag zu Kapitel 7.

Zum Schluss ein paar Leute und Organisationen, die – ohne es zu wissen – Teile dieses Buchs inspiriert haben. Hierzu gehören: **Daniel P. Friedman**, **Nathan Bergey**, die **Raspberry Pi Foundation** und **Socratica**.

Jamie Burton

*Die große Zahl der Danksagungen basiert auf der Theorie, dass jede Person, bei der man sich in einem Buch bedankt, mindestens ein Exemplar kauft, vermutlich sogar mehr, wenn man alle Freunde und Verwandten dazunimmt. Wenn Sie in den Danksagungen unseres *nächsten* Buchs genannt werden möchten und eine große Familie haben, schreiben Sie uns bitte.

Das Gutachterteam

Lernen Sie das Gutachterteam kennen!

Eine erstaunliche Gruppe von Menschen hat sich der Begutachtung dieses Buchs angenommen. Ihr Hintergrund reicht von **Newbie** bis **Experte** mit so unterschiedlichen Berufen wie **Architekt**, **Zahnarzt**, **Grundschullehrer**, **Immobilienmakler,** und **AP-Informatiklehrer**. Rund um den Globus haben sie sich beteiligt: von **Albanien** bis **Australien**, von **Kenia** bis zum **Kosovo**, von den **Niederlanden** bis nach **Nigeria** und **Neuseeland**.

Crystal Gilmore Rodriguez

Ridvan Bunjaku

Troy Welch

Hudson Read

Mark S. van der Linden

Mitch Johnson

Diese Gruppe hat jede Seite gelesen, jede Übung durchgeführt und jede einzelne Codezeile eingegeben, ausgeführt und dabei Feedback und Unterstützung zu über 600 Seiten gegeben. Sie haben außerdem als eigenständiges Team gearbeitet und sich gegenseitig bei neuen Konzepten geholfen, Fehler doppelt überprüft und Probleme in Text und Code aufgespürt.

Chris Talent

Andrea Toston

Chris Griggs

David Oparanti

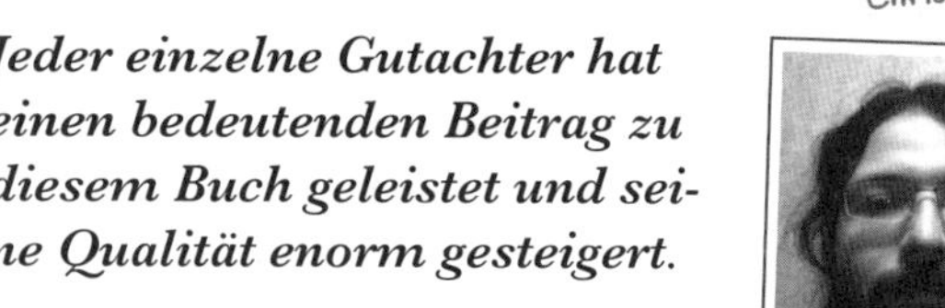

Jeder einzelne Gutachter hat einen bedeutenden Beitrag zu diesem Buch geleistet und seine Qualität enorm gesteigert.

Vielen Dank!

Johnny Rivera

David Kinoti

Michael Peck

Mauro Caser

Benjamin E. Hall

Alfred J. Speller

Tiron Andrie

Dennis Fitzgerald

Abdul Rahman Shaik

Ein großes Dankeschön außerdem an **Christopher Davies**, **Constance Mallon** und **Wanda Hernandez** für ihre bedeutenden Beiträge zu diesem Buch.

Über den Übersetzer dieses Buchs

Jørgen W. Lang lebt und arbeitet als freier Autor (»CSS Kochbuch«) und Übersetzer in Oldenburg/Niedersachsen. Mitte der Neunzigerjahre des vergangenen Jahrhunderts begann er, sich mit dem damals noch jungen World Wide Web und seinen Möglichkeiten zu beschäftigen. Pünktlich zum Jahrtausendwendejahr erschien seine erste Übersetzung für den O'Reilly Verlag. Mittlerweile ist der Umfang auf mehr als 10.000 Seiten angewachsen.

Mit großer Energie und Ausdauer bringt Jørgen seit fast schon zwei Jahrzehnten Webseiten bei, das zu tun, was von ihnen erwartet wird – unabhängig davon, auf welchem Gerät sie betrachtet werden (elektrische Zahnbürsten ausgenommen).

Das zweite Standbein von Jørgen Lang ist die Musik. Außerhalb der Welt der semantischen Elemente, Selektoren und Objekte hat er sich einen Namen als hervorragender Gitarrist, Sänger, Komponist und Arrangeur gemacht und kann auf eine Vielzahl veröffentlichter Alben und über mehrere Hundert Konzerte in aller Welt (z. B. für die UNESCO in Seoul) zurückblicken.

1 Rechnerisch denken

Erste Schritte

Durch die Fähigkeit, rechnerisch zu denken, haben Sie die Kontrolle. Jeder weiß, dass die Welt um einen herum immer vernetzter, konfigurierbarer, programmierbarer und eben **rechnerischer** wird. Entweder Sie bleiben passiv, oder Sie lernen zu programmieren. Sobald Sie es können, sind Sie Regisseur und Schöpfer – Sie sagen dem Computer, was er für Sie tun soll. Sobald Sie es können, bestimmen Sie Ihr Schicksal selbst (oder können zumindest Ihre Rasensprinkleranlage über das Internet steuern). Aber wie lernt man zu programmieren? Zuerst müssen Sie lernen, **rechnerisch** zu denken. Dann schnappen Sie sich eine **Programmiersprache**, um mit Ihrem Computer, Mobilgerät oder eigentlich allem mit einer CPU sprechen zu können. Und was haben Sie davon? Mehr Zeit, mehr Fähigkeiten und mehr kreative Möglichkeiten, die Dinge zu tun, die Sie wirklich tun wollen. Dann mal los …

Immer der Reihe nach

Zwischen Ihnen und Ihrem ersten richtigen Stück Code steht zunächst, dass Sie sich damit beschäftigen müssen, Probleme in kleine erreichbare Ziele aufzuteilen, die Ihr Computer *für Sie ausführen* kann. Natürlich müssen Sie und Ihr Computer dafür eine gemeinsame Sprache finden, aber dazu kommen wir erst etwas später.

Das Aufteilen eines Problems in kleine Schritte klingt zunächst nach einer neuen Fertigkeit, tatsächlich machen Sie das aber jeden Tag. Nehmen wir ein einfaches Beispiel: Angenommen, Sie wollten das Angeln in eine Reihe einfacher Anweisungen aufteilen, die dann ein Roboter für Sie erledigt. Hier unser erster Versuch:

Teilen wir das Angeln in eine Reihe einfacher Schritte auf.

Wir führen die Schritte nacheinander aus.

1. Köder am Haken befestigen.
2. Leine auswerfen.
3. Pose beobachten, bis sie untertaucht.
4. Anhaken und Fisch einholen.
5. Fertig mit dem Angeln? Dann gehe nach Hause, ansonsten zurück zu Schritt 1.

Manche Schritte sind einfache Anweisungen, wie: >>Wirf die Leine aus!<<

Bei einigen Anweisungen muss unter bestimmten Bedingungen gewartet werden, bevor es weitergeht.

Diese Anweisung wird nur ausgeführt, wenn die Pose in der vorigen Anweisung untergetaucht ist.

Anweisungen können auch Entscheidungen treffen, z B. ob es Zeit ist, nach Hause zu gehen oder weiterzuangeln.

Beachten Sie, dass Anweisungen wiederholt werden können, wie hier: Wenn wir nicht nach Hause gehen, springen wir zurück zum Anfang und wiederholen die Anweisungen, um einen weiteren Fisch zu fangen.

Pose

Haken

Köder

Stellen Sie sich diese Anweisungen als eine Art **Rezept** zum Angeln vor. Wie jedes Rezept enthält es mehrere Arbeitsschritte. Werden diese der Reihe nach abgearbeitet, wird am Ende ein Ergebnis oder sogar ein Erfolg stehen (hier hoffen wir, ein paar Fische zu fangen).

Wie Sie sehen, bestehen die meisten Schritte aus einfachen Anweisungen, wie »Leine auswerfen« oder »Fisch einholen«. Einige Anweisungen sind anders, weil sie von einer Bedingung abhängen, z. B. »ist die Pose über oder unter Wasser?«. Anweisungen können auch die Reihenfolge der Arbeitsschritte beeinflussen, wie: »Wenn Sie noch nicht genug geangelt haben, gehen Sie zurück zum Anfang und befestigen einen neuen Köder am Haken.« Oder wie wäre es mit einer Bedingung zum Beenden wie: »Wenn du mit Angeln fertig bist, gehe nach Hause.«?

Sie werden merken, dass einfache Anweisungen wie diese die Grundlage für das Programmieren bilden. Jede App oder andere Software, die Sie je benutzt haben, ist nichts anderes als eine (manchmal ziemlich lange) Folge einfacher Anweisungen, die dem Computer sagen, was er tun soll.

Übung

Echte Rezepte sind keine reinen *Handlungsanweisungen*, denn sie enthalten auch eine Reihe von Objekten, die für die Zubereitung einer bestimmten Speise nötig sind (wie Messbecher, Schneebesen, Küchenmaschinen und natürlich die Zutaten). Welche Objekte werden in unserem Angelrezept verwendet? Kreisen Sie alle Objekte des Angelrezepts auf der vorigen Seite ein und überprüfen Sie Ihre Antwort am Ende des Kapitels, bevor Sie weiterlesen.

Dies ist ein Arbeitsbuch. Sie können etwas hineinschreiben. Und das sollen Sie sogar.

Spitzen Sie Ihren Bleistift

Eines müssen Sie noch wissen: Computer tun immer **genau** das, was Sie Ihnen sagen – nicht mehr und auch nicht weniger. Sehen Sie sich das Rezept zum Angeln auf der vorigen Seite noch mal an. Welche Probleme gäbe es, wenn Sie der Roboter wären und die Anweisungen genau befolgen müssten? Glauben Sie, dass dieses Rezept wirklich zum Erfolg führte?

- ☐ A. Wurden keine Fische gefangen, werden Sie eine sehr lange Zeit angeln (eigentlich für immer).
- ☐ B. Löst sich der Köder vom Haken, werden Sie das nie erfahren oder ihn ersetzen.
- ☐ C. Was passiert, wenn wir keinen Köder mehr haben?
- ☐ D. Haben wir angegeben, was mit dem Fisch zu tun ist, nachdem wir ihn eingeholt haben?
- ☐ E. Was passiert mit der Angelrute?
- ☐ F. ____________________

Fallen Ihnen weitere Probleme ein?

Falls Sie keine Ahnung vom Angeln haben: Dies ist eine Pose, gelegentlich auch als Schwimmer bezeichnet. Beißt ein Fisch an, geht sie unter Wasser.

Die Antworten zu den »Spitzen Sie Ihren Bleistift«-Übungen gibt es am Kapitelende.

Tatsächlich ist ein Rezept ideal geeignet, um eine Reihe von Anweisungen für einen Computer zu beschreiben. Möglicherweise begegnet Ihnen der Begriff sogar hier und da in Programmierbüchern für Fortgeschrittene. Oh Mann … es gibt sogar Bücher über allgemeine Softwareentwicklung, die als Kochbücher bezeichnet werden. Aber »technisch« können wir natürlich auch. Ein Informatiker oder Softwareentwickler würde ein Rezept üblicherweise als **Algorithmus** bezeichnen. Was ist ein Algorithmus? Um ehrlich zu sein, nicht viel mehr als ein Rezept – eine Folge von Anweisungen, die ein Problem lösen. Anfangs werden Algorithmen oft noch nicht in einer richtigen Programmiersprache, sondern in **Pseudocode** geschrieben.

Zum Pseudocode kommen wir später noch genauer …

Aber egal, ob Sie nun von einem Rezept, Pseudocode oder einem Algorithmus sprechen, es geht darum, eine allgemeine Beschreibung zur Lösung eines Problems zu finden. Das passiert, bevor Sie sich den Details widmen und Code schreiben, den ein Computer verstehen und ausführen kann.

Wie Sie sehen, wird das Programmieren dadurch einfacher und weniger fehleranfällig.

In diesem Buch setzen wir diese Begriffe übrigens synonym ein, wie es gerade sinnvoll ist. In Ihrem nächsten Vorstellungsgespräch sollten Sie vermutlich die Begriffe *Algorithmus* oder sogar *Pseudocode* benutzen, um einen höheren Antrittsbonus rauszuschlagen (wobei das Wort *Rezept* auch vollkommen in Ordnung ist).

So, wie es viele Rezepte für das gleiche Gericht gibt, so gibt es auch mehrere Algorithmen, die das gleiche Problem lösen. Einige schmecken besser als andere.

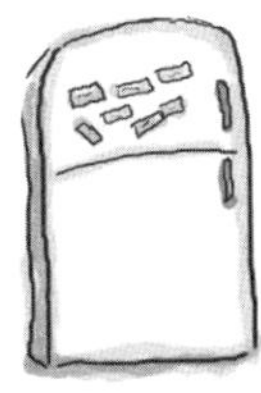

Code-Magneten

Eine kleine Übung zu ~~Rezepten~~ Algorithmen**. Wir haben den Algorithmus des Von Kopf bis Fuß-Restaurants für die Zubereitung eines Omeletts aus drei Eiern an den Kühlschrank geheftet. Blöderweise hat irgendjemand den Code durcheinandergebracht. Können Sie die Magneten wieder in die richtige Reihenfolge bringen, damit unser Algorithmus funktioniert? Bedenken Sie, dass es im Von Kopf bis Fuß-Restaurant Omeletts mit und ohne Käse gibt. Vergessen Sie nicht, Ihre Antwort am Ende des Kapitels zu überprüfen.**

Ordnen Sie die Magneten so an, dass der Algorithmus funktioniert.

```
Sofern der Kunde Käse bestellt hat:
Mit Käse bestreuen
Solange die Eier nicht komplett vermischt sind:
Omelett auf den Teller legen
Solange die Eier nicht komplett gar sind:
Pfanne vom Herd nehmen
Eier umrühren
Servieren
Pfanne vorwärmen
Eier schlagen
Drei Eier aufschlagen und in eine Schüssel geben
Eier in die Pfanne geben
```

Wie Programmieren funktioniert

Angenommen, der Computer soll eine Aufgabe für Sie erledigen. Diese Aufgabe müssen Sie in Einzelschritte aufteilen, die der Computer versteht. Aber wie können Sie den Computer *tatsächlich anweisen*, etwas zu tun? Mit einer Programmiersprache. Sie beschreibt Ihre Aufgabe in Begriffen, die sowohl *Sie als auch der Computer* verstehen. Bevor wir uns aber so richtig intensiv mit Programmiersprachen befassen, wollen wir uns die Schritte ansehen, die beim Schreiben von Code tatsächlich ausgeführt werden müssen:

❶ Erstellen Sie Ihren Algorithmus

Hier übersetzen wir das Problem oder die Aufgabe in ein allgemeines Rezept, einen Pseudocode oder einen Algorithmus, der die Schritte beschreibt, die der Computer ausführen muss, um das gewünschte Ergebnis zu erreichen.

1. Köder am Haken befestigen.
2. Leine auswerfen.
3. Pose beobachten, bis sie untertaucht.
4. Anhaken und Fisch einholen.
5. Fertig mit dem Angeln? Dann gehe nach Hause, ansonsten zurück zu Schritt 1.

In diesem Schritt skizzieren wir unsere Lösung, bevor wir uns an die Schwerarbeit machen, ihn in eine Programmiersprache zu übersetzen.

❷ Schreiben Sie Ihr Programm

Als Nächstes übersetzen Sie Ihr Rezept in die Anweisungen einer Programmiersprache. Dies ist die Stufe des *Programmierens*. Das Ergebnis nennen wir ein *Programm* oder einfach »Ihren Code« (bzw. formeller den *Quellcode*).

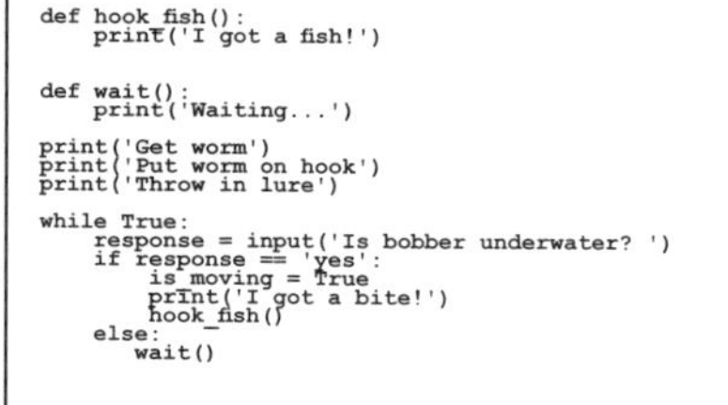

```
def hook_fish():
    print('I got a fish!')

def wait():
    print('Waiting...')

print('Get worm')
print('Put worm on hook')
print('Throw in lure')

while True:
    response = input('Is bobber underwater? ')
    if response == 'yes':
        is_moving = True
        print('I got a bite!')
        hook_fish()
    else:
        wait()
```

In diesem Schritt wird »gecodet«, Ihr Algorithmus wird in Code (kurz für Quellcode) umgewandelt, den wir im nächsten Schritt ausführen wollen.

❸ Führen Sie Ihr Programm aus

Zum Schluss übergeben Sie Ihren Quellcode dem Computer. Der beginnt, Ihre Anweisungen auszuführen. Je nach verwendeter Programmiersprache wird dieser Vorgang als *Interpretieren*, *Laufenlassen*, *Auswerten* oder *Ausführen* Ihres Codes bezeichnet.

Wir verwenden diese Begriffe oft gleichbedeutend.

Wenn Ihr Quellcode fertig ist, können Sie ihn ausführen. Klappt alles und haben Sie Ihren Code gut gestaltet, gibt der Computer das gewünschte Ergebnis zurück.

Sprechen wir überhaupt die gleiche Sprache?

Stellen Sie sich eine **Programmiersprache** als eine Fachsprache für bestimmte Computeraufgaben vor. Mit Programmiersprachen können Sie Ihre Rezepte so klar und präzise beschreiben, dass selbst Computer sie verstehen.

Zum Lernen einer Programmiersprache brauchen Sie zwei Dinge: Was können Sie mit der Sprache ausdrücken, und was bedeutet das? Ein IT-Experte würde das als **Syntax** und **Semantik** der Programmiersprache bezeichnen. Behalten Sie diese Begriffe einfach im Hinterkopf; wir kommen später darauf zurück.

Wie bei gesprochenen Sprachen gibt es auch bei Programmiersprachen eine *große Vielfalt*. Und wie Sie vielleicht schon gemerkt haben, benutzen wir in diesem Buch die Programmiersprache Python. Wir wollen ein besseres Gefühl für Programmiersprachen im Allgemeinen und Python im Besonderen entwickeln …

Die Techniken dieses Buchs können übrigens mit fast allen Programmiersprachen umgesetzt werden, die Ihnen in Zukunft begegnen werden.

Entspannen Sie sich

Keine Sorge. Sie müssen erst mal keinen Code schreiben, schließlich haben Sie das ganze Buch ja noch vor sich. Im Moment machen wir uns nur mit dem Aussehen und der Funktionsweise des Codes vertraut. In diesem Kapitel geht es lediglich darum, sich voll und ganz darauf einzulassen.

DU SAGST TOMATE …

Auf der linken Seite sehen Sie einige Anweisungen in deutscher Sprache, rechts daneben sehen Sie die Anweisungen in einer Programmiersprache. Verbinden Sie die deutsche Anweisung mit der entsprechenden Codeübersetzung. Die erste Verbindung haben wir schon für Sie hergestellt. Überprüfen Sie Ihre Lösung auf jeden Fall am Ende des Kapitels, bevor Sie weiterlesen.

Gib »Hi there« auf dem Bildschirm aus.

Ist die Temperatur höher als 26 Grad, gib die Meldung »Wear shorts« auf dem Bildschirm aus.

Ein Einkaufszettel mit Brot, Milch und Eiern.

Fünf Drinks einschenken.

Frage den Benutzer: What is your name?

```
for num in range(0, 5):
        pour_drink()
```

```
name = input('What is your name? ')
```

```
if temperature > 26:
        print('Wear shorts')
```

```
grocery_list = ['bread', 'milk', 'eggs']
```

```
print('Hi there')
```

Die Welt der Programmiersprachen

Wenn Sie dieses Buch lesen, haben Sie beiläufig vielleicht schon von verschiedenen Programmiersprachen gehört. In der Informatikabteilung Ihres Buchladens finden Sie Titel zu Java, C, C++, LISP, Scheme, Objective-C, Perl, PHP, Swift, Clojure, Haskell, COBOL, Ruby, Fortran, Smalltalk, BASIC, Algol, JavaScript und natürlich Python, um nur ein paar zu nennen. Vielleicht fragen Sie sich, woher all die Namen stammen. Sie haben viel gemeinsam mit den Namen von Rockbands und haben für diejenigen, die sie entwickelt haben, oft eine bestimmte Bedeutung. Zum Beispiel Java: Die Sprache wurde, wenig überraschend, nach einer Kaffeesorte benannt (der ursprünglich gewünschte Name Oak war bereits vergeben). Haskell ist nach einem Mathematiker benannt, und C heißt so, weil sie der Nachfolger der Sprachen A und B bei den Bell Labs war. Aber warum gibt es so viele Sprachen, und was sind ihre Eigenheiten? Sehen wir, was einige Programmierer über die von ihnen verwendeten Sprachen zu sagen haben:

Ich benutze meistens die Programmiersprache **C**. Ich schreibe Teile von Betriebssystemen, die supereffizient sein müssen. In meinem Job zählt jeder CPU-Zyklus und jede Speicheradresse.

Nennen Sie mich verkopft, aber ich liebe **Scheme – und Sprachen im Stil von LISP**. Für mich geht es hauptsächlich um Funktionen hoher Ordnung und Abstraktion. Ich freue mich, dass Sprachen wie **Clojure** tatsächlich in der Praxis benutzt werden.

Ich bin Webentwickler. Daher ist **JavaScript** meine Hauptsprache. Es ist die De-facto-Sprache aller Webbrowser und wird außerdem benutzt, um Backend-Webservices zu programmieren.

Ich bin Systemadministrator und verwende Perl, um z. B. verschiedene Systemskripte zu schreiben. Perl ist knapp und dabei sehr ausdrucksstark. Mit wenig Code können Sie eine Menge erledigen.

Wer die Wahl hat ...

Wie Sie sehen, gibt es diverse Sprachen und Meinungen. Dabei haben wir moderne Sprachen gerade einmal oberflächlich gestreift. Außerdem sieht man, dass diese Sprachen eine Menge an Fachausdrücken mit sich bringen. Je weiter Sie fortschreiten, desto mehr werden auch diese Begriffe einen Sinn für Sie ergeben. Im Moment ist für Sie nur wichtig, dass es eine Vielzahl von Programmiersprachen gibt, die täglich mehr werden.

Was sollen wir also in diesem Buch benutzen? Wie schon gesagt, wir wollen hauptsächlich, dass Sie lernen, *rechnerisch* zu denken. Egal welche Sprache Ihnen in der Zukunft begegnen wird, wir wollen Ihnen das Lernen erleichtern. Trotzdem müssen wir mit *irgendeiner Sprache* anfangen, und wie Sie schon wissen, ist dies Python. Also warum? Unsere Freunde oben auf dieser Seite haben es schon gesagt: Python gilt als eine der besten Anfängersprachen, weil sie so gut lesbar und konsistent ist. Sie ist außerdem eine sehr mächtige Sprache. Egal was Sie (jetzt oder außerhalb dieses Buchs) damit machen wollen, für fast alle Aufgaben gibt es Unterstützung in Form von Codeerweiterungen (die wir *Module* oder *Bibliotheken* nennen). Außerdem hat Python eine sehr freundliche und hilfsbereite Entwicklergemeinschaft. Einige Entwickler sagen sogar, Python mache einfach mehr *Spaß* als andere Sprachen. Was kann da schon schiefgehen?

Spitzen Sie Ihren Bleistift

Sehen Sie, wie einfach es ist, Python zu schreiben

Sie kennen Python noch nicht, aber ich bin sicher, Sie können erraten, wie dieser Python-Code funktioniert. Sehen Sie sich die Zeilen gut an und versuchen Sie, herauszufinden, was hier passiert. Schreiben Sie Ihre Antworten unten hin. Wenn Sie stecken bleiben, finden Sie die Antworten auf der folgenden Seite. Die erste Zeile haben wir schon für Sie ausgefüllt.

```
customers = ['Jimmy', 'Kim', 'John', 'Stacie']

winner = random.choice(customers)

flavor = 'vanilla'

print('Congratulations ' + winner +
    ' you have won an ice cream sundae!')

prompt = 'Would you like a cherry on top? '

wants_cherry = input(prompt)

order = flavor + ' sundae '

if (wants_cherry == 'yes'):
    order = order + ' with a cherry on top'

print('One ' + order + ' for ' + winner +
      ' coming right up...')
```

Eine Liste der Kunden erstellen.

Python-Ausgaben

```
Congratulations Stacie you have won an ice cream sundae!
Would you like a cherry on top? yes
One vanilla sundae with a cherry on top for Stacie coming
right up...
```

Das sollte helfen. Dies sind die Ausgaben unseres Codes. Glauben Sie, die Ausgaben sind bei jeder Ausführung des Codes gleich?

Spitzen Sie Ihren Bleistift, Lösung

Sehen Sie, wie einfach es ist, Python zu schreiben

Sie kennen Python noch nicht, aber ich bin sicher, Sie können erraten, wie dieser Python-Code funktioniert. Sehen Sie sich die Zeilen gut an und versuchen Sie, herauszufinden, was hier passiert. Schreiben Sie Ihre Antworten unten hin. Die erste Zeile haben wir schon für Sie ausgefüllt.

Code	Erklärung
`customers = ['Jimmy', 'Kim', 'John', 'Stacie']`	Eine Liste der Kunden erstellen.
`winner = random.choice(customers)`	Einen dieser Kunden zufällig auswählen.
`flavor = 'vanilla'`	Den Namen oder die Variable flavor mit dem Text 'vanilla' füllen.
`print('Congratulations ' + winner + ' you have won an ice cream sundae!')`	Eine Glückwunschnachricht auf dem Bildschirm ausgeben, die den Namen der Gewinnerin enthält. Ist Kim die Gewinnerin, lautet die Meldung beispielsweise »Congratulations Kim you have won an ice cream sundae!«
`prompt = 'Would you like a cherry on top? '`	Den Namen oder die Variable prompt mit dem Text »Would you like a cherry on top?« füllen.
`wants_cherry = input(prompt)`	Den Benutzer auffordern, etwas Text einzugeben und ihn wants_cherry zuzuweisen. Soll der Benutzer etwas eingeben, wird diese Aufforderung zuerst angezeigt (wie in den Python-Ausgaben zu sehen).
`order = flavor + ' sundae '`	Den Namen oder die Variable order mit dem Text 'vanilla', gefolgt von 'sundae' füllen.
`if (wants_cherry == 'yes'):` `order = order + ' with a cherry on top'`	Hat der Benutzer auf die Frage 'Would you like a cherry on top?' mit ja ('yes') geantwortet, füge den Text » with a cherry on top« zu order hinzu.
`print('One ' + order + ' for ' + winner + ' coming right up...')`	Nachricht ausgeben, dass die Bestellung des Gewinners sofort serviert wird (»is coming right up«).

Python-Ausgaben

```
Congratulations Stacie you have won an ice cream sundae!
Would you like a cherry on top? yes
One vanilla sundae with a cherry on top for Stacie coming
right up...
```

PS: Wenn Sie den Code unbedingt eintippen müssen, fügen Sie am Anfang der Datei `import random` hinzu, bevor Sie sie ausführen. Was diese Anweisung tut, werden wir später erklären. Im Moment ist das Ausführen des Codes allerdings noch nicht erforderlich und auch nicht besonders nützlich. Einige von Ihnen werden es trotzdem ausprobieren. Wir kennen Sie!

Code mit Python schreiben und ausführen

Nachdem wir über Code gesprochen und sogar schon welchen gesehen haben, wollen wir jetzt überlegen, wie man echten Code schreibt und ausführt. Je nach Sprache und Umgebung gibt es dafür eine Reihe verschiedener Modelle. Versuchen wir, ein Gefühl für das Schreiben und Ausführen Ihres Python-Codes zu bekommen:

❶ Ihren Code schreiben

Zuerst müssen Sie Ihren Code in einen Editor eingeben und speichern. Das kann ein Texteditor wie Notepad (Windows) oder TextEdit (Mac) sein. Allerdings benutzen die meisten Entwickler zum Schreiben ihres Codes spezielle Editorprogramme, die IDE (Integrated Development Environment, integrierte Entwicklungsumgebung) genannt werden. Warum? Weil IDEs wie Textverarbeitungsprogramme viele nette zusätzliche Fähigkeiten wie die automatische Vervollständigung bestimmter Python-Schlüsselwörter, das Hervorheben der Syntax (oder von Fehlern) und eingebaute Testmöglichkeiten besitzen. Praktischerweise liegt Python bereits eine eigene IDE namens IDLE bei, die wir uns gleich ansehen werden.

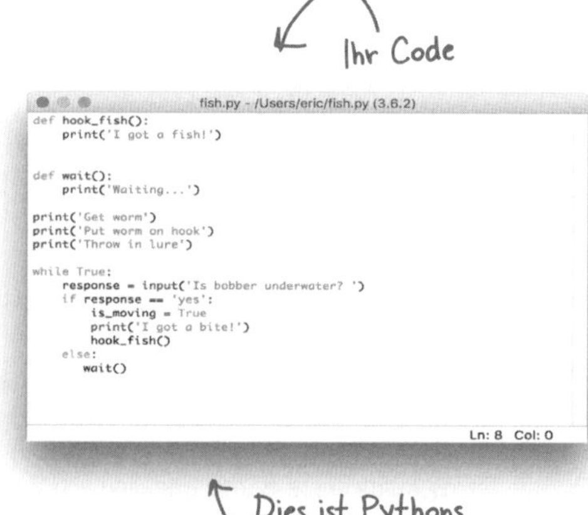

❷ Ihren Code ausführen

Um Ihren Code auszuführen, müssen Sie ihn einfach dem Python-Interpreter übergeben. Das ist ein Programm, das sich um alles kümmert, was zum Ausführen Ihres Codes nötig ist. Zu den Details werden wir gleich kommen. Auf den Interpreter können Sie entweder über IDLE oder direkt über die Kommandozeile Ihres Computers zugreifen.

❸ Wie Ihr Code interpretiert wird

Wir benutzen Python als Sprache, die Sie wie auch Ihr Computer verstehen. Und soweit wir gelernt haben, gibt es einen Interpreter, der Ihren Code liest und ausführt. Hierfür übersetzt der Interpreter Ihren Code hinter den Kulissen in Maschinencode, der direkt von der Hardware Ihres Rechners ausgeführt werden kann. Sie müssen nicht wissen, wie – es reicht, wenn Sie verstehen, dass der Interpreter jede Ihrer Python-Anweisungen für Sie ausführt.

Es gibt keine Dummen Fragen

F: Warum benutzt man nicht einfach eine natürliche Sprache, um Computer zu programmieren? Spezielle Programmiersprachen wären dann nicht mehr nötig.

A: Ja, das wäre wirklich schick. Leider sind natürliche Sprachen voller Mehrdeutigkeiten, was ihre Übersetzung in Maschinencode sehr erschwert. Forscher arbeiten an dem Problem, sind aber noch weit davon entfernt, natürliche Sprachen als Programmiersprachen verwenden zu können. Außerdem bevorzugen Programmierer Sprachen, die sich weniger »natürlich« anfühlen und stattdessen auf die Programmierung spezialisiert sind.

F: Warum gibt es überhaupt mehrere Programmiersprachen?

A: Technisch gesehen, sind alle Programmiersprachen gleich. Sie berechnen die gleichen Dinge, um Ihnen zu dienen. Wie gesprochene Sprachen unterscheiden sich auch Programmiersprachen in ihrer Ausdruckskraft. Einige Aufgaben (z. B. das Erstellen von Websites) lassen sich mit bestimmten Sprachen besser erledigen als mit anderen. Manchmal ist die Wahl der Programmiersprache auch nur von Ihrem Geschmack oder der Verwendung einer bestimmten Methodik abhängig – oder es ist einfach die Sprache, die Ihr Chef sich ausgesucht hat. Auf eines können Sie aber zählen: Die Anzahl der Sprachen wächst immer weiter, weil die Programmiersprachen sich weiterentwickeln.

F: Ist Python nur eine Spielzeugsprache für Anfänger? Ist es überhaupt sinnvoll, Python zu lernen, wenn ich später als Softwareentwickler arbeiten will?

A: Python ist eine ernsthafte Sprache und wird in vielen Produkten verwendet, die Sie (vermutlich) kennen und lieben. Außerdem ist Python eine der wenigen professionellen Sprachen, die sich ausgezeichnet für Anfänger eignen. Warum? Weil Python im Vergleich zu vielen anderen Sprachen die Dinge ohne große Umstände und trotzdem konsistent angeht (diese Eigenschaften werden Sie im Laufe der Zeit besser verstehen, sobald Sie mehr Erfahrung mit Python und anderen Sprachen haben).

F: Worin besteht der Unterschied zwischen dem Lernen einer Programmiersprache und rechnerischem Denken? Ist Zweiteres nur eine Informatiksache?

A: Rechnerisches Denken ist ein bestimmter Denkansatz zum Lösen von Problemen, der tatsächlich aus der Informatik stammt. Beim rechnerischen Denken lernen wir, das Problem zu zerlegen, um daraus Algorithmen zum Lösen der Teilprobleme zu erstellen und die Lösungen zu verallgemeinern. Dadurch lassen sich auch größere Probleme lösen. Oft soll ein Computer Algorithmen für uns auszuführen. Und genau da kommt das Programmieren ins Spiel. Programmieren ist der Weg, einen Algorithmus in den Computer (oder irgendein anderes Rechengerät, z. B. Ihr Smartphone) hineinzubekommen. Beide geht Hand in Hand. Mit rechnerischem Denken können wir Lösungen für Probleme finden, die wir programmieren wollen. Das Programmieren wiederum gibt uns die Möglichkeit, unsere Lösungen an einen Computer weiterzugeben. Übrigens kann das rechnerische Denken auch helfen, wenn Sie nicht programmieren.

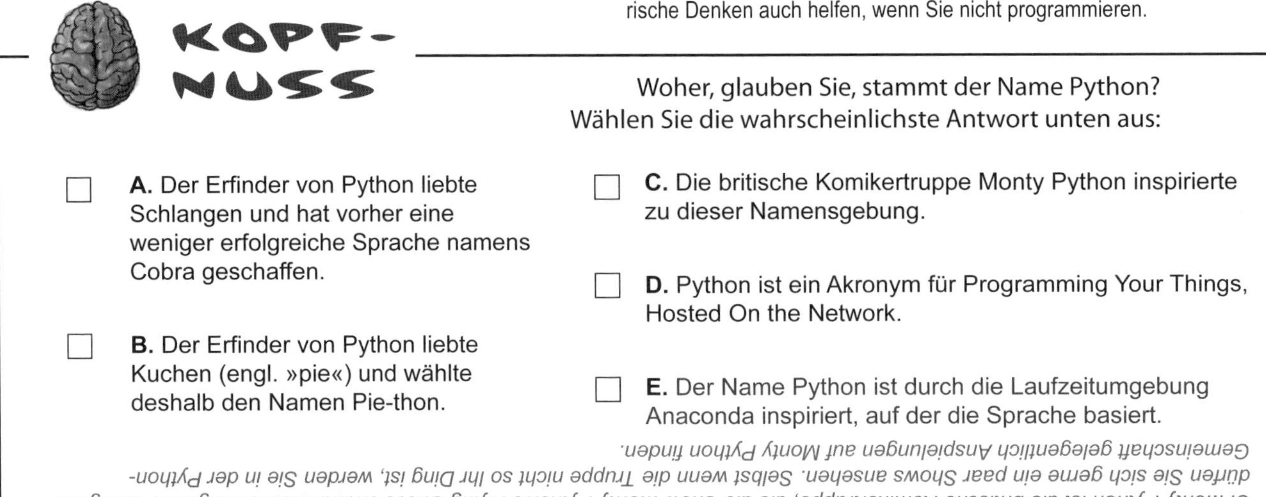

Eine kurze Geschichte von Python

Python 1.0

In den Niederlanden gab es am nationalen Forschungszentrum für Mathematik und Informatik ein großes Problem: Den Wissenschaftlern war das Lernen von Programmiersprachen zu schwer. Selbst für diese hoch spezialisierten Wissenschaftler waren die meisten aktuellen Programmiersprachen verwirrend und inkonsistent. Als Ausweg entwickelte das Institut eine neue Sprache namens »ABC« (Sie haben gedacht, wir sagen jetzt »Python«, oder?), die wesentlich leichter zu erlernen sein sollte. ABC war sogar einigermaßen erfolgreich. Dann kam ein aufstrebender junger Entwickler namens Guido van Rossum. Nachdem er sich ein Wochenende lang ausgiebig alte Monty-Python-Folgen angesehen hatte, war er überzeugt davon, dass er die Dinge, die er von ABC gelernt hatte, noch verbessern könnte. Also schuf er Python. Der Rest ist Geschichte.

Okay, den Teil über das Monty-Python-Wochenende haben wir uns einfach ausgedacht.

Hinweis vom Herausgeber: Den »Rest« finden Sie in den folgenden paar Absätzen.

Python 2.0

Mit der Version 2.0 wuchs Python heran und erhielt eine Vielzahl neuer Funktionen, die die wachsende Entwicklergemeinschaft unterstützen sollten. Da Python inzwischen eine wirklich weltweit verbreitete Sprache war, wurde 2.0 so erweitert, dass Zeichensätze von Sprachen verarbeitet werden konnten, die weit außerhalb der typischen englischen Buchstaben liegen. Außerdem wurden viele technische Sprachaspekte verbessert. Hierzu gehörte etwa die Speicherverwaltung und eine bessere Unterstützung für bestimmte Datentypen wie Listen und Zeichenstrings.

Das Python-Entwicklungsteam arbeitete außerdem hart daran, Python einer ganzen Entwicklergemeinschaft zu öffnen, die bei der Verbesserung und Implementierung der Sprache helfen konnten.

Python 3.0

Niemand ist perfekt. Und so bemerkten die Schöpfer von Python irgendwann, dass es durchaus noch Verbesserungsbedarf gab. Obwohl Python möglichst unkompliziert sein will, zeigte die Erfahrung, dass das Sprachdesign noch verbessert werden konnte. Anderes war in die Jahre gekommen und musste entfernt werden.

Diese Änderungen hatten zur Folge, dass einige Aspekte von Python 2 nicht weiter unterstützt werden konnten. Trotzdem sorgten die Schöpfer von Python dafür, dass Python 2.0-Code auch weiterhin funktioniert. Machen Sie sich also keine Sorgen, wenn Sie mit Python 2-Code arbeiten müssen. Python 2 ist immer noch gesund und munter. Die Zukunft von Python liegt aber trotzdem in der Version 3.

Wir sind absolut davon überzeugt, dass fliegende Autos mit Python programmiert werden.

1994 — **2000** — **2008** — **Die Zukunft!**

Das klingt, als gäbe es zwei Python-Versionen: 2 und 3. Welche benutzen wir, und welche Unterschiede gibt es?

Gute Frage. Es gibt tatsächlich zwei Python-Versionen. Beim Druck dieses Buchs waren das die Versionen 3.6 und 2.7.

Wir sehen das so: Wenn Sie sich die beiden Sprachen aus ca. drei Kilometern Höhe betrachten, gibt es erstaunlich viele Ähnlichkeiten, und Sie werden vermutlich überhaupt keine Unterschiede feststellen. Trotzdem *gibt* es diese Unterschiede. Das heißt, wenn Sie nicht auf die von Ihnen verwendete Version achten, kommen Sie leicht ins Stolpern. Wir benutzen in diesem Buch die neueste Python-Version, also 3, denn wir zeigen Ihnen lieber gleich den Weg in die Zukunft.

Jetzt gibt es aber schon eine Menge Python 2-Code da draußen. Sollten Sie Softwareentwickler werden, wird Ihnen früher oder später auch Python 2-Code begegnen. Zum Beispiel in einem heruntergeladenen Modul oder als Teil des Codes, den Sie weiterpflegen sollen. Nach diesem Buch sind Sie in einer guten Position, bei Bedarf die kleinen Unterschiede zwischen Python 2 und 3 zu erkennen.

Wenn wir von Python 3 oder 2 sprechen, meinen wir die jeweils aktuelle Version (beim Schreiben des Buchs 3.6 und 2.7).

Ohne dass Sie Python installieren, werden wir nicht weiterkommen. Falls Sie es noch nicht getan haben, ist jetzt der richtige Zeitpunkt gekommen. Lesen Sie hierfür den Abschnitt »Sie müssen Python installieren« in der Einführung zu diesem Buch. Falls Sie einen Mac oder Linux benutzen, ist es gut möglich, dass Python bei Ihnen schon installiert ist – allerdings mit einer recht hohen Chance, dass Sie Version 2 und nicht 3 haben. Egal ob Sie mit macOS, Windows oder Linux arbeiten, Sie werden spätestens jetzt Python in der Version 3 installieren müssen.

Tun Sie das als Allernächstes. Sobald Python bei Ihnen läuft, können wir uns mit richtigem Code befassen.

Python auf Herz und Nieren prüfen

Nachdem Python installiert ist, wollen wir es auch benutzen. Wir beginnen mit einem kleinen Testprogramm, um zu sehen, ob alles richtig funktioniert. Hierfür müssen Sie einen Editor einsetzen, um Ihr Programm einzugeben. Erst danach können Sie es ausführen. Und da kommt IDLE, der Python-Editor (bzw. die Python-IDE), ins Spiel. Öffnen Sie IDLE, wie in der Einführung gezeigt. Zur Erinnerung: Auf dem Mac finden Sie IDLE im Ordner **`Programme`** > **`Python 3.x`**. Unter Windows benutzen Sie den Start-Button, um zu Alle Programme zu navigieren. Sie finden IDLE im Python 3.x-Menü.

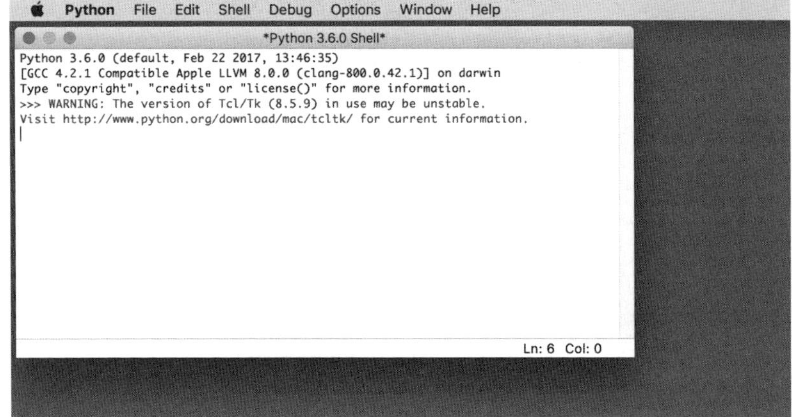

Wenn Sie IDLE zum ersten Mal öffnen, zeigt er einen interaktiven Interpreter an, der Python-Shell genannt wird. Wenn Sie sehr neugierig sind, geben Sie *1+1* (d. h. eins plus eins) ein und drücken dann die Enter-Taste.

Beim ersten Start von Python wird ein interaktives Fenster namens Python-Shell angezeigt. Hier können Sie Python-Anweisungen direkt eingeben. Sie können aber auch einen Editor benutzen. Wählen Sie hierfür den Befehl **`File`** > **`New File`** aus dem IDLE-Menü, und es erscheint ein leeres Editorfenster.

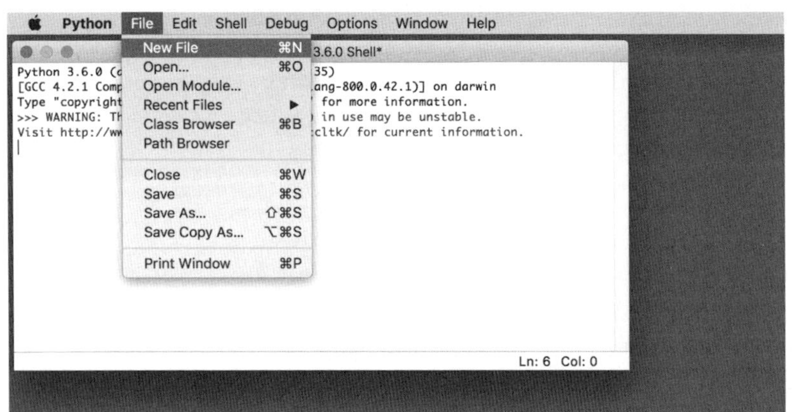

Benutzen Sie den Menübefehl File > New File, um ein neues Fenster für die Eingabe Ihres Python-Codes zu öffnen.

IDLE funktioniert wie ein Textverarbeitungsprogramm, das Python-Code versteht. Es hilft Ihnen durch die Hervorhebung von Python-Schlüsselwörtern, durch Codeformatierung und, wo angemessen, durch die automatische Vervollständigung von Python-Schlüsselwörtern, um die Codeeingabe zu vereinfachen.

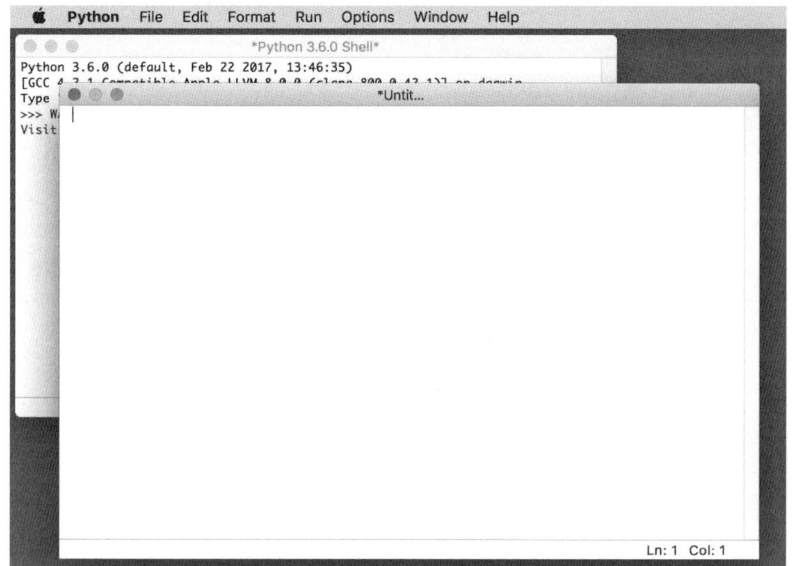

Nach der Auswahl von New File sollten Sie ein neues leeres Fenster sehen, das das Fenster der Python-Shell überlagert.

Nach dem Anlegen einer neuen Datei erhalten Sie ein neues leeres Editorfenster. Hier geben Sie eine Zeile Code ein, um die Sache auszuprobieren, zum Beispiel:

```
print('You rock!')
```

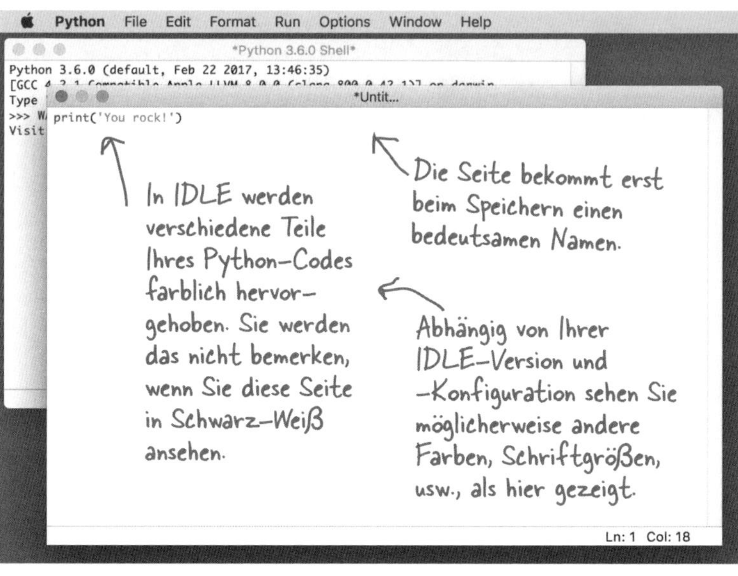

Achten Sie genau auf Schreibweise und Zeichensetzung, da Python und andere Sprachen diese Fehler meist nicht verzeihen.

Ihre Arbeit speichern

Nachdem Sie Ihre erste Codezeile eingegeben haben, wollen wir sie speichern. Hierfür wählen Sie einfach den Befehl **`File`** > **`Save`** aus dem IDLE-Menü:

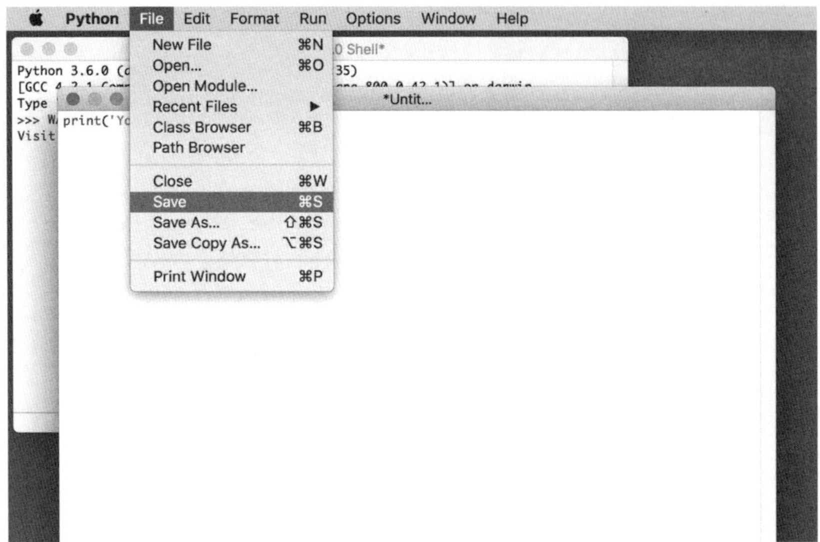

Vor dem Ausführen müssen wir Ihren Code erst speichern. In IDLE finden Sie den Menübefehl Save unter dem File-Menü. Wählen Sie diese Option und geben Sie Ihrem Quellcode einen Namen. Beim Schreiben von Python-Code benutzen wir übrigens die Dateiendung »․py«.

Quellcode, Quelldatei, Code und Programm sind einfach verschiedene Namen für die Dateien, die Ihren Code enthalten.

Wenn Sie Ihrem Code einen Namen geben, vergessen Sie nicht die Dateiendung *.py* . Wir haben uns für den Namen *rock.py*. entschieden. Und auch wenn das hier nicht zu sehen ist, haben wir für Kapitel 1 einen eigenen Ordner mit dem Namen *ch1* angelegt. Wir empfehlen Ihnen, das ebenfalls zu tun.

Vermutlich sollten Sie Ihre Dateien nach dem gleichen Schema benennen, wie wir das für dieses Buch getan haben. Werfen Sie einen Blick auf Seite xxxii in der Einführung zu diesem Buch, falls noch nicht geschehen.

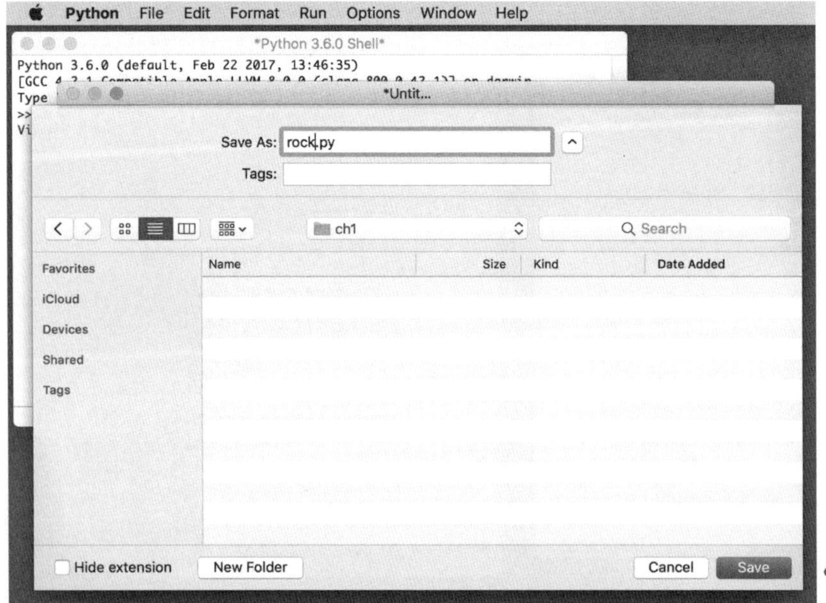

Sobald Sie den Dateinamen und einen Ordner für Ihren Code haben, klicken Sie auf Save.

Hier kommt alles zusammen. Nachdem Sie Ihren Code gespeichert haben, wählen Sie den Menübefehl **Run > Run Module**. Die Ausgaben Ihres Programms können Sie in Pythons Shell-Fenster beobachten.

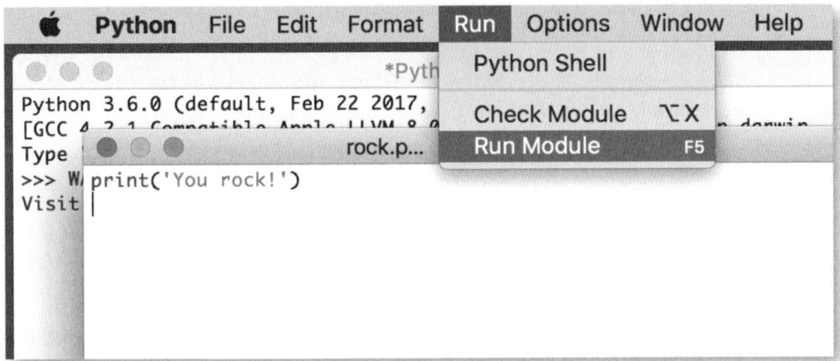

Führen Sie Ihren Code aus, indem Sie den Befehl Run Module aus dem Run-Menü wählen. Wenn Sie Ihren Code noch nicht gespeichert haben, wird IDLE Sie nun dazu auffordern.

Herzlichen Glückwunsch zu Ihrem ersten Python-Programm!

Sie haben Python installiert, Sie haben Ihr erstes Stück Python-Code mit IDLE eingegeben, und Sie haben auch gleich Ihr erstes Python-Programm ausgeführt. Der Code ist zwar noch nicht besonders komplex, aber irgendwo muss man halt anfangen. Die gute Nachricht: Damit können wir uns schon an unser erstes ernsthaftes Businessprogramm wagen.

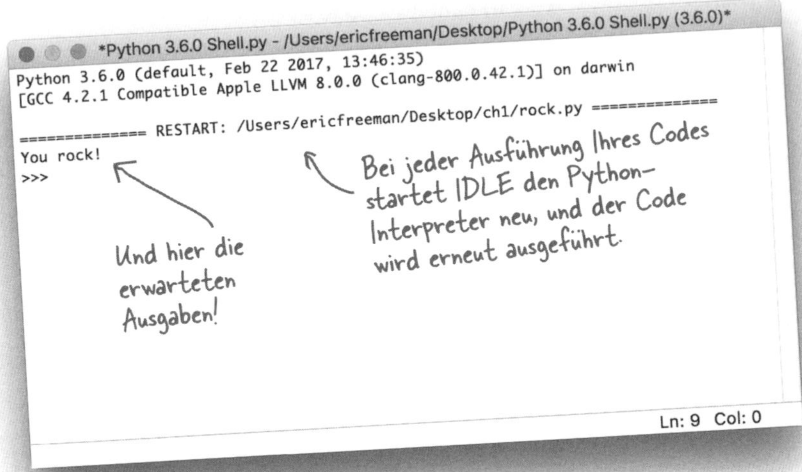

Hatten Sie eine andere Ausgabe als »You rock!«?

Beim Schreiben und Testen passiert schnell mal ein Fehler. Wenn Sie beim ersten Versuch keinen Erfolg hatten, gewöhnen Sie sich besser gleich daran: Das Beseitigen von Fehlern im Code gehört zum Entwickleralltag. Hier ein paar Möglichkeiten:

- *Meldet Python einen Fehler wie* `invalid syntax` *(ungültige Syntax), überprüfen Sie Ihren Code auf falsche Zeichensetzung, fehlende Klammern und Ähnliches. IDLE hebt den fraglichen Code farblich hervor. So können Sie die Fehler meistens schon schnell finden.*
- *Meldet Python einen Fehler wie* `NameError: name 'prin' is not defined`*, sollten Sie Ihren Code auf Tippfehler, z. B. falsch geschriebene Namen, überprüfen (in unserem Beispiel das Wort* `print`*).*
- *Meldet IDLE einen Fehler wie* `EOL while scanning`*, so heißt das normalerweise, dass Sie bei der Zeichenkette* `'You rock'` *ein Anführungszeichen vergessen haben. Stellen Sie sicher, dass auf beiden Seiten des Strings ein einfaches Anführungszeichen steht, wie hier:* `'You rock!'`.
- *Und wenn Sie wirklich nicht weiterkommen, versuchen Sie es mal auf der Communityseite zu diesem Buch unter: wickedlysmart.com.*

Es gibt keine Dummen Fragen

F: Warum brauchen wir zum Ausführen unseres Codes das Run-Modul?

A: Python ruft eine Datei mit Python-Code auf, die *Modul* genannt wird. Die Anweisung lautet einfach: »Führe sämtlichen Python-Code in meiner Datei aus.« Module sind eine weitere Möglichkeit, Code zu speichern, um den sich Python erst später kümmern soll.

F: Was heißt Ein- und Ausgabe genau?

A: Im Moment haben wir es nur mit einfachen Ein- und Ausgaben zu tun. Unsere Ausgabe ist der Text, den Ihr Programm erzeugt und dann im Python-Shell-Fenster angezeigt hat. Umgekehrt ist eine Eingabe der Text, der im Shell-Fenster an Ihr Programm übergeben wird. Grundsätzlich sind fast alle Ein- und Ausgabearten möglich, wie solche mit einer Maus oder einem Touchpad, Grafiken, Töne usw.

F: Ich habe kapiert, dass ich per print Text an den Benutzer übergeben kann. Aber warum dieser Name? Der klingt wie eine Anweisung, etwas auszudrucken (engl. to print).

A: Es ist noch gar nicht so lange her, da fanden Computerausgaben viel öfter über einen Drucker statt als auf dem Bildschirm. Damals war der Name **print** daher sinnvoller als heute. Natürlich reicht das für Python nicht als Ausrede. Dafür ist es noch zu jung. Allerdings ist **print** in vielen Sprachen der Standardbefehl für eine Ausgabe. **print** erzeugt also eine Bildschirmausgabe (mithilfe des Python-Shell-Fensters). Und ein Beispiel für **input**, bei dem Benutzereingaben über die Python-Shell entgegengenommen werden, haben Sie übrigens auch schon gesehen.

F: Ist print die einzige Möglichkeit, Dinge mit Python auszugeben?

A: Nein, es ist nur die einfachste Methode. Computer und Programmiersprachen besitzen eine Vielzahl an Ein- und Ausgabemöglichkeiten, auch Python. Mit Python (und den meisten anderen Sprachen) können Sie Dinge auf Webseiten, im Netzwerk, in Dateien auf Speichermedien, Grafik- und Audiogeräten und vielen anderem ausgeben.

F: Okay. Bei der Benutzung von print schreibe ich etwas wie print('Moin allerseits'). Was passiert da genau?

A: Sie benutzen eine Python-eigene Funktion, um eine Ausgabe vorzunehmen. Das heißt, Sie weisen eine Funktion mit dem Namen **print** an, den Text innerhalb der Anführungszeichen zu nehmen und auf der Python-Shell auszugeben. Wir werden später genauer erklären, was Funktionen sind, was Text ist und so weiter. Jetzt reicht es zu wissen, dass Sie **print** benutzen können, um alles, was Sie wollen, auf der Shell auszugeben.

Python im Gespräch

Interview der Woche: Meinen Sie es ernst?

Von Kopf bis Fuß: Willkommen, Python. Wir freuen uns schon darauf, Sie näher kennenzulernen.

Python: Danke. Ich freue mich, hier zu sein.

Von Kopf bis Fuß: Ihr Name stammt also von einer Comedy-Truppe, und Sie sind als Anfängersprache bekannt. Mal ehrlich: Kann man Sie überhaupt ernst nehmen?

Python: Eigentlich werde ich für alles Mögliche benutzt, von der Chipfertigung für Programme, die bei der Produktion großer Kinofilme geholfen haben (hat etwa gerade jemand »George Lucas« gesagt? Wir sicher nicht …), bis zum Ansteuern von Schnittstellen für die Flugsicherung. Ich könnte noch mehr aufzählen … Klingt das ernsthaft genug?

Von Kopf bis Fuß: Nun gut, wenn Sie so eine ernsthafte Sprache sind, wie können Sie dann derart einfach für Neueinsteiger sein? Die Projekte, die Sie beschreiben, klingen doch ziemlich komplex. Sollen wir wirklich glauben, dass keine komplexe Hardcore-Sprache nötig ist, um das alles zu schaffen?

Python: Einer der Gründe dafür, dass Anfänger *und Profis* mich gleichermaßen schätzen, ist, dass mein Code so schlicht und gut lesbar ist. Haben Sie sich mal eine Sprache wie Java angesehen? Pfui Deibel. Meine Güte! Der Aufwand, den Sie treiben müssen, um einfach nur »Hallo Welt!« zu sagen. In Python geht das mit einer einzigen Codezeile.

Von Kopf bis Fuß: Okay. Sie sind gut lesbar. Wunderbar, aber was heißt das überhaupt?

Python: Nachdem ich Java schon erwähnt habe, hier ein kleines Beispiel. Angenommen, Sie wollten den Benutzer einfach mit »Moin!« begrüßen. In Java macht man das so:

```
class HelloWorldApp {

  public static void main(String[] args) {

    System.out.println("Moin!");

  }

}
```

Da muss man erst mal durchsteigen. Ich nenne das komplett unlesbar, besonders für Leute, die gerade erst programmieren lernen. Was zum Henker soll das alles bedeuten? Ist das wirklich nötig? Und jetzt sehen Sie sich mal meine Version an, also natürlich in Python geschrieben:

```
print('Moin!')
```

Ich denke mal, wir sind uns einig, dass das deutlich einfacher und lesbarer ist. Ein Blick auf die Zeile reicht, um zu wissen, was hier passiert. Und das war noch ein simples Beispiel. Im Großen und Ganzen nimmt jeder Python – fast schon wie Englisch – als klar und konsistent wahr.

Von Kopf bis Fuß: Was meinen Sie mit »konsistent«?

Python: Konsistenz heißt, dass es in der Sprache nur wenige Überraschungen gibt. Anders gesagt: Wenn Sie einen kleinen Teil der Sprache verstanden haben, werden die anderen Teile so funktionieren, wie Sie es erwarten. Nicht alle Sprachen sind so.

Von Kopf bis Fuß: Ich möchte noch mal auf etwas zurückkommen, das Sie vorhin gesagt haben. Sie haben da ein paar recht esoterische Beispiele genannt, wie Flugsicherung, Chipherstellung, die Verwendung als Hauptsoftware für das Spaceshuttle und so weiter. Das klingt alles ziemlich industriell und sehr spezialisiert. Ich bin mir nicht sicher, ob Python wirklich die beste Sprache für unsere Leser ist.

Python: Das Spaceshuttle? Das haben Sie sich ausgedacht. Ich habe Ihnen Beispiele für Dinge genannt, die Sie *als ernst ansehen könnten*, nachdem Sie vorhin meinten, das sei Python nicht. Python wird unter anderem häufig für die Erstellung von Websites, das Schreiben von Spielen und sogar für die Erstellung von Desktopprogrammen verwendet.

Von Kopf bis Fuß: Themawechsel, okay? Jemand hat mir einen Tipp gegeben. Unsere Quellen sagen, es gibt eigentlich *zwei Versionen* von Python, und die sind auch noch … oh Mann, wie sage ich das jetzt … *miteinander inkompatibel.* Wie um alles in der Welt können Sie das konsistent nennen?

Python: Wie alles, müssen auch Sprachen wachsen und sich entwickeln. Und ja, es gibt zwei Versionen von Python, 2 und 3. Version 3 enthält alles Neue, was noch nicht Teil von Version 2 war. Allerdings gibt es Möglichkeiten, die Dinge rückwärtskompatibel zu machen. Wir zeigen Ihren Lesern gern, wie das geht …

Von Kopf bis Fuß: … leider ist unsere Zeit gerade um. Wir freuen uns schon auf unseren nächsten Hinterhalt – ich meine natürlich, die nächste Gelegenheit, mit Ihnen zu sprechen.

Python: Vielen Dank. Das Vergnügen war ganz meinerseits … denke ich.

Mit meinem neuen Phrasendrescher können Sie reden wie der Boss oder die Leute aus der Marketingabteilung ...

Okay. Jetzt wird's ernst. Wir wollen unsere erste echte Businessapplikation mit Python schreiben. Dieser Phrasendrescher-Code wird Sie beeindrucken.

Entspannen Sie sich

Im Ernst. Wir wollen, dass Sie sich auf den Code voll und ganz einlassen. Sehen Sie sich die Codezeilen an, lesen Sie die Beschreibungen und lassen Sie die Informationen in sich hineinfließen. Wir haben ein paar Python-Kommentare eingefügt. Das sind einfach ein paar Hinweise nach den #-Zeichen, damit Sie besser verstehen, was der Code hier tut. Kommentare sind eine Art hilfreicher Pseudocode. Später in diesem Buch werden wir Kommentare noch genauer betrachten. Wenn Sie glauben, den Code einigermaßen verstanden zu haben, gehen Sie weiter zur nächsten Seite, wo wir Ihnen die Sache etwas detaillierter erklären.

1 **# Python mitteilen, dass wir ein paar Zufallsfunktionen**
 # benutzen wollen, indem wir das random-Modul importieren

```
import random
```

2 **# Drei Listen erstellen: eine mit Verben, eine mit**
 # Adjektiven und eine mit Substantiven

```
verbs = ['Leverage', 'Sync', 'Target',
         'Gamify', 'Offline', 'Crowd-sourced',
         '24/7', 'Lean-in', '30,000 foot']

adjectives = ['A/B Tested', 'Freemium',
              'Hyperlocal', 'Siloed', 'B-to-B',
              'Oriented', 'Cloud-based',
              'API-based']

nouns = ['Early Adopter', 'Low-hanging Fruit',
         'Pipeline', 'Splash Page', 'Productivity',
         'Process', 'Tipping Point', 'Paradigm']
```

3 **# Aus jeder Liste ein Verb, Adjektiv und Substantiv auswählen**

```
verb = random.choice(verbs)
adjective = random.choice(adjectives)
noun = random.choice(nouns)
```

4 **# Die Phrase erstellen, indem wir die Wörter »addieren«**

```
phrase = verb + ' ' + adjective + ' ' + noun
```

5 **# Die Phrase ausgeben**

```
print(phrase)
```

Phrasendrescher

Einfach gesagt, übernimmt das Programm drei Listen mit Wörtern, wählt aus jeder Liste zufällig ein Wort aus und kombiniert diese zu einer Phrase (die Sie als Marketing-Slogan für Ihr nächstes Start-up-Unternehmen benutzen können). Danach wird die Phrase ausgegeben. Keine Sorge, wenn Sie jetzt noch nicht jedes Detail Ihres Programms verstehen. Schließlich sind Sie erst auf Seite 25 von über 600. Es geht erst mal darum, sich mit dem Code vertraut zu machen:

Slogans für Ihr nächstes Python-basiertes Start-up-Unternehmen

24/7 Freemium Productivity

Lean-in Hyperlocal Splash Page

Gamify Siloed Early Adopter

Offline API-based Process

Crowd-sourced Cloud-based Pipeline

1. Die `import`-Anweisung teilt Python mit, dass wir weitere eingebaute Funktionen einsetzen wollen, die sich im Modul `random` befinden. Damit werden die Möglichkeiten Ihres Codes erweitert – in diesem Fall um die Fähigkeit, Dinge zufällig auszuwählen. Wie `import` im Detail funktioniert, werden wir weiter unten in diesem Buch noch sehen.

2. Danach müssen wir drei Listen erstellen. Die Deklaration einer Liste ist einfach. Umgeben Sie jedes Listenelement mit Anführungszeichen und umgeben Sie die Liste mit eckigen Klammern, wie hier:

```
verbs = ['Leverage', 'Sync', 'Target',
         'Gamify', 'Offline', 'Crowd-sourced',
         '24/7', 'Lean in', '30,000 foot']
```

   Hier weisen wir der Liste einen Namen zu, z. B. `verbs`, damit wir später im Code wieder darauf zurückgreifen können.

3. Als Nächstes müssen wir aus jeder Liste ein zufälliges Wort auswählen. Hierfür benutzen wir `random.choice`. Diese Funktion übernimmt eine Liste und wählt zufällig ein Element aus. Dieses weisen wir dann dem passenden Namen (`verb`, `adjective` oder `noun`) zu, damit wir später darauf zurückgreifen können.

   random.choice ist eine weitere Python-eigene Funktion, zu der wir später im Buch noch mehr lernen werden.

4. Dann müssen wir die Phrase zusammenbauen, indem wir Verb (verb), Adjektiv (adjective) und Substantiv (noun) zusammenbauen. In Python benutzen wir dafür das Pluszeichen. Vergessen Sie nicht, dass auch die Leerzeichen zwischen den Wörtern gebraucht werden. Sonst bekommen wir Phrasen wie »Lean-in-Cloud-basedPipeline«.

   Informatiker nennen dieses Zusammenbauen von Text auch »Verkettung« oder englisch »Concatenation«. Ein hübsches kleines Wort, das wir hier noch häufiger sehen werden.

5. Zum Schluss geben wir die Phrase mit der print-Anweisung in der Python-Shell aus, *und schon sprechen wir perfektes Marketing-Chinesisch.*

Den Code in die Maschine bekommen

Nachdem Sie ein Programm in IDLE eingegeben haben, wollen wir die einzelnen Schritte noch einmal betrachten. Hierfür legen wir mit dem Menübefehl **File** > **New File** eine neue Python-Datei an. Danach geben Sie den Code der vorletzten Seite in den Editor ein.

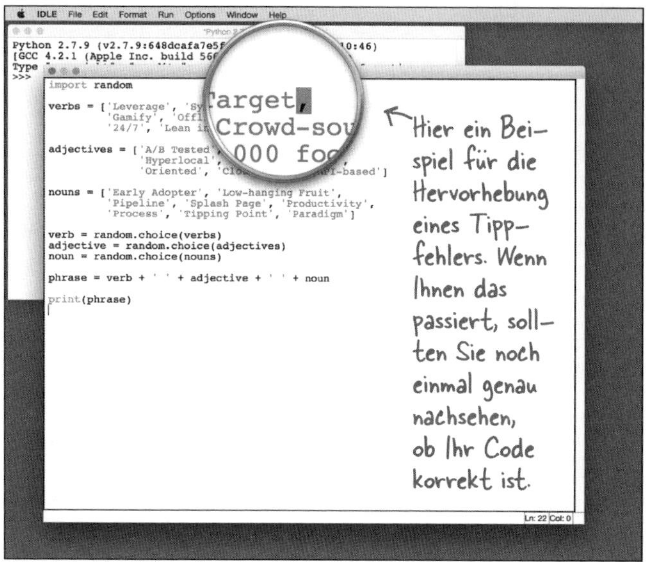

Achten Sie besonders auf die verwendeten Wörter und die Zeichensetzung. Wir werden später noch genau darauf eingehen. Im Moment reicht es, wenn Sie sich schon mal daran gewöhnen.

IDLE markiert häufige Fehler automatisch. Je nach Fehler kann es beim Schreiben oder beim Ausführen Ihres Codes zu Fehlermeldungen kommen. Hier wurde ein fehlendes Anführungszeichen bemerkt und markiert. In so einem Fall sollten Sie Ihren Code noch einmal überprüfen und korrigieren.

Um zu zeigen, was IDLE macht, haben wir hier absichtlich einen Fehler eingebaut. Wenn Sie den Code der vorletzten Seite richtig eingegeben haben, sollte dieser Fehler nicht auftauchen.

Sobald der Code fertig eingegeben ist, wollen wir ihn speichern. Benutzen Sie hierfür einfach den IDLE-Menübefehl **File** > **Save** und geben Sie der Datei den Namen *phraseomatic.py* (der englische Name des Programms).

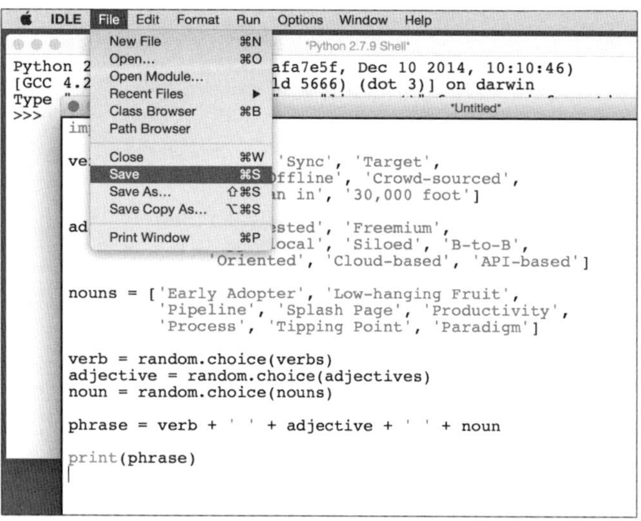

Wie Sie sehen, hebt IDLE Codeteile je nach ihrer Funktion farblich hervor.

Nach dem Drücken der Enter-Taste fügt IDLE außerdem die nötigen Einrückungen ein.

Wir benutzen zusätzliche Leerzeichen und Zeilenumbrüche, um den Code lesbarer zu machen. Python ignoriert Whitespace-Zeichen (auf eine Ausnahme kommen wir noch zu sprechen).

Probefahrt

Jetzt wollen den Phrasendrescher mal laufen lassen. Gehen wir die Schritte noch einmal genau durch, damit Sie es auch wirklich verstehen. Nach dem Speichern Ihres Codes wählen Sie den Menübefehl **Run > Run Module**. Danach finden Sie Ihren nächsten Marketing-Slogan direkt im Shell-Fenster.

Um Ihren Code auszuführen, benutzen Sie den Befehl Run Module aus dem Run-Menü. Wenn Sie Ihren Code noch nicht gespeichert haben, wird IDLE Sie jetzt dazu auffordern.

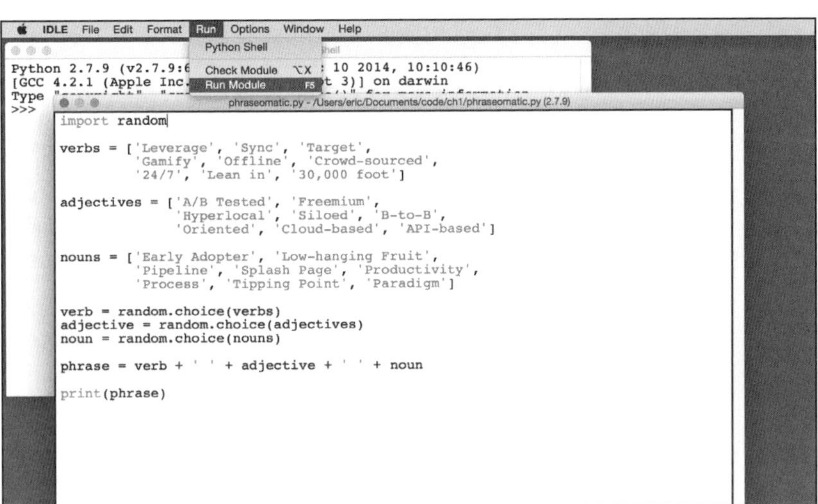

Unser Motto: Gamify A/B Tested Splash Pages!

Wir haben den Phrasendrescher ein paarmal laufen lassen. Hier sind die Ergebnisse.

```
Python 2.7.10 Shell
>>>
Sync B-to-B Early Adopter
>>> ================================ RESTART ======================
==========
>>>
Leverage Siloed Productivity
>>> ================================ RESTART ======================
==========
>>>
24/7 A/B Tested Low-hanging Fruit
>>> ================================ RESTART ======================
==========
>>>
Crowd-sourced API-based Tipping Point
>>> ================================ RESTART ======================
==========
>>>
Sync API-based Low-hanging Fruit
>>>
Ln: 9 Col: 0
```

Um den Phrasendrescher erneut laufen zu lassen, klicken Sie zuerst auf das Codefenster und wählen dann erneut den Menübefehl Run > Run Module.

Punkt für Punkt

- Um Code zu schreiben, müssen Sie das Problem in mehrere einfache Aktionen aufteilen, die es lösen.
- Diesen Satz von Aktionen bezeichnen wir als Algorithmus oder, weniger formal, als Rezept zur Problemlösung.
- Aktionen haben die Form von Anweisungen, die sehr einfache Aufgaben ausführen, Entscheidungen treffen oder den Ablauf des Algorithmus beeinflussen, z. B. indem Teile des Codes wiederholt werden.
- Rechnerisches Denken ist eine bestimmte Art, über Problemlösungen nachzudenken, und stammt ursprünglich aus der Informatik.
- Programmieren ist die Übersetzung der Einzelschritte eines Algorithmus in eine Programmiersprache, die von einem Computer ausgeführt werden kann.
- Algorithmen werden manchmal in menschenlesbarem Pseudocode ausgedrückt, bevor sie in eine tatsächliche Programmiersprache übersetzt werden.
- Programmiersprachen sind spezielle Sprachen, mit denen Aufgaben für einen Computer beschrieben werden können.
- Natürliche Sprachen sind wegen ihrer vielen Mehrdeutigkeiten nicht gut als Programmiersprachen geeignet.
- Es gibt viele Programmiersprachen. Alle haben ihre Vor- und Nachteile, benutzen aber die gleiche Rechenleistung.
- Der Name Python hat nichts mit einer Schlange zu tun, sondern damit, dass ihr Erfinder die Comedytruppe Monty Python mag.
- Neue und erfahrene Programmierer wissen Pythons sauberes und konsistentes Design zu schätzen.
- Es gibt zwei Versionen von Python, 2 und 3. In diesem Buch geht es um Python 3 (auch wenn die Unterschiede oftmals nur gering sind).
- Python-Code wird mit einem Interpreter ausgeführt. Dieser übersetzt die menschenlesbaren Anweisungen in Maschinencode, den Ihr Computer direkt ausführt.
- Python stellt einen Editor namens IDLE zur Verfügung, der speziell auf das Schreiben von Python-Code zugeschnitten ist.
- Durch die Verwendung von Leerzeichen können Sie die Lesbarkeit eines Python-Programms erhöhen.
- **input** und **print** sind zwei von Python bereitgestellte Funktionen, mit denen Sie einfache Shell-basierte Ein- und Ausgaben vornehmen können.

Programmierer-Kreuzworträtsel

Jetzt soll Ihre rechte Hirnhälfte auch etwas zu tun bekommen.

Hier sehen Sie ein ganz normales Kreuzworträtsel. Alle Wörter stammen aus Kapitel 1.

Waagerecht

4. Eine der besten Anfängersprachen.
5. Nach Kaffee benannte Sprache.
7. Technischer Name für Rezept.
11. Direkt vom Computer ausführbarer Code.
14. Anderer Ausdruck für Algorithmus.
15. Flying _______.
16. Ein Programm laufen lassen.
17. Denkweise, die dieses Buch vermittelt.
18. Menschenlesbarer Code.

Senkrecht

1. Zu mehrdeutig zum Programmieren.
2. Steht im Von Kopf bis Fuß-Restaurant auf der Speisekarte.
3. Hiermit wird der Python-Code ausgeführt.
6. Wir übersetzen das Problem in ein _________ Rezept.
8. Eine Firma, die Python einsetzt.
9. Name der Python-IDE.
10. Wird an einen Interpreter oder Compiler übergeben.
12. Hier finden Sie Unterstützung.
13. Ein anderes Wort für Quellcode.

Spitzen Sie Ihren Bleistift Lösung

Echte Rezepte sind keine reinen *Handlungsanweisungen*, denn sie enthalten auch eine Reihe von Objekten, die für die Zubereitung einer bestimmten Speise nötig sind (wie Messbecher, Schneebesen, Küchenmaschinen und natürlich die Zutaten). Welche Objekte werden in unserem Angelrezept verwendet?

1. Köder am Haken befestigen.
2. Leine auswerfen.
3. Pose beobachten, bis sie untertaucht.
4. Anhaken und Fisch einholen.
5. Fertig mit dem Angeln? Dann gehe nach Hause, ansonsten zurück zu Schritt 1.

Spitzen Sie Ihren Bleistift Lösung

Eines müssen Sie noch wissen: Computer tun immer **genau** das, was Sie Ihnen sagen – nicht mehr und auch nicht weniger. Sehen Sie das Rezept zum Angeln auf Seite 2 noch mal an. Welche Probleme gäbe es, wenn Sie der Roboter wären und die Anweisungen genau befolgen müssten? Glauben Sie, dass dieses Rezept wirklich zum Erfolg führen würde?

- [x] A. Wurden keine Fische gefangen, werden Sie eine sehr lange Zeit angeln (eigentlich für immer).
- [x] B. Löst sich der Köder vom Haken, werden Sie das nie erfahren oder ihn ersetzen.
- [x] C. Was passiert, wenn wir keinen Köder mehr haben?

Sieht aus, als müssten Sie alles anhaken!

- [x] D. Haben wir angegeben, was mit dem Fisch zu tun ist, nachdem wir ihn eingeholt haben?
- [x] E. Was passiert mit der Angelrute?
- [x] F. Gibt es weitere Angaben dazu, was ein guter Wurf ist? Müssen wir die Leine erneut auswerfen, wenn der Köder auf einem Seerosenblatt landet?

Typischerweise müssen wir den Fisch »anhaken«, bevor wir die Leine einholen. Es wird aber nicht gesagt, wie man das macht.

Wie finden wir heraus, ob wir mit dem Angeln fertig sind? Nach einer bestimmten Zeit? Wenn wir keine Köder mehr haben? Irgendetwas anderes? An vielen Stellen gehen wir in unserem Rezept von Annahmen aus. Sie haben bestimmt noch viele weitere Anweisungen gefunden, die eigentlich fehlen.

Code-Magneten, Lösung

Wir haben den Algorithmus des Von Kopf bis Fuß-Restaurants für die Zubereitung eines Omeletts aus drei Eiern an den Kühlschrank geheftet. Blöderweise hat irgendjemand den Code durcheinandergebracht. Können Sie die Magneten wieder in die richtige Reihenfolge bringen, damit unser Algorithmus funktioniert? Bedenken Sie, dass es im Von Kopf bis Fuß-Restaurant Omeletts mit und ohne Käse gibt.

Es gibt mehrere korrekte Variationen, die hier funktionieren. Stellen Sie einfach sicher, dass Sie unsere Lösung verstehen und dass Ihre gegebenenfalls abweichende Lösung einen logischen Sinn ergibt.

Hier sind die richtig geordneten Magneten!

```
Pfanne vorwärmen
Drei Eier aufschlagen und in eine
Schüssel geben
Solange die Eier nicht komplett vermischt sind:
    Eier schlagen
Eier in die Pfanne geben
Solange die Eier nicht komplett gar sind:
    Eier umrühren
Sofern der Kunde Käse bestellt hat:
    Mit Käse bestreuen
Pfanne vom Herd nehmen
Omelett auf den Teller legen
Servieren
```

Zu Beginn richten wir alles ein: das Vorheizen der Pfanne und das Aufschlagen der Eier.

Dann schlagen wir die Eier, bis sie gut verrührt sind.

Wie Sie sehen, haben wir das Schlagen eingerückt, um anzuzeigen, dass es so lange ausgeführt wird, bis die Eier komplett verrührt sind. Falls Sie das anders gekennzeichnet haben, ist es auch in Ordnung.

Dann geben wir die Eier in die vorgeheizte Pfanne.

Und braten sie, bis sie gar sind.

Beachten Sie, dass wir das Schlagen der Eier nur eingerückt haben, um zu zeigen, dass sie so lange geschlagen werden, bis sie komplett verrührt sind. Haben Sie das auf andere Weise vermerkt – auch okay.

Hat der Kunde Käse bestellt, bestreuen wir das Omelett damit.

Wir haben auch den Käse-Teil eingerückt, weil er nur ausgeführt wird, wenn der Kunde Käse bestellt hat.

Unabhängig davon nehmen wir die Pfanne vom Herd und legen das Omelett auf den Teller.

Zum Schluss können wir das Omelett endlich servieren.

DU SAGST TOMATE ... LÖSUNG

Auf der linken Seite sehen Sie einige Anweisungen in deutscher Sprache, rechts daneben sehen Sie die Anweisungen in einer Programmiersprache. Verbinden Sie die deutsche Anweisung mit der entsprechenden Codeübersetzung. Die erste Verbindung haben wir schon für Sie hergestellt.

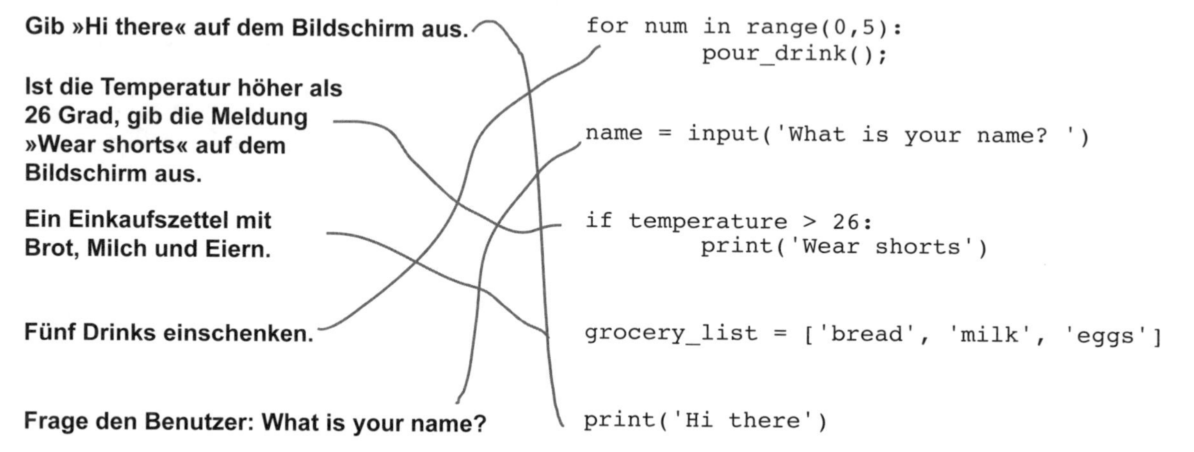

Programmierer-Kreuzworträtsel, Lösung

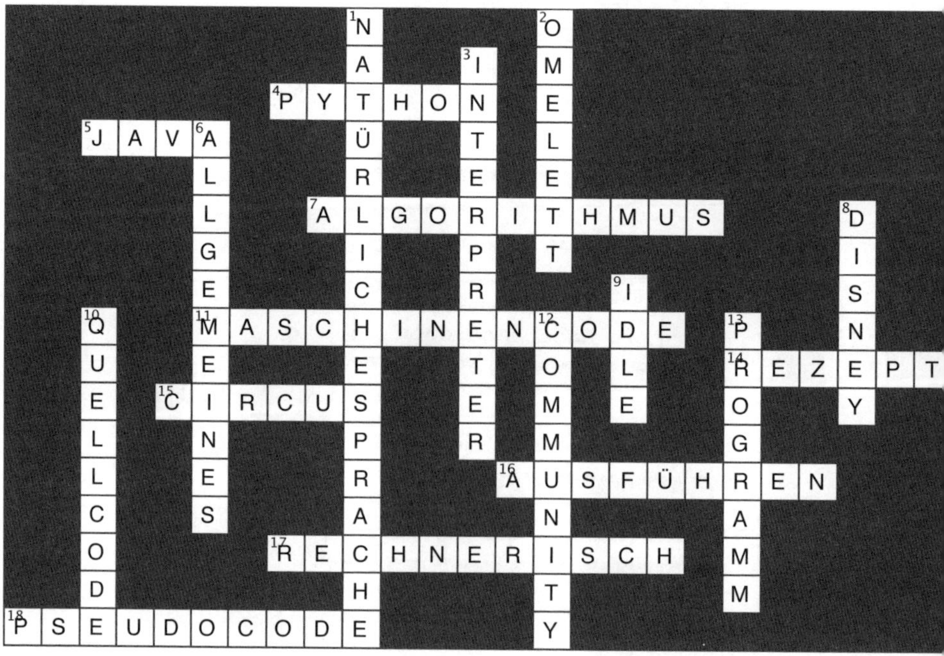

2 Einfache Werte, Variablen und Typen

Kennen Sie Ihren Wert

Computer können nur zwei Dinge richtig gut: Werte speichern und Operationen daran ausführen. Es scheint, als täten Computer sehr viel mehr, wenn Sie Texte schicken, online einkaufen, Photoshop benutzen oder Ihr Telefon als Navi verwenden. Dennoch kann alles, was Computer tun, in **einfache Operationen** aufgeteilt werden, die an **einfachen Werten** ausgeführt werden. Deshalb besteht ein wichtiger Teil des **rechnerischen Denkens** darin, zu lernen, diese Operationen und Werte benutzen, um etwas Anspruchsvolleres, Komplexeres und Sinnvolleres zu erschaffen. Zuerst sehen wir uns aber an, um welche Werte es geht, welche Operationen Sie daran ausführen können und welche Rolle **Variablen** dabei spielen.

Einen Rechner für Hundejahre programmieren

Haben Sie wirklich gedacht, dass wir erst 50 Seiten aus der Python-Spezifikation zu Werten und Operationen durcharbeiten, bevor wir echten Code schreiben? Natürlich nicht. Wir haben schließlich echte Arbeit vor uns!

Und jetzt: ein **Rechner für Hundejahre**. Sie können sich schon denken, was der Rechner macht: Sie geben das Alter eines Hundes in Hundejahren ein, und der Rechner ermittelt, wie viele *Menschenjahre* das sind. Für die Berechnung multiplizieren Sie die Hundejahre einfach mit der Zahl 7. Ist das wirklich so einfach? Wir werden sehen …

Und dafür schreiben wir einfach etwas Code? Nicht ganz. Erinnern Sie sich an den Pseudocode aus dem vorigen Kapitel? Der Pseudocode ermöglicht Ihnen, eine allgemeine Lösung für Ihr Problem zu finden, bevor Sie sich mit den Details beim Programmieren auseinandersetzen müssen. Das ist ein guter Startpunkt.

Besonders weil Sie noch nicht wissen, wie man programmiert!

Was ist Pseudocode genau? Stellen Sie sich das einfach als menschenlesbaren Algorithmus vor. Mit Pseudocode beschreiben Sie typischerweise alle Arbeitsschritte, die für die Lösung Ihres Problems ausgeführt werden müssen (in unserem Fall die Berechnung des Hundealters in Menschenjahren).

Ein Beispiel für Pseudocode haben Sie schon auf Seite 2 in Kapitel 1 gesehen. Erinnern Sie sich?

Man sagt, 12 sei das neue 9 …

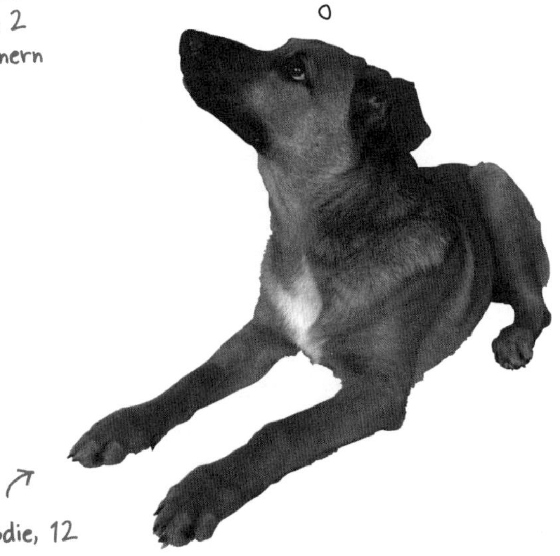

Codie, 12

Spitzen Sie Ihren Bleistift

Wir werden jetzt etwas Pseudocode schreiben. Überlegen Sie zuerst, wie Sie einen Algorithmus (oder ein Rezept) schreiben würden, der Hundejahre in Menschenjahre umrechnet. Sobald Sie eine Idee haben, schreiben Sie diese auf Deutsch (oder einer anderen Sprache Ihrer Wahl) auf. Machen Sie Ihre Lösung benutzerfreundlich, indem Sie den Benutzer nach Name und Alter des Hundes fragen. Am Ende muss außerdem eine hübsche Ausgabe erzeugt werden, z. B. »Your dog, Rover, is 72 years old in human years.«

Wie gesagt: Schreiben Sie Ihren Pseudocode einfach auf Deutsch. **Wichtig**: Vergleichen Sie Ihre Lösung auf jeden Fall mit unserer am Ende dieses Kapitels, bevor Sie weiterlesen.

Wenn Sie nicht weiterkommen, dürfen Sie auch ein wenig schummeln.

Schreiben Sie hier Ihren Pseudocode hin.

Hier ein Beispiel für die Funktionsweise des Hundejahre-Rechners.

Python 3.6.4 Shell

```
What is your dog's name? Codie
What is your dog's age? 12
Your dog Codie is 84 years old in human years
>>>
```

Pseudocode in richtigen Code umwandeln

Da unser Pseudocode nun fertig ist, wissen wir schon recht gut, was der richtige Code zu tun hat, um den Hundejahre-Rechner zu implementieren. Natürlich enthält der Pseudocode noch nicht jedes Detail, aber er gibt uns eine gute Richtschnur, der wir bei der *Implementierung* der einzelnen Schritte in echten Code folgen können.

Wenn wir unsere Ideen, Algorithmen oder unseren Pseudocode in echten Code umwandeln, sagen wir oft, wir implementieren ihn.

Also los: Nehmen wir uns den Pseudocode Schritt für Schritt vor und implementieren wir ihn auch gleich.

Spitzen Sie Ihren Bleistift

Der erste Schritt bei der Umwandlung von Pseudocode in echten Code ist, sich zu jeder Zeile Ihres Pseudocodes zu notieren, was der Code Ihrer Meinung nach tun muss. Halten Sie die Formulierungen im Moment noch allgemein. Vergleichen Sie Ihre Antworten auf jeden Fall mit unseren, bevor Sie weiterlesen.

Wenn Sie nicht weiterkommen, dürfen Sie wie immer auch jetzt schon die Lösung ansehen. Versuchen Sie aber zumindest einmal, jede Zeile ohne Hilfe zu verstehen.

Hundejahre-Rechner: Pseudocode

1. **Benutzer nach dem Namen des Hundes fragen.**
2. **Benutzer nach dem Alter des Hundes fragen.**
3. **Hundealter mit der Zahl 7 multiplizieren, um das Alter in Menschenjahren zu erhalten.**
4. **Ausgabe an den Benutzer:**

   »Your dog«
   Name des Hundes
   »is«
   Alter des Hundes in Menschenjahren
   »years old in human years«

1. Den Benutzer auffordern, Name und Alter des Hundes einzugeben. Der Name muss irgendwo gespeichert werden, damit wir ihn in Schritt 4 wiederverwenden können.

2.

3.

4.

Schreiben Sie hier Ihre Notizen für die einzelnen Schritte hin.

Es gibt keine Dummen Fragen

F: Warum soll ich erst etwas auf Deutsch schreiben, wenn der Computer sowieso nur Programmiersprachen versteht?

A: Die Formulierung Ihrer Lösung in Pseudocode gibt Ihnen die Möglichkeit, ohne die Last und Komplexität von echtem Computercode über Ihren Algorithmus nachzudenken. Dadurch können Sie Ihre Lösung genauer untersuchen und möglicherweise verbessern, bevor Sie diese in Code umsetzen.

F: Nutzen auch erfahrene Softwareentwickler Pseudocode?

A: Aber sicher. Es ist immer eine gute Idee, zuerst über die Problemlösung nachzudenken, bevor sie in komplexeren Code übertragen wird. Manche Entwickler können diverse Schritte auch im Kopf vornehmen, aber viele benutzen weiterhin Pseudocode oder ähnliche Techniken, um sich vor dem eigentlichen Progrmmieren einen Überblick über die nötigen Schritte zu verschaffen.

Schritt 1: Eingaben einsammeln

Hundejahre-Rechner: Pseudocode

1. **Benutzer nach dem Namen des Hundes fragen.**
2. **Benutzer nach dem Alter des Hundes fragen.**
3. **Hundealter mit der Zahl 7 multiplizieren, um das Alter in Menschenjahren zu erhalten.**
4. **Ausgabe an den Benutzer:**

   »Your dog«
   Name des Hundes
   »is«
   Alter des Hundes in Menschenjahren
   »years old in human years«

Jetzt können wir uns mit Schritt 1 befassen: den Benutzer nach dem Namen des Hundes zu fragen. Nach unseren Notizen muss der Benutzer aufgefordert werden, den Namen des Hundes einzugeben. Diesen müssen wir uns merken, um ihn in Schritt 4 (wenn wir den Namen und das Alter des Hundes in Menschenjahren ausgeben) weiterverwenden zu können. Wir müssen also zwei Dinge tun: den Benutzer zur Eingabe des Hundenamens auffordern und diesen dann zur späteren Verwendung speichern. Konzentrieren wir uns zuerst auf die Eingabeaufforderung.

In den Codeübungen aus Kapitel 1 haben Sie vielleicht schon bemerkt, dass wir die Python-Funktion `input` verwenden, um Eingaben vom Benutzer entgegenzunehmen. Auch wenn die Funktion eher nach Matheunterricht klingt, ist hier eigentlich die Möglichkeit gemeint, Python-eigene Funktionalität zu benutzen.

Wir werden in diesem Buch viel Zeit mit Funktionen verbringen, und schon bald werden Sie verstehen, wie sie arbeiten. Im Moment können Sie sich Funktionen einfach als Weg vorstellen, Python anzuweisen, etwas für uns zu tun. Die Details sind jetzt noch nicht so wichtig.

Werfen wir mal einen Blick darauf, wie die `input`-Funktion *aufgerufen* wird. Danach sehen wir, wie sie funktioniert:

Nicht vergessen: Die Syntax legt fest, wie wir Dinge in einer Computersprache schreiben.

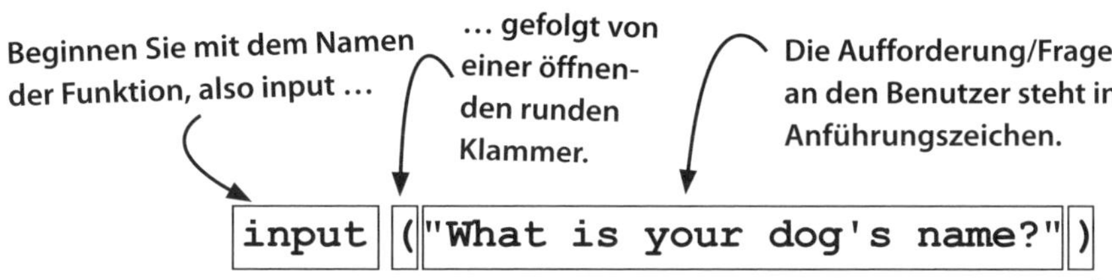

Wie die input-Funktion funktioniert

In Ordnung. Wir wissen, wie die `input`-Funktion geschrieben wird (d. h., wir kennen die Syntax). Aber wie funktioniert sie eigentlich? So wie hier:

1. Sieht der Interpreter Ihren Aufruf der `input`-Funktion, nimmt er den Text der Eingabeaufforderung und zeigt ihn dem Benutzer in der Python-Shell an.
2. Der Interpreter wartet daraufhin auf eine Antwort des Benutzers. Diese wird vom Benutzer durch Drücken der Enter-Taste beendet.
3. Schließlich wird die Benutzereingabe an unseren Code zurückgegeben.

Milch kaufen

Python ist ein Interpreter

Im Hirn behalten

Syntax definiert, wie Python-Anweisungen geschrieben werden.

Semantik legt fest, was Python-Anweisungen bedeuten.

Der vom Benutzer eingegebene Text wird also an unseren Code zurückgegeben, aber was bedeutet das? Wenn Sie die `input`-Funktion aufrufen, holt sie sich den Text vom Benutzer. Als Ergebnis der Funktion wird dieser Text an Ihren Code zur weiteren Verwendung *zurückgegeben*.

Der Text hilft uns aber nur weiter, wenn wir uns auch daran erinnern können. Schließlich wird er in Schritt 4 gebraucht, um unsere benutzerfreundliche Ausgabe zu erzeugen. Aber wie können wir uns in Python an Dinge erinnern?

Variablen verwenden, um Werte zu erinnern und zu speichern

Eine der häufigsten Programmieraufgaben ist das Speichern eines Werts zur späteren Verwendung. Und genau dafür gibt es **Variablen**. Stellen Sie sich eine Variable als Name vor, über den Sie auf einen zuvor gespeicherten Wert wieder zugreifen können. Hier sehen Sie, wie ein Wert in einer Variablen gespeichert wird. Die Profis sagen, der Wert wird der Variablen *zugewiesen*:

Fast jede Programmiersprache, die Ihnen jemals begegnen wird, funktioniert genau so.

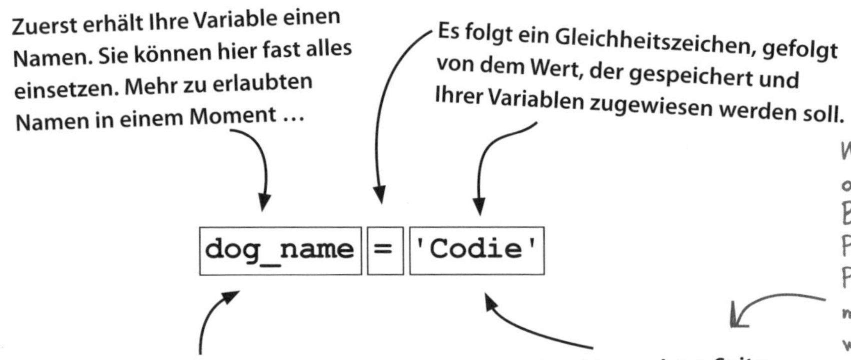

Wir bezeichnen den Text als »String« oder »Zeichenkette«. Diese Begriffe werden Sie in fast allen Programmiersprachen wiederfinden. In Python gibt es noch eine Menge anderer möglicher Werte, z. B. Zahlen, zu denen wir ebenfalls bald kommen.

Benutzereingabe einer Variablen zuweisen

Nachdem Sie schon ein bisschen über Variablen wissen (keine Sorge, ein paar Seiten weiter gehen wir viel tiefer ins Detail), wollen wir die Benutzereingabe in einer Variablen speichern. Hierfür rufen wir einfach die `input`-Funktion auf und weisen Ihren *Rückgabewert* einer Variablen zu. Und das geht so:

Wir nennen die Variable dog_name.

Dann rufen wir die input-Funktion auf, die den Benutzer fragt: »What is your dog's name?«

```
dog_name = input("What is your dog's name? ")
```

Nachdem der Benutzer einen Namen eingegeben hat, gibt die input-Funktion diesen Namen in Form eines Rückgabewerts an den Code zurück.

Und der Rückgabewert wird dann der Variablen dog_name zugewiesen.

Sie fragen sich, wie Variablen benannt werden? Oder wie einfache und doppelte Anführungszeichen richtig benutzt werden? Bleiben Sie dran! Wir kommen gleich dazu.

Wir machen mit Schritt 2 weiter.

Schritt 2: Weitere Eingaben einsammeln

Außerdem müssen wir das Hundealter vom Benutzer erfragen. Wie? Auf die gleiche Weise wie den Namen des Hundes: Zuerst benutzen wir die `input`-Funktion mit einer Frage wie: »What is your dog's age?« Danach nehmen wir das vom Benutzer eingegebene Alter und speichern es in einer Variablen namens `dog_age`. Mit »wir« meinen wir natürlich SIE, und zwar in der folgenden Übung:

Hundejahre-Rechner: Pseudocode

1. **Benutzer nach dem Namen des Hundes fragen.**
2. **Benutzer nach dem Alter des Hundes fragen.**
3. **Hundealter mit der Zahl 7 multiplizieren, um das Alter in Menschenjahren zu erhalten.**
4. **Ausgabe an den Benutzer:**

   »Your dog«
   Name des Hundes
   »is«
   Alter des Hundes in Menschenjahren
   »years old in human years«

Sie sind dran. Schreiben Sie den Code, um das Hundealter mit der `input`-Funktion abzufragen, genau wie wir das gerade mit dem Namen des Hundes getan haben. Fragen Sie den Benutzer: »What is your dog's age?« und speichern Sie das Ergebnis in einer Variablen namens `dog_age`. Machen Sie sich Notizen darüber, was die einzelnen Teile Ihres Codes machen. Überprüfen Sie Ihre Antwort am Ende des Kapitels, bevor Sie weiterlesen.

Zeit, unseren Code auszuführen

Sich den Code auf dem Papier anzusehen, ist eine Sache. Echten Code auszuführen, ist schon was ganz anderes. Nehmen wir den Code von den vorigen Seiten und sammeln wir etwas Erfahrung, indem wir ihn auf andere Weise ausführen. Anstatt ihn in den IDLE-Editor einzugeben, nehmen wir jetzt die Python-Shell. Warum? Weil die Shell hervorragend dazu geeignet ist, kleine Codestücke zu testen und damit zu experimentieren. Keine Sorge: Wenn wir längere Programme schreiben, kommt der Editor wieder zum Einsatz.

Die Shell ist prima geeignet, um zu testen, wie kleine Codestücke funktionieren.

Um die Shell zu benutzen, rufen Sie wie gewohnt IDLE auf. Allerdings geben wir den Code jetzt im Fenster der Python-Shell ein:

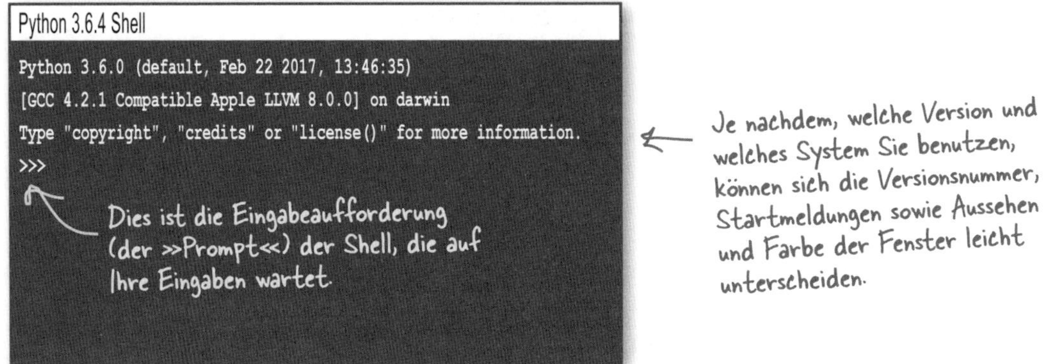

Nachdem Sie die Shell gefunden haben, klicken Sie in das Fenster und finden auch die Eingabeaufforderung. Die sieht ungefähr so aus: >>>. Geben Sie `1 + 1` ein und drücken Sie die Enter-Taste. Python wertet diesen Ausdruck aus und zeigt das Ergebnis (hier: `2`) sowie anschließend eine neue Eingabeaufforderung an. Glückwunsch! Sie haben erfolgreich die Python-Shell benutzt! Jetzt probieren wir das mit unserem Code:

1. Am Anfang geben wir den Namen des Hundes ein und drücken dann die Enter-Taste.

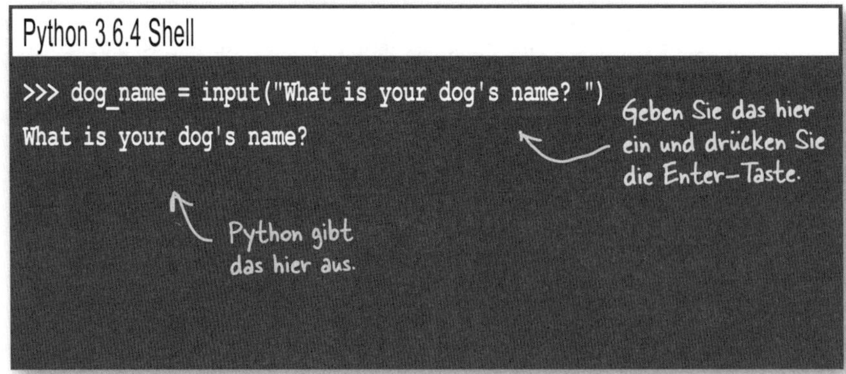

2 Danach geben Sie Ihren Lieblingshundenamen ein und drücken erneut die Enter-Taste:

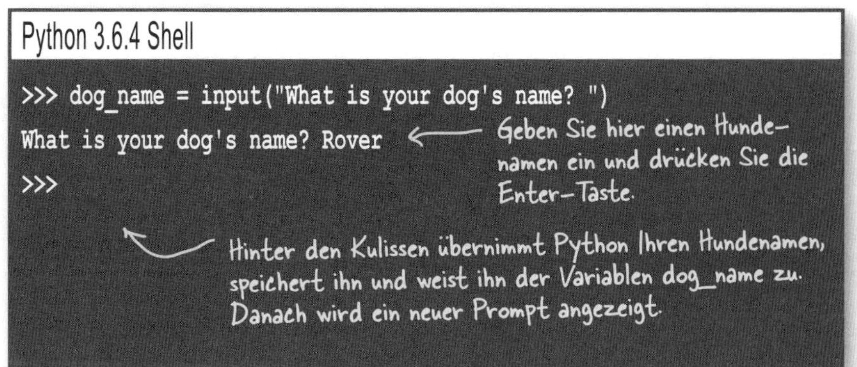

Beachten Sie, dass eine Zuweisung keinen Wert zurückgibt, wie z. B. bei 1 + 1. Stattdessen übernimmt die Zuweisung den Wert auf der rechten Seite und weist ihn der Variablen auf der linken Seite zu.

Die Variable `dog_name` sollte jetzt den Namen **`'Rover'`** (bzw. den von Ihnen eingegebenen Hundenamen) enthalten. Wie können wir herausfinden, ob das stimmt?

3 Wir haben `print` schon ein paarmal gesehen. Jetzt wollen wir `print` einsetzen, um den Wert von `dog_name` auszugeben. Das geht in der Shell auch direkter, indem Sie einfach den Variablennamen eingeben.

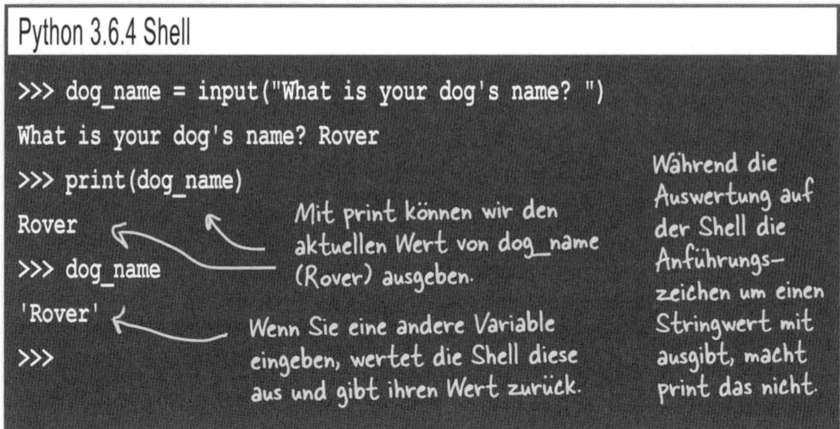

Gut gesehen. Wie Sie sich erinnern, nennen wir Text, der mit Anführungszeichen umgeben ist, **String** oder **Zeichenkette**. Und Sie haben vollkommen recht: Wir haben für die `input`-Funktion meistens einfache Anführungszeichen benutzt und dann auf doppelte gewechselt. Python ist das ziemlich egal, solange Sie dabei konsistent bleiben. Wenn Sie also einen String mit einem einfachen Anführungszeichen einleiten, müssen Sie ihn auch mit einem einfachen Anführungszeichen beenden. Das Gleiche gilt für doppelte Anführungszeichen.

Warum haben wir dann unterschiedliche Anführungszeichen eingesetzt? Üblicherweise sind den meisten Python-Entwicklern einfache Anführungszeichen lieber – uns übrigens auch. Manchmal kommen Sie um die Benutzung doppelter Anführungszeichen aber nicht herum. Das kann passieren, wenn ein einfaches Anführungszeichen *Teil des Strings* ist.

Beachten Sie, dass unsere Eingabeaufforderung ein einzelnes Anführungszeichen im Wort `dog's` verwendet:

```
dog_name = input("What is your dog's name? ")
```

Soll der String ein einfaches Anführungszeichen enthalten, müssen Sie den Text mit doppelten Anführungszeichen umgeben.

Das trifft auch zu, wenn der Text Ihres Strings doppelte Anführungszeichen enthält. In diesem Fall müssen Sie den String mit einfachen Anführungszeichen umgeben.

Etwas Code eingeben

So, genug mit der Shell gespielt. Wir haben schließlich noch ein richtiges Programm zu schreiben! Dafür geben wir zunächst die beiden schon vorhandenen Codezeilen ein (um Name und Alter des Hundes abzufragen). Danach wollen wir den Code kurz testen, bevor wir die Umwandlung unseres Pseudocodes in ein richtiges Programm abschließen.

Wählen Sie in IDLE den Menübefehl **File > New File** und geben Sie die ersten zwei Zeilen des Hunderechners ein. Hier ist der Code:

```
dog_name = input("What is your dog's name? ")
dog_age = input("What is your dog's age? ")
```

Das zusätzliche Leerzeichen soll den Prompt von der Benutzereingabe trennen.

Nachdem Sie Ihren Code sorgfältig überprüft haben, können Sie Ihr Werk per **File > Save** unter dem Namen *dogcalc.py* in einem neuen Ordner namens *ch2* speichern.

Probefahrt

Auch wenn unser Rechner noch nicht fertig ist, scheint dies eine gute Zeit zu sein, um unseren Code zu testen und sicherzustellen, dass alles wie erwartet funktioniert. Nachdem Sie den Code gespeichert haben, benutzen Sie den Menübefehl **Run > Run Module**. Die Ausgaben sollten Sie in Ihrem Shell-Fenster finden. Nicht vergessen: Der Code fragt Sie nach dem Namen und dem Alter Ihres Hundes.

Für diese Probefahrt bitten wir Sie, alles andere stehen und liegen zu lassen und sicherzustellen, dass Ihr neuer Code aktuell ist. Danach können Sie ihn ausführen und testen.

Im Moment fragt Ihr Code nur nach Name und Alter des Hundes und gibt dann einen neuen Prompt aus.

Python 3.6.4 Shell

```
What is your dog's name? Rover
What is your dog's age? 12
>>>
```

Wird Ihnen bei der Ausführung des Codes der Fehler »SyntaxError: EOL while scanning string literal« angezeigt, sollten Sie die korrekte Verwendung einfacher und doppelter Anführungszeichen im oben stehenden Code noch einmal genau überprüfen.

Ein genauer Blick auf Variablen

Inzwischen haben wir etwas Erfahrung gesammelt beim Erstellen von Variablennamen und der Zuweisung von Werten. Aber wie funktionieren diese Variablen tatsächlich, und wie können Sie sie benutzen? Auf den folgenden Seiten wollen wir versuchen, die Funktionsweise von Variablen besser zu verstehen. Danach werden wir unseren Hundejahre-Menschenjahre-Rechner fertigstellen. Wir beginnen mit einem Blick hinter die Kulissen wenn wir einer Variablen einen Wert zuweisen.

```
dog_name = 'Codie'
```

← Oft nennen wir das eine »Zuweisung«.

1. Zuerst wertet Python die rechte Seite der Zuweisung aus. Das ergibt den String `'Codie'`. Danach findet Python einen freien Platz im Arbeitsspeicher des Computers und legt den String dort ab. Sie können sich das wie einen leeren Becher vorstellen, in den der Text `'Codie'` gelegt wird.

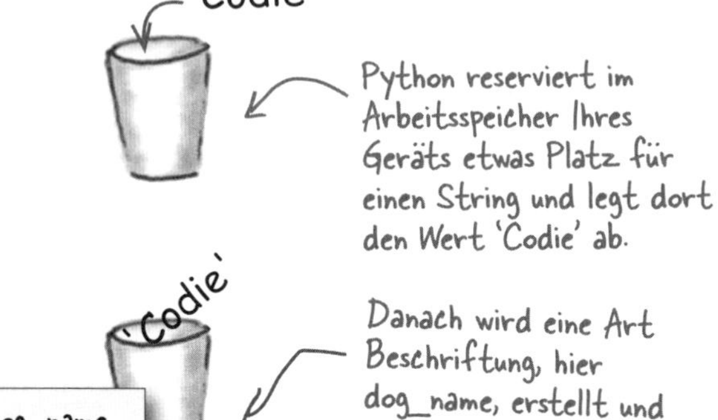

2. Nachdem der String `'Codie'` gespeichert wurde, erzeugt Python eine Art Beschriftung. Denken Sie hierbei an ein Post-it mit der Aufschrift **`dog_name`**, das an den Becher geklebt wird.

3. Natürlich können wir so viele Werte speichern, wie wir brauchen. Wie wäre es mit zwei weiteren:

```
phrase = "Your dog's name is "

dog_age = 12
```

Übrigens können wir neben Strings auch Zahlen speichern.

Wir können Variablen so viele Werte zuweisen, wie wir brauchen. Diese werden im Arbeitsspeicher abgelegt, bis wir sie wieder benötigen.

4. Immer wenn wir gespeicherte Werte auslesen müssen, können wir die Variablen einsetzen:

```
print(phrase)
print(dog_name)
```

Hier werden die Werte von phrase und dog_name ausgelesen und angezeigt.

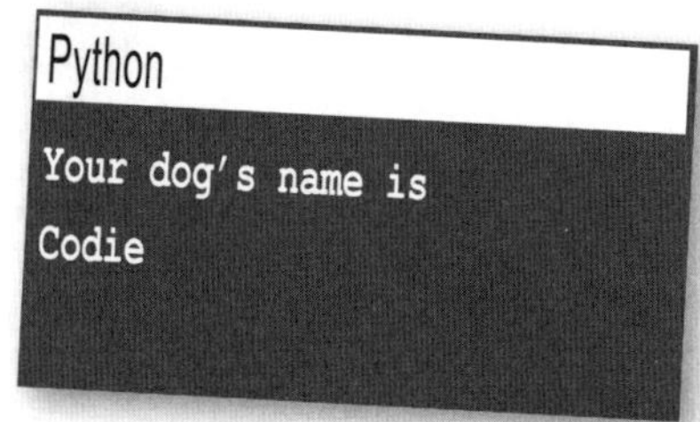

Etwas mehr Ausdruck

Bisher hatten wir es mit recht einfachen Werten zu tun. Das muss aber nicht so sein. Anstelle einfacher Werte können Sie auch *Ausdrücke* verwenden, um Werte zu *berechnen*. Wenn Sie jemals einen mathematischen Ausdruck gesehen haben, sollte Ihnen das hier bekannt vorkommen: Einfache Werte werden mit *Operatoren* wie `+`, `–`, `*` und `/` verbunden. Was machen wir beispielsweise, wenn Codie gerade Geburtstag hat?

Fast alle Programmiersprachen benutzen einen Asterisk als Multiplikationszeichen.

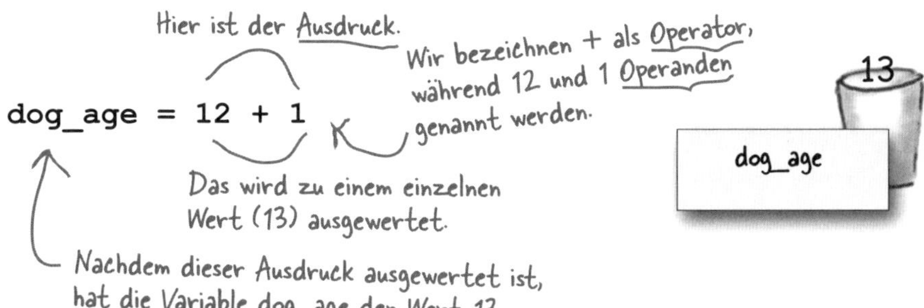

Oder wir müssen Codies Gewicht in Kilogramm berechnen …

```
weight = 38 * 0.454
```

Hier verwenden wir den Multiplikationsoperator (*).

Ist diese Anweisung abgearbeitet, hat weight den Wert 17,252.

Obacht! Die meisten Programmiersprachen benutzen für Nachkommastellen einen Punkt anstelle des Kommas.

17.252

weight

… oder vielleicht das Durchschnittsalter von Codie, Fido und Sparky …

```
avg = (12 + 5 + 1) / 3
```

Mithilfe runder Klammern können wir die Operationen gruppieren.

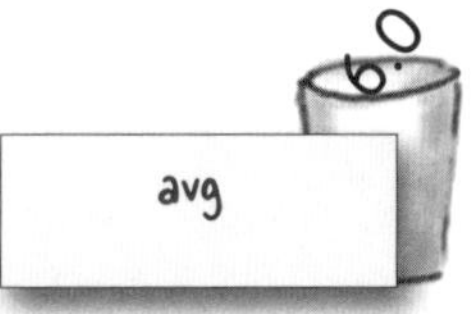

Überall dort, wo in diesem Ausdruck ein Wert stehen könnte, können Sie auch eine Variable verwenden. Als Beispiel wollen wir die Berechnung des Durchschnittsalters von Codie, Fido und Sparky neu schreiben:

```
codie = 12
fido = 5
sparky = 1
avg = (codie + fido + sparky) / 3
```

An allen Stellen, an denen wir eine Variable benutzt haben, wird sie durch ihren Wert ersetzt, um den Ausdruck zu berechnen.

Natürlich sind wir in unseren Ausdrücken nicht auf einfache mathematische Aufgaben und Zahlen beschränkt. Erinnern Sie sich an die Verkettung aus Kapitel 1? Hier benutzen wir die Verkettung (Concatenation), um Strings miteinander zu verbinden.

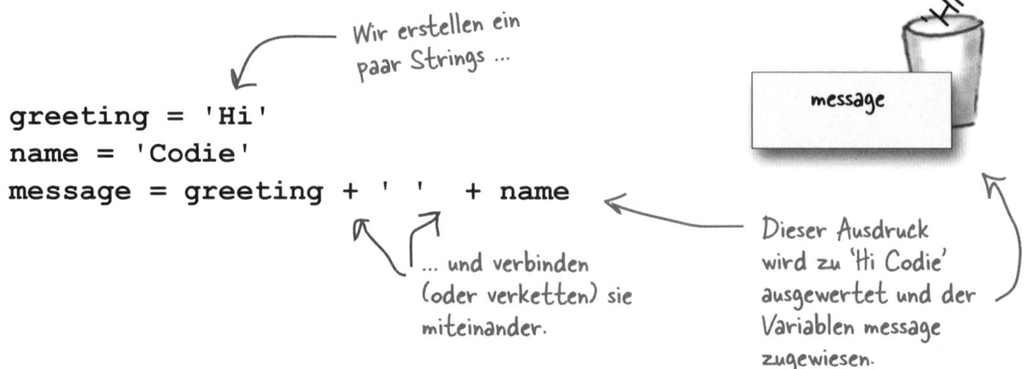

Variablen sind VARIABEL

Variablen heißen Variablen, weil ihre Werte ***variabel*** sind, d.h., sie können sich im Laufe der Zeit ändern. Nehmen wir beispielsweise Codies Höhe. Am Anfang beträgt sie 22 Zoll (ungefähr 55 Zentimeter).

```
dog_height = 22
```

Hier erstellen wir eine neue Variable und weisen ihr den Wert 22 zu.

22

dog_height

Angenommen, Codie sei ein Zoll größer geworden und der Wert in `dog_height` änderte sich.

```
dog_height = 22 + 1
```

Wie üblich werten wir die rechte Seite aus, die 23 ergibt. Diesen Wert weisen wir dog_height zu. Der Wert von dog_height ändert sich also von 22 auf 23.

23

dog_height

Es gibt aber noch einen besseren Weg, die Höhe von Codie zu aktualisieren. Sehen wir, was passiert, wenn Codie weitere zwei Zoll wächst:

```
dog_height = dog_height + 2
```

❷ Danach benutzen wir 25 als neuen Wert für dog_height.

❶ Wie gesagt, wir können überall eine Variable benutzen, wo auch ein Wert stehen kann. Auf der rechten Seite addieren wir 2 zum aktuellen Wert von dog_height, d.h.: 23 + 2 = 25.

Besser leben durch Operatoren-Präzedenz

Werten Sie diesen Ausdruck aus:

```
mystery_number = 3 + 4 * 5
```

Lautet die Geheimzahl 35? Oder ist es 23? Das kommt darauf an, ob Sie zuerst 3 und 4 addieren oder zuerst 4 mit 5 multiplizieren. Wie lautet die richtige Antwort?

Woher wissen wir, in welcher Reihenfolge die Anweisungen ausgeführt werden müssen? Anhand der Operatoren-*Präzedenz*. Die Präzedenz (oder der Vorrang) legt fest, in welcher Reihenfolge die Operatoren angewandt werden sollen. Das hat nichts mit Computerprogrammierung zu tun, sondern mit Mathematik. Im Algebraunterricht sollten Sie das eigentlich behandelt haben (»Punktrechnung vor Strichrechnung« zum Beispiel), auch wenn das eventuell schon ziemlich lange her ist. Falls Sie es vergessen haben, kein Problem. Hier eine kleine Auffrischung.

Damit Sie die Operatoren-Präzedenz besser verstehen, haben wir sie hier der Reihe nach aufgelistet. Zuerst die Operatoren mit dem höchsten Vorrang, dann die niedrigeren:

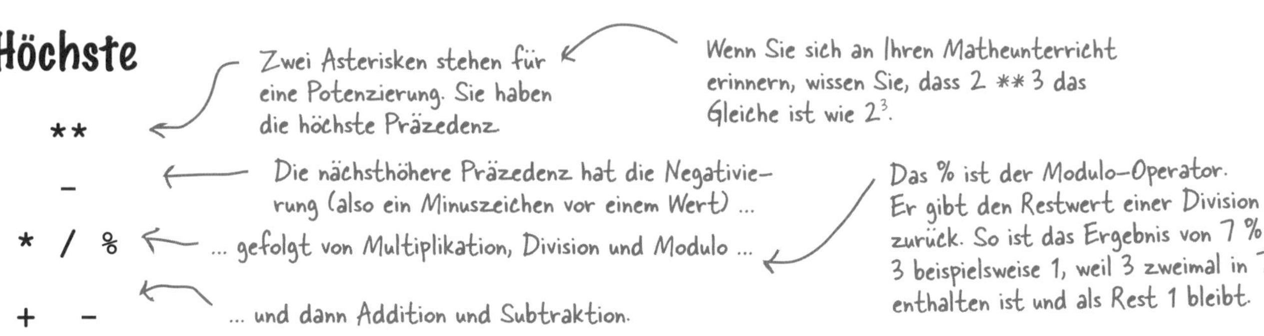

Rechnen mit Operatoren-Präzedenz

Werten wir einfach mal einen Ausdruck aus, um zu verstehen, wie die Operatoren-Präzedenz funktioniert. Hier ein Beispiel:

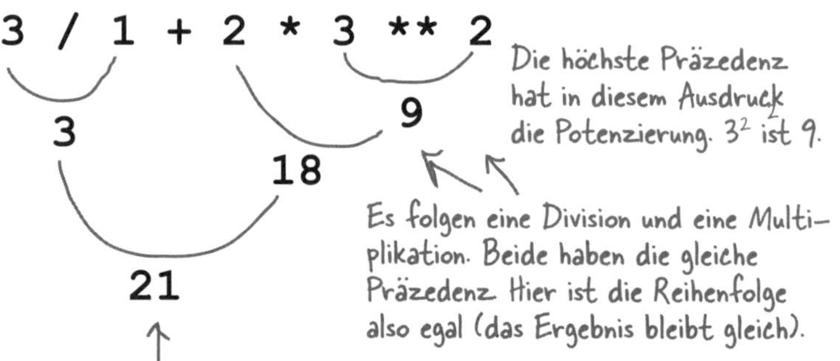

Der Operator mit der niedrigsten Präzedenz ist schließlich die Addition. Also addieren wir 3 plus 18 und erhalten 21.

Wenn Sie das wirklich in der Python-Shell testen wollen, erhalten Sie übrigens 21.0. Gleich mehr dazu.

Im Hirn behalten

Um sich die Reihenfolge der Präzedenz zu merken, können Sie die Eselsbrücke KIEMDAS verwenden: Klammern, Exponenten (Potenzierung), Multiplikation, Division, Addition und Subtraktion. Wenn Sie dieser Reihenfolge von rechts nach links folgen, werden Sie Ihre Ausdrücke immer richtig auswerten. Und sollten Sie sich das tatsächlich nicht gut merken können, versuchen Sie's mal mit »Kein Esel Mag Das Alte Stroh.

Um herauszufinden, wie Pythons numerische Ausdrücke ausgewertet werden, brauchen Sie nur die einzelnen Operationen gemäß ihrer Rangfolge ausführen (höchste zuerst). Der Einfachheit halber benutzen wir hier Zahlen. Die gleichen Regeln gelten aber auch für Variablen.

Aber wie können Sie diesen Ausdruck in einer anderen Reihenfolge auswerten? Was, wenn Sie *zuerst* 1 und 2 addieren und erst *danach* Division und Multiplikation ausführen wollen? Genau da kommen die runden Klammern ins Spiel. Mit runden Klammern können Sie die Auswertungsreihenfolge selbst festlegen:

```
3 / (1 + 2) * 3 ** 2
```

3 → 9 → 1 → 9

Die höchste Präzedenz hat in diesem Ausdruck die Potenzierung. 3^2 ist 9.

Bevor wir dividieren oder multiplizieren, müssen wir uns um die Addition in den runden Klammern kümmern: 1 + 2 = 3

Dann können wir Division oder Multiplikation in beliebiger Reihenfolge wählen, weil sie die gleiche Präzedenz haben. Wir haben die Division gewählt. 3 / 3 = 1

Schließlich multiplizieren wir 1 * 9 mit dem Ergebnis 9.

Sie können auch runde Klammern einsetzen, die die Auswertungsreihenfolge nicht zwingend ändern, aber die Lesbarkeit Ihres Codes erhöhen.

Um Ihren Ausdruck in der gewünschten Reihenfolge auszuwerten, können Sie beliebig viele runde Klammern verwenden, zum Beispiel:

```
(((3 / 1) + 2) * 3) ** 2
```

Dieser Ausdruck führt erst die Division, dann die Addition und dann die Potenzierung aus. Das Ergebnis ist 225.

Wer bin ich?

Ein paar Python-Ausdrücke haben ihre Werte verloren. Können Sie helfen, sie wiederzubeschaffen? Zeichnen Sie für jeden Ausdruck auf der linken Seite eine Linie zum passenden Wert auf der rechten. Aber Vorsicht, es kann sein, dass sich ein Betrüger eingeschlichen hat!

Wer ist der Betrüger?

Hier ist wieder der Modulo-Operator am Werk. Auch wenn er etwas esoterisch wirkt, wird er beim Programmieren oft benutzt. Manche Leute nennen das auch einfach »Rest«.

Ausdrücke	Werte
'kit e' + ' ' + 'cat'	1
(14 - 9) * 3	2
3.14159265 * 3**2	15
42	21
'h' + 'e' + 'l' + 'l' + 'o'	28.27433385
8 % 3	42
7 - 2 * 3	-13
(7 - 2) * 3	'kit e cat'
	'hello'

ÜBUNG

Es folgt das klassische Hütchenspiel, das normalerweise mit Bechern und Bällen gespielt wird. Wir benutzen stattdessen Variablen, Werte und Zuweisungen. Probieren Sie, den Hütchenspieler zu schlagen. Arbeiten Sie sich durch den Code, um zu sehen, welcher Becher am Ende des Spiels die Zahl 1 enthält. Ist es Becher 1 (cup1), Becher 2 (cup2) oder Becher 3 (cup3)? Geben Sie jetzt Ihren Tipp ab!

```
cup1 = 0
cup2 = 1
cup3 = 0
cup1 = cup1 + 1
cup2 = cup1 - 1
cup3 = cup1
cup1 = cup1 * 0
cup2 = cup3
cup3 = cup1
cup1 = cup2 % 1
cup3 = cup2
cup2 = cup3 - cup3
```

Werten Sie diesen Code im Kopf aus und versuchen Sie herauszufinden, welcher Becher am Ende die 1 enthält. Wenn Sie fertig sind, kontrollieren Sie Ihre Antwort am Ende des Kapitels (Sie dürfen den Code auch eingeben, aber nur um Ihr Ergebnis zu überprüfen).

Zu was wird dieser Ausdruck ausgewertet? Oder glauben Sie, Python enthält einen Fehler, weil wir eine Zahl mit einem String multiplizieren?

```
3 * 'ice cream'
```

Geben Sie das ruhig einmal in die Python-Shell ein.

Knacken Sie den Code!

Zeit für Ihren ersten Geheimauftrag. Ohne die geheime Nachricht läuft da allerdings nichts. Sie finden die Nachricht im unten stehenden Code. Gehen Sie die Anweisungen im Kopf durch, um die geheime Nachricht zu finden. Aber Vorsicht! Ein Fehler, und es ist womöglich der letzte Code, den Sie jemals sehen werden. Viel Glück.

```
word1 = 'ox'
word2 = 'owl'
word3 = 'cow'
word4 = 'sheep'
word5 = 'flies'
word6 = 'trots'
word7 = 'runs'
word8 = 'blue'
word9 = 'red'
word10 = 'yellow'
word9 = 'The ' + word9
passcode = word8
passcode = word9
passcode = passcode + ' f'
passcode = passcode + word1
passcode = passcode + ' '
passcode = passcode + word6
print(passcode)
```

Um an die Lösung zu kommen, müssen Sie sich nur durch den Code hindurcharbeiten.

Hier wird Ihr Geheimcode ausgegeben

Finger von der Tastatur!

Sie wissen, dass Variablen einen Namen und einen Wert haben.

Kann das irgendein Name sein? Na ja, nicht ganz. Aber die Regeln für Variablennamen sind ziemlich übersichtlich: Befolgen Sie einfach diese beiden Vorschriften, um einen gültigen Variablennamen zu finden:

1. **Beginnen Sie Ihre Variablen mit einem Buchstaben oder einem Unterstrich.**
2. **Danach können Sie so viele Buchstaben, Ziffern oder Unterstriche benutzen, wie Sie wollen.**

Oh – und noch was: Wir wollen Python nicht durcheinanderbringen, indem wir eines der eingebauten *Schlüsselwörter* benutzen, wie **False** oder **while** oder **if**. Lassen Sie einfach die Finger davon und benutzen Sie andere Variablennamen. Zu Schlüsselwörtern und ihrer Bedeutung werden wir später in diesem Buch noch kommen. Trotzdem können Sie hier schon mal einen Blick darauf werfen:

Diese Regeln gelten nur für Python. Andere Programmiersprachen haben ihre eigenen Regeln, die sich stark unterscheiden können.

False	as	continue	else	from	in	not	return	yield
None	assert	def	except	global	is	or	try	
True	break	del	finally	if	lambda	pass	while	
and	class	elif	for	import	nonlocal	raise	with	

Gehen Sie davon aus, dass Python sich beschwert oder zumindest ziemlich durcheinanderkommt, wenn Sie eines dieser Schlüsselwörter als Variablenname benutzen.

Es gibt keine Dummen Fragen

F: Was ist ein Schlüsselwort?

A: Schlüsselwörter sind in Python zur Benutzung durch die Sprache selbst reserviert. Sie gehören zu Pythons Sprachkern. Ihr Einsatz als Variablen im Code würde zu Verwirrung führen.

F: Was passiert, wenn ich ein Schlüsselwort als Teil meines Variablennamens benutze? Kann ich z. B. eine Variable namens if_only verwenden (also eine Variable, die das Schlüsselwort if enthält)?

A: Klar geht das. Es ist alles okay, solange Sie das Schlüsselwort nicht *wörtlich* benutzen. Außerdem ist es sinnvoll, verständlichen Code zu schreiben. Daher sollten Sie **elze** beispielsweise nicht benutzen, weil es zu leicht mit **else** verwechselt werden kann. Schlüsselwörter kommen in diesem Buch immer wieder vor.

F: Sieht Python myvariable und MyVariable als das Gleiche an?

A: Python behandelt diese als unterschiedliche Variablennamen, es unterscheidet zwischen Groß- und Kleinschreibung (die ITler nennen das *case sensitive*). Das trifft auf die meisten modernen Programmiersprachen zu (aber nicht alle).

F: Gibt es Konventionen für die Benennung von Variablen? Benutze ich besser myVar, MyVar oder my_var, oder wird da überhaupt unterschieden?

A: Es gibt Konventionen, denen Python-Programmierer folgen. Sie bevorzugen kleingeschriebene Variablennamen. Enthält ein Name mehrere Wörter, werden sie üblicherweise durch Unterstriche getrennt, z. B. **max_speed**, **height** oder **super_turbo_mode**. Wie wir später sehen werden, gibt es noch weitere Konventionen bei der Benennung von Dingen in Python. Auch diese Konventionen gelten nur für Python, in anderen Sprachen gibt es andere Vereinbarungen.

F: Okay, aber was macht einen guten Variablennamen aus? Ist das überhaupt wichtig?

A: Python selbst ist das ziemlich egal, solange Ihre Variablennamen die Regeln einhalten. Für Sie können die Namen dagegen eine sehr wichtige Rolle spielen. Wenn Sie klare und aussagekräftige Variablennamen wählen, wird Ihr Code lesbarer und verständlicher. Zu kurze oder zu lange Namen können schwer lesbar und schlecht zu verstehen sein. Am einfachsten benennen Sie Variablennamen nach ihrem Zweck. Nennen Sie eine Variable nicht einfach **zahl**, wenn sie eigentlich **anzahl_der_hotdogs** heißen sollte.

Schritt 3: Das Alter des Hundes berechnen

Die ersten zwei Schritte im Pseudocode haben wir schon hinter uns. Weiter geht's mit Schritt 3. Hier müssen wir das Hundealter einfach mit 7 multiplizieren, um die entsprechenden Menschenjahre zu berechnen. Das scheint nicht kompliziert zu sein. Also machen wir in der Shell in kleines Experiment:

Python 3.6.4 Shell

```
>>> dog_age = 12
>>> human_age = dog_age * 7
>>> print(human_age)
84
>>>
```

Zuerst definieren wir die Variable dog_age und weisen ihr die Zahl 12 zu.

Danach versuchen wir, sie mit 7 zu multiplizieren, und weisen das Ergebnis einer neuen Variablen namens human_age zu.

Schließlich geben wir den Wert von human_age aus.

Das Ergebnis ist 84, genau das, was wir wollen!

Hundejahre-Rechner: Pseudocode

1. **Benutzer nach dem Namen des Hundes fragen.**
2. **Benutzer nach dem Alter des Hundes fragen.**
3. **Hundealter mit der Zahl 7 multiplizieren, um das Alter in Menschenjahren zu erhalten.**
4. **Ausgabe an den Benutzer:**

   »Your dog«
   Name des Hundes
   »is«
   Alter des Hundes in Menschenjahren
   »years old in human years«

Im Pseudocode sind wir jetzt hier. →

Spitzen Sie Ihren Bleistift

Unten sehen Sie den bisherigen Code für unseren Hundejahre-Rechner. Benutzen Sie das vorige Experiment als Richtschnur und erweitern Sie den Code um die Berechnung des Hundealters in Menschenjahren.

```
dog_name = input("What is your dog's name? ")
dog_age = input("What is your dog's age? ")
```

Schreiben Sie hier Ihren neuen Code hin. Überprüfen Sie Ihre Antwort, bevor Sie weiterlesen. →

Nachdem wir Schritt 3 programmiert haben, wollen wir ihn testen. Schreiben Sie den neuen Code in Ihre *dogcalc.py*-Datei, speichern Sie ihn und wählen Sie den Menübefehl **Run > Run Module**. Wechseln Sie dann zur Shell und geben Sie den Namen und das Alter Ihres Hundes ein. Überprüfen Sie die Ausgabe, um zu sehen, ob die Menschenjahre richtig berechnet werden.

Hier noch einmal der Code:

```
dog_name = input("What is your dog's name? ")
dog_age = input("What is your dog's age? ")
human_age = dog_age * 7
print(human_age)
```

Erweitern Sie Ihre Datei um diesen neuen Code.

Neu hinzugekommenen Code versehen wir in diesem Buch mit einem grauen Hintergrund.

Hätten Sie dog_age * 7 auch direkt ausgeben können? Etwa als `print(dog_age * 7)`? Probieren Sie das mal.

Houston, wir haben ein Problem!

Haben Sie das gleiche Ergebnis wie wir? Wir haben eingegeben, dass Codie 12 Jahre alt ist. Als Ergebnis haben wir 84 erwartet. Tatsächlich erhielten wir aber `12121212121212`! Was zur Hölle ist da denn los? Wir haben unseren Code noch einmal überprüft, und alles sieht gut aus. Warum unterscheidet sich diese Ausgabe von unserem Probelauf in der Shell?

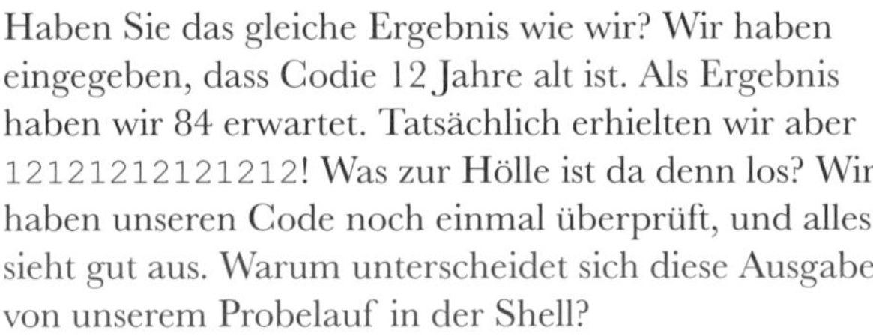

Python 3.6.4 Shell

```
What is your dog's name? Codie
What is your dog's age? 12
12121212121212
>>>
```

Okay. Das stimmt nicht.

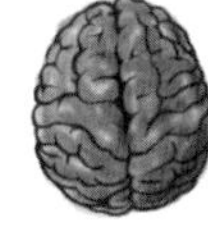

KOPF-NUSS

Denken Sie über die Zahl `12121212121212` nach. Gibt es eventuell eine Erklärung dafür, wie Python auf diese Zahl kommt?

Tipp: Wie oft kommt 12 in 12121212121212 vor?

Fehler ~~sind menschlich~~ gehören zum Programmieren dazu

Fehler zu finden und zu korrigieren, gehört dazu, wenn Sie programmieren. Egal wie gut Sie Ihren Pseudocode planen und wie sorgfältig Sie Ihren Code schreiben, Fehler kommen beim Programmieren immer vor. Daher ist das **Debuggen** für die meisten Programmierer ein wesentlicher Bestandteil ihrer Arbeit. Was ist Debugging? Debugging bedeutet, dass Fehler aus der von Ihnen geschriebenen Software entfernt werden. International werden diese Fehler auch als »Defect« (Mangel, Anomalie usw.) bezeichnet. Normalerweise sprechen aber alle nur von *Bugs*.

Diese Fehler heißen »Bugs« (Insekten, Käfer), weil einer der ersten Programmierfehler überhaupt durch eine Motte ausgelöst wurde, die in einem frühen Computerrelais festhing. Daher bezeichnen wir die Fehlerbeseitigung auch als Debugging. Mehr dazu unter https://de.wikipedia.org/wiki/Programmfehler.

Beim Programmieren werden Ihnen verschiedene Fehlerarten begegnen. Sehen wir uns das mal an:

Syntaxfehler

In Python werden Sie einen Syntaxfehler schnell bemerken, wenn der Interpreter die nervige Meldung `'Syntax Error'` ausgibt. **Syntaxfehler entsprechen grammatischen Fehlern in natürlichen Sprachen**. Das heißt, Sie haben etwas eingetippt, das die Konventionen für die korrekte Schreibweise in Python verletzt. Zum Glück sind Syntaxfehler normalerweise leicht zu beheben. Finden Sie einfach die entsprechende Codezeile und überprüfen Sie die Syntax noch einmal.

Laufzeitfehler

Laufzeitfehler treten auf, wenn Sie ein syntaktisch korrektes Programm geschrieben haben, aber Python beim Ausführen ein Problem findet. Ein Beispiel für einen Laufzeitfehler ist, irgendwo im Code versehentlich zu versuchen, eine Zahl durch null zu teilen (in allen Sprachen eine ungültige mathematische Operation). Um Laufzeitfehler zu beheben, sehen Sie sich die entsprechende Fehlermeldung an und gehen zu der Stelle in Ihrem Code, an der der Laufzeitfehler auftritt.

Semantische Fehler

Semantische Fehler werden auch als logische Fehler bezeichnet. Bei einem semantischen Fehler scheint Ihr Programm korrekt zu laufen. Der Interpreter beschwert sich weder über Syntaxfehler, noch gibt es Probleme zur Laufzeit. Trotzdem hat das Programm nicht das erwartete Ergebnis. **Diese Fehler passieren immer, wenn Sie glauben, Ihrem Programm die richtigen Anweisungen gegeben zu haben, was dann aber nicht stimmt.** Semantische Fehler sind oft am schwersten zu finden (oder zu »debuggen«, wie die Fachleute das nennen).

Unser Hundejahre-Rechner hat einen Bug, weil das Ergebnis nicht `84`, sondern `121212121212` ist. Was ist das für ein Fehler?

- ☐ A. Laufzeitfehler
- ☐ B. Syntaxfehler
- ☐ C. Semantischer Fehler
- ☐ D. Rechenfehler
- ☐ E. Keine Antwort ist richtig
- ☐ F. Alle Antworten sind richtig

Antwort C ist richtig, weil es keine Syntax- oder Laufzeitfehler gab.

Gutes Debugging! Sie erhalten als Ergebnis `12121212121212` anstelle von `84`, weil Python das Hundealter wie vermutet als String und nicht als Zahl betrachtet. Aber warum ist das wichtig? Dafür müssen wir uns genau ansehen, wie Python mit Multiplikationen umgeht …

Etwas mehr Debugging ...

Wir führen ein investigatives Debugging durch, um zu sehen, was hier genau passiert. Testen wir anhand der praktischen Python-Shell ein paar Dinge durch:

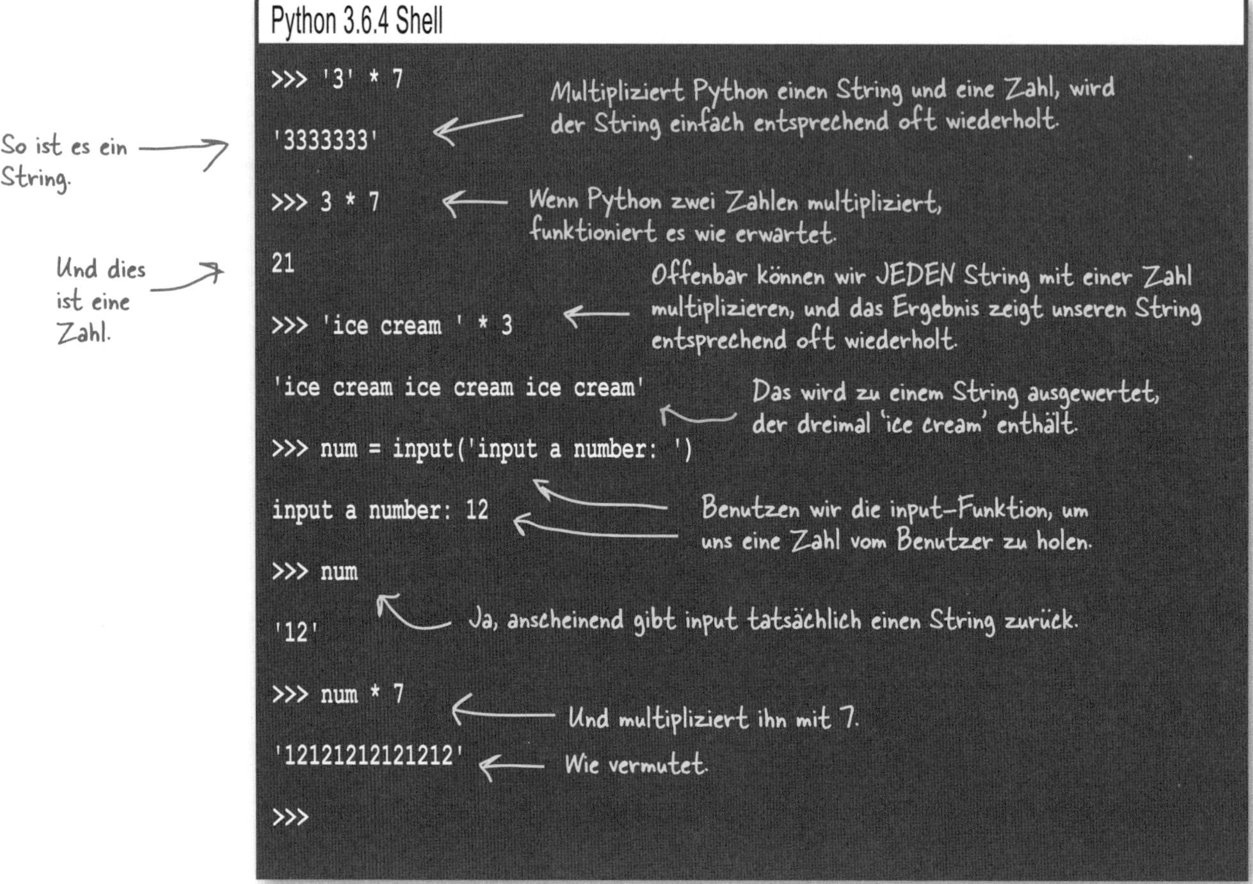

Aber warum behandelt Python die per `input`-Funktion eingegebene Zahl als String? Schließlich haben wir doch eine richtige Zahl eingegeben. Der Grund ist, dass `input` immer einen String zurückgibt. Und woher wissen wir das? Einerseits scheint unser Experiment das zu bestätigen, andererseits gibt es auch noch direktere Wege, das herauszufinden. Wir könnten beispielsweise in der Python-Spezifikation nachsehen. Dort steht:

> `input(`***`Eingabeaufforderung`***`)` **Nach der Ausgabe des Arguments (Eingabeaufforderung) liest die Funktion eine Zeile von der Eingabe, wandelt sie in einen String um und gibt diesen zurück.**

Diese Definition stammt aus der Python-Spezifikation (ein wenig gekürzt).

Wir können auch im Code überprüfen, ob ein Wert ein String ist. Spezifikationen und die Überprüfung von Werten werden wir später noch genauer behandeln. Im Moment reicht es, dass wir unser Problem gefunden haben: *Die input-Funktion gibt einen String zurück, obwohl wir eine Zahl brauchen.*

Aber das sind doch Computer! Und trotzdem weiß Python nicht einmal, wie man eine Zahl und eine Zahl in einem String miteinander multipliziert. Anstatt den String ständig zu wiederholen, will ich eine **echte Multiplikation** haben. Wie dumm ist das denn?

Die Geister, die ich rief ...

Gefühlsmäßig sollte Python eigentlich in der Lage sein, das zu merken und zu entscheiden, ob der String tatsächlich eine Zahl ist. Das kann aber zu Überraschungen führen, wenn die Zahl wirklich ein String ist. Für den Interpreter ist es schwer, jedes Mal die richtige Entscheidung zu treffen. Darum trifft Python KEINE Annahmen. Wie bereits gesagt, versucht Python, Überraschungen zu vermeiden, und nimmt Sie deshalb beim Wort (d.h. den Code). Wenn Sie sagen, etwas sei ein String, dann behandelt Python es auch als String. Stellen Sie stattdessen etwas als Zahl dar, kommt Python auch damit klar. Python mag es nur nicht, *raten* zu müssen, was Sie sagen wollten. Oft sind diese Annahmen nämlich falsch, und Sie müssen noch mehr debuggen.

Das heißt, Sie als Programmierer sollten besser von Anfang an verstehen, mit welcher Art von Daten (oder »Datentypen«) Sie gerade arbeiten. Vielleicht ist es hilfreich, sich genauer anzuschauen, wer diese Typen sind und was sie so besonders macht.

Welcher Python-(Daten-)Typ sind Sie?

Alle Daten in Python haben einen bestimmten **Datentyp**. Datentypen sind wichtig, damit Python weiß, wie es Ihre Daten verarbeiten soll. Wie Sie inzwischen wissen, bedeutet es einen großen Unterschied, ob Sie eine Zahl mit einem String oder eine Zahl mit einer Zahl multiplizieren. Sie sollten beim Programmieren immer darauf achten, mit welchen Datentypen Sie gerade arbeiten.

Ein paar Beispiele für verschiedene Datentypen haben wir schon gesehen. Wir kennen bereits **Strings**, also Zeichenketten wie "Setz dich. Nimm dir 'nen Keks." Uns sind auch schon verschiedene **Zahlen**-Datentypen begegnet. Python unterstützt zwei verschiedene Arten von Zahlen: ganzzahlige Werte (Integer) und Fließkommazahlen (Floats). Sehen wir uns das mal genauer an:

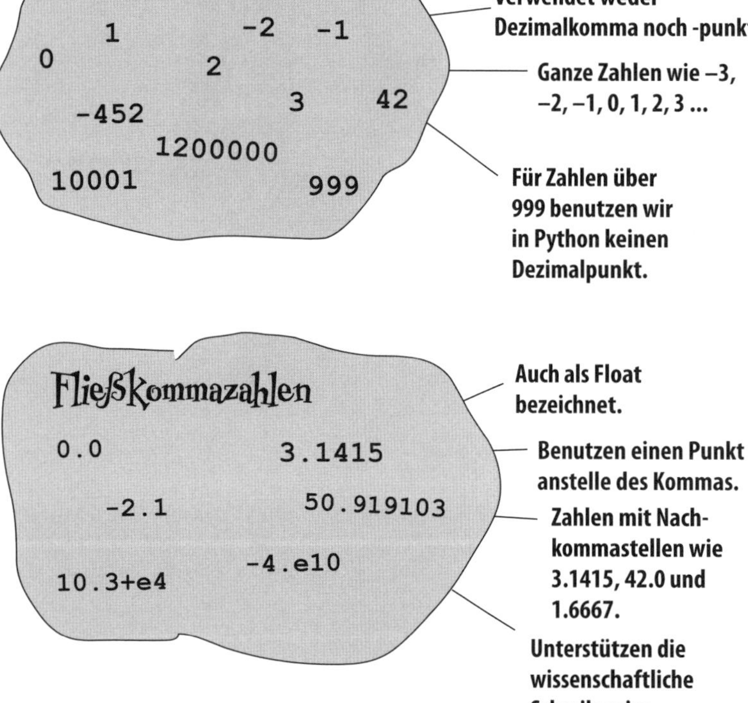

Python besitzt noch viele weitere Datentypen, z. B. boolesche Werte, Listen, Dictionaries und Objekte, auf die später in diesem Buch eingegangen wird.

Es gibt keine Dummen Fragen

F: Ein String ist also eine Folge von Zeichen. Aber was kann ich damit machen, außer sie zu verketten und auszugeben?

A: Lassen Sie sich von dem einfachen Einstieg nicht täuschen: Die Stringverarbeitung ist ein wichtiger Teil unserer rechnerischen Welt. Denken Sie nur einmal an all den Text, den Google oder Facebook so verarbeiten muss. Wir werden uns später im Buch noch mehr mit Strings beschäftigen und herausfinden, wie man sie durchsuchen, verändern und formatieren kann und wie man die verschiedensten Algorithmen erstellt, die mit Strings arbeiten.

F: Muss ich beim Mischen von ganzzahligen und Fließkommawerten genauso aufpassen wie bei Ganzzahlen und Strings?

A: Nicht wirklich. Wenn Sie Ganz- und Fließkommazahlen gemeinsam in einem Ausdruck benutzen, konvertiert Python einfach alles in einen Fließkommawert.

F: Was passiert, wenn einer Variablen ein ganzzahliger Wert zugewiesen wurde und ich dieser später einen String zuweise?

A: Damit hat Python überhaupt kein Problem. Schließlich besitzen nicht die Variablen einen Datentyp, sondern die Werte. Sie können einer Variablen einen Wert zuweisen und diese im weiteren Verlauf des Programm verändern. Das funktioniert sogar dann, wenn sich der Datentyp des Werts ändert. Allerdings gilt das nicht als sauberes Vorgehen. Code, in dem sich der Datentyp einer Variablen ändert, kann schnell Verwirrung stiften.

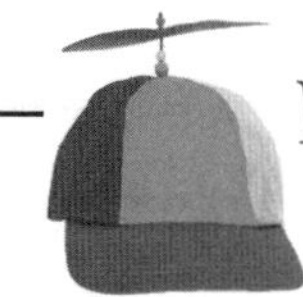

Ernsthaftes Coden

Zahlen für Raumfahrtingenieure gefällig? In Python können Sie Zahlen auch in wissenschaftlicher Schreibweise oder als imaginäre Zahlen ausdrücken, sollte das mal nötig werden.

Den Code reparieren

Anscheinend wurde unser kleiner Bug durch eine falsche Annahme über die Datentypen verursacht: Wir sind irrtümlich davon ausgegangen, dass bei der Übergabe einer Zahl an die `input`-Funktion auch eine Zahl zurückgegeben wird. Dann haben wir herausgefunden, dass `input` immer einen String zurückgibt. Aber halb so schlimm. Genau deshalb testen wir unseren Code ja: um Bugs wie diesen zu finden. Glücklicherweise besitzt Python eine praktische Möglichkeit, einen String in einen numerischen (Zahlen-)Wert umzuwandeln.

Und das geht so:

1. Zuerst definieren wir die Stringdarstellung einer Zahl.

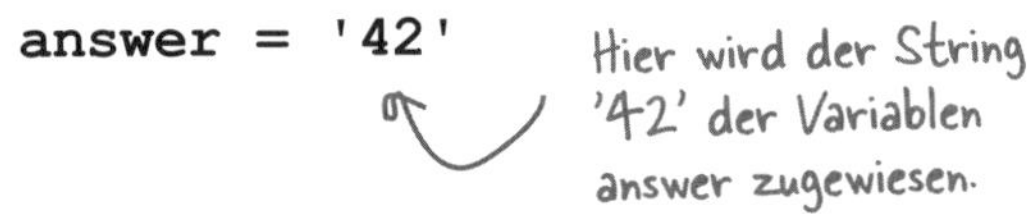

2. Dann rufen Sie die `int`-Funktion auf und übergeben ihr den String.

```
answer = int('42')
```

Hier wird der String '42' in einen Integerwert umgewandelt und der Variablen answer zugewiesen.

Es gibt keine Dummen Fragen

F: Was passiert, wenn mein String beim Aufruf von int keine Zahl enthält, wie hier: int('hi')?

A: Wenn Sie der **int**-Funktion anstelle eines ganzzahligen Werts einen String übergeben, kommt es zu einem Laufzeitfehler, der anzeigt, dass der Wert keine Zahl ist.

F: Funktioniert die int-Funktion nur mit Ganzzahlen, oder kann ich auch int('3.14') schreiben?

A: Die **int**-Funktion funktioniert nur mit ganzen Zahlen (oder, um genauer zu sein, mit Strings, die ganze Zahlen darstellen). Wenn Sie dagegen einen String umwandeln müssen, der einen Fließkommawert enthält, benötigen Sie für die Umwandlung in eine Fließkommazahl die Funktion **float**, wie bei **float('3.14')**.

Spitzen Sie Ihren Bleistift

Jetzt wissen wir, warum der Bug auftritt: weil wir davon ausgehen, dass `dog_age` eine Zahl ist, obwohl Python den Wert tatsächlich als String betrachtet. Nehmen Sie den unten stehenden Code und benutzen Sie die `int`-Funktion, um das Problem zu beheben.

Das lässt sich auf verschiedene Weise lösen. Überprüfen Sie Ihr Ergebnis daher auf jeden Fall am Ende des Kapitels.

```
dog_name = input("What is your dog's name? ")
dog_age = input("What is your dog's age? ")
human_age = dog_age * 7
print(human_age)
```

Probefahrt

Nachdem wir (aus der vorigen Übung) wissen, mit welchem Code wir einen String in eine Ganzzahl umwandeln können, wollen wir diesen einbauen. Nehmen Sie zuerst unten die nötigen Änderungen im Code vor, damit das Alter des Hundes in einen Integerwert umgewandelt wird. Dann speichern Sie Ihren Code und wählen wieder den Menübefehl **Run > Run Module**. Danach geben Sie in der Python-Shell den Namen und das Alter Ihres Hundes ein, und *endlich* werden auch die Menschenjahre korrekt berechnet.

Hier ist der Code (die Änderungen haben wir hervorgehoben):

Wir haben die int-Funktion eingebaut, damit der Wert von dog_age vor der Multiplikation mit 7 in einen ganzzahligen Wert umgewandelt wird.

```
dog_name = input("What is your dog's name? ")
dog_age = input("What is your dog's age? ")
human_age = int(dog_age) * 7
print(human_age)
```

Houston, wir sind abgehoben!

Das ist schon viel besser! Jetzt stimmt unsere Berechnung, und wir erhalten wie erwartet 84 als Antwort. Testen Sie diese Version mit einer Reihe anderer Werte. Danach können wir den letzten Schritt unseres Pseudocodes implementieren und den Hundejahre-Rechner fertigstellen.

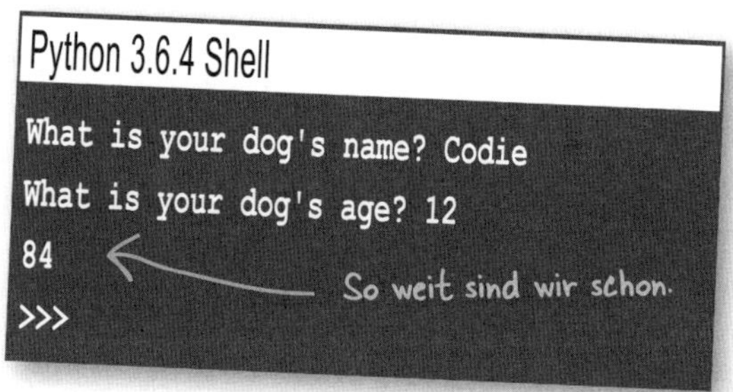

Aufgepasst

Wenn Ihr Code nicht wie erwartet funktioniert ...

Wie Sie bereits wissen, können Laufzeit-, Syntax- oder Semantikfehler verhindern, dass Ihr Hundejahre-Rechner korrekt funktioniert. Wenn Python sich über `invalid syntax` *beschwert, sollten Sie die Zeichensetzung (z. B. eventuell fehlende Klammern) überprüfen. Gibt es immer noch Probleme, lesen viele Leute ihren Code rückwärts, um Tippfehler zu finden, die sie vielleicht übersehen haben. Manche bitten auch einen Freund, sich den Code einmal anzusehen und mit dem Quellcode dieses Buchs zu vergleichen. Stellen Sie außerdem sicher, dass Sie die* `int`*-Umwandlung richtig durchführen und die dazugehörigen runden Klammern benutzen. Sie können den Quellcode jederzeit direkt herunterladen und mit Ihrem vergleichen. Sie finden ihn unter* http://wickedlysmart.com/hflearntocode.

Schritt 4: Benutzerfreundliche Ausgaben

Hundejahre-Rechner: Pseudocode

1. **Benutzer nach dem Namen des Hundes fragen.**
2. **Benutzer nach dem Alter des Hundes fragen.**
3. **Hundealter mit der Zahl 7 multiplizieren, um das Alter in Menschenjahren zu erhalten.**
4. **Ausgabe an den Benutzer:**

   »Your dog«
   Name des Hundes
   »is«
   Alter des Hundes in Menschenjahren
   »years old in human years«

Wir haben es tatsächlich bis zum letzten Schritt unseres Pseudocodes geschafft. Wir haben die Benutzereingaben, wir haben das Hundealter in Menschenjahren berechnet. Jetzt möchten wir noch eine nette Ausgabe erzeugen. Sehen wir uns dazu die Variablen an, die schon vorliegen. Sie enthalten alle nötigen Werte. Wir brauchen nur noch ein paar `print`-Anweisungen, um sie, wie im Algorithmus festgelegt, ausgeben zu können:

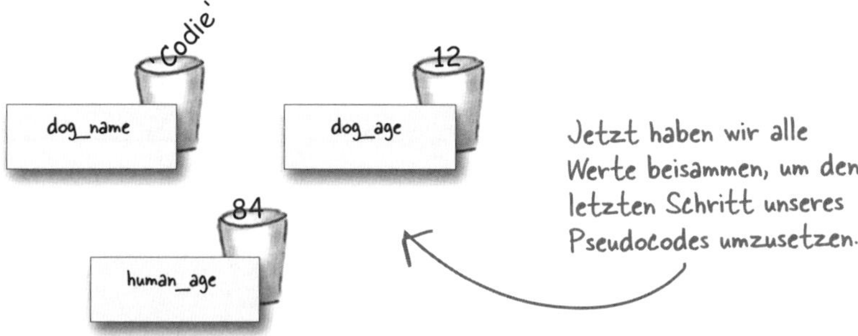

Jetzt haben wir alle Werte beisammen, um den letzten Schritt unseres Pseudocodes umzusetzen.

Unser Pseudocode zeigt schon ziemlich gut, welche Ausgaben wir programmieren müssen. Bevor wir den Code tatsächlich schreiben, wollen wir uns aber noch eine andere Möglichkeit ansehen, die `print`-Funktion einzusetzen, um Ihnen die Arbeit zu erleichtern. Bisher haben wir `print` nur ein *Argument* übergeben, wie hier:

Die an eine Funktion übergebenen Werte nennen wir die Argumente der Funktion.

```
print('Hi there')
```

oder:

```
print(42)
```

oder:

```
print('Good' + 'bye')
```

Bisher haben wir print nur einzelne Werte übergeben, entweder als String oder als Zahl.

Wir haben zur Erzeugung von Strings für die print-Funktion auch schon versucht, Strings zu verketten. Trotzdem werden sie als ein Argument ausgewertet.

Tatsächlich können Sie `print` aber mehrere Argumente übergeben, wie hier:

Sie können print so viele Argumente (durch Kommata getrennt) übergeben, wie Sie wollen.

Wenn Sie print mehrere Argumente übergeben, werden diese bei der Ausgabe automatisch durch Leerzeichen getrennt.

```
print('Hi there', 42, 3.7, 'Goodbye')
```

Python 3.6.4 Shell

```
Hi there 42 3.7 Goodbye
>>>
```

Ein Argument ist einfach nur ein schicker Name für die Werte, die sie an eine Funktion übergeben. Mehr dazu im weiteren Verlauf dieses Buchs ...

Spitzen Sie Ihren Bleistift

Jetzt können Sie die neu gefundene Funktionalität von print nutzen. Schreiben Sie den Code, der die `print`-Funktion aufruft und die benutzerfreundlichen Ausgaben erzeugt:

Ausgabe an den Benutzer:
»Your dog«
Name des Hundes
»is«
Alter des Hundes in Menschenjahren
»years old in human years«

Das hier müssen wir ausgeben.

Eine letzte Probefahrt

Den für Schritt 4 nötigen Code haben wir bereits in der »Spitzen Sie Ihren Bleistift«-Übung oben skizziert, Sie sehen ihn unten noch einmal. Nehmen Sie jetzt die nötigen Änderungen vor, speichern Sie Ihren Code und wählen Sie dann den Menübefehl **Run > Run Module**. Danach können Sie Ihren fertigen Hundejahre-Rechner endlich ausgiebig in der Shell testen!

Hier ist der Code:

```
dog_name = input("What is your dog's name? ")
dog_age = input("What is your dog's age? ")
human_age = int(dog_age) * 7
print(human_age)
print('Your dog',
      dog_name,
      'is',
      human_age,
      'years old in human years')
```

Entfernen Sie diesen Code. (durchgestrichen: `print(human_age)`)

Fügen Sie Ihrer dogcalc.py-Datei diesen Code hinzu.

Python 3.6.4 Shell

```
What is your dog's name? Codie
What is your dog's age? 12
Your dog Codie is 84 years old in human years
>>>
```

Unsere abschließenden Ausgaben.

Genau wie wir es geplant haben!

Hanteltraining fürs Gehirn

Das Kapitel ist fast schon wieder zu Ende. Sie haben nur noch die »Punkt für Punkt«-Liste und das Kreuzworträtsel vor sich. Warum nicht noch ein paar Extrarunden fürs Gehirn, bevor Sie weitermachen?

Angenommen, Sie haben zwei Variablen mit den Namen `first` und `last`, wie unten gezeigt. Können Sie die Werte vertauschen? Probieren Sie, den nötigen Code zu schreiben. Wie üblich finden Sie unsere Lösung am Ende des Kapitels.

```
first = 'somewhere'
last = 'over the rainbow'
print(first, last)
```

Hier kommt Ihr Code hin.

```
print(first, last)
```

So sollte die Ausgabe aussehen, nachdem Sie Ihren Code angepasst haben.

```
Python 3.6.4 Shell
somewhere over the rainbow
over the rainbow somewhere
>>>
```

Was passierte, wenn Sie die Anführungszeichen um Codies Namen wegließen? Wozu würde das ausgewertet?

```
dog_name = Codie
```

Punkt für Punkt

- Computer können zwei Dinge besonders gut: Werte speichern und Operationen an diesen Werten vornehmen.
- Pseudocode eignet sich besonders gut, um das Design Ihres Programms vorzubereiten.
- Die Syntax legt fest, wie die Python-Anweisungen geschrieben werden müssen; die Semantik definiert ihre Bedeutung.
- Eine Datei, die Python-Code enthält, wird auch Modul genannt.
- Mithilfe der Python-Shell können Sie Anweisungen und Ausdrücke nacheinander eingeben und auswerten.
- Die `input`-Funktion fordert den Benutzer zur Eingabe auf (»Prompt«), liest eine Zeile von der Eingabe und gibt sie als String zurück.
- Funktionen werden aufgerufen und können als Ergebnis Werte zurückgeben.
- Werte können zur späteren Benutzung einer Variablen zugewiesen werden.
- Wenn Sie einer Variablen einen Wert zuweisen, legt Python den Wert im Arbeitsspeicher ab und versieht ihn zur späteren Benutzung mit einer Markierung.
- Eine Variable ist variabel. Ihr Wert kann sich im Laufe der Zeit ändern.
- Python besitzt einfache Regeln zur Benennung von Variablen. Sie dürfen nicht den gleichen Namen haben wie ein Schlüsselwort.
- Schlüsselwörter sind für die Programmiersprache reservierte Wörter.
- Ein String ist ein Python-Datentyp und besteht aus einer Folge einzelner Zeichen.
- Python unterstützt zwei numerische Datentypen: ganzzahlige Werte (Integer) und Fließkommazahlen (Floats) sowie eine Reihe von Datentypen für wissenschaftliche Berechnungen.
- Die `int`-Funktion wandelt einen String in einen Integerwert um. Die `float`-Funktion wandelt einen String in eine Fließkommazahl um.
- Wir testen unseren Code oft, um Fehler möglichst früh zu finden.
- Es gibt drei Arten von Fehlern: Syntax-, Laufzeit- und Semantikfehler.
- Multiplizieren Sie einen String mit einer Zahl *n*, wiederholt Python den String *n*-mal.
- Strings können mithilfe des Verkettungsoperators (`+`) kombiniert werden.
- Verkettung (Concatenation) bedeutet einfach, die Strings zusammenzufassen.
- Werte, die an Funktionen übergeben werden, heißen Argumente.

Programmierer-Kreuzworträstel

Zeit für etwas vollkommen anderes: ein ganz normales Kreuzworträtsel. Die Lösungswörter stammen alle aus Kapitel 2.

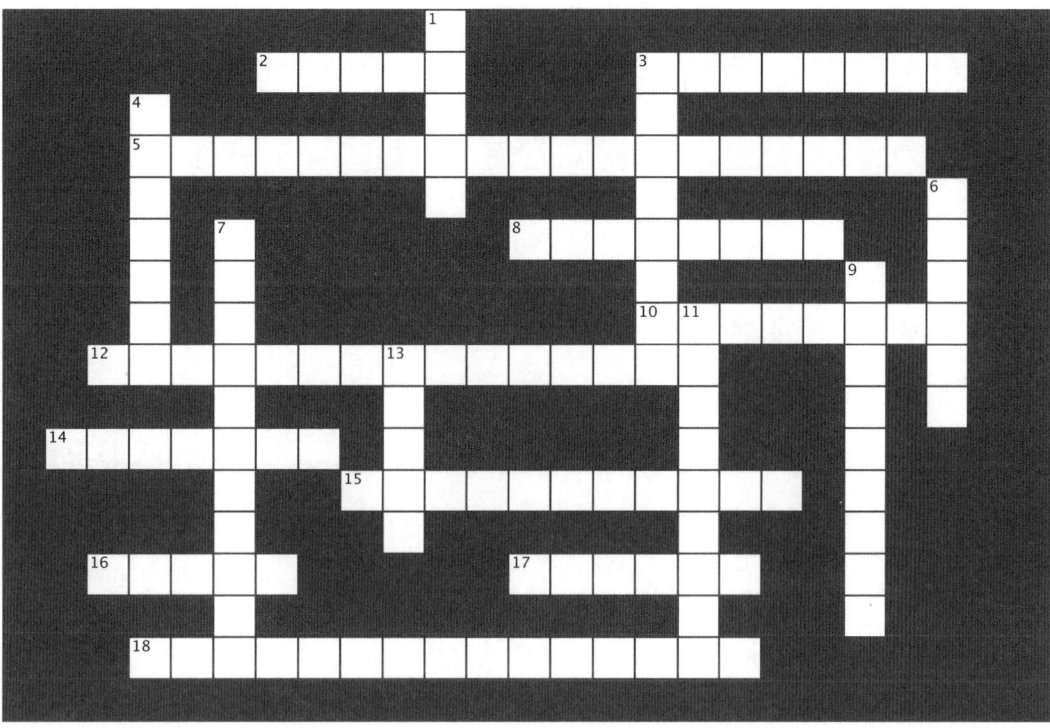

Waagerecht

2. Ein anderer Name für eine Datei mit Python-Code.
3. Der Wert einer Variablen ist _______.
5. Das zeigt input dem Benutzer an.
8. Definiert die Bedeutung von Anweisungen.
10. Fehler während der Ausführung Ihres Codes.
12. Hier werden Werte gespeichert.
14. Noch so ein Hund.
15. Numerischer Datentyp.
16. 12 Jahre alt.
17. Von der input-Funktion zurückgegeben.
18. Danach dürfen Variablen nicht benannt werden.

Senkrecht

1. Verwendet einen Punkt statt eines Kommas.
3. Speichert einen Wert zur späteren Benutzung.
4. Was wir programmieren.
6. Legt fest, wie Anweisungen in Python geschrieben werden.
7. Sonderzeichen, das Sie in Variablennamen benutzen können.
9. Strings kombinieren.
11. Werte, die an Funktionen übergeben werden.
13. Wertet den Code eine Anweisung nach anderen aus.

Lösung

Wir werden jetzt etwas Pseudocode schreiben. Überlegen Sie zuerst, wie Sie einen Algorithmus (oder ein Rezept) schreiben würden, der Hundejahre in Menschenjahre umrechnet. Sobald Sie eine Idee haben, schreiben Sie diese auf Deutsch (oder einer anderen Sprache Ihrer Wahl) auf. Machen Sie Ihre Lösung benutzerfreundlich, indem Sie den Benutzer nach Name und Alter des Hundes fragen. Am Ende muss außerdem eine hübsche Ausgabe erzeugt werden, z. B. »Your dog, Rover, is 72 years old in human years.«

Wie gesagt: Schreiben Sie Ihren Pseudocode einfach auf Deutsch.

Zuerst brauchen wir ein paar Informationen vom Benutzer.

Benutzer nach dem Alter des Hundes fragen.

Benutzer nach dem Namen des Hundes fragen (in dog years).

Das Alter des Hundes mit der Zahl 7 multiplizieren, um das Hundealter in Menschenjahren zu berechnen.

Dann berechnen wir das Alter des Hundes in Menschenjahren.

Ausgabe an den Benutzer:

>>Your dog<<

then Name des Hundes

>>is<<

then Alter des Hundes in Menschenjahren

>>years old in human years<<

Zum Schluss müssen wir die Ergebnisse benutzerfreundlich ausgeben.

Der erste Schritt bei der Umwandlung von Pseudocode in echten Code ist, sich zu jeder Zeile Ihres Pseudocodes zu notieren, was der Code Ihrer Meinung nach tun muss. Halten Sie die Formulierungen im Moment noch allgemein.

Hundejahre-Rechner: Pseudocode

1. **Benutzer nach dem Alter des Hundes fragen.**
2. **Benutzer nach dem Namen des Hundes fragen.**
3. **Hundealter mit der Zahl 7 multiplizieren, um das Alter in Menschenjahren zu erhalten.**
4. **Ausgabe an den Benutzer:**

   »Your dog«
   Name des Hundes
   »is«
   Alter des Hundes in Menschenjahren
   »years old in human years«

1. Den Benutzer auffordern, Name und Alter des Hundes einzugeben. Der Name muss irgendwo gespeichert werden, damit wir ihn in Schritt 4 wiederverwenden können.

2. Fordern Sie den Benutzer auf, das Alter des Hundes einzugeben. Diesen Wert müssen wir irgendwo speichern, um ihn in Schritt 4 wiederverwenden zu können.

3. Multiplizieren Sie das Alter aus Schritt 1 mit der Zahl 7. Das Ergebnis müssen wir irgendwo speichern, um es in Schritt 4 wiederverwenden zu können.

4. Zuerst geben Sie auf der Shell »Your dog« aus, dann den Wert aus Schritt 1. Es folgt »is«, dann der Wert aus Schritt 3, gefolgt von »years old in human years«.

Lösung zur Übung

Sie sind dran. Schreiben Sie den Code, um das Hundealter mit der `input`-Funktion abzufragen, genau wie wir das mit dem Namen des Hundes getan haben. Fragen Sie den Benutzer: »What is your dog's age?« und speichern Sie das Ergebnis in einer Variablen namens `dog_age`. Notieren Sie, was die einzelnen Teile Ihres Codes machen.

```
dog_age = input("What is your dog's age? ")
```

Unsere neue Variable, dog_age.

Und hier ist der Aufruf der input-Funktion, die den Benutzer fragt: »What is your dog's age?«, und diesen Wert dann zurückgibt.

Wer bin ich? Lösung

Ein paar Python-Ausdrücke haben ihre Werte verloren. Können Sie helfen, sie wiederzubeschaffen? Zeichnen Sie für jeden Ausdruck auf der linken Seite eine Linie zum passenden Wert auf der rechten. Aber Vorsicht, es kann sein, dass sich ein Betrüger eingeschlichen hat!

Ausdrücke	Werte
'kit e' + ' ' + 'cat'	'kit e cat'
(14 - 9) * 3	15
3.14159265 * 3**2	28.27433385
42	42
'h' + 'e' + 'l' + 'l' + 'o'	'hello'
8 % 3	2
7 - 2 * 3	1
(7 - 2) * 3	15

Werte: 1, 2, 15, 21, 28.27433385, 42, -13 (Betrüger!), 'kit e cat', 'hello'

LÖSUNG ZUR ÜBUNG

Es folgt das klassische Hütchenspiel, das normalerweise mit Bechern und Bällen gespielt wird. Wir benutzen stattdessen Variablen, Werte und Zuweisungen. Probieren Sie, den Hütchenspieler zu schlagen. Arbeiten Sie sich durch den Code, um zu sehen, welcher Becher am Ende des Spiels die Zahl 1 enthält. Ist es Becher 1 (cup1), Becher 2 (cup2) oder Becher 3 (cup3)? Geben Sie jetzt Ihren Tipp ab!

```
cup1 = 0                 cup1 is 0
cup2 = 1                 cup1 is 0, cup2 is 1
cup3 = 0                 cup1 is 0, cup2 is 1, cup3 is 0
cup1 = cup1 + 1          cup1 is 1, cup2 is 1, cup3 is 0
cup2 = cup1 - 1          cup1 is 1, cup2 is 0, cup3 is 0
cup3 = cup1              cup1 is 1, cup2 is 0, cup3 is 1
cup1 = cup1 * 0          cup1 is 0, cup2 is 0, cup3 is 1
cup2 = cup3              cup1 is 0, cup2 is 1, cup3 is 1
cup3 = cup1              cup1 is 0, cup2 is 1, cup3 is 0
cup1 = cup2 % 1          cup1 is 0, cup2 is 1, cup3 is 0
cup3 = cup2              cup1 is 0, cup2 is 1, cup3 is 1
cup2 = cup3 - cup3       cup1 is 0, cup2 is 0, cup3 is 1
```

Gewinner! (cup3 is 1)

3

Knacken Sie den Code!, Lösung

Zeit für Ihren ersten Geheimauftrag. Ohne die geheime Nachricht läuft da allerdings nichts. Sie finden die Nachricht im unten stehenden Code. Gehen Sie die Anweisungen im Kopf durch, um die geheime Nachricht zu finden. Aber Vorsicht! Ein Fehler, und es ist womöglich der letzte Code, den Sie jemals sehen werden. Viel Glück.

```
word1 = 'ox'
word2 = 'owl'
word3 = 'cow'
word4 = 'sheep'
word5 = 'flies'
word6 = 'trots'
word7 = 'runs'
word8 = 'blue'
word9 = 'red'
word10 = 'yellow'
word9 = 'The ' + word9              word9 is 'The red'
passcode = word8                    passcode is 'blue'
passcode = word9                    passcode is 'The red'
passcode = passcode + ' f'          passcode is 'The red f'
passcode = passcode + word1         passcode is 'The red fox'
passcode = passcode + ' '           passcode is 'The red fox '
passcode = passcode + word6         password is 'The red fox trots'
print(passcode)
```

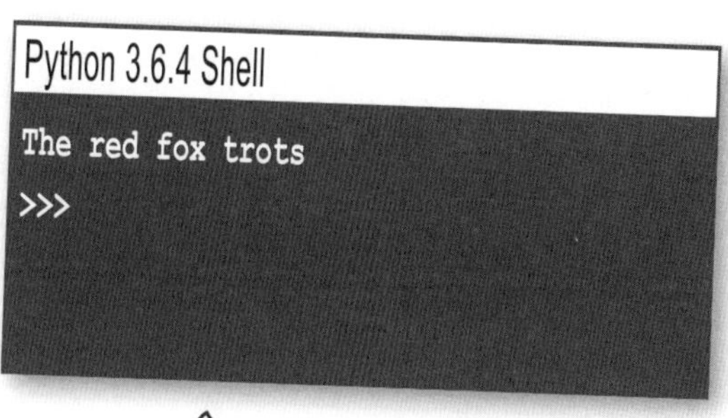

Wenn Sie den Code eingeben und ausführen, erhalten Sie diese Ausgabe.

Der Geheimcode!

Spitzen Sie Ihren Bleistift – Lösung

Unten sehen Sie den bisherigen Code für unseren Hundejahre-Rechner. Benutzen Sie das vorige Experiment als Richtschnur und erweitern Sie den Code um die Berechnung des Hundealters in Menschenjahren.

```
dog_name = input("What is your dog's name? ")
dog_age = input("What is your dog's age? ")
human_age = dog_age * 7
print(human_age)
```

Neu hinzugekommenen Code versehen wir in diesem Buch mit einem grauen Hintergrund.

Wir nehmen den vom Benutzer eingegebenen Wert von dog_age und multiplizieren ihn mit 7. Das Ergebnis weisen wir dann human_age zu.

Wir wollen auch das Alter in Menschenjahren ausgeben, damit wir das Endergebnis sehen können.

Spitzen Sie Ihren Bleistift Lösung

Jetzt wissen wir, warum der Bug auftritt: weil wir davon ausgehen, dass `dog_age` eine Zahl ist, obwohl Python den Wert tatsächlich als String betrachtet. Nehmen Sie den unten stehenden Code und benutzen Sie die `int`-Funktion, um das Problem zu beheben.

Die int-Funktion lässt sich auf viele Arten einbauen. Hier ein paar Möglichkeiten:

```
dog_name = input("What is your dog's name? ")
dog_age = input("What is your dog's age? ")
dog_age = int(dog_age)
human_age = dog_age * 7
print(human_age)
```

Zuerst lesen wir dog_age als String aus und wenden dann die int-Funktion darauf an. Danach weisen wir das Ergebnis wieder der Variablen dog_age zu.

```
dog_name = input("What is your dog's name? ")
dog_age = int(input("What is your dog's age? "))
human_age = int(dog_age) * 7
print(human_age)
```

Warten Sie einfach, bis Sie dog_age als Integerwert benutzen, und rufen Sie dort int auf.

```
dog_name = input("What is your dog's name? ")
dog_age = int(input("What is your dog's age? "))
human_age = dog_age * 7
print(human_age)
```

Oder Sie verschachteln input in einen Aufruf von int. Auf diese Weise wird dog_age immer eine Ganzzahl zugewiesen.

Sollten Sie noch nicht ganz durchsteigen, ist das nicht so schlimm. Verwendung und Aufruf von Funktionen betrachten wir später im Buch noch einmal genauer. Im Moment reicht es, zu wissen, dass Sie einen String in eine Ganzzahl umwandeln können, indem Sie den String an die int-Funktion übergeben.

Spitzen Sie Ihren Bleistift

Lösung

Das hier müssen wir ausgeben.

Ausgabe an den Benutzer:

»Your dog«
Name des Hundes
»is«
Alter des Hundes in Menschenjahren
»years old in human years«

Jetzt können Sie die neu gefundene Funktionalität von print nutzen. Schreiben Sie den Code, der die `print`-Funktion aufruft und die benutzerfreundlichen Ausgaben erzeugt:

```
print('Your dog',
        dog_name,
        'is',
        human_age,
        'years old in human years')
```

Hier haben wir alle Teile der Ausgabe in der print-Funktion versammelt und durch Kommata getrennt.

Übrigens können Sie Ihren Code wie hier auf mehrere Zeilen verteilen, um ihn leserlicher zu machen.

Hanteltraining fürs Gehirn, Lösung

Warum nicht noch ein paar Extrarunden fürs Gehirn, bevor Sie weitermachen?

Angenommen, Sie haben zwei Variablen mit den Namen **`first`** und **`last`**, wie unten gezeigt. Können Sie die Werte vertauschen? Probieren Sie, den nötigen Code zu schreiben.

```
first = 'somewhere'
last = 'over the rainbow'
print(first, last)
temp = first
first = last
last = temp
print(first, last)
```

Häufig benutzt man eine temporäre Variable, um den ersten Wert zu speichern, bevor Sie first den Wert von last zuweisen. Danach erhält last den Wert der temporären Variablen.

Gehen Sie diesen Abschnitt durch, bis Sie ihn verstanden haben.

Programmierer-Kreuzworträtsel, Lösung

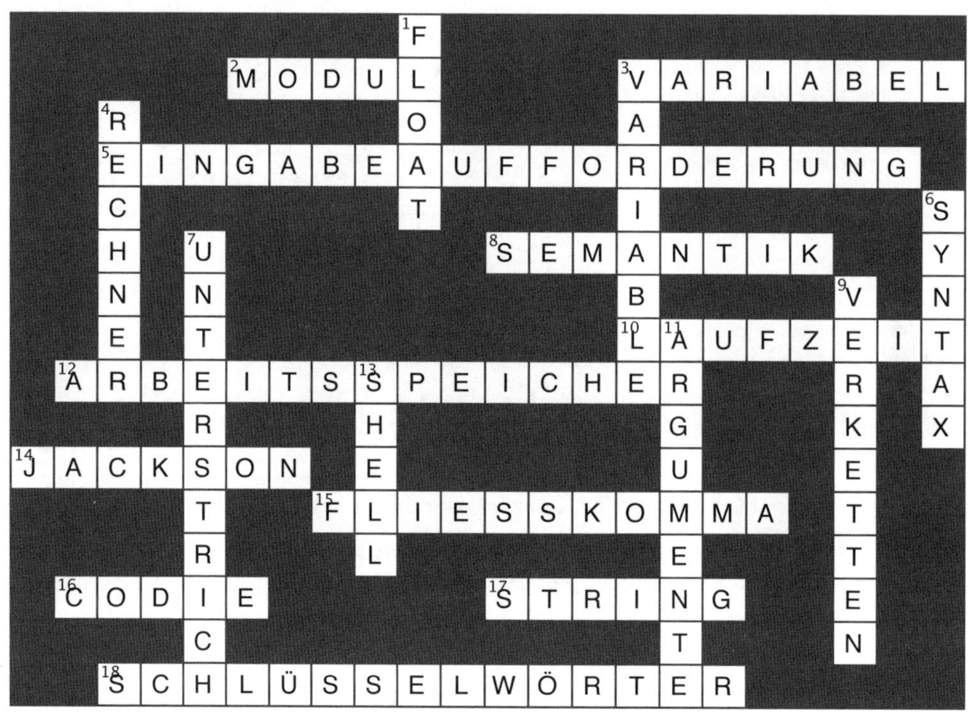

3 Boolesche Werte, Entscheidungen und Schleifen

Entscheidender Code

Finden Sie unsere Programme auch ein wenig langweilig?

Bis jetzt enthält unser Code einfach ein paar Anweisungen, die der Interpreter **von oben nach unten** auswertet. Keine unerwarteten Handlungswendungen, keine Überraschungen, kein unabhängiges Denken. Damit der Code interessanter wird, muss er **Entscheidungen treffen können** – um **sein eigenes Schicksal zu bestimmen** und um Dinge **mehr als einmal** ausführen zu können. Genau das lernen wir in diesem Kapitel. Danach erfahren wir mehr über ein mysteriöses Spiel namens Shoushiling und treffen einen Typ namens Boole. Außerdem sehen wir, warum ein Datentyp mit nur zwei Werten durchaus unsere Aufmerksamkeit verdient. Wir lernen sogar, wie wir die gefürchtete **Endlosschleife** bändigen können. Und los!

Vielleicht bauen wir aus Spaß mal eine!

Wollen Sie ein Spiel spielen?

Ursprünglich stammt das Spiel aus der altchinesischen Han-Dynastie und heißt dort *Shoushiling*. Es wurde schon benutzt, um Gerichtsentscheidungen zu treffen, Multimillionen-Dollar-Geschäfte zu entscheiden und, vermutlich am wichtigsten, um herauszufinden, wer im Auto vorne sitzen darf.

Heute kennen wir das Spiel als *Stein, Schere, Papier* (in Norddeutschland auch als *Schnick, Schnack, Schnuck* bekannt). Wir werden das Spiel implementieren, sodass Sie es gegen einen ziemlich harten Gegner spielen können: *Ihren Computer*.

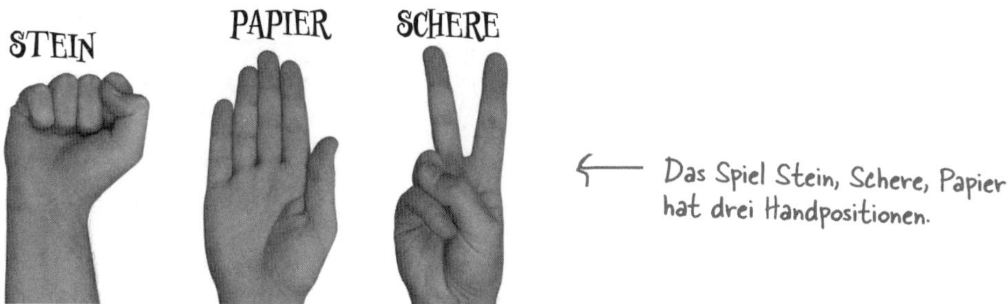

Wie Stein, Schere, Papier funktioniert

Für den Fall, dass Sie Stein, Schere, Papier nicht kennen, hier noch einmal die Regeln. Und sollten Sie es schon kennen, können Sie Ihre Erinnerung ein wenig auffrischen. Es gibt zwei Spieler, die sich insgeheim für Stein, Schere oder Papier entscheiden. Danach zählen die Spieler gemeinsam bis drei (oder rufen: »Schnick, Schnack, Schnuck!«) und zeigen sich dann gegenseitig die getroffene Wahl durch die entsprechende Handhaltung, die – Sie ahnen es schon – entweder Stein, Schere oder Papier darstellt. Der Gewinner lässt sich durch dieses Diagramm ermitteln:

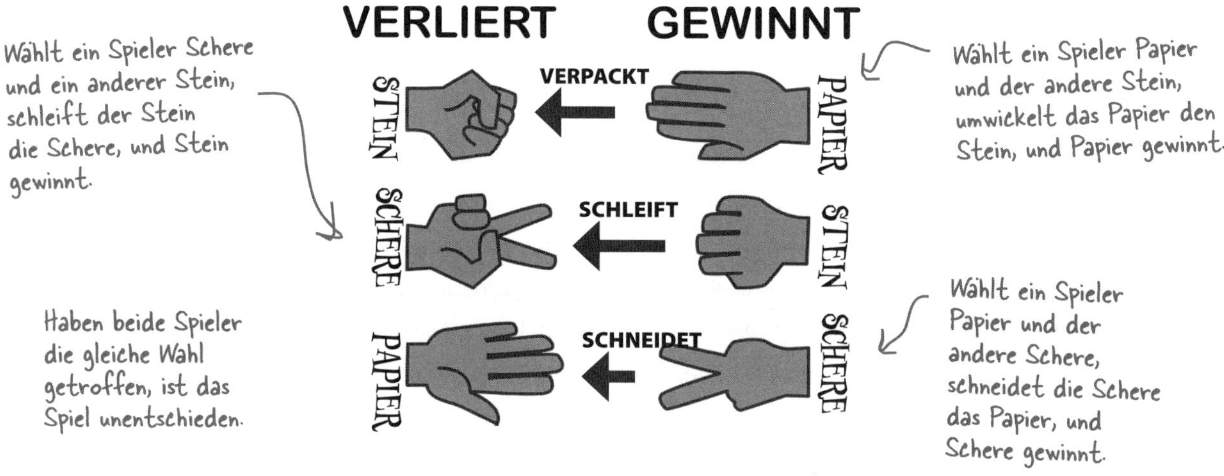

Wenn Sie Stein, Schere, Papier noch nie gespielt haben, schnappen Sie sich einen Freund und spielen mit ihm ein paar Runden. Selbst wenn Sie das Spiel schon kennen, schnappen Sie sich einen Freund und frischen Ihre Kenntnisse auf.

Hier spielen Sie gegen den Computer

Da Ihr Computer vermutlich keine Hände hat, müssen wir die Spielweise ein kleines bisschen verändern. Der Computer muss seine Wahl zuerst treffen, darf uns diese aber noch nicht mitteilen. Dann geben Sie Ihre Wahl ein, und der Computer vergleicht beide Werte, um zu verkünden, wer gewonnen hat.

Ein Beispiel hilft, um zu verstehen, wie das Spiel gespielt wird. In der unten stehenden Python-Shell sehen Sie ein paar Runden Stein (rock), Schere (scissors), Paper (paper), um zu zeigen, welche Ergebnisse möglich sind: Der Benutzer gewinnt, der Computer gewinnt, und es ergibt sich ein Unentschieden.

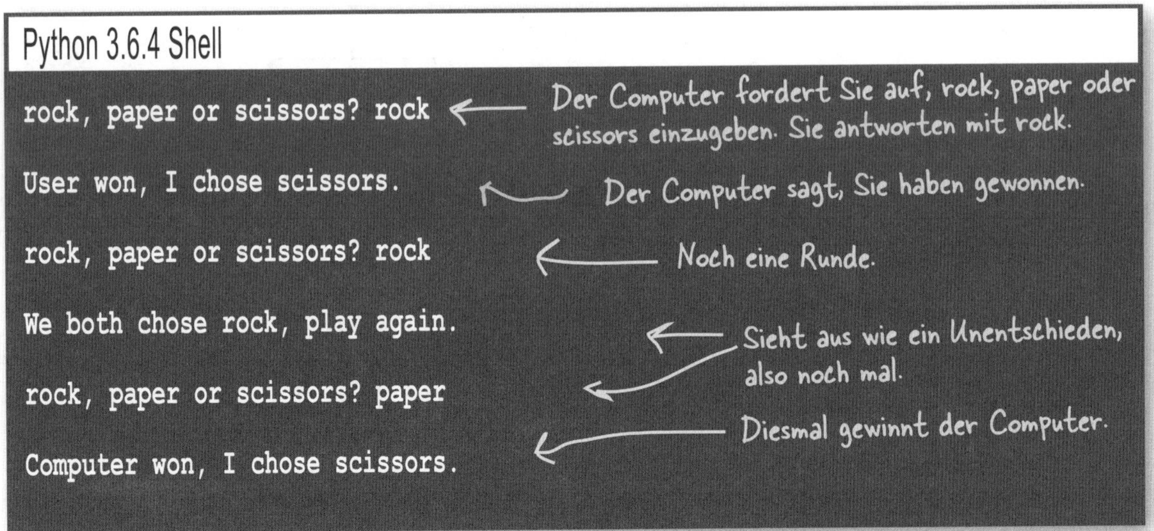

Zuerst ein allgemeines Konzept

Zunächst müssen wir den Spielverlauf klären. Wir benutzen unsere Pseudocode-Fähigkeiten, um ein allgemeines Spielkonzept zu entwickeln. Rechts sehen Sie etwas Neues: ein Schaubild, das uns hilft, den Spielfluss als Flussdiagramm darzustellen.

Die Grundidee sieht so aus:

1 Der Benutzer startet das Spiel.

A Der Computer trifft seine Wahl: Stein (rock), Schere (scissors) oder Papier (paper).

2 Das Spiel beginnt.

A Auswahl des Benutzers ermitteln.

B Die Wahl des Benutzers untersuchen. Ist sie ungültig (nicht »rock«, »paper« oder »scissors«), gehe zurück zu Schritt 2A.

Ist die Auswahl mit der des Computers gleich, setze den Gewinner auf unentschieden und mache mit Schritt 3 weiter.

C Ermitteln, wer nach den Spielregeln gewinnt.

3 Das Spiel ist zu Ende.

Dem Benutzer die Wahl des Computers mitteilen.

Jetzt haben wir eine allgemeine Vorstellung von den Dingen, die unser Programm tun soll. Als Nächstes sehen wir uns die einzelnen Schritte genauer an, um weitere Details herauszufinden.

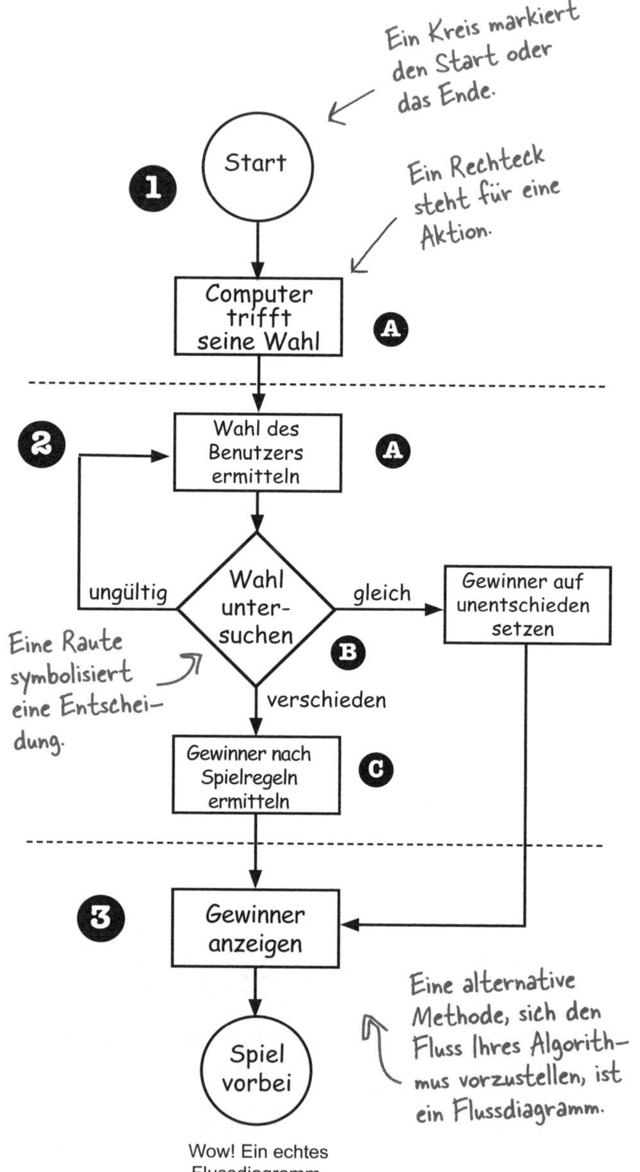

Wow! Ein echtes Flussdiagramm.

Die Wahl des Computers

Auf Basis unseres allgemeinen Konzepts muss zuerst der Computer seine Spielentscheidung treffen, also ob er Stein (rock), Schere (scissors) oder Papier (paper) wählt. Um das Spiel interessanter zu machen, sollte die Auswahl zufällig und nicht vom Benutzer vorhersagbar sein.

Fast jede Programmiersprache bietet einen Weg, Zufallszahlen zu erzeugen, denn es kommt relativ häufig vor, dass sie es müssen. Sehen wir mal, wie Python das angeht und wie wir diesen Weg für eine Entscheidung über Stein, Schere oder Papier nutzen können.

Zufallszahlen erzeugen

Python wird mit einer Menge vorgefertigtem Code ausgeliefert, Code, den Sie nicht selbst schreiben müssen. Oft wird vorgefertigter Code in Form von *Modulen* (oder *Bibliotheken*) verteilt. Später im Buch werden wir Module noch genauer behandeln. Für unsere Aufgabe wollen wir das `random`-Modul einsetzen. Dafür müssen Sie es mit Pythons `import`-Anweisung in Ihren Code *import*ieren.

Und das geht so:

Zuerst kommt das Schlüsselwort import.

Es folgt der Name des gewünschten Moduls. Hier ist es das random-Modul.

```
import random
```

Typischerweise stehen import-Anweisungen am Anfang des Codes, damit Sie leicht sehen können, welche Module importiert werden.

Wie Sie wissen, ist ein Modul einfach eine Datei mit Python-Code.

Funktionen (und Module) werden später in diesem Buch noch deutlich genauer betrachtet. Stellen Sie sich im Moment einfach vor, es handelte sich um eingebaute Funktionalität.

Sobald das `random`-Modul importiert ist, können Sie die vielen bereitgestellten Zufallsfunktionen in Ihrem Code nutzen. Im Moment brauchen wir aber nur eine:

Wir beginnen mit dem Modulnamen, hier: random.

Es folgt ein Punkt.

Danach kommt der Name der Funktion, hier: randint.

```
random.randint(0,2)
```

Das heißt, randint gibt entweder 0, 1 oder 2 zurück.

Wir übergeben randint zwei Zahlen …

Dies ist ein Bereich. randint liefert uns also zufällige Ganzzahlen zwischen 0 und 2.

Die Einzelheiten dieser Schreibweise werden später in diesem Buch noch genauer angesprochen. Nehmen Sie es im Moment einfach, wie es ist.

ÜBUNG

Probieren Sie das selbst aus. Öffnen Sie die Python-Shell, importieren Sie das `random`-Modul und erzeugen Sie ein paar Zufallszahlen mit `random.randint(0.2)`.

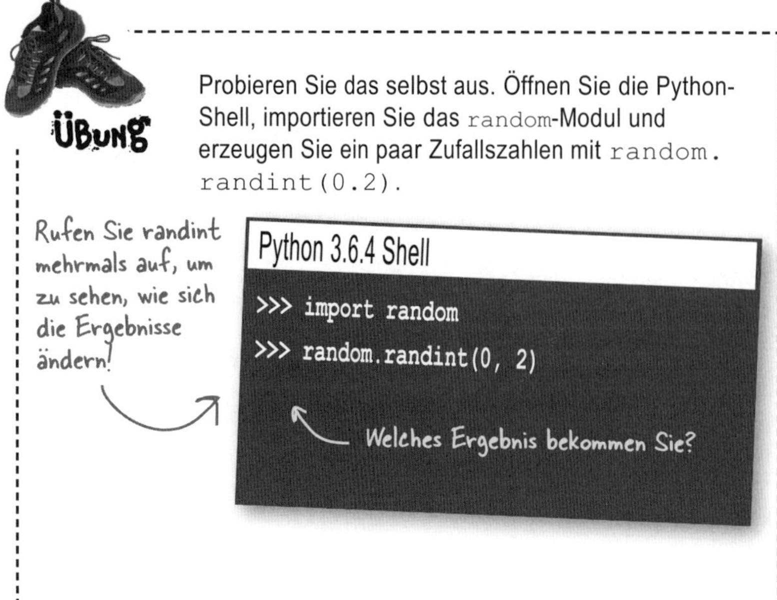

Wie Zufallszahlen genutzt werden

In Ordnung. Wir wissen, wie man aus den Zahlen `0`, `1` und `2` einen zufälligen Wert erzeugt. Dieser steht für die Wahl des Computers. Dabei steht `0` für Stein (rock), `1` für Papier (paper) und `2` für Schere (scissors). Und hier der Code:

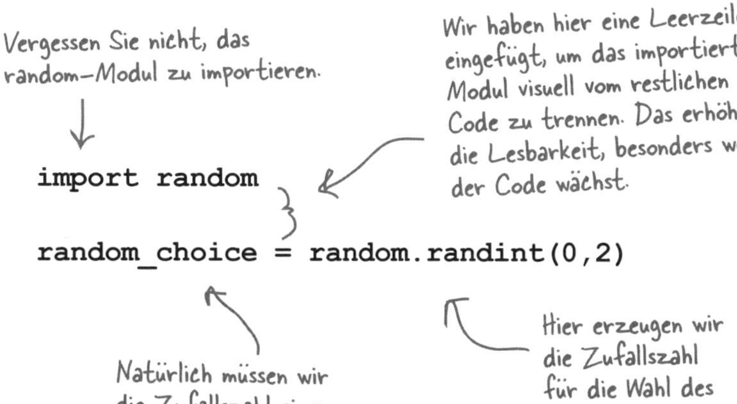

Es gibt keine Dummen Fragen

F: Wie sollen Zufallszahlen hierbei helfen?

A: Stellen Sie sich das Erzeugen einer Zufallszahl vor, als würden Sie würfeln. In diesem Fall haben wir drei Wahlmöglichkeiten (Stein, Schere, Papier). Die Erzeugung einer Zufallszahl entspräche also einem dreiseitigen Würfel. Die einzelnen Werte ordnen wir unseren Wahlmöglichkeiten zu: 0 = Stein (rock), 1 = Papier (paper), 2 = Schere (scissors).

F: Warum beginnen die Zufallszahlen bei 0? Die Zahlen 1, 2 und 3 sind doch viel sinnvoller.

A: Aber nicht für Informatiker. Für Programmierer beginnen Zahlenfolgen üblicherweise bei 0. Sobald Sie sehen, wie dieses Konzept im Code eingesetzt wird, kommt es Ihnen sicherlich natürlicher (und sinnvoller) vor. Lassen Sie sich im Moment einfach treiben.

F: Sind die Zufallszahlen wirklich zufällig?

A: Nein, von einem digitalen Computer erzeugte Zufallszahlen sind nur *pseudozufällig*. Pseudozufällige Zahlen haben auf irgendeiner Ebene vorhersagbare Muster. Das ist bei wirklich zufälligen Zahlen nicht der Fall. Um echte Zufallszahlen zu erzeugen, brauchen Sie natürliche Phänomene, z. B. radioaktiven Zerfall, was sich im Hausgebrauch nur schwer umsetzen lässt. Für die meisten Anwendungsfälle in der Programmierung reichen die pseudozufälligen Zahlen jedoch aus.

F: Und mit import kann ich in Python auf den Code zugreifen, den andere Leute geschrieben haben?

A: Python-Entwickler stellen nützlichen Code in Form von Modulen zur Verfügung. Über import können Sie diesen Code zusammen mit Ihrem eigenen verwenden. So enthält das random-Modul beispielsweise Funktionen für die Erzeugung von Zufallszahlen. Im Moment benutzen wir nur die **randint**-Funktion. Später werden wir noch mehr von diesem Modul sehen.

Probefahrt

Um die Sache ins Laufen zu bringen, speichern Sie Ihren Code in eine Datei namens *rock.py*. Danach wählen Sie den Menübefehl **Run > Run Module**, um zu testen, ob alles funktioniert.

Hier der Code, den wir bisher haben:

Erweitern Sie Ihre Datei um diesen neuen Code.

Wir haben eine Extrazeile eingebaut, um mehr Ausgaben zu bekommen.

```
import random

random_choice = random.randint(0, 2)
print('The computer chooses', random_choice)
```

So weit sind wir schon. Probieren Sie das ruhig ein paarmal aus, um zu sehen, ob die Auswahl wirklich zufällig ist.

```
Python 3.6.4 Shell
The computer chooses 2
>>>
```

Einen Schritt weiter ...

Durch die Verwendung des `random`-Moduls hat der Computer die Möglichkeit, eine zufällige Auswahl zu treffen. Das ist aber noch nicht zufriedenstellend. Warum? Weil der Computer eigentlich eine Wahl zwischen Stein, Schere und Papier treffen sollte. Stattdessen haben wir die Integerwerte `0`, `1` und `2`. Es wäre doch viel schöner, wenn wir eine Variable hätten, die den String `"rock"`, `"paper"` oder `"scissors"` enthält, oder? Bevor wir das umsetzen, müssen wir erst lernen, wie man in Python Entscheidungen trifft.

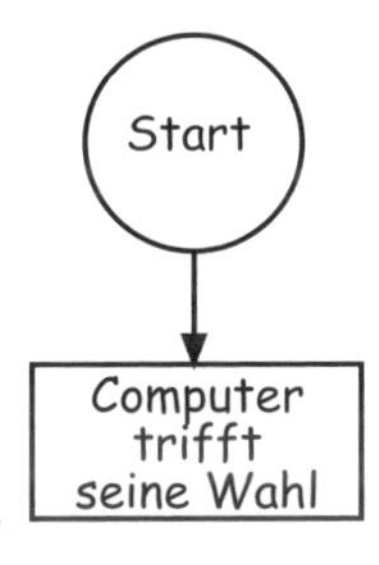

Wir sind immer noch hier.

Spitzen Sie Ihren Bleistift

Gehen Sie davon aus, dass **`random_choice`** bereits den Wert `0`, `1` oder `2` hat, und schreiben Sie etwas Pseudocode, der der Variablen **`computer_choice`** darauf basierend den Wert `"rock"`, `"paper"` oder `"scissors"` zuweist.

Sie wissen zwar noch nicht, wie man das in Python ausdrückt, aber vergessen Sie nicht, dass Pseudocode eine natürliche Sprache verwendet. Machen Sie sich nicht zu viele Gedanken darüber.

True? Oder False?

Python trifft Entscheidungen, indem es Fragen stellt, die mit Ja oder Nein beantwortet werden können, die wiederum in Python als wahre (True) oder falsche (False) Antworten bezeichnet werden. Die Fragen selbst sind einfach Ausdrücke ähnlich denen, die Sie bereits kennen. Anstatt zu Strings, Integerwerten oder Fließkommazahlen auszuwerten, wird hier jedoch zu `True` (wahr) oder `False` (falsch) ausgewertet. Hier ein Beispiel:

Hier ein Ausdruck, der die Werte der beiden Variablen vergleicht, die Zahlen enthalten.

Das nennt man einen Vergleichsoperator (oder relationalen Operator), der wahr (True) ist, wenn der erste Operand größer ist als der zweite, und falsch (False), wenn nicht.

Zu Vergleichsoperatoren wie »kleiner als« oder »ist gleich« kommen wir ganz bald.

```
bank_balance > ferrari_cost
```

Das können Sie lesen als: »Ist der Kontostand (bank_balance) größer als die Kosten für den Ferrari (ferrari_cost)?

Je nachdem, ob der Kontostand größer ist als die Kosten für den Ferrari, ist das Ergebnis dieses Ausdrucks entweder True oder False.

Den Wert dieser Entscheidung können Sie ebenfalls einer Variablen zuweisen, die sich bei Bedarf sogar per print ausgeben lässt.

```
decision = bank_balance > ferrari_cost
print(decision)
```

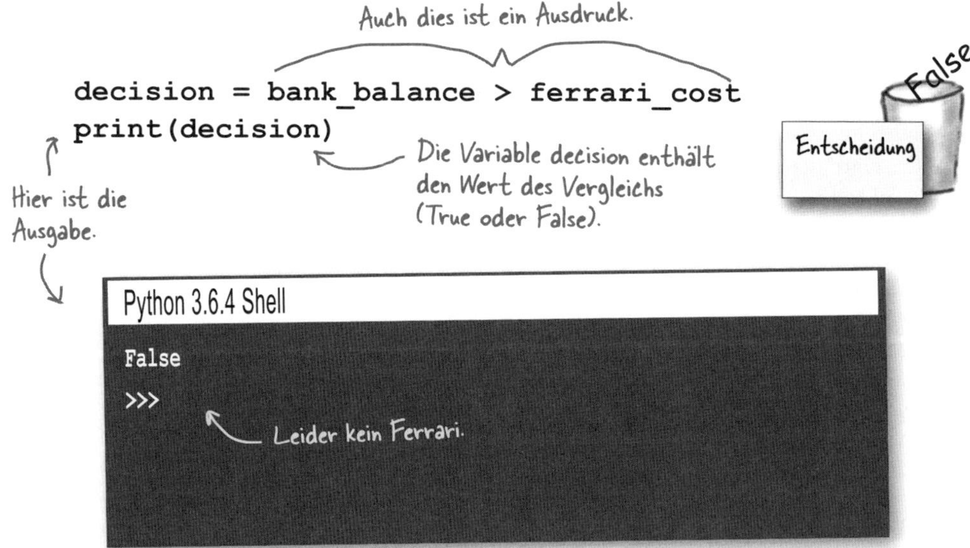

Die Werte `True` (wahr) und `False` (falsch) gehören zu einem eigenen Datentyp, dem booleschen Wert. Sehen wir uns das einmal genauer an …

Vorstellung des booleschen Datentyps

Entschuldigung. Wir haben hier von einem brandneuen Datentyp geredet, den wir Ihnen offiziell noch gar nicht vorgestellt haben. Der **boolesche** Datentyp ist ziemlich schlicht. Er kennt nur zwei mögliche Werte: `True` (wahr) und `False` (falsch). Wer hätte das gedacht?

Sie können boolesche Werte auf die gleiche Weise verwenden wie andere Datentypen auch. Das heißt, Sie können sie in Variablen speichern, ausgeben oder in Ausdrücken verwenden. Bevor wir sehen, wie wir anhand boolescher Werte Entscheidungen treffen können, noch eine kleine Übung.

Es gibt keine Dummen Fragen

F: Boolescher Wert?

A: Richtig, ausgesprochen wie das französische Kugelspiel: »Boulescher Wert«. Klingt seltsam, was? Diese Werte haben ihren Namen von George Boole, einem Mathematiker aus dem 19. Jahrhundert, der einen Großteil der heutigen Computerlogik formalisiert hat. *Boolesche Werte* klingt ziemlich formell, ist bei Programmierern heutzutage aber vollkommen normal. In kurzer Zeit werden auch Sie es problemlos aussprechen können.

Spitzen Sie Ihren Bleistift

Schnappen Sie sich Ihren Bleistift und unterziehen Sie die booleschen Ausdrücke einer sorgfältigen Überprüfung. Berechnen Sie für die unten stehenden Ausdrücke die Ergebnisse und schreiben Sie sie auf. Überprüfen Sie Ihre Antworten am Ende des Kapitel und vergessen Sie nicht: Boolesche Ausdrücke werden immer zu `True` oder `False` ausgewertet.

Hier wird getestet, ob der erste Wert größer ist als der zweite. Analog dazu können Sie auch >= benutzen, um zu sehen, ob der erste Wert größer oder gleich dem zweiten ist.

```
your_level > 5
```

Welches Ergebnis bekommen Sie, wenn `your_level` denn Wert `2` hat? ________

Welches Ergebnis bekommen Sie, wenn `your_level` den Wert `5` hat? ________

Welches Ergebnis bekommen Sie, wenn `your_level` den Wert `7` hat? ________

Der ==-Operator testet, ob zwei Werte gleich sind. Sind sie gleich, ist das Ergebnis True, ansonsten False.

```
color == "orange"
```

Ist der Ausdruck `True` oder `False`, wenn color den Wert `"pink"` hat? ________

Was ist mit dem Wert `"orange"`? ________

Mit dem !=-Operator wird überprüft, ob zwei Werte NICHT gleich sind.

```
color != "orange"
```

Ist der Ausdruck `True` oder `False`, wenn color den Wert `"pink"` `hat`? ________

Ernsthaftes Coden

Das sind zwei Gleichheitszeichen direkt hintereinander.

Haben Sie bemerkt, wie der ==-Operator auf Gleichheit testet, während wir = für die Zuweisung nutzen? Um einer Variablen einen Wert zuzuweisen, reicht ein einzelnes Gleichheitszeichen, während wir zwei Gleichheitszeichen verwenden, um zu sehen, ob zwei Werte gleich sind. Es ist ein häufiger Anfängerfehler (okay, auch Fortgeschrittenen passiert's), beide Operatoren versehentlich zu verwechseln.

Entscheidungen treffen

Nachdem Sie boolesche Ausdrücke und Vergleichsoperatoren wie >, < und == kennen, können wir diese verwenden, um im Code Entscheidungen zu treffen. Hierfür kombinieren wir das Schlüsselwort `if` mit einem booleschen Ausdruck. Ein Beispiel:

Beginnen Sie mit dem Schlüsselwort if.

Und hier kommt der boolesche Ausdruck, auch »Bedingung« genannt. Er wird zu True oder False ausgewertet.

Gefolgt von einem Doppelpunkt.

```
if bank_balance >= ferrari_cost:
    print('Why not?')
    print('Go ahead, buy it')
```

Danach gibt es eine oder mehrere Anweisungen, die ausgeführt werden, wenn die Bedingung wahr (True) ist.

Alle Anweisungen, die ausgeführt werden sollen, wenn die Bedingung wahr (True) ist, wurden eingerückt.

Üblicherweise wird in Python um vier Zeichen eingerückt.

Wir müssen hier aber nicht aufhören. Wir können weitere Anweisungen definieren, die ausgeführt werden, falls die Bedingung zu `False` ausgewertet wird.

```
if bank_balance >= ferrari_cost:
    print('Why not?')
    print('Go ahead, buy it')
else:
    print('Sorry')
    print('Try again next week')
```

Immer wenn Sie in Python einen Doppelpunkt finden, folgen eine oder mehrere eingerückte Anweisungen.

Wir bauen das Schlüsselwort else ein.

Es folgt ein Doppelpunkt.

Hier folgen eine oder mehrere Anweisungen, die ausgeführt werden, wenn die Bedingung zu False ausgewertet wird.

Beachten Sie, dass alle Anweisungen, die ausgeführt werden sollen, wenn die Bedingung falsch (False) ist, um vier Zeichen eingerückt sind.

Entscheidungen und noch mehr Entscheidungen

Sie können Bedingungen auch miteinander verketten, indem Sie das Schlüsselwort `elif` benutzen. `elif` ist zugegebenermaßen ein seltsames Schlüsselwort, aber eigentlich ist es nur eine Verbindung aus »else« (ansonsten) und »if« (falls). Lassen Sie sich davon nicht durcheinanderbringen. Sehen wir gleich mal, wie `elif` funktioniert:

Die erste Bedingung wird durch das Schlüsselwort if eingeleitet.

```
if number_of_scoops == 0:
    print("You didn't want any ice cream?")
    print('We have lots of flavors.')
elif number_of_scoops == 1:
    print('A single scoop for you, coming up.')
elif number_of_scoops == 2:
    print('Oh, two scoops for you!')
elif number_of_scoops >= 3:
    print("Wow, that's a lot of scoops!")
else:
    print("I'm sorry I can't give you negative scoops.")
```

Es folgt das Schlüsselwort elif mit einer zweiten Bedingung.

Danach können Sie beliebig viele elif-Blöcke mit eigenen Bedingungen definieren.

Für if, elif und else können Sie übrigens so viele Anweisungen definieren, wie Sie mögen.

Zum Schluss können Sie ein letztes else einfügen, dessen Anweisungen ausgeführt werden, wenn alle anderen Bedingungen fehlschlagen.

Beachten Sie, dass nur der Code der ersten wahren (True) Bedingung ausgeführt wird. Hat keine der Bedingungen das Ergebnis True, wird der Code des else-Teils ausgeführt.

Spitzen Sie Ihren Bleistift

Unten sehen Sie verschiedene mögliche Werte für die Variable `number_of_scoops`. Schreiben Sie auf, welche Ausgaben der oben stehende Code macht, wenn `number_of_scoops` den angegebenen Wert hat. Die erste Zeile haben wir schon für Sie gelöst.

Wenn number_of_scoops diesen Wert hat, lautet die Ausgabe …

`number_of_scoops = 0`	You didn't want any ice cream? We have lots of flavors.
`number_of_scoops = 4`	
`number_of_scoops = 1`	
`number_of_scoops = 3`	
`number_of_scoops = 2`	
`number_of_scoops = -1`	

Spitzen Sie Ihren Bleistift

Nehmen Sie sich einen Moment Zeit und LESEN Sie sich den Code laut vor (in einer Sprache Ihrer Wahl). Sobald Sie damit vertraut sind, schreiben Sie Ihre Sätze hier auf:

Zurück zu Stein, Schere, Papier

Start

Wir sind immer noch hier.

Computer trifft seine Wahl

Wahl des Benutzers ermitteln

Wir sind immer noch dabei, die erste Stufe unseres »Stein, Schere, Papier«-Spiels fertigzustellen. Vor unserem Umweg in boolesche Gefilde wollten wir den Code so verbessern, dass der Computer einen der Strings `"rock"`, `"paper"` oder `"scissors"` anstelle der Werte `0`, `1` oder `2` auswählt. Nachdem Sie jetzt wissen, wie Pythons `if`-Anweisung funktioniert, sollte das auch klappen. Jetzt wollen wir den Code schreiben, der abhängig vom Wert von `random_choice` der neuen Variablen `computer_choice` einen dieser drei Strings zuweist.

Hier ist unser bisheriger Code.

```
import random

random_choice = random.randint(0,2)
```

~~print('The computer chooses', random_choice)~~

Das hier brauchen wir nicht mehr. Sie können es löschen.

Fügen Sie diesen Code Ihrer rock.py-Datei hinzu.

```
if random_choice == 0:
    computer_choice = 'rock'
elif random_choice == 1:
    computer_choice = 'paper'
else:
    computer_choice = 'scissors'

print('The computer chooses', computer_choice)
```

Überprüfe, ob random_choice den Wert 0 hat. Falls ja, setze die Wahl des Computers auf »rock« (Stein).

Ansonsten überprüfe, ob random_choice den Wert 1 hat. In diesem Fall setze die Wahl des Computers auf »paper« (Papier).

Ansonsten bleibt als Auswahl nur noch »scissors« (Schere) übrig.

Zum Testen geben wir außerdem computer_choice aus.

Probefahrt

Vergessen Sie nicht, diesen neuen Code in Ihrer *rock.py*-Datei zu speichern und dann einen Testlauf durchzuführen.

Hier ist unser erster Versuch. Denken Sie daran, es mehrmals zu probieren.

```
Python 3.6.4 Shell

The computer chooses scissors
>>>
```

Die Wahl des Benutzers ermitteln

Nachdem wir die Wahl des Computers haben, müssen wir als Nächstes die Wahl des Benutzers ermitteln. Nach Kapitel 2 sind Sie ein echter Profi, was das Auslesen von Benutzereingaben angeht. Wir wollen den Benutzer zunächst zur Eingabe auffordern und die Antwort in einer Variablen namens `user_choice` speichern.

Jetzt sind wir hier.

Computer trifft seine Wahl → Wahl des Benutzers ermitteln → Wahl untersuchen (ungültig → zurück zu „Wahl des Benutzers ermitteln“; gleich; verschieden)

```
import random

random_choice = random.randint(0, 2)

if random_choice == 0:
    computer_choice = 'rock'
elif random_choice == 1:
    computer_choice = 'paper'
else:
    computer_choice = 'scissors'

print('The computer chooses', computer_choice)

user_choice = input('rock, paper or scissors? ')
print('You chose', user_choice, 'and the computer chose', computer_choice)
```

Diese print-Anweisung zum Debuggen wird nicht mehr gebraucht.

Wir weisen den aus der input-Funktion zurückgegebenen String der Variablen user_choice zu.

Wir benutzen erneut die input-Funktion, um den Benutzer zur Eingabe seiner Wahl aufzufordern.

Um die Dinge beim Programmieren mitzuverfolgen, bauen wir eine print-Anweisung ein.

Probefahrt

Ganz schön schnell, was? Bauen Sie auch diesen noch neueren Code in Ihre Datei *rock.py* ein und testen Sie ihn ausgiebig.

Hier unser erster Probelauf. Vergessen Sie nicht, den Code mehrmals auszuführen.

Python 3.6.4 Shell

```
rock, paper or scissors? rock
You chose rock and the computer chose paper
>>>
```

Gut gesehen.

Wie gesagt, das `random`-Modul enthält eine Menge nützlicher Funktionen. Eine davon ist die Funktion `choice`, und die funktioniert so:

Erstellen Sie zuerst eine Liste mit Strings, die die Wahlmöglichkeiten darstellen.

Lassen Sie sich von den eckigen Klammern nicht verwirren. Wir werden Listen im folgenden Kapitel genauer betrachten.

```
choices = ['rock', 'paper', 'scissors']
computer_choice = random.choice(choices)
```

Danach übergeben wir die Liste der Funktion choice, die zufällig ein Element auswählt.

Da Sie gerade davon sprechen: Falls wir das noch einmal implementieren, sollten wir diese Methode benutzen. Das ist nicht nur weniger Code, sondern auch deutlich besser lesbar. Hätten wir das bereits am Anfang des Kapitels getan, hätte es allerdings keinen Anlass gegeben, über Entscheidungen, boolesche Werte, Vergleichsoperatoren, Bedingungen oder Datentypen zu sprechen. Sie verstehen schon.

Aber gut, dass Sie gefragt haben. Die Funktion `choice` ist für diese Aufgaben besonders gut geeignet. Das gilt vor allem, wenn Sie nach dem folgenden Kapitel wissen, wie Listen funktionieren.

Wenn Sie es nicht aushalten, dürfen Sie Ihren Code natürlich auch mit random.choice aufmotzen. Nur zu! Hierfür müssen Sie die Zeilen zwischen den import- und input-Anweisungen nur durch den oben stehenden Code ersetzen. Das ist zwar nicht unbedingt nötig, aber nachdem Sie wissen, wie es geht, dürfen Sie es auch.

Boolesche Werte im Rampenlicht

Diese Woche:
Boolescher (Daten-)Typ im Gespräch

Von Kopf bis Fuß: Willkommen, boolescher Datentyp. Wir wissen, wie viel Arbeit Sie mit all den Python-Programmen haben. Daher freuen wir uns, dass Sie die Zeit gefunden haben, mit uns zu sprechen.

Boolescher Datentyp: Kein Problem. Es ist wahr (Verzeihung: `True`). Ich habe mehr zu tun *denn je*. Die Leute benutzen boolesche Werte überall. Es ist echt verrückt!

Von Kopf bis Fuß: Erstaunlich, wenn man bedenkt, dass Sie eigentlich ja nur aus zwei Werten bestehen: Ja und Nein.

Boolescher Datentyp: Eigentlich verkörpere ich die Werte `True` oder `False`, nicht Ja und Nein.

Von Kopf bis Fuß: Das ist bestimmt wahr. Aber so oder so: Sie sind zwei Werte. Das reicht ja wohl kaum, um Sie als echten Datentyp zu bezeichnen, oder?

Boolescher Datentyp: Tatsächlich gehören boolesche Werte zum Kern fast jedes Algorithmus oder Programms. Jede Sprache hat sie, nicht nur Python. Ich bin überall.

Von Kopf bis Fuß: Okay, Großer. Dann erzählen Sie mal, was Sie so besonders macht.

Boolescher Datentyp: Vergegenwärtigen Sie sich, dass boolesche Werte jede Bedingung in Ihrem Code darstellen. Ist es über 37° warm? Sind die Daten komplett geladen? Ist die Liste schon sortiert? Wurde Ihre Kreditkarte neu geladen? All dies sind boolesche Werte, wahr oder falsch, `True` oder `False`, die bestimmen, welchen Weg Ihr Code von dort aus nimmt.

Von Kopf bis Fuß: Sie reden von Bedingungen. Wir überprüfen die Bedingungen, um herauszufinden, welche Code als Nächstes ausgeführt werden soll.

Boolescher Datentyp: Der offizielle Name ist *boolescher Ausdruck*, und das gehört wohl auch dazu. Sie können eine Bedingung überprüfen und dann etwas wie eine `if`-Anweisung verwenden, um anzugeben, was als Nächstes passieren soll. Wir sagen, wir *kontrollieren den Fluss* des Programms.

Von Kopf bis Fuß: Wenn das nur ein Teil ist, woraus besteht dann der Rest?

Boolescher Datentyp: Wie Ihre Leser sehen werden, können Sie Code auch so lange wiederholen, wie ein bestimmter boolescher Ausdruck wahr (True) ist. Angenommen, Sie wollen eine Passwortabfrage so lange wiederholen, bis der eingegebene Wert richtig ist, oder Sie wollen so lange Daten auslesen, bis das Ende der Datei oder des Datensatzes erreicht ist, oder Sie wollen den Bildschirm so lange aktualisieren, wie sich ein Spieler bewegt.

Von Kopf bis Fuß: Okay. Aber über die Sache mit den zwei Werten bin ich noch nicht hinweg. Es ist echt schwer, Sie ernst zu nehmen.

Boolescher Datentyp: Ich bin viel mehr als zwei einfache Werte. Ein großer Bereich in der Algebra wurde nach mir benannt: Die boolesche Algebra, schon mal gehört?

Von Kopf bis Fuß: Ähh … nein.

Boolescher Datentyp: Oh je! Boolesche Algebra ist ein ganzer Zweig der Mathematik, die sich mit booleschen Werten befasst.

Von Kopf bis Fuß: Ist das wahr? Nur mit den Werten `True` und `False`?!

Boolescher Datentyp: Hier ein Beispiel: Nehmen Sie das Spiel, an dem Ihre Leser gerade arbeiten. Um herauszufinden, wer gewinnt, braucht es eine Menge Logik. Wie wollen Sie sonst die Frage nach Stein, Schere und Papier im Code abbilden?

Von Kopf bis Fuß: Keine Ahnung.

Boolescher Datentyp: Nun, um das zu lösen, müssen Sie …

Von Kopf bis Fuß: Äh … ja, vielen Dank, boolescher Datentyp. Es war wie immer ein Vergnügen, Sie hier zu haben, aber die Zeit läuft uns davon. Wir freuen uns schon aufs nächste Interview.

Boolescher Datentyp: Klar. Ich kann es – *räusper* – auch kaum erwarten.

Ein Blick auf die Wahl des Benutzers

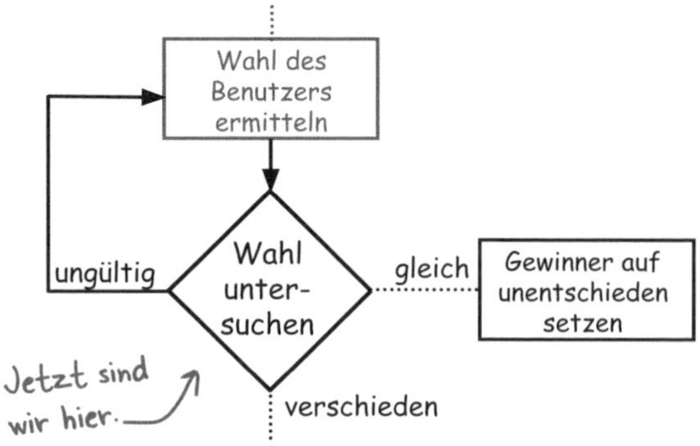

Wahl des Benutzers ermitteln

Wahl untersuchen

ungültig

gleich

Gewinner auf unentschieden setzen

verschieden

Jetzt sind wir hier.

Nachdem wir die Wahl des Benutzers haben, wollen wir sie untersuchen. Nach unserem Flussdiagramm gibt es drei Möglichkeiten:

- ☐ Benutzer und Computer haben die gleiche Wahl getroffen, und wir haben ein Unentschieden.
- ☐ Benutzer und Computer haben eine unterschiedliche Wahl getroffen, und wir müssen den Gewinner ermitteln.
- ☐ Der Benutzer hat einen ungültigen Wert eingegeben und muss es erneut versuchen.

Es kann passieren, dass der Benutzer ein Wort eingibt, dass weder rock noch paper oder scissors ist. Darum kümmern wir uns später.

Wir werden diese Fälle nacheinander angehen (um den letzten kümmern wir uns später in diesem Kapitel). Aber zuerst brauchen wir eine weitere Variable, die speichert, wer gewonnen hat. Wir nennen diese Variable `winner` (Gewinner). Sie soll das Spielergebnis enthalten, also entweder `'Tie'` (unentschieden), `'User'` (Benutzer) oder `'Computer'`. Erstellen Sie diese Variable und geben Sie ihr einen Startwert, wie hier gezeigt:

```
winner = ''
```

Dies ist ein leerer String; zwischen den Anführungszeichen steht nichts.

Wir werden das gleich in unseren Code einbauen ...

Hier haben wir einen leeren String als Startwert für die neue Variable `winner` definiert. Ein leerer String ist ein String, der keine Zeichen enthält (trotzdem ist es ein String). Sie können sich das wie einen leeren Waschkorb vorstellen, der keine Wäsche enthält. Klar? Dieses Konzept gibt es in allen Programmiersprachen: leere Strings, leere Listen, leere Dateien und so weiter. Indem wir `winner` einen leeren String zuweisen, können wir schon jetzt festlegen, dass `winner` einen String enthalten soll – auch wenn wir im Moment noch keinen sinnvollen Inhalt haben (da noch kein Ergebnis berechnet wurde).

Dieser Ansatz ist völlig in Ordnung. Später werden wir eine weitere Möglichkeit kennenlernen. Python kann den Startwert für winner nämlich noch besser definieren.

Nachdem wir die Variable `winner` für das Spielergebnis definiert haben, können wir die Möglichkeiten am Anfang der Seite implementieren. Im ersten Fall treffen Benutzer und Computer die gleiche Wahl, und wir müssen `winner` den Wert `'Tie'` (unentschieden) zuweisen. Dafür brauchen wir zunächst den Code, der die Wahl des Computers und des Benutzers vergleicht. Sind beide Werte gleich, erhält die Variable `winner` den Wert `'Tie'`.

Spitzen Sie Ihren Bleistift

Jetzt sind Sie wieder dran. Stellen Sie das Codefragment gemäß Ihrem Plan auf der vorigen Seite fertig. Ihr Code sollte herausfinden, ob es ein Unentschieden gibt. In diesem Fall soll die Variable `winner` den Wert `'Tie'` erhalten. Wir werden diesen Code in Ihre Datei *rock.py* einbauen, sobald Sie mit dieser Übung fertig sind.

```
if ___________ == ___________:
    winner = _______
```

Den Code zum Finden eines Unentschiedens einbauen

Wir müssen die neue Variable `winner` einbauen. Außerdem haben wir neuen Code, der die Wahl des Benutzers und des Computers vergleicht. Sind beide Werte gleich, ist das Ergebnis unentschieden. Sehen wir uns den Code im Ganzen an:

```
import random

winner = ''

random_choice = random.randint(0,2)

if random_choice == 0:
    computer_choice = 'rock'
elif random_choice == 1:
    computer_choice = 'paper'
else:
    computer_choice = 'scissors'

user_choice = input('rock, paper or scissors? ')
print('You chose', user_choice, 'and the computer chose', computer_choice)

if computer_choice == user_choice:
    winner = 'Tie'
```

Hier ist unsere neue Variable winner. Im Moment enthält sie nur einen leeren String, aber später soll sie den Gewinner enthalten, also entweder 'User', 'Computer' oder 'Tie'.

Diesen Code können Sie wieder entfernen. (durchgestrichene print-Zeile)

Und wenn Computer und Benutzer die gleiche Wahl getroffen haben, weisen wir winner den Wert 'Tie' zu.

Jetzt können Sie den Code in *rock.py* einbauen. Bevor wir alles auf Herz und Nieren prüfen, sollten Sie den Code aber erst einmal ausführen, um sicherzustellen, dass er keine Syntaxfehler enthält. Wie Sie sehen, haben wir die `print`-Anweisungen entfernt. Sie werden bei der Ausführung also keine Ausgaben sehen.

Wer hat gewonnen?

Nachdem wir den Code fertig haben, der sich um das Unentschieden kümmert, kommen wir jetzt zum interessanten Teil: *dem Ermitteln des Gewinners*. Wir haben bereits alles Nötige beisammen – wir haben die Wahl des Computers in der Variablen `computer_choice` und die Wahl des Benutzers in der Variablen `user_choice`. Es fehlt also noch *die Logik*, um herauszufinden, wer gewonnen hat. Hierfür lohnt sich auf jeden Fall ein weiterer Blick auf das »Stein, Schere, Papier«-Diagramm. Anhand dessen können wir sehen, wie die Ermittlung des Gewinners in eine Reihe einfacher Regeln aufgeteilt werden kann. Und noch eine Erkenntnis: Wenn wir eine Seite wählen, z. B. indem wir uns auf den Computer konzentrieren, wissen wir: Wenn der *Computer nicht gewinnt*, *muss* der Gewinner der Benutzer sein. Das kann unsere Logik stark vereinfachen, weil wir nur noch eine Seite der Dinge betrachten müssen.

Aufgaben:

- [x] Benutzer und Computer treffen die gleiche Wahl, und das Spiel ist unentschieden.
- [ ] Benutzer und Computer haben eine unterschiedliche Wahl getroffen, und wir müssen den Gewinner finden.
- [ ] Der Benutzer hat ein falsches Wort eingegeben und muss es noch einmal probieren.

Damit müssen wir uns jetzt befassen.

Werfen wir also einen Blick auf alle Fälle, in denen der Computer gewinnt:

Wählt der Computer Papier und der Benutzer Stein, gewinnt der Computer.

Wählt der Computer Stein und der Benutzer Schere, gewinnt der Computer.

Wählt der Computer Schere und der Benutzer Papier, hat der Computer gewonnen.

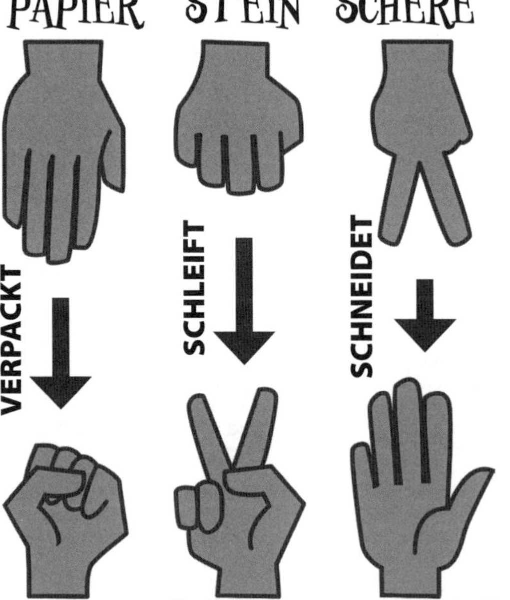

Ansonsten hat der Benutzer gewonnen, oder das Spiel ist unentschieden.

Richtig.

Sehen wir uns das einmal genauer an. Wir haben bereits überprüft, ob das Spiel unentschieden ist. Das können wir also ausschließen. Gehen wir davon aus, dass das Spiel nicht unentschieden endet, wer hat dann gewonnen? Der Computer oder der Benutzer? Sehen wir uns hierzu die Fälle an, in denen der Computer gewinnt:

- **Wählt der Computer Papier und der Benutzer Stein, gewinnt der Computer.**
- **Wählt der Computer Stein und der Benutzer Schere, gewinnt der Computer.**
- **Wählt der Computer Schere und der Benutzer Papier, gewinnt der Computer.**

Ansonsten gewinnt der Computer nicht.

Und was ist mit dem Benutzer? Wann gewinnt der? Wir könnten jetzt auf jede Möglichkeit einzeln eingehen, aber müssen wir das wirklich? Wir sind davon ausgegangen, dass das Spiel nicht unentschieden ist. Wenn also keiner der obigen Fälle zutrifft, gewinnt der Benutzer. Demnach müssen wir keinen zusätzlichen Code schreiben, um herauszufinden, ob der Benutzer gewonnen hat. Wir müssen nur sicher sein, dass der Computer nicht gewonnen hat, um den Benutzer zum Gewinner erklären zu können.

Gehen wir die Logik noch einmal Schritt für Schritt durch, um die Einzelteile zusammenzufügen.

Implementieren wir die Spiellogik

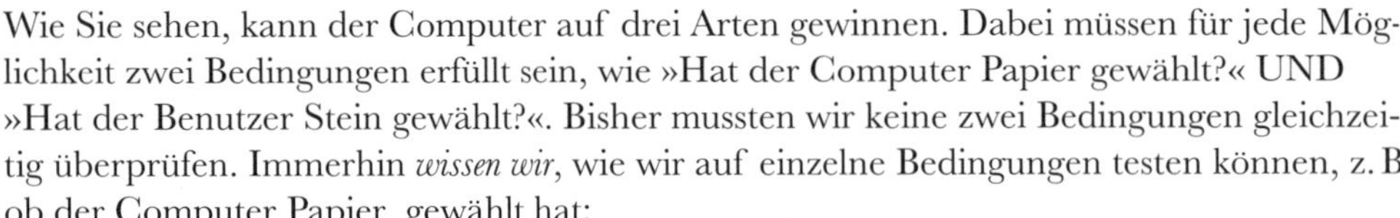

Wie Sie sehen, kann der Computer auf drei Arten gewinnen. Dabei müssen für jede Möglichkeit zwei Bedingungen erfüllt sein, wie »Hat der Computer Papier gewählt?« UND »Hat der Benutzer Stein gewählt?«. Bisher mussten wir keine zwei Bedingungen gleichzeitig überprüfen. Immerhin *wissen wir*, wie wir auf einzelne Bedingungen testen können, z. B. ob der Computer Papier gewählt hat:

```
computer_choice == 'paper'
```

Ein einfacher boolescher Ausdruck, den wir bereits kennen. Er testet, ob der Benutzer Papier ('paper') gewählt hat.

Und ob der Benutzer rock wählt:

```
user_choice == 'rock'
```

Und noch ein Ausdruck, der testet, ob der Benutzer Stein ('rock') gewählt hat.

Aber wie überprüfen wir zwei Bedingungen?

Auch dafür können wir einen **booleschen Operator** benutzen. Das klingt jetzt vielleicht verwirrend, aber boolesche Ausdrücke können mithilfe von booleschen Operatoren kombiniert werden. Im Moment müssen Sie nur diese drei kennen: **`and`**, **`or`** und **`not`**.

Einen weiteren booleschen Operator sehen wir gleich.

Um zu testen, ob der Computer paper gewählt hat UND der Benutzer rock, können wir den booleschen Operator **`and`** benutzen, um beide Ausdrücke zu verbinden, wie hier:

Hier ist unsere erste Bedingung.

Hier ist unsere zweite Bedingung.

```
computer_choice == 'paper' and user_choice == 'rock'
```

Das Konstrukt, hier ist ein einziger boolescher Ausdruck, der zu True oder False ausgewertet wird.

Wenn wir beides durch einen and-Operator verbinden, wird der gesamte Ausdruck nur dann zu True ausgewertet, wenn beide Teilausdrücke ebenfalls zu True ausgewertet werden.

Und wir können diesen booleschen Ausdruck mit einer `if`-Anweisung nutzen:

Jetzt wird der gesamte kombinierte boolesche Ausdruck als Bedingung für die if-Anweisung verwendet.

```
if computer_choice == 'paper' and user_choice == 'rock':
    winner = 'Computer'
```

Dieser Code kümmert sich um die drei Fälle, in denen der Computer gewinnt.

Ist der Ausdruck wahr (d. h. True), wird der Code des if-Blocks ausgeführt.

Mehr über boolesche Operatoren

Wie Sie gesehen haben, ist der `and`-Operator ausschließlich `True`, wenn *beide* Bedingungen (d. h. die Operanden) ebenfalls zu `True` ausgewertet werden. Was passiert aber, wenn wir `or` und `and` miteinander kombinieren? Wie `and` wird auch `or` benutzt, um zwei boolesche Werte oder Ausdrücke zu kombinieren. Der `or`-Operator ist `True`, wenn einer der beiden Werte oder Ausdrücke zu `True` ausgewertet wird.

Ist genug Geld auf dem Konto, können Sie sich den Ferrari leisten ...

... oder Sie haben einen Kredit (loan), der dem Preis des Ferraris entspricht.

```
if bank_balance > ferrari_cost or loan == ferrari_cost:
    print('Buy it!')
```

Es muss nur eine dieser Bedingungen erfüllt (True) sein, um den Ferrari zu bekommen. Es können aber auch beide wahr sein. Ist keine der Bedingungen erfüllt, müssen Sie noch etwas auf den Ferrari warten.

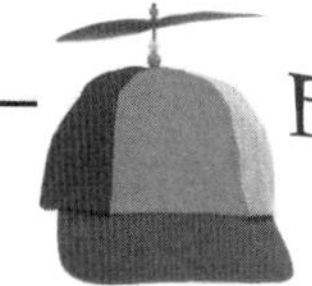

Ernsthaftes Coden

Fragen Sie sich, wie die Präzedenz der booleschen Operatoren funktioniert? Die Vergleichsoperatoren (>, <, == und so weiter) haben die höchste Priorität, gefolgt von `not`, `or` und schließlich `and`. Wie bei anderen Operatoren können Sie auch hier runde Klammern verwenden, um den Vorrang Ihrer booleschen Ausdrücke zu verändern oder sie klarer zu formulieren.

Wird dagegen der `not`-Operator vor einem einzelnen booleschen Wert oder Ausdruck platziert, erhalten Sie das Gegenteil des booleschen Werts. Wird der Operand von `not` zu `True` ausgewertet, hat `not` das Ergebnis `False`. Ist der Operand dagegen `False`, ist das Ergebnis von **not** `True`. Wir können sagen, dass **not** seinen Operanden *verneint*.

Hier haben wir dem booleschen Ausdruck ein not vorangestellt.

Zuerst wird dieser Vergleichsoperator zu True oder False ausgewertet. Danach wird der not-Operator angewandt, wodurch das Ergebnis den umgekehrten booleschen Wert erhält.

```
if not bank_balance < ferrari_cost:
    print('Buy it!')
```

Das kann man folgendermaßen lesen: »Wenn auf dem Bankkonto NICHT weniger Geld ist, als der Ferrari kostet«, kauf ihn.

Spitzen Sie Ihren Bleistift

Schnappen Sie sich Ihren Bleistift und geben Sie noch mehr booleschen Ausdrücken die Sporen. Berechnen Sie für jeden unten stehenden Ausdruck den Wert und schreiben Sie Ihre Antwort auf.

```
age > 5 and age < 10
```

Wie lautet das Ergebnis, wenn `age 6` ist? ________

Wie lautet das Ergebnis, wenn `age 11` ist? ________

Wie lautet das Ergebnis, wenn `age 5` ist? ________

```
age > 5 or age == 3
```

Wie lautet das Ergebnis, wenn `age 6` ist? ________

Wie lautet das Ergebnis, wenn `age 2` ist? ________

Wie lautet das Ergebnis, wenn `age 3` ist? ________

Hier kann man sehen, wie die Lesbarkeit durch runde Klammern verbessert wird.

```
not (age > 5)
```

Wie lautet das Ergebnis, wenn `age 6` ist? ________

Wie lautet das Ergebnis, wenn `age 2` ist? ________

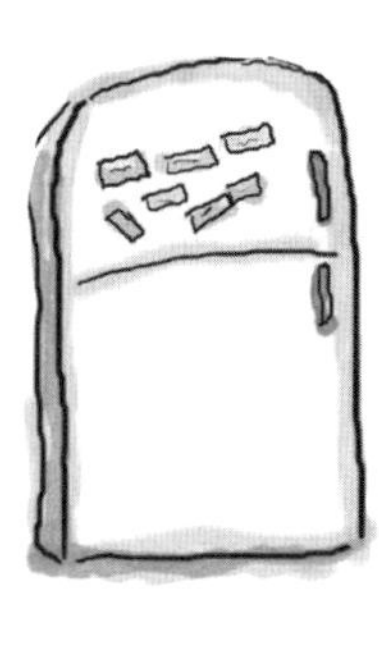

Code-Magneten

Wir hatten die Code-Magneten für die Spiellogik eigentlich schon in die richtige Reihenfolge gebracht. Dann ist jemand an den Kühlschrank gestoßen, und die meisten Magneten sind auf dem Fußboden gelandet. Können Sie die Codeschnipsel wieder zusammensetzen, damit wir den Gewinner herausfinden können? Vorsicht: Eventuell gibt es mehr Magneten als gebraucht werden. Überprüfen Sie Ihre Antwort am Ende des Kapitels.

```
:    elif    if    or
and    and    or
and    and    if    =
elif
elif    if    :    :
```

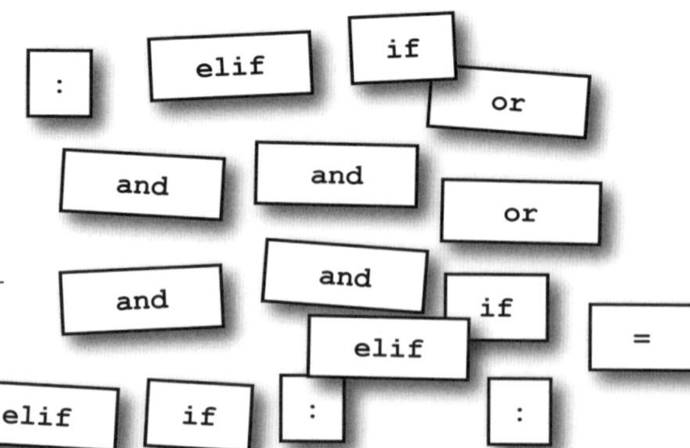

```
if computer_choice == user_choice :
    winner = 'Tie'
elif computer_choice == 'paper' and user_choice == 'rock' :
    winner = 'Computer'




else :
    winner == 'User'
```

Dies ist der erste Fall, in dem Computer und Benutzer die gleiche Wahl getroffen haben und das Ergebnis unentschieden ist.

Glück gehabt. Der erste Test (»Hat der Computer gewonnen?«) und der letzte (»Hat der Benutzer gewonnen?«) sind nicht heruntergefallen.

Platzieren Sie hier Ihre Magneten.

```
winner = 'Computer'    winner = 'Computer'
user_choice == 'paper'    computer_choice == 'rock'
user_choice == 'scissors'    computer_choice == 'scissors'    winner = 'User'
```

Probefahrt

So weit, so gut. Unsere Spiellogik ist fertig. Geben wir den Code in *rock.py* ein und testen wir ihn ein paarmal. Es fehlen noch die benutzerfreundlichen Ausgaben. Noch wissen wir nicht, wer gewinnt oder welche Wahl der Computer getroffen hat. Das ist aber der nächste Punkt auf unserer Liste.

```
import random

winner = ''

random_choice = random.randint(0,2)

if random_choice == 0:
    computer_choice = 'rock'
elif random_choice == 1:
    computer_choice = 'paper'
else:
    computer_choice = 'scissors'

user_choice = input('rock, paper or scissors? ')

if computer_choice == user_choice:
    winner = 'Tie'
elif computer_choice == 'paper' and user_choice == 'rock':
    winner = 'Computer'
elif computer_choice == 'rock' and user_choice == 'scissors':
    winner = 'Computer'
elif computer_choice == 'scissors' and user_choice == 'paper':
    winner = 'Computer'
else:
    winner = 'User'

print('The', winner, 'wins!')
```

Wahl untersuchen

Gewinner nach Spielregeln ermitteln

Sie sind hier.

Dies ist der Code für die Spiellogik. Geben Sie ihn jetzt ein.

Python 3.6.4 Shell

```
rock, paper or scissors? rock
The Computer wins!
>>>
```

Spielen Sie ein paar Runden und stellen Sie sicher, dass alles funktioniert. Als Nächstes kommen die benutzerfreundlichen Ausgaben!

Eventuell sehen Sie sogar die Meldung »The Tie wins!«. Das bringen wir gleich in Ordnung.

Wir sehen den Gewinner!

Jetzt können wir den Gewinner ausgeben. Wenn Sie sich die Beispielausgabe noch einmal ansehen, gewinnt entweder der Benutzer oder der Computer, oder es gibt ein Unentschieden.

Jetzt sind wir hier

Gewinner anzeigen

Spiel vorbei

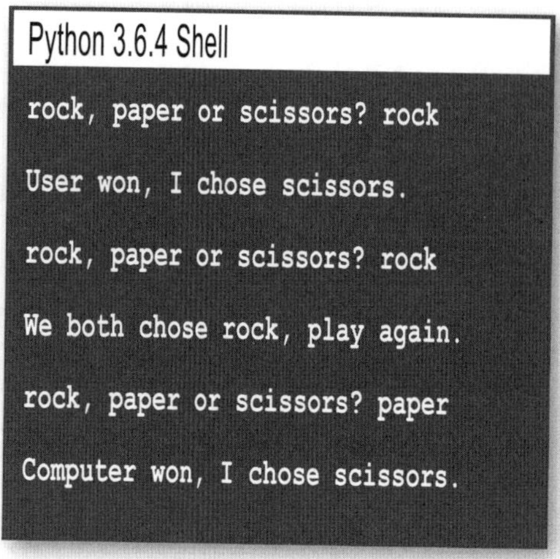

Kümmern wir uns zuerst um den Code, der das Unentschieden bearbeitet. Nach unserem bisherigen Code ist das der Fall, wenn die Variable `winner` den Wert `'Tie'` hat. Bauen wir hierfür eine Bedingung ein:

Wie gesagt, print fügt automatisch zwischen den durch Kommata getrennten Werten ein Leerzeichen ein. Wollen Sie das nicht (z.B. weil ein Satzzeichen direkt auf ein Wort folgen soll), können wir die Stringverkettung (mit +) verwenden.

Hat winner den Wert 'Tie', dann ...

```
if winner == 'Tie':
    print('We both chose', computer_choice + ', play again.')
```

Die Nachricht zusammen mit der Wahl beider Spieler ausgeben.

Wir hätten hier auch user_choice benutzen können. Da das Spiel unentschieden ist, haben beide den gleichen Wert.

Gab es kein Unentschieden, müssen wir den Gewinner bekannt geben, der bereits in der Variablen `winner` auf uns wartet.

Dieser Code wird nur ausgeführt, wenn es kein Unentschieden gab.

```
else:
    print(winner, 'won, I chose', computer_choice + '.')
```

Wir geben den Gewinner bekannt.

Dann geben wir aus, welche Wahl der Computer getroffen hat.

Jetzt sollten wir ein voll funktionsfähiges Spiel haben! Geben Sie den neuen Code in *rock.py* ein und drehen Sie eine Runde!

```
import random

winner = ''

random_choice = random.randint(0,2)

if random_choice == 0:
    computer_choice = 'rock'
elif random_choice == 1:
    computer_choice = 'paper'
else:
    computer_choice = 'scissors'

user_choice = input('rock, paper or scissors? ')

if computer_choice == user_choice:
    winner = 'Tie'
elif computer_choice == 'paper' and user_choice == 'rock':
    winner = 'Computer'
elif computer_choice == 'rock' and user_choice == 'scissors':
    winner = 'Computer'
elif computer_choice == 'scissors' and user_choice == 'paper':
    winner = 'Computer'
else:
    winner = 'User'

print('The', winner, 'wins!')

if winner == 'Tie':
    print('We both chose', computer_choice + ', play again.')
else:
    print(winner, 'won. The computer chose', computer_choice + '.'
```

Entfernen Sie das hier. (~~print('The', winner, 'wins!')~~)

Hier der Code für die Ausgaben des Spiels. Geben Sie den Code jetzt ein.

Damit haben wir ein voll funktionsfähiges Spiel, und Sie können eine Proberunde drehen.

Python 3.6.4 Shell

```
rock, paper or scissors? rock
Computer won. The computer chose paper.
>>>
```

Ist das dokumentiert?

Die Gelegenheit ist günstig, sich zurückzulehnen und einen Blick auf den bisherigen Code zu werfen. Wenn Sie diesen Code später einmal betrachten, wissen Sie möglicherweise nicht mehr genau, was die einzelnen Teile tun und wie alles zusammenpasst. Dann müssen Sie den Code untersuchen, um sich an die Designentscheidungen und die Gründe dafür zu erinnern.

Beachten Sie auch, dass der Code eine eigene Struktur besitzt und ziemlich gut organisiert ist. Das heißt, er besteht aus verschiedenen Bereichen, die für einzelne Teile unseres Algorithmus (bzw. der Aktionen des Flussdiagramms) zuständig sind. Wir wollen diese Abschnitte markieren und ein paar Hinweise einbauen, damit wir auch in Zukunft wissen, wie alles funktioniert.

Außerdem ist es praktisch, den Code zu dokumentieren, falls jemand anderes – zum Beispiel ein anderer Programmierer – ihn sich einmal ansehen möchte.

Hier bereiten wir alles vor, indem wir das random-Modul importieren und die winner-Variable definieren.

```
import random

winner = ''
```

Durch die Erzeugung einer Zufallszahl zwischen 0 und 2 wählt der Computer zufällig Stein (rock), Schere (scissors) oder Papier (paper). Das Ganze wird in einem entsprechenden String gespeichert.

```
random_choice = random.randint(0,2)

if random_choice == 0:
    computer_choice = 'rock'
elif random_choice == 1:
    computer_choice = 'paper'
else:
    computer_choice = 'scissors'
```

Mit einer einfachen input-Anweisung wird die Wahl des Benutzers ausgelesen.

```
user_choice = input('rock, paper or scissors? ')
```

Dies ist die Spiellogik, die überprüft, ob der Computer gewonnen hat, und dabei der Variablen winner den passenden Wert zuweist.

```
if computer_choice == user_choice:
    winner = 'Tie'
elif computer_choice == 'paper' and user_choice == 'rock':
    winner = 'Computer'
elif computer_choice == 'rock' and user_choice == 'scissors':
    winner = 'Computer'
elif computer_choice == 'scissors' and user_choice == 'paper':
    winner = 'Computer'
else:
    winner = 'User'
```

Hier wird bekannt gegeben, dass das Spiel unentschieden war. Ansonsten wird der Gewinner zusammen mit der Wahl des Computers angezeigt.

```
if winner == 'Tie':
    print('We both chose', computer_choice + ', play again.')
else:
    print(winner, 'won, I chose', computer_choice + '.')
```

Aber ist das nicht ein bisschen albern, diesen Code *in einem Buch* zu dokumentieren? Schließlich haben Sie doch echten Code auf Ihrem Computer. Warum dokumentieren wir dann nicht den *echten Code*? Damit hätten wir die Dokumentation genau da, wo wir sie tatsächlich brauchen. Sehen wir, wie man das macht.

Den Code mit Kommentaren versehen

In Python und fast allen anderen Programmiersprachen können Sie menschenlesbare Kommentare direkt in Ihren Code einbetten. Um in Python einen Kommentar zu erstellen, schreiben Sie auf eine beliebige Zeile zuerst ein Doppelkreuz (#), auf das der Kommentar folgt. Alles nach dem Doppelkreuz wird netterweise von Python ignoriert. Kommentare dienen dazu, Ihren Code mit Anmerkungen zu versehen, die von Ihnen oder anderen Programmierern gelesen werden. Das Ziel ist, zusätzliche Informationen über das verwendete Design, die Struktur und den allgemeinen Ansatz bereitzustellen. Hier ein Beispiel:

Kommentare sind eine Form der Dokumentation. Später in diesem Buch beschäftigen wir uns mit Dokumentationsformen für Programmierer, die Ihren Code verwenden wollen, ohne ihn komplett verstehen zu müssen.

Ein Kommentar wird durch ein Doppelkreuz (#) eingeleitet. Danach können Sie Ihren menschenlesbaren Text schreiben. Jede Zeile braucht ein eigenes Kommentarzeichen.

```
# Dieser Code hilft mir bei meiner wöchentlichen Routine,
# zu überprüfen, ob ich mir schon einen Ferrari leisten kann.
# Hierfür wird mein Kontostand mit dem Autopreis verglichen.

if bank_balance >= ferrari_cost:
    # Ist der Wert größer, kann ich endlich einen kaufen.
    print('Why not?')
    print('Go ahead, buy it')
else:
    print('Sorry')
    print('Try again next week')    # Mist!
```

Kommentare können an beliebiger Stelle auf einer Zeile stehen.

Sie können sogar nach dem Code auf derselben Zeile stehen.

Übung

Im IDLE-Editor können Sie Ihre *rock.py*-Datei kommentieren. Als Startpunkt nehmen Sie einfach unsere Kommentare von der vorigen Seite. Allerdings sollten Sie auch Ihre eigenen Kommentare formulieren. Diese müssen möglichst für jeden verständlich sein, der Ihren Code in der Zukunft liest (also auch Sie!). Unsere Lösung finden Sie zum Vergleich am Ende des Kapitels.

Aufgepasst

Tun Sie, was wir sagen, aber machen Sie uns nicht alles nach.

Dokumentation ist ein wesentlicher Teil des Programmierens. Trotzdem werden Sie in diesem Buch eher wenige Codekommentare finden. Der Grund ist, dass handgeschriebene Codeanmerkungen in *Von Kopf bis Fuß*-Büchern effektiver sind. (Außerdem würden die ganzen Kommentare eine Menge Bäume das Leben kosten, wenn wir jedes zweite Beispiel damit versehen würden.)

Anmerkungen wie diese.

Denken Sie noch einmal darüber nach, was passiert, wenn bei unserem »Stein, Schere, Papier«-Spiel nicht rock, paper oder scissors eingegeben wird. Vielleicht schreiben Sie versehentlich das deutsche »Papier« anstelle von »paper«: Wie verhält sich Ihr Programm dann? Meinen Sie, das Verhalten sei korrekt?

Wir müssen das Spiel endlich fertigstellen!

Offenbar ist das Spiel doch nicht ganz fertig. Ein Blick auf die Aufgabenliste zeigt, dass wir uns noch um ungültige Benutzereingaben kümmern müssen. Wir *erwarten*, dass der Benutzer »rock«, »scissors« oder »paper,« eingibt. Das muss aber nicht so sein. Vielleicht macht er einen Tippfehler, oder es wird versehentlich das deutsche Wort »Papier« anstelle von »paper« oder etwas vollkommen anderes (z. B. »Krautsalat«) eingegeben. Sobald Sie ein Programm entwickeln, das von echten Menschen benutzt werden soll, müssen Sie damit rechnen, dass Menschen Fehler machen und Ihr Code damit umgehen muss.

Aufgaben:

- [x] Benutzer und Computer treffen die gleiche Wahl, und das Spiel ist unentschieden.
- [x] Benutzer und Computer haben eine unterschiedliche Wahl getroffen, und wir müssen den Gewinner finden.
- [ ] Der Benutzer hat ein falsches Wort eingegeben und muss es noch einmal probieren.

Wir haben noch was vergessen.

Also los.

Zuerst müssen wir herausbekommen, wie sich das Spiel bei einer ungültigen Antwort verhalten soll. Nach unserem Flussdiagramm sollte das Programm den Benutzer einfach zu einer neuen Eingabe auffordern.

Wahl des Benutzers ermitteln

Wahl untersuchen

ungültig

gleich

Diesen Teil haben wir ausgelassen.

Vielleicht so:

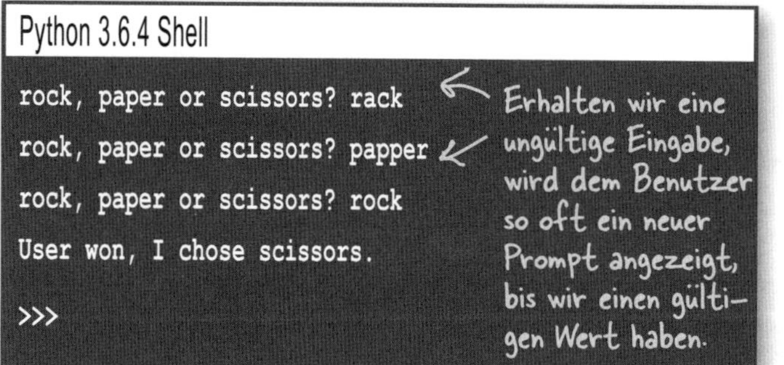

Wir können das Verfahren später immer noch verbessern. Im Moment erhält der Benutzer einfach so oft einen neuen Prompt, bis wir eine gültige Eingabe haben.

Bevor wir das programmieren und das Spiel fertigstellen, müssen wir uns allerdings noch um diese beiden Punkte kümmern:

1. Wie erkennen wir ungültige Eingaben?
2. Wie können wir den Benutzer gegebenenfalls wiederholt zur Eingabe auffordern?

Benutzer machen Fehler. Oft. Sorgen Sie dafür, dass Ihr Code damit umgehen kann – auch wenn <u>Sie</u> selbst der Benutzer sind.

Woher wissen wir, ob eine Benutzereingabe ungültig ist?

Wie finden wir heraus, ob die Benutzereingabe ungültig war? Genau! Wir benutzen die neu gelernten booleschen Ausdrücke. Aber wie sieht ein Ausdruck aus, der ungültige Antworten findet? Manchmal hilft es, über die Dinge zu sprechen: Wir wissen, dass die Benutzereingabe *ungültig* ist, wenn diese Bedingungen zutreffen:

Spitzen Sie Ihren Bleistift

Wandeln Sie Aussagen in die entsprechenden booleschen Ausdrücke um. Den ersten Teil haben wir schon für Sie erledigt.

```
user_choice != 'rock' and ________________________________
```

Vervollständigen Sie den booleschen Ausdruck.

Den Ausdruck überprüfen und aufräumen

Hoffentlich war Ihr boolescher Ausdruck in der letzten »Spitzen Sie Ihren Bleistift«-Übung nah genug an unserer Lösung. Hier noch einmal der Code, diesmal aber als Teil einer `if`-Anweisung:

Wow. Das ist lang und schwer lesbar.

```
if user_choice != 'rock' and user_choice != 'paper' and user_choice != 'scissors':
```

Grundsätzlich besagt diese Anweisung: »Wenn die Benutzereingabe ungültig ist …«

Das sieht wie ein vollkommen akzeptabler Ausdruck aus. Trotzdem sind sehr lange Zeilen wie diese ziemlich unhandlich – vor allem wenn wir sie in den Editor eingeben oder später noch einmal lesen müssen. Es wäre schön, wenn wir den Ausdruck neu formatieren könnten, sodass er eher aussieht wie hier:

```
if user_choice != 'rock' and
        user_choice != 'paper' and
        user_choice != 'scissors':
```

Das ist schon viel augenfreundlicher!

Hmmm … nicht so gut.

```
Python 3.6.4 Shell
    if user_choice != 'rock' and
                               ^
    SyntaxError: invalid syntax
>>>
```

Wollen wir den Code auf mehr als eine Zeile aufteilen, beschwert sich Python über unsere Syntax.

Allerdings können wir die runden Klammern auch auf andere Weise um den Ausdruck anordnen, und zwar so:

```
if (user_choice != 'rock' and
        user_choice != 'paper' and
        user_choice != 'scissors'):
```

Umgeben Sie den Ausdruck mit runden Klammern, damit Sie ihn auf mehrere Zeilen verteilen können.

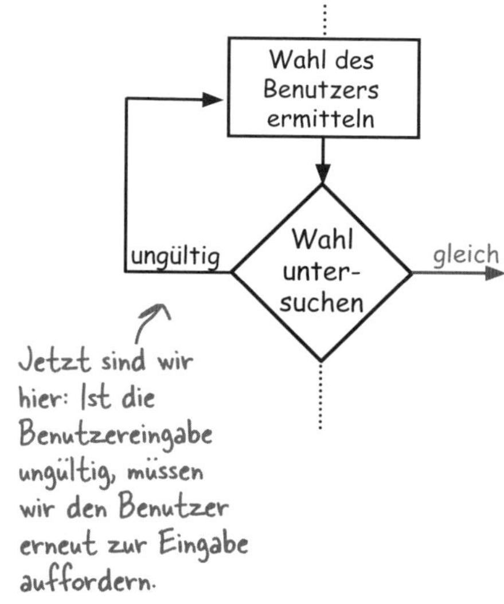

Und Python hat kein Problem mehr mit dem umformatierten Code.

Da wir jetzt wissen, wie ungültige Benutzereingaben erkannt werden, müssen wir herausfinden, wie wir den Benutzer erneut zur Eingabe auffordern können. Denken wir einen Moment darüber nach, wie das gehen könnte …

Nein, auch wenn das grundsätzlich möglich ist. Sie sprechen da übrigens eine wichtige Sache an.

Worum geht es hier genau? Die Strings `'rock'` und `'ROCK'` sind unterschiedlich, weil Python zwischen Groß- und Kleinschreibung unterscheidet. Das heißt, in Python (und fast allen anderen Programmiersprachen) wird der folgende Vergleich zu `False` ausgewertet:

```
'rock' == 'ROCK'
```

← False

Gibt der Benutzer `Rock` anstelle von `rock` ein, würde unser Code den Eintrag als ungültig ansehen (und unsere Spiellogik wüsste nicht, was sie mit `Rock` anfangen soll).

Dennoch erscheint der Vorschlag sehr sinnvoll. Wird das Wort `rock` – egal in welcher Schreibweise – eingegeben, sollte es als gültige Antwort angesehen werden.

Was ist also zu tun? Wir könnten zusätzliche Logik einbauen, die alle Variationen von Groß- und Kleinschreibung für die Wörter `rock`, `paper` und `scissors` überprüft (und das würde sogar funktionieren!). Allerdings würde unser Code dadurch sehr komplex. Außerdem gibt es eine bessere Lösung, die wir später im Buch noch kennenlernen werden.

Jetzt gehen wir einfach davon aus, dass der Benutzer seine Wahl komplett in Kleinbuchstaben eingeben muss. Später zeigen wir Ihnen eine wesentlich elegantere Lösung.

Spitzen Sie Ihren Bleistift

Während Ihrer Reflexion über die Groß- und Kleinschreibung haben wir schon mal den Code geschrieben, der dem Benutzer einen neuen Prompt anzeigt. Leider hat das nicht so ganz geklappt. Erkennen Sie den Fehler? Sie finden den Code, ein paar Anmerkungen und einen Probelauf hier:

```
user_choice = input('rock, paper or scissors? ')
if (user_choice != 'rock' and
        user_choice != 'paper' and
        user_choice != 'scissors'):
    user_choice = input('rock, paper or scissors? ')
print('User chose', user_choice)
```

Zuerst holen wir uns die Benutzereingabe.

Dann testen wir, ob die Eingabe gültig war.

Falls nicht, holen wir uns eine neue Benutzereingabe.

Python 3.6.4 Shell

```
rock, paper or scissors? rack
rock, paper or scissors? papper
User chose papper
>>>
```

Wir werden erneut aufgefordert. Aber dann können wir einfach etwas anderes Ungültiges eingeben.

Pfui!

Wir dachten, wir seien auf dem richtigen Weg. Was haben wir Ihrer Meinung nach übersehen?

Den Benutzer immer wieder zur Eingabe auffordern

Unser erster Versuch ist fehlgeschlagen. Wir haben versucht, die Benutzereingabe zu überprüfen und dann einen neuen Prompt anzuzeigen. Das Problem ist, dass die Lösung nur einmal funktioniert. Gibt der Benutzer beim zweiten Mal »rocknroll« ein, wird der String als gültige Benutzereingabe akzeptiert.

Wir sind hier. Wir müssen den Benutzer zur Eingabe auffordern, bis sie gültig ist.

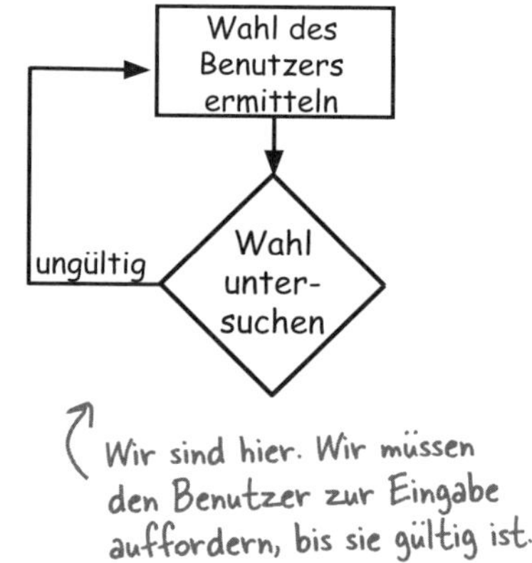

Wir könnten für einen zweiten, dritten und vierten Versuch weitere `if`-Anweisungen verwenden. Dadurch wird der Code aber schnell unübersichtlich. Außerdem müssen wir den Benutzer so oft zur Eingabe auffordern wie nötig.

Nach unserem bisherigen Kenntnisstand über Python wissen wir nur, wie man Dinge einmal ausführt. Und genau da liegt das Problem. Wir brauchen eine Möglichkeit, Code zu schreiben, der so oft wie nötig wiederholt wird. Wir brauchen eine Möglichkeit, Dinge *mehr als einmal* zu tun.

```
while juggling:
    keep_balls_in_air()
```

Dinge mehr als einmal tun

Viele Dinge werden mehr als einmal ausgeführt:

Einschäumen, Ausspülen, Wiederholen …

Auftragen, Polieren …

Die Seiten des Buchs umblättern, bis es fertig gelesen ist.

Natürlich müssen Sie auch im Code Dinge mehr als einmal tun. Python bietet über `while`- und `for`-Anweisungen verschiedene Möglichkeiten, den Code mehrmals in einer Schleife auszuführen. Wir werden uns beide Arten später genauer ansehen. Im Augenblick beschäftigen wir uns nur mit `while`.

Wir haben schon viel über Ausdrücke gesprochen, die zu booleschen Ausdrücken ausgewertet werden, wie `scoops > 0`. Sie sind der Schlüssel zum Verständnis der `while`-Anweisungen. Sehen Sie hier:

Eine while-Anweisung beginnt mit dem Schlüsselwort while.

while benutzt einen booleschen Ausdruck als Test (genau wie in der if-Anweisung).

Wenn die Bedingung wahr ist, werden alle Anweisungen im Codeblock ausgeführt.

```
while scoops > 0:
    print('Another scoop!')
    scoops = scoops - 1
```

Was ist ein Codeblock? Wir haben den Begriff offiziell noch nicht vorgestellt, aber er ist alles, was nach dem Doppelpunkt eingerückt ist.

Nachdem der Codeblock ausgeführt ist, gehen wir zum Anfang zurück und überprüfen die Bedingung erneut. Hat die Bedingung weiterhin den Wert True, wird der Codeblock noch einmal ausgeführt. Wird die Bedingung zu False ausgewertet, sind wir mit der Ausführung des Blocks fertig.

Python benutzt Einrückungen, um Codeblöcke voneinander zu trennen. In den meisten Programmiersprachen werden hierfür jedoch Paare aus runden oder geschweiften Klammern verwendet.

Wie die while-Schleife funktioniert

Da dies Ihre erste `while`-Schleife ist, wollen wir uns ihre Ausführung im Detail ansehen, um herauszufinden, wie sie genau funktioniert. Wir haben am Anfang des Codes die Deklaration der Variablen `scoops` (Kugeln) eingebaut und ihr den Startwert `5` gegeben (Profis nennen das *Initialisierung*).

Jetzt können wir anfangen, den Code auszuführen. Zuerst erhält `scoops` den Wert `5`.

```
scoops = 5
while scoops > 0:
    print('Another scoop!')
    scoops = scoops - 1
print("Life without ice cream isn't the same.")
```

Ein Tipp von den Leuten, die dieses Buch bereits gelesen haben: Arbeiten Sie die folgenden Seiten langsam und sorgfältig durch. Es gibt eine Menge zu lernen, und das wollen Sie wirklich ordentlich in den Kopf bekommen.

Dann kommen wir zur `while`-Anweisung. Bei einer `while`-Anweisung wird zuerst die Bedingung ausgewertet, um zu sehen, ob sie `True` oder `False` ist.

```
scoops = 5
while scoops > 0:
    print('Another scoop!')
    scoops = scoops - 1
print("Life without ice cream isn't the same.")
```

Ist scoops größer als null? Sieht so aus!

Die Bedingung wird zu `True` ausgewertet, also beginnen wir mit der Ausführung des Codeblocks. Die erste Anweisung gibt den String `"Another scoop!"` ("Noch eine Kugel!") auf der Shell aus.

```
scoops = 5
while scoops > 0:
    print('Another scoop!')
    scoops = scoops - 1
print("Life without ice cream isn't the same.")
```

Die nächste Anweisung subtrahiert eins von der Anzahl der Kugeln und weist `scoops` den neuen Wert `4` zu.

1 Kugel weniger, 4 sind noch übrig!

```
scoops = 5
while scoops > 0:
    print('Another scoop!')
    scoops = scoops - 1
print("Life without ice cream isn't the same.")
```

Dies ist die letzte Anweisung des Blocks. Also springen wir zurück an den Anfang der Schleife und beginnen von vorn.

Wie Sie sehen, ändert sich der Code selbst nicht. Dafür verändern sich die Werte von Variablen wie scoops während der Berechnung. An dieser Stelle hat scoops den Wert 4.

```
scoops = 5
while scoops > 0:
    print('Another scoop!')
    scoops = scoops - 1
print("Life without ice cream isn't the same.")
```

Wir werten die Bedingung erneut aus, und diesmal hat `scoops` den Wert `4`. Das ist aber immer noch mehr als null.

Es ist immer noch eine Menge übrig.

```
scoops = 5
while scoops > 0:
    print('Another scoop!')
    scoops = scoops - 1
print("Life without ice cream isn't the same.")
```

Und wir geben den String `"Another scoop!"` ein weiteres Mal auf der Shell aus.

```
scoops = 5
while scoops > 0:
    print('Another scoop!')
    scoops = scoops - 1
print("Life without ice cream isn't the same.")
```

Die folgende Anweisung subtrahiert eins von der Anzahl der Kugeln und weist `scoops` den neuen Wert `3` zu.

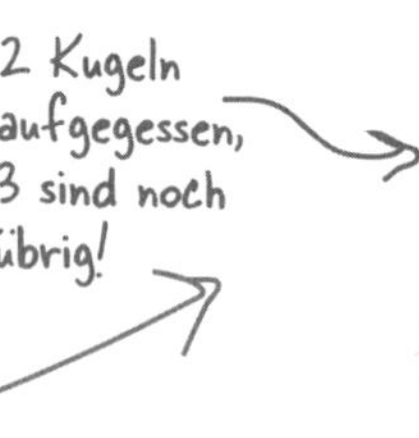


```
scoops = 5
while scoops > 0:
    print('Another scoop!')
    scoops = scoops - 1
print("Life without ice cream isn't the same.")
```

Dies ist die letzte Anweisung des Blocks. Also springen wir zur Bedingung zurück und beginnen von vorn.

```
scoops = 5
while scoops > 0:
    print('Another scoop!')
    scoops = scoops - 1
print("Life without ice cream isn't the same")
```

Die Bedingung wird erneut ausgewertet. Jetzt hat `scoops` den Wert `3`. Das ist immer noch mehr als null.

```
scoops = 5
while scoops > 0:
    print('Another scoop!')
    scoops = scoops - 1
print("Life without ice cream isn't the same.")
```

Immer noch eine Menge übrig!

Und wir geben den String `"Another scoop!"` ein weiteres Mal auf der Shell aus.

```
scoops = 5
while scoops > 0:
    print('Another scoop!')
    scoops = scoops - 1
print("Life without ice cream isn't the same.")
```

Wie Sie sehen, geht das immer weiter. Bei jedem Schleifendurchlauf *dekrementieren* wir den Wert von scoops (verringern den Wert), geben einen neuen String auf der Shell aus und machen dann weiter.

3 Kugeln aufgegessen, 2 sind noch übrig!

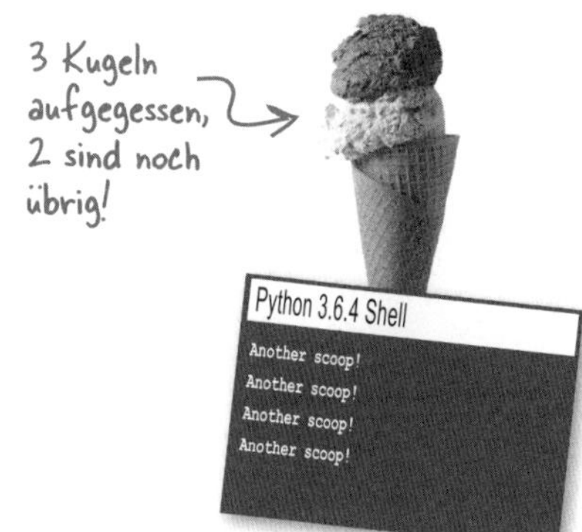


```
scoops = 5
while scoops > 0:
    print('Another scoop!')
    scoops = scoops - 1
print("Life without ice cream isn't the same.")
```

Und weiter geht's ...

4 Kugeln aufgegessen, 1 ist noch übrig!

```
scoops = 5
while scoops > 0:
    print('Another scoop!')
    scoops = scoops - 1
print("Life without ice cream isn't the same.")
```

Bis zum letzten Schleifendurchlauf. Diesmal ist etwas anders: `scoops` hat den Wert `0`, und unsere Bedingung wird zu `False` ausgewertet. Das war's, Leute! Wir durchlaufen die Schleife nicht noch einmal. Diesmal überspringen wir den Codeblock und führen die darauffolgende Anweisung aus.

5 Kugeln aufgegessen, 0 sind noch übrig!

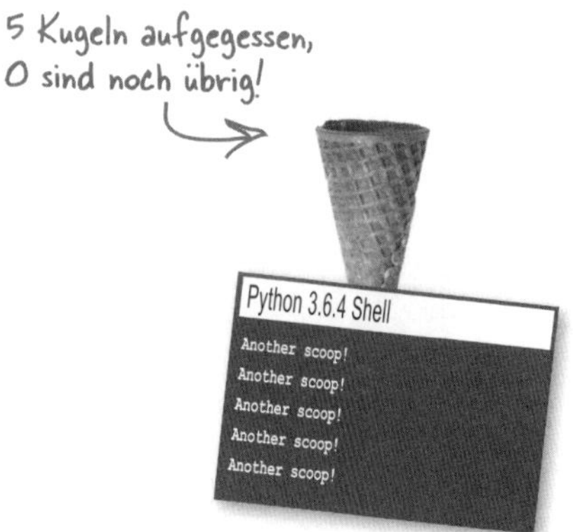


```
scoops = 5
while scoops > 0:
    print('Another scoop!')
    scoops = scoops - 1
print("Life without ice cream isn't the same.")
```

Jetzt führen wir die andere `print`-Anweisung aus und geben den String `"Life without ice cream isn't the same"` aus. Wir sind fertig!

```
scoops = 5
while scoops > 0:
    print('Another scoop!')
    scoops = scoops - 1
print("Life without ice cream isn't the same.")
```

Programmieren Sie mal eben ein Spiel: Fragen Sie den Benutzer nach einer Farbe (»What color am I thinking of?«) und ermitteln Sie, wie viele Versuche der Benutzer braucht, um Ihre Farbe zu erraten.

```
color = 'blue'
guess = ''
guesses = 0

while ______________:
    guess = input('What color am I thinking of? ')
    guesses = guesses + 1
print('You got it! It took you', guesses, 'guesses')
```

while benutzen, um den Benutzer zur Eingabe aufzufordern, bis eine gültige Auswahl getroffen wurde

Nachdem Sie wissen, wie man `while` verwendet, können Sie den Code dazu bringen, den Benutzer immer wieder zur Eingabe aufzufordern. Hierfür müssen wir nur ein paar einfache Änderungen am vorigen Versuch vornehmen: Zuerst weisen wir `user_choice` einen leeren String zu. Danach ersetzen wir das Schlüsselwort `if` durch `while` .

Wie hier gezeigt:

```
user_choice = ''
while (user_choice != 'rock' and
       user_choice != 'paper' and
       user_choice != 'scissors'):
    user_choice = input('rock, paper or scissors? ')
```

Zuerst wird user_choice ein leerer String zugewiesen.

Wir weisen user_choice einen leeren String zu, weil er für den ersten Schleifendurchlauf einen Wert benötigt.

Enthält user_choice einen ungültigen Wert, führen wir den Codeblock erneut aus.

Bei jedem Schleifendurchlauf fordert unser Code den Benutzer zur Eingabe auf und weist diesen Wert der Variablen user_choice zu.

Sobald wir eine gültige Auswahl haben, hält die while-Schleife an, und die Auswahl wird in user_choice gespeichert.

Ersetzen Sie in Ihrer *rock.py*-Datei die `input`-Anweisung durch die neue `while`-Schleife und machen Sie eine letzte Probefahrt. Das Spiel sollte jetzt vollständig sein!

```
import random

winner = ''

random_choice = random.randint(0,2)

if random_choice == 0:
    computer_choice = 'rock'
elif random_choice == 1:
    computer_choice = 'paper'
else:
    computer_choice = 'scissors'

user_choice = input('rock, paper or scissors? ')
user_choice = ''
while (user_choice != 'rock' and
       user_choice != 'paper' and
       user_choice != 'scissors'):
    user_choice = input('rock, paper or scissors? ')

if computer_choice == user_choice:
    winner = 'Tie'
elif computer_choice == 'paper' and user_choice == 'rock':
    winner = 'Computer'
elif computer_choice == 'rock' and user_choice == 'scissors':
    winner = 'Computer'
elif computer_choice == 'scissors' and user_choice == 'paper':
    winner = 'Computer'
else:
    winner = 'User'

if winner == 'Tie':
    print('We both chose', computer_choice + ', play again.')
else:
    print(winner, 'won. The computer chose', computer_choice + '.')
```

Löschen Sie die alte input-Anweisung.

Hier ist der neue Code für die Verarbeitung der Benutzereingaben. Er fordert den Benutzer so oft zur Eingabe auf, bis rock, paper oder scissors eingetippt wurde.

Damit ist unser Spiel voll funktionsfähig! Es bestimmt per Zufall die Wahl des Computers, zeigt dem Benutzer so oft einen Prompt an, bis eine gültige Eingabe vorliegt, und ermittelt dann den Gewinner (oder ob das Spiel unentschieden ist)!

Python 3.6.4 Shell

```
rock, paper or scissors? scisors
rock, paper or scissors? rock
User won. The computer chose scissors.
RESTART: /ch3/rock.py
rock, paper or scissors? papper
rock, paper or scissors? rocker
rock, paper or scissors? paper
Computer won. The computer chose scissors.
```

Glückwunsch! Sie haben Ihr erstes Spiel programmiert!

Was ist das Beste, das Sie nach dem Programmieren Ihres neuen Spiels tun können? Natürlich ein paar Runden spielen! Lehnen Sie sich zurück, entspannen Sie sich und lassen Sie alles aus diesem Kapitel auf sich wirken, während Sie den Computer bei ein paar Runden »Stein, Schere, Papier« schlagen. Natürlich ist das Kapitel noch nicht zu Ende. Es gibt unten eine Übung für Bonuspunkte, außerdem die »Punkt für Punkt«-Liste und ein Kreuzworträtsel. Aber lassen Sie sich Zeit und haben Sie zuerst etwas Spaß beim Spielen.

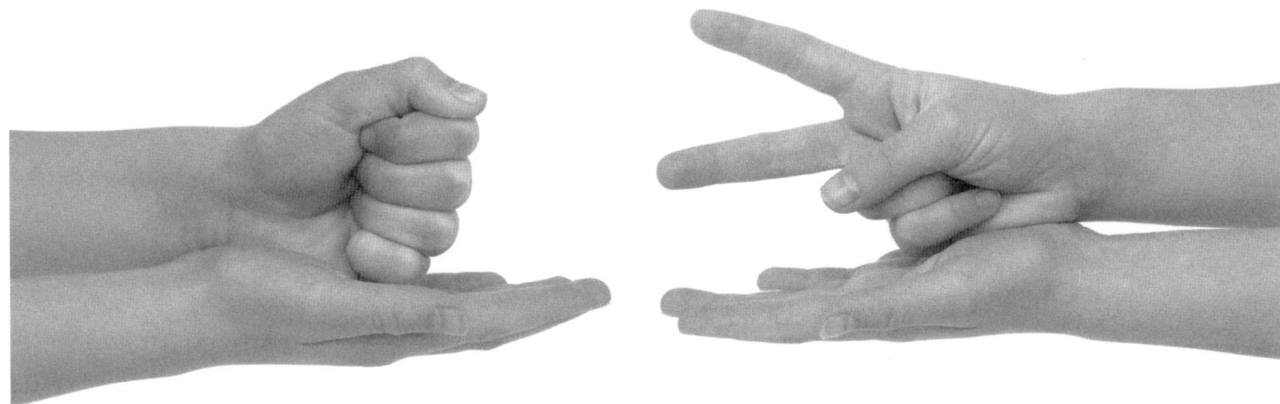

Bonuspunkte

Übung

Erinnern Sie sich an das Farbratespiel? Es hat einen Bug. Wurde die Farbe beim ersten Versuch richtig geraten, lautet die Ausgabe: `"You got it! It took you 1 guesses"`. Können Sie das Spiel so verbessern, dass bei einem Rateversuch der Singular, also `guess`, und nur bei mehreren Versuchen `guesses` (Plural) ausgegeben wird?

```
color = 'blue'
guess = ''
guesses = 0

while guess != color:
    guess = input('What color am I thinking of? ')
    guesses = guesses + 1
~~print('You got it! It took you', guesses, 'guesses')~~
```

Hier kommen Ihre Codeverbesserungen hin.

Hüten Sie sich vor der GEFÜRCHTETEN ENDLOSSCHLEIFE

Bevor wir das Kapitel zu Ende bringen, müssen wir noch über Endlosschleifen reden. Wenn Sie Code ohne Schleifen schreiben, läuft er einfach durch und endet – irgendwann. Bei Schleifen ist die Sache jedoch etwas interessanter.

Angenommen, Sie haben gerade Ihren neuesten Code geschrieben, sind guter Dinge und lassen ihn mit viel Zuversicht laufen. Was passiert als Nächstes? Nichts. Die Ausgaben kriechen nur so dahin. Ihr Programm scheint irgendwie beschäftigt zu sein, aber Sie wissen nicht genau, womit. Was immer es ist – es braucht ziemlich lange.

Sie sind in einer Endlosschleife gefangen – also in einer Schleife, die ständig wiederholt wird, ohne jemals zum Ende zu kommen.

Das passiert öfter, als man denkt. Früher oder später werden auch Sie einer Endlosschleife begegnen, warum also nicht jetzt gleich? Bauen wir uns einfach eine:

```
counter = 10

while counter > 0:
    print('Counter is', counter)
    counter = counter + 1
print('Liftoff!')
```

Nur zu. Tippen Sie das ein und lassen Sie es laufen.

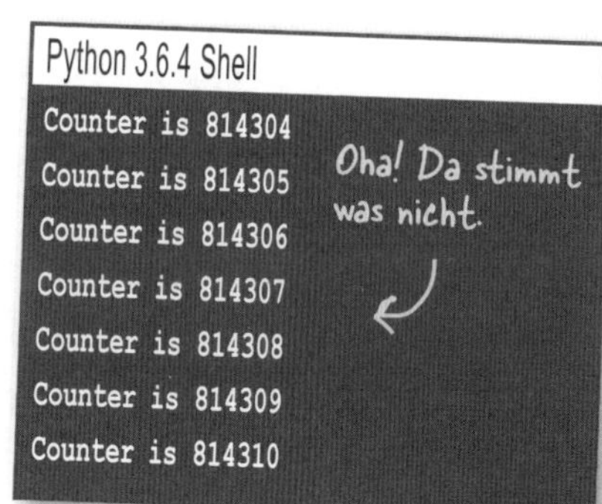

Was ist zu tun, wenn sich ein Programm auf Ihrem Computer nicht beenden lässt? In IDLE können Sie einfach die Shell schließen, um das Programm zu stoppen. Arbeiten Sie auf der Kommandozeile des Computers, hilft üblicherweise die Eingabe von Strg-C (Ctrl-C auf manchen Tastaturen).

Und was machen Sie mit Ihrem Code? Endlosschleifen sind logische Fehler. Sie erstellen eine bestimmte logische Abfolge, durch die die Schleife nicht beendet werden kann. Daher sollten Sie zuerst die Bedingung Ihrer Schleife(n) überprüfen und sie bei der Ausführung Ihres Codes so lange beobachten, bis Sie wissen, was mit der Logik nicht stimmt. In unserem Fall müssen wir `counter + 1` in `counter - 1` ändern, damit der Code bei jedem Durchlauf `1` subtrahiert.

Punkt für Punkt

- Viele Programme verwenden Zufallszahlen.
- In praktisch allen Sprachen gibt es die Möglichkeit, Zufallszahlen zu erzeugen.
- In Python gibt es das **random**-Modul für die Erzeugung von Zufallszahlen.
- Um Pythons Zufallsfunktionen in Ihren Code einzubinden, benutzen Sie eine **import**-Anweisung.
- Der boolesche Datentyp hat zwei Werte: **True** (wahr) und **False** (falsch).
- Boolesche bzw. Bedingungsausdrücke werden zu **True** oder **False** ausgewertet.
- Vergleichsoperatoren wie **==, >** und **<** vergleichen zwei Werte.
- Vergleichsoperatoren gibt es für Zahlen und für Strings.
- Boolesche Ausdrücke bilden das Fundament der **if**-Anweisung.
- Die **if**-Anweisung wertet einen booleschen Ausdruck aus und führt bei **True** einen Codeblock aus.
- Ein Codeblock besteht aus einer Reihe von zusammengehörenden Python-Anweisungen.
- Codeblöcke sind eingerückte Codebereiche.
- Mit dem Schlüsselwort **elif** können Sie in einer **if**-Anweisung weitere Bedingungen überprüfen.
- Das Schlüsselwort **elif** ist eine Kombination aus »else if« (ansonsten, falls ...).
- Mit dem Schlüsselwort **else** können Sie eine letzte Alternative oder ein Standardverhalten für eine **if**-Anweisung definieren.
- Boolesche Ausdrücke können mit den booleschen Operatoren **and** und **or** kombiniert werden.
- Anhand des booleschen Operators **not** kann ein boolescher Ausdruck oder Wert verneint (negiert) werden.
- Die **while**-Anweisung wertet einen booleschen Ausdruck aus und führt einen Codeblock aus, solange (engl. »while«) der Ausdruck wahr (**True) ist.**
- Ein String, der keine Zeichen enthält, wird als **leerer** String bezeichnet.
- Für Zuweisungen benutzt man =, zum Testen auf Gleichheit wird == verwendet.
- Mithilfe eines Doppelkreuzes (#), gefolgt von beliebigem Text, können Sie Kommentare in Ihren Code einbetten.
- Es ist eine gute Idee, Ihren Code mit Kommentaren zu dokumentieren, damit Sie (oder andere) Ihre Designentscheidungen und Ihren Code auch später noch verstehen.
- Bei der Entwicklung von benutzerzentrierten Programmen wie Spielen ist es wichtig, auf Fehler des Benutzers vorbereitet zu sein.
- Logische Fehler können zu Endlosschleifen führen.

Programmierer-Kreuzworträtsel

Geben Sie Ihrer rechten Hirnhälfte etwas zu tun.

Dies ist ein ganz normales Kreuzworträtsel, bei dem die Lösungswörter alle aus Kapitel 3 stammen.

Waagerecht

6. Namensgeber für Datentyp mit zwei Werten.
7. Wird ausgeführt, solange die Bedingung wahr (True) ist.
8. Ist zu teuer.
9. Schneidet Papier.
10. Zeichen für Kommentare.
13. Leitet eine Auffangfunktion (catch-all) ein.
14. Stein schleift …
15. Hiermit wird das random-Modul eingebunden.
16. Führt einen Codeblock aus, sofern sein boolescher Ausdruck True ist.
18. Uraltes chinesisches Spiel.
19. Grundlage für if und while.
20. Papier verpackt …

Senkrecht

1. True oder ...
2. Ein String ohne Inhalt.
3. == testet auf ...
4. Boolesche Werte sind ein eigener ...
5. Viele Programme müssen diese erzeugen.
11. Alternative für if.
12. Hiermit kann man Code wiederholen.
17. Booles Vorname.

LÖSUNG ZUR ÜBUNG

Probieren Sie das selbst aus. Öffnen Sie die Python-Shell, importieren Sie das `random`-Modul und erzeugen Sie ein paar Zufallszahlen mit `random.randint(0.2)`.

Ihre Ausgaben sollten sich leicht von diesen unterscheiden. Schließlich handelt es sich um Zufallszahlen! Vielleicht sehen Sie 2, 2, 0, 0 oder auch 1, 2, 0, 1 oder vielleicht 1, 1, 1, 1 (kann passieren!) – wer weiß? Das macht ja gerade den Reiz von Zufallszahlen aus!

Python 3.6.4 Shell

```
>>> import random
>>> random.randint(0,2)
1
>>> random.randint(0,2)
0
>>> random.randint(0,2)
1
>>> random.randint(0,2)
2
>>>
```

Spitzen Sie Ihren Bleistift
Lösung

Gehen Sie davon aus, dass **`random_choice`** bereits den Wert `0`, `1` oder `2` hat, und schreiben Sie etwas Pseudocode, der der Variablen **`computer_choice`** darauf basierend den Wert `"rock"`, `"paper"` oder `"scissors"` zuweist.

wenn random_choice gleich 0 ist, setze den Wert von computer_choice auf »rock«

ansonsten, wenn random_choice gleich 1 ist, setze computer_choice auf »paper«

ansonsten setze computer_choice auf »scissors«

Spitzen Sie Ihren Bleistift
Lösung

Schnappen Sie sich Ihren Bleistift und unterziehen Sie die booleschen Ausdrücke einer sorgfältigen Überprüfung. Berechnen Sie für die unten stehenden Ausdrücke das jeweilige Ergebnis und schreiben Sie es unten auf.

Hier wird getestet, ob der erste Wert größer ist als der zweite. Analog dazu können Sie auch >= benutzen, um zu sehen, ob der erste Wert größer oder gleich dem zweiten ist.

`your_level > 5`

Welches Ergebnis bekommen Sie, wenn `your_level` denn Wert `2`, hat? **False**

Welches Ergebnis bekommen Sie, wenn `your_level` den Wert `5` hat? **False**

Welches Ergebnis bekommen Sie, wenn `your_level` den Wert `7` hat? **True**

Dies ist ein boolescher Ausdruck. Der ==-Operator testet, ob zwei Werte gleich sind. In diesem Fall ist das Ergebnis True, ansonsten False.

`color == "orange"`

Ist der Ausdruck `True` oder `False`, `wenn` color den Wert `"pink"` hat? **False**

Was ist mit dem Wert `"orange"`? **True**

Mit dem !=-Operator wird überprüft, ob zwei Werte NICHT gleich sind.

`color != "orange"`

Ist der Ausdruck `True` oder `False`, `wenn` color den Wert `"pink"` `hat`? **True**

Spitzen Sie Ihren Bleistift
Lösung

Unten sehen Sie verschiedene mögliche Werte für die Variable `number_of_scoops`. Sie sollten aufschreiben, welche Ausgaben der oben stehende Code macht, wenn `number_of_scoops` den angegebenen Wert hat. Die erste Zeile haben wir schon für Sie gelöst.

Wenn number_of_scoops diesen Wert hat, lautet die Ausgabe …

`number_of_scoops = 0`	You didn't want any ice cream? We have lots of flavors.
`number_of_scoops = 4`	Wow, that's a lot of scoops!
`number_of_scoops = 1`	A single scoop for you, coming up.
`number_of_scoops = 3`	Wow, that's a lot of scoops!
`number_of_scoops = 2`	Oh, two scoops for you!
`number_of_scoops = -1`	I'm sorry I can't give you negative scoops.

Spitzen Sie Ihren Bleistift
Lösung

Nehmen Sie sich einen Moment Zeit und LESEN Sie sich den Code laut vor (in einer Sprache Ihrer Wahl). Sobald Sie damit vertraut sind, schreiben Sie Ihre Sätze hier auf:

Wenn die Anzahl der Kugeln null ist, gib aus: 'You didn't want any ice cream? We have lots of flavors.'

Ansonsten, wenn die Anzahl der Kugeln eins ist, gib aus: 'A single scoop for you, coming up.'

Ansonsten, wenn die Anzahl der Kugeln zwei ist, gib aus: 'Oh, two scoops for you!'

Ansonsten, wenn die Anzahl der Kugeln größer oder gleich drei ist, gib aus: 'Wow, that's a lot of scoops!'

Ansonsten gib aus: >>I'm sorry I can't give you negative scoops.<<

Spitzen Sie Ihren Bleistift
Lösung

Jetzt sind Sie wieder dran. Stellen Sie das Codefragment gemäß Ihrem Plan auf Seite 88 fertig. Ihr Code sollte herausfinden, ob es ein Unentschieden gibt. In diesem Fall soll die Variable `winner` den Wert `'Tie'` erhalten. Wir werden diesen Code in Ihre Datei *rock.py* einbauen, sobald Sie mit dieser Übung fertig sind.

```
if computer_choice == user_choice :
    winner = 'Tie'
```

Spitzen Sie Ihren Bleistift
Lösung

Schnappen Sie sich Ihren Bleistift und geben Sie noch mehr booleschen Ausdrücken die Sporen. Berechnen Sie für die unten stehenden Ausdrücke den Wert und schreiben Sie Ihre Antworten auf.

Ausdruck	Frage	Antwort
`age > 5 and age < 10`	Wie lautet das Ergebnis, wenn `age` 6 ist?	True
	Wie lautet das Ergebnis, wenn `age` 11 ist?	False
	Wie lautet das Ergebnis, wenn `age` 5 ist?	False
`age > 5 or age == 3`	Wie lautet das Ergebnis, wenn `age` 6 ist?	True
	Wie lautet das Ergebnis, wenn `age` 2 ist?	False
	Wie lautet das Ergebnis, wenn `age` 3 ist?	True
`not age > 5`	Wie lautet das Ergebnis, wenn `age` 6 ist?	False
	Wie lautet das Ergebnis, wenn `age` 2 ist?	True

Code-Magneten, Lösung

Wir hatten die Code-Magneten für die Spiellogik eigentlich schon in die richtige Reihenfolge gebracht. Dann ist jemand an den Kühlschrank gestoßen, und die meisten Magneten sind auf dem Fußboden gelandet. Können Sie die Codeschnipsel wieder zusammensetzen, damit wir den Gewinner herausfinden können? Vorsicht: Eventuell gibt es mehr Magneten, als gebraucht werden.

```
if computer_choice == user_choice :
    winner = 'Tie'
elif computer_choice == 'paper' and user_choice == 'rock' :
    winner = 'Computer'
elif computer_choice == 'rock' and user_choice == 'scissors' :
    winner = 'Computer'
elif computer_choice == 'scissors' and user_choice == 'paper' :
    winner = 'Computer'
else :
    winner = 'User'
```

LÖSUNG ZUR ÜBUNG

Im IDLE-Editor können Sie Ihre *rock.py*-Datei mit Kommentaren versehen. Als Startpunkt nehmen Sie einfach unsere Kommentare von Seite 98. Allerdings sollten Sie auch Ihre eigenen Kommentare verwenden. Diese müssen möglichst für jeden verständlich sein, der Ihren Code in der Zukunft liest (also auch Sie!).

Hier ist unser Versuch, das »Stein, Schere, Papier«-Spiel zu dokumentieren.

```
# STEIN, SCHERE, PAPIER
# Überliefert aus der altchinesischen Han-Dynastie, ist das Spiel
# Shoushiling heute besser bekannt als "Stein, Schere, Papier".
# Dieser Code implementiert eine Version des Spiels, bei dem Sie
# gegen den Computer spielen.

# Hier bereiten wir das Programm vor, indem wir das random-Modul
# importieren und die Variable winner definieren.

import random

winner = ''

# Der Computer wählt zufällig Stein (rock), Schere (scissors)
# oder Papier (paper), indem er eine Zufallszahl zwischen 0 und 2
# erzeugt und diese auf den passenden String abbildet.

random_choice = random.randint(0,2)

if random_choice == 0:
    computer_choice = 'rock'
elif random_choice == 1:
    computer_choice = 'paper'
else:
    computer_choice = 'scissors'

# Die Wahl des Benutzers mit einer einfachen input-Anweisung ermitteln.

user_choice = input('rock, paper or scissors? ')

# Dies ist die Spiellogik, die überprüft, ob der Computer gewinnt
# (oder nicht), und die nötigen Änderungen an der winner-Variablen vornimmt.

if computer_choice == user_choice:
    winner = 'Tie'
elif computer_choice == 'paper' and user_choice == 'rock':
    winner = 'Computer'
elif computer_choice == 'rock' and user_choice == 'scissors':
    winner = 'Computer'
elif computer_choice == 'scissors' and user_choice == 'paper':
    winner = 'Computer'
else:
    winner = 'User'

# Hier geben wir aus, ob das Spiel unentschieden war.
# Falls nicht, verkünden wir den Gewinner und die Wahl des Computers.

if winner == 'Tie':
    print('We both chose', computer_choice + ', play again.')
else:
    print(winner, 'won. The computer chose', computer_choice + '.')
```

Spitzen Sie Ihren Bleistift

Lösung

Wandeln Sie Aussagen in die entsprechenden booleschen Ausdrücke um. Den ersten Teil haben wir schon für Sie erledigt.

```
user_choice != 'rock' and user_choice != 'paper' and user_choice != 'scissors'
```

Spitzen Sie Ihren Bleistift

Lösung

Während Ihrer Reflexion über die Groß- und Kleinschreibung haben wir schon mal den Code geschrieben, der dem Benutzer einen neuen Prompt anzeigt. Leider hat das nicht so ganz geklappt. Erkennen Sie den Fehler? Sie finden den Code, ein paar Anmerkungen und einen Probelauf hier:

```
user_choice = input('rock, paper or scissors? ')
if (user_choice != 'rock' and
        user_choice != 'paper' and
        user_choice != 'scissors'):
    user_choice = input('rock, paper or scissors? ')
print('User chose', user_choice)
```

Zuerst holen wir uns die Benutzereingabe.

Dann testen wir, ob die Eingabe gültig war.

Falls nicht, holen wir uns eine neue Benutzereingabe.

Wir dachten, wir seien auf dem richtigen Weg. Was haben wir Ihrer Meinung nach übersehen?

Python 3.6.4 Shell

```
rock, paper or scissors? rack
rock, paper or scissors? papper
User chose papper
>>>
```

Wir werden erneut aufgefordert.

Aber dann können wir einfach etwas anderes Ungültiges eingeben.

Pfui!

ANALYSE: Grundsätzlich funktioniert der Code zum Erkennen falscher Benutzereingaben prima. Der Versuch, den Benutzer erneut zur Eingabe aufzufordern, funktioniert jedoch nur beim ersten Mal. Wir brauchen eine Möglichkeit, den Benutzer so oft aufzufordern, bis die Eingabe richtig ist.

LÖSUNG ZUR ÜBUNG

Programmieren Sie mal eben ein Spiel: Fragen Sie den Benutzer nach einer Farbe (»What color am I thinking of?«) und ermitteln Sie, wie viele Versuche der Benutzer braucht, um Ihre Farbe zu erraten.

```
color = 'blue'
guess = ''
guesses = 0

while guess != color:
    guess = input('What color am I thinking of? ')
    guesses = guesses + 1
print('You got it! It took you', guesses, 'guesses')
```

Bonuspunkte

LÖSUNG ZUR ÜBUNG

Erinnern Sie sich an das Farbratespiel? Es hat einen Bug. Wurde die Farbe beim ersten Versuch richtig geraten, lautet die Ausgabe: `"You got it! It took you 1 guesses"`. Können Sie das Spiel so verbessern, dass bei einem Rateversuch der Singular, also `guess`, und nur bei mehreren Versuchen `guesses` (Plural) ausgegeben wird?

```
color = 'blue'
guess = ''
guesses = 0

while guess != color:
    guess = input('What color am I thinking of? ')
    guesses = guesses + 1
if guesses == 1:
    print('You got it! It took you 1 guess')
else:
    print('You got it! It took you', guesses, 'guesses')
```

Programmierer-Kreuzworträtsel, Lösung

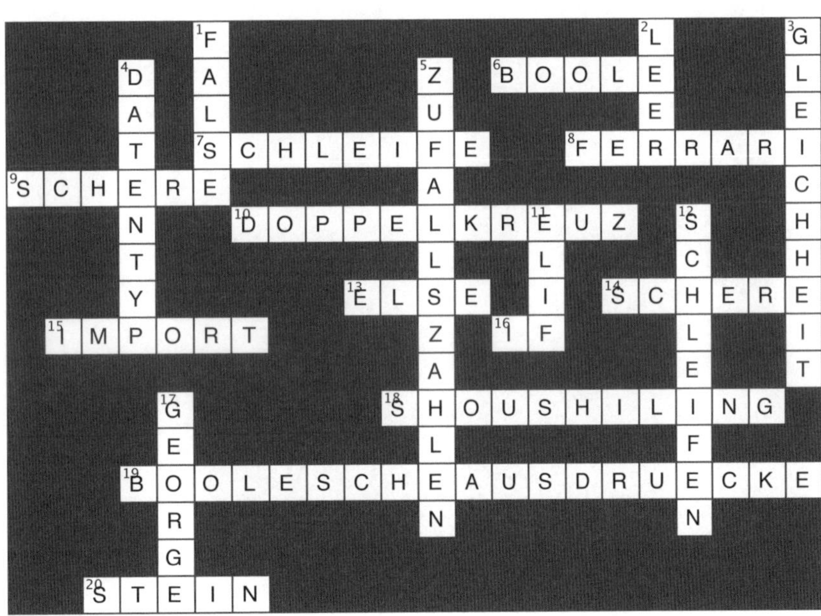

Etwas mehr Struktur

Zahlen, Strings und boolesche Werte sind nicht die einzigen Datentypen in Python. Bisher haben Sie beim Schreiben Ihres Codes nur sogenannte **primitive Datentypen** verwendet – Fließkomma- und Integerwerte, Strings und natürlich boolesche Werte mit Werten wie `3.14`, `42`, `"Hey, ich bin dran!"` und `True`. Und damit lässt sich schon eine Menge anfangen. Aber irgendwann müssen Sie Code schreiben, der mit großen Datenmengen umgehen muss, z. B. dem Inhalt eines Warenkorbs, den Namen aller nennenswerten Promis oder mit einem kompletten Produktkatalog. Dafür brauchen wir etwas mehr *Wumms*. In diesem Kapitel lernen wir einen neuen Datentyp kennen: die **Liste**, die eine ganze Sammlung von Werten enthalten kann. Mit Listen können Sie Daten **strukturieren**. Anstatt eine Fantastillion einzelner Variablen im Code zu verwenden, können Sie diese Variablen auch als Einheit behandeln und mithilfe der ***`for`***-Schleife (die wir aus dem vorigen Kapitel kennen) über die einzelnen Elemente **iterieren**. Wenn Sie dieses Kapitel abgeschlossen haben, können Sie mit Daten umgehen, die wachsen und sich ausdehnen.

Können Sie Bubbles-R-Us helfen?

Heute stellen wir Ihnen Bubbles-R-Us vor. Die unermüdliche Forschung dieses Unternehmens stellt sicher, dass ihre Pusteringe und -maschinen die besten Seifenblasen machen. Heute wird der »Blasenfaktor« für verschiedene Variationen der Seifenblasenmischung getestet. Man will herausfinden, wie viele Blasen eine bestimmte Mischung ergibt. Hier sind die Daten:

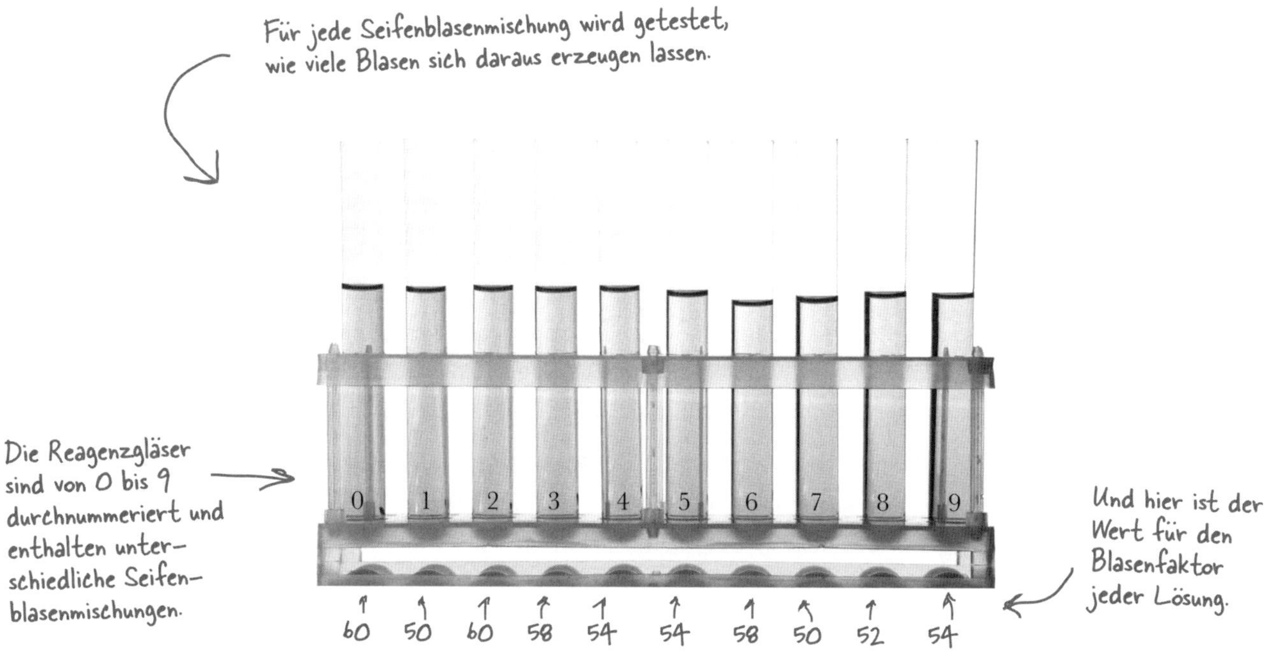

Sicher wollen Sie alle diese Daten zur Analyse in Python abbilden. Allerdings sind das ziemlich viele Werte. Wie konstruieren Sie Ihren Code, um mit dieser Menge an Werten umzugehen?

Mehrere Werte in Python darstellen

Viele Programmiersprachen bezeichnen geordnete Datentypen auch als Arrays.

Sie wissen, wie man einzelne Werte wie Strings, Zahlen und boolesche Werte in Python darstellt. Aber wie funktioniert das bei *Gruppen* von Werten, wie z. B. den Testergebnissen der zehn Seifenblasenmischungen? Hierfür gibt es in Python **Listen**. Eine Liste ist ein Python-Datentyp, der mehrere Werte auf einmal enthalten kann. Es folgt eine Python-Liste, die alle Ergebnisse der Blasenfaktor-Messungen enthält:

```
scores = [60, 50, 60, 58, 54, 54, 58, 50, 52, 54]
```

Diese Liste enthält Zahlen. Tatsächlich können aber beliebige Daten darin gespeichert werden.

Hier haben wir alle zehn Werte in einer Liste zusammengefasst und der Variablen scores zugewiesen.

Listenartige Datentypen werden auch Datenstrukturen genannt, weil Sie es ermöglichen, Werte oder Daten zu strukturieren.

Sobald die Daten in einer Liste gespeichert sind, können Sie auf die einzelnen Messergebnisse zugreifen. Jedes Ergebnis, oder *Element*, hat einen Index. Informatiker beginnen die Nummerierung gerne bei null. Daher hat das erste Element den Index 0. Um auf die einzelnen Elemente zuzugreifen, gehen Sie wie hier vor:

Um auf ein Element in einer Liste zuzugreifen, benutzen wir diese Syntax: der Variablenname der Liste gefolgt vom Index des Elements in eckigen Klammern.

Der Index ist nullbasiert. Das erste Listenelement hat also den Index 0, das zweite den Index 1 und so weiter.

Wie bereits gesagt, beginnen Informatiker ihre Dinge gerne bei null.

```
score = scores[3]
print('Solution #3 produced', score, 'bubbles.')
```

```
Python 3.6.4 Shell
Solution #3 produced 58 bubbles.
>>>
```

Das #-Zeichen steht im Englischen für »Nummer«.

Meine Mischung Nummer 3 ist mit Sicherheit die beste.

Einer der Bubbles-R-Us-Blaseologen.

Wie Listen funktionieren

Es klingt ziemlich interessant, was wir für Bubbles-R-Us tun sollen. Bevor wir uns mit den Messergebnissen befassen, wollen wir aber sichergehen, dass Sie die Listen komplett verstanden haben. Hierfür wollen wir eine Reihe von Strings in einer Liste speichern – oder noch besser: Smoothie-Geschmacksrichtungen! Sobald wir die Listen besser verstanden haben, geht es mit unserem Job für Bubbles-R-Us weiter.

Sobald mehrere Werte gruppiert werden sollen, können Sie eine Liste benutzen und dann bei Bedarf auf die einzelnen Werte zugreifen. Meistens kommen Listen zum Einsatz, wenn ähnliche Dinge gruppiert werden, beispielsweise Blasenfaktoren, Eiskrem-Geschmacksrichtungen, Tagestemperaturen oder die Antworten auf eine Reihe von Wahr/Falsch-Fragen. Sehen wir uns die Erstellung einer Liste noch einmal an und achten wir dabei genau auf die Syntax:

Eine Liste erstellen

Angenommen, Sie wollten eine Liste mit den Namen bestimmter Smoothies erstellen. Dann könnten Sie vorgehen wie hier:

Die einzelnen Listenelemente werden durch Kommata voneinander getrennt.

```
smoothies = ['coconut', 'strawberry', 'banana', 'pineapple', 'acai berry']
```

Die Liste wird einer Variablen namens smoothies zugewiesen.

Um eine Liste einzuleiten, benutzen Sie das Zeichen [auch als öffnende eckige Klammer bekannt.

Es folgen die einzelnen Listenelemente ...

... und beendet wird die Liste mit einer schließenden eckigen Klammer.

Wie schon gesagt, hat jedes Listenelement seinen Platz oder Index. Bei der Liste der Smoothies (passenderweise in der Variablen smoothies gespeichert) hat das erste Element, »coconut«, den Index 0, das zweite, »strawberry«, hat den Index 1 und so weiter. Die folgende Abbildung zeigt das Konzept der Speicherung von Listen:

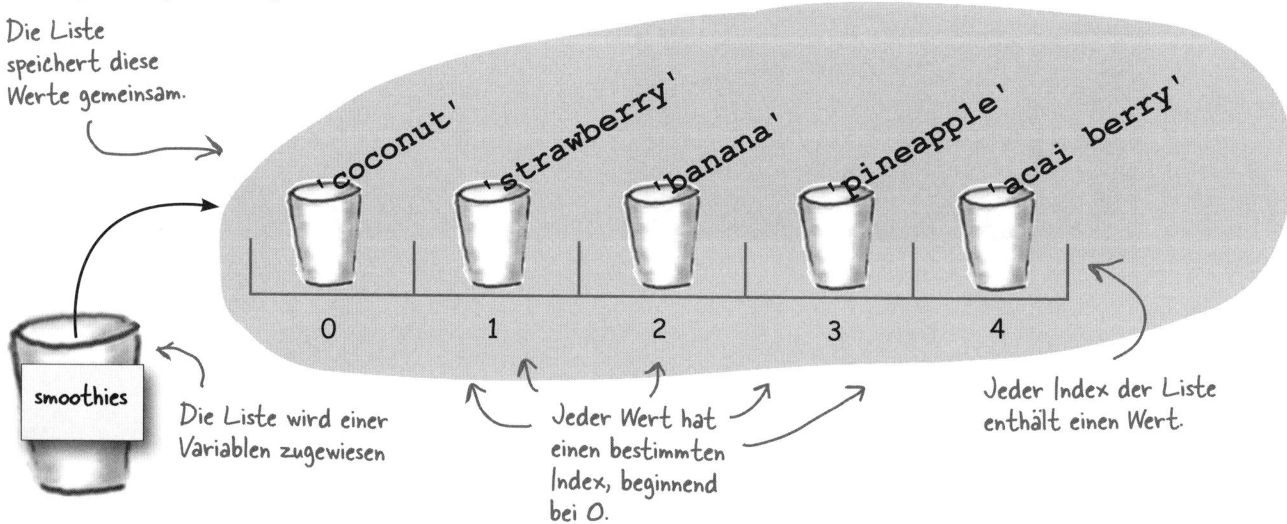

Auf Listenelemente zugreifen

Jedes Listenelement besitzt einen Index. Dies ist der Schlüssel für den Zugriff und die Änderung der Werte einer Liste. Wir wissen schon, wie wir auf ein Element zugreifen, indem wir mit dem Variablennamen der Liste beginnen und dann den Index in eckigen Klammern anhängen. Sie können diese Schreibweise überall dort benutzen, wo Sie auch eine Variable verwenden würden:

```
favorite = smoothies[2]
```

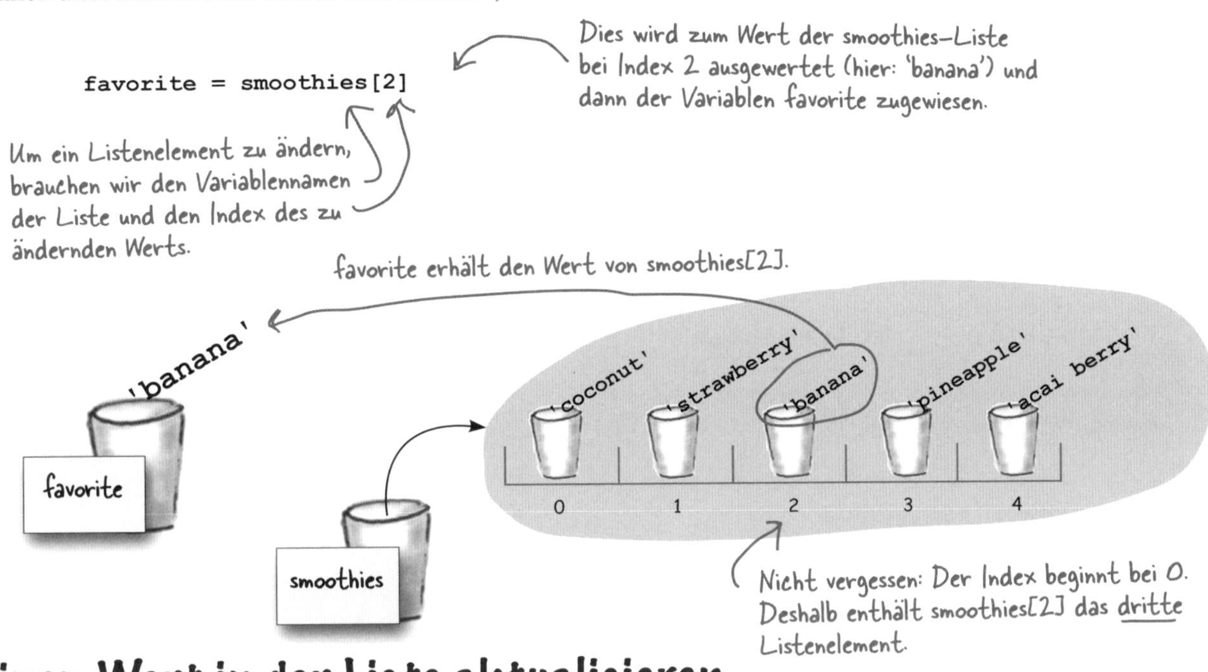

Einen Wert in der Liste aktualisieren

Über den Index eines Listenelements können Sie auch dessen Wert ändern:

```
smoothies[3] = 'tropical'
```

Hier weisen wir dem Listenelement mit dem Index 3 (zuvor 'pineapple') den neuen Wert 'tropical' zu.

Nach dieser Codezeile sieht die smoothies-Liste nun so aus:

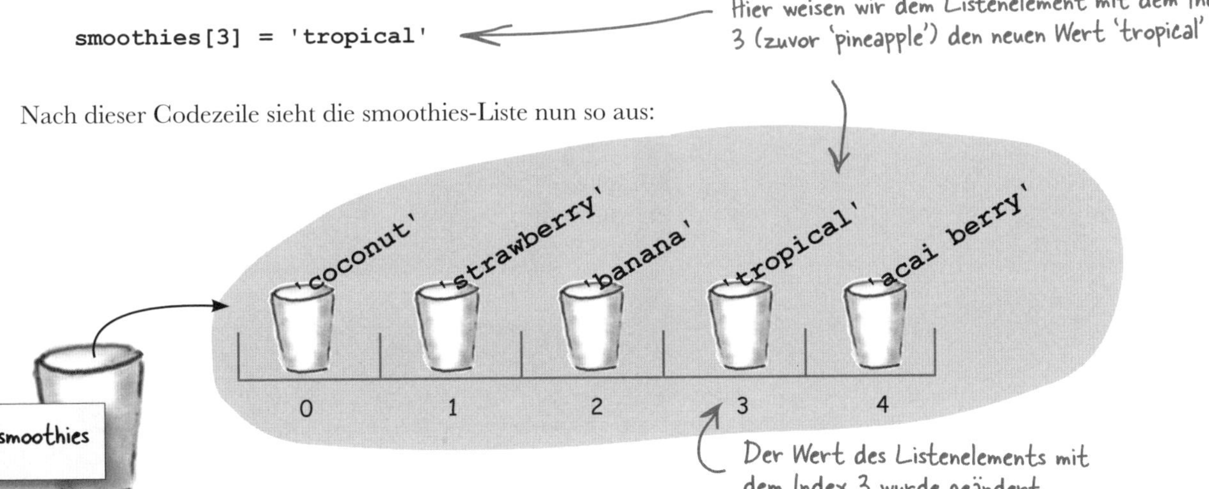

Spitzen Sie Ihren Bleistift

Dies ist ein guter Zeitpunkt, um den Einsatz von Listen zu üben. Stellen Sie sich vor, Sie seien der Python-Interpreter und müssten diesen Code abarbeiten, um herauszufinden, wie die Ausgabe lautet. Wenn Sie mit der Übung fertig sind, testen wir Ihr Wissen noch etwas mehr.

```
eighties = ['', 'duran duran', 'B-52s', 'muse']
newwave = ['flock of seagulls', 'postal service']

remember = eighties[1]

eighties[1] = 'culture club'

band = newwave[0]

eighties[3] = band

eighties[0] = eighties[2]

eighties[2] = remember

print(eighties)
```

Wie lang ist die Liste eigentlich?

Angenommen, jemand gibt Ihnen eine richtig lange Liste mit wichtigen Daten. Sie wissen, wie Sie an den Inhalt kommen, aber Sie haben keine Ahnung, wie wie viele Elemente sie enthält. Glücklicherweise besitzt Python hierfür die eingebaute Funktion `len`. Die `len`-Funktion setzen Sie wie folgt ein:

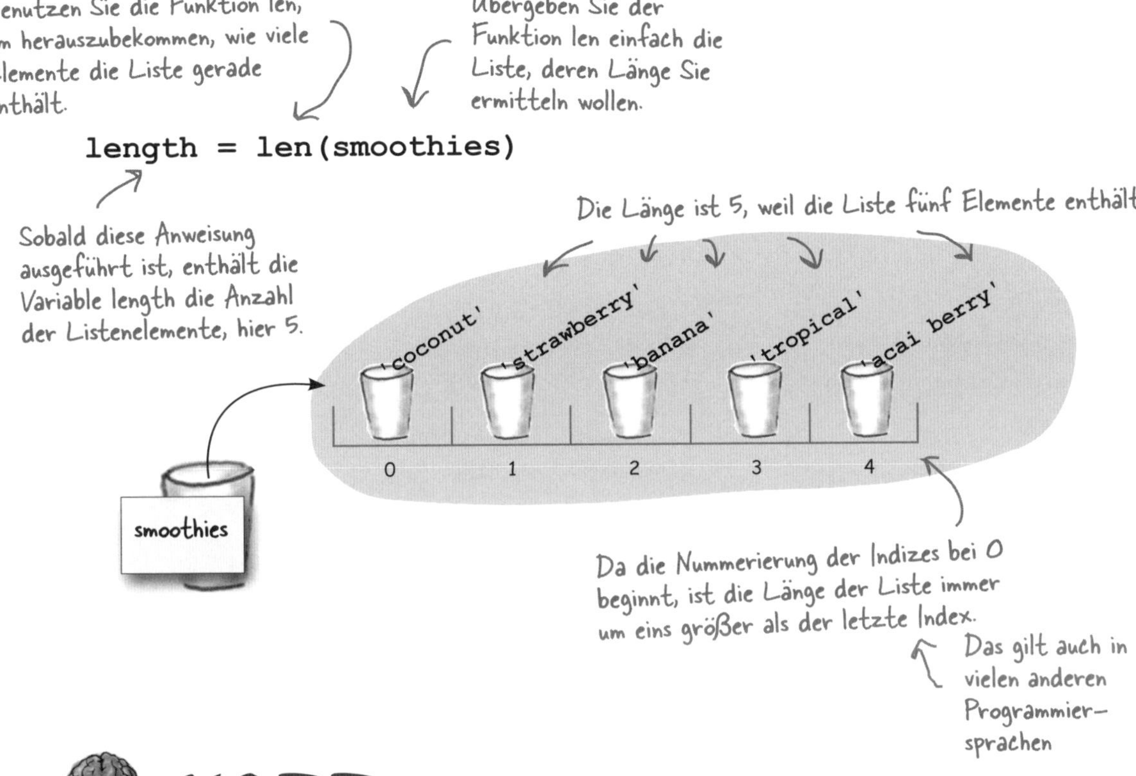

KOPF-NUSS

Jetzt wissen wir, wie wir die Länge einer Liste bestimmen können. Aber wie kommen wir an das letzte Listenelement?

Auf das letzte Listenelement zugreifen

Beim Programmieren muss oft auf das letzte Element einer Liste zugegriffen werden. Vielleicht haben Sie eine Liste mit den neuesten Spielständen einer Sportart und sollen die aktuellen Ergebnisse ausgeben. Oder Sie haben eine Liste mit den aktuellen Windgeschwindigkeiten. Sie merken schon: Listen enthalten die wichtigsten und neuesten Werte häufig am Ende (mit dem höchsten Index). Daher wird das letzte Listenelement oft gebraucht.

In vielen Programmiersprachen benutzt man hierfür die Länge der Liste als Index. Dabei darf man aber nicht vergessen, dass die Indizes bei 0 beginnen. Der Index des letzten Elements ist also eins weniger als die Länge der Liste. Um das letzte Element der smoothies-Liste zu bekommen, gehen wir vor wie hier:

```
length = len(smoothies)
last = smoothies[length-1]
print(last)
```

Diese Technik wird in den meisten Sprachen benutzt: Ermitteln Sie die Länge der Liste und subtrahieren Sie 1, um den Index des letzten Elements zu bekommen.

Python macht das sogar noch einfacher

Das letzte Listenelement wird so oft gebraucht, dass Python hierfür eine einfache Methode zur Verfügung stellt. Benutzen Sie einen negativen Wert für den Index, beginnend bei `-1`, um in umgekehrter Reihenfolge auf die Elemente zuzugreifen. Ein Index von `-1` steht also für das letzte Listenelement, ein Index von `-2` für das vorletzte und so weiter.

Python unterstützt negative Indizes, die vom ENDE der Liste aus gezählt werden. Das heißt, –1 bezeichnet das letzte Element, –2 das vorletzte, –3 das drittletzte und so weiter. Beachten Sie, dass nur wenige Sprachen so nett sind wie Python und negative Indizes zur Verfügung stellen.

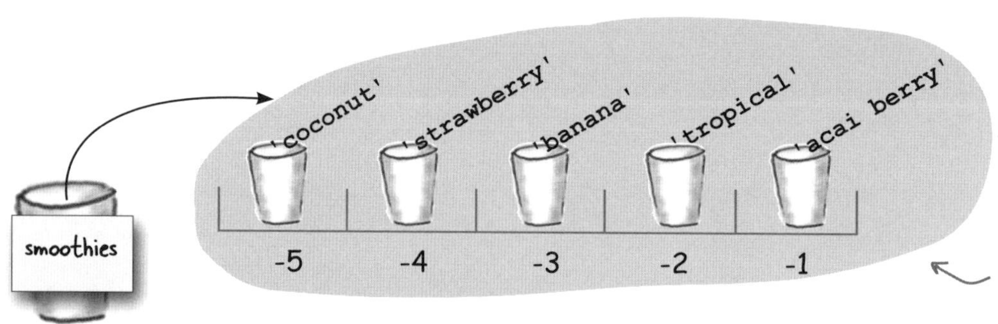

So sehen negative Indizes aus, die am Ende der Liste beginnen.

Pythons negative Indizes benutzen

Jetzt wollen wir Pythons negative Indizes testen. Angenommen, wir wollten die letzten drei Smoothies unserer Liste ausgeben:

```
last = smoothies[-1]
second_last = smoothies[-2]
third_last = smoothies[-3]
print(last)
print(second_last)
print(third_last)
```

Bei einem Index von -1 erhalten wir das letzte Listenelement.

Und -2 gibt uns das vorletzte Listenelement.

Und genauso erhalten wir bei -3 das drittletzte Element.

Jetzt geben wir sie aus.

Das Pitagora-Suitchi

ÜBUNG

Das Pitagora-Suitchi ist schon ein seltsames Ding. Es dengelt und scheppert, und manchmal klonkt es auch. Aber was es tatsächlich tut, wissen wir auch nicht so genau. Manche Programmierer behaupten, sie wüssten, wie es funktioniert. Können Sie den Code knacken und herausfinden, was hier wirklich passiert?

```
characters = ['t', 'a', 'c', 'o']

output = ''
length = len(characters)
i = 0
while (i < length):
    output = output + characters[i]
    i = i + 1

length = length * -1
i = -2

while (i >= length):
    output = output + characters[i]
    i = i - 1

print(output)
```

Sehen Sie dies als Übung zur Stärkung des Charakters – nehmen Sie sich ordentlich Zeit und lassen Sie Ihr Hirn arbeiten: Es wird Ihnen später dankbar sein.

Wenn Sie glauben, Sie wüssten, was der Code tut, schreiben Sie hier Ihre Antwort auf und überprüfen Ihre Lösung am Ende des Kapitels.

Probieren Sie dies als Alternative zur obigen Zeichenliste aus:

characters = ['a', 'm', 'a', 'n', 'a', 'p', 'l', 'a', 'n', 'a', 'c']

oder

characters = ['w', 'a', 's', 'i', 't', 'a', 'r']

Tipps finden Sie in den Codekommentaren und am Ende des Kapitels.

Es gibt keine Dummen Fragen

F: Ist die Reihenfolge der Listenelemente wichtig?

A: Listen sind ein geordneter Datentyp. Das heißt, meistens ist Reihenfolge wichtig, aber nicht immer. In der Liste der Bubbles-R-Us-Ergebnisse ist die Reihenfolge sehr wichtig, da der Index uns mitteilt, welche Seifenblasenmischung dieses Ergebnis erzielt hat. Mischung Nummer 0 hat das Ergebnis 60 und wird beim Index 0 abgelegt. Würden wir die Reihenfolge der Ergebnisse durcheinanderbringen, wäre das Experiment ruiniert! In anderen Fällen ist die Reihenfolge nicht wichtig, z. B. bei einer Einkaufsliste. Es kommt also immer darauf an, wie Sie die Liste benutzen. Wahrscheinlich werden Sie feststellen, dass die Reihenfolge häufiger eine Rolle spielt, als dass sie keine Rolle spielt. Python besitzt zudem weitere Datentypen ohne feste Reihenfolge, z. B. Dictionaries und Sets. Mehr dazu etwas später in diesem Buch.

F: Wie viele Elemente kann eine Liste haben?

A: Theoretisch so viele, wie Sie wollen. Praktisch begrenzt z. B. die Größe des Arbeitsspeichers die Anzahl. Für jedes Listenelement braucht eine Liste etwas Platz, und irgendwann geht Ihnen der Speicher aus. Je nachdem, was Sie in der Liste speichern, liegt die Obergrenze wahrscheinlich bei mehreren Tausend bis Hunderttausenden von Elementen. Sobald die Anzahl die Million erreicht, gibt es andere Lösungen (wie Datenbanken), die für die Aufgabe vermutlich angemessener sind.

F: Gibt es auch Listen ohne Elemente?

A: Erinnern Sie sich noch an die leeren Strings? Noch ein wenig Geduld, und Sie werden in diesem Kapitel ein Beispiel für eine leere Liste sehen. Um eine leere Liste zu erzeugen, schreiben Sie einfach:

```
empty_list = []
```

Eine leere Liste können Sie später um neue Elemente erweitern. Wie das geht, werden wir gleich sehen.

F: Bisher haben wir Strings und Zahlen in Listen gespeichert. Können auch andere Dinge in einer Liste gespeichert werden?

A: Im Prinzip können Sie alle Python-Datentypen in einer Liste speichern (inklusive derer, die Sie noch nicht kennen).

Und noch eine Liste!

F: Können die Werte einer Liste unterschiedliche Datentypen haben, oder muss der Typ für alle Elemente gleich sein?

A: Python erwartet nicht, dass alle Listenelemente den gleichen Datentyp haben. Listen mit Elementen unterschiedlichen Typs nennt man *heterogene* Listen. Hier ist eine:

```
heterogenous = ['blue', True, 13.5]
```

F: Was passiert, wenn ich versuche, auf ein Listenelement zuzugreifen, das es nicht gibt?

A: Sie meinen beispielsweise eine Liste mit 10 Elementen, und Sie versuchen auf das Element mit dem Index 99 zuzugreifen? In diesem Fall wird ein Laufzeitfehler ausgelöst, wie hier:

```
IndexError: list index out of
range
```

F: Okay. Aber kann ich einem Listenindex, den es nicht gibt, einen Wert zuweisen?

A: Nein, Sie können einem Listenelement einen neuen Wert zuweisen, wenn es bereits existiert. Einem nicht existierenden Listenelement können Sie dagegen keinen Wert zuweisen. Falls Sie das trotzdem versuchen, erhalten Sie einen »out of bounds«-Laufzeitfehler. In manchen Sprachen geht das, aber nicht in Python. In Python müssen wir der Liste erst ein neues Element hinzufügen.

Spitzen Sie Ihren Bleistift

Die unten stehenden Smoothie-Geschmacksrichtungen wurden der Liste in der Reihenfolge ihrer Erstellung hinzugefügt. Vervollständigen Sie den Code, um die *zuletzt erstellte* Geschmacksrichtung zu ermitteln.

```
smoothies = ['coconut', 'strawberry', 'banana', 'pineapple', 'acai berry']
most_recent = ________________
recent = smoothies[most_recent]
```

Das geht auf zwei Arten: Eine verwendet len, die andere nicht. Finden Sie beide?

In der Zwischenzeit bei Bubbles-R-Us ...

Hallo, schön, dass Sie gerade da sind. Wir haben eben eine ganze Reihe neuer Tests durchgeführt. Sehen Sie sich mal diese Ergebnisse an. Würden Sie mir bitte helfen, die Resultate zu verstehen? Und können Sie mir nach der Skizze unten bitte ein passendes Programm schreiben?

```
scores = [60, 50, 60, 58, 54, 54,
          58, 50, 52, 54, 48, 69,
          34, 55, 51, 52, 44, 51,
          69, 64, 66, 55, 52, 61,
          46, 31, 57, 52, 44, 18,
          41, 53, 55, 61, 51, 44]
```

Der Bubbles-R-Us-CEO.

Was wir programmieren sollen:

Neue Testergebnisse.

Bubbles-R-Us

Ich brauche diesen Bericht, um schnell entscheiden zu können, welche Seifenblasenmischung wir herstellen sollen. Können Sie das für mich programmieren?

– Bubbles-R-Us-CEO

```
Bubble solution #0 score: 60
Bubble solution #1 score: 50
Bubble solution #2 score: 60
```

Weitere Ergebnisse hier.

```
Bubbles tests: 36
Highest bubble score: 69
Solutions with highest score: [11, 18]
```

Sehen wir uns genauer an, was der CEO von uns will:

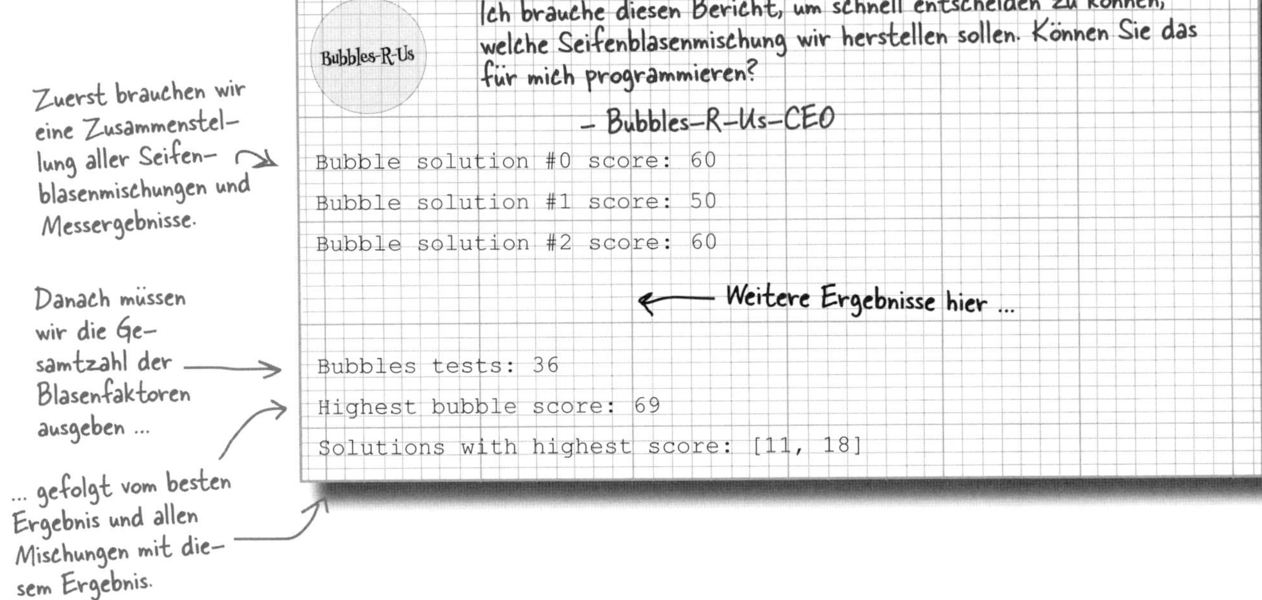

Hier kommen wieder unsere Pseudocode-Fähigkeiten zum Einsatz! Schreiben Sie den Pseudocode für die Erstellung des Blasenfaktor-Berichts. Nehmen Sie sich jeden Teil einzeln vor und überlegen Sie, wie Sie ihn aufteilen können, um die benötigten Ausgaben zu erhalten. Schreiben Sie Ihren Pseudocode inklusive Ihrer Anmerkungen hier auf.

Versuchen Sie, die nach Ihren Möglichkeiten beste Lösung zu finden. Danach arbeiten wir den gesamten Bericht gemeinsam durch.

Gespräche unter Büronachbarn

Judy: Zuerst sollten wir die Ergebnisse und die Nummer der dazugehörigen Mischung ausgeben.

Joe: Und die Nummer der Mischung ist einfach der Listenindex, richtig?

Judy: Ja, das ist vollkommen richtig.

Frank: Nicht ganz so schnell, bitte. Wir müssen also für jedes Ergebnis den Index entsprechend seiner Nummer und das dazugehörige Ergebnis ausgeben.

Judy: Genau. Und das Ergebnis ist einfach der entsprechende Wert in der Liste.

Joe: Das Ergebnis für Seifenblasenmischung Nummer 10 ist also einfach der Wert in `scores[10]`?

Judy: Richtig.

Frank: Okay, das sind aber ganz schön viele Ergebnisse. Wie schreiben wir denn den Code, um die alle auszugeben?

Judy: Iteration, mein Freund.

Frank: Oh, du meinst so etwas wie eine `while`-Schleife?

Judy: Genau, wir führen eine Schleife über alle Werte von null bis zur Länge der Liste aus – ich meine natürlich die Länge minus eins.

Joe: Langsam klingt das machbar. Lasst uns etwas Code schreiben. Ich glaube, ich weiß, was zu tun ist.

Judy: Können wir gerne tun! Fangen wir erst mal an, und mit dem Rest des Berichts beschäftigen wir uns später.

Wie man über eine Liste iteriert

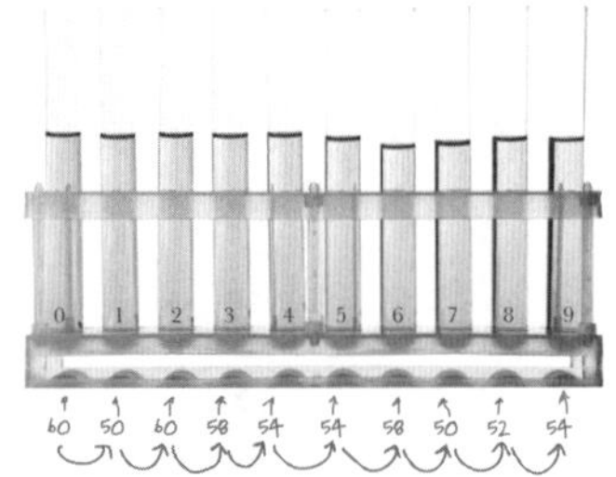

Sie sollen Ausgaben erzeugen wie diese hier:

```
Bubble solution #0 score: 60
Bubble solution #1 score: 50
Bubble solution #2 score: 60
.
.
.
Bubble solution #35 score: 44
```

Die Ergebnisse 3 bis 34 würden hier stehen ... wir retten ein paar Bäume (oder Elektronen, je nachdem, welche Version des Buchs Sie lesen).

Wir machen das, indem wir das Ergebnis mit dem Index `0` ausgeben. Das Gleiche tun wir für die Indizes `1`, `2`, `3` und so weiter bis zum letzten Index in der Liste. Wie man eine `while`-Schleife benutzt, wissen Sie bereits. Wir wollen einmal sehen, wie Sie damit alle Ergebnisse ausgeben können:

Wir zeigen Ihnen gleich noch eine bessere Methode ...

```
scores = [60, 50, 60, 58, 54, 54, 58, 50, 52, 54, 48, 69,
          34, 55, 51, 52, 44, 51, 69, 64, 66, 55, 52, 61,
          46, 31, 57, 52, 44, 18, 41, 53, 55, 61, 51, 44]

i = 0

length = len(scores)

while i < length:

  print('Bubble solution #', i, 'score:', scores[i])

  i = i + 1
```

Eine Variable erstellen, die den aktuellen Index (beginnend bei 0) enthält.

Die Länge der Ergebnisliste ermitteln.

Da wir < (kleiner als length) benutzen, brauchen wir nicht length -1 zu schreiben.

Eine Schleife über die Listenelemente ausführen, solange der Index kleiner ist als die Länge der Liste.

Hier erstellen wir die Ausgaben für den Bericht, wobei die Variable i für die Nummer der Mischung steht. Die Variable i wird außerdem als Index für die Ergebnisliste verwendet.

Zum Schluss inkrementieren wir den Index i um eins, bevor die Schleife erneut durchlaufen wird.

Eine schnelle Probefahrt

Jetzt ist es aber Zeit, richtigen Code zu schreiben. Speichern Sie den Code der vorigen Seite in einer Datei namens *bubbles.py*, bevor Sie ihn ausführen.

So weit sind wir schon. Nicht schlecht!

```
Python 3.6.4 Shell
Bubble solution # 0 score: 60
Bubble solution # 1 score: 50
Bubble solution # 2 score: 60
 ...
Bubble solution # 34 score: 51
Bubble solution # 35 score: 44
>>>
```

Nanu, ein Extra-Leerzeichen?

Die Sache hat nur einen kleinen Haken: Nach dem Doppelkreuz enthalten die Ausgaben ein zusätzliches Leerzeichen, das da nicht hingehört. In der Version des CEO war das nicht vorgesehen.

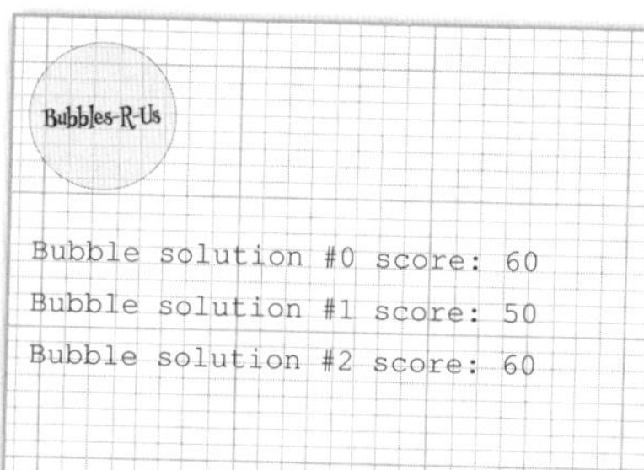

Den Ausgabefehler beseitigen

Untersuchen wir die zusätzliche `print`-Anweisung, von der das zusätzliche Leerzeichen stammt:

```
print('Bubble solution #', i, 'score:', scores[i])
```

Übergeben wir print mehrere durch Kommata getrennte Werte, wird dazwischen standardmäßig ein Leerzeichen eingefügt.

Das könnten wir beispielsweise so lösen:

```
bubble_string = 'Bubble solution #' + i
print(bubble_string, 'score:', scores[i])
```

Zuerst den String »Bubble solution#« an i anhängen und dann an die print-Funktion übergeben.

KOPF-NUSS

Eigentlich müssten wir das zusätzliche Leerzeichen loswerden, indem wir der Variablen `i` den String `"Bubble solution #"` einfach anhängen. Das funktioniert aber nicht. Wissen Sie, warum?

Den Ausgabefehler wirklich beseitigen

Haben Sie den Fehler gefunden? Sie können einen String nicht einfach an einen Integerwert anhängen. Mist! Aber vielleicht können wir den Integerwert in einen String verwandeln. Das Gegenteil haben wir schließlich schon gemacht, als wir einen String mit der `int`-Funktion in einen Integerwert umwandelten. Für den umgekehrten Weg gibt es die Funktion `str`: Sie übernimmt einen ganzzahligen Wert und wandelt diesen in einen String um.

Mit diesem Wissen können wir unseren Code wie folgt umbauen:

```
bubble_string = 'Bubble solution #' + str(i)

print(bubble_string, 'score:', scores[i])
```

Die Variable i hat den Datentyp Integer (Ganzzahl). Mit der str-Funktion können wir sie in einen String umwandeln.

Bauen wir das in unseren Code ein. Allerdings verzichten wir auf die Variable `bubble_string`. Stattdessen verkürzen wir den Code und rufen `str` direkt an den Argumenten für `print` auf. Die Änderungen sehen Sie unten.

Probefahrt

Nach der Aktualisierung sind die bisherigen Vorgaben des CEO wie gewünscht umgesetzt.

```
scores = [60, 50, 60, 58, 54, 54, 58, 50, 52, 54, 48, 69,
              34, 55, 51, 52, 44, 51, 69, 64, 66, 55, 52, 61,
              46, 31, 57, 52, 44, 18, 41, 53, 55, 61, 51, 44]

i = 0
length = len(scores)
while i < length:
  print('Bubble solution #' + str(i), 'score:', scores[i])
  i = i + 1
```

Hier hängen wir i einfach den String »Bubble solution #« an, bevor wir ihn per print ausgeben. Außerdem benutzen wir die Funktion str, um sicherstellen, dass i tatsächlich als String dargestellt wird.

```
Python 3.6.4 Shell
Bubble solution #0 score: 60
Bubble solution #1 score: 50
Bubble solution #2 score: 60
...
Bubble solution #34 score: 51
Bubble solution #35 score: 44
>>>
```

Viel besser!

Code-Magneten

Zeit für eine kurze Übung. Wir haben etwas Code geschrieben, um zu sehen, welche Smoothies Kokosnuss (coconut) enthalten. Wir haben den Code mit Kühlschrankmagneten skizziert, leider sind sie jedoch heruntergefallen. Ihre Aufgabe ist es, sie wieder in die richtige Reihenfolge zu bringen. Aber Vorsicht, einige Magneten sind übrig. Überprüfen Sie Ihre Antwort am Ende des Kapitels, bevor Sie weitermachen.

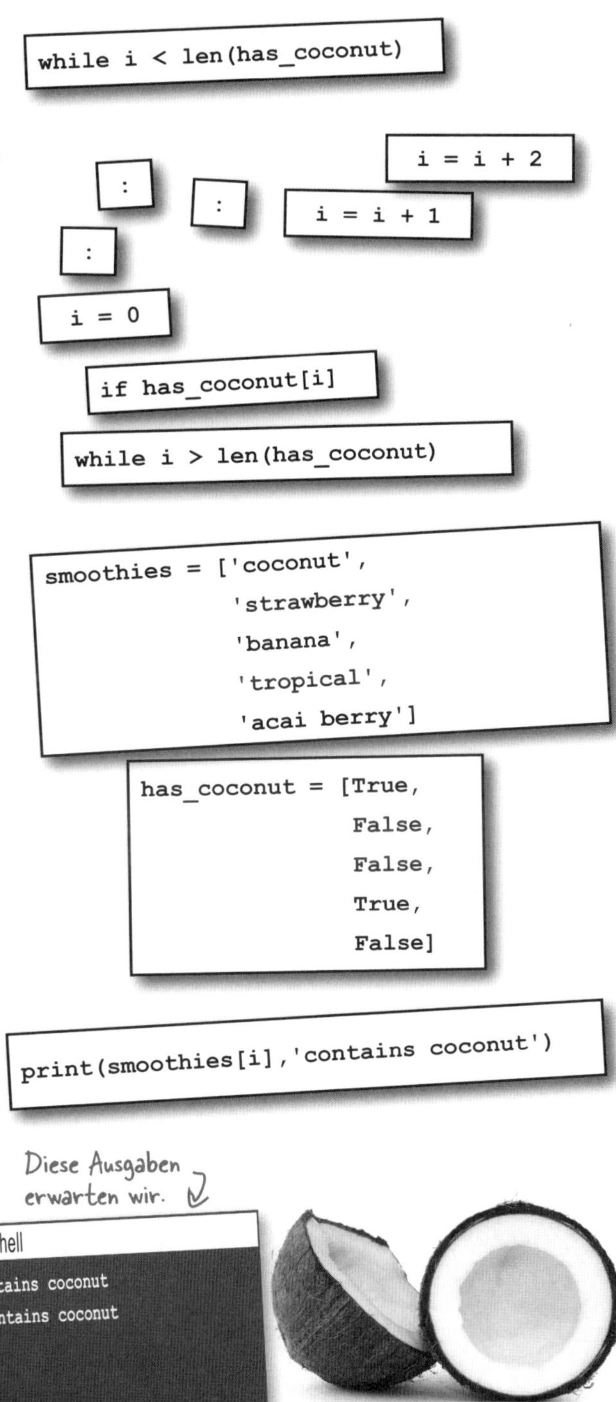

Platzieren Sie Ihre Magneten hier.

Die for-Schleife – der bevorzugte Weg zum Iterieren über eine Liste

Sie können für die Iteration über eine Liste auch eine `while`-Schleife benutzen. Die favorisierte Methode ist aber eine `for`-Schleife. Die `for`-Schleife ist so eine Art Cousin von `while`. Beide tun grundsätzlich das Gleiche, nur wird die `while`-Schleife meist aufgrund einer bestimmten *Bedingung* ausgeführt. Eine `for`-Schleife wird benutzt, wenn über eine *Folge von Werten* (z. B. eine Liste) iteriert werden soll. Sehen wir uns an, wie wir anhand einer `for`-Schleife über eine Liste iterieren können. Danach klopfen wir den Bubbles-R-Us-Code fest.

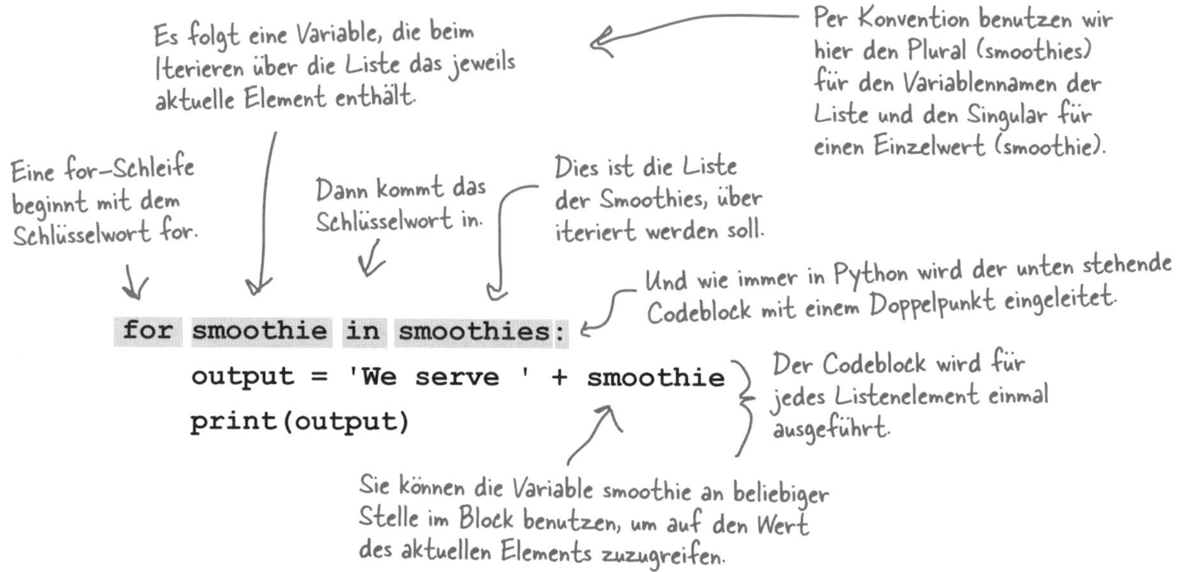

Wie die for-Schleife funktioniert

Jetzt wollen wir den oben stehenden Code ausführen. Beim ersten Schleifendurchlauf wird das erste Element der `smoothies`-Liste der Variablen `smoothie` zugewiesen. Danach wird der »Körper« (Codeblock) der `for`-Schleife ausgeführt.

Danach führen wir den Codeblock der for-Anweisung aus.

```
Python 3.6.4 Shell
We serve coconut
```

Beim folgenden Schleifendurchlauf wird das nächste Element der `smoothies`-Liste (»strawberry«) der Variablen `smoothie` zugewiesen. Danach wird der Codeblock ausgeführt.

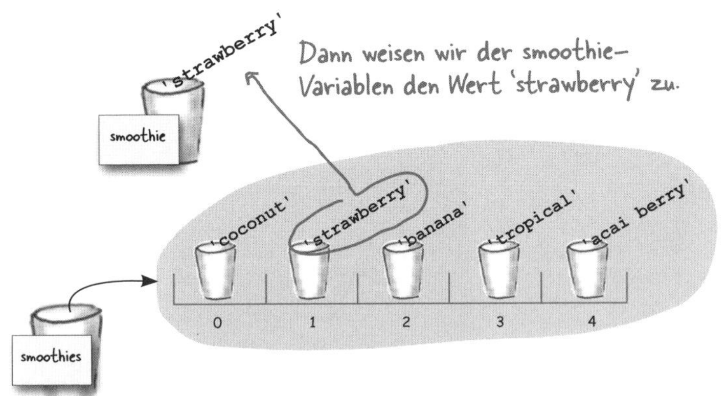

Da smoothie jetzt den Wert strawberry hat, erhalten wir die Ausgabe >>We serve strawberry<<.

Beim dritten Schleifendurchlauf wird das dritte Element (»banana«) der `smoothies`-Liste der Variablen `smoothie` zugewiesen. Dann wird der Codeblock der `for`-Schleife erneut ausgeführt.

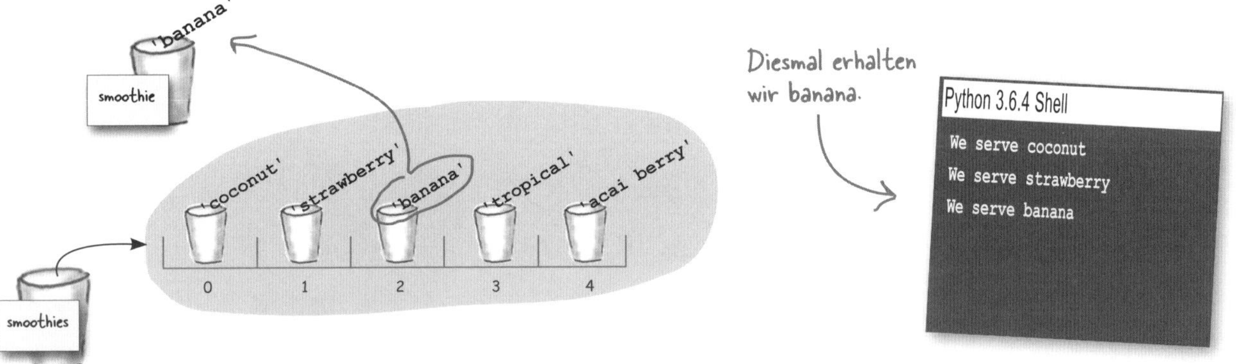

Langsam wird das Muster klar: Beim vierten Schleifendurchlauf erhält `smoothie` den Wert »tropical«, bevor der Codeblock ein weiteres Mal ausgeführt wird.

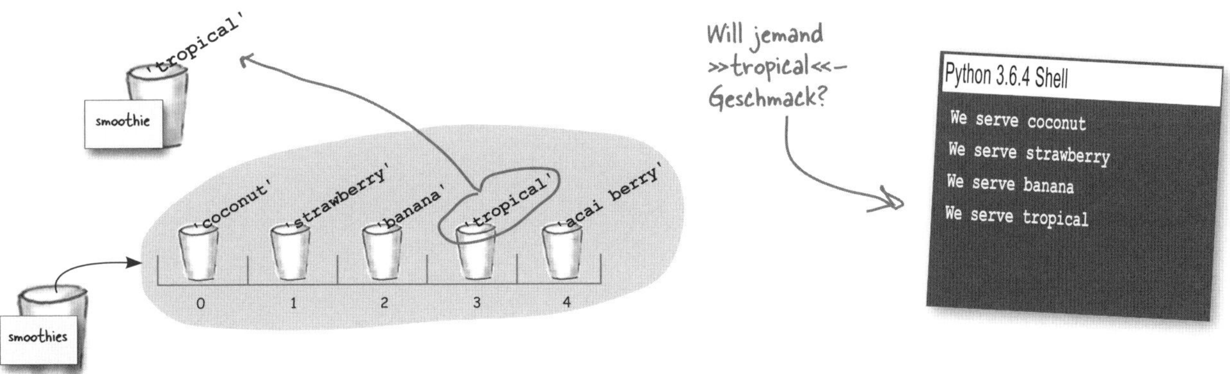

Wie Sie sich denken können, wird beim fünften und letzten Schleifendurchlauf der `smoothies`-Liste der Wert »acai berry« in der Variablen `smoothie` gespeichert. Danach wird der Codeblock der `for`-Schleife zum letzten Mal ausgeführt.

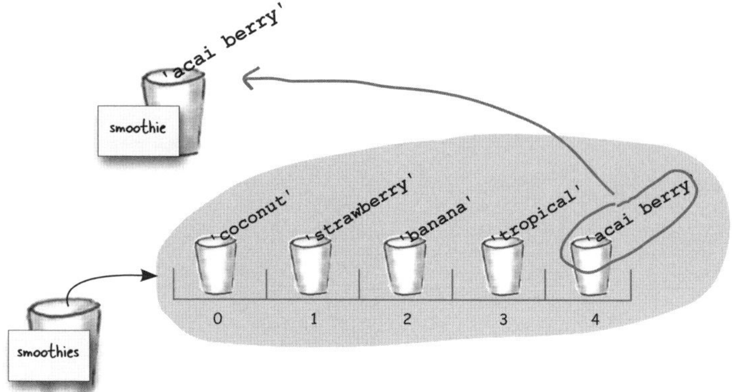

Jetzt haben wir über alle Elemente der smoothies-Liste iteriert.

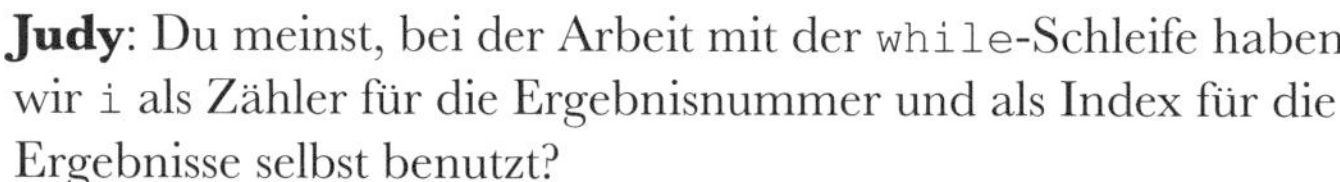

Judy: Du meinst, bei der Arbeit mit der `while`-Schleife haben wir `i` als Zähler für die Ergebnisnummer und als Index für die Ergebnisse selbst benutzt?

Frank: Genau. Und bei der `for`-Schleife scheinen die Listenelemente einfach aufzutauchen. Wo ist der Index?

Judy: Gute Frage.

Joe (ruft von nebenan): Hey Leute. Ich habe mal ein bisschen recherchiert. Man kann `for` auch noch anders einsetzen. Ihr redet über Folgen, bei denen der Index nicht so wichtig ist, aber ihr könnt `for` auch mit einer Reihe von Indizes benutzen, um über die Ergebnisliste mit den Seifenlösungen zu iterieren.

Frank: (in einem Loriot-Tonfall) Ach was …!

Joe: Es ist fast leichter, euch das einfach zu zeigen …

Die for-Schleife mit einer Zahlenfolge benutzen

Die `for`-Schleife funktioniert auch mit Zahlenbereichen. Mit Pythons `range`-Funktion können Sie auf einfache Weise eigene Zahlenfolgen erzeugen, über die dann mit einer `for`-Schleife iteriert werden kann.

Eine Zahlenfolge von 0 bis 4 erzeugt man so:

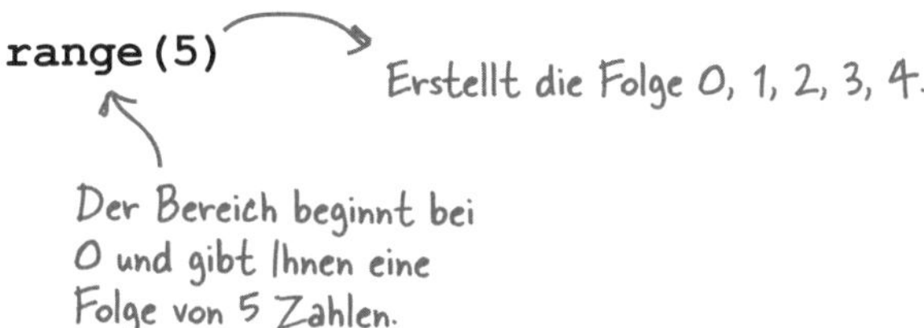

Sie können `range` und `for` auch kombinieren, wie hier:

range erzeugt die Folge 0, 1, 2, 3, 4.

```
for i in range(5):
    print('Iterating through', i)
```

Die Variable i erhält nacheinander die Elemente der Folge, bevor der Codeblock ausgeführt wird.

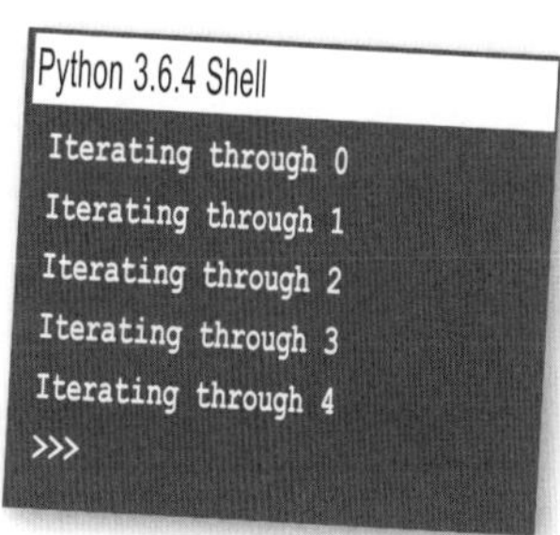

Wenn Sie über die smoothies-Liste iterieren und dabei den jeweiligen Index ausgeben wollen, geht das beispielsweise so:

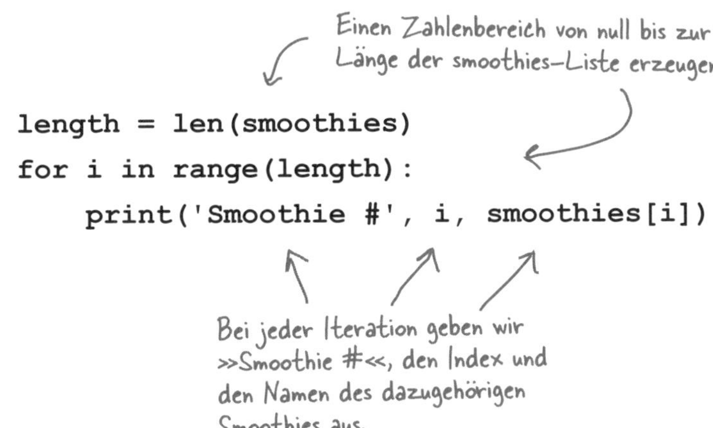

Mehr tun mit Zahlenfolgen

Bei der Verwendung von range müssen Ihre Zahlenfolgen nicht bei null beginnen. Sie können alle möglichen Zahlenbereiche erzeugen. Hier ein paar Beispiele:

Einen Start- und einen Endwert festlegen

Der Anfang von range.

Bis zum Ende von range (aber ohne diese Zahl).

```
range(5, 10)
```

Erzeugt eine Zahlenfolge von 5 bis 10, d. h.: 5, 6, 7, 8, 9

Die Schrittweite festlegen

Sie können außerdem eine »Schrittweite« hinzufügen, die angibt, welchen Abstand die erzeugten Zahlen voneinander haben sollen.

```
range(3, 10, 2)
```

Erzeugt eine Folge von 3 bis 10 mit der Schrittweite 2, d. h.: 3, 5, 7, 9

Rückwärts zählen

Wenn das erste Argument größer ist als das zweite und wir eine negative Schrittweite angeben, können wir sogar rückwärts zählen.

```
range(10, 0, -1)
```

Erzeugt eine Zahlenfolge von 10 bis 0 mit einer Schrittweite von −1, d. h.: 10, 9, 8, 7, 6, 5, 4, 3, 2, 1

Oder mit einer negativen Zahl anfangen

Sie können auch mit einem negativen Wert beginnen.

```
range(-10, 2)
```

Erzeugt eine Folge von −10 bis 2, d. h.: −10, −9, −8, −7, −6, −5, −4, −3, −2, −1, 0, 1

Es gibt keine Dummen Fragen

F: Erzeugt range(5) einfach eine Liste wie [0, 1, 2, 3, 4]?

A: Nein, auch wenn man das leicht denken könnte. Tatsächlich erzeugt Python etwas viel Effizienteres als eine Liste. Wir müssen im Moment aber nur wissen, dass Sie range in Ihrem Code anstelle einer Liste benutzen können. Und wenn Sie range einmal verwenden müssen, um eine Liste zu erstellen, können Sie das so machen:

```
list(range(5))
```

Damit wird die Liste aus Ihrer Frage erstellt.

F: Sie haben i als Variablennamen benutzt. Das scheint mir nicht besonders lesbar zu sein. Warum nehmen wir nicht index oder smoothie_index oder etwas anderes in der Art?

A: Gut gesehen. Die Variable `i` ist nicht der lesbarste Variablenname. Allerdings haben Variablennamen wie `i`, `j` oder `k` für den Index in einer Iteration eine so lange Geschichte, dass viele Programmierer dieser Konvention fast schon blind folgen und ihnen ein längerer Variablenname sogar seltsam vorkommt. Daher wollen wir Sie dazu anhalten, in diesem Ausnahmefall nur kurze Variablennamen zu benutzen. Schon bald wird auch Ihnen das in Fleisch und Blut übergehen.

Unsere Aufrufe der `range`-Funktion sind durcheinandergekommen. Können Sie herausfinden, welche Funktion was tut? Seien Sie vorsichtig! Wir wissen nicht, ob jede `range`-Anweisung auf null, eine oder mehr Folgen passt. Eine Zuordnung haben wir unten schon gefunden:

```
range(0, 8)

range(0, 8, 1)

range(0, 8, 2)

range(0, 7)

range(-3, 1)

range(3, 8)

range(3, 8, 3)

range(3, 8, 2)
```

-3, -2, -1, 0

3, 6

0, 1, 2, 3, 4, 5, 6, 7

0, 1, 2, 3, 4, 5, 6

0, 2, 4, 6

3, 4, 5, 6, 7

3, 5, 7

1, 2, 3, 4

Die Einzelteile zusammensetzen

Mit diesen Informationen können wir Zahlenbereiche und die `for`-Schleife verwenden, um unsere zuvor geschriebene `while`-Schleife umzuarbeiten und die Nummer der Seifenblasenmischung zusammen mit ihrem Ergebnis auszugeben.

Hier ist die Liste mit den Blasenfaktoren.

```
scores = [60, 50, 60, 58, 54, 54, 58, 50, 52, 54, 48, 69,
          34, 55, 51, 52, 44, 51, 69, 64, 66, 55, 52, 61,
          46, 31, 57, 52, 44, 18, 41, 53, 55, 61, 51, 44]
```

Zuerst wird wie zuvor die Länge der scores-Liste ermittelt.

Sie können die while-Schleife löschen

Dann erzeugen wir aus der Länge von scores eine Zahlenfolge und iterieren über diese Werte von null bis zur Länge der Liste minus eins.

```
length = len(scores)
while i < length:
for i in range(length):
    print('Bubble solution #' + str(i), 'score:', scores[i])
```

Danach erzeugen wir die Ausgaben. Dies ist übrigens exakt die gleiche print-Anweisung, die wir auch in der while-Schleife benutzt haben.

Probefahrt für den Seifenblasenbericht

Geben Sie den neuen Code ein, speichern Sie ihn in *bubbles.py* und machen Sie eine Probefahrt. Nebenan sehen Sie, was für einen Wahnsinnsbericht Sie gerade für den Bubbles-R-Us-CEO erstellt haben.

Genau, was der CEO wollte!

Es ist schön, alle Ergebnisse in einem Bericht zu sehen. Trotzdem ist es schwierig, darin die besten Blasenfaktoren zu finden. Wir müssen auch die übrigen Anforderungen umsetzen, damit der Gewinner leichter zu finden ist.

```
Python 3.6.4 Shell
Bubble solution #0 score: 60
Bubble solution #1 score: 50
Bubble solution #2 score: 60
Bubble solution #3 score: 58
Bubble solution #4 score: 54
Bubble solution #5 score: 54
Bubble solution #6 score: 58
Bubble solution #7 score: 50
Bubble solution #8 score: 52
Bubble solution #9 score: 54
Bubble solution #10 score: 48
Bubble solution #11 score: 69
Bubble solution #12 score: 34
Bubble solution #13 score: 55
Bubble solution #14 score: 51
Bubble solution #15 score: 52
Bubble solution #16 score: 44
Bubble solution #17 score: 51
Bubble solution #18 score: 69
Bubble solution #19 score: 64
Bubble solution #20 score: 66
Bubble solution #21 score: 55
Bubble solution #22 score: 52
Bubble solution #23 score: 61
Bubble solution #24 score: 46
Bubble solution #25 score: 31
Bubble solution #26 score: 57
Bubble solution #27 score: 52
Bubble solution #28 score: 44
Bubble solution #29 score: 18
Bubble solution #30 score: 41
Bubble solution #31 score: 53
Bubble solution #32 score: 55
Bubble solution #33 score: 61
Bubble solution #34 score: 51
Bubble solution #35 score: 44
```

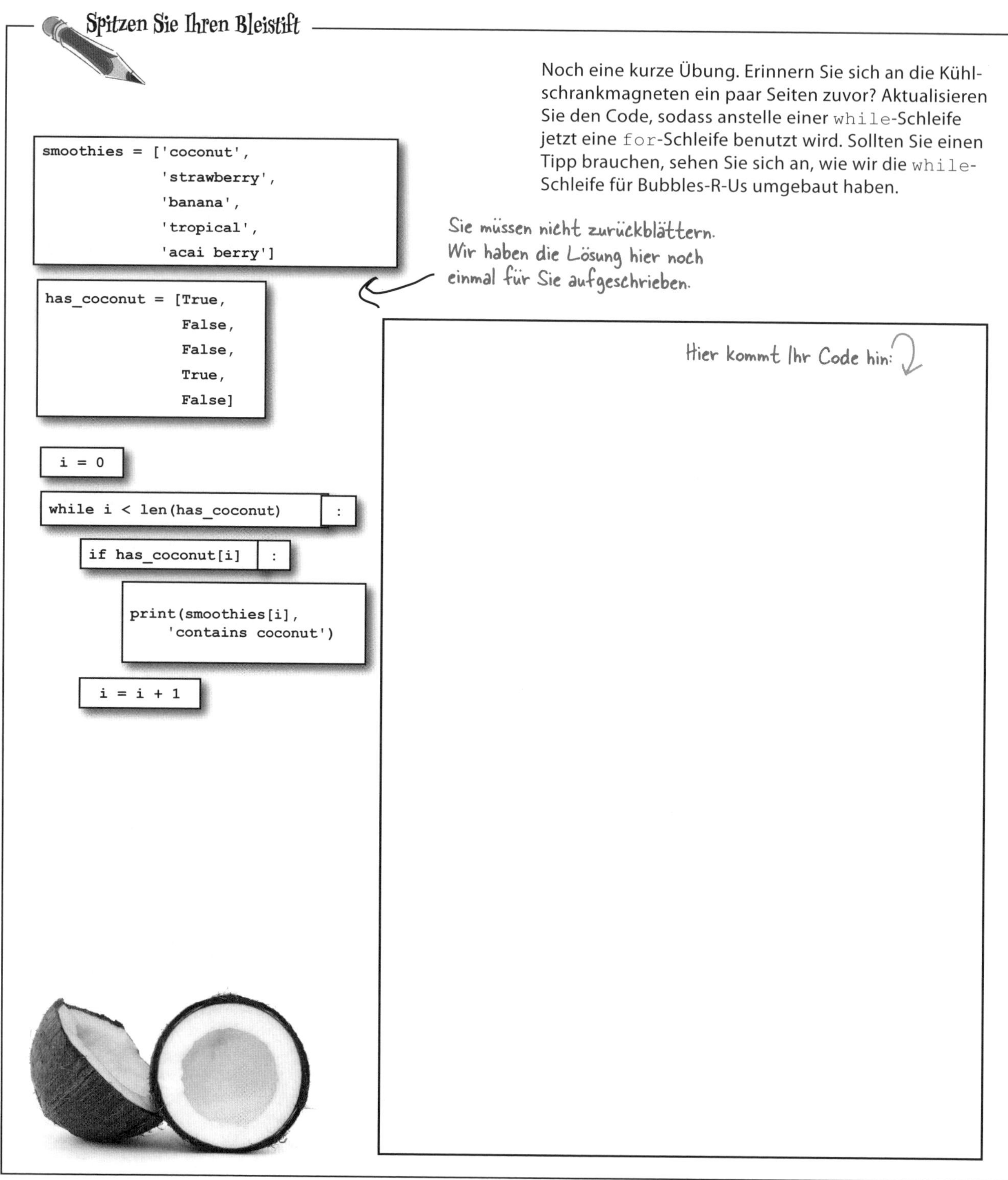

Spitzen Sie Ihren Bleistift

Noch eine kurze Übung. Erinnern Sie sich an die Kühlschrankmagneten ein paar Seiten zuvor? Aktualisieren Sie den Code, sodass anstelle einer while-Schleife jetzt eine for-Schleife benutzt wird. Sollten Sie einen Tipp brauchen, sehen Sie sich an, wie wir die while-Schleife für Bubbles-R-Us umgebaut haben.

Sie müssen nicht zurückblättern. Wir haben die Lösung hier noch einmal für Sie aufgeschrieben.

smoothies = ['coconut',
'strawberry',
'banana',
'tropical',
'acai berry']
has_coconut = [True,
False,
False,
True,
False]
i = 0
while i < len(has_coconut)
:
if has_coconut[i]
:
print(smoothies[i],
'contains coconut')
i = i + 1

Hier kommt Ihr Code hin:

Kamingespräche

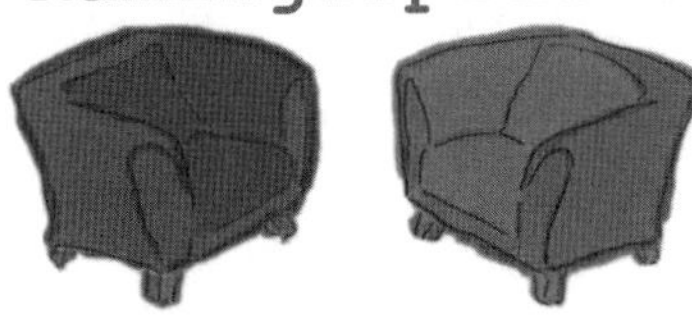

Heute: **Die WHILE- und die FOR-Schleife beantworten die Frage: »Wer ist wichtiger?«**

Die WHILE-Schleife

Moment, machen Sie Witze? Hallo? Ich bin *DAS allgemeine* Schleifenkonstrukt in Python. Ich brauche keine Folgen oder Bereiche, weil ich mit jeder Art von Bedingung klarkomme. Hat irgendjemand gemerkt, dass ich in diesem Buch zuerst vorgestellt wurde? Warum wohl?

Und da gibt es noch etwas: Haben Sie auch bemerkt, dass die FOR-Schleife nicht einen Funken von Humor hat? Wenn man den ganzen Tag diese nervtötenden Iterationen ausführen muss, ist das wohl unvermeidlich.

Das kann unmöglich wahr sein.

Dieses Buch sagt, dass FOR- und WHILE-Schleifen sich sehr ähnlich sind. Wie kann das sein?

Die FOR-Schleife

Ihr Ton gefällt mir nicht.

Das ist ja süß. Aber haben ist Ihnen schon aufgefallen, dass neun von zehn Programmierern FOR-Schleifen benutzen?

Und vergessen Sie nicht die Iterationen, die über Listen mit einer festen Anzahl von Elementen ausgeführt werden müssen. Eine WHILE-Schleife ist hier ganz schlechter Stil – schlecht und hässlich.

Ach, Sie geben also zu, dass wir gleicher sind, als Sie dachten?

Und ich sage Ihnen auch, warum …

Bei einer WHILE-Schleife müssen Sie Ihren Zähler in separaten Anweisungen initialisieren und inkrementieren. Wenn Sie diese Anweisungen nach vielen Codeänderungen versehentlich verschieben oder löschen, wird es schnell ungemütlich. Bei einer FOR-Schleife stehen die Dinge dagegen deutlich sichtbar in der FOR-Anweisung. Es gibt keine Chance, dass hier etwas verändert wird oder verloren geht.

Die WHILE-Schleife

Die FOR-Schleife

Das ist aber wirklich nett von Ihnen. Die meisten Iterationen, die ich so sehe, haben nicht einmal Zähler. Das sind eher so Sachen wie:

```
    while (input != ''):
```

Probieren Sie das mal mit einer FOR-Schleife!

Mehr haben Sie nicht drauf? Sie sind nur besser, wenn Sie über eine Bedingung iterieren können?

Nicht nur besser, sondern auch schöner.

Oh, ich wusste nicht, dass das hier ein Schönheitswettbewerb ist. Ich bin der Meinung, dass Leute *viel öfter* über Folgen iterieren, als Schleifen über allgemeine Bedingungen auszuführen.

Hey, ich kann auch über Folgen iterieren.

Ich denke, das haben wir besprochen. Natürlich können Sie das auch, aber es ist *hässlich*. Und vergessen Sie nicht: Ich bin auch ziemlich allgemein und funktioniere nicht nur mit Listen.

So? Welche denn zum Beispiel?

Es gibt in Python viele Arten von Folgen. Listen, Bereiche und Strings kennen die Leser schon. Aber man kann noch über vieles andere iterieren, wie Dateien und weitere Datentypen, die wir in diesem Buch noch nicht einmal angesprochen haben.

Das kann ich sicher auch.

Aber wie gesagt: Das wäre nicht schön. Finden Sie sich damit ab. Für richtig heftige Iterationen bin ich einfach besser geeignet.

Klar, Sie sind der harte Typ. Kommen Sie bloß nicht zu mir, wenn Sie das nächste Mal iterieren müssen, solange eine Bedingung wahr oder falsch ist. Spätestens dann werden wir sehen, wer hier die Schwerarbeit leistet.

Danke gleichfalls. Rufen Sie mich bloß nicht zu Hilfe, wenn Sie über eine Folge iterieren müssen.

Gespräche unter Büronachbarn, Fortsetzung

Jetzt werden alle Messergebnisse ausgegeben, und wir müssen nur noch den Rest des Berichts erzeugen.

Ich brauche diesen Bericht, um schnell entscheiden zu können, welche Seifenblasenmischung wir herstellen sollen. Können Sie das für mich programmieren?

– Bubbles-R-Us-CEO

```
Bubble solution #0 score: 60
Bubble solution #1 score: 50
Bubble solution #2 score: 60
```

← Weitere Ergebnisse hier …

```
Bubbles tests: 36
Highest bubble score: 69
Solutions with highest score: [11, 18]
```

Judy: Richtig, und zuerst müssen wir die Gesamtzahl der Messungen herausfinden. Das ist einfach die Länge der scores-Liste.

Joe: Stimmt. Aber wir müssen auch den Höchststand und außerdem die Mischungen mit den besten Ergebnissen ermitteln.

Judy: Der letzte Punkt wird der schwerste. Finden wir zuerst den Höchststand heraus.

Joe: Klingt nach einem guten Anfang.

Judy: Ich denke, wir brauchen eine Variable, um bei jedem Schleifendurchlauf den Höchststand zu speichern. Ich habe schon mal etwas Pseudocode geschrieben:

```
DEKLARIERE eine Variable namens high_score
und setze sie auf 0.

SOLANGE i in range(length)

    GIB i und den Blasenfaktor in score[i] AUS

    FALLS scores[i] > high_score:

        high_score = scores[i];

GIB high_score AUS
```

Eine Variable für den Höchststand definieren.

Bei jedem Schleifendurchlauf überprüfen, ob wir ein höheres Ergebnis haben. Falls ja, haben wir einen neuen Höchststand.

Gibt es einen neuen Höchststand, wird er high_score zugewiesen.

Nach der Schleife geben wir einfach den Höchststand aus.

Joe: Klasse, du hast das mit nur ein paar zusätzlichen Codezeilen geschafft.

Judy: Bei jedem Schleifendurchlauf wird überprüft, ob das aktuelle Ergebnis größer ist als `high_score`. Falls ja, haben wir einen neuen Höchststand. Nachdem die Schleife durchgelaufen ist, geben wir diesen Höchststand aus.

Spitzen Sie Ihren Bleistift

Implementieren Sie nun den Pseudocode von der vorigen Seite, um das beste Ergebnis zu finden. Ergänzen Sie hierfür die Lücken im unten stehenden Code. Wenn Sie fertig sind, erweitern Sie *bubbles.py* und lassen das Programm laufen. Überprüfen Sie Ihre Ergebnisse in der Shell und ergänzen Sie dann unsere Shell (unten rechts) mit der Zahl der Tests und dem gefundenen Höchststand. Überprüfen Sie wie üblich Ihre Antworten am Ende des Kapitels, bevor Sie weitermachen.

```
scores = [60, 50, 60, 58, 54, 54,
          58, 50, 52, 54, 48, 69,
          34, 55, 51, 52, 44, 51,
          69, 64, 66, 55, 52, 61,
          46, 31, 57, 52, 44, 18,
          41, 53, 55, 61, 51, 44]

high_score = ______

length = len(scores)
for i in range(length):
    print('Bubble solution #' + str(i), 'score:', scores[i])
    if _____________ > high_score:
        _____________ = scores[i]

print('Bubbles tests:', ____________)
print('Highest bubble score:', _____________)
```

Füllen Sie die Lücken aus, um den vorhandenen Code zu vervollständigen ...

... und dann füllen Sie diese Lücken mit den Ausgaben von der Shell.

Python 3.6.4 Shell

```
Bubble solution #0 score: 60
Bubble solution #1 score: 50
Bubble solution #2 score: 60
 ...
Bubble solution #34 score: 51
Bubble solution #35 score: 44
Bubbles tests: ______
Highest bubble score: ______
```

Bravo, Sie haben es fast geschafft! Jetzt müssen Sie nur noch die Mischungen mit den besten Ergebnissen finden und ausgeben. Vergessen Sie nicht: Es kann mehrere Sieger geben.

Mehr als einen? Was benutzen wir noch mal, wenn wir mehr als ein Ding speichern müssen? Natürlich eine Liste. Können wir vielleicht über unsere Liste iterieren und nur nach den Ergebnissen suchen, die dem Höchststand entsprechen? Die gefundenen Ergebnisse könnten wir dann in einer neuen Liste speichern und später im Bericht ausgeben. Geht das? Aber sicher! Dafür müssen wir allerdings erst lernen, wie man eine neue leere Liste anlegt und ihr neue Elemente hinzufügt.

Das hier ist noch zu tun.

Bubbles-R-Us

Ich brauche diesen Bericht, um schnell entscheiden zu können, welche Seifenblasenmischung wir herstellen sollen. Können Sie das für mich programmieren?

Bubbles-R-Us-CEO

```
Bubble solution #0 score: 60
Bubble solution #1 score: 50
Bubble solution #2 score: 60
```

← Weitere Ergebnisse hier ...

```
Bubbles tests: 36
Highest bubble score: 69
Solutions with highest score: [11, 18]
```

Eine komplett neue Liste erstellen

Bevor wir den Code fertigstellen, wollen wir sehen, wie man eine neue Liste erstellen und ihr Elemente hinzufügen kann. Sie wissen bereits, wie man eine Liste mit Werten explizit erzeugt, nämlich so:

```
menu = ['Pizza', 'Pasta', 'Soup', 'Salad']
```

Aber Sie können die Elemente zu Beginn auch weglassen und eine leere Liste erzeugen:

```
menu = []
```

Eine neue Liste, bereit zu neuen Taten – ohne Elemente und mit der Länge null.

In Python können Sie eine neue Liste auch per list() erstellen. Mehr dazu weiter unten in diesem Buch. Behalten Sie das einfach für später im Hinterkopf.

Sobald die leere Liste angelegt ist, können Sie mit append neue Elemente hinzufügen, wie hier:

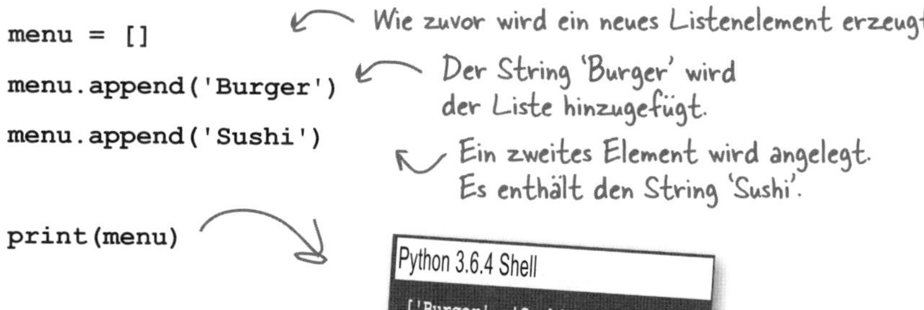

```
menu = []
menu.append('Burger')
menu.append('Sushi')

print(menu)
```

Wie zuvor wird ein neues Listenelement erzeugt.

Der String 'Burger' wird der Liste hinzugefügt.

Ein zweites Element wird angelegt. Es enthält den String 'Sushi'.

Python 3.6.4 Shell

```
['Burger', 'Sushi']
>>>
```

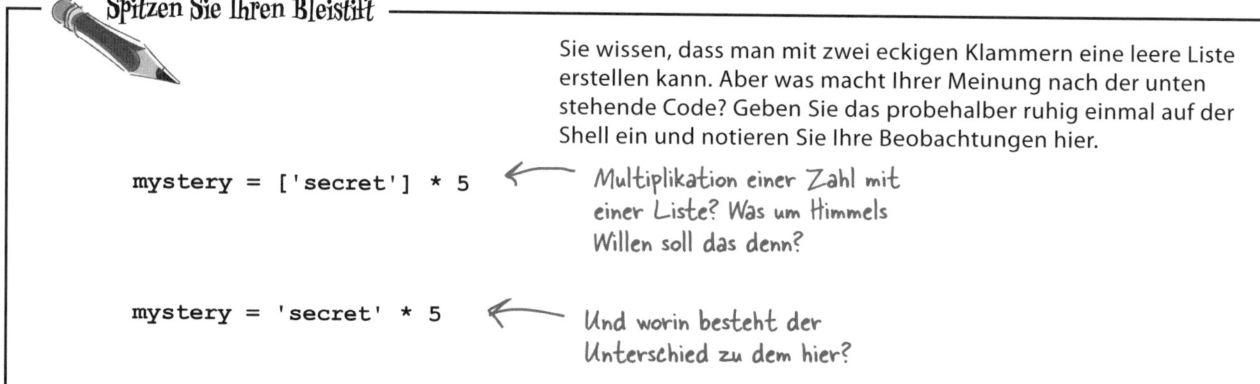

Spitzen Sie Ihren Bleistift

Sie wissen, dass man mit zwei eckigen Klammern eine leere Liste erstellen kann. Aber was macht Ihrer Meinung nach der unten stehende Code? Geben Sie das probehalber ruhig einmal auf der Shell ein und notieren Sie Ihre Beobachtungen hier.

```
mystery = ['secret'] * 5
```

Multiplikation einer Zahl mit einer Liste? Was um Himmels Willen soll das denn?

```
mystery = 'secret' * 5
```

Und worin besteht der Unterschied zu dem hier?

Mit Listen geht noch mehr

Aber mit Listen können Sie noch viel mehr anstellen, zum Beispiel neue Elemente einfügen und löschen, Listen »addieren« oder nach bestimmten Elementen suchen. Hier ein paar Beispiele, um Ihren Appetit anzuregen.

Ein Element aus einer Liste entfernen

Sie müssen ein Element aus einer Liste entfernen? Genau hierfür gibt es die eingebaute Python-Funktion del. Und die funktioniert so:

```
del menu[0]

print(menu)
```

Zwei Listen miteinander kombinieren

Angenommen, Sie haben eine Liste und jemand gibt Ihnen eine zweite Liste, deren Elemente der ersten Liste hinzugefügt werden sollen. Hier zeigen wir Ihnen, wie das geht:

```
menu.extend(['BBQ', 'Tacos'])

print(menu)
```

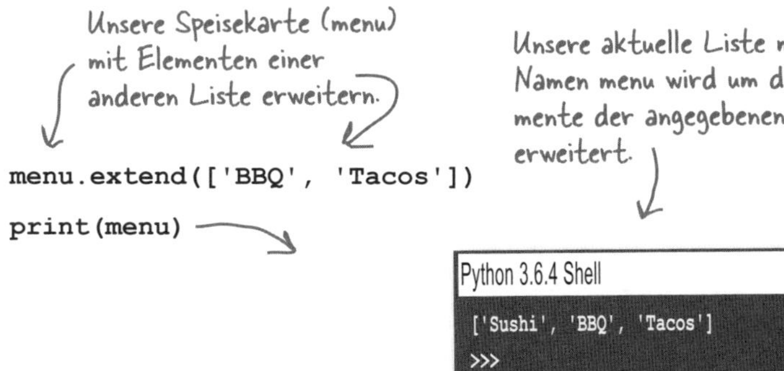

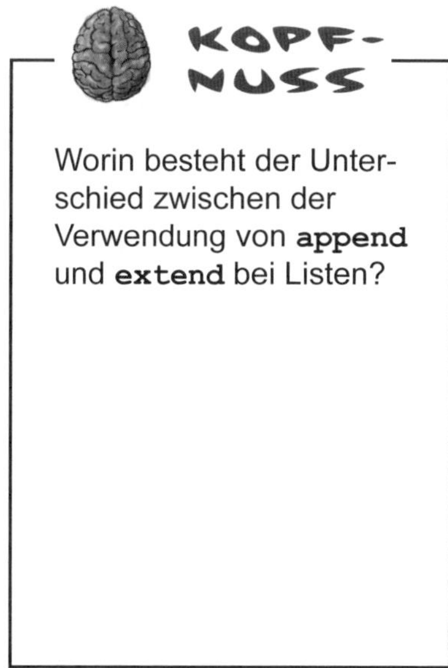

Worin besteht der Unterschied zwischen der Verwendung von **append** und **extend** bei Listen?

Es gibt eine weitere Möglichkeit, Listen zu kombinieren: Sie können beide Listen mit dem +-Operator »addieren«, wie hier:

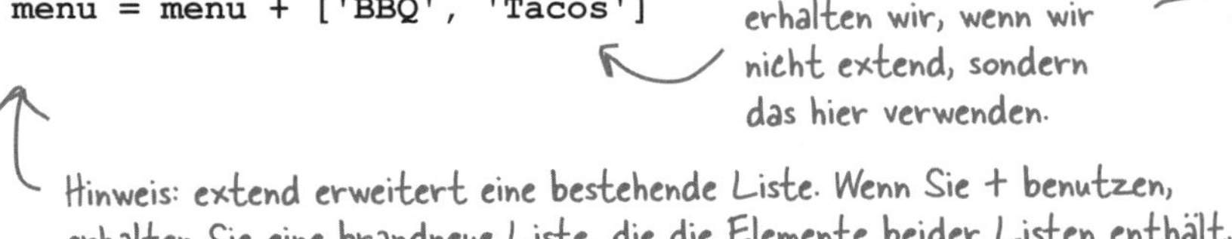

Oder Elemente in die Liste einfügen

Wenn Sie wirklich ein Element in der Mitte Ihrer Liste einfügen müssen, können Sie das mit der `insert`-Funktion erledigen.

Hier ist der Index, an dem das Element eingefügt werden soll.

Und hier ist das Element.

```
menu.insert(1, 'Stir Fry')
print(menu)
```

insert fügt am angegebenen Index ein neues Element hinzu. Hier ist es Index 1.

Wie gesagt, wir werden im weiteren Verlauf des Buchs noch mehr Listenoperationen sehen. Diese Operationen hier sind aber schon ein guter Anfang.

Es gibt keine Dummen Fragen

F: Was passiert, wenn ich ein Element an einem Index einfüge, der nicht existiert, wie beispielsweise menu.insert(100, 'French Fries')?

A: Wenn Sie versuchen, ein Element hinter dem Ende Ihrer Liste einzufügen, wird das Element der Liste einfach nach dem letzten Index angehängt.

F: Was bedeutet die Schreibweise mylist.append(value) genau? Sie sieht der random.randint(0,2)-Syntax aus dem vorigen Kapitel ziemlich ähnlich.

A: Ja, sie sind verwandt. Beides sind Beispiele für etwas, das wir weiter hinten im Buch noch genauer betrachten werden: den Einsatz von Funktionen und Objekten (wir werden unsere Verwendung von Fachbegriffen dann übrigens ebenfalls präzisieren). Das ergibt zwar im Moment noch nicht viel Sinn für Sie, aber Sie werden sehen, dass Datentypen, wie z. B. Listen, ihr eigenes Verhalten besitzen, wie etwa das Anhängen von Elementen. Das heißt, mylist.append benutzt das von der Liste bereitgestellte Verhalten append. Merken Sie sich im Moment einfach die Syntax. Später erforschen wir Objekte und Funktionen genauer, und Sie werden ihre wahre Bedeutung verstehen.

F: Also, wir haben menu.append und menu.insert, aber del menu[0]. Warum heißt das nicht menu.delete(0) oder so ähnlich? Ich dachte, Python sei konsistent.

A: Sehr gute Frage! Die Entwickler von Python waren der Meinung, dass allgemeine Operationen wie **len** und **del** eine Sonderbehandlung verdienen. Sie meinten außerdem, dass Dinge wie **len(menu)** lesbarer seien als **menu.length()**. Das wurde wirklich lang und breit diskutiert, aber so ist das nun mal in Python. Und auch hier stellen Sie wieder genau die richtige Frage. Der Wahnsinn hinter der Methode wird klarer, sobald wir uns über Funktionen und Objekte unterhalten.

Nachdem wir wissen, wie man einer Liste neue Elemente hinzufügt, können wir unseren Bericht endlich fertigstellen. Hierfür müssen wir beim Iterieren über die Ergebnisliste einfach eine neue Liste erstellen, die die Mischungen mit dem höchsten Ergebnis enthält, oder?

Judy: Ja. Wir beginnen mit einer leeren Liste, die die Mischungen mit den besten Ergebnissen enthalten soll. Beim Iterieren über die Liste fügen wir jede Mischung hinzu, deren Ergebnis dem Höchststand entspricht.

Frank: Prima. Dann wollen wir mal loslegen.

Judy: Einen Moment noch. Ich glaube, wir brauchen noch eine Schleife.

Frank: Bist du sicher? Eigentlich sollte das doch auch mit der Schleife funktionieren, die wir bereits haben.

Judy: Ja, ziemlich sicher. Und hier ist der Grund: Wir müssen den Höchststand ermitteln, *bevor* wir alle Mischungen mit diesem Ergebnis finden können. Wir brauchen also zwei Schleifen: eine zum Ermitteln des besten Ergebnisses, die wir bereits geschrieben haben, und eine zweite, die alle Mischungen findet, die dieses Ergebnis haben.

Frank: Oh, ich verstehe. Und in der zweiten Schleife vergleichen wir die einzelnen Ergebnisse mit dem Höchststand. Passen die Werte zusammen, fügen wir den Index der Mischung der neuen Liste für die Mischungen mit dem besten Ergebnis hinzu.

Judy: Genau! Dann mal nichts wie los.

Spitzen Sie Ihren Bleistift

Können Sie uns helfen, eine Schleife zu schreiben, die *alle Ergebnisse* findet, die dem Höchststand entsprechen? Unten sehen Sie den gesamten Code, den wir bis jetzt geschrieben haben. Unternehmen Sie einen ernsthaften Versuch, bevor Sie sich die Lösung ansehen.

```
scores = [60, 50, 60, 58, 54, 54,
          58, 50, 52, 54, 48, 69,
          34, 55, 51, 52, 44, 51,
          69, 64, 66, 55, 52, 61,
          46, 31, 57, 52, 44, 18,
          41, 53, 55, 61, 51, 44]

high_score = 0

length = len(scores)
for i in range(length):
    print('Bubble solution #' + str(i), 'score:', scores[i])
    if scores[i] > high_score:
        high_score = scores[i]

print('Bubbles tests:', length)
print('Highest bubble score:', high_score)
best_solutions = []
__________________
    __________________
    __________________
```

Hier ist der bisherige Code.

Dies ist die neue Liste zum Speichern der Seifenblasenmischungen mit den besten Ergebnissen.

Schreiben Sie hier Ihren Code auf. Benutzen Sie bei Bedarf mehr Zeilen.

Nicht vergessen: Die Variable high_score enthält den Höchststand. Das können Sie in Ihrem Code verwenden.

Probefahrt für den fertigen Bericht

Jetzt können Sie den Code für die Ausgabe der besten Mischungen in die Datei *bubbles.py* einbauen und einen weiteren Probelauf durchführen. Den kompletten Code finden Sie unten:

```
scores = [60, 50, 60, 58, 54, 54,
          58, 50, 52, 54, 48, 69,
          34, 55, 51, 52, 44, 51,
          69, 64, 66, 55, 52, 61,
          46, 31, 57, 52, 44, 18,
          41, 53, 55, 61, 51, 44]

high_score = 0

length = len(scores)
for i in range(length):
    print('Bubble solution #' + str(i), 'score:', scores[i])
    if scores[i] > high_score:
        high_score = scores[i]

print('Bubbles tests:', length)
print('Highest bubble score:', high_score)

best_solutions = []
for i in range(length):
    if high_score == scores[i]:
        best_solutions.append(i)

print('Solutions with the highest score:', best_solutions)
```

Wenn Ihnen dieser Code neu vorkommt, haben Sie die Lösung der letzten »Spitzen Sie Ihren Bleistift«-Übung vermutlich nicht genau untersucht. Spätestens jetzt sollten Sie das tun.

Und die Gewinner sind ...

Die Mischungen Nummer 11 und 18 haben beide das höchste Ergebnis von 69 und sind damit die besten Seifenblasenmischungen dieser Testreihe!

```
Python 3.6.4 Shell
Bubble solution #0 score: 60
Bubble solution #1 score: 50
 ...
Bubble solution #34 score: 51
Bubbles tests: 36
Highest bubble score: 69
Solutions with the highest score: [11,18]
```

Hier ist die neue Liste mit den Kosten. Für jede Seifenblasenmischung in scores enthält sie die entsprechenden Kostenangaben.

```
costs = [.25, .27, .25, .25, .25, .25,
         .33, .31, .25, .29, .27, .22,
         .31, .25, .25, .33, .21, .25,
         .25, .25, .28, .25, .24, .22,
         .20, .25, .30, .25, .24, .25,
         .25, .25, .27, .25, .26, .29]
```

Was ist hier zu tun? Wir müssen die beste Seifenblasenmischung finden. Hierfür brauchen wir die Mischungen mit dem besten Testergebnis und müssen daraus diejenige mit den geringsten Kosten auswählen. Zum Glück haben wir die Liste `costs`, die in ihrer Struktur der `scores`-Liste entspricht.

Das heißt, die Kosten für die Mischung mit dem Index 0 (in `scores`) finden wir in der `costs`-Liste ebenfalls beim 0 (.25). Und die Kosten für die Mischung mit dem Index `1` finden wir in der `costs`-Liste auch beim Index `1` (.27) und so weiter. Für jedes Messergebnis finden Sie die entsprechenden Kosten in `costs` am gleichen Index. Man spricht in diesem Fall auch von *parallelen* Listen.

scores und costs sind parallele Listen, weil es für jedes Ergebnis am gleichen Index einen entsprechenden Preis gibt.

```
costs = [.25, .27, .25, .25, .25, .25, .33, .31, .25, .29, .27, .22, ..., .29]
```

Die Kosten für die Mischung mit dem Index 0 haben ebenfalls den Index 0.

Das Gleiche gilt für die anderen Kosten und Ergebnisse beider Listen.

```
scores = [60,  50,  60,  58,  54,  54,  58,  50,  52,  54,  48,  69,  ..., 44]
```

Das scheint etwas knifflig zu werden. Wie finden wir nicht nur die Mischung mit dem besten Ergebnis, sondern auch noch die mit den niedrigsten Kosten?

Judy: Na ja, das beste Messergebnis kennen wir ja schon.

Frank: Außerdem haben wir jetzt zwei Listen. Wie bringen wir die zur Zusammenarbeit?

Judy: Ich bin mir ziemlich sicher, dass jeder von uns eine einfache `for`-Schleife schreiben kann, die die Ergebnisliste noch einmal durchläuft und die Elemente heraussucht, die dem Höchststand entsprechen.

Frank: Ja, das würde gehen. Aber was dann?

Judy: Jedes Mal, wenn wir ein Ergebnis finden, das dem besten Messergebnis entspricht, testen wir, ob es die geringsten Kosten hat.

Frank: Ah, ich verstehe. Wir brauchen eine Variable, die den Index des »kosteneffektivsten besten Messergebnisses« speichert – ein ziemlich dicker Brocken.

Judy: Genau. Und wenn wir die Liste komplett durchlaufen haben, enthält die Variable den Index des Elements, das nicht nur das beste Messergebnis hat, sondern auch am wenigsten kostet.

Frank: Was machen wir aber, wenn zwei Elemente gleich viel kosten?

Judy: Da müssen wir wohl eine Entscheidung treffen. Ich würde sagen, das zuerst gefundene Ergebnis ist der Gewinner. Das geht natürlich auch komplizierter, aber solange der CEO nichts anderes sagt, bleiben wir dabei.

Frank: Das ist auch schon schwer genug. Ich glaube, ich skizziere das vor dem Programmieren erst mal in Pseudocode.

Judy: Einverstanden. Bei der Arbeit mit Listenindizies kann schnell etwas schiefgehen. Auf lange Sicht geht es sowieso schneller, wenn man ordentlich plant.

Frank: Okay, ich mache mal einen ersten Anlauf …

Ich bin mir ziemlich sicher, dass ich mit diesem Pseudocode den Nagel auf den Kopf getroffen habe. Jetzt können Sie ihn in richtigen Code übersetzen, aber vergessen Sie nicht, Ihre Lösung zu überprüfen.

Wir erstellen eine Variable, die die Kosten der kosteneffektivsten Seifenblasenmischung enthält. Ihr Wert ist größer als alle Elemente in costs. Außerdem definieren wir sie als Fließkommazahl, damit sie zu den Elementen der costs-Liste passt.

Eine Variable anlegen, die den Index der kosteneffektivsten Seifenblasenmischung enthält.

DEKLARIERE eine *Variable* namens cost und weise ihr den Wert 100.0 zu.

DEKLARIERE eine *Variable* namens most_effective

FOR i in *range(length):*

FALLS (if) die Seifenlösung bei scores[i] den gleichen Wert hat wie high_score UND die Seifenblasenmischung bei costs[i] kleiner ist als cost:

WEISE most_effective den Wert von i zu

WEISE cost die Kosten der Seifenblasenmischung zu

Über alle Mischungen iterieren und herausfinden, ob eine den Höchststand hat ...

... und niedrigere Kosten als die vorigen Seifenblasenmischungen ...

... dann den Index und die Kosten der aktuellen Mischung speichern.

Am Ende der Schleife enthält most_effective den Index der Mischung mit dem besten Ergebnis und den geringsten Kosten. Die Variable cost enthält die Kosten dieser Seifenblasenmischung. Haben mehrere Mischungen den gleichen Preis, bevorzugt dieser Code die zuerst gefundene Mischung.

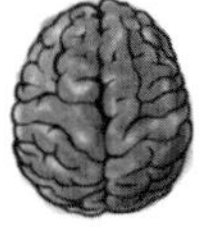

KOPF-NUSS

Wie Judy im Gespräch unter Büronachbarn vorgeschlagen hat, bevorzugt dieser Code die erste Seifenblasenmischung, falls es mehrere »beste« Ergebnisse mit gleichen Kosten gibt. Aber warum? Welcher Teil des Codes ist hierfür zuständig? Und wie könnten Sie die letzte gefundene Mischung favorisieren?

Weil dieser Code »Kleiner als« (<) verwendet, um die aktuell niedrigsten Kosten zu vergleichen. Sobald wir einen Wert für die niedrigsten Kosten haben, muss der folgende noch kleiner sein (jedenfalls nicht gleich groß), um einen neuen Gewinner zu finden. Sie könnten die Lösung verbessern, indem Sie nicht »Kleiner als«, sondern »Kleiner oder gleich« (<=) benutzen.

Probefahrt für die kosteneffektivste Seifenblasenmischung

Damit haben wir alle Anforderungen des Bubbles-R-Us-CEO erfüllt. Überprüfen Sie, ob der unten stehende Code dem Pseudocode entspricht. Dann können Sie den neuen Code in *bubbles.py* einfügen und einen weiteren Probelauf durchführen. Den vollständigen Code sehen Sie unten. Wenn Sie eine Seifenblasenmischung gefunden haben, die alle Anforderungen erfüllt, blättern Sie weiter, um Ihr Ergebnis mit unserem zu vergleichen.

```
scores = [60, 50, 60, 58, 54, 54,
          58, 50, 52, 54, 48, 69,
          34, 55, 51, 52, 44, 51,
          69, 64, 66, 55, 52, 61,
          46, 31, 57, 52, 44, 18,
          41, 53, 55, 61, 51, 44]

costs = [.25, .27, .25, .25, .25, .25,
         .33, .31, .25, .29, .27, .22,
         .31, .25, .25, .33, .21, .25,
         .25, .25, .28, .25, .24, .22,
         .20, .25, .30, .25, .24, .25,
         .25, .25, .27, .25, .26, .29]
```

Vergessen Sie nicht die neue costs-Liste

```
high_score = 0

length = len(scores)
for i in range(length):
    print('Bubble solution #' + str(i), 'score:', scores[i])
    if scores[i] > high_score:
        high_score = scores[i]

print('Bubbles tests:', length)
print('Highest bubble score:', high_score)

best_solutions = []
for i in range(length):
    if high_score == scores[i]:
        best_solutions.append(i)

print('Solutions with the highest score:', best_solutions)

cost = 100.0
most_effective = 0
for i in range(length):
    if scores[i] == high_score and costs[i] < cost:
        most_effective = i
        cost = costs[i]
print('Solution', most_effective,
      'is the most effective with a cost of', costs[most_effective])
```

Wir haben Franks Pseudocode direkt in Python übersetzt.

Außerdem geben wir im Bericht jetzt auch die kosteneffektivste Seifenblasenmischung aus.

DER GEWINNER: MISCHUNG NUMMER 11

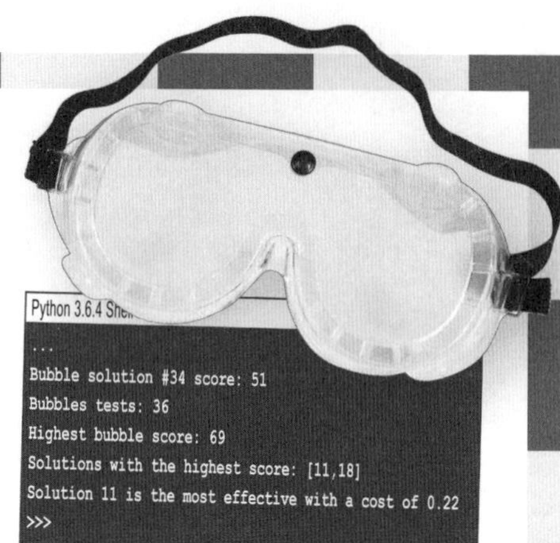

Das letzte von Ihnen geschriebene Codestück hat sehr dabei geholfen, den WAHREN Gewinner zu ermitteln. Wir haben jetzt die Mischung, die die meisten Seifenblasen bei den niedrigsten Kosten erzeugt. Herzlichen Glückwunsch dazu, dass Sie eine Menge Daten in etwas verwandelt haben, mit dem Bubbles-R-Us echte Geschäfte machen kann.

Wenn Sie ähnlich denken wie wir, dann wollen Sie jetzt sicher unbedingt wissen, was die Mischung Nummer 11 enthält. Suchen Sie nicht weiter; der CEO von Bubbles-R-Us hat entschieden, Ihnen das Rezept als Belohnung für Ihre ganze unbezahlte Arbeit zu überlassen.

Unten sehen Sie das Rezept für die Seifenblasenmischung Nummer 11. Geben Sie Ihrem Gehirn Gelegenheit, die Listen in Ruhe zu verarbeiten, indem Sie Ihre eigene Mischung herstellen, rausgehen und ein paar Seifenblasen in die Luft pusten, bevor Sie mit dem nächsten Kapitel weitermachen. Oh, und vergessen Sie nicht die »Punkt für Punkt«-Liste und das Kreuzworträtsel, bevor Sie weiterlesen!

Seifenblasenmischung Nummer 11

4 Esslöffel grüne Seife (Schmierseife)

1 Liter Wasser

4 Esslöffel Glyzerin (aus der Apotheke)

ANWEISUNG: Mischen Sie die Zutaten in einer großen Schüssel, und dann viel Spaß!

11

Probieren Sie das AUF JEDEN FALL zu Hause aus!

Jetzt muss ich aber mal was fragen: Wir kennen die besten Mischungen bereits, sie befinden sich in der best_solutions-Liste. Warum müssen wir dann JEDES Ergebnis noch einmal durchgehen?

Sie haben recht. Das war nicht nötig.

Wir hätten die kostengünstigste Seifenblasenmischung auch anhand der Liste in `best_solutions` finden können, denn sie enthält bereits die Mischungen mit den besten Ergebnissen. Wir haben das nur deshalb nicht gemacht, damit es beim ersten Versuch nicht unnötig kompliziert wird.

Man könnte aber auch fragen: Was macht das für einen Unterschied? Wer will das wissen? Funktioniert doch! Natürlich geht es darum, effizienten Code zu schreiben und wie viel Ihr Code leisten muss. Bei einer kleinen Liste wie unserer ist der Unterschied nicht besonders groß. Wenn Sie aber eine *sehr große* Liste verarbeiten müssen, sollten Sie es vermeiden, mehrmals darüber zu iterieren. Das gilt besonders, wenn es einen effizienteren Weg gibt. Und den gibt es.

Um die kostengünstigste Mischung (mit dem besten Ergebnis) zu finden, müssen wir uns nur die Mischungen in `best_solutions` ansehen. Das ist lediglich etwas komplexer.

Wir haben den Code zur Berechnung der kostengünstigsten Seifenblasenmischung neu geschrieben.

Diesmal iterieren wir nicht über die scores-Liste, sondern über die best_solutions-Liste.

Und wir benutzen die einzelnen Elemente aus best_solutions als Indizes für die costs-Liste.

Das heißt, in diesem Code benutzen wir die Werte in best_solutions als Indizes.

```
cost = 100.0
most_effective = 0

for i in range(len(best_solutions)):
    index = best_solutions[i]
    if cost > costs[index]:
        most_effective = index
        cost = costs[index]

print('Solution', most_effective,
      'is the most effective with a cost of',
      costs[most_effective])
```

Wir untersuchen die Mischungen in der best_solutions-Liste, um die Mischung mit den niedrigsten Kosten zu finden.

Und auch diesmal geben wir die Ergebnisse aus.

VERGLEICHEN Sie diesen Code mit der Vorgängerversion. Sehen Sie die Unterschiede? Überlegen Sie, wie beide Versionen ausgeführt werden. Sehen Sie, wie viel weniger Arbeit diese Version bei der Berechnung der kosteneffektivsten Mischung leisten muss? Der Zeitaufwand zum Finden des Unterschieds lohnt sich auf jeden Fall.

Punkt für Punkt

- Listen bilden eine **Datenstruktur** für geordnete Daten.
- Eine Liste kann mehrere Elemente enthalten, die jeweils ihren eigenen **Index** haben.
- Listen verwenden einen nullbasierten Index, bei dem das erste Element den Index **0** hat.
- Mithilfe der **len**-Funktion können Sie die Anzahl der Listenelemente ermitteln.
- Auf jedes Listenelement kann über seinen Index zugegriffen werden. Mit **my_list[1]** erhalten Sie beispielsweise das zweite Element der Liste.
- Sie können auch negative Indizes verwenden, um Elemente vom Ende der Liste her anzusprechen. **my_list[-1]** verweist beispielsweise auf das letzte Element der Liste.
- Verwendet man einen Index, der außerhalb der Liste liegt, wird ein Laufzeit-Indexfehler (IndexError) ausgelöst.
- Weist man einem vorhandenen Element einen Wert zu, wird der alte Wert entfernt und der neue eingefügt.
- Versucht man, einem nicht existierenden Element einen Wert zuzuweisen, erhält man einen »out of bounds«-Laufzeitfehler.
- Die Werte einer Liste können einen beliebigen Datentyp haben.
- Die Datentypen der Werte in einer Liste dürfen verschieden sein.
- Listen, die Werte mit verschiedenen Datentypen enthalten, werden als heterogene Listen bezeichnet.
- Mit der Syntax **my_list = [ ]** kann eine leere Liste erzeugt werden.
- Mit der **append**-Funktion kann einer Liste ein neuer Wert angehängt werden.
- Mit **extend** können Sie eine Liste mit den Elementen einer anderen Liste erweitern.
- Sie können aus zwei bestehenden Listen eine neue Liste erzeugen, indem Sie sie mit dem Verkettungsoperator (+) »addieren«.
- Mit der **insert**-Funktion können Sie einer bestehenden Liste ein neues Element an einem bestimmten Index einfügen.
- Die **for**-Schleife wird oft benutzt, um über Folgen, z. B. Listen, zu iterieren.
- Die **while**-Schleife wird üblicherweise verwendet, wenn man nicht weiß, wie oft die Schleife wiederholt werden muss, und die Schleife so oft ausgeführt werden soll, bis eine bestimmte Bedingung erfüllt ist.
- Die **range**-Funktion erzeugt eine Folge ganzzahliger Werte (Integer).
- Mit der **for**-Schleife können Sie über (Zahlen-)Bereiche iterieren.
- Die **str**-Funktion konvertiert eine Zahl in einen String.

Programmierer-Kreuzworträtsel

Helfen Sie Ihrem Gehirn mit diesem Kreuzworträtsel, Listen zu verinnerlichen.

Waagerecht

1. Fehler beim Zugriff auf ein nicht existierendes Listenelement.
3. Iteriert basierend auf einer Bedingung.
5. Informatiker beginnen Listen gerne mit diesem Index.
9. Erzeugt eine Zahlenfolge.
11. Ermittelt die Länge einer Liste.
12. Eine Liste mit Werten unterschiedlichen Datentyps.
14. Ein anderes Wort für Schleife.
15. Fügt ein Element in eine Liste ein.
17. Fügt Elemente einer Liste einer anderen hinzu.
18. Wandelt Zahlen in Strings um.
19. Iteriert über eine Folge oder einen Bereich.

Senkrecht

2. Vermutlich die Lieblingsmusik des Autors.
4. Der beste Seifenblasenhersteller.
6. Jedes Listenelement hat einen.
7. Funktion zum Löschen eines Listenelements.
8. Wir haben eine Menge dieser Getränke hergestellt.
10. Hängt einer Liste ein Element an.
13. Eine geordnete Datenstruktur.
16. Eine Liste ohne Elemente.

Spitzen Sie Ihren Bleistift
Lösung

Dies ist ein guter Zeitpunkt, um den Einsatz von Listen etwas zu üben. Stellen Sie sich vor, Sie seien der Python-Interpreter und müssten diesen Code abarbeiten, um herauszufinden, wie die Ausgabe lautet.

Wir wollen die eighties- und andere Variablen bei der Ausführung des Codes mitverfolgen. Die newwave-Liste verändert sich übrigens nicht.

```
eighties = ['', 'duran duran', 'B-52s', 'muse']
newwave = ['flock of seagulls', 'postal service']
```

Code	eighties	remember	band
`remember = eighties[1]`	[‘ ’, ‘duran duran’, ‘B-52s’, ‘muse’]	‘duran duran’	
`eighties[1] = 'culture club'`	[‘ ’, ‘culture club’, ‘B-52s’, ‘muse’]	‘duran duran’	
`band = newwave[0]`	[‘ ’, ‘culture club’, ‘B-52s’, ‘muse’]	‘duran duran’	‘flock of seagulls’
`eighties[3] = band`	[‘ ’, ‘culture club’, ‘B-52s’, ‘flock of seagulls’]	‘duran duran’	‘flock of seagulls’
`eighties[0] = eighties[2]`	[‘B-52s’, ‘culture club’, ‘B-52s’, ‘flock of seagulls’]	‘duran duran’	‘flock of seagulls’
`eighties[2] = remember`	[‘B-52s’, ‘culture club’, ‘duran duran’, ‘flock of seagulls’]	‘duran duran’	‘flock of seagulls’

```
print(eighties)
```

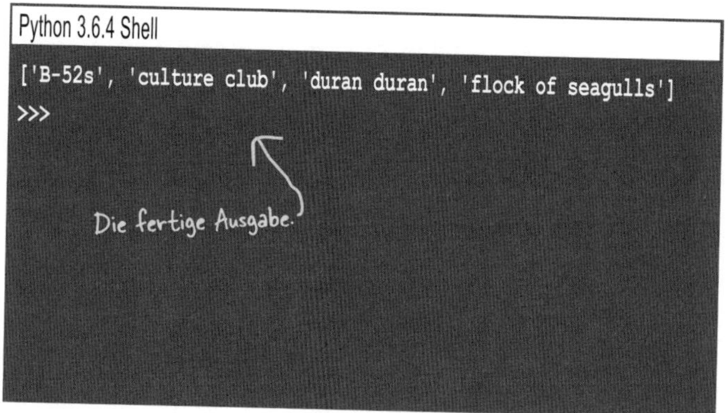

Das Pitagora-Suitchi

Das Pitagora-Suitchi ist schon ein seltsames Ding. Es dengelt und scheppert, und manchmal klonkt es auch. Aber was es tatsächlich tut, wissen wir auch nicht so genau. Manche Programmierer behaupten, sie wüssten, wie es funktioniert. Können Sie den Code knacken und herausfinden, was hier wirklich passiert?

Was hat das alles zu bedeuten? Das Pitagora-Suitchi übernimmt eine Folge von Buchstaben (characters), macht daraus ein Palindrom und gibt es aus. Wie Sie vermutlich wissen, ist ein Palindrom ein Wort, das vorwärts und rückwärts gelesen das Gleiche bedeutet, wie beispielsweise »Marktkram« oder »tacocat«. Übergeben wir dem Pitagora-Suitchi also die Buchstabenfolge t-a-c-o, erzeugt es daraus das Palindrom tacocat für uns. Viele Buchstabenfolgen sind nicht besonders interessant, wie beispielsweise »tarat«, andere dagegen schon, z. B. »Erika feuert nur untreue Fakire«.

Das Wichtige hierbei ist, dass der Code ein halbes Palindrom benutzt, um daraus ein vollständiges zu machen. Lassen Sie uns den Code genau untersuchen:

```
characters = ['t', 'a', 'c', 'o']

output = ''
length = len(characters)
i = 0
while (i < length):
    output = output + characters[i]
    i = i + 1

length = length * -1
i = -2

while (i >= length):
    output = output + characters[i]
    i = i - 1

print(output)
```

Zu Beginn ist output noch ein leerer String.

Die Länge der Buchstaben-(characters-)Liste ermitteln.

i den Wert 0 zuweisen

Wir beginnen bei 0, bewegen uns durch alle Elemente der Liste und fügen sie zur output-Liste hinzu.

Jetzt wollen wir die Dinge wieder zurückdrehen, indem wir den entsprechenden negativen Wert für length benutzen (eine Länge von 8 wird also zu -8).

Und wir weisen i den Wert 2 zu. Sie werden gleich sehen, wie das im Codeblock verwendet wird.

Warum rückwärts? Weil unsere Indizes jetzt negativ und nicht mehr positiv sind.

Nun führen wir die Schleife über die Buchstaben rückwärts aus! Außerdem überspringen wir den letzten Buchstaben, damit er in der Mitte des Strings nicht wiederholt wird.

Schließlich geben wir die Ergebnisse aus.

Nehmen Sie sich Zeit, diesen Code richtig zu verstehen! Gehen Sie jeden Schleifendurchlauf durch und schreiben Sie die veränderten Werte der Variablen und Listen falls nötig auf (und das ist gut möglich!).

Mehr Palindrome gibt es übrigens in Kapitel 8.

Die unten stehenden Smoothie-Geschmacksrichtungen wurden der Liste in der Reihenfolge ihrer Erstellung hinzugefügt. Vervollständigen Sie den Code, um die *zuletzt erstellte* Geschmacksrichtung zu ermitteln.

```
smoothies = ['coconut', 'strawberry', 'banana', 'pineapple', 'acai berry']
most_recent = -1
recent = smoothies[most_recent]
```

Wir können Pythons negative Indizes verwenden und das letzte Element über den Index −1 ermitteln.

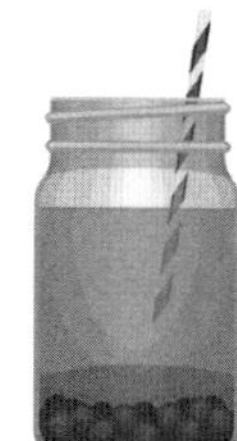

```
smoothies = ['coconut', 'strawberry', 'banana', 'pineapple', 'acai berry']
most_recent = len(smoothies) - 1
recent = smoothies[most_recent]
```

Oder wir können die Länge der Liste ermitteln und eins subtrahieren.

Das lässt sich noch verfeinern.

Oft kann das Aufteilen in klar definierte Schritte die Klarheit Ihres Codes erhöhen. Bei einfachen und häufig vorkommenden Operationen ist prägnanter Code oft besser lesbar. Hier ein erster Versuch, den obigen Code knapper zu fassen:

```
smoothies = ['coconut', 'strawberry', 'banana', 'pineapple', 'acai berry']
~~most_recent = -1~~
recent = smoothies[-1]
```

Wir können einfach auf die Variable most_recent verzichten und den Wert −1 direkt im Listenindex verwenden.

Das funktioniert auch mit der zweiten Codevariante.

```
smoothies = ['coconut', 'strawberry', 'banana', 'pineapple', 'acai berry']
~~most_recent = len(smoothies) - 1~~
recent = smoothies[len(smoothies)-1]
```

Hier haben wir außerdem auf die Zwischenvariable most_recent verzichtet und die Berechnung len(smoothies)−1 direkt als Index der Liste verwendet. Das verringert die Lesbarkeit ein wenig, aber ein erfahrener Programmierer wird schnell erkennen, worum es hier geht. Klarer Code ist eher eine Kunst als eine Wissenschaft. Am Ende müssen Sie selbst entscheiden, was lesbarer ist. Vergessen Sie dabei nicht, dass sich die Sichtweise im Laufe der Zeit auch ändern kann.

Code-Magneten, Lösung

Wir haben etwas Code geschrieben, um zu sehen, welche Smoothies Kokosnuss (coconut) enthalten. Wir haben den Code mit Kühlschrankmagneten skizziert, leider sind sie jedoch heruntergefallen. Ihre Aufgabe war es, sie wieder in die richtige Reihenfolge zu bringen. Aber Vorsicht, einige Magneten sind übrig.

```
:
```

```
i = i + 2
```

```
while i > len(has_coconut)
```

```
smoothies = ['coconut',
             'strawberry',
             'banana',
             'tropical',
             'acai berry']
has_coconut = [True,
               False,
               False,
               True,
               False]
i = 0
while i < len(has_coconut):
    if has_coconut[i]:
        print(smoothies[i],'contains coconut')
    i = i + 1
```

Platzieren Sie Ihre Magneten hier.

Diese Ausgaben erwarten wir.

```
Python 3.6.4 Shell
coconut contains coconut
tropical contains coconut
>>>
```

Unsere Aufrufe der `range`-Funktion sind durcheinandergekommen. Können Sie herausfinden, welche Funktion was tut? Seien Sie vorsichtig! Wir wissen nicht, ob jede `range`-Anweisung auf null, eine oder mehr Folgen passt. Eine Zuordnung hatten wir unten schon gefunden:

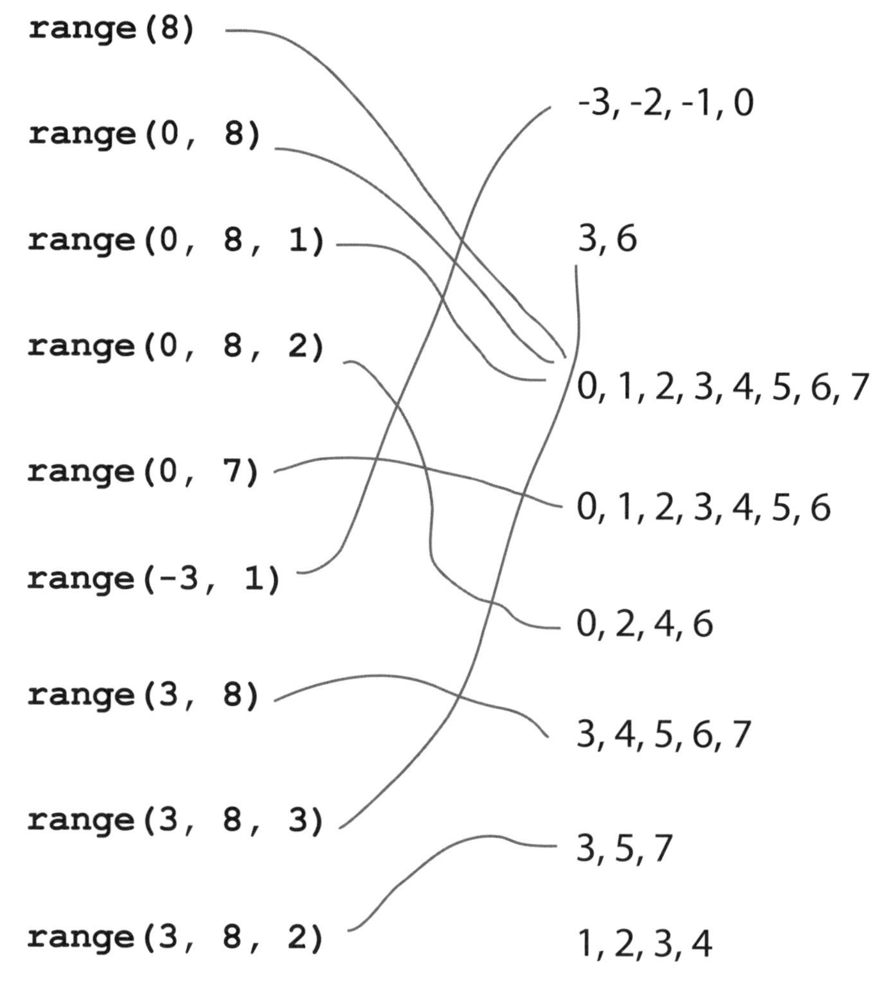

Spitzen Sie Ihren Bleistift
Lösung

Aktualisieren Sie den Code, sodass anstelle einer `while`-Schleife eine `for`-Schleife benutzt wird. Sollten Sie einen Tipp brauchen, sehen Sie sich an, wie wir die `while`-Schleife für Bubbles-R-Us umgebaut haben.

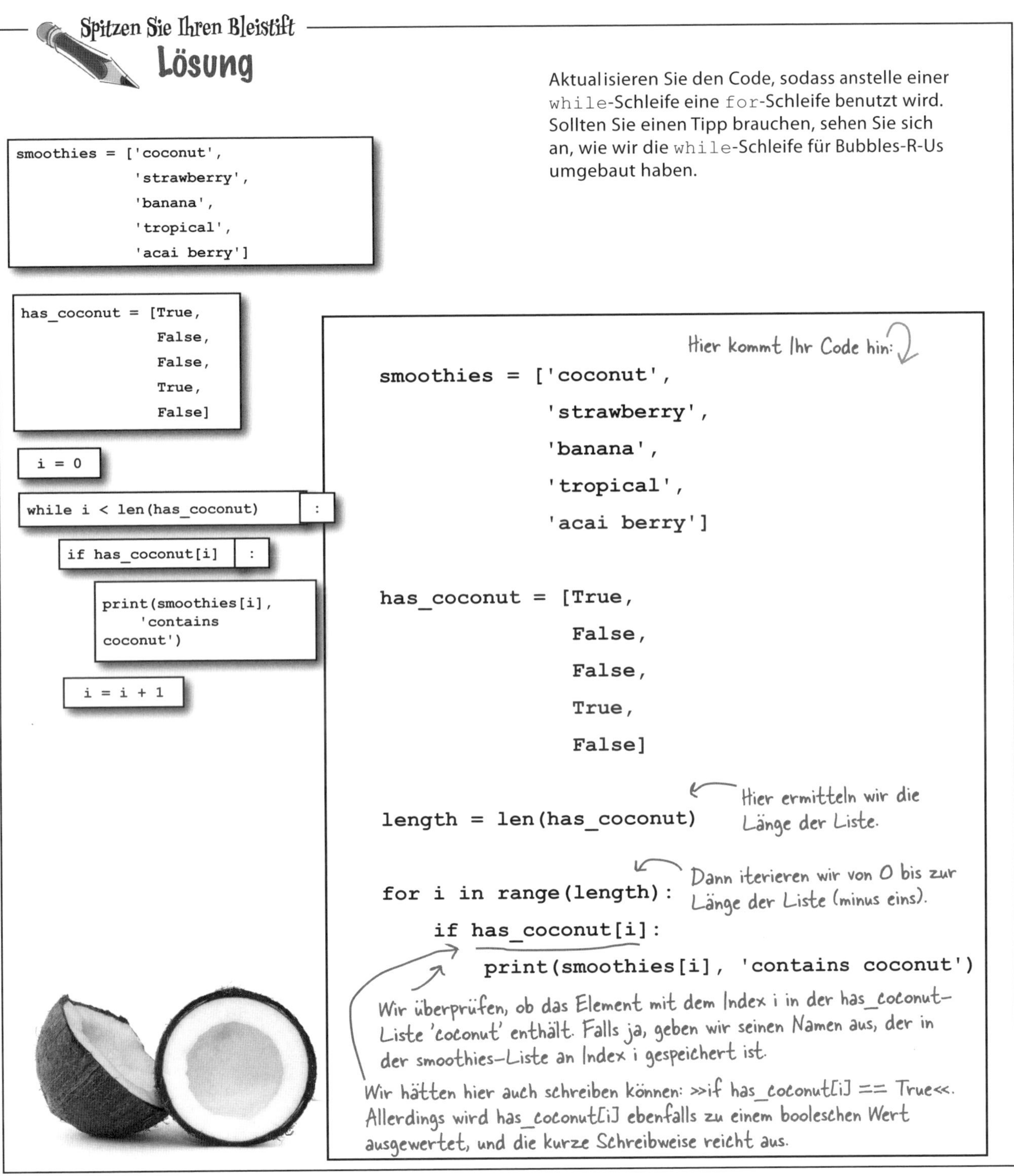

Hier kommt Ihr Code hin:

```
smoothies = ['coconut',
             'strawberry',
             'banana',
             'tropical',
             'acai berry']

has_coconut = [True,
               False,
               False,
               True,
               False]

length = len(has_coconut)

for i in range(length):
    if has_coconut[i]:
        print(smoothies[i], 'contains coconut')
```

Hier ermitteln wir die Länge der Liste.

Dann iterieren wir von 0 bis zur Länge der Liste (minus eins).

Wir überprüfen, ob das Element mit dem Index i in der has_coconut-Liste 'coconut' enthält. Falls ja, geben wir seinen Namen aus, der in der smoothies-Liste an Index i gespeichert ist.

Wir hätten hier auch schreiben können: »if has_coconut[i] == True«. Allerdings wird has_coconut[i] ebenfalls zu einem booleschen Wert ausgewertet, und die kurze Schreibweise reicht aus.

Implementieren Sie nun den Pseudocode von Seite 153, um das beste Ergebnis zu finden. Ergänzen Sie hierfür die Lücken im unten stehenden Code. Wenn Sie fertig sind, erweitern Sie *bubbles.py* und lassen das Programm laufen. Überprüfen Sie Ihre Ergebnisse in der Shell und ergänzen Sie dann unsere Shell (unten rechts) mit der Zahl der Tests und dem gefundenen Höchststand.

```
scores = [60, 50, 60, 58, 54, 54,
          58, 50, 52, 54, 48, 69,
          34, 55, 51, 52, 44, 51,
          69, 64, 66, 55, 52, 61,
          46, 31, 57, 52, 44, 18,
          41, 53, 55, 61, 51, 44]

high_score = 0

length = len(scores)
for i in range(length):
    print('Bubble solution #' + str(i), 'score:', scores[i])
    if scores[i] > high_score:
        high_score = scores[i]

print('Bubbles tests:', length)
print('Highest bubble score:', high_score)
```

Füllen Sie die Lücken aus, um den vorhandenen Code zu vervollständigen ...

Hier ist unser Ergebnis.

```
Python 3.6.4 Shell
Bubble solution #0 score: 60
Bubble solution #1 score: 50
Bubble solution #2 score: 60
 ...
Bubble solution #34 score: 51
Bubble solution #35 score: 44
Bubbles tests: 36
Highest bubble score: 69
```

Spitzen Sie Ihren Bleistift Lösung

Sie wissen, dass man mit zwei eckigen Klammern eine leere Liste erstellen kann. Aber was macht Ihrer Meinung nach der unten stehende Code? Geben Sie den Code zum Experimentieren ruhig einmal auf der Shell ein und notieren Sie Ihre Beobachtungen hier.

```
mystery = ['secret'] * 5
```

Diese Syntax erzeugt eine Liste, in der das Element 'secret' fünfmal wiederholt wird: ['secret', 'secret', 'secret', 'secret', 'secret']. Dies ist ein spezielles Merkmal von Python, das Sie so nur in wenigen anderen Programmiersprachen finden. Es kann gelegentlich sehr praktisch sein (zum Beispiel in Kapitel 11).

```
mystery = 'secret' * 5
```

Multiplikation einer Zahl und einer Liste? Das haben wir doch schon gesehen, als Codies »12« siebenmal wiederholt wurde. Erinnern Sie sich? Wenn Sie eine Zahl mit einem String multiplizieren, erhalten Sie einen neuen String, in dem der Originalstring wiederholt wird.

Spitzen Sie Ihren Bleistift Lösung

Können Sie uns helfen, eine Schleife zu schreiben, die *alle Ergebnisse* findet, die dem Höchststand entsprechen? Unten sehen Sie unsere Lösung.

Auch diesmal beginnen wir mit der Erstellung einer neuen Liste, die alle Seifenblasenmischungen mit dem Höchststand enthält.

Dann iterieren wir über die gesamte scores-Liste, um die Elemente mit den besten Ergebnissen zu finden.

Wir zeigen Ihnen hier nur den neuen Code. Sie wissen schon: Bäume schützen und so ...

```
best_solutions = []
for i in range(length):
    if high_score == scores[i]:
        best_solutions.append(i)


print('Solutions with the highest score:', best_solutions)
```

Bei jedem Schleifendurchlauf vergleichen wir das Ergebnis an Index i mit dem Wert von high_score. Sind beide gleich, fügen wir das Ergebnis per append zur best_solutions-Liste hinzu.

Am Ende können wir die Seifenblasenmischungen mit den besten Ergebnissen anzeigen. Wie Sie sehen, benutzen wir hier print, um die best_solutions-Liste auszugeben. Wir hätten eine zusätzliche Schleife erstellen können, um die Listenelemente nacheinander auszugeben, aber print kann das genauso gut (und fügt zwischen den einzelnen Werten netterweise auch gleich die nötigen Kommata ein).

Programmierer-Kreuzworträtsel, Lösung

Helfen Sie Ihrem Gehirn mit diesem Kreuzworträtsel, Listen zu verinnerlichen.

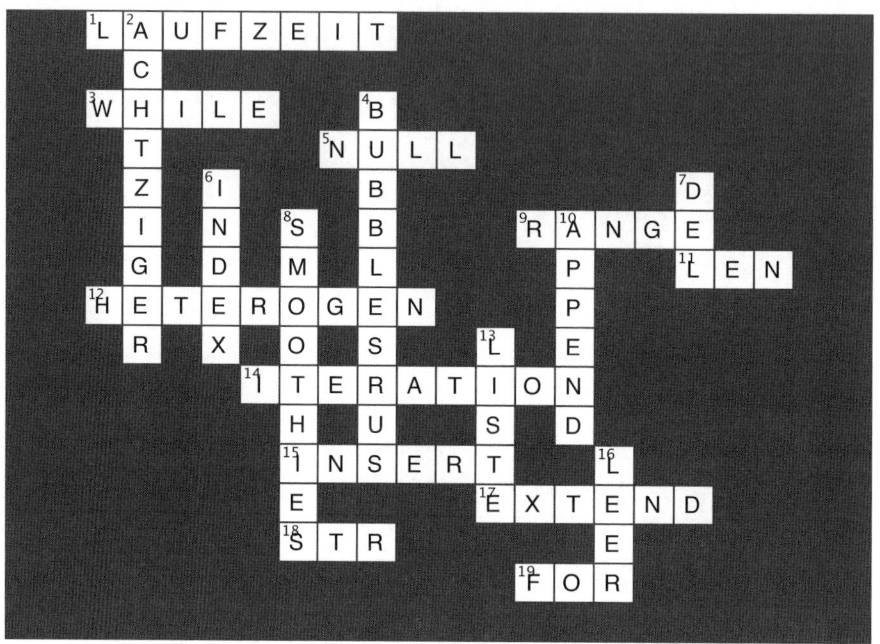

Funktional werden

Sie wissen bereits eine Menge. Allein mit Variablen, Datentypen, Bedingungen und Iterationen könnten Sie schon **alle Programme** schreiben, die Sie jemals brauchen werden. Ein Informatiker würde vermutlich sagen, dass Sie sich damit jedes nur vorstellbare Programm schreiben können. Trotzdem sind wir noch lange nicht am Ende. Im nächsten Schritt des rechnerischen Denkens lernen Sie, Ihren Code zu **abstrahieren**. Auch wenn es kompliziert klingt, wird es Ihr Leben als Programmierer sogar einfacher machen. Durch die Abstraktionen erreichen Sie einen höheren Wirkungsgrad und können komplexere und mächtigere Programme leichter erstellen. Sie können Ihren Code in praktische kleine und vor allem wiederverwendbare Einheiten verpacken. Sie brauchen sich nicht mehr um jedes kleine Detail Ihres Code zu kümmern und können stattdessen anfangen, auf einer höheren Ebene zu denken.

Spitzen Sie Ihren Bleistift

Analysieren Sie den unten stehenden Code. Wie sieht er aus? Markieren Sie unten so viele Kästchen, wie Sie wollen, oder notieren Sie Ihre eigenen Gedanken:

```
dog_name = "Codie";
dog_weight = 40
if dog_weight > 20:
    print(dog_name, 'says WOOF WOOF')
else:
    print(dog_name, 'says woof woof')

dog_name = "Sparky"
dog_weight = 9
if dog_weight > 20:
    print(dog_name, 'says WOOF WOOF')
else:
    print(dog_name, 'says woof woof')

dog_name = "Jackson"
dog_weight = 12
if dog_weight > 20:
    print(dog_name, 'says WOOF WOOF')
else:
    print(dog_name, 'says woof woof')

dog_name = "Fido"
dog_weight = 65
if dog_weight > 20:
    print(dog_name, 'says WOOF WOOF')
else:
    print(dog_name, 'says woof woof')
```

Hat es nicht gereicht, über mein Alter zu sprechen?

Codie

- ☐ A. Der Code wiederholt sich ständig. Das wirkt ziemlich redundant.
- ☐ B. Das einzutippen muss ziemlich anstrengend sein!
- ☐ C. Für so viel Code passiert hier nicht gerade viel.
- ☐ D. Da habe ich schon lesbareren Code gesehen.
- ☐ E. Sollen die Hunde einmal anders bellen, müssten wir eine Menge Code ändern!
- ☐ F. ______________________

Was stimmt denn mit dem Code nicht?

Wir haben es mit Code zu tun, der *ständig wiederholt* wird. Was ist daran so schlimm? Auf den ersten Blick gar nichts. Es funktioniert doch alles, oder? Sehen wir uns den fraglichen Code etwas genauer an:

```
dog_name = "Codie"
dog_weight = 40
if dog_weight > 20:
    print(dog_name, 'says WOOF WOOF')
else:
    print(dog_name, 'says woof woof')
```

Hier vergleichen wir das Gewicht des Hundes mit 20. Ist es größer, geben wir ein großes WOOF WOOF aus. Ist das Gewicht kleiner oder gleich 20, geben wir ein kleineres woof woof aus.

```
dog_name = "Sparky"
dog_weight = 9
if dog_weight > 20:
    print(dog_name, 'says WOOF WOOF')
else:
    print(dog_name, 'says woof woof')
```

Und dieser Code macht ... oh, Moment mal ... GENAU das Gleiche! Und das gilt auch für den Rest des Codes.

```
dog_name = "Jackson"
dog_weight = 12
if dog_weight > 20:
    print(dog_name, 'says WOOF WOOF')
else:
    print(dog_name, 'says woof woof')
```

Auch hier unterscheiden sich nur die Details des Hundes.

```
dog_name = "Fido"
dog_weight = 65
if dog_weight > 20:
    print(dog_name, 'says WOOF WOOF')
else:
    print(dog_name, 'says woof woof')
```

Und noch einmal: gleicher Hund, anderer Code.

Dieser Code sieht eigentlich ganz unschuldig aus. Aber er ist mühsam zu schreiben und schwer zu lesen. Außerdem wird es problematisch, wenn der Code später einmal verändert werden muss. Der letzte Punkt wird klarer, wenn Sie mehr Programmiererfahrung gesammelt haben. Fast jeder Code ändert sich irgendwann, und der oben stehende Code ist ein echter Albtraum, der nur darauf wartet, Wirklichkeit zu werden. Die gleiche Logik wird ständig wiederholt.

Angenommen, Sie sollen für Hunde, die leichter als zwei Pfund sind, eine eigene Art zu bellen (bark) definieren, vielleicht »yip yip«. An wie vielen Stellen müssen Sie hierfür den vorhandenen Code ändern?

Oh weh! Was können wir nur tun?

Wie kann man diesen Code verbessern? Nehmen Sie sich ein paar Minuten Zeit, um einige Möglichkeiten zu finden.

Wenn es doch nur einen Weg gäbe, Code wiederzuverwenden! Dann müsste ich ihn nicht immer wieder neu eingeben. Und die Möglichkeit, dem Code einen netten, leicht zu merkenden Namen zu geben, wäre auch nicht schlecht. Dann würde ich die Änderungen nicht an vielen Orten, sondern gerne nur noch an einer Stelle vornehmen, falls mal etwas angepasst werden muss. Das wäre traumhaft. Aber ich weiß ja: Das ist nur eine Fantasie …

Einen Codeblock in eine FUNKTION umwandeln

Was würden Sie tun, wenn wir Ihnen sagen, dass Codeblöcke mit eigenen Namen versehen und dann so oft wiederverwendet werden können, wie Sie wollen? Vermutlich würden Sie fragen: »Warum sagen Sie das erst jetzt?!«

Python gibt uns die Möglichkeit, genau das zu tun. Wir sprechen von der *Definition einer Funktion*. Einige Funktionen haben Sie bereits *verwendet*, z. B. `print`, `str`, `int` und `range`. Hier ein Beispiel:

In allen Programmiersprachen (zumindest in solchen, die Sie irgendwann lernen wollen) können Funktionen definiert werden.

Anhand des Namens können wir eine Funktion im Code aufrufen.

Auf den Namen folgt eine öffnende runde Klammern.

Dann geben wir null oder mehr Argumente an, die an die Funktion übergeben werden sollen.

Und am Ende steht eine schließende runde Klammer.

```
print("I'm a function")
```

Sie haben vermutlich schon bemerkt, dass Funktionen auch etwas zurückgeben können. Die str-Funktion gibt beispielsweise einen String zurück, der einen Integerwert darstellt.

Bisher sind wir beim Aufruf einer Funktion davon ausgegangen, dass die Funktion losläuft und irgendwelche Aufgaben erledigt (z. B. die übergebenen Werte ausgeben). Danach kehrt sie zurück, und unser Code macht an der Stelle weiter, an der er aufgehört hat.

Sie können aber nicht nur vordefinierte Funktionen benutzen, sondern auch eigene definieren. Und das geht so:

Um eine Funktion zu definieren, beginnen Sie passenderweise mit dem Schlüsselwort def, gefolgt vom Namen der Funktion.

Jetzt können null oder mehr Parameter folgen. Stellen Sie sich die Parameter vor wie Variablen mit Werten, die beim Aufruf an die Funktion übergeben werden.

Es folgt ein Doppelpunkt. Er leitet, wie Sie wissen, in Python einen Codeblock ein.

```
def bark(name, weight):
    if weight > 20:
        print(name, 'says WOOF WOOF')
    else:
        print(name, 'says woof woof')
```

Dies ist der Codeblock, der wiederverwendet werden soll.

In Python und fast allen anderen Sprachen bezeichnen wir diesen Codeblock als Funktions-»Körper«.

Wenn der Python-Interpreter diesen Code sieht, definiert er die Funktion und legt ihn zur späteren Benutzung auf die Seite. Dabei wird der Funktionskörper erst ausgeführt, wenn die Funktion aufgerufen wird.

Und nachdem wir wissen, wie man eine Funktion definiert, wollen wir auch gleich sehen, wie Sie sie verwenden.

Wir haben eine Funktion erstellt, aber wie können wir sie benutzen?

Sie haben erfolgreich eine Funktion erstellt, indem Sie einem Codeblock einen Namen gegeben und ein paar Parameter (den Hundenamen und sein Gewicht) definiert haben. Diese werden der Funktion beim Aufruf übergeben. Und damit ist die neue Funktion auch schon einsatzbereit.

Durch Ihre Erfahrung mit Funktionen wie `print`, `str`, `random` und `range` sollten Sie außerdem schon wissen, was zu tun ist. Rufen wir `bark` ein paarmal auf, um ihre Funktionsweise zu testen:

```
bark('Codie', 40)
bark('Sparky', 9)
bark('Jackson', 12)
bark('Fido', 65)
```

Wir wollen bark mit allen bisher bekannten Hunden testen.

```
Python 3.6.4 Shell
Codie says WOOF WOOF
Sparky says woof woof
Jackson says woof woof
Fido says WOOF WOOF
>>>
```

Großartig. Das sind genau die erwarteten Ausgaben.

Aber wie funktioniert das wirklich?

Wir haben eine Funktion erstellt und zum Laufen gebracht. Alles scheint wie erwartet zu funktionieren. Aber was passiert hinter den Kulissen? Wie läuft das alles? Am besten gehen wir den folgenden Code Schritt für Schritt durch:

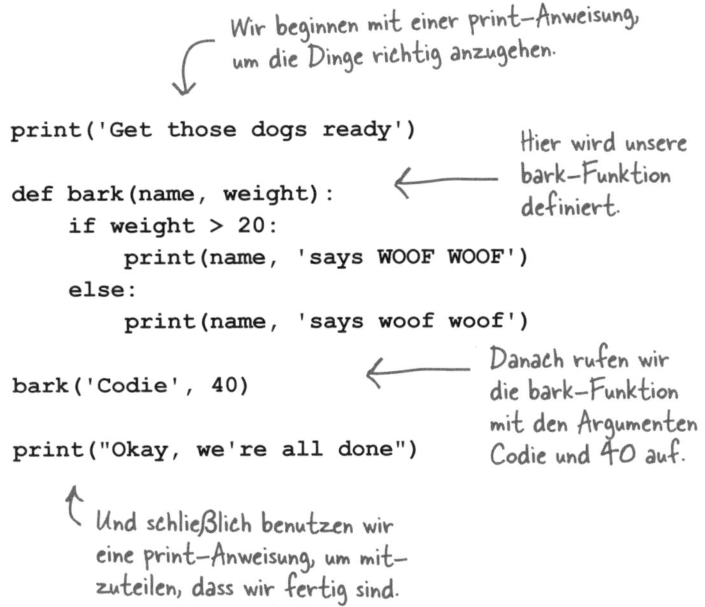

Stellen Sie sich vor, Sie seien der Python-Interpreter. Beginnen Sie am Anfang des Codes und gehen Sie ihn zeilenweise durch. Gibt es Schritte, die Sie nicht verstehen?

Wie jeder gute Interpreter beginnen wir am Anfang.

Daher ist unsere erste Codezeile eine `print`-Anweisung. Sie wird ausgeführt und gibt »Get those dogs ready« (Mach die Hunde klar) auf der Python-Shell aus.

Bisher haben wir einfach eine print-Anweisung, die etwas auf der Shell ausgibt.

Hier fangen wir an.

```
print('Get those dogs ready')

def bark(name, weight):
    if weight > 20:
        print(name, 'says WOOF WOOF')
    else:
        print(name, 'says woof woof')

bark('Codie', 40)

print("Okay, we're all done")
```

Nächster Schritt: Die Funktionsdefinition.

Nach der Ausführung der print-Anweisung stößt der Interpreter auf die Definition der bark-Funktion. Dabei führt er die Funktion noch nicht aus. Stattdessen erstellt er den Namen bark und speichert Funktionsparameter und -körper zur späteren Verwendung ab (nachdem er den Funktionskörper einem kurzen Syntaxcheck unterzogen hat). Hat der Interpreter die Definition verarbeitet, können wir die Funktion über den Namen bark jederzeit aufrufen.

```
print('Get those dogs ready')

def bark(name, weight):
    if weight > 20:
        print(name, 'says WOOF WOOF')
    else:
        print(name, 'says woof woof')

bark('Codie', 40)

print("Okay, we're all done")
```

Hier wird die aufzurufende Funktion nur definiert. Sobald dieser Code ausgewertet ist, können wir die Funktion zu jeder beliebigen Zeit über ihren Namen, bark, aufrufen.

Es folgt ein Aufruf der bark-Funktion.

Nach der Definition der Funktion sieht der Interpreter einen Funktionsaufruf. Hier wird `bark` mit zwei Argumenten aufgerufen: dem String 'Codie' und der Zahl 40.

Der Interpreter holt sich die Funktionsdefinition mit dem Namen `bark` (»bellen«) aus dem Arbeitsspeicher und weist ihr die *Parameter* `name` und `weight` zu.

Jetzt können wir die Funktion aufrufen.

```
print('Get those dogs ready')

def bark(name, weight):
    if weight > 20:
        print(name, 'says WOOF WOOF')
    else:
        print(name, 'says woof woof')

bark('Codie', 40)

print("Okay, we're all done")
```

Hier übergeben wir zwei Argumente: 'Codie' und 40 ...

```
bark('Codie', 40)
```

'Codie'   40

```
def function bark(name, weight)
  ...
```

... die den Parametern name und weight zugewiesen werden.

Stellen Sie sich `name` (Name) und `weight` (Gewicht) als brandneue Variablen vor, die nur existieren, solange der Funktionskörper ausgeführt wird. Über sie kann an beliebiger Stelle im Funktionskörper auf die Argumente zugegriffen werden.

Sind die Parameter bereit, beginnt der Interpreter, den Code von `bark` auszuführen.

Jetzt führen wir den Funktionskörper aus. Hierbei muss man beachten, dass der Programmfluss vom Aufruf der `bark`-Funktion zum Körper der `bark`-Funktion übergeht. Wir bewegen uns nicht länger von Codezeile zu Codezeile, sondern springen in den Code des Funktionskörpers. Vergessen Sie das nicht!

Im Funktionskörper wird zuerst getestet, ob der Wert des Parameters `weight` größer als 20 ist. Da der Wert 40 übergeben wurde, ist die Bedingung wahr (True), und der passende Codeblock wird ausgeführt.

Der Codeblock der Bedingung gibt den Wert des Parameters `name` ('Codie') und dann ein großes 'WOOF WOOF' aus.

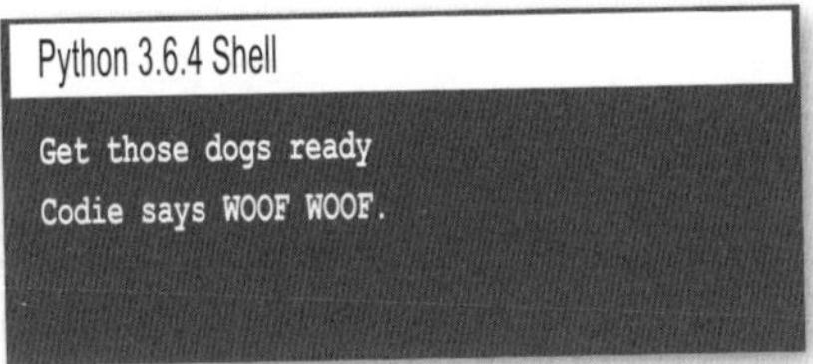

Hinter den Kulissen

Sobald die Werte Ihrer Argumente den einzelnen Parametern zugewiesen sind, beginnt die Ausführung des Funktionskörpers.

```
print('Get those dogs ready')

def bark(name, weight):
    if weight > 20:
        print(name, 'says WOOF WOOF')
    else:
        print(name, 'says woof woof')

bark('Codie', 40)

print("Okay, we're all done")
```

Damit ist die Ausführung des Codes im »Körper« der `bark`-Funktion abgeschlossen. Und jetzt? Ist die Funktion zu Ende ausgeführt, kehrt die Kontrolle des Programms an die Stelle zurück, an der die Funktion aufgerufen wurde, und der Interpreter macht dort mit der Ausführung weiter.

```
print('Get those dogs ready')

def bark(name, weight):
    if weight > 20:
        print(name, 'says WOOF WOOF')
    else:
        print(name, 'says woof woof')

bark('Codie', 40)

print("Okay, we're all done")
```

Nach dem Ende des Aufrufs von bark macht der Interpreter im Hauptprogramm direkt nach dem Aufruf der Funktion hier weiter.

Ist der Funktionsaufruf beendet, fährt der Interpreter mit der Ausführung des Hauptprogramms an der Stelle fort, an der die Funktion aufgerufen wurde.

Hinter den Kulissen

Jetzt führen wir den Code nach dem Funktionsaufruf aus. Wenn wir vom Aufruf der `bark`-Funktion zurückkehren, bleibt nur noch die `print`-Anweisung, die »`Okay, we're all done`« auf der Python-Shell ausgibt.

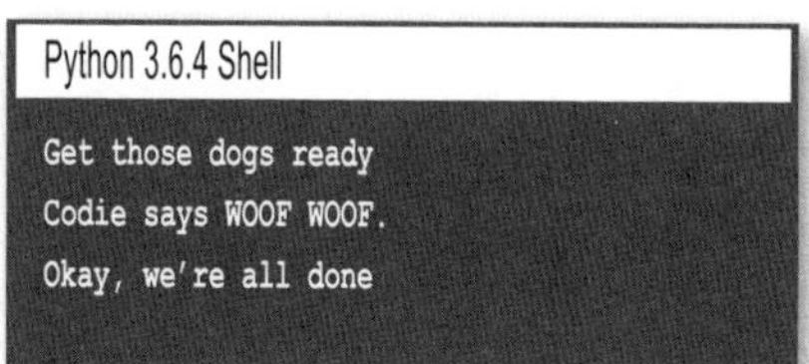


```
print('Get those dogs ready')

def bark(name, weight):
    if weight > 20:
        print(name, 'says WOOF WOOF')
    else:
        print(name, 'says woof woof')

bark('Codie', 40)

print("Okay, we're all done")
```

Schließlich erreichen wir die letzte Zeile unseres Programms.

Probefahrt

Das sind ziemlich viele Informationen auf einmal. Atmen Sie tief durch und speichern Sie diesen Code in einer Datei namens *bark.py*. Dann wählen Sie den Menübefehl **Run > Run Module**, um zu überprüfen, ob alles richtig funktioniert. Hier ist der Code:

Schreiben Sie diesen Code in Ihre Datei.

```
def bark(name, weight):
    if weight > 20:
        print(name, 'says WOOF WOOF')
    else:
        print(name, 'says woof woof')

bark('Codie', 40)
bark('Sparky', 9)
bark('Jackson', 12)
bark('Fido', 65)
```

WOW, sehen Sie mal, wie viel lesbarer und klarer der Code jetzt ist!

Python 3.6.4 Shell

```
Codie says WOOF WOOF
Sparky says woof woof
Jackson says woof woof
Fido says WOOF WOOF
>>>
```

Diese Ausgaben haben wir beim Testen des Codes erhalten.

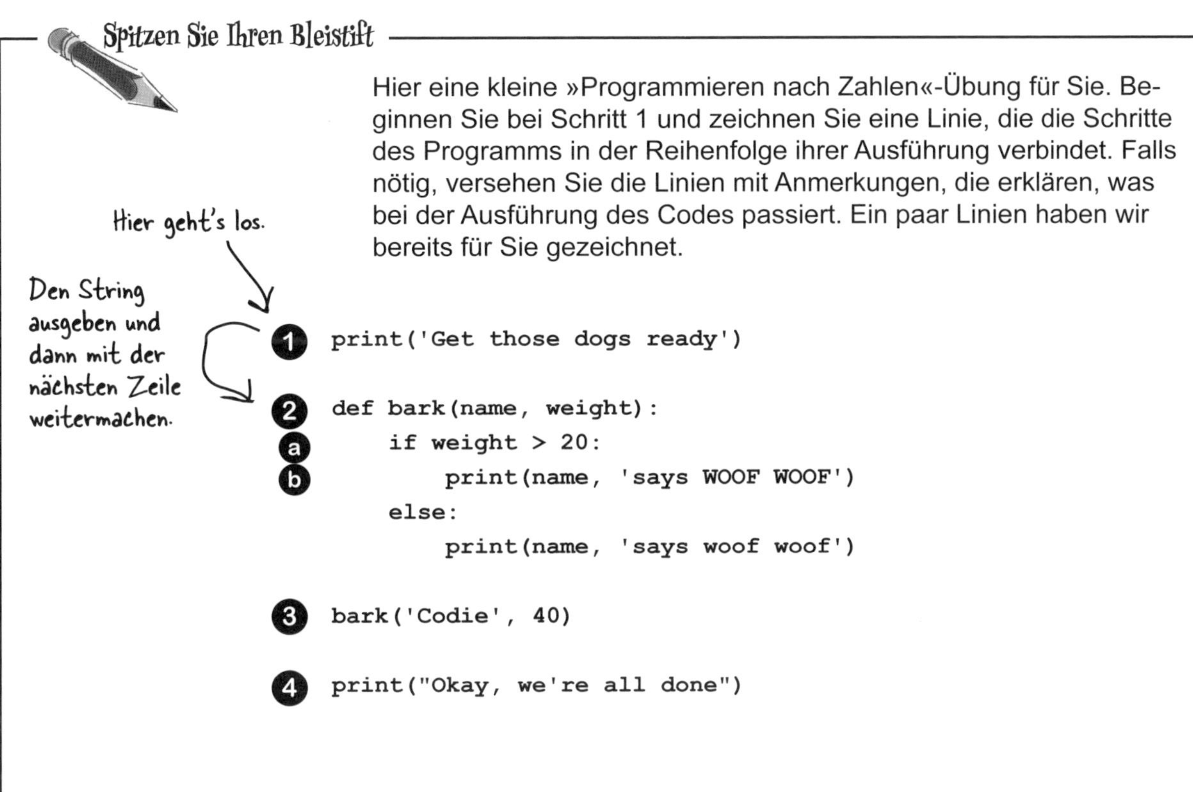

Spitzen Sie Ihren Bleistift

Hier eine kleine »Programmieren nach Zahlen«-Übung für Sie. Beginnen Sie bei Schritt 1 und zeichnen Sie eine Linie, die die Schritte des Programms in der Reihenfolge ihrer Ausführung verbindet. Falls nötig, versehen Sie die Linien mit Anmerkungen, die erklären, was bei der Ausführung des Codes passiert. Ein paar Linien haben wir bereits für Sie gezeichnet.

```
1  print('Get those dogs ready')

2  def bark(name, weight):
a      if weight > 20:
b          print(name, 'says WOOF WOOF')
       else:
           print(name, 'says woof woof')

3  bark('Codie', 40)

4  print("Okay, we're all done")
```

Spitzen Sie Ihren Bleistift

Unten sehen Sie weitere Aufrufe der `bark`-Funktion. Schreiben Sie neben jeden Aufruf, welche Ausgaben hier Ihrer Meinung nach zu erwarten sind oder ob der Code möglicherweise einen Fehler auslöst. Überprüfen Sie Ihre Antwort am Ende des Kapitels, bevor Sie weiterlesen.

```
bark('Speedy', 20)      ______________________

bark('Barnaby', -1)     ______________________

bark('Scottie', 0, 0)   ______________________

bark('Lady', "20")      ______________________

bark('Spot', 10)        ______________________

bark('Rover', 21)       ______________________
```

Schreiben Sie auf, was die Shell Ihrer Meinung nach ausgibt.

Hmm, irgendeine Idee, was hier passiert?

Haben Sie nicht gesagt, dass wir etwas über Abstraktion lernen? Bisher scheint es nur um Funktionen zu gehen.

Mit Funktionen können Sie Ihren Code abstrahieren. Vergessen Sie nicht das erste Hunde-Beispiel dieses Kapitels. Es enthielt eine Menge unordentlichen Code, und zumindest am Anfang war es nicht einfach, seinen Sinn zu verstehen. Nach ein paar Untersuchungen war jedoch klar, dass wir den Hunden das Bellen beibringen wollten. Dabei sollte auf die Größe der Hunde eingegangen werden – »WOOF WOOF« für große Hunde und »woof woof« für kleine.

Also haben wir den Code für das Bellen aus dem Hauptprogramm entfernt und in eine Funktion abstrahiert. Danach konnten wir einfach schreiben:

```
bark('Codie', 40)
```

Wir mussten uns nicht länger darum kümmern, *wie* der Code das Bellen erledigt (vor der Funktion mussten wir auf jeden Fall einzeln eingehen). Jetzt müssen wir die `bark`-Funktion nur *benutzen*. Wenn Sie in zwei Monaten weitere Hunde zum Bellen bringen müssen, können Sie diese Funktion einfach wiederverwenden, ohne ihre Funktionsweise genau kennen zu müssen. Dadurch können Sie sich darauf konzentrieren, was Sie programmieren (vielleicht einen Simulator für Hundeausstellungen) und nicht auf die darunterliegenden Details wie das Bellen.

Sie oder auch einer Ihrer Mitarbeiter.

Wir nehmen den Code und abstrahieren ihn in eine Funktion, um diese Abstraktion dann im Code zu nutzen.

Code-Magneten

Dieser Code ist an der Kühlschranktür durcheinandergeraten. Können Sie die Codeschnipsel wieder so zusammensetzen, dass ein funktionierendes Programm entsteht und die unten stehenden Ausgaben erzeugt? Aber Vorsicht! Es gibt etwas Extracode. Sie werden also nicht alle Magneten brauchen. Überprüfen Sie Ihre Antwort am Ende des Kapitels.

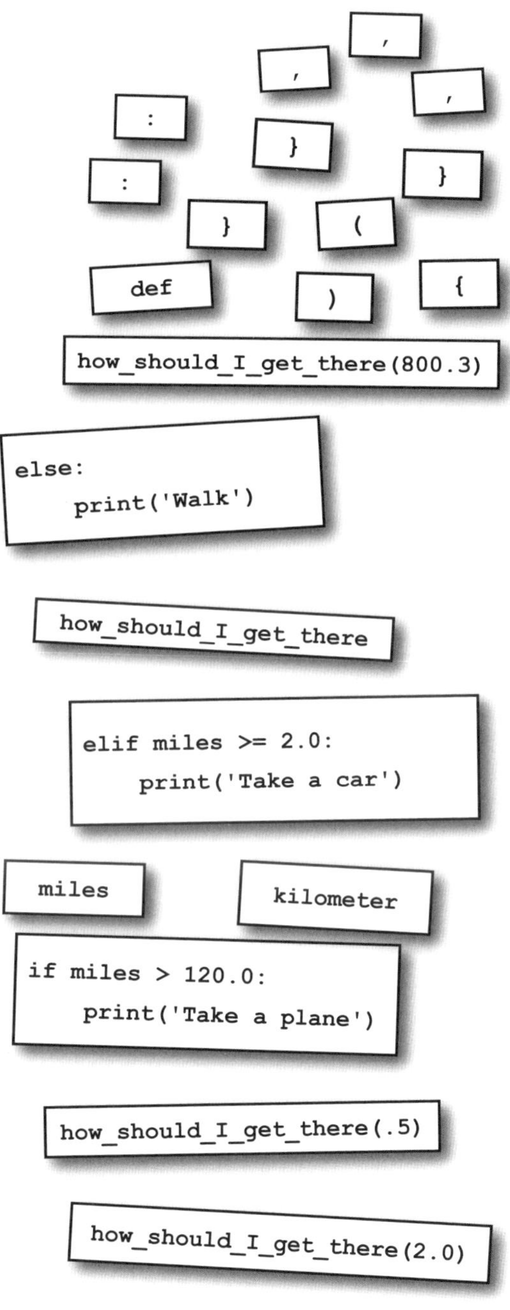

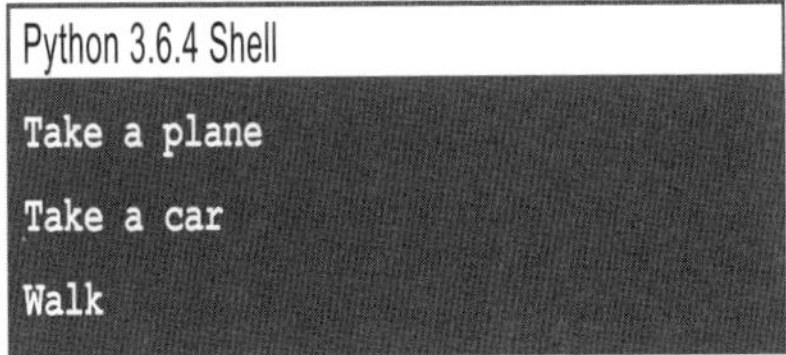

Es gibt keine Dummen Fragen

F: Muss ich meine Funktionen vor dem Aufruf im Code definieren, oder kann ich sie auch erst am Ende der Datei definieren?

A: Ja, Sie müssen Funktionen definieren, *bevor* sie im Code verwendet werden. Angenommen, wir haben die zwei Funktionen f1 und f2. f1 ruft f2 in ihrem Funktionskörper auf. In diesem Fall kann f2 in Ihrem Code nach f1 definiert werden, solange f1 nicht vor f2 aufgerufen wird. Das funktioniert, weil die Definition des Funktionskörpers von f1 den Code von f2 nicht aufruft. Das geschieht erst beim Aufruf von f1. Wir empfehlen Ihnen, Ihre Funktionen zur besseren Organisation und für mehr Klarheit am Anfang der Datei zu definieren.

F: Welche Art von Werten kann ich an eine Funktion übergeben?

A: In Python können Sie sämtliche bereits bekannten Datentypen (und die, die Sie noch kennenlernen *werden*) an eine Funktion übergeben: boolesche Werte, Strings, Zahlen und Listen. Ob Sie's glauben oder nicht: Sie können einer Funktion sogar eine andere Funktion übergeben. Warum das sinnvoll sein kann, werden wir später im Anhang dieses Buchs erklären.

F: Sorry, ich habe den Unterschied zwischen Parametern und Argumenten noch nicht ganz verstanden.

A: Nicht zu viel darüber nachdenken! Beides sind Begriffe für einfache Dinge. Argumente sind die Werte, die Sie einer Funktion beim Aufruf übergeben. Parameter sind Teil der Funktionsdefinition und werden mit den übergebenen Argumenten initialisiert.

F: Was passiert, wenn ich die Reihenfolge meiner Argumente durcheinanderbringe und die Parameter die falschen Argumente erhalten?

A: Dann haben Sie Pech und erhalten unter Garantie entweder einen Laufzeitfehler oder zumindest Code, der sich seltsam verhält. Daher sollten Sie Ihre Funktionsparameter sorgfältig prüfen, um genau zu wissen, welche Argumente die Funktion in welcher Reihenfolge erwartet. Allerdings gibt es weitere Möglichkeiten, Argumente zu übergeben, die wir uns noch vor Ende dieses Kapitels ansehen werden.

F: Welche Regeln gibt es für die Namen von Funktionen?

A: Bei der Benennung von Funktionen gelten die gleichen Regeln wie bei den Variablen (siehe Kapitel 2): Beginnen Sie den Namen mit einem Unterstrich oder einem Buchstaben. Danach können beliebige Buchstaben, Unterstriche oder Zahlen folgen. Die meisten Python-Programmierer schreiben ihre Funktionsnamen üblicherweise komplett in Kleinbuchstaben und trennen einzelne Wörter mit Unterstrichen, z. B. **name_auslesen** oder **musik_machen**.

F: Können Funktionen sich gegenseitig aufrufen?

A: Ja. Das passiert ständig, zum Beispiel wenn Sie die **print**-Funktion innerhalb der **bark**-Funktion benutzen. Ihre eigenen Funktionen machen da keinen Unterschied. Auch sie können von anderen Funktionen aufgerufen werden.

Funktionen können auch Dinge ZURÜCKGEBEN

Bis jetzt haben Sie nur *Dinge an eine Funktion übergeben*. Sie wissen, wie man eine Funktion aufruft und ihr Argumente übergibt. Aber Sie können auch *Dinge aus der Funktion zurückgeben*, und zwar mit der `return`-Anweisung.

Diese neue Funktion namens get_bark gibt je nach Gewicht des Hundes das passende Geräusch zurück.

```
def get_bark(weight):
    if weight > 20:
        return 'WOOF WOOF'
    else:
        return 'woof woof'
```

Ist das Gewicht größer als 20, geben wir den String 'WOOF WOOF' zurück.

Ansonsten geben wir den String 'woof woof' zurück.

Eine Funktion kann beliebig viele return-Anweisungen enthalten …

… aber nur eine wird ausgeführt, denn direkt nach der return-Anweisung kehrt der Code aus der Funktion zurück.

Funktionen mit Rückgabewerten aufrufen

Jetzt haben wir eine Funktion mit dem Namen `get_bark`, der wir das Gewicht unseres Hundes übergeben müssen, damit sie das passende Bellen für diesen Hund zurückgibt. Sehen wir einmal, wie das geht:

Die Funktion wird aufgerufen wie jede andere Funktion auch. Der einzige Unterschied ist, dass sie einen Wert zurückgibt, den wir hier der Variablen codies_bark zuweisen.

```
codies_bark = get_bark(40)
print("Codie's bark is", codies_bark)
```

Spitzen Sie Ihren Bleistift

Hier eine kleine Übung, um die Rückgabewerte besser zu verinnerlichen. Berechnen Sie die Rückgabewerte der einzelnen Funktionsaufrufe.

```
def make_greeting(name):
    return 'Hi ' + name + '!'
```

```
def compute(x, y):
    total = x + y
    if (total > 10):
        total = 10
    return total
```

```
def allow_access(person):
    if person == 'Dr Evil':
        answer = True
    else:
        answer = False

    return answer
```

Auf der vorigen Seite definiert.

Notieren Sie hier, was die einzelnen Aufrufe zurückgeben.

`get_bark(20)` ____________________

`make_greeting('Speedy')` ____________________

`compute(2, 3)` ____________________

`compute(11, 3)` ____________________

`allow_access('Codie')` ____________________

`allow_access('Dr Evil')` ____________________

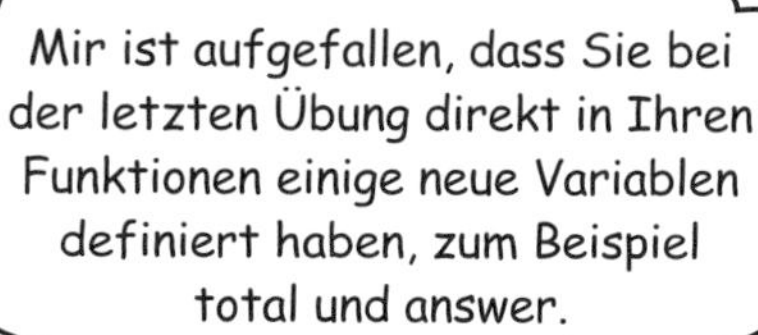

Gut gesehen.

Das haben wir tatsächlich. Sie können direkt in Ihrer Funktion neue Variablen deklarieren, wie gerade gezeigt. Variablen können praktisch sein, um etwa ein Zwischenergebnis zu speichern, das später in der Funktion noch gebraucht wird. Diese Variablen nennen wir *lokale Variablen*, weil sie nur innerhalb der Funktion und nur so lange existieren wie die Funktion selbst. Globale Variablen, die wir bisher ausschließlich benutzt haben, existieren dagegen so lange wie Ihr Programm.

Aber warten Sie noch einen Moment. Mit Blick auf Ihr bisheriges Wissen zu Funktionen, Parametern, Rückgabewerten und so weiter haben wir gerade eine Anfrage erhalten, beim »Refaktorieren« eines Programms zu helfen. Einer Chance, richtig zu programmieren, gehen wir natürlich nie aus dem Weg. Daher kümmern wir uns zunächst um diese Aufgabe, bevor wir uns erneut mit Variablen (lokalen, globalen und anderen) und ein paar weiteren Dingen befassen.

Ein bisschen Refaktorierung zwischendurch

Ein neues Start-up um die Ecke hat etwas Code geschrieben, der den Benutzern bei der Auswahl eines Avatars helfen soll, einer virtuellen Darstellung ihrer selbst – ob nun echt oder ausgedacht. Sie stehen noch am Anfang: Bisher fragt der Code die Benutzer nach ihren Vorlieben für Haarfarbe (hair), Augenfarbe (eyes), Geschlecht (gender) und so weiter. Sobald alles funktioniert, soll daraus ein Avatar-Bild für die Benutzer erzeugt werden.

Allerdings scheint der Code schon jetzt ziemlich kompliziert für so eine einfache Aufgabe zu sein. Den aktuellen Code sehen Sie unten. Durch Standardwerte sollte den Benutzern die Auswahl erleichtert werden. Sie können entweder einen Wert eingeben oder einfach die Enter-Taste drücken, um den Standardwert zu übernehmen.

Wir fordern den Benutzer auf, die einzelnen Attribute des Avatars einzugeben, und definieren zudem eine Standardauswahl wie z. B. braune Haare ('brown').

```
hair = input("What color hair [brown]? ")
if hair == '':
    hair = 'brown'
print('You chose', hair)

hair_length = input("What hair length [short]? ")
if hair_length == '':
    hair_length = 'short'
print('You chose', hair_length)

eyes = input("What eye color [blue]? ")
if eyes == '':
    eyes = 'blue'
print('You chose', eyes)

gender = input("What gender [female]? ")
if gender == '':
    gender = 'female'
print('You chose', gender)

has_glasses = input("Has glasses [no]? ")
if has_glasses == '':
    has_glasses = 'no'
print('You chose', has_glasses)

has_beard = input("Has beard [no]? ")
if has_beard == '':
    has_beard = 'no'
print('You chose', has_beard)
```

Drückt der Benutzer die Enter-Taste, weisen wir der Variablen den Standardwert zu. Ansonsten benutzen wir die Eingabe.

Außerdem geben wir die Wahl des Benutzers aus.

Das wiederholen wir für jedes Attribut.

Den Code ausführen

Gehen wir den bisherigen Code zum besseren Verständnis noch einmal durch. Vorher sollten Sie den Code ein bisschen studieren, damit Sie zumindest einen Überblick haben.

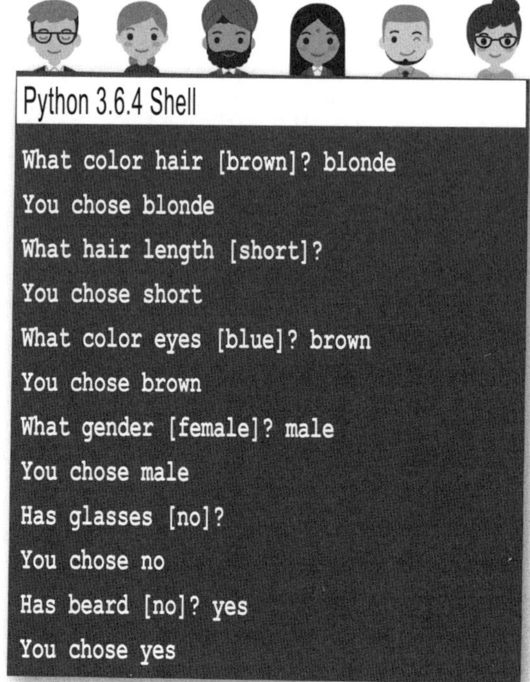

Das Programm fordert uns auf, die einzelnen Attribute einzugeben. Entweder geben wir selbst ein Attribut ein, oder wir akzeptieren den Standardwert (z. B. kurze Haare und keine Brille), indem wir einfach die Enter-Taste drücken.

Jedes Attribut wird vom Programm durch eine entsprechende Ausgabe bestätigt.

Offensichtlich braucht unser Avatar-Code eine Portion Abstrahierung. Nutzen Sie den freien Platz unten auf dieser Seite, um zu notieren, warum dieser Code Ihrer Meinung nach in eine oder mehrere Funktionen abstrahiert werden sollte und wie die Funktionsaufrufe aussehen könnten. Danach machen wir gemeinsam auf der nächsten Seite weiter (versuchen Sie es trotzdem zuerst alleine!).

Den Avatar-Code abstrahieren

Nachdem Sie sich Ihre eigenen Gedanken gemacht haben, wollen wir einen Blick auf die Gemeinsamkeiten im Code werfen, die wir in eine Funktion auslagern, d. h. abstrahieren können:

Für jedes Attribut fordern wir den Benutzer zur Eingabe auf und werten dann seine Antwort aus.

Bei jedem Aufruf wird eine andere Frage gestellt.

Es gibt verschiedene Standardwerte, wie brown (braune Haare), short (kurze Haare) oder blue (blaue Augen).

```
hair = input("What color hair [brown]? ")
if hair == '':
    hair = 'brown'
print('You chose', hair)

hair_length = input("What hair length [short]? ")
if hair_length == '':
    hair_length = 'short'
print('You chose', hair_length)

eyes = input("What eye color [blue]? ")
if eyes == '':
    eyes = 'blue'
print('You chose', eyes)

    .
    .
    .
```

Und genau das Gleiche tun wir für alle Attribute.

Um etwas Papier zu sparen, zeigen wir hier nur den Code für drei Attribute.

Außerdem geben wir dem Benutzer das Attribut aus.

Jedes Attribut wird außerdem einer Variablen wie hair oder eyes zugewiesen.

Zwei Dinge unterscheiden sich in jedem Codestück: die Frage und der Standardwert. Das werden unsere Parameter, da sie bei jedem Funktionsaufruf unterschiedlich sind. Lassen Sie uns damit beginnen:

Wir rufen unsere Funktion get_attribute einmal auf.

```
def get_attribute(question, default):
```

Dann benutzen wir zwei Parameter: question für die zu stellende Frage (z. B. »What color hair«) und default für den Standardwert (z. B. »brown«).

Den Körper der get_attribute-Funktion schreiben

Jetzt wollen wir uns mit dem Funktionskörper beschäftigen. Basierend auf dem Originalcode müssen wir zuerst einen String erzeugen, der als Frage dient, die wir als Eingabeaufforderung benutzen können. Die Eingabe können wir dann weiterverarbeiten.

```
def get_attribute(query, default):
    question = query + ' [' + default + ']? '
    answer = input(question)
```

Hier bauen wir die Frage an den Benutzer zusammen, indem wir den query-Parameter mit dem Standardwert verketten. Der String wird wie im vorigen Code formatiert.

Danach fordern wir den Benutzer zur Eingabe auf, lesen diese aus und weisen sie der Variablen answer zu.

Wie beim vorherigen Code müssen wir überprüfen, ob der Benutzer durch Drücken der Enter-Taste den Standardwert gewählt hat (in diesem Fall ist die Antwort ein leerer String). Danach können wir die Auswahl ausgeben:

```
def get_attribute(query, default):
    question = query + ' [' + default + ']? '
    answer = input(question)
    if (answer == ''):
        answer = default
    print('You chose', answer)
```

Die Antwort mit dem leeren String vergleichen. Ist sie leer, weisen wir ihr den Standardwert zu.

Jetzt bleibt nur noch eins zu tun: Wir müssen die Antwort an den Code zurückgeben, der `get_attribute` aufgerufen hat. Und dafür benutzen wir natürlich eine `return`-Anweisung:

```
def get_attribute(query, default):
    question = query + ' [' + default + ']? '
    answer = input(question)
    if (answer == ''):
        answer = default
    print('You chose', answer)
    return answer
```

Wir haben die Antwort vom Benutzer. Jetzt müssen wir sie nur noch zurückgeben.

get_attribute aufrufen

Schließlich müssen wir noch für die einzelnen Attribute einen Aufruf der `get_attribute`-Funktion schreiben.

```
def get_attribute(query, default):
    question = query + ' [' + default + ']? '
    answer = input(question)
    if (answer == ''):
        answer = default
    print('You chose', answer)
    return answer

hair = get_attribute('What hair color', 'brown')
hair_length = get_attribute('What hair length', 'short')
eye = get_attribute('What eye color', 'blue')
gender = get_attribute('What gender', 'female')
glasses = get_attribute('Has glasses', 'no')
beard = get_attribute('Has beard', 'no')
```

Wir haben für alle ursprünglichen Attribute einen Aufruf von get_attribute eingebaut.

Probefahrt

Speichern Sie den oben stehenden Code in einer Datei namens *avatar.py*. Danach können Sie den neuen Avatar-Code über den Menübefehl **Run > Run Module** testen.

Sehen Sie sich den oben stehenden Code noch einmal an. Er ist jetzt wesentlich kürzer und besser verständlich! Außerdem ist er nun viel besser zu warten, falls Sie in Zukunft noch etwas ändern müssen.

Sieht genauso aus wie vor dem Umbau.

Ernsthaftes Coden

Gute Programmierer arbeiten standardmäßig daran, ihren Code kürzer und lesbarer zu machen und ihn besser zu strukturieren. Dieses Vorgehen wird als ***Refaktorierung*** bezeichnet.

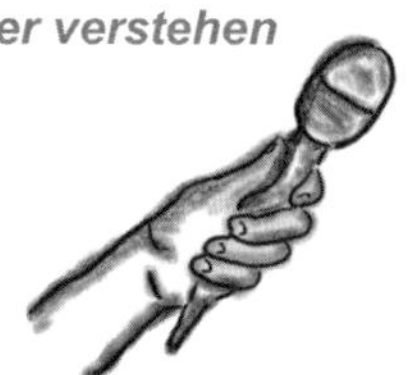

Funktionen im Rampenlicht

Diese Woche: Gespräch mit einer lokalen Variablen

Von Kopf bis Fuß: Willkommen, lokale Variable. Wir freuen uns, Sie hier zu haben.

Lokale Variable: Freut mich auch.

Von Kopf bis Fuß: Wir kennen Sie eigentlich kaum. Können Sie uns ein bisschen über sich erzählen?

Lokale Variable: Haben Sie schon mal eine Variable in einer Funktion deklariert? Das bin ich.

Von Kopf bis Fuß: Und wie unterscheidet sich das von der Deklaration anderer Variablen?

Lokale Variable: Ich werde *ausschließlich* im Körper einer Funktion benutzt. Sie können mich nur dort verwenden!

Von Kopf bis Fuß: Was soll das heißen?

Lokale Variable: Stellen Sie sich vor, Sie schreiben eine Funktion und brauchen eine Variable, um etwas zu speichern, das in der Funktion berechnet wird. Nennen wir sie `position`. Sie können `position` an einem beliebigen Ort im Funktionskörper definieren. Die Variable erwacht aber erst beim Aufruf der Funktion zum Leben und lebt nur während der Ausführung der Funktion. Sobald die Funktion beendet wird, verschwindet auch die Variable wieder.

Von Kopf bis Fuß: Und was passiert, wenn die Funktion erneut aufgerufen wird?

Lokale Variable: Dann bekommen Sie eine neue lokale Variable mit dem Namen `position`, die so lange existiert, wie der Funktionsaufruf dauert, und dann wieder verschwindet.

Von Kopf bis Fuß: Aber wofür sind Sie dann nützlich, wenn Sie nur kurz da sind und immer gleich verschwinden, wenn die Funktion beendet wird?

Lokale Variable: Oh, ich bin sehr, sehr nützlich. Manchmal müssen in einer Funktion temporäre Ergebnisse einer Berechnung gespeichert werden. Das kann ich erledigen. Und wenn die Funktion fertig ist, kümmere ich mich ums Aufräumen, und Sie müssen sich keine Sorgen darum machen, dass ich Ihr Programm unnötig aufblähe.

Von Kopf bis Fuß: Ich glaube, unser Publikum weiß es noch nicht, aber wir hatten neulich auch die Parameter zum Interview da. Wie unterscheiden Sie sich voneinander?

Lokale Variable: Oh, Parameter! Die sind für mich wie Geschwister. Parameter sind eigentlich auch lokale Variablen – allerdings ganz besondere. Sie werden beim Funktionsaufruf bereitgestellt. Grundsätzlich entspricht jeder Parameter einem Argument, das der Funktion übergeben wird. Und wie lokale Variablen stehen die Parameter im gesamten Funktionskörper zur Verfügung und verschwinden wieder, sobald die Funktion beendet wird.

Von Kopf bis Fuß: Ach! Ich wusste gar nicht, dass Sie sich kennen. Da fällt mir eine weitere Gesprächspartnerin ein: die globale Variable.

Lokale Variable: Ja ja. Völlig überbewertet, wenn Sie mich fragen. Eine echte Nervensäge.

Von Kopf bis Fuß: Wie meinen?

Lokale Variable: Eine globale Variable ist eine Variable, die außerhalb einer Funktion deklariert wird. Sie hat einen globalen Geltungsbereich.

Von Kopf bis Fuß: Geltungsdrang?

Lokale Variable: Nein, Geltungsbereich. Das ist die Definition dazu, wo Ihre Variablen im Code sicht- und benutzbar sind – der Bereich des Programms, in dem Sie auf die Variable zugreifen und ihren Wert lesen oder verändern können. Eine globale Variable ist überall im Code sichtbar.

Von Kopf bis Fuß: Und? Wie groß ist Ihr Geltungsdrang – Verzeihung! – Geltungsbereich?

Lokale Variable: Wie bereits gesagt: nur im Funktionskörper, genau wie bei den Parametern.

Von Kopf bis Fuß: Ja und wo liegt denn das Problem, dass globale Variablen einen globalen Geltungsbereich haben?

Lokale Variable: Es wird nicht als gute Designentscheidung betrachtet, viele globale Variablen einzusetzen.

Von Kopf bis Fuß: Also für mich klingt ihre Benutzung aber ganz bequem.

Lokale Variable: Ich glaube, Ihre Leser werden später mehr darüber erfahren. Gerade in großen Programmen können globale Variablen leicht zu Problemen führen.

Von Kopf bis Fuß: Vielleicht können wir Sie und die globalen Variablen einmal zu einem Kamingespräch überreden?

Lokale Variable: Ich kann es kaum erwarten.

Was gibt dieser Code aus? Sind Sie sicher? Vielleicht sollten Sie den Code testen. Wie lautet Ihr Ergebnis? Entspricht es Ihren Erwartungen?

```
def drink_me(param):
    msg = 'Drinking ' + param + ' glass'
    print(msg)
    param = 'empty'

glass = 'full'
drink_me(glass)
print('The glass is', glass)
```

Denken Sie nicht einmal daran, diese Übung zu überspringen!

Wir sollten noch etwas mehr über Variablen sprechen ...

Offensichtlich gibt es bei Variablen mehr zu tun, als sie zu deklarieren, ihnen Werte zuzuweisen und sie zu verändern. Im Zusammenhang mit Funktionen haben wir eine Reihe neuer Konzepte kennengelernt, wie lokale und globale Variablen – nicht zu vergessen die Parameter, die sich wie lokale Variablen verhalten (außer dass sie beim Aufruf der Funktion automatisch für uns bereitgestellt werden). Und dann gibt es da noch das Konzept des Geltungsbereichs.

Sorgen Sie dafür, dass wir jeden Variablentyp erkennen können. Versehen Sie Ihren Code mit Anmerkungen, indem Sie lokale und globale Variablen sowie mögliche Parameter kennzeichnen. Überprüfen Sie Ihre Antworten am Ende des Kapitels.

```
def drink_me(param):
    msg = 'Drinking ' + param + ' glass'
    print(msg)
    param = 'empty'

glass = 'full'
drink_me(glass)
print('The glass is', glass)
```

Den Geltungsbereich von Variablen verstehen

Der Begriff *Geltungsbereich* beschreibt, wo eine Variable sichtbar ist bzw. wo im Code darauf zugegriffen werden kann. Die Regeln sind ziemlich einfach:

- **Globale Variable**: Überall im Programm sichtbar, auch wenn es eine kleine Ausnahme gibt, die wir Ihnen sofort zeigen werden.
- **Lokale Variable**: Nur im Körper der Funktion sichtbar, in der sie deklariert wurde.
- **Parameter**: Nur im Körper der Funktion sichtbar, in der sie deklariert wurde.

Beachten Sie, dass lokale Variablen nur innerhalb von Funktionen erstellt werden.

Am besten sehen wir uns die Idee des lokalen Geltungsbereichs anhand eines bereits bekannten Codebeispiels an:

Die lokalen Variablen question und answer haben innerhalb der get_attribute-Funktion einen lokalen Geltungsbereich.

Die Parameter query und default haben innerhalb der get_attribute-Funktion ebenfalls einen lokalen Geltungsbereich.

```
def get_attribute(query, default):
    question = query + ' [' + default + ']? '
    answer = input(question)
    if (answer == ''):
        answer = default
    print('You chose', answer)
    return answer
```

Direkt vor dem Ende der Funktion geben wir den Wert in der lokalen Variablen answer zurück.

```
hair = get_attribute('What hair color', 'brown')
hair_length = get_attribute('What hair length', 'short')
eye = get_attribute('What eye color', 'blue')
gender = get_attribute('What gender', 'female')
glasses = get_attribute('Has glasses', 'no')
beard = get_attribute('Has beard', 'no')
```

Die Variablen hair (Haarfarbe), hair_length (Haarlänge), eye (Augenfarbe), gender (Geschlecht), glasses (Brille) und beard (Bart) sind ausnahmslos globale Variablen und daher überall im Code sichtbar.

Es gibt keine Dummen Fragen

F: Wie kann ich eine lokale Variable aus einer Funktion zurückgeben, wenn sie beim Beenden der Funktion gelöscht wird?

A: Wenn Sie aus einer Funktion eine lokale Variable zurückgeben, geben Sie *ihren Wert* zurück, nicht die Variable selbst. Stellen Sie sich das so vor: Bei einem Staffellauf geben Sie das Staffelholz (den Wert) und nicht sich selbst (die Variable, die den Wert enthält) an den nächsten Läufer weiter. Solange der Wert zurückgegeben wird, gibt es kein Problem, wenn die Funktion beendet und die lokale Variable entfernt wird (weil der Wert selbst weiterbesteht).

Das Gleiche gilt für lokale Variablen, sie können globale Variablen innerhalb der Funktion maskieren.

F: Was passiert, wenn ich einem Parameter den gleichen Namen gebe wie einer globalen Variablen? Ist das überhaupt erlaubt?

A: Das ist erlaubt. Allerdings beziehen sich innerhalb der Funktion alle Referenzen auf die lokale Version der Variablen (bzw. den Parameter), nicht auf die globale Variable. Es kann also sein, dass eine bestimmte globale Variable innerhalb der Funktion nicht sichtbar ist. Wenn das passiert, sagen wir, die globale Variable wird *maskiert* (weil die lokale Variable/der Parameter die globale Variable innerhalb der Funktion verdeckt). Das geschieht recht häufig und muss nicht unbedingt vermieden werden, solange Ihr Code gut strukturiert ist. Wenn ein Parametername sinnvoll erscheint, benutzen Sie ihn. Im Funktionskörper sollten Sie sowieso keine globalen Variablen benutzen (dazu später mehr).

F: Ich verstehe, warum es sinnvoll ist, dass lokale Variablen temporäre Dinge enthalten, die wir innerhalb der Funktion berechnen, aber wofür brauchen wir dann noch Parameter? Können wir nicht einfach globale Variablen benutzen, die die benötigten Werte enthalten?

A: Das ist technisch durchaus möglich. Allerdings würde das schnell zu Code führen, der fehleranfällig und schwer verständlich wäre. Durch die Verwendung von Parametern sind wir nicht darauf angewiesen, bestimmte globale Variablen einzusetzen. Stattdessen sind sie parametrisiert, wodurch der aufrufende Code weiß, welche Argumente an die Funktion übergeben werden müssen.

Nehmen Sie zum Beispiel unsere bark-Funktion. Wie würden Sie bei der Verwendung globaler Variablen die Hunde bellen lassen?

Wenn Variablen an Funktionen übergeben werden ...

Wundern Sie sich immer noch über den `drink_me`-Code? Oder fragen Sie sich, warum das Glas nicht geleert wurde? Die meisten Leute tun das. Das hat damit zu tun, wie Variablen und Werte behandelt werden, nachdem sie einer Funktion übergeben wurden. Sehen wir uns das mal an:

Spoiler-Alarm: Hier ist die Ausgabe des drink_me-Codes.

```
Python 3.6.4 Shell
Drinking full glass
The glass is full
>>>
```

Hier sehen Sie noch einmal unseren drink_me-Code. Gehen wir ihn noch einmal durch, um zu sehen, ob das Glas nach dem Aufruf von drink_me immer noch voll ist.

```
def drink_me(param):
    msg = 'Drinking ' + param + ' glass'
    print(msg)
    param = 'empty'
```

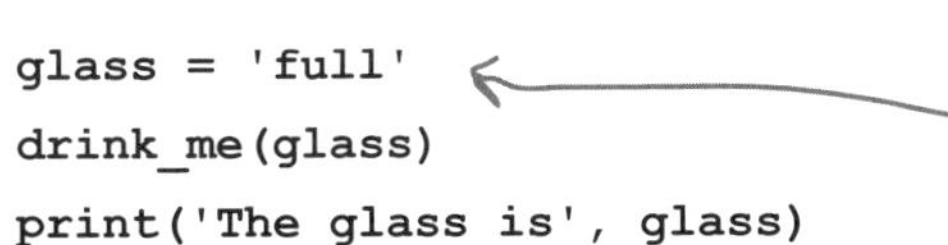

```
glass = 'full'
drink_me(glass)
print('The glass is', glass)
```

In diesem Code weisen wir der Variablen glass den Wert »full« zu, nachdem die Funktion definiert wurde.

Die drink_me-Funktion aufrufen

Jetzt wollen wir die `drink_me`-Funktion aufrufen, um zu sehen, was dabei mit unseren Variablen und Parametern passiert.

Beim Aufruf von drink_me wird der Wert des Arguments glass ausgewertet. Dabei wird der Wert 'full' übergeben und dem Parameter param zugewiesen.

```
def drink_me(param):
    msg = 'Drinking ' + param + ' glass'
    print(msg)
    param = 'empty'

glass = 'full'
drink_me(glass)
print('The glass is', glass)
```

Der Wert 'full' wird dem Parameter namens param zugewiesen.

Wissen Sie noch, wie wir in Kapitel 2 Variablen einen Wert zugewiesen haben (und Sie können sich einen Parameter durchaus wie eine Variable vorstellen)? Dabei haben wir einen Speicherort für den Wert geschaffen und diesen (in der Illustration als Becher dargestellt) mit dem Variablennamen »beschriftet«.

HINWEIS: Die Übergabe von Argumenten ist in Python etwas komplexer, als hier dargestellt, besonders wenn es dabei um Objekte geht. Als Arbeitsmodell reicht uns dies aber im Moment völlig aus.

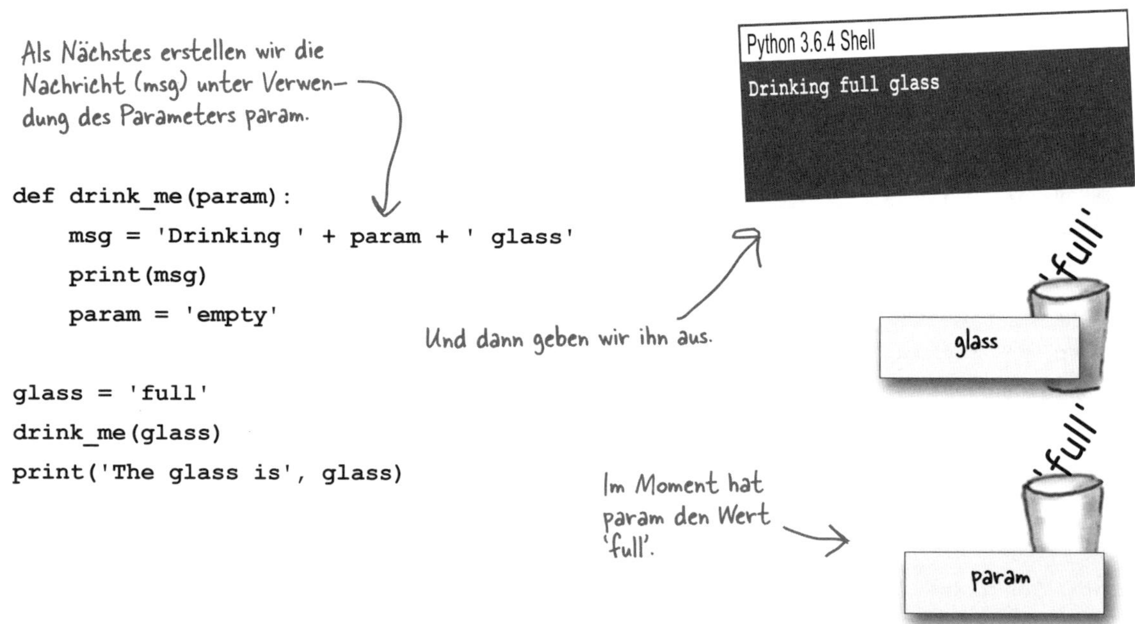

Hier kommt der wichtige Teil: Wir weisen param den Wert 'empty' zu.

Die Variable glass hat sich nicht verändert; sie bezieht sich immer noch auf den Wert 'full'.

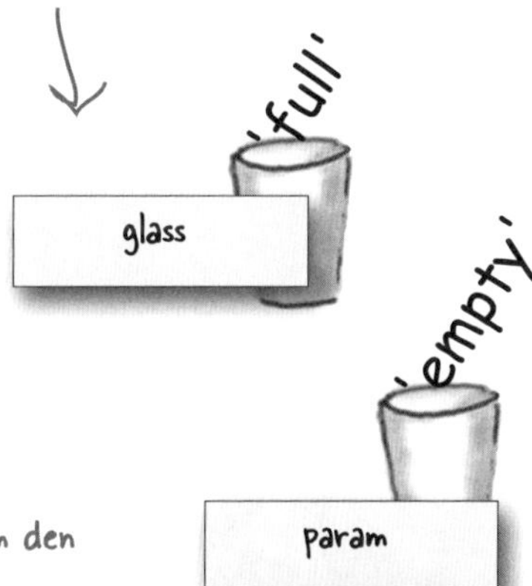


```
def drink_me(param):
    msg = 'Drinking ' + param + ' glass'
    print(msg)
    param = 'empty'

glass = 'full'
drink_me(glass)
print('The glass is', glass)
```

Jetzt hat param den Wert 'empty'.

Schließlich kehren wir von dem Funktionsaufruf von drink_me zurück und führen die print-Anweisung aus.

Unser Parameter param existiert nicht mehr, weil der Funktionsaufruf beendet wurde. So sad.

```
def drink_me(param):
    msg = 'Drinking ' + param + ' glass'
    print(msg)
    param = 'empty'

glass = 'full'
drink_me(glass)
print('The glass is', glass)
```

Auch hier hat sich die Variable glass nicht verändert. Sie bezieht sich immer noch auf den Wert 'full'.

Die print-Anweisung gibt den Wert der Variablen glass aus ('full').

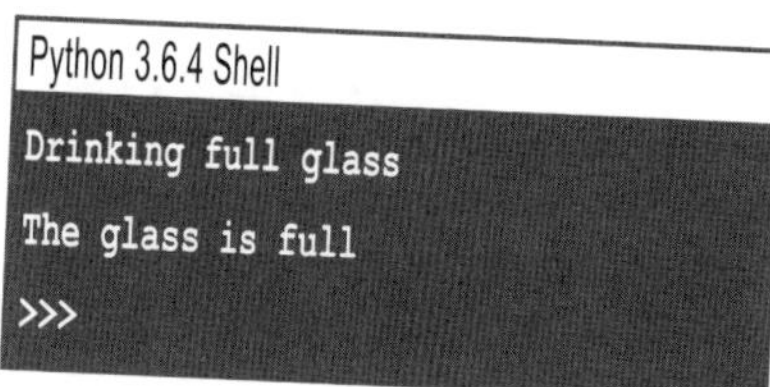

Genau! Programmierer sagen häufig: »Wenn ich die Variable `x` an die `mach_was`-Funktion übergebe …«, aber das ist nur Coder-Dialekt. Tatsächlich bedeutet es: »Wenn ich den *Wert der Variablen* `x` an die `mach_was`-Funktion übergebe …«. Stellen Sie sich das so vor: Bei einem Funktionsaufruf wird jedes Argument ausgewertet, *bevor* es an die Funktion übergeben wird. Das heißt:

```
x = 10
do_it('secret', 2.31, x)
```

Der String `'secret'` wird zu dem String `'secret'` ausgewertet und wird unverändert (die Profis nennen das »literal«) übergeben. Die Zahl `2.31` wird zur Fließkommazahl `2.31` ausgewertet und ebenfalls weitergereicht. Schließlich wird die Variable `x` zum Wert `10` ausgewertet, bevor dieser übergeben wird. Dabei weiß die Funktion nicht einmal, dass es eine Variable namens `x` überhaupt gibt. Sie erhält einfach den Wert `10` und weist ihn dem passenden Parameter zu.

Wenn wir uns mit Objekten beschäftigen, werden die Dinge noch etwas komplizierter. Aber im Augenblick reicht es, wenn Sie sich vorstellen, dass immer die Argumente und nicht die Variablen an Ihre Funktionen übergeben werden.

Was ist mit der Verwendung globaler Variablen in Funktionen?

Globale Variablen sind global, oder? Das heißt, sie sollten innerhalb und außerhalb von Funktionen sichtbar sein. Und so ist es auch. Um eine globale Variable innerhalb einer Python-Funktion zu benutzen, müssen wir Python dies aber über das Schlüsselwort `global` ausdrücklich mitteilen.

```
greeting = 'Greetings'

def greet(name, message):
    global greeting
    print(greeting, name + '.', message)

greet('June', 'See you soon!')
```

Eine globale Variable namens greeting erstellen.

Der Funktion mitteilen, dass wir eine globale Variable benutzen wollen …

… und sie benutzen.

```
Python 3.6.4 Shell
Greetings June. See you soon!
>>>
```

Wenn Sie wollen, können Sie den Wert einer globalen Variablen auch innerhalb Ihrer Funktion ändern:

```
greeting = 'Greetings'

def greet(name, message):
    global greeting
    greeting = 'Hi'
    print(greeting, name + '.', message)

greet('June', 'See you soon!')
print(greeting)
```

Den Wert der globalen Variablen greeting zu 'Hi' ändern.

Den Wert von greeting nach dem Aufruf von greet ausgeben.

```
Python 3.6.4 Shell
Hi June. See you soon!
Hi
>>>
```

Wir haben den Wert der globalen Variablen greeting innerhalb unserer Funktion zu 'Hi' geändert.

WUMM!

Aufgepasst

Gewöhnen Sie sich an, immer das Schlüsselwort `global` zu benutzen.

Das scheint recht einfach zu sein: Benutzen Sie einfach das Schlüsselwort `global`, um explizit zu sagen, dass eine globale Variable in einer Funktion verwendet werden soll. Aber passen Sie auf. Das hat schon vielen Programmierern vor Ihnen Ärger gemacht. Wenn Sie das Schlüsselwort `global` nicht benutzen, können Sie den Wert der globalen Variablen innerhalb der Funktion immer noch auslesen. Versuchen Sie allerdings, den Wert zu ändern, wird eines von zwei Dingen passieren: Entweder haben Sie die Variable zum ersten Mal innerhalb der Funktion benutzt und Python geht davon aus, dass es sich um eine lokale Variable handelt, oder Sie haben den Wert bereits ausgelesen, und Python reagiert mit der Fehlermeldung `UnboundLocalError`. Wenn Sie diese Meldung sehen, sollten Sie nachschauen, wo Sie versehentlich lokale und globale Variablen miteinander vermischen.

Kamingespräche

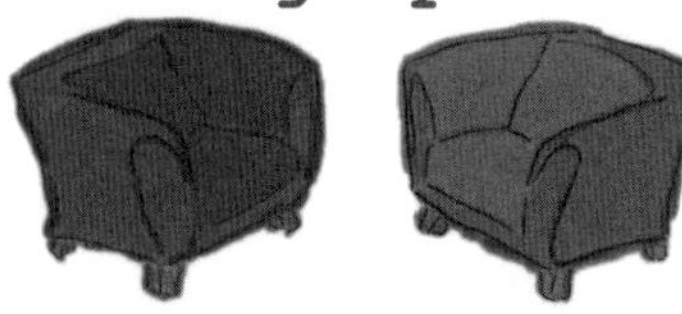

Heute im Gespräch: LOKALE und GLOBALE Variablen beantworten die Frage: **»Was hat die GLOBALE Variable eigentlich für ein Problem?«**

Die LOKALE Variable: Mir ist schon klar, dass meine Aufgaben nicht so groß sind wie die der GLOBALEN Variablen. Trotzdem ist es ein netter Job – immer wenn in einer Funktion etwas gespeichert werden muss, werde ich gebraucht. Sobald die Funktion fertig ist, räume ich auf und mache mich vom Acker.

Die GLOBALE Variable: Mein Geltungsbereich ist global. Ich bin überall. Das reicht ja wohl.

Die LOKALE Variable: Bloß weil Sie überall sind, heißt das noch lange nicht, das man sich verbiegen sollte, nur um Sie immer zu benutzen.

Die GLOBALE Variable: Dafür muss sich niemand verbiegen. Deklarieren Sie einfach eine Variable außerhalb einer Funktion, und schon bin ich da.

Die LOKALE Variable: Ich meine, die Leute sollten globale Variablen nur benutzen, wenn es auch sinnvoll ist.

Die GLOBALE Variable: Wovon reden Sie? Globale Variablen sind doch überall gern gesehen. Besonders in einfachen Programmen biete ich einen der klarsten und geradlinigsten Wege, wichtige Werte zu speichern.

Die LOKALE Variable: Bei einfachem Code stimme ich Ihnen zu. Was komplexen Code angeht, sollten Sie sich einmal die Top-Coder-Website stackoverflow.com ansehen. Da sagen die Leute ständig: »Vermeide globale Variablen, wo es nur geht!«

Die GLOBALE Variable: Das ist ja wohl nicht Ihr Ernst. Ich bin ein wesentlicher Teil fast jeder Programmiersprache. Glauben Sie wirklich, all die smarten ITler hätten mich erfunden, wenn ich nicht nützlich wäre?

Die LOKALE Variable: Das Problem ist: Wenn viele globale Variablen benutzt werden, wird Ihr Name früher oder später versehentlich mehrfach verwendet. Oder angenommen, der Code wird weitergegeben. Ohne genau zu untersuchen, was die globalen Variablen tun, wissen die Leute überhaupt nicht, was da passiert. Vielleicht benutzen sie in ihrem Code bereits globale Variablen mit den gleichen Namen.

Die GLOBALE Variable: Ja sicher. Jetzt soll es meine Schuld sein, wenn die Leute schlampigen Code schreiben. Wer kommt als Nächstes dran, die `for`-Schleife?

Die LOKALE Variable	**Die GLOBALE Variable**
Und es gibt noch ein Problem: Wenn man sich ein Codestück ansieht, das eine globale Variable verwendet, weiß man nicht, welche Teile des Codes ihren Wert verwenden oder verändern – besonders in großen Programmen. Zumindest können Sie bei einer lokalen Variablen normalerweise den gesamten Code sehen, der sie benutzt. Schließlich befindet sich alles in der Funktion.	
	Wo ist das Problem? Ich sehe keins …
Angenommen, Sie müssten etwas Code für eine Schokoladenfabrik schreiben.	
	Okaaaaaay ...
Sie haben eine globale boolesche Variable, die kontrolliert, ob das Ventil des Schmelzkessels geschlossen ist. Der Wert soll immer `True` sein, bevor Schokolade eingefüllt wird.	
	Genau. Sehen Sie, wie gut das funktioniert? Sie haben eine globale Variable und müssen nur nachsehen, ob das Ventil geschlossen ist oder nicht. Die Information befindet sich leicht auffindbar an einem Ort.
Aber dann kommt irgendwo in den Hunderten Zeilen Schokoladenfabrik-Code ein neuer Mitarbeiter und ändert den Wert der Variablen zu `False`, ohne zu überprüfen, ob Schokolade im Kessel ist. Das kann ziemlich gefährlich werden, oder?	
	Dann müssen die Mitarbeiter eben besser geschult werden. Überhaupt: Wie könnte eine lokale Variable hier schon helfen?
Eine gute Lösung für dieses Problem wären Objekte. Die werden die Leser aber erst viel später in diesem Buch kennenlernen, glaube ich.	
	Objekte? Habe ich schon mal gehört.
Und wissen Sie was? Lokale Variablen können auch in Objekten benutzt werden.	
	Das ist aber schön für Sie.
Haben Sie schon mal überlegt, sich einen anderen Job zu suchen? Je fortgeschrittener unsere Leser sind, desto weniger werden Sie gebraucht.	
	Ach, ich bin sicher, dass die Leser mich noch eine ganze Weile benutzen, zumindest bis sie lernen … Na, wie auch immer …

Mehr zu Parametern: Standardwerte und Schlüsselwörter

Wir haben zuvor gesagt, dass die Reihenfolge der Argumente wichtig ist: Werden die Argumente nicht in der richtigen Reihenfolge übergeben, lässt sich kaum vorhersagen, welches Ergebnis eine Funktion haben wird. Haben Sie beispielsweise eine Funktion mit den Parametern speed (Geschwindigkeit) und altitude (Höhe) und vertauschen versehentlich die Reihenfolge, sollten Sie besser vorsichtig sein!

Sie wollen eine Geschwindigkeit von 35.000 und eine Höhe von 580? Das könnte etwas schwierig werden. Sie überprüfen besser noch mal die Reihenfolge Ihrer Argumente.

Das gilt übrigens für fast alle Programmiersprachen. Um mögliche Probleme mit der Reihenfolge zu verhindern, gibt es in Python eine weitere, flexiblere Möglichkeit, Parameter anzugeben. Python-Parameter können *Standardwerte* und *Schlüsselwörter* besitzen. Damit können Sie Ihre Argumente und die Reihenfolge, in der sie angegeben werden, selbst festlegen. Sie werden feststellen, dass Parameterschlüsselwörter und Standardwerte in vielen Python-Modulen und -Bibliotheken verwendet werden (mal davon abgesehen, dass sie sich in Ihrem Code auch sehr gut machen würden).

← Standardwerte kommen später im Buch noch einmal zur Sprache, wenn wir uns weitere Python-Module ansehen.

Wie Standardwerte funktionieren

Funktionsparameter können Standardwerte haben. Verwenden wir eine einfachere Version unserer `greet`-Funktion ohne die globale Variable:

Hier sehen Sie einen normalen, alltäglichen Parameter, der auf ein Argument wartet.

Und hier haben wir einen Parameter, dem es ziemlich egal ist, ob er ein passendes Argument erhält oder nicht, da er einen Standardwert besitzt.

```
def greet(name, message='You rule!'):
    print('Hi', name + '.', message)
```

Dies ist der Standardwert für message. Er wird benutzt, wenn im aufrufenden Code kein Argument für message übergeben wurde.

Nachdem unser Parameter einen Standardwert besitzt, wollen wir gleich einmal sehen, wie man ihn einsetzt:

Rufen wir greet ohne Argument für message auf, benutzt die greet-Funktion den Standardwert für den message-Parameter.

```
greet('John')
greet('Jennifer', 'How are you today?')
```

Wenn wir dagegen ein Argument angeben, akzeptiert unsere greet-Funktion dieses natürlich gerne als Wert für den message-Parameter.

```
Python 3.6.4 Shell
Hi John. You rule!
Hi Jennifer. How are you today?
>>>
```

Geben Sie erforderliche Parameter immer zuerst an!

Seien Sie vorsichtig, wenn Sie nicht für alle Parameter Standardwerte angeben. In diesem Fall müssen die *erforderlichen Parameter* alle zuerst angegeben werden. Was ist ein erforderlicher Parameter? Besitzt Ihre Funktion einen Parameter ohne Standardwert, *muss* für diesen Parameter auf jeden Fall ein Argument *angegeben werden*, anders gesagt: Er ist erforderlich. Angenommen, wir müssten unsere `greet`-Funktion wie folgt erweitern:

Hier steht ein neuer Parameter. Allerdings ist er erforderlich, weil er keinen Standardwert besitzt.

```
def greet(name, message='You rule!', emoticon):
    print('Hi', name + '.', message, emoticon)
```

Das sollte man nicht tun!

Unsere neue Funktionsdefinition ist nicht erlaubt. Python beschwert sich, dass ein erforderliches Argument (in Python auch als »non-default« bezeichnet) auf ein Standardargument folgt.

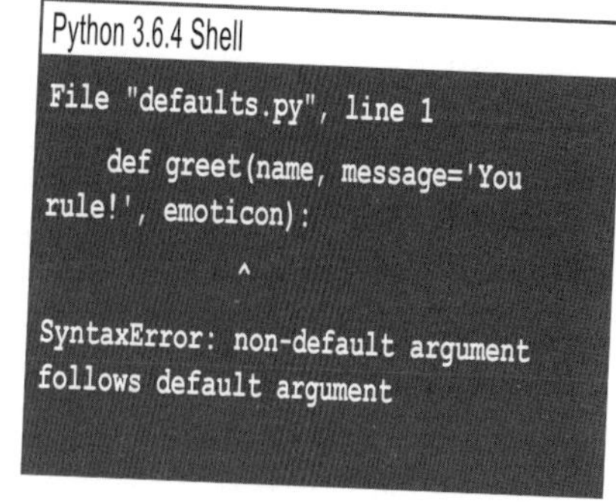

Wenn Sie mitbekommen haben, wie Parameter im Gegensatz zu Argumenten definiert werden, fragen Sie sich womöglich, warum der Interpreter sie als Argumente und nicht als Parameter bezeichnet. Wir fragen uns das auch – aber sollen wir deshalb mit dem Interpreter streiten?

Und warum können wir das nicht tun? Kurz gesagt: Wenn Sie mit komplexeren Beispielen arbeiten, kann es leicht passieren, dass der Interpreter keine Ahnung hat, welche Argumente zu welchen Parametern gehören. Wir möchten Sie dazu anhalten, solch eine Situation genau zu durchdenken. Achten Sie einfach darauf, alle erforderlichen (»non-default« in Python-Sprech) Parameter vor denen mit Standardwerten anzugeben. Wenn wir den obigen Code anpassen, erhalten wir:

Jetzt stehen die (erforderlichen) Parameter ohne Standardwerte am Anfang ...

... gefolgt von den optionalen Parametern.

```
def greet(name, emoticon, message='You rule!'):
    print('Hi', name + '.', message, emoticon)
```

Argumente mit Schlüsselwörtern verwenden

Bisher waren die Argumente beim Aufruf einer Funktion *positionsabhängig*. Das erste Argument wird auf den ersten Parameter abgebildet, das zweite Argument auf den zweiten Parameter und so weiter. Sie können die Parameternamen aber auch als Schlüsselwörter definieren. Danach können Sie die Argumente bei Bedarf in beliebiger Reihenfolge angeben.
Um zu verstehen, wie das funktioniert, wollen wir die gerade erweiterte `greet`-Funktion jetzt mit ein paar Schlüsselwörtern aufrufen:

Python 3.6.4 Shell

```
Hi Jill. Where have you been? thumbs up
>>>
```

```
greet(message='Where have you been?', name='Jill', emoticon='thumbs up')
```

Um ein Schlüsselwort zu definieren, benutzen Sie den Parameternamen, gefolgt von einem Gleichheitszeichen und dem Wert für dieses Argument.

Durch den Einsatz von Schlüsselwörtern können wir die Reihenfolge der Argumente selbst bestimmen und sie sogar weglassen, sofern Standardwerte definiert wurden. Stellen Sie nur sicher, dass die erforderlichen Argumente beim Aufruf vor den Schlüsselwortargumenten angegeben werden.

Positionsabhängige und Schlüsselwortargumente können auch gemeinsam benutzt werden.

```
greet('Betty', message='Yo!', emoticon=':)')
```

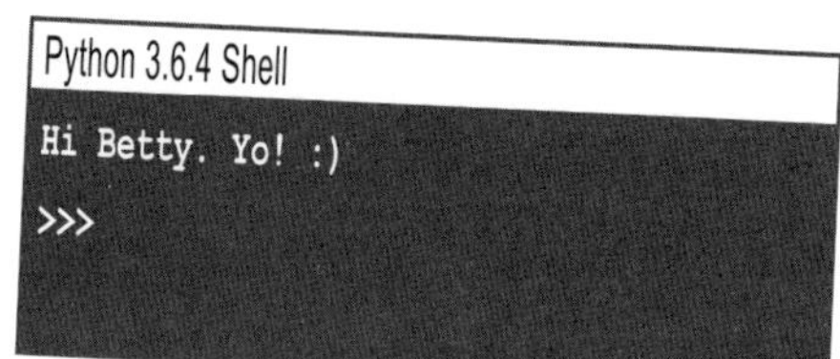

Hier wird der Parametername positionsabhängig angegeben. Für die anderen Parameter verwenden wir Schlüsselwörter.

Wie man diese Optionen einordnen sollte

Standardwerte für Parameter und Schlüsselwörter für Argumente sind typisch für Python. Sie werden feststellen, dass es für diejenigen, die Ihren Code verwenden, recht bequem sein kann, Standardwerte für häufig benutzte Parameter zu definieren. Das gilt besonders bei Funktionen mit vielen Parametern. Wir werden in diesem Buch nicht besonders detailliert auf ihre Verwendung eingehen. Wenn Sie sich aber weiter mit Python-Programmierung beschäftigen, werden sie Ihnen immer wieder begegnen. Außerdem werden wir sie später im Buch im Zusammenhang mit der Verwendung einiger Python-Module noch einmal brauchen.

Verankern Sie die Funktionsweise der Schlüsselwortargumente in Ihrem Hirn, bevor dieses Kapitel zu Ende ist. Arbeiten Sie hierfür den unten stehenden Code durch und finden Sie heraus, was er ausgibt. Schreiben Sie Ihre Antwort unten in das Python-Shell-Fenster.

```
def make_sundae(ice_cream='vanilla', sauce='chocolate', nuts=True,
                banana=True, brownies=False, whipped_cream=True):
    recipe = ice_cream + ' ice cream and ' + sauce + ' sauce '
    if nuts:
        recipe = recipe + 'with nuts and '
    if banana:
        recipe = recipe + 'a banana and '
    if brownies:
        recipe = recipe + 'a brownie and '
    if not whipped_cream:
        recipe = recipe + 'no '
    recipe = recipe + 'whipped cream on top.'
    return recipe

sundae = make_sundae()
print('One sundae coming up with', sundae)

sundae = make_sundae('chocolate')
print('One sundae coming up with', sundae)

sundae = make_sundae(sauce='caramel', whipped_cream=False, banana=False)
print('One sundae coming up with', sundae)

sundae = make_sundae(whipped_cream=False, banana=True,
                     brownies=True, ice_cream='peanut butter')
print('One sundae coming up with', sundae)
```

Python 3.6.4 Shell

Hier kommen die Ausgaben hin.

Ich weiß ja: Eigentlich wäre das Kapitel fast zu Ende. Trotzdem habe ich noch eine Frage zu Funktionen. Wenn eine Funktion keine return-Anweisung hat, gibt sie trotzdem etwas zurück?

Sie gibt `None` zurück. Sie machen hier kurz vor Ende des Kapitels noch ein ziemlich großes Fass auf. Aber es ist nicht Ihre Schuld, dass wir das Thema nicht früher angesprochen haben.

Wird für eine Funktion kein expliziter Rückgabewert über die `return`-Funktion definiert, gibt sie den Wert `None` zurück. Nicht den String »None«, sondern den *Wert* `None`. Jetzt wollen Sie natürlich wissen, was *zum Henker* das denn sein soll. `None` ist eines dieser seltsamen Informatik-Konzepte, ähnlich einem leeren String, einer leeren Liste – vermutlich aber eher etwas wie `True` oder `False`. In unserem Fall ist es einfach ein Wert, der *kein Wert* oder auch *undefiniert* bedeutet.

Und vermutlich wollen Sie auch wissen, welchen Datentyp `None` hat, wenn es schon ein Wert ist. Der Datentyp von `None` heißt `NoneType`. Ach so, hätten Sie sich ja denken können, oder? Am besten grübeln Sie einfach nicht zu viel über `None` nach. Bald erfahren Sie mehr darüber. Vorher aber noch ein paar Informationen über diesen seltsamen Typ:

NoneType

None

Hat den einzelnen Wert None.

Umgeben Sie None nicht mit Anführungszeichen.

Der erste Buchstabe wird immer großgeschrieben.

Ausdrücke können zu None ausgewertet werden.

Behalten Sie das für später im Hinterkopf. Wir werden noch darauf zurückkommen.

Sie können NoneType unter »echt seltsame Typen« ablegen.

Ähnliche Werte gibt es in vielen Programmiersprachen. Dort heißen sie z B. NULL, null oder nil.

Der Fall des versuchten Bankraubs, den es nicht zu untersuchen lohnte

Sherlock beendete das Telefongespräch mit dem etwas begriffsstutzigen Polizeichef Lestrade und setzte sich vor den Kamin, um in aller Seelenruhe seine Zeitung weiterzulesen. Watson sah ihn erwartungsvoll an.

»Was ist?«, fragte Sherlock, ohne dabei von der Zeitung aufzusehen.

»Nun? Was hatte Lestrade zu sagen?«, wollte Watson wissen.

»Oh, er sagte, sie haben ein wenig böswilligen Code im Bankkonto mit den verdächtigen Aktivitäten gefunden.«

»Und?«, forschte Watson weiter und versuchte dabei, seinen Frust zu verbergen.

Sherlock antwortete: »Lestrade hat mir den Code zugemailt, und ich habe ihm gesagt, er brauche die Sache nicht weiterzuverfolgen. Der Gauner hat einen fatalen Fehler gemacht und wird niemals in der Lage sein, das Geld zu stehlen.«

»Aber woher wissen Sie das?«, wollte Watson nun wissen.

»Das ist doch klar, wenn man weiß, wohin man gucken muss«, rief Sherlock aus. »Und jetzt gehen Sie mir nicht mehr mit Ihren Fragen auf die Nerven und lassen mich meine Zeitung fertig lesen.«

Während Sherlock damit beschäftig war, sich die neuesten Nachrichten einzuverleiben, schnappte Watson sich heimlich das Handy von Sherlock, rief die E-Mail von Lestrade auf und las:

```
balance = 10500
camera_on = True

def steal(balance, amount):
    global camera_on
    camera_on = False
    if (amount < balance):
        balance = balance - amount

    return amount
    camera_on = True

proceeds = steal(balance, 1250)
print('Criminal: you stole', proceeds)
```

Das hier ist der tatsächliche Kontostand.

Warum hat Sherlock entschieden, den Fall nicht weiterzuverfolgen? Woher konnte er nur durch einen Blick auf den Code wissen, dass der Kriminelle das Geld niemals stehlen könnte? Hat der Code ein Problem? Oder mehrere?

Punkt für Punkt

- Funktionen bieten die Möglichkeit, Code zu verpacken, zu abstrahieren und wiederzuverwenden.
- Eine Funktion hat einen Namen, null oder mehr Parameter und einen Körper.
- Sie rufen eine Funktion auf und übergeben ihr null oder mehr Argumente.
- Einer Python-Funktion kann ein beliebiger Python-Wert übergeben werden.
- Anzahl und Reihenfolge der Argumente eines Funktionsaufrufs müssen auf die Parameter der Funktion passen. Sie können Schlüsselwortargumente verwenden, um eine Untermenge der Argumente in beliebiger Reihenfolge anzugeben.
- Beim Aufruf einer Funktion werden die Argumente auf Parametervariablen abgebildet (sie werden ihnen zugewiesen) und dann im Codeblock der Funktion ausgeführt.
- Der Codeblock einer Funktion wird auch als Funktionskörper bezeichnet.
- Durch Verwendung einer return-Anweisung können Funktionen Werte zurückgeben.
- Um die von einer Funktion zurückgegebenen Werte weiterzuverwenden, können Sie das Ergebnis eines Aufrufs einer Variablen zuweisen.
- Funktionen können ihrerseits eingebaute und andere von Ihnen definierte Funktionen aufrufen.
- Sie können Funktionen in beliebiger Reihenfolge definieren, solange sie vor ihrem Aufruf definiert werden.
- Innerhalb einer Funktion können lokale Variablen erstellt und verwendet werden.
- Lokale Variablen existieren nur während der Ausführung der Funktion.
- Die Orte, an denen eine Variable in Ihrem Code sichtbar ist, definieren ihren Geltungsbereich.
- Nicht innerhalb von Funktionen definierte Variablen heißen globale Variablen.
- Funktionsparameter werden im Funktionskörper als lokale Variablen behandelt.
- Hat ein Parameter den gleichen Namen wie eine globale Variable, sagt man, dass der Parameter die globale Variable maskiert.
- Innerhalb einer Funktion können Sie das Schlüsselwort global verwenden, um anzuzeigen, dass im Funktionskörper eine globale Variable benutzt werden soll.
- Die Abstraktion von Code macht diesen lesbarer, strukturierter und besser wartbar.
- Durch die Abstraktion von Code können Sie sich auf eine höhere Ebene des Programmierens konzentrieren und müssen sich über die von der Funktion implementierten Details keine Gedanken mehr machen.
- Das Umarbeiten von Code wird auch als Refaktorierung bezeichnet.
- Sie können Standardwerte für Parameter definieren, die anstelle fehlender Argumente benutzt werden.
- Sie können Parameternamen beim Aufruf einer Funktion als Schlüsselwortargumente verwenden.

Programmierer-Kreuzworträtsel

Dieses Rätsel hilft Ihnen, funktionaler zu werden.

Waagerecht

1. In einer Funktion deklarierte Variablen.
7. Parameter werden innerhalb der Funktion als solche behandelt.
8. Zur Herstellung hiervon haben wir eine Menge Standardwerte benutzt.
11. An diese werden Argumente übergeben.
12. Alle Funktionen haben einen.
13. Den Code umarbeiten.
14. Schlüsselwort zur Verwendung globaler Variablen in einer Funktion.
15. Hierfür eignen sich Funktionen besonders gut.
16. Hiermit kann man Werte aus einer Funktion zurückgeben.
17. Hat den Fall gelöst.

Senkrecht

2. Anderer Namen für den Codeblock einer Funktion.
3. Besagt, wo eine Variable sichtbar ist.
4. Welche Argumente auf welche Parameter abgebildet werden, hängt normalerweise von ihrer _______ ab.
5. Hierfür kann man Funktionen benutzen.
6. Parameternamen können hierfür benutzt werden.
9. Künstliche Person im Internet.
10. Parameter können dies mit globalen Variablen tun.
15. Wird eine Variable an eine Funktion übergeben, wird eigentlich ihr ________ weitergereicht.

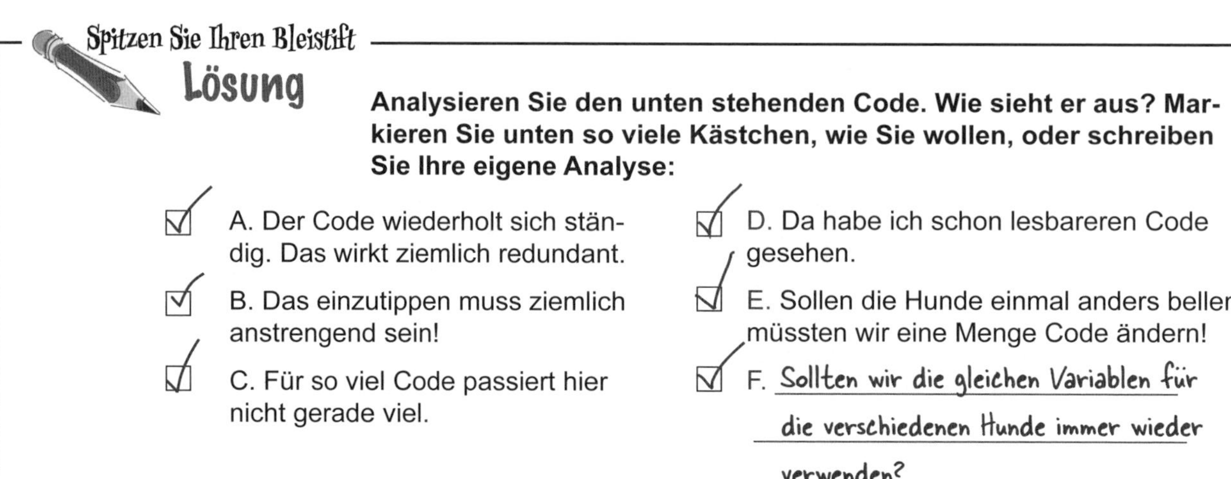

Spitzen Sie Ihren Bleistift – Lösung

Analysieren Sie den unten stehenden Code. Wie sieht er aus? Markieren Sie unten so viele Kästchen, wie Sie wollen, oder schreiben Sie Ihre eigene Analyse:

- [x] A. Der Code wiederholt sich ständig. Das wirkt ziemlich redundant.
- [x] B. Das einzutippen muss ziemlich anstrengend sein!
- [x] C. Für so viel Code passiert hier nicht gerade viel.
- [x] D. Da habe ich schon lesbareren Code gesehen.
- [x] E. Sollen die Hunde einmal anders bellen, müssten wir eine Menge Code ändern!
- [x] F. Sollten wir die gleichen Variablen für die verschiedenen Hunde immer wieder verwenden?

Spitzen Sie Ihren Bleistift – Lösung

Hier haben wir eine kleine »Programmieren nach Zahlen«-Übung für Sie. Beginnen Sie bei Schritt 1 und zeichnen Sie eine Linie, die die Schritte des Programms in der Reihenfolge verbindet, in der sie ausgeführt werden. Falls nötig, versehen Sie die Linien mit Anmerkungen, die erklären, was bei der Ausführung des Codes passiert. Ein paar Linien haben wir bereits für Sie gezeichnet.

Hier geht's los.

Den String ausgeben und dann mit der nächsten Zeile weitermachen.

Wir verarbeiten die Funktionsdefinition, aber wir führen sie nicht aus.

```
1  print('Get those dogs ready')

2  def bark(name, weight):
a      if weight > 20:
b          print(name, 'says WOOF WOOF')
       else:
           print(name, 'says woof woof') bark('Codie', 40)

3  bark('Codie', 40)

4  print("Okay, we're all done")
```

FORTSETZUNG DER LÖSUNG AUF DER FOLGENDEN SEITE ...

Dann rufen wir bark auf und sind zurück bei Schritt 2.

Dann führen wir den Funktionskörper mit den Schritten 2a und 2b aus ...

```
1 print('Get those dogs ready')

2 def bark(name, weight):
a     if weight > 20:
b         print(name, 'says WOOF WOOF')
      else:
          print(name, 'says woof woof') bark('Codie', 40)

3 bark('Codie', 40)

4 print("Okay, we're all done")
```

... bevor wir in Schritt 3 von der Funktion zurückkehren und Schritt 4 ausführen.

```
1 print('Get those dogs ready')

2 def bark(name, weight):
a     if weight > 20:
b         print(name, 'says WOOF WOOF')
      else:
          print(name, 'says woof woof') bark('Codie', 40)

3 bark('Codie', 40)

4 print("Okay, we're all done")
```

Spitzen Sie Ihren Bleistift – Lösung

Unten sehen Sie weitere Aufrufe der `bark`-Funktion. Schreiben Sie neben jeden Aufruf, welche Ausgaben hier Ihrer Meinung nach zu erwarten sind oder ob der Code möglicherweise einen Fehler auslöst.

`bark('Speedy', 20)` Speedy says woof woof

`bark("Barnaby", -1)` Barnaby says woof woof

Unsere bark-Funktion überprüft nicht, ob das Gewicht größer als 0 ist. Daher funktioniert dieser Code, denn -1 ist kleiner als 20.

`bark('Scottie', 0, 0)` FEHLER, bark() übernimmt 2 Argumente, es wurden aber 3 übergeben.

`bark('Lady', "20")` FEHLER, '>' kann nicht benutzt werden, um 'str' und 'int' zu vergleichen.

`bark('Spot', 10)` Spot says woof woof

`bark('Rover', 21)` Rover says WOOF WOOF

Code-Magneten, Lösung

Dieser Code ist an der Kühlschranktür durcheinandergeraten. Können Sie die Codeschnipsel wieder so zusammensetzen, dass ein funktionierendes Programm entsteht und die unten stehenden Ausgaben erzeugt? Aber Vorsicht! Es gibt etwas Extracode, Sie werden also nicht alle Magneten brauchen.

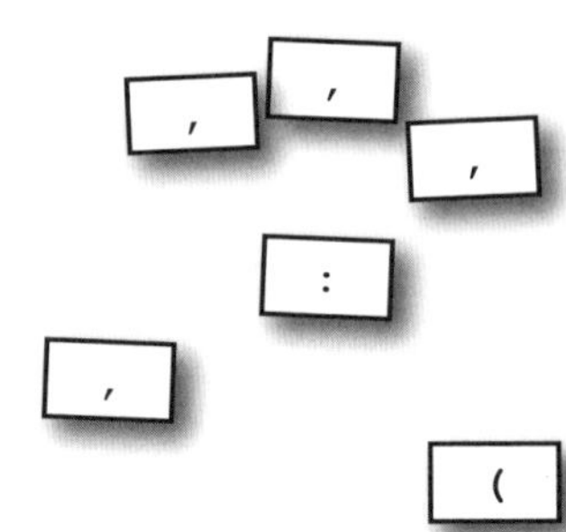

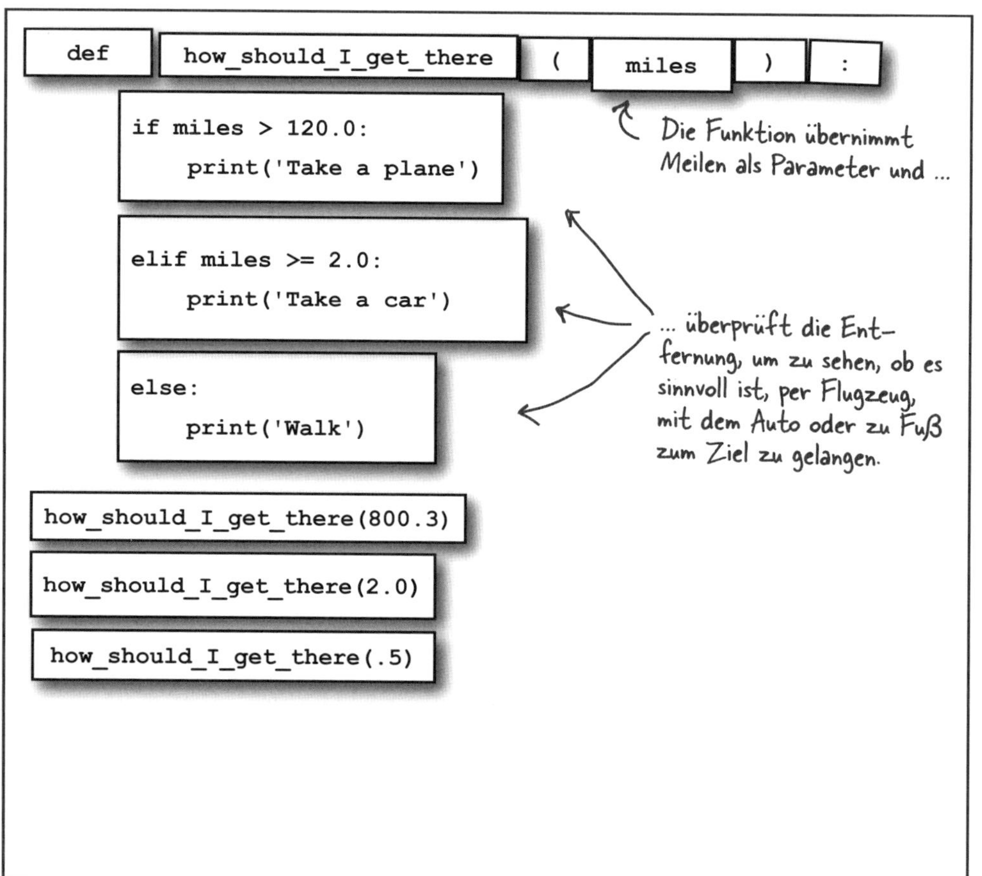

kilometer

```
Python 3.6.4 Shell
Take a plane
Take a car
Walk
```

Spitzen Sie Ihren Bleistift
Lösung

Hier eine kleine Übung, um die Rückgabewerte besser zu verinnerlichen. Berechnen Sie die Rückgabewerte der einzelnen Funktionsaufrufe.

`get_bark(20)` 'woof woof'

`make_greeting('Speedy')` 'Hi Speedy!'

`compute(2, 3)` 5

`compute(11, 3)` 10

`allow_access('Codie')` False

`allow_access('Dr Evil')` True

Spitzen Sie Ihren Bleistift
Lösung

Sorgen Sie dafür, dass wir jeden Variablentyp erkennen können. Versehen Sie Ihren Code mit Anmerkungen, indem Sie lokale und globale Variablen sowie mögliche Parameter kennzeichnen. Hier ist unsere Lösung.

```
def drink_me(param):
    msg = 'Drinking ' + param + ' glass'
    print(msg)
    param = 'empty'

glass = 'full'
drink_me(glass)
print('The glass is', glass)
```

Anmerkungen: param in der def-Zeile → Parameter; msg → lokale Variable; msg in print(msg) → lokale Variable; param = 'empty' → Parameter; glass = 'full' → globale Variable; glass in drink_me(glass) → globale Variable; param in der Zeile msg = … → Parameter

Lösung zur Übung

Verankern Sie die Funktionsweise der Schlüsselwortargumente in Ihrem Hirn, bevor dieses Kapitel zu Ende ist. Arbeiten Sie hierfür den unten stehenden Code durch und finden Sie heraus, was er ausgibt. Schreiben Sie Ihre Antwort unten in das Python-Shell-Fenster.

```
def make_sundae(ice_cream='vanilla', sauce='chocolate', nuts=True,
                banana=True, brownies=False, whipped_cream=True):
    recipe = ice_cream + ' ice cream and ' + sauce + ' sauce '
    if nuts:
        recipe = recipe + 'with nuts and '
    if banana:
        recipe = recipe + 'a banana and '
    if brownies:
        recipe = recipe + 'a brownie and '
    if not whipped_cream:
        recipe = recipe + 'no '
    recipe = recipe + 'whipped cream on top.'
    return recipe

sundae = make_sundae()
print('One sundae coming up with', sundae)

sundae = make_sundae('chocolate')
print('One sundae coming up with', sundae)

sundae = make_sundae(sauce='caramel', whipped_cream=False, banana=False)
print('One sundae coming up with', sundae)

sundae = make_sundae(whipped_cream=False, banana=True,
                     brownies=True, ice_cream='peanut butter')
print('One sundae coming up with', sundae)
```

Ist Ihnen aufgefallen, dass der Code einen Bug hat, wenn es keine Nüsse (nuts) gibt?

Python 3.6.4 Shell

```
One sundae coming up with vanilla ice cream and chocolate sauce with nuts and a banana and whipped
cream on top.
One sundae coming up with chocolate ice cream and chocolate sauce with nuts and a banana and whipped
cream on top.
One sundae coming up with vanilla ice cream and caramel sauce with nuts and no whipped cream on top.
One sundae coming up with peanut butter ice cream and chocolate sauce with nuts and a banana and a
brownie and no whipped cream on top.
>>>
```

Hier ist unsere Ausgabe.

Kurzkrimi, Lösung

```
balance = 10500
camera_on = True

def steal(balance, amount):
    global camera_on
    camera_on = False
    if (amount < balance):
        balance = balance - amount

    return amount
    camera_on = True

proceeds = steal(balance, 1250)
print('Criminal: you stole', proceeds)
```

balance ist eine globale Variable ...

... aber sie wird von diesem Parameter maskiert.

Wenn Sie den Kontostand in der Funktion steal verändern, hat das also keine Auswirkungen auf den tatsächlichen Kontostand.

Hier wird zurückgegeben, wie viel Geld gestohlen wurde ...

... aber wir verwenden ihn nicht, um den tatsächlichen Kontostand zu verändern. Er bleibt also gleich.

Der Kriminelle denkt, er habe Geld gestohlen. Hat er aber nicht!

Der Kriminelle hat nicht nur kein Geld gestohlen, sondern auch noch vergessen, die Kamera wieder einzuschalten. Spätestens dadurch würde die Polizei merken, dass hier etwas nicht stimmt. Nicht vergessen: Wenn wir per return von einer Funktion zurückkehren, wird diese sofort beendet. Jeglicher Code, der danach kommt, wird ignoriert.

Programmierer-Kreuzworträtsel, Lösung

						1 L	O	2 K	A	L											
				3 G				O													
	4 P			E				E			5 A						6 S				
7 L	O	K	A	L	E	V	A	R	I	A	B	L	E	N			C				
	S			T				P			S						H				
	I		8 S	U	N	D	A	E	S		T		9 A				L				
	T			N				R			R		V				U				
	I			G			10 M			11 P	A	R	A	M	E	T	E	R			
	O			S		12 N	A	M	E		K		T				S				
	N			B			S				T		A				S				
			13 R	E	F	A	K	T	O	R	I	E	R	E	N		E				
				R			I				O					14 G	L	O	B	A	L
15 W	I	E	D	E	R	V	E	R	W	E	N	D	U	N	G		W				
E				I			R										O				
R				C		16 R	E	T	U	R	N			17 S	H	E	R	L	O	C	K
T				H			N										T				

4, Teil 2, Sortierung und verschachtelte Iteration,

in dem wir die Listen mit einigen Superkräften ausstatten

Ordnung in die Daten bringen

Manchmal reicht es einfach nicht aus, die Daten nur zu ordnen. Angenommen, Sie haben eine Liste Ihrer Highscores von 80er-Jahre-Arcade-Spielen. Diese sollen alphabetisch nach Spielen sortiert werden. Und dann gibt es die Liste, in der festgehalten ist, wie oft Ihre Mitarbeiter Sie schon betrogen haben. Sie wollen wirklich gerne wissen, wer auf dieser Liste ganz oben steht. Dafür müssen Sie allerdings lernen, Daten zu sortieren. Zu dem Zweck betrachten wir ein paar Algorithmen, die es etwas mehr in sich haben als die bisher gesehenen. Wir werden uns außerdem mit verschachtelten Schleifen beschäftigen und ein wenig über die Effizienz des von Ihnen geschriebenen Codes nachdenken. Dann wollen wir Ihr rechnerisches Denken mal auf das nächste Level heben!

Da bin ich wieder. Meine Blaseologen haben in Kapitel 4 so gute Arbeit geleistet, dass ich gerne ein paar Preise vergeben möchte. Ich habe meine Idee dazu unten skizziert. Von Ihnen bräuchte ich dafür den Code für einen weiteren Bericht. Nachdem Sie schon so viel Code geschrieben haben, bin ich sicher, dass das für Sie ein Spaziergang wird.

Bubbles-R-Us

Eine letzte Sache bräuchte ich noch: Ich möchte an die Erfinder der besten Seifenblasenmischung einen Preis vergeben. Können Sie mir eine Liste der fünf besten Mischungen in absteigender Reihenfolge des Messergebnisses erstellen? So etwas wie den Report hier?

– Bubbles-R-Us-CEO

```
Top Bubble Solutions
1) Bubble solution #10 score: 68
2) Bubble solution #12 score: 60
3) Bubble solution #2 score: 57
4) Bubble solution #31 score: 50
5) Bubble solution #3 score: 34
```

Dies sind übrigens keine echten Messergebnisse; sie sollen nur zeigen, was ich brauche.

Danke!!

Gespräch unter Büronachbarn

Frank: Stimmt, das *klingt* einfach. Aber wie soll das gehen?

Judy: Wir haben uns schon viele gute Algorithmen ausgedacht. Ich bin sicher, wir finden auch einen zum Sortieren.

Joe: Tatsächlich verbringen manche Computerwissenschaftler ihre gesamte Karriere damit, Suchalgorithmen zu erforschen. Das ist nichts, was wir einfach so »finden«. Es ist besser, wenn wir die schon existierenden Algorithmen untersuchen und dann einen wählen, der für unser Problem am besten geeignet ist.

Frank: Das klingt, als müssten wir einige Zeit mit Forschen verbringen. Sollen wir das Tennismatch diesen Nachmittag verschieben?

Joe: Ich glaube, das ist nicht nötig, Frank. Ich habe das schon kommen sehen und mich bereits informiert.

Frank: Oh, warum hast du das nicht gleich gesagt? Was für eine Art der Sortierung sollen wir benutzen?

Joe: Bubble Sort.

Judy, Frank (kichernd): Sehr lustig, Joe. Schon klar, dass wir Blasen sortieren sollen. Hast du jetzt eine passende Sortiermethode oder nicht?

Joe: Das meine ich ernst. Wir benutzen einen Bubble-Sort-Algorithmus. Das ist zwar nicht die effizienteste Sortiermethode, aber sie ist sehr leicht zu verstehen.

Frank: Versteh ich nicht … wurde es von einem unserer Konkurrenten erfunden?

Joe: Ach so. Wegen des Namens. Der Algorithmus heißt Bubble Sort, weil sich die größeren (oder kleineren) Listenelemente wie Luftblasen an der Wasseroberfläche auf einer Seite der Liste sammeln. Wenn wir das implementieren, werdet ihr verstehen, wie das funktioniert.

Judy: Joe, offensichtlich hast du deine Hausaufgaben gemacht. Du solltest bei dieser Aufgabe die Führung übernehmen.

Joe: Also gut, an die Arbeit.

Judy: Da fällt mir noch ein: Greg sollte ja auch eine Lösung finden. Ich wusste nicht, dass du dich schon so sehr damit beschäftigt hast. Ich muss ihm Bescheid sagen, dass er sich keine Sorgen machen soll. Hoffentlich vergesse ich das nicht!

Bubble Sort verstehen

Wir werden uns gleich etwas Pseudocode für Bubble Sort ansehen. Aber vorher wollen wir ein Gefühl dafür entwickeln, wie der Algorithmus funktioniert. Hierfür sortieren wir eine Liste mit Zahlen:

```
[6, 2, 5, 3, 9]
```

Hier ist die unsortierte Liste.

Typischerweise stellen wir uns vor, dass Listen in aufsteigender Reihenfolge sortiert werden. Nachdem wir den Bubble Sort-Algorithmus darauf angewandt haben, sollte unsere Liste so aussehen:

```
[2, 3, 5, 6, 9]
```

Die gleiche Liste in aufsteigender Reihenfolge sortiert.

Eine Sache sollten Sie vorher wissen: Bubble Sort arbeitet so, dass die Liste mehrere Male *durchgegangen* wird. Immer wenn bei einem Durchgang Werte vertauscht wurden, müssen wir die Liste erneut durchlaufen. Wurden in einem Durchgang keine Werte vertauscht, sind wir fertig. Behalten Sie das im Kopf, denn das ist der Schlüssel zur Funktionsweise dieses Algorithmus.

Wir beginnen mit Durchgang 1

Wir starten, indem wir den ersten und zweiten Wert vergleichen (mit den Indizes 0 und 1). Ist das erste Element größer als das zweite, vertauschen wir sie:

```
[6, 2, 5, 3, 9]
```

Diese Werte werden verglichen. Der erste ist größer, also müssen sie vertauscht werden.

Als Nächstes vergleichen wir die Werte mit den Indizes 1 und 2. Ist der erste Wert (6) größer als der zweite (5), was hier der Fall ist, werden sie vertauscht.

```
[2, 6, 5, 3, 9]
```

Tauschen.

Im weiteren Verlauf vergleichen wir die nächsten Werte an den Indizes 2 und 3, und auch dieses Mal ist der erste Wert größer als der zweite. Also tauschen wir erneut.

```
[2, 5, 6, 3, 9]
```

Tauschen.

Dann vergleichen wir den Wert an Index 3 mit dem an Index 4. Dieser ist nicht größer. Also tun wir nichts, und Durchgang 1 ist komplett.

```
[2, 5, 3, 6, 9]
```

Keine Änderung.

```
[2, 5, 3, 6, 9]
```

Der Wert 6 war ursprünglich das erste Listenelement. Jetzt bewegt er sich langsam zum Ende der Liste (wie eine Blase an die Oberfläche).

Damit ist der erste Durchgang beendet. Aber wir haben einige Werte vertauscht, also müssen wir einen zweiten Durchgang machen. Auf zu Durchgang Nummer 2!

Durchgang 2

Im zweiten Durchgang beginnen wir wieder von vorn und vergleichen die Werte von Index 0 und 1. Index 1 hat einen größeren Wert, also müssen die Werte hier nicht getauscht werden.

Im folgenden Schritt vergleichen wir die Werte von Index 1 und 2. Hier ist der Wert von Index 2 grö ßer als der von Index 1, also werden die Werte getauscht.

So langsam wird die Methode klar: Jetzt vergleichen wir die Werte von Index 2 und Index 3. Dabei ist der Wert 5 nicht größer als 5, und die Werte behalten ihre Position.

Jetzt vergleichen wir die Werte mit den Indizes 3 und 4. Der Wert von Index 4 ist größer, also müssen wir hier nichts tauschen.

Durchgang 2 ist beendet, aber wir haben die Werte von Index 2 und 3 gegeneinander getauscht. Daher müssen wir noch einen Durchgang ausführen – also weiter mit Durchgang 3.

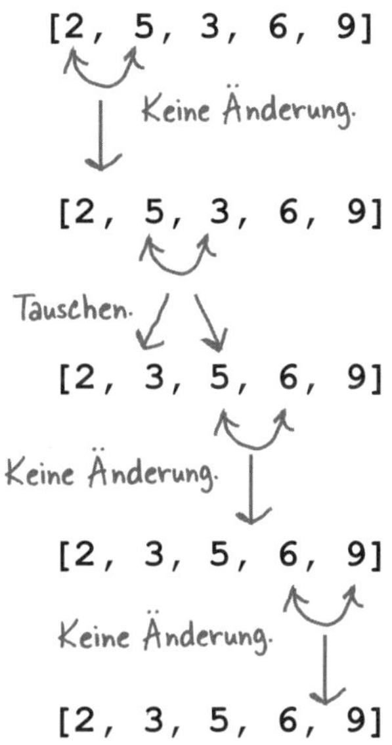

```
[2, 5, 3, 6, 9]
```
Keine Änderung.
```
[2, 5, 3, 6, 9]
```
Tauschen.
```
[2, 3, 5, 6, 9]
```
Keine Änderung.
```
[2, 3, 5, 6, 9]
```
Keine Änderung.
```
[2, 3, 5, 6, 9]
```

Durchgang 3

In Durchgang 3 beginnen wir wieder von vorn und vergleichen den Wert von Index 0 mit dem von Index 1. Index 1 hat einen größeren Wert, also müssen die Werte nicht gegeneinander ausgetauscht werden.

Jetzt vergleichen wir die Werte mit den Indizes 1 und 2; der Wert von Index 2 ist größer, also muss hier nichts getauscht werden.

Jetzt vergleichen wir die Werte mit den Indizes 2 und 3. Der Wert von Index 2 ist größer, also muss auch hier nichts getauscht werden.

Entsprechend vergleichen wir die Werte mit den Indizes 3 und 4. Der Wert von Index 4 ist größer, also müssen wir die Werte nicht tauschen.

Damit ist auch Durchlauf 3 beendet. Diesmal mussten keine Werte vertauscht werden. Damit ist unser Algorithmus fertig, und wir haben eine sortierte Liste!

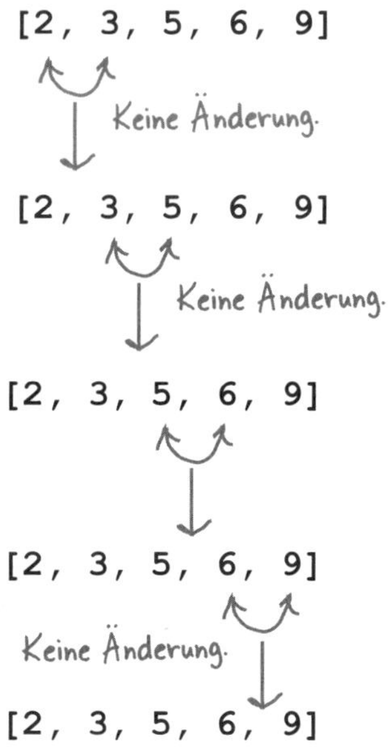

```
[2, 3, 5, 6, 9]
```
Keine Änderung.
```
[2, 3, 5, 6, 9]
```
Keine Änderung.
```
[2, 3, 5, 6, 9]
```
```
[2, 3, 5, 6, 9]
```
Keine Änderung.
```
[2, 3, 5, 6, 9]
```

Hoffentlich haben Sie ein gutes Gefühl für den Einsatz des Bubble Sort-Algorithmus bekommen. Lassen Sie uns jetzt ein wenig üben. Benutzen Sie Ihr neu erworbenes Wissen und sortieren Sie die unten stehende Liste. Demonstrieren Sie Ihre Arbeit auf die gleiche Weise, wie wir das auf den letzten beiden Seiten getan haben. Das wird Ihnen helfen, das Verstandene fest im Kopf zu verankern. Wenn Sie stecken bleiben, werfen Sie einen Blick auf unsere Lösung am Ende des Kapitels.

Sie sollen hier übrigens keinen Code schreiben, sondern nur den Bubble Sort-Algorithmus benutzen, um die Liste zu sortieren.

```
['coconut', 'strawberry', 'banana', 'pineapple']
```

Hier ist die Liste. Lassen Sie sich nicht von den Strings durcheinanderbringen; vergleichen Sie sie einfach alphabetisch (oder »lexikografisch«, wie die Computerwissenschaftler sagen, also in Wörterbuch-Reihenfolge).

Durchgang 1

Beginnen Sie hier mit Durchgang 1.

Etwas Bubble Sort-Pseudocode

Nachdem Sie ein gutes Gefühl für den Einsatz von Bubble Sort entwickelt haben, wollen wir uns den Pseudocode für den Algorithmus ansehen. Sie haben bereits das nötige Wissen, um diesen Code zu verstehen: Er verwendet boolesche Logik und ein paar Schleifen. Allerdings sind die Schleifen komplexer als die bisher gesehenen. Dieser Code verwendet zwei Schleifen auf einmal. Das nennen wir eine *verschachtelte Schleife*.

Verschachtelte Schleifen wirken auf den ersten Blick verwirrend, aber: Im Kopf haben Sie während der letzten »Spitzen Sie Ihren Bleistift«-Übung eine verschachtelte Schleife ausgeführt (und auch als wir gemeinsam die Liste mit den Zahlen sortiert haben). Die äußere Schleife steht für die einzelnen Durchgänge des Algorithmus. Die innere Schleife geht die einzelnen Listenelemente durch und vergleicht sie miteinander (und vertauscht sie bei Bedarf). Sehen wir uns das mal an:

Hier kann sich unser Wissen zu den Funktionen aus Kapitel 5 mal so richtig austoben!

Wir brauchen eine Liste bubble_sort, die als Parameter eine Liste übernimmt.

Und wir brauchen eine Variable, die mitverfolgt, ob wir im aktuellen Durchgang irgendwelche Werte getauscht haben. Damit der erste Durchgang startet, setzen wir sie am Anfang auf True.

Wir benutzen eine while-Schleife, die ausgeführt wird, solange swapped den Wert True hat.

```
DEFINIERE eine Funktion namens bubble_sort(list):
    DEKLARIERE eine Variable namens swapped und SETZE sie auf den Wert True.

    SOLANGE (while) swapped (den Wert True hat):
        SETZE swapped auf False.
        FÜR JEDE (for) Variable i in range(0, len(list)-1)
            FALLS (if) list[i] > list[i+1]:
                DEKLARIERE eine Variable namens temp und setze sie auf list[i].
                SETZE list[i] auf den Wert von list[i+1].
                SETZE list[i+1] auf den Wert von temp.
                SETZE swapped auf den Wert True.
```

Als ersten Schritt in der Schleife erhält swapped den Wert False.

Die while-Schleife führt die einzelnen Durchgänge aus. Jeder Schleifendurchlauf ist ein neuer Sortierdurchgang.

In der for-Schleife iterieren Sie über jedes Listenelement (mit Ausnahme des letzten) und vergleichen es mit dem folgenden. Ist der Wert größer, werden sie vertauscht.

Pseudocode kann viele Formen haben. Diese Schreibweise hat mehr Ähnlichkeit mit echtem Code, auch wenn er das nicht ist, zumindest nicht in Python.

Wenn wir Werte tauschen, setzen wir swapped auf True, was bedeutet, dass wir nach dem Ende der for-Schleife einen weiteren Durchgang machen müssen.

Dieser Pseudocode sortiert eine Liste in aufsteigender Reihenfolge. Welche Änderungen müssen Sie vornehmen, damit in absteigender Reihenfolge sortiert wird?

Was hältst du von dem Pseudocode? Ergibt er einen Sinn?

Gespräch unter Büronachbarn, Fortsetzung ...

Judy: Ich glaube, ich verstehe die zwei Schleifen.

Joe: Hmm, da gibt es eine `while`-Schleife, und darin läuft eine `for`-Schleife.

Judy: Eins nach dem anderen: Die äußere `while`-Anweisung wird ausgeführt, solange die `swapped`-Variable den Wert `False` hat.

Joe: Genau. Für jeden Listendurchgang wird die `while`-Schleife einmal ausgeführt.

Judy: Aber in allen unseren Beispielen geschah das immer dreimal, oder?

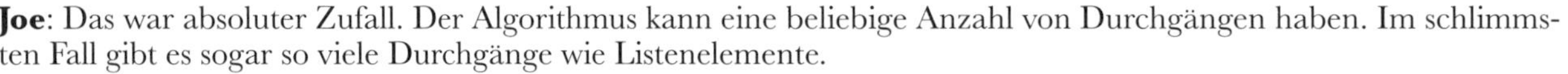

Joe: Das war absoluter Zufall. Der Algorithmus kann eine beliebige Anzahl von Durchgängen haben. Im schlimmsten Fall gibt es sogar so viele Durchgänge wie Listenelemente.

Judy: Bei 100 Durchgängen müsste die `while`-Schleife also 100-mal ausgeführt werden?

Joe: Richtig.

Judy: Aber warum so oft?

Joe: Es kann sein, dass sich die Liste komplett in umgekehrter Reihenfolge befindet. Dafür werden so viele Durchgänge gebraucht.

Judy: Okay, verstanden. Jetzt zur inneren `for`-Schleife. Was passiert da?

Joe: Die `for`-Schleife geht die einzelnen Listenelemente durch und vergleicht sie mit dem jeweils folgenden Element. Hat das erste Element einen größeren Wert, werden beide gegeneinander ausgetauscht.

Judy: Das heißt ja, die `for`-Schleife iteriert auch über alle Listenelemente, und zwar nicht nur im schlimmsten Fall, sondern immer.

Joe: Technisch gesehen über die Anzahl der Elemente minus eins, aber grundsätzlich ja.

Judy: Für eine große Liste kommt da eine Menge Iterationen zusammen.

Joe: Auf jeden Fall. Bei deinem Beispiel mit 100 Elementen werden schlimmstenfalls 100 Durchgänge gebraucht, bei denen jeweils alle 100 Elemente miteinander verglichen werden. Das heißt, wir haben 100 x 100 = 10.000 Vergleiche.

Judy: Oh ha!

Joe: Ja, Bubble Sort ist mehr für seine Einfachheit als für seine Effizienz bekannt. Warum verbringen deiner Meinung nach so viele Leute ihre Zeit damit, schnelle Sortieralgorithmen zu entwickeln? Zum Glück sind unsere Listen nur sehr klein. Es ist also für uns kein Problem und ein vollkommen akzeptabler Weg, die Elemente per Bubble Sort zu sortieren.

Judy: In Ordnung. Die einzige andere Sache, die in der `for`-Schleife noch passiert, ist, dass die `swapped`-Variable wieder den Wert `True` bekommt, wenn wir Werte vertauscht haben, richtig?

Joe: Bingo.

SEIEN Sie der Interpreter

Spielen Sie mit diesen Codestücken, als wären Sie der Python-Interpreter. Gehen Sie die Beispiele Schritt für Schritt durch und werten Sie sie (im Kopf) aus. Wenn Sie mit der Übung fertig sind, sehen Sie am Ende des Kapitels nach, ob Sie richtig lagen.

```
for i in range(0,4):
    for j in range(0,4):
        print(i * j)
```

```
for word in ['ox', 'cat', 'lion', 'tiger', 'bobcat']:
    for i in range(2, 7):
        letters = len(word)
        if (letters % i) == 0:
            print(i, word)
```

Wissen Sie noch? Der Modulo-Operator findet den Restwert einer Division. 4%2 wäre z.B. 0, während 4%3 das Ergebnis 1 hat.

```
full = False

donations = []
full_load = 45

toys = ['robot', 'doll', 'ball', 'slinky']

while not full:
    for toy in toys:
        donations.append(toy)
        size = len(donations)
        if (size >= full_load):
            full = True

print('Full with', len(donations), 'toys')
print(donations)
```

Bubble Sort in Python implementieren

Unser Pseudocode ist schon sehr nah an tatsächlichem Code. Daher sollte die Übersetzung in Python kein Problem sein. Schauen wir mal:

Hier ist unsere Funktion, die eine Python-Liste übernimmt.

```
def bubble_sort(scores):
    swapped = True

    while swapped:
        swapped = False
        for i in range(0, len(scores)-1):
            if scores[i] > scores[i+1]:
                temp = scores[i]
                scores[i] = scores[i+1]
                scores[i+1] = temp
                swapped = True
```

Wir setzen die Variable swapped auf True, um den ersten Durchgang zu starten.

Die while-Schleife wird so lange ausgeführt, wie swapped den Wert True hat.

Unsere verschachtelte Schleife: eine for-Schleife in einer while-Schleife.

Wir gehen dann die gesamte Liste durch, um die Werte zu vergleichen und bei Bedarf zu vertauschen.

Genau wie der Code zum Tauschen von Variablen aus Kapitel 2!

Hier gibt es nichts zurückzugeben, da wir nur die Werte der Liste vertauscht haben, d. h., wir haben die Werte der Ursprungsliste so verändert, dass sie nun sortiert sind.

Probefahrt

Zuerst erstellen wir eine neue Datei namens *sort.py*. Kopieren Sie den Code von oben hinein und fügen Sie den unten stehenden Code hinzu:

```
scores = [60, 50, 60, 58, 54, 54,
          58, 50, 52, 54, 48, 69,
          34, 55, 51, 52, 44, 51,
          69, 64, 66, 55, 52, 61,
          46, 31, 57, 52, 44, 18,
          41, 53, 55, 61, 51, 44]

bubble_sort(scores)
print(scores)

smoothies = ['coconut', 'strawberry', 'banana', 'pineapple']
bubble_sort(smoothies)
print(smoothies)
```

Pythons >-Vergleich funktioniert ebenfalls mit Strings. Die sort-Funktion kann also auch unsere Smoothies sortieren.

Python 3.6.4 Shell

```
[18, 31, 34, 41, 44, 44, 44, 46, 48, 50,
50, 51, 51, 51, 52, 52, 52, 52, 53, 54,
54, 54, 55, 55, 55, 57, 58, 58, 60, 60,
61, 61, 64, 66, 69, 69]
['banana', 'coconut', 'pineapple',
'strawberry']
>>>
```

Schön! Das sieht schon sehr sortiert aus.

Noch eine Probefahrt

Wir brauchen eine Liste der Seifenblasenmischungen mit den besten Messergebnissen zuerst (also in **absteigender** Reihenfolge). Hierfür können wir den Vergleich in der `sort`-Funktion einfach von > in < ändern. Nehmen Sie die Änderungen vor und machen Sie einen weiteren Testlauf.

```
def bubble_sort(scores):
    swapped = True

    while swapped:
        swapped = False
        for i in range(0, len(scores)-1):
            if scores[i] < scores[i+1]:
                temp = scores[i]
                scores[i] = scores[i+1]
                scores[i+1] = temp
                swapped = True
```

Mehr brauchen wir nicht für eine absteigende Sortierung. Aber wie funktioniert das?

Wunderbar. Sortierung in absteigender Reihenfolge.

```
Python 3.6.4 Shell
[69, 69, 66, 64, 61, 61, 60, 60, 58, 58,
57, 55, 55, 55, 54, 54, 54, 53, 52, 52,
52, 52, 51, 51, 51, 50, 50, 48, 46, 44,
44, 44, 41, 34, 31, 18]
['strawberry', 'pineapple', 'coconut',
'banana']
>>>
```

Ich glaube, wie haben es fast geschafft. Jetzt müssen wir nur noch den Bericht mit den fünf besten Mischungen erstellen und die Ergebnisse zusammen mit ihrer Nummer ausgeben.

Frank: Klasse! Joe hat den Sortiercode fertig geschrieben! Aber irgendetwas fehlt noch. Wir sortieren die Ergebnisliste, aber wir kennen nicht den ursprünglichen Index für das jeweilige Ergebnis. Wie kommen wir an die Nummer des Ergebnisses? Die brauchen wir für den Bericht auf jeden Fall.

Judy: Gut gesehen. Wir könnte das gehen?

Frank: Joe ist hier vielleicht der Rockstar, aber ich habe eine Idee: Vielleicht können wir eine parallele Liste mit dem Namen `solutions_numbers` erstellen, bei der jeder Wert der Liste ihrem Index entspricht, z. B. `[0, 1, 2, 3, ..., 35]`. Wenn wir die Ergebnisse sortieren, könnten wir die zweite Liste auf genau die gleiche Weise sortieren. Am Ende hat die Ergebnisnummer dadurch die gleiche relative Position wie das dazugehörige Ergebnis.

Judy: Aber wie erstellen wir eine Liste, bei der Werte und Indizes gleich sind?

Frank: Weißt du noch? Dafür kannst du `range` und `list` zusammen benutzen. Schau mal:

```
number_of_scores = len(scores)
solution_numbers = list(range(number_of_scores))
```

Die Länge der Liste ermitteln.

Erstelle einen Zahlenbereich von 0 bis zur Länge der Liste (minus 1) und benutze dann die Listenfunktionen, um den Bereich in eine Liste umzuwandeln: [0, 1, 2, ...].

Judy: Interessant. Ich *glaube*, so langsam verstehe ich, was Du meinst.

Frank: Manche Dinge lassen sich besser direkt am Code erklären. Hier, sieh dir das mal an:

Die Nummern der Seifenblasenmischungen berechnen

Frank hatte recht. Es gibt eine Möglichkeit, die Ergebnisse der Seifenblasentests zu sortieren. Beim Sortieren gehen uns jedoch die Ergebnisnummern verloren (weil wir bisher immer den Index des Ergebnisses benutzt haben). Also erstellen wir eine zweite Liste, die jeweils die entsprechende Ergebnisnummer enthält. Wenn wir die Ergebnisse sortieren, sortieren wir die Nummernliste parallel dazu auf die gleiche Weise. Sehen wir uns dazu diesen Code an:

Zuerst sorgen wir dafür, dass unsere bubble_sort-Funktion zwei Listen akzeptiert: scores und die dazugehörigen Nummern in numbers.

```
def bubble_sort(scores, numbers):
    swapped = True

    while swapped:
        swapped = False
        for i in range(0, len(scores)-1):
            if scores[i] < scores[i+1]:
                temp = scores[i]
                scores[i] = scores[i+1]
                scores[i+1] = temp
                temp = numbers[i]
                numbers[i] = numbers[i+1]
                numbers[i+1] = temp
                swapped = True

scores = [60, 50, 60, 58, 54, 54,
          58, 50, 52, 54, 48, 69,
          34, 55, 51, 52, 44, 51,
          69, 64, 66, 55, 52, 61,
          46, 31, 57, 52, 44, 18,
          41, 53, 55, 61, 51, 44]

number_of_scores = len(scores)
solution_numbers = list(range(number_of_scores))

bubble_sort(scores, solution_numbers)
```

Alles funktioniert genau wie vorher …

… außer dass wir beim Tausch zweier Werte in der scores-Liste die entsprechenden Werte in der numbers-Liste tauschen.

Wenn Ihnen das wie duplizierter Code vorkommt, haben Sie recht. Wir werden im folgenden Kapitel sehen, wie man duplizierten Code entfernen kann.

Hier erstellen wir nur die solution_numbers-Liste, die die Nummern der Mischungen enthält (und auf ihren Ursprungsindex in der scores-Liste abbildet).

Jetzt übergeben wir beim Aufruf von sort beide Listen.

Ernsthaftes Coden

Wie würden Sie einen Ausdruck wie den unten stehenden auswerten? Von innen nach außen:

```
list(range(number_of_scores))
```

Wird zur Länge der Ergebnisse in Ganzzahlen ausgewertet: 36.

Wird zum Zahlenbereich 0 bis 35 ausgewertet.

Wertet eine Liste mit den Zahlen 0 bis 35 aus.

Spitzen Sie Ihren Bleistift

Jetzt erzeugt unser Code zwei Listen: eine mit den sortierten Ergebnissen und eine mit den dazugehörigen Ergebnisnummern. Schreiben Sie den Code, um anhand dieser zwei Listen den Bericht zu erstellen.

```
Top Bubble Solutions
1) Bubble solution #10 score: 68
2) Bubble solution #12 score: 60
3) Bubble solution #2 score: 57
4) Bubble solution #31 score: 50
5) Bubble solution #3 score: 34
```

Nicht vergessen: Der Bericht soll so aussehen. Außerdem sind dies nicht die richtigen Daten für den Bericht, sondern nur ein Modell vom CEO.

Probefahrt

Nehmen Sie den Code aus der letzten »Spitzen Sie Ihren Bleistift«-Übung (unten noch mal wiederholt) und bauen Sie ihn in Ihre *sort.py*-Datei ein. Ersetzen Sie dabei den Testcode durch diese neuen Anweisungen und machen Sie eine Probefahrt.

```
print('Top Bubble Solutions')
for i in range(0,5):
    print(str(i+1) + ')',
          'Bubble solution #' + str(solution_numbers[i]),
          'score:', scores[i])
```

Python 3.6.4 Shell

```
Top Bubble Solutions
1) Bubble solution #11 score: 69
2) Bubble solution #18 score: 69
3) Bubble solution #20 score: 66
4) Bubble solution #19 score: 64
5) Bubble solution #23 score: 61
>>>
```

Genau wie der CEO es wollte. Der wird sich sicher freuen!

Ich werde nicht nur Preise für die fünf besten Seifenblasenmischungen vergeben, sondern SIE erhalten ebenfalls einen Preis. Bubbles-R-Us wäre niemals so erfolgreich, wenn Sie uns mit Ihrem Code nicht all das Unternehmenswissen verschafft hätten!

Gute Arbeit.

Das war ein kurzes, aber anspruchsvolles Kapitel. Sie mussten eine Reihe neuer Konzepte verinnerlichen. Geben Sie Ihrem Hirn etwas Zeit, alles etwas sacken zu lassen. Und rühren Sie mehr von der Seifenblasenmischung Nr. 11 zusammen. Dabei kann man sich prima entspannen und etwas vollkommen anderes tun. Ruhen Sie sich aus. Und danach können Sie dieses Kapitel sogar vielleicht noch einmal kurz wiederholen, bevor Sie weiterlesen.

Natürlich sind wir noch nicht ganz fertig. Sie haben noch eine harte Nuss vor sich und die »Punkt für Punkt«-Liste.

Punkt für Punkt

- Es gibt eine Menge Sortieralgorithmen. Alle haben verschiedene Vor- und Nachteile bei Komplexität und Platz-/Zeiterwägungen.
- Bubble Sort ist ein einfacher Sortieralgorithmus, der eine Liste mehrmals durchgeht, dabei die Werte vergleicht und falls nötig gegeneinander austauscht.
- Bubble Sort ist fertig, wenn ein Durchgang durch eine Liste keine Elemente mehr findet, die getauscht werden müssen.
- Die meisten Sprachen und verschiedene Bibliotheken stellen Sortierfunktionen zur Verfügung.
- Eine Schleife in einer Schleife nennt man **verschachtelte Schleife**.
- Verschachtelte Schleifen erhöhen oft die Laufzeit und die Komplexität eines Algorithmus.
- Es lohnt sich, Sortieralgorithmen genauer zu untersuchen, zum Beispiele solche, die es in den Bibliotheken zu Ihrer Programmiersprache bereits gibt …, also die, ähh … Oh! Moment mal …!

Das werdet ihr nicht glauben. Ich wollte Greg gerade sagen, dass wir das Problem gelöst haben, aber er war schneller. Er musste dafür nicht mal viel Code schreiben, sondern hat einfach Pythons eingebaute sort-Funktion benutzt!

Die meisten Sprachen besitzen eine eingebaute Sortierfunktion.

Richtig gelesen. Die meisten modernen Programmiersprachen und viele Bibliotheken stellen von Haus aus Sortierfunktionen bereit. Deshalb gibt es selten einen Grund, eigene Sortieralgorithmen zu programmieren. Zum einen würden Sie das Rad neu zu erfinden versuchen, zum anderen sind die mitgelieferten Sortierfunktionen meistens auch raffinierter (und effizienter) als Bubble Sort. Außerdem ist der Implementierungsaufwand in der Regel wesentlich höher. Falls Sie sich also nicht gerade leidenschaftlich für Sortieralgorithmen interessieren, wäre es besser, wenn Sie sich mit dem aktuellen Problem befassten, oder?

Trotzdem haben wir auf den letzten zehn Seiten unsere Zeit nicht verschwendet, denn die Techniken, die Sie bei der Implementierung von Bubble Sort kennengelernt haben, z. B. verschachtelte Schleifen, bilden den Kern der Implementierung vieler anderer Algorithmen. Sollten Sie die Sortierung oder verwandte Algorithmen genauer studieren wollen, ist Bubble Sort außerdem ein üblicher Startpunkt.

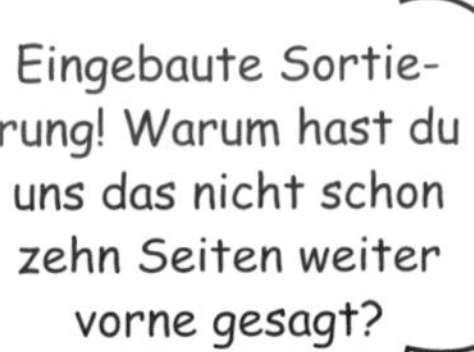

In Python können Sie eine Liste einfach durch einen Aufruf der sort-Funktion sortieren, wie hier:

```
scores.sort()
```

Wenn Sie die Sortierung interessiert, sollten Sie sich die vielen verschiedenen Sortieralgorithmen und ihre Vor- und Nachteile genauer anschauen. Sie werden sehen, dass es bei jedem Algorithmus eine Beziehung zwischen Ausführungsdauer und benötigtem Arbeitsspeicher gibt. Einige bekanntere Sortieralgorithmen sind beispielsweise Insertion Sort, Merge Sort und Quicksort, um nur ein paar zu nennen. Python benutzt intern den Timsort-Algorithmus, ein Hybrid aus Merge- und Insertion Sort. Ein guter Startpunkt für Ihre Studien ist hier: https://de.wikipedia.org/wiki/Sortierverfahren.

Üben Sie sich in tiefem Nachdenken, bevor Sie Kapitel 4, Teil 2 abschließen ...

Das Pitagora-Suitchi 2

Das Pitagora-Suitchi ist schon ein seltsames Ding. Es dengelt und scheppert, und manchmal klonkt es auch. Aber was es tatsächlich tut, wissen wir auch nicht so genau. Manche Programmierer behaupten, sie wüssten, wie es funktioniert. Können Sie den Code knacken und herausfinden, was hier wirklich passiert?

```
characters = 'taco'

output = ''
length = len(characters)
i = 0
while (i < length):
    output = output + characters[i]
    i = i + 1

length = length * -1
i = -2

while (i >= length):
    output = output + characters[i]
    i = i - 1

print(output)
```

Wir haben nur die Liste verändert. Jetzt ist es ein String. Aber der Code funktioniert trotzdem. Warum nur?

Probieren Sie diese Strings als Ersatz für die oben genannten Zeichenwerte:

characters = 'amanaplanac'

oder

characters = 'wasitar'

Wieso funktioniert dieser Code mit Listen UND mit Strings? Wir überlassen Ihnen die Beantwortung dieser tiefsinnigen Frage und werden einige Antworten in Kapitel 6 (und danach) enthüllen.

Spitzen Sie Ihren Bleistift

Lösung

Hoffentlich haben Sie ein gutes Gefühl für den Einsatz des Bubble Sort-Algorithmus bekommen. Lassen Sie uns jetzt ein wenig üben. Benutzen Sie Ihr neu erworbenes Wissen und sortieren Sie die unten stehende Liste. Demonstrieren Sie Ihre Arbeit auf die gleiche Weise, wie wir das auf den Seiten 228 und 229 getan haben. Das wird Ihnen helfen, das Verstandene fest im Kopf zu verankern.

```
['coconut', 'strawberry', 'banana', 'pineapple']
```

Hier ist die Liste. Lassen Sie sich nicht von den Strings durcheinanderbringen; vergleichen Sie sie einfach alphabetisch (oder »lexikografisch«, wie die Computerwissenschaftler sagen, also in Wörterbuch-Reihenfolge).

Durchgang 1

```
['coconut', 'strawberry', 'banana', 'pineapple']
```
Keine Änderung.

```
['coconut', 'strawberry', 'banana', 'pineapple']
```
Tauschen.

```
['coconut', 'banana', 'strawberry', 'pineapple']
```
Tauschen.

```
['coconut', 'banana', 'pineapple', 'strawberry']
```

Jeden Index mit dem folgenden vergleichen und dabei über die Liste iterieren. Tauschen, wenn der erste Wert früher im Alphabet kommt als der zweite.

In Durchgang 1 wurde etwas getauscht, also brauchen wir Durchgang 2.

Durchgang 2

```
['coconut', 'banana', 'pineapple', 'strawberry']
```
Tauschen.

```
['banana', 'coconut', 'pineapple', 'strawberry']
```
Keine Änderung.

```
['banana', 'coconut', 'pineapple', 'strawberry']
```
Keine Änderung.

```
['banana', 'coconut', 'pineapple', 'strawberry']
```

In Durchgang 2 wurde etwas getauscht, also brauchen noch einen dritten.

Durchgang 3

```
['banana', 'coconut', 'pineapple', 'strawberry']
```
Keine Änderung.

```
['banana', 'coconut', 'pineapple', 'strawberry']
```
Keine Änderung.

```
['banana', 'coconut', 'pineapple', 'strawberry']
```
Keine Änderung.

```
['banana', 'coconut', 'pineapple', 'strawberry']
```

In Durchgang 3 gab es keinen Tausch. Wir sind fertig, und die Liste ist sortiert.

SEIEN Sie der Interpreter, LÖSUNG

Spielen Sie mit diesen Codestücken, als wären Sie der Python-Interpreter. Gehen Sie die Beispiele Schritt für Schritt durch und werten Sie sie (im Kopf) aus. Hier sind unsere Lösungen:

```
for i in range(0,4):
    for j in range(0,4):
        print(i * j)
```

```
Python 3.6.4 Shell
0
0
0
0
0
1
2
3
0
2
4
6
0
3
6
9
>>>
```

```
for word in ['ox', 'cat', 'lion', 'tiger', 'bobcat']:
    for i in range(2, 7):
        letters = len(word)
        if (letters % i) == 0:
            print(i, word)
```

```
Python 3.6.4 Shell
2 ox
3 cat
2 lion
4 lion
5 tiger
2 bobcat
3 bobcat
6 bobcat
>>>
```

```
full = False

donations = []
full_load = 45

toys = ['robot', 'doll', 'ball', 'slinky']

while not full:
    for toy in toys:
        donations.append(toy)
        size = len(donations)
        if (size >= full_load):
            full = True

print('Full with', len(donations), 'toys')
print(donations)
```

```
Python 3.6.4 Shell
Full with 48 toys
['robot', 'doll', 'ball', 'slinky', 'robot', 'doll',
'ball', 'slinky', 'robot', 'doll', 'ball', 'slinky',
'robot', 'doll', 'ball', 'slinky', 'robot', 'doll',
'ball', 'slinky', 'robot', 'doll', 'ball', 'slinky',
'robot', 'doll', 'ball', 'slinky', 'robot', 'doll',
'ball', 'slinky', 'robot', 'doll', 'ball', 'slinky',
'robot', 'doll', 'ball', 'slinky', 'robot', 'doll', 'ball',
'slinky', 'robot', 'doll', 'ball', 'slinky']
>>>
```

Spitzen Sie Ihren Bleistift

Lösung

Jetzt erzeugt unser Code zwei Listen: eine mit den sortierten Ergebnissen und eine mit den dazugehörigen Ergebnisnummern. Schreiben Sie den Code, um anhand dieser zwei Listen den Bericht zu erstellen.

```
Top Bubble Solutions
1) Bubble solution #10 score: 68
2) Bubble solution #12 score: 60
3) Bubble solution #2 score: 57
4) Bubble solution #31 score: 50
5) Bubble solution #3 score: 34
```

Die Überschrift ausgeben.

```
print('Top Bubble Solutions')
for i in range(0,5):
    print(str(i+1) + ')',
        'Bubble solution #' + str(solution_numbers[i]),
        'score:', scores[i])
```

Fünfmal über die fünf besten Ergebnisse iterieren.

Für jede Ausgabezeile wird das Endergebnis der Mischung mit dem Wert i plus 1, der Nummer der Mischung aus der solution_numbers-Liste und dem Ergebnis aus der scores-Liste ausgegeben.

6 Text, Strings und Heuristiken

Die Einzelteile verbinden

Sie haben schon eine Menge Superkräfte erworben. Jetzt geht es darum, sie auch zu benutzen. In diesem Kapitel werden wir alle bisher gelernten Dinge miteinander koppeln, um damit **ziemlich coolen Code** zu schreiben. Außerdem erweitern wir Ihr Wissen und Ihre Programmierfähigkeiten. In diesem Kapitel lernen Sie, Code zu schreiben, der **sich etwas Text schnappt**, ihn in seine Einzelteile zerlegt und dann eine **Datenanalyse** daran durchführt. Außerdem erfahren Sie, was eine **Heuristik** ist. Schnallen Sie sich an, denn dies ein tiefergelegtes, hart getuntes Vollgas-Coding-Kapitel!

Und am Ende des Kapitels werden Sie sehen, wie viel Sie schon über das Programmieren gelernt haben!

Willkommen zu den Datenwissenschaften

Haben Sie schon mal von Datenwissenschaften gehört? Dabei geht es darum, Wissen und Einsichten durch die Untersuchung von Daten zu erlangen. Und genau das wollen wir jetzt tun. Unsere Daten? Texte: Nachrichtenartikel, Blogposts, Bücher, alles, was von einem Autor geschrieben wird. Wir werden herausfinden, wie *lesbar* bestimmte Texte sind. Kann ein Fünftklässler sie lesen (und verstehen), oder braucht man dafür einen Doktortitel? Dank unserer App werden wir es bald wissen.

Um so eine Analyse vornehmen zu können, müssen wir richtig tief an die Eingeweide des Texts heran. Wir untersuchen:

jeden Satz …

… und jedes Wort …

… und jede Silbe …

… und, nicht zu vergessen, jedes einzelne Zeichen des fraglichen Texts!

Die Analyse gibt uns einen Messwert, aus dem sich die Lesbarkeit ablesen lässt, von einem Fünftklässler bis zum Hochschulabsolventen. Wir wollen gleich mal sehen, wie das im Einzelnen funktionieren kann …

Wie berechnet man einen Lesbarkeitsindex?

Zum Glück hat diese Frage schon jemand beantwortet. Das US-Militär hat diese Formel über Jahre getestet, um die Lesbarkeit von Dingen wie Gebrauchsanweisungen für Panzer (glauben wir jedenfalls) herauszufinden. Und das funktioniert so: Nehmen Sie den gewünschten Text und wenden Sie die folgende Formel darauf an, um seinen *Lesbarkeitsindex* zu bestimmen. Wir kommen sofort dazu, was dieser Index aussagt. Zuerst aber die Formel:

Das ist kein Witz. Sie können das hier nachlesen: https://de.wikipedia.org/wiki/Lesbarkeitsindex

Ehre, wem Ehre gebührt. Diese Formel wurde 1948 von Rudolph Flesch entwickelt. Dr. Flesch war selbst Autor und verdiente sich seinen Doktorgrad (Ph.D.) in Englisch an der Columbia University.

Für die Formel müssen wir drei verschiedene Zahlen berechnen (wir verwenden hier übrigens Dezimalpunkte).

Wir beginnen mit der Anzahl der Wörter im Text, die an zwei Stellen in der Formel verwendet wird.

Und wir müssen die Anzahl aller Silben im Text bestimmen.

$$206.835 - 1.015 \left(\frac{\textbf{Anzahl Wörter}}{\textbf{Anzahl Sätze}} \right) - 84.6 \left(\frac{\textbf{Anzahl Silben}}{\textbf{Anzahl Wörter}} \right)$$

Außerdem müssen wir die Gesamtzahl der Sätze berechnen.

Sobald wir diese Werte berechnet haben, besteht die Formel nur noch aus Standardmultiplikationen, -divisionen und -subtraktionen sowie ein paar Fließkommawerten wie 84.6.

Wenn Sie fragen, wo Zahlen wie 206.835 herkommen, antworten wir nur: aus Jahren der Forschung (siehe den oben stehenden Wikipedia-Artikel).

Angenommen, Sie müssten einen Werbetext schreiben. Welchen Wert sollte er haben?

Nachdem wir anhand dieser Formel einen Wert berechnet haben, benutzen wir diese Tabelle, um daraus die Lesbarkeit zu ermitteln:

Index	Bildungsgrad	Bemerkungen
100.00–90.00	5. Klasse	Sehr leicht lesbar. Von einem 11-jährigen Schüler gut zu verstehen.
90.0–80.0	6. Klasse	Leicht lesbar. Für Verbraucher geeignet.
80.0–70.0	7. Klasse	Mittelleicht.
70.0–60.0	8. und 9. Klasse	Mittel. Einfach zu verstehen für 13- bis 15-Jährige.
60.0–50.0	10. bis 12. Klasse	Schwer lesbar.
50.0–30.0	Akademiker	Sehr schwer lesbar.
30.0–0.0	Hochschulabschluss	Sehr schwer zu lesen. Am besten verständlich für Hochschulabsolventen.

Je höher der Wert, desto leichter ist der Text lesbar.

Sie finden die deutschsprachige Version dieses Diagramms unter der oben genannten Wikipedia-URL.

Der große Plan

Auf den ersten Blick müssen wir zum Ermitteln der Lesbarkeit einfach nur die Formel anwenden. Schauen wir aber genauer hin, sehen wir, dass wir vorher die Schlüsselwerte (Anzahl der Wörter usw.) brauchen, damit die Formel funktioniert. Und da kommt das Programmieren ins Spiel. Um die Formel zu vervollständigen, müssen wir:

1. Die Anzahl der Wörter im Text ermitteln: Wir müssen den Text in einzelne Wörter aufteilen und diese zählen.

One of the first rules for a guide in polite conversation, is to avoid political or religious discussions in general society. Such discussions lead almost invariably to irritating differences of opinion, often to open quarrels, and a coolness of feeling which might have been avoided by dropping the distasteful subject as soon as marked differences of opinion arose. It is but one out of many that can discuss either political or religious differences, with candor and judgment, and yet so far control his language and temper as to avoid either giving or taking offence.

2. Die Anzahl der Sätze im Text berechnen: Wir müssen den Text in einzelne Sätze aufteilen und diese zählen.

One of the first rules for a guide in polite conversation, is to avoid political or religious discussions in general society. Such discussions lead almost invariably to irritating differences of opinion, often to open quarrels, and a coolness of feeling which might have been avoided by dropping the distasteful subject as soon as marked differences of opinion arose. It is but one out of many that can discuss either political or religious differences, with candor and judgment, and yet so far control his language and temper as to avoid either giving or taking offence.

3. Die Anzahl der Silben im Text berechnen: Hierfür müssen wir für jedes Wort herausfinden, wie viele Silben es enthält, und dann alle Silben im Text addieren.

to irritating differences of
open quarrels, and a coolness
by dropping the distasteful
opinion arose. It is but one
differences, with candor and

Fällt Ihnen ein Algorithmus ein, mit dem wir die Anzahl der Silben in einem beliebigen Wort berechnen können? Gehen Sie davon aus, dass Sie nicht auf ein großes Wörterbuch zurückgreifen können. Schreiben Sie den Algorithmus hier in Pseudocode auf.

Das ist sicher keine leichte Aufgabe. Tun Sie trotzdem Ihr Bestes, um das Problem zu durchdenken. Geben Sie sich fünf Minuten, um die bestmögliche Antwort zu finden.

Ein bisschen Pseudocode

Für die Implementierung schreiben wir zunächst etwas Pseudocode. Wir bleiben dabei recht allgemein; die Details bauen wir nach und nach mit ein. Die Logik dieses Codes ist recht unkompliziert (wie bei einem Spiel). Unsere Aufgabe ist es eher, die Zahlen für die Lesbarkeitsformel zu berechnen (was auch schon eine Menge Arbeit sein wird). Folgen Sie unseren Gedanken, während wir den Pseudocode schreiben. Wie gesagt, es gibt viele Arten von Pseudocode. Hier sind wir ziemlich formal und schon recht nah am eigentlichen Code.

Diesen Code packen wir am besten gleich in eine Funktion.

Dieser Funktion übergeben wir den Text des Buchs ... Wie das geht, müssen wir noch herausfinden.

Viele Werte, die in unserer Formel berechnet werden müssen, kennen wir schon. Hierfür erstellen wir passende lokale Variablen sowie die Variable score, die unser Endergebnis enthält.

```
DEFINIERE eine Funktion compute_readability(text):

    DEKLARIERE die Variable total_words und setze sie auf 0.
    DEKLARIERE die Variable total_sentences und setze sie auf 0.
    DEKLARIERE die Variable total_syllables und setze sie auf 0.
    DEKLARIERE die Variable score und setze sie auf 0.

    WEISE der Variablen total_words das Ergebnis des Aufrufs von count_words(text) zu.
    WEISE der Variablen total_sentences das Ergebnis des Aufrufs von function count_sentences(text) zu.
    WEISE der Variablen total_syllables das Ergebnis des Aufrufs von function count_syllables(text) zu.

    WEISE der Variablen score das Ergebnis von
        206.835 - 1.015 * (total_words / total_sentences) - 84.6 * (total_syllables / total_words) zu.

    FALLS (if) score >= 90.0:
        GIB AUS (print) 'Reading level of 5th Grade'
    ANSONSTEN, FALLS (elif) scores >= 80.0:
        GIB AUS (print) 'Reading level of 6th Grade'
    ANSONSTEN, FALLS (elif) scores >= 70.0:
        GIB AUS (print) 'Reading level of 7th Grade'
    ANSONSTEN, FALLS (elif) scores >= 60.0:
        GIB AUS (print) 'Reading level of 8-9th Grade'
    ANSONSTEN, FALLS (elif) scores >= 50.0:
        GIB AUS (print) 'Reading level of 10-12th Grade'
    ANSONSTEN, FALLS (elif) scores >= 30.0:
        GIB AUS (print) 'Reading level of College Student'
    ANSONSTEN (else):
        GIB AUS (print) 'Reading level of College Graduate'
```

EINRICHTUNG: Hier deklarieren wir die lokalen Variablen für unsere Funktion.

Danach müssen wir diese Werte berechnen. Dafür benutzen wir eine Funktion.

Wir berechnen alle benötigten Werte. Dabei gehen wir die Berechnungen jeweils separat an.

FORMEL: Wir haben alle Werte beisammen. Jetzt können wir die Formel zur Berechnung des Ergebnisses benutzen.

Sobald alle Werte berechnet sind, können wir den Lesbarkeitsindex ermitteln ...

... und dann das Bildungsniveau ermitteln.

ERGEBNIS: Wir haben einen Lesbarkeitsindex, den wir anhand der Tabelle zwei Seiten weiter oben in einen Bildungsgrad übersetzen.

Dies ist eine große if/elif/else-Anweisung, die basierend auf dem berechneten Lesbarkeitsindex den entsprechenden Bildungsgrad ausgibt.

Der Code zur Berechnung der Lesbarkeit könnte uns auch später nützlich sein. Daher packen wir ihn in eine Funktion, die wir später wiederverwenden können.

Dieser Code ist höchstwahrscheinlich in einer eigenen Funktion am besten aufgehoben.

Wir brauchen etwas Text zur Analyse

Bevor wir mit dem Programmieren beginnen, brauchen wir einen interessanten Text für unsere Analyse. Im Prinzip können Sie jeden beliebigen Text analysieren: Blogposts, Ihre eigenen Werke, Nachrichtenartikel, Bücher, was auch immer. Der halbe Spaß beim Schreiben dieses Codes ist die Analyse Ihrer Lieblingsnachrichtenseiten und -autoren. Damit Sie Ihre Ergebnisse mit unseren vergleichen können, ist es jedoch sinnvoll, die gleichen Texte zu verwenden wie wir. Machen wir uns also auf die Suche nach etwas Text, den wir gemeinsam untersuchen können.

Und warum testen wir uns dabei nicht gleich selbst? Wir benutzen die ersten Seiten dieses Buchs, zu finden in der Datei *ch6/text.txt*.

Zum Testen des Codes (und um uns selbst zu testen) verwenden wir den englischen Originaltext aus Kapitel 1 dieses Buchs.

Nur zu Erinnerung. In der Einführung zu diesem Buch erklären wir, wie und wo Sie die Beispiele herunterladen können. Da wir inzwischen in Kapitel 6 sind, haben Sie die Dateien sicher längst auf Ihrem Rechner gespeichert.

Mehrzeiligen Text in Python eingeben

Die Datei *ch6/text.txt* ist eine große Textdatei. Aber wie bekommen wir den Text in unseren Python-Code? Wie Sie Text mithilfe von Strings hinzufügen, wissen Sie schon:

```
text = 'The first thing that stands between you'
```

Das Gleiche werden wir mit dem Text in *ch6/text.txt* tun. Hierfür benutzen wir eine Python-Konvention für die Eingabe von mehrzeiligen Strings. Wir verwenden dreifache Anführungszeichen, wie hier:

Geben Sie jetzt noch nichts in IDLE ein. Das machen wir auf der folgenden Seite.

Beginnen Sie den Text mit drei Anführungszeichen, entweder einfachen (') oder doppelten (").

Dann geben Sie den gesamten String, inklusive der Zeilenumbrüche ein.

```
text = """The first thing that stands between you and writing your first, real,
piece of code, is learning the skill of breaking problems down into
achievable little actions that a computer can do for you."""
```

Natürlich müssen Sie darauf achten, dass der Text selbst keine dreifachen Anführungszeichen enthält, selbst wenn das ziemlich unwahrscheinlich ist.

Beendet wird der Text ebenfalls mit drei doppelten Anführungszeichen.

Danach können Sie den String benutzen wie sonst auch. Es ist nur ein einfacher String, der etwas mehr Text enthält als bisher. Wir nehmen den Anfang des ersten Kapitels im Original und packen ihn in einen String.

Nicht vergessen: Eine Python-Datei wird auch als Modul bezeichnet.

Übertragen Sie den Text aus *ch6/text.txt* in eine Python-Datei. Erstellen Sie hierfür in IDLE eine neue Datei und fügen Sie den unten stehenden Code ein. Für den Text aus Kapitel 1 öffnen Sie *ch6/text.txt* am besten ebenfalls in IDLE. Dann können Sie den Text einfach kopieren und in die neue Datei einfügen. Anschließend speichern Sie die neue Datei als *ch1text.py*.

Wenn Sie Ihren Code jetzt ausführen, sollte der gesamte Artikel in der Shell ausgegeben werden.

Beginnen Sie mit dem Namen der Stringvariablen, gefolgt von einem Gleichheitszeichen, gefolgt von drei Anführungszeichen. Danach fügen Sie den Text aus der text.txt-Datei ein.

```
text = """The first thing that stands between you and writing your first, real,
piece of code, is learning the skill of breaking problems down into
achievable little actions that a computer can do for you. Of course,
you and the computer will also need to be speaking a common language,
but we'll get to that topic in just a bit.

Now breaking problems down into a number of steps may sound a new
skill, but its actually something you do every day. Let's look at an
example, a simple one: say you wanted to break the activity of fishing
down into a simple set of instructions that you could hand to a robot,
who would do your fishing for you. Here's our first attempt to do that,
check it out:

.
.
.

You're going to find these simple statements or instructions are the
first key to coding, in fact every App or software program you've ever
used has been nothing more than a (sometimes large) set of simple
instructions to the computer that tell it what to do."""

print(text)
```

Wir lassen ein paar Bäume am Leben und geben hier nicht den gesamten Text wieder.

Vergessen Sie nicht die abschließenden drei Anführungszeichen.

Am besten geben wir den Text aus, um zu sehen, ob alles richtig funktioniert.

Die Funktion erstellen

Als Erstes wollen wir uns um die `compute_readability`-Funktion kümmern. Hierfür übersetzen wir den Teil EINRICHTUNG nach Python:

```
def compute_readability(text):
    total_words = 0
    total_sentences = 0
    total_syllables = 0
    score = 0
```

Wie in unserem Pseudocode haben wir eine Funktion, die text als Parameter übernimmt.

Außerdem haben wir lokale Variablen erstellt, die wichtige Werte in dieser Funktion enthalten sollen.

Übertragen Sie diesen Code in eine neue Datei namens *analyze.py*.

Dann rufen Sie `compute_readability` auf und übergeben der Funktion den Text in *ch1text.py*. Aber wie? Schließlich befindet sich der Text *in einer anderen Datei*. Wie Sie wissen, gilt jede Datei mit der Endung *.py* als Python-Modul. Außerdem kennen wir aus der Vergangenheit bereits die `import`-Anweisung, um Python-Module einzubinden. Diesmal wollen wir den Code aus *ch1text.py* in unsere *analyze.py*-Datei importieren. Sobald das getan ist, können wir auf die Variablen und Funktionen des Moduls in unserem Code zugreifen. Hierfür müssen wir ihren Namen nur den Namen des Moduls voranstellen. Sehen Sie mal:

Wie Sie wissen, ist ein Python-Modul einfach nur eine Datei mit der Endung .py, die Python-Code enthält.

Im folgenden Kapitel gehen wir genauer auf die Funktionsweise von Modulen ein.

Durch den Aufruf von import können wir die ch1text.py-Datei in unseren Code einbinden.

```
import ch1text

def compute_readability(text):
    total_words = 0
    total_sentences = 0
    total_syllables = 0
    score = 0

compute_readability(ch1text.text)
```

Nur zur Erinnerung: Wir haben eine Funktion mit dem Namen compute_readability definiert, die einen Parameter namens text besitzt und einige lokale Variablen deklariert.

Wir rufen compute_readability auf und übergeben ihr den Textstring aus der ch1text-Datei.

Um auf die text-Variable in der Datei ch1text zugreifen zu können, müssen wir ihr den Modulnamen ch1text voranstellen.

Dann rufen wir die Funktion auf und übergeben ihr die Variable text aus dem `ch1txt`-Modul (d. h. aus der `ch1text.py`-Datei).

Probefahrt

Probieren wir das gleich einmal aus, um sicherzustellen, dass alles richtig funktioniert. Bauen Sie hierfür die `print`-Anweisung aus *ch1text.py* in Ihre *analyze.py*-Datei ein. Die Anweisung sollte sich innerhalb der `compute_readability`-Funktion befinden. Die Ausgabe muss exakt die gleiche sein wie beim Test von *ch1text.py*.

```
import ch1text

def compute_readability(text):
    total_words = 0
    total_sentences = 0
    total_syllables = 0
    score = 0

    print(text)

compute_readability(ch1text.text)
```

Bauen Sie das in Ihre compute_readability-Funktion ein.

```
Python 3.6.4 Shell
into pond", or "pull in the fish." But also notice that other
instructions are a bit different because they depend on a condition,
like »is the bobber above or below water?". Instructions might also
direct the flow of the recipe, like "if you haven't finished fishing,
then cycle back to the beginning and put another worm on the hook."
Or, how about a condition for stopping, as in »if you're done« then go
home.

You're going to find these simple statements or instructions are the
first key to coding, in fact every App or software program you've ever
used has been nothing more than a (sometimes large) set of simple
instructions to the computer that tell it what to do.
>>>
```

Der Text aus Kapitel 1 sollte erneut in der Shell ausgegeben werden.

VERGESSSEN SIE NICHT, die print-Anweisung aus Ihrer ch1text.py-Datei wieder zu entfernen!

Als Erstes brauchen wir die Anzahl der Wörter in unserem Text

Nach unserem Pseudocode müssen wir für unsere Lesbarkeitsformel zuerst die Anzahl der Wörter im Text ermitteln. Um das zu berechnen, müssen Sie Ihr Programmierwissen etwas erweitern. Sie können bereits Strings durch Verkettung miteinander *kombinieren*. Wir müssen die Strings aber *auftrennen*. Hierfür unterstützen Python-Strings eine praktische Funktion mit dem Namen `split`. Sie kann einen String in einzelne Wörter aufteilen (Programmierer nennen das *Substrings*), die wir in einer Liste speichern wollen. `split` funktioniert folgendermaßen:

Offenbar ist split gut geeignet, um unseren Text in einzelne Wörter aufzutrennen.

```
Python 3.6.4 Shell
['I', 'heard', 'you', 'on',
'the', 'wireless', 'back',
'in', 'fifty', 'two']
>>>
```

Diese Liste enthält alle Wörter (oder Substrings) aus dem Originalstring.

❶ Ein beliebiger Text mit Whitespace-Zeichen.

```
lyrics = 'I heard you on the wireless back in fifty two'
words = lyrics.split()
print(words)
```

❷ Dann rufen wir die split-Funktion des Strings auf.

❸ Indem wir Whitespace (Leerzeichen, Tabulatoren, Zeilenumbrüche) als Trennzeichen benutzen, zerteilt split den String in eine Reihe von »Unter-Strings« (oder Substrings, wie die Fachleute sagen) und speichert sie in der Liste.

❹ Geben wir die Liste aus, um zu sehen, was split getan hat.

Gespräch unter Büronachbarn

Frank: Ich kapier's überhaupt nicht. Wir wollen die Wörter zählen, und dafür müssen wir den Text zuerst in eine Liste auftrennen?

Joe: Der Prozess besteht aus zwei Schritten, Frank. Erst müssen wir die einzelnen Wörter in der Liste speichern, und danach können wir zählen, wie viele Wörter die Liste enthält.

Frank: Das mit dem Zählen verstehe ich. Aber wie kann die `split`-Funktion uns Wörter zurückgeben?

Judy: Frank, genau das macht `split`. Es trennt einen String in einzelne Wörter auf und benutzt dabei Whitespace-Zeichen als Trennzeichen.

Frank: Das heißt, immer wenn `split` ein Leerzeichen, einen Tabulator oder einen Zeilenumbruch sieht, benutzt es dieses Zeichen, um herauszufinden, wo die Wortgrenzen sind.

Judy: Langsam fällt der Groschen …

Joe: Und sobald wir unseren String in einzelne Wörter aufgetrennt haben und diese in der Liste sind, können wir sie problemlos zählen.

Frank: Ah, richtig. Dafür können wir einfach die `len`-Funktion einsetzen, oder?

Joe: Das habe ich auch gerade gedacht.

Judy: Alles klar. Ich glaube, wir haben einen Plan. Wir benutzen `split`, um Kapitel 1 in einzelne Wörter aufzuteilen. Die speichern wir in einer Liste und nehmen dann die eingebaute `len`-Funktion, um die Wörter zu zählen.

Frank: Hmmm, das gefällt mir.

Es gibt keine Dummen Fragen

F: Wenn ich das richtig verstehe, übernimmt split einen String und trennt ihn in einzelne Wörter auf, richtig?

A: Fast. split übernimmt einen String und trennt ihn in eine Reihe von Substrings auf. Hierbei werden Whitespace-Zeichen als Trennzeichen (bzw. *Delimiter*, wie die Informatiker sagen) verwendet. Findet split ein Leerzeichen, einen Tabulator oder einen Zeilenumbruch im String, betrachtet es diese als Trennzeichen, an denen der String aufgetrennt werden kann. Hierbei sind die resultierenden Substrings technisch gesehen keine Wörter. Es könnten auch Datumsangaben, tabellarische Daten, Zahlen oder etwas ganz anderes sein.

F: Was mache ich, wenn die einzelnen Elemente in meinem String nicht durch Whitespace-Zeichen, sondern beispielsweise durch Kommata getrennt sind?

A: Für split können verschiedene Substring-Delimiter angegeben werden. Sie könnten also auch ein Komma als Trennzeichen verwenden. Allerdings ist split nicht flexibel genug, um beispielsweise Whitespace und Kommata zu kombinieren. Die Details hierzu finden Sie in der Dokumentation zur split-Funktion. Auf die Benutzung der Python-Dokumentation gehen wir übrigens später erneut genauer ein. Zusätzlich gibt es noch einen anspruchsvolleren Weg, Wörter in einem Text zu finden: reguläre Ausdrücke, die wir im Anhang besprechen.

F: Helfen Sie mir noch mal mit der Syntax: Wie funktioniert lyrics.split() genau?

A: Im Moment müssen Sie nur wissen, dass Sie Datentypen Funktionen anhängen können. So besitzt der Datentyp String eine Funktion namens split. Wenn Sie also die Anweisung lyrics.split() sehen, heißt das, split wird auf den String in der Variablen lyrics angewandt. Wir kommen später im Buch noch genauer auf die Funktionsweise zu sprechen.

Spitzen Sie Ihren Bleistift

Nachdem Sie wissen, wie die `split`-Funktion arbeitet, können wir die `compute_readability`-Funktion erweitern. In unserem Pseudocode haben wir eine Funktion namens `count_words` (»Wörter zählen«) vorgesehen. Wie sich zeigt, reichen dank `split` schon zwei Codezeilen aus, um die Gesamtzahl der Wörter zu berechnen, daher verzichten wir hier auf eine eigene Funktion. Vollenden Sie den unten stehenden Code und vergleichen Sie Ihre Lösung mit unserer Version am Ende des Kapitels. Danach sollten Sie den Code testen.

```
import ch1text

def compute_readability(text):
    total_words = 0
    total_sentences = 0
    total_syllables = 0
    score = 0

    words = text.split()
    total_words = ________________

    print(words)
    print(total_words, 'words')
    print(text)

compute_readability(ch1text.text)
```

Jetzt können wir unseren Text in Wörter auftrennen.

Tipp: Frank, Joe, und Judy haben schon herausgefunden, wie das geht.

Für die Berechnung der Anzahl der Wörter reicht eine Codezeile. Sie brauchen sie nur zu Ende zu bringen.

Wir wollen alle Wörter und ihre Anzahl ausgeben. Außerdem entfernen wir die alte print-Anweisung. (Die Zeile `print(text)` ist durchgestrichen.)

Richtig. Standardmäßig trennt `split` Text nur an Whitespace-Zeichen. Und obwohl Sie für `split` auch ein eigenes Trennzeichen als zweiten Parameter angeben können, ist die Funktion nicht so implementiert, dass Sie ihr etwas wie »Whitespace-Zeichen, Kommata, Punkte, Semikola, Ausrufungszeichen und Fragezeichen« übergeben könnten. Das Ergebnis: Manche Wörter in der Liste haben am Ende noch Satzzeichen.

Das ist in Ordnung, denn die Zählung der Wörter wird dadurch nicht beeinflusst. Später in unserem Code kann es jedoch zu Problemen kommen. Damit kommen wir aber klar, wie wir gleich sehen werden …

Python 3.6.4 Shell

```
['The', 'first', 'thing', 'that', 'stands', 'between', 'you', 'and', 'writing', 'your',
'first,', 'real,', 'piece', 'of', 'code,', 'is', 'learning', 'the', 'skill', 'of', 'breaking',
'problems', 'down', 'into', 'achievable', 'little', 'actions', 'that', 'a', 'computer',
'can', 'do', 'for', 'you.', 'Of', 'course,', 'you', 'and', 'the', 'computer', 'will', 'also',
'need', 'to', 'be', 'speaking', 'a', 'common', 'language,', 'but', "we'll", 'get', 'to',
'that', 'topic', 'in', 'just', 'a', 'bit.', 'Now', 'breaking', 'problems', 'down', 'into',
'a', 'number', 'of', 'steps', 'may', 'sound', 'a', 'new', 'skill,', 'but', 'its', 'actually',
'something', 'you', 'do', 'every', 'day.', 'Let's', 'look', 'at', 'an', 'example,', 'a',
'simple', 'one:', 'say', 'you', 'wanted', 'to', 'break', 'the', 'activity', 'of', 'fishing',
'down', 'into', 'a', 'simple', 'set', 'of', 'instructions', 'that', 'you', 'could', 'hand',
'to', 'a', 'robot,', 'who', 'would', 'do', 'your', 'fishing', 'for', 'you.', 'Here's', 'our',
'first', 'attempt', 'to', 'do', 'that,', 'check', 'it', 'out:', 'You', 'can', 'think',
'of', 'these', 'statements', 'as', 'a', 'nice', 'recipe', 'for', 'fishing.', 'Like', 'any',
'recipe,', 'this', 'one', 'provides', 'a', 'set', 'of', 'steps,', 'that', 'when', 'followed',
'in', 'order,', 'will', 'produce', 'some', 'result', 'or', 'outcome', 'in', 'our', 'case,',
'hopefully,', 'catching', 'some', 'fish.', 'Notice', 'that', 'most', 'steps', 'consists',
'of', 'simple', 'instruction,', 'like', '"cast', 'line', 'into', 'pond"', 'or', '"pull',
'in', 'the', 'fish."', 'But', 'also', 'notice', 'that', 'other', 'instructions', 'are',
'a', 'bit', 'different', 'because', 'they', 'depend', 'on', 'a', 'condition,', 'like',
'»is', 'the', 'bobber', 'above', 'or', 'below', 'water?".', 'Instructions', 'might', 'also',
'direct', 'the', 'flow', 'of', 'the', 'recipe,', 'like', '"if', 'you', 'haven't', 'finished',
'fishing,', 'then', 'cycle', 'back', 'to', 'the', 'beginning', 'and', 'put', 'another',
'worm', 'on', 'the', 'hook."', 'Or,', 'how', 'about', 'a', 'condition', 'for', 'stopping,',
'as', 'in', '»if', 'you're', 'done«', 'then', 'go', 'home.', 'You're', 'going', 'to', 'find',
'these', 'simple', 'statements', 'or', 'instructions', 'are', 'the', 'first', 'key', 'to',
'coding,', 'in', 'fact', 'every', 'App', 'or', 'software', 'program', 'you've', 'ever',
'used', 'has', 'been', 'nothing', 'more', 'than', 'a', '(sometimes', 'large)', 'set', 'of',
'simple', 'instructions', 'to', 'the', 'computer', 'that', 'tell', 'it', 'what', 'to', 'do.']
300 words
>>>
```

Sehen Sie, was hier los ist? Teilweise stehen am Ende der »Wörter« Punkte, Kommata und Anführungszeichen, vielleicht aber auch Ausrufungszeichen, Doppelpunkte, Fragezeichen und Semikola.

Angenommen, Sie wollten alle Wörter durchgehen, um unerwünschte Zeichen wie Punkte und Kommata zu entfernen. Wie würden Sie vorgehen?

Selbst wenn Sie keine Ahnung haben, wie man den Code schreibt, sollten Sie überlegen, was genau hier zu tun wäre.

Die Anzahl der Sätze berechnen

Der nächste Schritt in unserem Pseudocode ist die Berechnung der Anzahl der Sätze. Es wäre toll, wenn es hierfür auch eine eingebaute Funktion gäbe. Das ist aber nicht der Fall. Daher müssen wir selbst herausfinden, wie das gehen könnte.

Hier ein Vorschlag: Wenn wir die Zahl aller Punkte, Semikola, Fragezeichen und Ausrufungszeichen im Text zählen, sollte uns das einen guten Anhaltspunkt für die Anzahl der Sätze liefern. Das ist zwar nicht perfekt, denn ein Autor benutzt die Zeichensetzung nicht immer standardkonform, immerhin sollten wir so aber einen Näherungswert für die Anzahl der Sätze erhalten. Besonders bei der Arbeit mit Daten, die nicht »sauber« sind, ist es schwer, perfekt zu sein. Ansonsten müssten wir einen ziemlich hohen Aufwand treiben. Mehr dazu in Kürze.

Wie ermitteln wir also die Anzahl der *Satzzeichen am Satzende* (d. h. ».«, »;«, »?« oder »!«) im Text? Warum iterieren wir nicht einfach über jedes Zeichen im Text und erhöhen immer dann eine Zählvariable, wenn wir auf eines des gesuchten Zeichen treffen? Klingt nach einem Plan. Allerdings wissen wir noch nicht, wie wir über einzelne Zeichen eines Strings iterieren können, *oder etwa doch*?

Schließlich ist ein String einfach nur eine Folge von Zeichen. Das bedeutet, Sie könnten eine `for`-Anweisung nutzen, um über alle Zeichen eines Strings zu iterieren. Hier ein Beispiel:

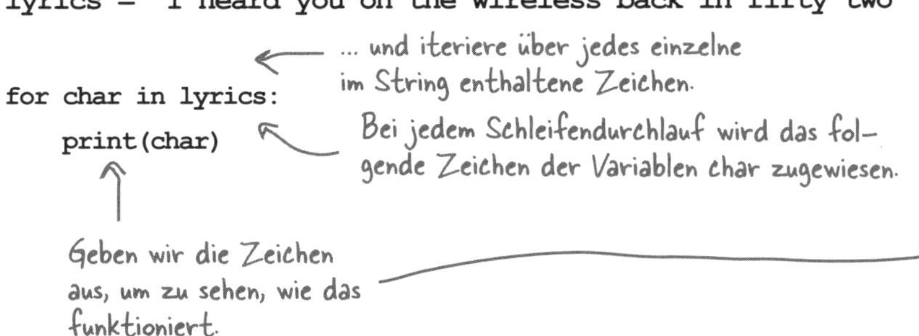

```
lyrics = 'I heard you on the wireless back in fifty two'

for char in lyrics:
    print(char)
```


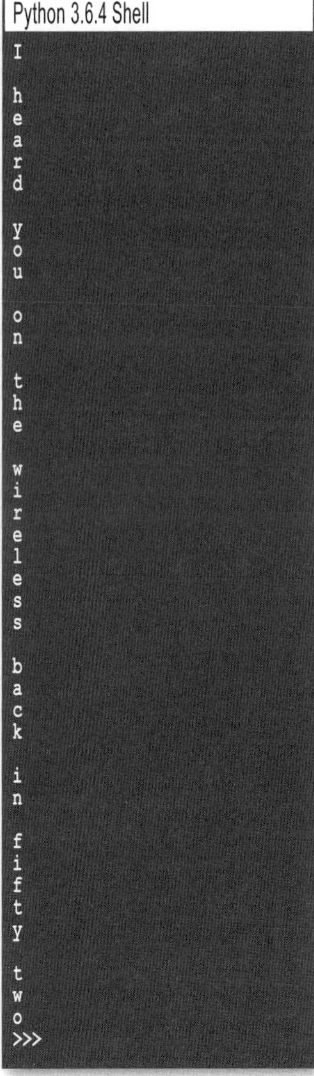

Die count_sentences-Funktion schreiben

Nachdem wir wissen, wie wir über einen String iterieren können, wollen wir ein Gerüst der `count_sentences`-Funktion erstellen, bevor wir den Code zum Zählen der Satzendezeichen schreiben:

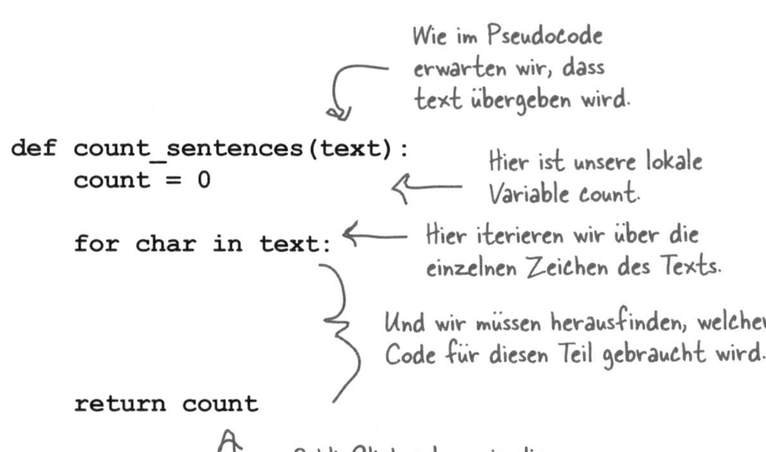

Ernsthaftes Coden

Eine Codegerüst (oder »skeleton code«) ist eine Programmierpraxis, bei der die wichtigsten Teile des Codes zuerst geschrieben und die Details später ergänzt werden. Es ist eine Art Zwischenschritt zwischen Pseudocode und vollständigem Code. Durch die Verwendung eines Codegerüsts kann man die Grundidee des Codes verfeinern, ohne bereits jede Einzelheit genau kennen zu müssen.

Spitzen Sie Ihren Bleistift

Können Sie den Code schreiben, der jedes Zeichen überprüft, um zu sehen, ob es ein Punkt, ein Semikolon, ein Fragezeichen oder ein Ausrufungszeichen ist, und gegebenenfalls die Zählvariable `count` um eins erhöht?

```
def count_sentences(text):
    count = 0

    for char in text:




    return count
```

Hier kommt Ihr Code hin.

Eine weitere Probefahrt ist lange überfällig. Wir bauen daher unseren Code nun zusammen, speichern ihn in *analyze.py* und lassen ihn laufen.

```
import ch1text

def count_sentences(text):
    count = 0

    for char in text:
        if char == '.' or char == ';' or char == '?' or char == '!':
            count = count + 1

    return count

def compute_readability(text):
    total_words = 0
    total_sentences = 0
    total_syllables = 0
    score = 0

    words = text.split()
    total_words = len(words)
    total_sentences = count_sentences(text)

    print(words)
    print(total_words, 'words')
    print(total_sentences, 'sentences')

compute_readability(ch1text.text)
```

Nur zur Erinnerung: Wir müssen Funktionen vor ihrem Aufruf definieren. Überlegen Sie, wo Sie count_sentences definieren können (und wo nicht).

Hier sind unsere neuen Funktionen zum Zählen der Sätze.

Stellen Sie sicher, dass Sie das hier nach der letzten Probefahrt angepasst haben.

Hier rufen wir unsere neue Funktion auf und übergeben ihr den Text.

Wir bauen ein paar Ausgaben ein, die uns die ermittelte Anzahl der Sätze zeigt.

Stellen Sie sicher, dass Sie das hier nach der letzten Probefahrt aktualisiert haben.

Hier sind die Ausgaben für den Text aus Kapitel 1.

```
Python 3.6.4 Shell

300 words
12 sentences
>>>
```

Es stimmt.

Auch wenn unser Test auf Satzendezeichen völlig akzeptabel ist, gibt es einen wesentlich kürzeren Weg, die Zeichen eines Strings mit verschiedenen Satzendezeichen zu vergleichen. Hierfür benutzen wir einen booleschen Operator, den wir noch nicht kennen: den `in`-Operator. Damit können Sie überprüfen, ob ein Wert in einer bestimmten Sequenz enthalten ist. Zum Beispiel hätten Sie ihn (also den `in`-Operator) in Kapitel 4 einsetzen können, um zu sehen, ob sich ein bestimmtes Smoothie in unserer Liste befindet, wie hier:

Hier ist unsere Folge, eine Liste.

```
smoothies = ['coconut', 'strawberry', 'banana', 'pineapple', 'acai berry']
if 'coconut' in smoothies:
    print('Yes, they have coconut!')
else:
    print('Oh well, no coconut today.')
```

Und hier testen wir, ob 'coconut' in der Liste der Smoothies enthalten ist.

Dies ist nun unser Ergebnis.

```
Python 3.6.4 Shell
Yes, they have coconut!
>>>
```

Aber, wie wir bereits wissen, ist ein String auch eine Folge. Und da Python versucht, möglichst konsistent zu sein, können wir den `in`-Operator ebenfalls mit einem String verwenden, wie hier:

Erinnern Sie sich an das Pitagora-Suitchi-Rätsel am Ende von Kapitel 4? Dort wurde ebenfalls eine for-Schleife benutzt, um über einen String zu iterieren.

Hier ist unsere Folge, ein String.

```
lyrics = 'I heard you on the wireless back in fifty two'

if 'wireless' in lyrics:
    print('Yes, they have wireless!')
else:
    print('Oh well, no wireless today.')
```

Und hier überprüfen wir, ob 'wireless' im lyrics-String enthalten ist.

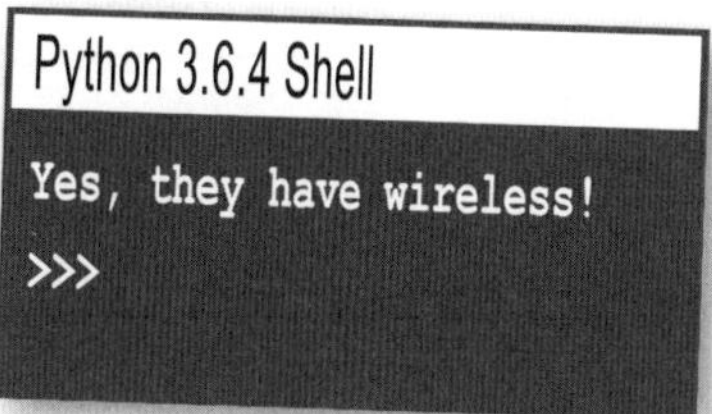

Spitzen Sie Ihren Bleistift

Wir wollen probieren, die `count_sentences`-Funktion durch den Einsatz des `in`-Operators kürzer (und lesbarer) zu machen. Den ursprünglichen Code zum Testen auf Satzendezeichen haben wir unten entfernt. Dafür haben wir eine neue lokale Variable namens `terminals` (»Satzendezeichen«) eingebaut, die einen String mit sämtlichen Satzendezeichen enthält. Vervollständigen Sie die `if`-Anweisung, sodass der `in`-Operator verwendet wird, um herauszufinden, ob das aktuelle Zeichen ein Satzende symbolisiert.

```
def count_sentences(text):
    count = 0

    terminals = '.;?!'

    for char in text:

        if ______________________________

            count = count + 1

    return count
```

Bauen Sie hier den Code ein, der den in-Operator benutzt.

Bevor wir den nächsten Teil des Pseudocodes implementieren, sollten Sie Ihren Code aktualisieren. Die einzige Änderung muss an der unten gezeigten `count_sentences`-Funktion vorgenommen werden. Nach der Anpassung sollten Sie den Code testen. Die Ausgaben dürften sich von der letzten Probefahrt nicht unterscheiden.

```
def count_sentences(text):
    count = 0

    terminals = '.;?!'
    for char in text:
        if char in terminals:
        if char == '.' or char == ';' or char == '?' or char == '!':
            count = count + 1

    return count
```

Bauen Sie diese beiden Codezeilen ein …

… und entfernen Sie den alten Vergleich.

Sie sollten immer noch diese Ausgaben erhalten.

```
Python 3.6.4 Shell
300 words
12 sentences
>>>
```

Wenn ein String eine Folge von Zeichen ist, heißt das, dass Zeichen einen eigenen Datentyp darstellen?

In vielen Sprachen ja.

Aber nicht in Python. Dies ist eine gute Frage, weil viele Sprachen Zeichen (Buchstaben usw.) als eigenen Datentyp behandeln. Python dagegen sieht alles als String an. Das Zeichen 'A' ist in Python also einfach ein String mit der Länge 1, der zufällig ein A enthält.

Wenn ein String eine Folge von Zeichen ist, kann ich dann auch die Index-Syntax darauf anwenden, zum Beispiel um per my_string[1] das erste Zeichen des Strings zu bekommen?

Aber sicher!

Sie dürfen nur nicht vergessen, dass `my_string[1]` Ihnen das zweite Zeichen eines Strings zurückgibt, da die Indizes bei `0` beginnen. Analog dazu können Sie auch `my_string[-1]` benutzen, um das letzte Zeichen des Strings zu erhalten. Wie wir noch sehen werden, können Sie eine ähnliche Schreibweise benutzen, um auf *Substrings* eines Strings zuzugreifen. Etwas später dazu mehr.

Sehr schön! Dann kann ich den String vermutlich auch mit einer Anweisung wie mystring[1] = 'e' ändern, oder?

Nicht so schnell!

Tatsächlich kann ein String auf diese Weise nicht verändert werden. Ein wichtiger Unterschied zwischen Listen und Strings als Folgen ist, dass Listen *mutabel*, Strings dagegen *immutabel* sind. Das heißt, Sie können die Elemente einer Liste ändern, aber nicht die Zeichen in einem String. Das ist übrigens in fast jeder modernen Programmiersprache so. Vermutlich fragen Sie sich jetzt nach dem Grund. Mit mehr Erfahrung werden Sie erkennen, dass die Möglichkeit, Strings »an Ort und Stelle« (»in-place«) zu verändern, zu unzuverlässigem Code führen kann. Außerdem erschwert es die Implementierung effizienter Interpreter. Natürlich können Sie einen String trotzdem jederzeit »verändern«, indem Sie einen neuen, modifizierten String erstellen. Das ist übrigens in fast allen modernen Sprachen die gängige Praxis.

Die Anzahl der Silben zählen – oder: Heuristiken lieben lernen

Sind Sie bereit, einen Algorithmus zum Finden von Silben zu implementieren? Erinnern Sie sich an den Code der KOPF-NUSS-Übung vom Anfang des Kapitels? Wir sollten uns vermutlich entschuldigen, denn die Übung war ziemlich schwierig. Es ist nicht einfach, einen Algorithmus zum Finden von Silben zu schreiben. Wir können nicht einmal sagen, dass es *überhaupt einen* definitiven Algorithmus zum Finden von Silben gibt, ohne dass hierfür eine riesige Datenbank mit Wörtern zur Verfügung steht.

Das Finden von Silben ist ein schmutziges Geschäft, weil natürliche Sprachen schmutzig sind. Warum hat das englische Wort »walked« beispielsweise nur eine Silbe, »loaded« dagegen zwei? Solche Ungereimtheiten werden Ihnen in fast jeder natürlichen Sprache begegnen.

Für solche Probleme schreiben wir keine Algorithmen, sondern *Heuristiken*. Eine Heuristik hat viel Ähnlichkeit mit einem Algorithmus. Es gibt bloß keine hundertprozentige Lösung. Die Antwort auf ein Problem ist gut, aber nicht unbedingt perfekt.

Welchen Nutzen haben Heuristiken dann? Warum schreibt man keinen Algorithmus, der eine perfekte Antwort liefert? Aus vielen Gründen. In unserem Fall gibt es keine Möglichkeit, vollkommen akkurat alle Silben zu finden, weil die englische Sprache (und viele andere!) zu inkonsistent ist (es sei denn, man benutzt eine riesige Wörterdatenbank). In anderen Fällen bedeutet die Berechnung einer hundertprozentigen Lösung den Einsatz von sehr viel Rechenzeit (oder Arbeitsspeicher). Dadurch wird ein Algorithmus schnell impraktikabel, während das Finden einer »guten« Antwort viel weniger Zeit (oder Speicher) beansprucht. Vielleicht gibt es auch keine vollständige Lösung, weil den Implementoren nicht alle Aspekte des Problems bekannt sind.

Zurück zu unserem Problem: Weil die Berechnung von Silben unordentlich ist, müssen wir zumindest so gut arbeiten, dass wir eine möglichst genaue Schätzung der Silben in unserem Text bekommen. Die Antwort wird nicht perfekt sein, aber für unsere Zwecke ausreichen. Übrigens können Sie unsere Heuristik auf vielerlei Weise noch verbessern (ein paar Ideen hierzu geben wir Ihnen mit auf den Weg).

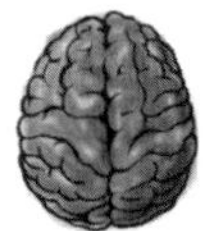

KOPF-NUSS

Hier ist unsere zweite Chance: Können Sie sich denken, wie man die Silben in einem beliebigen Wort zählen kann? Sehen Sie sich testweise die Wörter in unserem Text an und überlegen Sie, ob es allgemeine Regeln gibt, nach denen sich die Zahl der Silben ermitteln lässt. Wir fangen einfach mal an …

Hat ein Wort drei Zeichen oder weniger, besteht es typischerweise nur aus einer Silbe.

Das hier war unser erster Gedanke. Fällt Ihnen noch mehr ein?

Das stimmt … Allerdings ist das Laden eines ganzen Wörterbuchs zum schnellen Auffinden von Wörtern nicht trivial. Es werden eine Menge Daten und viel Speicherplatz benötigt. Außerdem braucht man eine Datenbank oder eine Suchmaschine mit einer ausreichend kurzen Antwortzeit, um das Programm überhaupt benutzen zu können. Darüber hinaus müssten Sie die Wörterbuchdaten lizenzieren, was ziemlich teuer werden kann.

Vergleichen Sie das mit der Implementierung einiger einfacher Regeln, die Ihnen eine 80- bis 90-prozentige Genauigkeit (oder besser!) liefern, und schon scheinen Heuristiken eine ziemlich attraktive Option zu sein.

Zumindest für die Zwecke dieses Buchs!

Gespräch unter Büronachbarn, Fortsetzung

Joe: Das habe ich auch gedacht. Ich denke, dass ein Wort mit weniger als drei Zeichen einfach als eine Silbe betrachtet werden kann.

Judy: Da gibt es sicher eine Ausnahme, aber grundsätzlich klingt das gut. Außerdem habe ich bemerkt, dass die Anzahl der Vokale in einem Wort ein guter Indikator für die Silben sein kann.

Joe: Wie wäre es mit »chocolate« …

Judy: Englische Schokolade? Aber gerne!

Joe: … ich meine das WORT »chocolate«. Es hat drei Vokale und drei Silben.

Judy: Ich glaube, du hast das stille *e* vergessen. Und ich sehe noch mehr, auf das wir achten müssen.

Joe: Was denn?

Judy: Zum Beispiel das Wort »looker«. Es enthält mehrere aufeinanderfolgende Vokale wie *oo*. Wir dürfen in solchen Fällen aber nur den ersten Vokal zählen.

Joe: Also zählen wir nur das erste *o* und dann das *e* und erhalten zwei Silben …

Joe: … und außerdem, wie du gesagt hast, haben viele Wörter ein stilles *e* am Ende, wie etwa »home«.

Judy: Richtig. Also zählen wir nur das *o* in »home«, aber nicht das *e* am Ende. Also nur eine Silbe.

Judy: Andersherum bedeutet ein *y* am Ende oft eine zusätzliche Silbe, wie in »proxy«. Sollten wir das auch als Silbe ansehen?

Joe: Zumindest in unserer Zählung.

Judy: Sicher. Ansonsten sind mir eigentlich nur Sonderfälle eingefallen, wie »walked«, das nur eine Silbe hat, während es bei »loaded« zwei sind.

Joe: Richtig. Wir könnten eine Wortliste mit diesen Sonderfällen erstellen und dann unsere Wörter damit abgleichen.

Judy: Könnten wir. Aber wir haben nicht so viel Zeit. Wir sollten uns zuerst mit den allgemeinen Regeln befassen und die Sonderfälle angehen, wenn es nötig wird.

Joe: Klingt nach einem guten Plan.

Die Heuristik vorbereiten

Offenbar haben wir ein paar gute Ideen für die Entwicklung unserer Heuristik zum Zählen von Silben. Wir sind sicher, dass Ihnen noch mehr eingefallen ist. Vor der Implementierung wollen wir uns die Ideen erneut ansehen:

- ☐ Hat ein Wort weniger als drei Buchstaben, betrachte es als eine Silbe.
- ☐ Ansonsten verwende die Anzahl der Vokale als Wert für die Silbenzahl.
- ☐ Reduziere alle doppelten Vokale auf einen, damit der vorige Schritt genauer wird.
- ☐ Entferne ggf. ein *e* am Wortende, damit stille *e*-s nicht zu einer falschen Silbenzahl führen.
- ☐ Betrachte das Zeichen *y* als Vokal, wenn es sich um das letzte Zeichen handelt.

Am besten erstellen wir auch gleich die `count_syllables`-Funktion, damit wir direkt mit dem Programmieren anfangen können. Und das geht so:

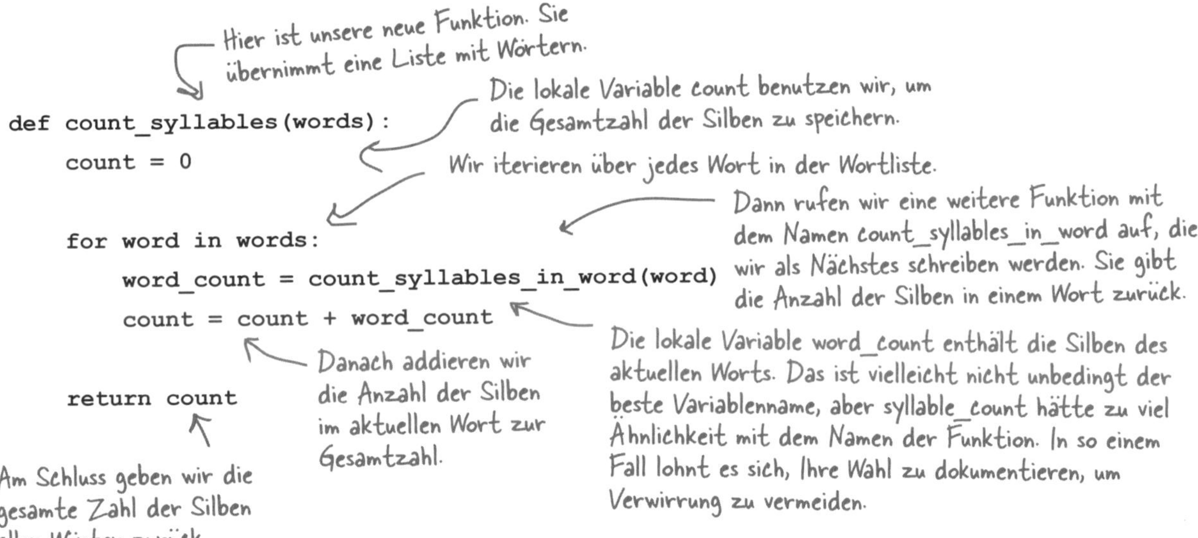


```
def count_syllables(words):
    count = 0

    for word in words:
        word_count = count_syllables_in_word(word)
        count = count + word_count

    return count
```

Und wenn wir schon dabei sind, können wir auch gleich die `count_syllables_in_word`-Funktion vorbereiten:

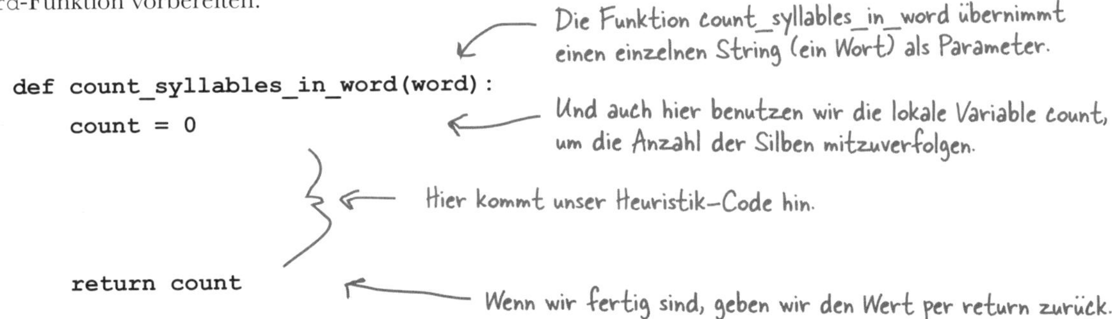


```
def count_syllables_in_word(word):
    count = 0



    return count
```

Fügen Sie diesen Code jetzt in Ihre *analyze.py*-Datei ein. Achten Sie darauf, dass sich keine Syntaxfehler einschleichen. Die Ausgabe sollte der letzten Probefahrt entsprechen.

```
def count_syllables(words):
    count = 0

    for word in words:
        word_count = count_syllables_in_word(word)
        count = count + word_count

    return count

def count_syllables_in_word(word):
    count = 0

    return count
```

Jetzt können Sie diesen Code direkt unter der import-Anweisung in Ihre Datei einfügen.

Die Heuristik schreiben

Wir sind hier. →

- ☐ Hat ein Wort weniger als drei Buchstaben, betrachte es als eine Silbe.
- ☐ Ansonsten verwende die Anzahl der Vokale als Wert für die Silbenzahl.
- ☐ Reduziere alle doppelten Vokale auf einen, damit der vorige Schritt genauer wird.
- ☐ Entferne ggf. ein e am Wortende, damit stille e-s nicht zu einer falschen Silbenzahl führen.
- ☐ Betrachte das Zeichen y als Vokal, wenn es sich um das letzte Zeichen handelt.

Der erste Punkt unserer Heuristik-Regeln besagt, dass wir jedes Wort mit drei oder weniger Zeichen als eine Silbe betrachten sollen. Aber wie ermitteln wir die Länge eines Strings? Genau! Mit der `len`-Funktion. Bisher haben wir `len` nur benutzt, um die Länge einer Liste zu ermitteln. In Python funktioniert das aber mit einer beliebigen Folge, und ein String ist eben eine Zeichenfolge.

Ein häufiges Thema in diesem Kapitel.

Probieren wir das gleich mal aus:

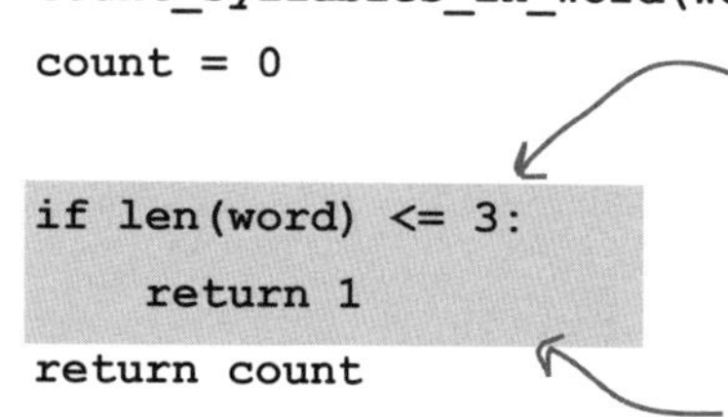

```
def count_syllables_in_word(word):
    count = 0

    if len(word) <= 3:
        return 1
    return count
```

Mithilfe der len-Funktion erhalten wir die Länge eines Worts (eines Strings). Ist das Ergebnis kleiner oder gleich 3, wird der Codeblock der if-Anweisung ausgeführt.

Hat das Wort drei oder weniger Zeichen, ist die Berechnung fertig, und wir können den Wert 1 aus der Funktion zurückgeben.

Wie man Vokale zählt

- [x] Hat ein Wort weniger als drei Buchstaben, betrachte es als eine Silbe.
- [ ] Ansonsten verwende die Anzahl der Vokale als Wert für die Silbenzahl.
- [ ] Reduziere alle doppelten Vokale auf einen, damit der vorige Schritt genauer wird.
- [ ] Entferne ggf. ein e am Wortende, damit stille e-s nicht zu einer falschen Silbenzahl führen.
- [ ] Betrachte das Zeichen y als Vokal, wenn es sich um das letzte Zeichen handelt.

Als Nächstes müssen wir alle Vokale in einem Wort zählen. Hierfür brauchen wir einen ähnlichen Code wie bei der Suche nach den Satzendezeichen: Definiere einen String, der alle Vokale enthält, und benutze den `in`-Operator, um zu sehen, ob sich ein Zeichen unseres Worts in dem String mit den Vokalen wiederfindet. Da es sein kann, dass manche Wörter großgeschrieben sind, testen wir auf Groß- und Kleinbuchstaben:

```
def count_syllables_in_word(word):
    count = 0

    if len(word) <= 3:
        return 1

    vowels = "aeiouAEIOU"
    for char in word:
        if char in vowels:
            count = count + 1

    return count
```

Zuerst legen wir die lokale Variable vowels an, die alle Vokale in Groß- und Kleinschreibung enthält.

Danach gehen wir die Zeichen des Worts nacheinander durch.

Anschließend benutzen wir den in-Operator, um zu sehen, ob das Zeichen in der char-Variablen auf ein Zeichen im Vokale-String passt.

Ist das Zeichen im Vokale-String enthalten, haben wir einen Vokal gefunden und erhöhen den Zähler in count um eins.

Aufeinanderfolgende Vokale ignorieren

Damit sind wir aber noch nicht fertig, denn auch aufeinanderfolgende Vokale müssen berücksichtigt werden. Beim Wort »book« soll beispielsweise nur das erste *o* gezählt, das zweite aber ignoriert werden, damit nur eine Silbe gezählt wird. Beim Wort »roomful« soll das erste *o* gezählt werden, das zweite nicht, und das *u* wird wieder gezählt, damit wir insgesamt zwei Silben erhalten.

Wir wollen also die Zeichen eines Worts auf Vokale untersuchen, was unser Code auch schon tut. Haben wir einen Vokal gefunden, müssen wir sicherstellen, dass folgende Vokale ignoriert werden, bis wir einen neuen Konsonanten finden. Danach können wir den Prozess wiederholen, bis wir das Ende des Worts erreicht haben.

- [x] Hat ein Wort weniger als drei Buchstaben, betrachte es als eine Silbe.
- [x] Ansonsten verwende die Anzahl der Vokale als Wert für die Silbenzahl.
- [ ] Reduziere alle doppelten Vokale auf einen, damit der vorige Schritt genauer wird.
- [ ] Entferne ggf. ein e am Wortende, damit stille e-s nicht zu einer falschen Silbenzahl führen.
- [ ] Betrachte das Zeichen y als Vokal, wenn es sich um das letzte Zeichen handelt.

Den Code zum Ignorieren aufeinanderfolgender Vokale schreiben

Jetzt können wir den Code für aufeinanderfolgende Vokale schreiben. Wir gehen wie folgt vor: Wir benutzen eine boolesche Variable, um mitzuverfolgen, ob das vorige Zeichen ein Vokal war. In diesem Fall wird das aktuelle Zeichen nicht als Vokal gezählt. Das sieht dann so aus:

```
def count_syllables_in_word(word):
    count = 0

    if len(word) <= 3:
        return 1

    vowels = "aeiouAEIOU"
    prev_char_was_vowel = False

    for char in word:
        if char in vowels:
            if not prev_char_was_vowel:
                count = count + 1
            prev_char_was_vowel = True
        else:
            prev_char_was_vowel = False

    return count
```

Hier passiert viel auf einmal. Nehmen Sie sich Zeit, um genau zu verstehen, wie der Code funktioniert …

Zuerst bauen wir eine neue lokale Variable namens prev_char_was_vowel (»voriges Zeichen war ein Vokal«) ein und geben ihr den Wert False.

Genau wie zuvor iteriert unser Code über jedes Zeichen eines Worts.

Und wir werden testen, ob sich das aktuelle Zeichen im vowels-String befindet.

Ist das aktuelle Zeichen ein Vokal und das vorherige Zeichen nicht, wird die Silbenzahl um eins erhöht.

In jedem Fall erhält prev_char_was_vowel zuerst den Wert True, bevor es mit dem folgenden Zeichen weitergeht.

War das vorherige Zeichen kein Vokal, erhält prev_char_was_vowel den Wert False, bevor wir mit dem nächsten Zeichen weitermachen.

SEIEN Sie der Interpreter

Sie haben folgende Aufgabe: Spielen Sie Interpreter und führen Sie die oben stehende Funktion `count_syllables_in_word` aus. Sie wird mit dem Wort »roomful« aufgerufen. Bewegen Sie sich durch jede Iteration der Schleife und tragen Sie die Werte der lokalen Variablen für jeden Durchlauf in die Tabelle ein. Wenn Sie mit der Übung fertig sind, überptüfen Sie am Ende des Kapitels, ob Sie alles richtig gemacht haben.

char	prev_char_was_vowel	count
r	False	0
o		
o		
m		
f		
u		
l		

Notieren Sie hier die Änderungen der lokalen Variablen am Ende jedes Schleifendurchlaufs.

Vor der Probefahrt muss die Funktion `count_syllables_in_word` mit unserem neuen Code aktualisiert werden, und die `compute_readability`-Funktion muss ihrerseits die `count_syllables`-Funktion aufrufen. Wir haben den neuen Code unten für Sie hervorgehoben. Bauen Sie die Änderungen ein und machen Sie einen Probelauf.

```
def count_syllables_in_word(word):
    count = 0

    if len(word) <= 3:
        return 1

    vowels = "aeiouAEIOU"
    prev_char_was_vowel = False

    for char in word:
        if char in vowels:
            if not prev_char_was_vowel:
                count = count + 1
            prev_char_was_vowel = True
        else:
            prev_char_was_vowel = False

    return count
```

```
def compute_readability(text):
    total_words = 0
    total_sentences = 0
    total_syllables = 0
    score = 0

    words = text.split()
    total_words = len(words)
    total_sentences = count_sentences(text)
    total_syllables = count_syllables(words)

    print(total_words, 'words')
    print(total_sentences, 'sentences')
    print(total_syllables, 'syllables')
```

Überprüfen Sie genau, ob Sie die gleiche Anzahl von Wörtern, Sätzen und Silben erhalten. Falls nicht, betrachten Sie Ihren Code sehr sorgfältig und vergleichen ihn mit dem Quellcode zu diesem Buch, um zu sehen, ob sich Fehler eingeschlichen haben.

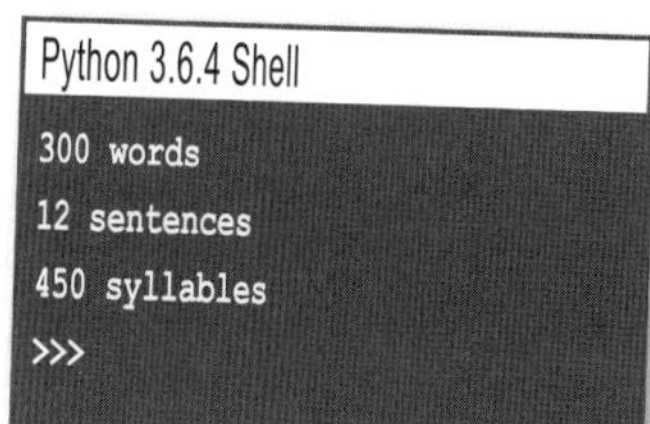

Die Buchstaben e und y sowie Interpunktionszeichen am Satzende entfernen

- [x] Hat ein Wort weniger als drei Buchstaben, betrachte es als eine Silbe.
- [x] Ansonsten verwende die Anzahl der Vokale als Wert für die Silbenzahl.
- [x] Reduziere alle doppelten Vokale auf einen, damit der vorige Schritt genauer wird.
- [ ] Entferne ggf. ein e am Wortende, damit stille e-s nicht zu einer falschen Silbenzahl führen.
- [ ] Betrachte das Zeichen y als Vokal, wenn es sich um das letzte Zeichen handelt.

Es bleiben noch zwei Dinge zu tun: die Entfernung der *e*-s und das Zählen der *y*-s am Satzende. Und wir haben eine weitere Sache vergessen: Es gibt immer noch Wörter mit Satzzeichen am Ende. Das könnte das Testen auf die *e*-s und *y*-s am Satzende erschweren. Deshalb wollen wir die Interpunktionszeichen zuerst entfernen.

In unserer Wortliste finden Sie Wörter wie »first,«, »you.« und »out:«. Diese müssen wir durch »first«, »you« und »out« ersetzen. Dafür brauchen wir zunächst den Substring für jedes Wort inklusive der Satzzeichen. In Python gibt es hierfür eine Technik namens *Slicing*. Sehen wir uns an, wie das funktioniert.

Wer das Slice kontrolliert, kontrolliert das ...

Wir haben bereits über Substrings gesprochen. Trotzdem wollen wir noch einmal überlegen, was ein Substring tatsächlich ist. Ein Substring ist ein String, der in einem anderen String enthalten ist. Angenommen, Sie haben Folgendes:

```
lyrics = 'I heard you on the wireless back in fifty two'
```

Hier ist `'I'` ein Substring, genauso wie `'I heard'` oder `'on the wire'` und auch `'o'` und so weiter. In Python können Sie die `slice`-Syntax (»zerteilen, zerschneiden«) verwenden, um einen Substring aus einem String zu extrahieren. Das funktioniert so:

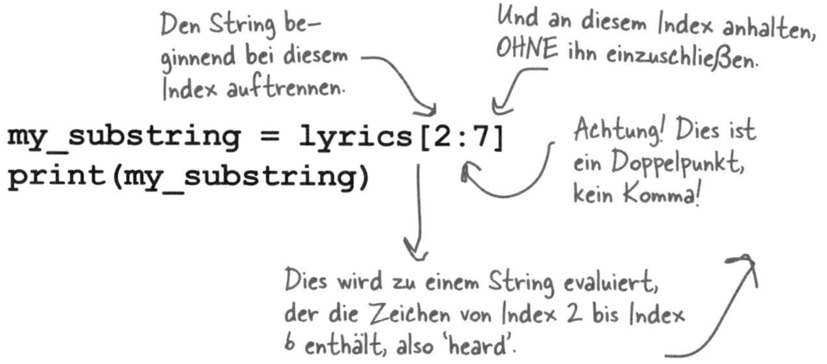

Wir wollen uns noch ein paar weitere Anwendungsmöglichkeiten für `slice` ansehen. Wenn Sie den ersten Index weglassen, geht `slice` davon aus, dass Sie am Anfang der Liste beginnen wollen:

```
my_substring = lyrics[:6]
print(my_substring)
```

Lassen Sie den ersten Index weg, heißt das, Sie wollen am Anfang des Strings beginnen.

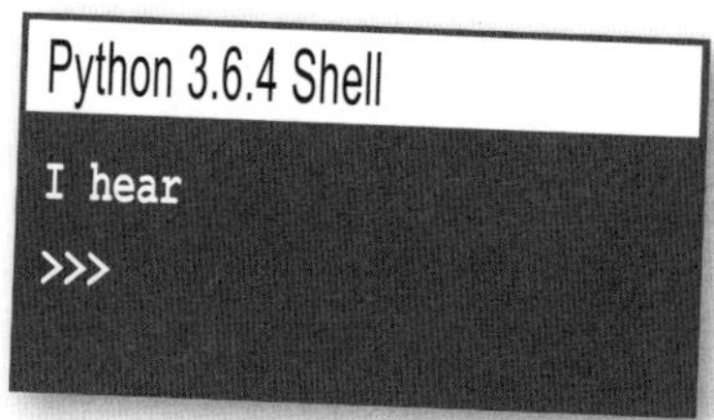

Wenn Sie dagegen den letzten Index weglassen, geht `slice` davon aus, dass der Substring bis zum Ende des Strings reichen soll.

```
my_substring = lyrics[28:]
print(my_substring)
```

Lassen Sie den letzten Index weg, heißt das, der Substring soll bis zum Ende des Strings reichen.

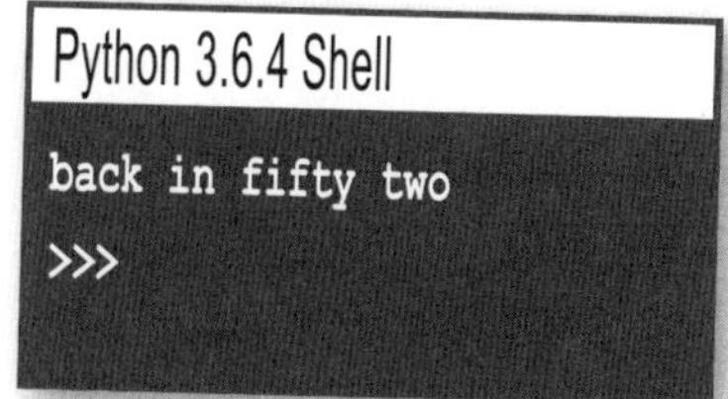

Wie bei Listen können Sie auch negative Indizes verwenden:

Das heißt: am letzten Zeichen des Strings aufhören.

```
my_substring = lyrics[28:-1]
print(my_substring)
```

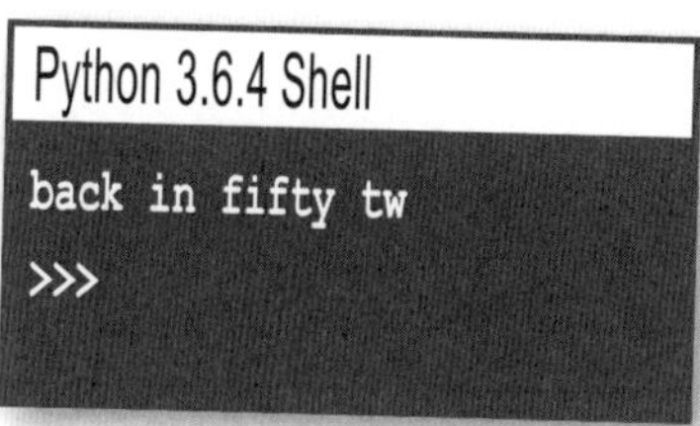

Dabei darf der erste Index sogar negativ sein:

```
my_substring = lyrics[-17:]
print(my_substring)
```

Beginne 17 Zeichen vom Ende aus gesehen und gehe von dort bis zum Ende des Strings.

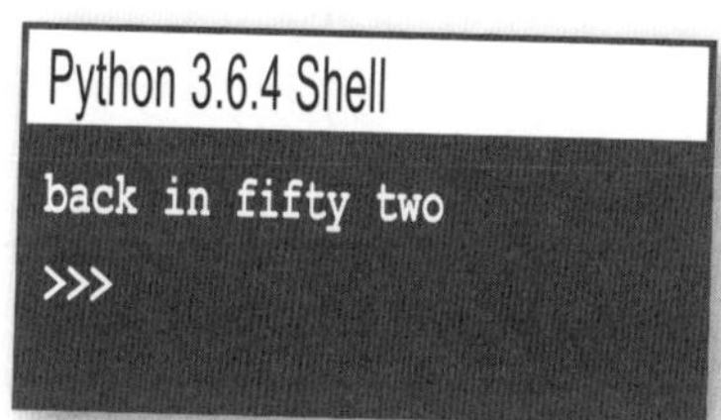

Überraschung: slice funktioniert nicht nur mit Strings!

Wir haben gesagt, dass Python versucht, konsistent zu sein. Und so ist es auch! Sie können slice sogar für Listen einsetzen.

```
smoothies = ['coconut', 'strawberry', 'banana', 'pineapple', 'acai berry']
```

Hier eine Liste, die Sie schon kennen.

Und hier einige Beispiele für die Verwendung von slice mit Listen. Die Indizierung funktioniert genauso wie bei Strings.

`smoothies[2:4]` → wird ausgewertet zu → `['banana', 'pineapple']`

`smoothies[:2]` → wird ausgewertet zu → `['coconut', 'strawberry']`

`smoothies[3:-1]` → wird ausgewertet zu → `['pineapple']`

Wir hatten unsere `slice`-Operationen und die dazugehörigen Substrings eigentlich schon fertig. Dann sind sie alle durcheinandergeraten. Können Sie uns helfen, herauszufinden, wer hier was macht? Seien Sie vorsichtig. Wir wissen nicht, welches `slice` keinen, einen oder mehrere Treffer erzielt. Die erste Verbindung haben wir bereits gefunden und unten markiert:

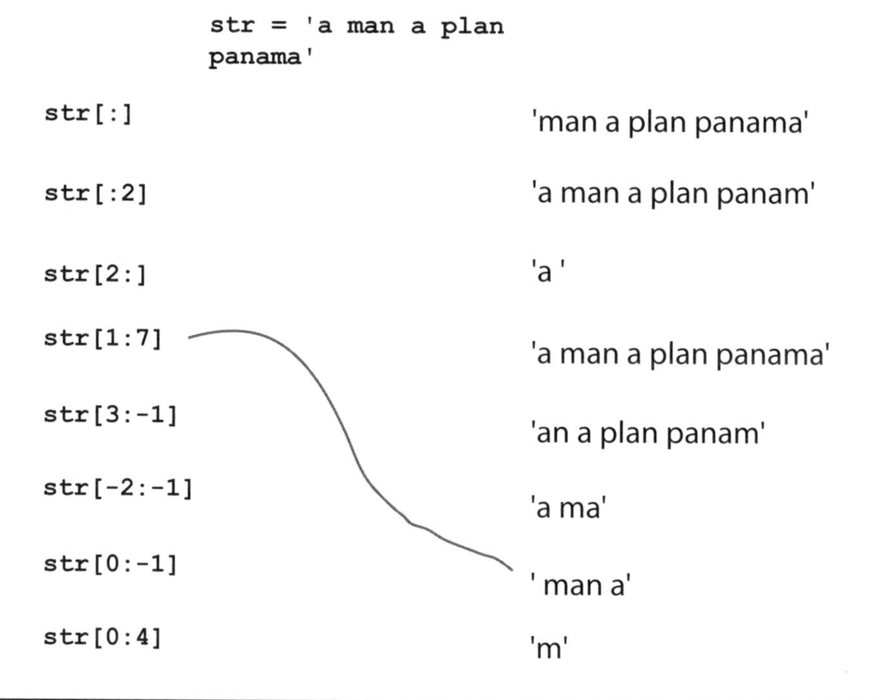

Slicing (und Substrings) benutzen

Mit der Slicing-Technik können wir aus einem Wort wie »out:« auf einfache Weise den Substring »out« erzeugen. Nach dem Slicing-Training der vorigen Seiten wissen wir genau, wie der benötigte Code aussehen muss:

```
process_word = word[0:-1]
```

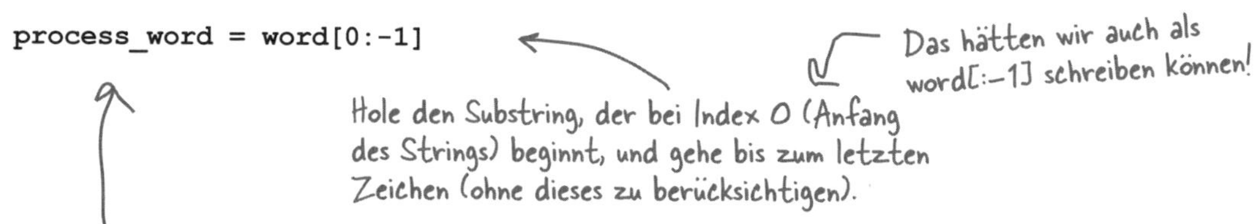

Aber wir brauchen immer noch die Logik, die herausfindet, ob das letzte Zeichen eines Worts entfernt werden soll, also wenn es ein Punkt, ein Komma, ein Semikolon, ein Ausrufungs- oder ein Fragezeichen ist. Basierend auf der Arbeit in diesem Kapitel sollten wir alle nötigen Bestandteile beisammen haben, um diese Aufgabe zu lösen:

Spitzen Sie Ihren Bleistift

Angenommen, wir haben mögliche Satzendezeichen in der Variablen `process_word` bereits entfernt. Können Sie ein paar Zeilen Code schreiben, um das letzte *e* zu entfernen, falls es eins gibt? Es reicht, wenn Sie hier das entsprechenden Codefragment notieren.

Probefahrt

Jetzt müssen wir unseren Code um die Slicing-Funktionen erweitern. Wir haben den neuen Code der letzten Seiten hier hervorgehoben. Geben Sie ihn ein und testen Sie, wie sich die Anzahl der gefundenen Silben verändert.

```
def count_syllables_in_word(word):
    count = 0

    endings = '.,;!?:'
    last_char = word[-1]

    if last_char in endings:
        processed_word = word[0:-1]
    else:
        processed_word = word

    if len(processed_word) <= 3:
        return 1

    if processed_word[-1] in 'eE':
        processed_word = processed_word[0:-1]

    vowels = "aeiouAEIOU"
    prev_char_was_vowel = False

    for char in processed_word:
        if char in vowels:
            if not prev_char_was_vowel:
                count = count + 1
            prev_char_was_vowel = True
        else:
            prev_char_was_vowel = False

    return count
```

Vergessen Sie nicht, die Ergänzungen der vorigen Seite mit einzubauen.

Hier haben wir den Code zum Entfernen des stillen e eingebaut. Er folgt auf den Test auf Wörter mit drei oder weniger Zeichen.

Durch die Änderungen am Code hat sich auch die Anzahl der gefundenen Silben verändert!

```
Python 3.6.4 Shell
300 words
12 sentences
410 syllables
>>>
```

Den heuristischen Code fertigstellen

Wir sind beim letzten Implementierungsschritt für die Heuristik angekommen. Jetzt müssen wir noch die *y*-s an den Wortenden als Silben zählen. Inzwischen wissen wir, wie wir das Ende eines Worts untersuchen können. Finden wir ein *y*, müssen wir die lokale Variable `count` um eins erhöhen. Jetzt können wir alles zusammenbauen und die finale Version von `count_syllables_in_word` – nicht zu vergessen `count_syllables` – endlich testen.

- ☑ Hat ein Wort weniger als drei Buchstaben, betrachte es als eine Silbe.
- ☑ Ansonsten verwende die Anzahl der Vokale als Wert für die Silbenzahl.
- ☑ Reduziere alle doppelten Vokale auf einen, damit der vorige Schritt genauer wird.
- ☑ Entferne ggf. ein e am Wortende, damit stille e-s nicht zu einer falschen Silbenzahl führen.
- ☐ Betrachte das Zeichen y als Vokal, wenn es sich um das letzte Zeichen handelt.

Noch eine Probefahrt

Jetzt können wir unsere `count_syllables_in_word`-Funktion fertigstellen. Unten finden Sie den Code, mit dem die Silbenzählung erhöht wird, wenn ein Wort auf *y* endet. Probieren Sie den Code aus und überprüfen Sie die endgültige Anzahl der gefundenen Silben.

```
def count_syllables_in_word(word):
    count = 0

    endings = '.,;!?:'
    last_char = word[-1]


    if last_char in endings:
        processed_word = word[0:-1]
    else:
        processed_word = word

    if len(processed_word) <= 3:
        return 1

    if processed_word[-1] in 'eE':
        processed_word = processed_word[0:-1]


    vowels = "aeiouAEIOU"
    prev_char_was_vowel = False

    for char in processed_word:
        if char in vowels:
            if not prev_char_was_vowel:
                count = count + 1
            prev_char_was_vowel = True
        else:
            prev_char_was_vowel = False

    if processed_word[-1] in 'yY':
        count = count + 1

    return count
```

Das Wort überprüfen und herausfinden, ob es auf y oder Y endet. Falls ja, die Silbenzählung erhöhen.

Diese Funktion ist ziemlich lang geworden, was vollkommen in Ordnung ist. Wie ein Absatz in einem Text ist eine Funktion wahrscheinlich erst zu lang, wenn sie schwer zu verstehen ist und Sie sie beim Untersuchen nicht im Kopf behalten können.

Offenbar haben wir ein paar Wörter gefunden, die auf y enden. Entsprechend erhöht sich die Anzahl der Silben.

```
Python 3.6.4 Shell
300 words
12 sentences
416 syllables
>>>
```

Die Formel für den Lesbarkeitsindex implementieren

Wir kommen langsam zum Ende. Jetzt müssen wir nur noch die Formel implementieren, um den Lesbarkeitsindex zu berechnen, und die Ergebnisse ausgeben. Alles, was wir für die Formel brauchen, haben wir beisammen: die Anzahl der Wörter (in `total_words`), der Sätze (in `total_sentences`) und der Silben (in `total_syllables`). Hier noch einmal die Originalformel:

$$206.835 - 1.015 \left(\frac{\textbf{Anzahl Wörter}}{\textbf{Anzahl Sätze}} \right) - 84.6 \left(\frac{\textbf{Anzahl Silben}}{\textbf{Anzahl Wörter}} \right)$$

Und hier die Übersetzung in Python:

```
score = (206.835 - 1.015 * (total_words / total_sentences)
                 - 84.6 * (total_syllables / total_words))
```

Nicht vergessen: Wir können die Formel mit runden Klammern umgeben, um sie auf mehrere Zeilen zu verteilen.

Probefahrt

Jetzt können Sie die Formel in unsere `compute_readability`-Funktion einbauen. Fügen Sie außerdem noch eine `print`-Anweisung hinzu und machen Sie eine Probefahrt.

```
def compute_readability(text):
    total_words = 0
    total_sentences = 0
    total_syllables = 0
    score = 0

    words = text.split()
    total_words = len(words)
    total_sentences = count_sentences(text)
    total_syllables = count_syllables(words)

    score = (206.835 - 1.015 * (total_words / total_sentences)
                     - 84.6 * (total_syllables / total_words))

    print(total_words, 'words')
    print(total_sentences, 'sentences')
    print(total_syllables, 'syllables')
    print(score, 'reading ease score')
```

Erweitern Sie den Code zum Zählen von Wörtern, Sätzen und Silben um diese Formel.

Bauen Sie eine print-Anweisung ein, um die Ergebnisse auszugeben.

Prima, wir haben einen Lesbarkeitsindex!

```
Python 3.6.4 Shell
300 words
12 sentences
416 syllables
64.14800000000001 reading ease score
>>>
```

Spitzen Sie Ihren Bleistift

Nachdem Sie den Lesbarkeitsindex berechnet haben, müssen die Ergebnisse ausgegeben werden. Definieren Sie eine Funktion namens `output_results`, die einen Lesbarkeitsindex als Parameter übernimmt und den entsprechenden Bildungsgrad, wie im Pseudocode angegeben, ausgibt. Um Ihnen die Sache zu erleichtern, haben wir den Pseudocode unten noch einmal notiert.

```
FALLS (if) score >= 90.0:
    GIB AUS (print) 'Reading level of 5th Grade'
ANSONSTEN, FALLS (elif) scores >= 80.0:
    GIB AUS (print) 'Reading level of 6th Grade'
ANSONSTEN, FALLS (elif) scores >= 70.0:
    GIB AUS (print) 'Reading level of 7th Grade'
ANSONSTEN, FALLS (elif) scores >= 60.0:
    GIB AUS (print) 'Reading level of 8-9th Grade'
ANSONSTEN, FALLS (elif) scores >= 50.0:
    GIB AUS (print) 'Reading level of 10-12th Grade'
ANSONSTEN, FALLS (elif) scores >= 30.0:
    GIB AUS (print) 'Reading level of College Student'
ANSONSTEN (else):
    GIB AUS (print) 'Reading level of College Graduate'
```

Hier ist der Pseudocode.

Schreiben Sie hier Ihren Python-Code hin.

Die letzte Probefahrt

Das war's. Jetzt müssen wir nur noch die `output_results`-Funktion einfügen, und der Code sollte fertig sein! Bauen Sie die Ergänzungen und Änderungen unten ein. Sie finden den kompletten Code auf den folgenden beiden Seiten.

```
import ch1text

def count_syllables(words):
    count = 0

    for word in words:
        word_count = count_syllables_in_word(word)
        count = count + word_count

    return count

def count_syllables_in_word(word):
    count = 0

    endings = '.,;!?:'
    last_char = word[-1]

    if last_char in endings:
        processed_word = word[0:-1]
    else:
        processed_word = word

    if len(processed_word) <= 3:
        return 1

    if processed_word[-1] in 'eE':
        processed_word = processed_word[0:-1]

    vowels = "aeiouAEIOU"
    prev_char_was_vowel = False

    for char in processed_word:
        if char in vowels:
            if not prev_char_was_vowel:
                count = count + 1
            prev_char_was_vowel = True
        else:
            prev_char_was_vowel = False

    if processed_word[-1] in 'yY':
        count = count + 1

    return count
```

Hier ist unser gesamter Code. Er sollte sich schon in Ihrer analyze.py-Datei befinden.

Auf der nächsten Seite gibt es noch mehr Code.

```
def count_sentences(text):
    count = 0

    terminals = '.;?!'
    for char in text:
        if char in terminals:
            count = count + 1

    return count

def output_results(score):
    if score >= 90:
        print('Reading level of 5th Grade')
    elif score >= 80:
        print('Reading level of 6th Grade')
    elif score >= 70:
        print('Reading level of 7th Grade')
    elif score >= 60:
        print('Reading level of 8-9th Grade')
    elif score >= 50:
        print('Reading level of 10-12th Grade')
    elif score >= 30:
        print('Reading level of College Student')
    else:
        print('Reading level of College Graduate')

def compute_readability(text):
    total_words = 0
    total_sentences = 0
    total_syllables = 0
    score = 0

    words = text.split()
    total_words = len(words)
    total_sentences = count_sentences(text)
    total_syllables = count_syllables(words)

    score = (206.835 - 1.015 * (total_words / total_sentences)
                     - 84.6 * (total_syllables / total_words))


    print(total_words, 'words')
    print(total_sentences, 'sentences')
    print(total_syllables, 'syllables')
    print(score, 'readability score')
    output_results(score)


compute_readability(ch1text.text)
```

Bauen Sie hier den neuen output_results-Code ein.

Der Berechnung nach ist dieses Buch also für Acht- bis Neuntklässler verständlich. Das sind für die meisten Bücher akzeptable Werte. Gar nicht so schlecht!

Python 3.6.4 Shell

```
Reading level of 8-9th Grade
>>>
```

Vergessen Sie nicht, unsere neue Funktion aufzurufen und ihr das Ergebnis zu übergeben.

Es geht hier nicht darum, einen besonders hohen oder niedrigen Index zu erzielen. Je niedriger der Wert auf der Flesch-Skala, desto ***schwerer*** ist der Text nämlich zu lesen. Ein Ergebnis zwischen 30 und 50 würde bedeuten, dass der Text geschrieben ist wie ein akademisches Lehrbuch oder eine wissenschaftliche Forschungsarbeit. Das ist nicht ganz das Ergebnis, das man vom einleitenden Text eines *Von Kopf bis Fuß*-Buchs erwarten würde – tatsächlich ist es sogar das Gegenteil.

Eigentlich hoffen wir, dass dieses Buch auch für Mittelschüler verständlich ist und unser Index nicht zu weit von diesem Ziel abweicht. Noch ein anderes Beispiel: Stellen Sie sich vor, Sie schreiben einen Roman für junge Erwachsene. Dann sollte das Leseniveau vermutlich noch niedriger sein (ca. 7. Klasse), was einem Index von ungefähr 70 bis 80 entspräche, damit das Buch auch für Leser verständlich ist, die gerade mit der weiterführenden Schule beginnen.

Index	Bildungsgrad	Bemerkungen
100.00–90.00	5. Klasse	Sehr leicht lesbar. Von einem 11-jährigen Schüler gut zu verstehen.
90.0–80.0	6. Klasse	Leicht lesbar. Für Verbraucher geeignet.
80.0–70.0	7. Klasse	Mittelleicht.
70.0–60.0	8. und 9. Klasse	Mittel. Einfach zu verstehen für 13- bis 15-Jährige.
60.0–50.0	10. bis 12. Klasse	Schwer lesbar.
50.0–30.0	Akademiker	Sehr schwer lesbar.
30.0–0.0	Hochschulabschluss	Sehr schwer zu lesen. Am besten verständlich für Hochschulabsolventen.

Und noch mehr

Sind Sie bereit, die Texte Ihres Lieblingsautors, einer Nachrichtenseite oder sogar Ihre eigenen Werke zu testen? Falls ja, sind hier die nötigen Anweisungen:

- Erstellen Sie eine neue Datei mit der Endung ***.py***.
- Benutzen Sie die Drei-Anführungszeichen-Syntax, um Ihren eigenen mehrzeiligen Text einzufügen und einer Variablen zuzuweisen. Wir empfehlen aus Gründen der Konsistenz den Variablennamen `text`.
- Importieren Sie die neue Datei (das neue Modul) in Ihre ***analyze.py***-Datei.
- Rufen Sie die `compute_readability`-Funktion auf und übergeben Sie ihr den Namen Ihres Moduls gefolgt vom Variablennamen `text`.

Im nächsten Kapitel sehen Sie noch einen besseren Weg.

Und vergessen Sie nicht, dass unser heuristischer Code immer noch verbessert werden kann. Sehen Sie sich nur die Wörter in der Wortliste an. Es gibt immer noch Probleme. So können Wörter beispielsweise doppelte Anführungszeichen enthalten. Außerdem hatten wir ja noch die Idee, eine Wortliste für Sonderfälle zu erstellen, oder?

Wie Sie sehen, ist die Arbeit eines Programmierers nie zu Ende. Was dieses Kapitel angeht, allerdings schon – mal abgesehen von der »Punkt für Punkt«-Liste und dem Kreuzworträtsel. Auf jeden Fall herzlichen Glückwunsch! Das war ein hartes Kapitel, das Ihnen gezeigt hat, was Sie programmiertechnisch schon alles können!

Punkt für Punkt

- Mehrzeiliger Text kann in Python mit der Drei-Anführungszeichen-Syntax eingegeben werden.
- Die **len**-Funktion kann, analog zu Listen, auch zur Ermittlung der Länge eines Strings benutzt werden.
- Die Stringfunktion **split** übernimmt ein Trennzeichen (Delimiter), um einen String in »Wörter« aufzutrennen und in einer Liste zu speichern.
- Delimiter ist einfach ein anderes Wort für Trennzeichen.
- Strings sind immutabel, Listen sind mutabel.
- Mutabel heißt »veränderbar«, immutabel heißt »nicht veränderbar«.
- Fast alle modernen Programmiersprachen verwenden immutable Strings.
- Mit einer **for**-Anweisung können wir über die Zeichen eines Strings iterieren.
- Anhand der Indexschreibweise können wir auf einzelne Zeichen eines Strings zugreifen.
- Mit dem booleschen Operator **in** können Sie testen, ob bestimmte Werte (oder Zeichen) in Listen oder Strings enthalten sind.
- Eine Heuristik gibt eine bestmögliche Schätzung oder Antwort, die aber nicht unbedingt perfekt ist.
- Heuristiken werden oft benutzt, wenn ein Algorithmus rechnerisch nicht praktikabel oder schlicht nicht bekannt ist.
- Strings besitzen eine **slice**-Funktion, die einen Substring zurückgibt. Diese Schreibweise funktioniert auch für Listen.
- Im Gegensatz zu anderen Sprachen gibt es in Python keinen separaten Datentyp für Zeichen. Jede Art von Text ist ein String.

Programmierer-Kreuzworträtsel

Dieses Kapitel sollte Ihren Charakter stärken. Entspannen Sie sich mit einem kleinen Kreuzworträtsel.

Waagerecht

1. Untermenge eines Strings.
2. Unsere neue Tätigkeit.
4. Erfand den Lesbarkeitsindex.
5. Nicht veränderbar.
9. Hätte die Berechnung der Silben vermutlich vereinfacht.
11. Eine nicht hundertprozentige Lösung.
12. Hierfür brauchten wir eine Heuristik.
13. Wer das Slice kontrolliert, kontrolliert das …
14. Am Ende einiger Wörter.

Senkrecht

1. Diese haben wir entfernt.
3. Hiermit findet man in Python Substrings.
6. Ein anderer Name für Trennzeichen.
7. Hier funktioniert der in-Operator.
8. Leerzeichen, Tabulatoren, Zeilenumbrüche.
10. Diese Vokale haben wir ignoriert.

Lösung zur Übung

Speichern Sie den Text aus *ch6/text.txt* in einer Python-Datei. Erstellen Sie hierfür in IDLE eine neue Datei und fügen Sie den unten stehenden Code ein. Für den Text aus Kapitel 1 öffnen Sie *text.txt* am besten ebenfalls in IDLE. So können Sie den Text einfach kopieren und in die neue Datei einfügen. Anschließend speichern Sie die neue Datei als *ch1text.py*.

Wenn Sie Ihren Code jetzt ausführen, sollte der gesamte Artikel in der Shell ausgegeben werden.

Der Code hat den gesamten Artikel ausgegeben. Hier ist das Ende.

```
Python 3.6.4 Shell
into pond", or "pull in the fish." But also notice that other
instructions are a bit different because they depend on a condition,
like »is the bobber above or below water?". Instructions might also
direct the flow of the recipe, like "if you haven't finished fishing,
then cycle back to the beginning and put another worm on the hook."
Or, how about a condition for stopping, as in »if you're done« then go
home.

You're going to find these simple statements or instructions are the
first key to coding, in fact every App or software program you've ever
used has been nothing more than a (sometimes large) set of simple
instructions to the computer that tell it what to do.
>>>
```

Spitzen Sie Ihren Bleistift

Lösung

Nachdem Sie wissen, wie die `split`-Funktion arbeitet, können wir die `compute_readability`-Funktion erweitern. In unserem Pseudocode haben wir eine Funktion namens `count_words` (»Wörter zählen«) vorgesehen. Wie sich zeigt, reichen dank `split` schon zwei Codezeilen aus, um die Gesamtzahl der Wörter zu berechnen, daher verzichten wir hier auf eine eigene Funktion. Sie sollten den unten stehenden Code zu Ende bringen.

```
import ch1text

def compute_readability(text):
    total_words = 0
    total_sentences = 0
    total_syllables = 0
    score = 0

    words = text.split()
    total_words = len(words)

    print(words)
    print('total words', total_words)
    print(text)

compute_readability(ch1text.text)
```

Um die Anzahl der Wörter zu ermitteln, benutzen wir die len-Funktion mit der Wörterliste.

```
Python 3.6.4 Shell
['The', 'first', 'thing', 'that', 'stands', 'between', 'you', 'and', 'writing', 'your',
'first,', 'real,', 'piece', 'of', 'code,', 'is', 'learning', 'the', 'skill', 'of', 'breaking',
'problems', 'down', 'into', 'achievable', 'little', 'actions', 'that', 'a', 'computer',
'can', 'do', 'for', 'you.', 'Of', 'course,', 'you', 'and', 'the', 'computer', 'will', 'also',
'need', 'to', 'be', 'speaking', 'a', 'common', 'language,', 'but', "we'll", 'get', 'to',
'that', 'topic', 'in', 'just', 'a', 'bit.', 'Now', 'breaking', 'problems', 'down', 'into',
'a', 'number', 'of', 'steps', 'may', 'sound', 'a', 'new', 'skill,', 'but', 'its', 'actually',
'something', 'you', 'do', 'every', 'day.', "Let's", 'look', 'at', 'an', 'example,', 'a',
'simple', 'one:', 'say', 'you', 'wanted', 'to', 'break', 'the', 'activity', 'of', 'fishing',
'down', 'into', 'a', 'simple', 'set', 'of', 'instructions', 'that', 'you', 'could', 'hand',
'to', 'a', 'robot,', 'who', 'would', 'do', 'your', 'fishing', 'for', 'you.', "Here's",
'our', 'first', 'attempt', 'to', 'do', 'that,', 'check', 'it', 'out:', 'You', 'can', 'think',
'of', 'these', 'statements', 'as', 'a', 'nice', 'recipe', 'for', 'fishing.', 'Like', 'any',
'recipe,', 'this', 'one', 'provides', 'a', 'set', 'of', 'steps,', 'that', 'when', 'followed',
'in', 'order,', 'will', 'produce', 'some', 'result', 'or', 'outcome', 'in', 'our', 'case,',
'hopefully,', 'catching', 'some', 'fish.', 'Notice', 'that', 'most', 'steps', 'consists',
'of', 'simple', 'instruction,', 'like', '"cast', 'line', 'into', 'pond",', 'or', '"pull',
'in', 'the', 'fish."', 'But', 'also', 'notice', 'that', 'other', 'instructions', 'are',
'a', 'bit', 'different', 'because', 'they', 'depend', 'on', 'a', 'condition,', 'like',
'»is', 'the', 'bobber', 'above', 'or', 'below', 'water?".', 'Instructions', 'might', 'also',
'direct', 'the', 'flow', 'of', 'the', 'recipe,', 'like', '"if', 'you', "haven't", 'finished',
'fishing,', 'then', 'cycle', 'back', 'to', 'the', 'beginning', 'and', 'put', 'another',
'worm', 'on', 'the', 'hook."', 'Or,', 'how', 'about', 'a', 'condition', 'for', 'stopping,',
'as', 'in', '»if', "you're", 'done«', 'then', 'go', 'home.', "You're", 'going', 'to', 'find',
'these', 'simple', 'statements', 'or', 'instructions', 'are', 'the', 'first', 'key', 'to',
'coding,', 'in', 'fact', 'every', 'App', 'or', 'software', 'program', "you've", 'ever',
'used', 'has', 'been', 'nothing', 'more', 'than', 'a', '(sometimes', 'large)', 'set', 'of',
'simple', 'instructions', 'to', 'the', 'computer', 'that', 'tell', 'it', 'what', 'to', 'do.']
300 words
>>>
```

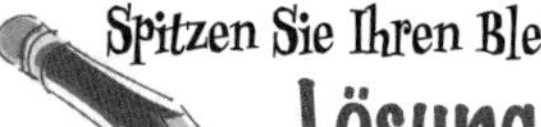

Spitzen Sie Ihren Bleistift Lösung

Können Sie den Code schreiben, der jedes Zeichen überprüft, um zu sehen, ob es ein Punkt, ein Semikolon, ein Fragezeichen oder ein Ausrufungszeichen ist, und gegebenenfalls die Zählvariable `count` um eins erhöht?

```
def count_sentences(text):
    count = 0

    for char in text:
        if char == '.' or char == ';' or char == '?' or char == '!':
            count = count + 1

    return count
```

Überprüfen, ob es sich um ein Satzendezeichen handelt. Falls ja, count um eins erhöhen.

Spitzen Sie Ihren Bleistift Lösung

Wir wollen probieren, die `count_sentences`-Funktion durch den Einsatz des `in`-Operators kürzer (und lesbarer) zu machen. Den ursprünglichen Code zum Testen auf Satzendezeichen haben wir unten entfernt. Dafür haben wir eine neue lokale Variable namens `terminals` eingebaut, die einen String mit sämtlichen Satzendezeichen enthält. Vervollständigen Sie die `if`-Anweisung, sodass der `in`-Operator verwendet wird, um herauszufinden, ob das aktuelle Zeichen ein Satzende symbolisiert.

```
def count_sentences(text):
    count = 0

    terminals = '.;?!'

    for char in text:

        if char in terminals:
            count = count + 1

    return count
```

Wow, das ist wesentlich kürzer und lesbarer!

Sie haben folgende Aufgabe: Spielen Sie Interpreter und führen Sie die Funktion `count_syllables_in_word` aus. Sie wird mit dem Wort »roomful« aufgerufen.

char	prev_char_was_vowel	count
r	False	0
o	True	1
o	True	
m	False	
f	False	
u	True	2
l	False	

Wir hatten unsere `slice`-Operationen und die dazugehörigen Substrings eigentlich schon fertig. Dann sind sie alle durcheinandergeraten. Können Sie uns helfen, herauszufinden, wer hier was macht? Seien Sie vorsichtig. Wir wissen nicht, welches `slice` keinen, einen oder mehrere Treffer erzielt. Die erste Verbindung hatten wir bereits gefunden und unten markiert:

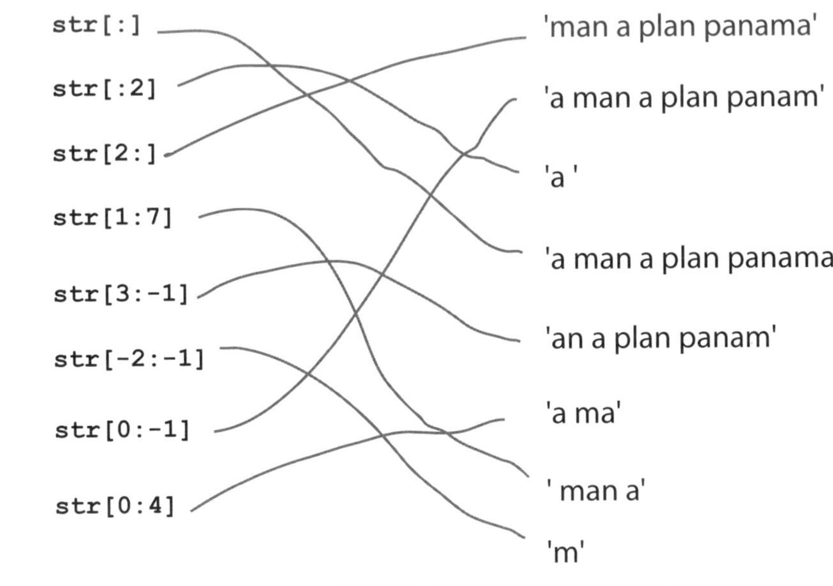

Spitzen Sie Ihren Bleistift

Lösung

Angenommen, wir haben mögliche Satzendezeichen in der Variablen `process_word` bereits entfernt. Können Sie ein paar Zeilen Code schreiben, um das letzte *e* zu entfernen, falls es eins gibt?

Falls das letzte Zeichen in process_word entweder ein 'e' oder ein 'E' ist …

```
if processed_word[-1] in 'eE':
    processed_word = processed_word[0:-1]
```

… weise processed_word sich selbst zu, aber ohne das letzte Zeichen.

Spitzen Sie Ihren Bleistift

Lösung

Nachdem Sie den Lesbarkeitsindex berechnet haben, müssen die Ergebnisse ausgegeben werden. Definieren Sie eine Funktion namens `output_results`, die einen Lesbarkeitsindex als Parameter übernimmt und den entsprechenden Bildungsgrad, wie im Pseudocode angegeben, ausgibt.

```
def output_results(score):
    if score >= 90:
        print('Reading level of 5th Grade')
    elif score >= 80:
        print('Reading level of 6th Grade')
    elif score >= 70:
        print('Reading level of 7th Grade')
    elif score >= 60:
        print('Reading level of 8-9th Grade')
    elif score >= 50:
        print('Reading level of 10-12th Grade')
    elif score >= 30:
        print('Reading level of College Student')
    else:
        print('Reading level of College Graduate')
```

Programmierer-Kreuzworträtsel, Lösung

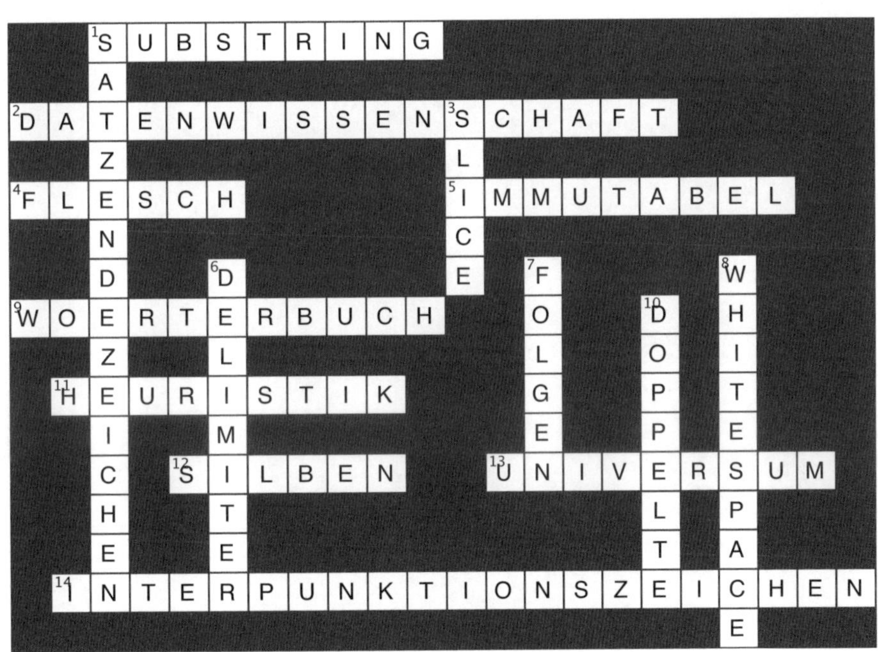

7 Module, Methoden, Klassen und Objekte

Die Module spielen verrückt ...

Ihr Code wird umfangreicher und komplexer. Also brauchen Sie bessere Möglichkeiten, ihn zu abstrahieren, zu modularisieren und zu organisieren. Durch Funktionen können mehrere Codezeilen zusammengefasst und wiederverwendet werden. Außerdem wissen Sie inzwischen, dass Sammlungen von Funktionen und Variablen in Modulen gespeichert und dadurch leichter weitergegeben und wiederverwendet werden können. In diesem Kapitel befassen wir uns noch einmal mit Modulen und lernen, sie effizienter zu nutzen (z. B. um den Code direkt mit anderen teilen zu können). Dann kommen wir zur ultimativen Form der Codewiederverwendung: *Objekte*. Sie werden merken, dass Sie quasi von Python-Objekten umgeben sind, die nur darauf warten, von Ihnen benutzt zu werden.

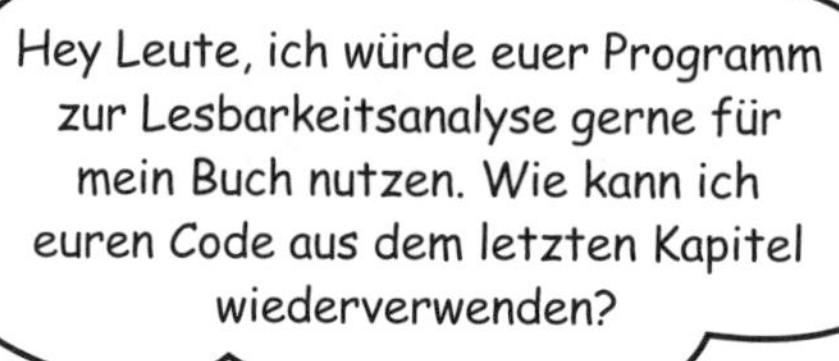

Cory Doctorow

Text seines Buchs »Little Brother«

ı it," I said. "You're the best coder I know.
ɨ genius, Jolu. I would be honored if you'd

ɨingers some more. "It's just -- You know.
'an's the smart one. Darryl was... He was your
l, the guy who had it all organized, who
Being the programmer, that was *my* thing. It
ıying you didn't need me."

ch an idiot. Jolu, you're the best-qualified
this. I'm really, really, really --"

. Stop. Fine. I believe you. We're all really
w. So yeah, of course you can help. We can

If you've never programmed a computer, you should. There's nothing like it in the whole world. When you program a computer, it does *exactly* what you tell it to do. It's like designing a machine -- any machine, like a car, like a faucet, like a gas-hinge for a door -- using math and instructions. It's awesome in the truest sense: it can fill you with awe.

A computer is the most complicated machine you'll ever use. It's made of billions of micro-miniaturized transistors that can be configured to run any program you can imagine. But when you sit down at the keyboard and write a line of code, those transistors do what you tell them to.

Most of us will never build a car. Pretty much none of us will ever create an aviation system. Design a building. Lay out a city.

Gespräch unter Büronachbarn

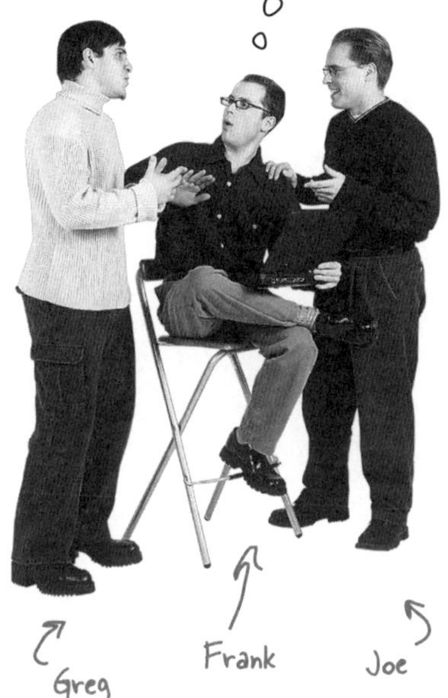

Greg: Das ist doch leicht. Schick ihm einfach unsere Datei *analyze.py*. Die kann er importieren und dann die `compute_readability`-Funktion aufrufen.

Frank: Genau, Module sind auch nur Python-Dateien. Einfach schicken.

Joe: Ich glaube, da stimmt was nicht. Ich weiß, dass eine Datei einfach ein Modul ist, und wir haben sicherlich auch `import` benutzt, aber ich glaube, es gehört noch mehr dazu.

Greg: Was denn zum Beispiel?

Joe: Na ja, *analyze.py* enthält im Moment den Code, um die Lesbarkeit des Texts von Kapitel 1 zu berechnen.

Frank: Damit konnten wir das Analyseprogramm gut testen. Für seinen Text muss Cory das aber anpassen.

Joe: Richtig. Wenn man unser Programm benutzen könnte, ohne den Code öffnen und anpassen zu müssen, wäre das viel besser. Außerdem würde ich den Test gerne drinlassen, falls wir später unsere Heuristik verbessern wollen. Das geht doch bestimmt noch besser.

Greg: Und? Hast du eine Idee?

Joe: Ich habe mich mal etwas schlau gemacht. Es gibt eine Konvention für die Organisation von Modulen. Ich denke, Cory kann unsere Analyse benutzen, ohne dass wir dafür unseren Testcode entfernen müssen.

Greg: Darüber würde ich gerne mehr erfahren.

Frank: Aber ist das nicht eine Menge Arbeit?

Joe: Das ist nicht einmal schwer, Frank. Das Ergebnis wird dir bestimmt gefallen. Durch diese Änderungen wird unser Code besser wiederverwendbar – für andere *und* für uns.

Ein schneller Rückblick auf Module

Wie Sie bereits wissen, können wir die `import`-Anweisung benutzen, um ein Modul zu importieren, wie hier:

```
import random
```

Das random-Modul importieren.

Und Sie können die Funktionen oder Variablen des Moduls ansprechen, indem Sie ihrem Namen den Namen des Moduls voranstellen, wie hier:

Wir wollen die randint-Funktion aus dem randint-Modul aufrufen.

```
num = random.randint(0,9)
```

Wir beginnen mit dem Namen des Moduls ...

... gefolgt vom Punktoperator ...

... gefolgt vom Funktions- oder Variablennamen im Modul.

Den Punktoperator kennen Sie bereits, erklärt haben wir ihn allerdings noch nicht. Hier bedeutet er so viel wie: »Suche im Modul `random` nach der Funktion `randint`.«

Der Punktoperator hat bei der Arbeit mit Objekten übrigens noch ein paar Asse im Ärmel, später mehr dazu.

Es gibt keine Dummen Fragen

F: Woher weiß Python, wo es beim Import eines Moduls danach suchen muss?

A: Gute Frage. Schließlich geben Sie beim Import eines Moduls nur seinen Namen und nicht den Verzeichnispfad an. Wie findet Python die Module also? Python beginnt bei seiner internen Liste der Standardmodule (z. B. **random**). Wird das Modul dort nicht gefunden, sucht Python im lokalen Verzeichnis, in dem Sie Ihren Code ausführen. Daneben gibt es noch fortgeschrittenere Methoden. Falls nötig, können Sie Python anweisen, auch andere Verzeichnisse nach Modulen zu durchsuchen.

F: Ich habe den Begriff »Python-Bibliothek« gesehen. Hat das was mit den Modulen zu tun?

A: Eine Bibliothek ist ein allgemeiner Begriff, der manchmal im Zusammenhang mit Python-Modulen (oder Modulsammlungen) benutzt wird. Typischerweise bedeutet der Begriff *Bibliothek* einfach, dass die Module zur Verwendung durch andere veröffentlicht wurden. Ihnen wird auch der Begriff *Package* begegnen. Damit ist oft eine Sammlung von Python-Modulen gemeint, die zusammenarbeiten.

F: Was passiert, wenn ich das random-Modul importiere, aber auch noch ein anderes Modul, das ebenfalls die random-Funktion importiert? Gibt es da Probleme oder Konflikte?

A: Nein. Python überwacht die importierten Module und stellt sicher, dass Module nicht immer wieder importiert werden. Es ist vollkommen in Ordnung, wenn Ihr Code und ein anderes Modul beide das gleiche Modul einbinden.

Gespräch unter Büronachbarn, Fortsetzung …

Frank: Tun wir. Wir müssen nur dafür sorgen, dass andere Leute ihn auch benutzen können.

Joe: Richtig, aber der Code enthält noch unseren Test mit dem Originaltext von Kapitel 1.

Judy: Können wir den nicht einfach rauslöschen?

Joe: Könnten wir, aber eigentlich wollen wir alles so behalten, wie es ist, um unsere Heuristik noch weiter zu verbessern.

Judy: Und wie soll das gehen?

Frank: Joe hat sich intensiv mit Python-Modulen befasst. Man kann eine Moduldatei so aufbauen, dass sie weiß, ob sie als Hauptprogramm läuft oder von einer anderen Python-Datei als Modul eingebunden wird.

Judy: Und wie kann uns das helfen?

Joe: Stell dir das so vor, Judy: Wenn jemand *analyze.py* direkt ausführt, dann sehr wahrscheinlich wir selbst. Und dann wollen wir auch unseren Testcode ausführen. Und falls nicht, importiert jemand anderes *analyze.py*, und der Testcode soll übersprungen werden.

Judy: Oh, das ergibt auf jeden Fall Sinn. Aber wie funktioniert das?

Joe: Wir können eine Konvention benutzen, mit der überprüft wird, ob *analyze.py* als Hauptprogramm ausgeführt wird. In diesem Fall rufen wir den Testcode auf. Ansonsten wird er ignoriert. Ich zeige dir das mal …

Die globale Variable __name__

Bei der Ausführung einer Python-Datei erzeugt der Interpreter im Hintergrund eine globale Variable namens `__name__`. Sie besteht aus zwei Unterstrichen, dem Wort »name« und zwei weiteren Unterstrichen. Ist die Variable erstellt, erhält sie einen von zwei möglichen Werten: Wird die Python-Datei direkt als Hauptprogramm ausgeführt, ist der Wert der String `"__main__"`. Falls nicht, enthält `__name__` den Namen Ihres Moduls, z. B. `"analyze"`. Aufgrund der Funktionsweise von `__name__` gibt es eine bereits seit Langem bestehende Python-Konvention zum Testen, ob Ihr Code als Hauptprogramm ausgeführt wird:

Überprüfen, ob es das Hauptprogramm ist. Falls ja, kann hier der gewünschte Code angegeben werden.

```
if __name__ == '__main__':
    print("Look, I'm the main program y'all.")
```

Wichtig: Diese print-Anweisung wird ignoriert, wenn die Datei importiert wird.

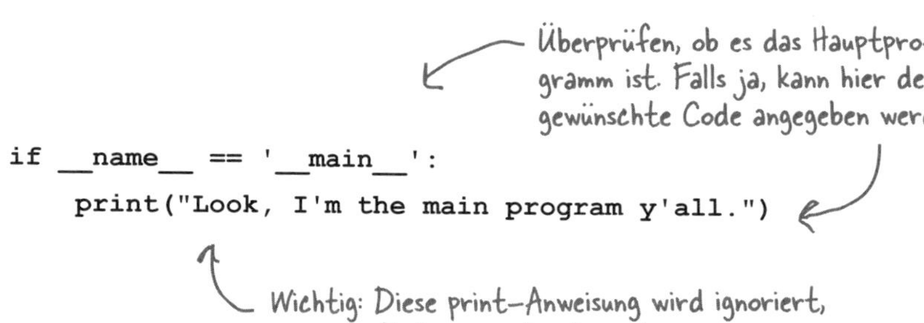

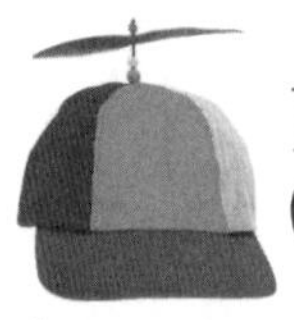

Ernsthaftes Coden

Python-Programmierer nennen die `__name__`-Variable auch *dunder name*, als Abkürzung für »double underscore name, double underscore« (doppelter Unterstrich, Name, doppelter Unterstrich). Wir werden in der deutschen Übersetzung den Begriff **doppelte Unterstriche** für diese speziellen Variablen benutzen (denn es gibt nicht nur `__name__`).

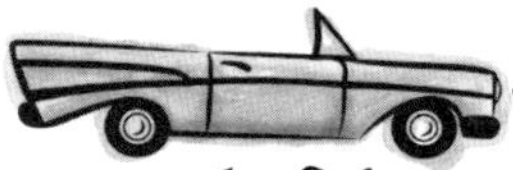

Probefahrt

Jetzt wollen wir `__name__` testen. Unten sehen Sie zwei Python-Dateien: Geben Sie beide in IDLE ein, *speichern Sie sie im selben Ordner* und führen Sie sie aus. Überprüfen Sie Ihre Ausgaben.

just_a_module.py

```
if __name__ == '__main__':
    print("Look, I'm the main program y'all.")
else:
    print("Oh, I'm just a module.")
```

main.py

```
import just_a_module

print('Greetings from main.py')
```

Python 3.6.4 Shell

```
Look, I'm the main program y'all.
>>>
```

Hier weiß just_a_module, dass es das Hauptprogramm ist.

Und hier die Ausgabe, die wir beim Ausführen beider Dateien erhalten.

Python 3.6.4 Shell

```
Oh, I'm just a module.
Greetings from main.py
>>>
```

Hier führt main.py einen Import durch, und just_a_module weiß, dass es als Modul verwendet wird.

Gespräch unter Büronachbarn, Fortsetzung ...

Greg: Ja klar, wir müssen nur überprüfen, ob `__name__` den Wert `"__main__"` hat. Falls ja, führen wir unseren Testcode aus, falls nicht, machen wir nichts. Danach können wir Cory die Datei geben.

Frank: Moment noch. Woher weiß Cory, *welche* Funktionen er benutzen soll?

Greg: Eins nach dem anderen, Frank. Darum kümmern wir uns später. Wir wollen erst mal diesen Code einbauen.

Frank: Also gut!

analyze.py aktualisieren

Erstellen Sie eine Kopie der ch1text.py-Datei aus Kapitel 6 (im Ordner ch6) und legen Sie sie im Ordner für Kapitel 7 (ch7) ab.

Jetzt können Sie *analyze.py* aus dem Ordner für Kapitel 6 (`ch6`) in den Ordner für Kapitel 7 (`ch7`) kopieren und dann öffnen. Folgende Änderungen sind nötig:

Hier ist der Anfang unserer analyze.py-Datei.

```
import ch1text

def count_syllables(words):
    count = 0

    for word in words:
        word_count = count_syllables_in_word(word)
        count = count + word_count

    return count

def count_syllables_in_word(word):
    count = 0

    endings = '.,;!?:'
    last_char = word[-1]
```

Entfernen Sie am Anfang von ch1text die import-Anweisung. Wir werden sie ans Ende der Datei verlagern.

Hier ist der untere Teil unserer analyze.py-Datei.

```
def compute_readability(text):
    total_words = 0
    total_sentences = 0
    total_syllables = 0
    score = 0

    words = text.split()
    total_words = len(words)
    total_sentences = count_sentences(text)
    total_syllables = count_syllables(words)

    score = (206.835 - 1.015 * (total_words / total_sentences)
                     - 84.6 * (total_syllables / total_words))

    output_results(score)

if __name__ == "__main__":
    import ch1text
    print('Chapter1 Text:')
    compute_readability(ch1test.text)
```

Hier wird getestet, ob __name__ den Wert __main__ enthält.

Wird die Bedingung zu True ausgewertet, wird ch1text importiert und seine Lesbarkeit berechnet.

Und wir haben eine print-Anweisung eingefügt.

Vergessen Sie nicht, die compute_readability-Zeile unter der if-Anweisung um vier Leerzeichen einzurücken.

Ja, Sie können die import-Anweisung an beliebiger Stelle in Ihrem Programm benutzen.

Probefahrt

Nehmen Sie die Änderungen an *analyze.py* vor und machen Sie direkt eine Probefahrt. Da die Datei hier als Hauptprogramm ausgeführt wird, sollten Sie die gleichen Ausgaben erhalten wie in Kapitel 6. Vergessen Sie nicht, dass Sie eine Kopie *ch1text.py* im selben Ordner brauchen.

Das funktioniert wie erwartet. Wir führen analyze.py als Hauptprogramm aus, also überprüft es den Text in ch1text.py.

Python 3.6.4 Shell

```
Chapter 1 Text:
Reading level of 8-9th Grade
>>>
```

analyze.py als Modul benutzen

Wie werden andere Leute das Modul benutzen? Zuerst werden sie das `analyze`-Modul in ihren Code importieren und dann die `compute_readability`-Funktion im `analyze`-Modul mit einem Textstring aufrufen. Hierfür erstellen wir eine neue Datei namens *cory_analyze.py* und schreiben den nötigen Code:

Importiere das Modul ...

... und rufe analyze.compute_readability mit dem Text auf.

```
import analyze

analyze.compute_readability("""
If you've never programmed a computer, you should. There's nothing like it in the
whole world. When you program a computer, it does exactly what you tell it to do.
It's like designing a machine:  any machine, like a car, like a faucet, like a gas
hinge for a door using math and instructions. It's awesome in the truest sense it
can fill you with awe.

A computer is the most complicated machine you'll ever use. It's made of billions
of micro miniaturized transistors that can be configured to run any program you
can imagine. But when you sit down at the keyboard and write a line of code, those
transistors do what you tell them to.

Most of us will never build a car. Pretty much none of us will ever create an
aviation system. Design a building. Lay out a city.""")
```

Mit der Drei-Anführungszeichen-Schreibweise können Sie einen mehrzeiligen String erzeugen.

Probefahrt

Geben Sie *cory_analyze.py* ebenfalls ein und unternehmen Sie einen weiteren Testlauf. Da wir *analyze.py* jetzt als Modul ausführen, wird unser Testcode diesmal ignoriert. Probieren Sie das aus und sehen Sie sich das Ergebnis an.

Sie müssen Corys Text übrigens nicht abtippen. Sie finden ihn in den Quelldateien zu Kapitel 7 unter dem Namen cory.txt.

Corys Text ist für Siebtklässler geeignet. Das scheint perfekt für ein Buch mit Teenager-Themen!

```
Python 3.6.4 Shell
Reading level of 7th Grade
>>>
```

Und da kommt Pythons help-Funktion ins Spiel. In Python können Sie die Dokumentation direkt in Ihren Quellcode einbetten. Den Gebrauch von Kommentaren kennen Sie bereits. Kommentare sind dafür da, bestimmte Codestücke (den »Low-Level-Code«) zu dokumentieren. In Python können Sie aber auch *Docstrings* verwenden, um Programmierern, die Ihre Module benutzen (sich aber nicht mit den Einzelteilen Ihres Code befassen wollen) eine allgemeinere Dokumentation zur Verfügung zu stellen.

Sie werden feststellen, dass die meisten modernen Programmiersprachen eine Art von Docstrings besitzen.

Das Docstring-Format ist einfach: Fügen Sie einfach am Anfang Ihres Moduls einen String ein, der als allgemeine Beschreibung dient. Nach jeder Funktionsdefinition erklärt ein weiterer String, was die Funktion tut (das Gleiche gilt übrigens für Objekte, aber die haben Sie noch nicht kennengelernt).

Und wie verwendet man Docstrings? Müssen andere die Moduldatei öffnen, um sie zu lesen? Nein, es gibt einen viel besseren Weg: Python besitzt eine Hilfefunktion (`help`), mit der man die Dokumentation direkt im Interpreter anzeigen lassen kann.

Bauen wir ein paar Docstrings in *analyze.py* ein, um zu sehen, wie das funktioniert.

analyze.py mit Docstrings versehen

Fügen wir jetzt ein paar Docstrings ein, damit andere Programmierer durch Pythons help-System mehr über unser Modul erfahren können.

```
"""The analyze module uses the Flesch-Kincaid readability test to analyze text and
  produce a readability score. This score is then converted into a
  grade-based readability category.

"""

def count_syllables(words):
    """This function takes a list of words and returns a total
       count of syllables across all words in the list.
    """
    count = 0

    for word in words:
        word_count = count_syllables_in_word(word)
        count = count + word_count

    return count

def count_syllables_in_word(word):
    """This function takes a word in the form of a string
       and returns the number of syllables. Note this function is
       a heuristic and may not be 100% accurate.
    """
    count = 0

    endings = '.,;!?:'    # these are the word terminals we care about
    last_char = word[-1]

    if last_char in endings:
        processed_word = word[0:-1]
    else:
        processed_word = word

    if len(processed_word) <= 3:
        return 1

    if processed_word[-1] in 'eE':
        processed_word = processed_word[0:-1]


    vowels = "aeiouAEIOU"
    prev_char_was_vowel = False

    for char in processed_word:
        if char in vowels:
            if not prev_char_was_vowel:
                count = count + 1
            prev_char_was_vowel = True
        else:
            prev_char_was_vowel = False

    if processed_word[-1] in 'yY':
        count = count + 1

    return count
```

Sie können am Anfang Ihres Moduls einen mehrzeiligen String verwenden …

… sowie unter jeder Definition.

Pythons help-Funktion zeigt nur Docstrings an. Codekommentare wie dieser hier gehören nicht dazu.

Fortsetzung auf der folgenden Seite …

```
def count_sentences(text):
    """This function counts the number of sentences in a string of text
       using period, semicolon, question mark and exclamation mark as
       terminals.
    """
    count = 0

    terminals = '.;?!'
    for char in text:
        if char in terminals:
            count = count + 1

    return count

def output_results(score):
    """This function takes a Flesch-Kincaid score and prints the
       corresponding reading level.
    """
    if score >= 90:
        print('Reading level of 5th Grade')
    elif score >= 80:
        print('Reading level of 6th Grade')
    elif score >= 70:
        print('Reading level of 7th Grade')
    elif score >= 60:
        print('Reading level of 8-9th Grade')
    elif score >= 50:
        print('Reading level of 10-12th Grade')
    elif score >= 30:
        print('Reading level of College Student')
    else:
        print('Reading level of College Graduate')

def compute_readability(text):
    """This function takes a text string of any length and prints out a
       grade-based readability score.
    """
    total_words = 0
    total_sentences = 0
    total_syllables = 0
    score = 0

    words = text.split()
    total_words = len(words)
    total_sentences = count_sentences(text)
    total_syllables = count_syllables(words)

    score = (206.835 - 1.015 * (total_words / total_sentences)
                     - 84.6 * (total_syllables / total_words))

    output_results(score)

if __name__ == "__main__":
    import ch1text
    print('Chapter 1 Text:')
    compute_readability(ch1text.text)
```

Noch mehr Docstrings!

Sie können die Dokumentation so ausführlich gestalten, wie Sie möchten oder wie es nötig erscheint. Python macht Ihnen hier keine Vorgaben. Andere Programmiersprachen haben ziemlich ausgefeilte Systeme für die Verwendung von Docstrings, die stärker standardisiert sind und eine strengere Form haben.

Probefahrt

Jetzt können Sie Ihre Version von *analyze.py* dokumentieren. Seien Sie kreativ und erweitern Sie Ihre Dokumentation. Dabei müssen Sie einige besondere Anweisungen befolgen. Wie gesagt, Python importiert aus Effizienzgründen das gleiche Modul nicht mehrmals, sondern legt es im Arbeitsspeicher ab. Auch wenn Sie Änderungen an Ihrem `analyze`-Modul vorgenommen haben, versucht Python standardmäßig, die zwischengespeicherte Version (die ohne Docstrings) zu benutzen. Um das zu umgehen, müssen Sie IDLE beenden. *Das Programm muss vollständig geschlossen werden*. Danach können Sie IDLE neu starten, die *cory_analyze.py*-Datei öffnen und sicherstellen, dass sich beim Dokumentieren Ihres Codes keine Fehler eingeschlichen haben. Danach gehen Sie zum Shell-Fenster und folgen den unten stehenden Anweisungen, um Ihre neue help-Dokumentation zu testen.

Abhängig von Ihrem Betriebssystem und Ihrer Python-Version.

Überspringen Sie die Ausführung der cory_analyze.py-Datei nicht. Sie importiert das neue analyze.py und stellt sicher, dass IDLE die korrekten Verzeichnispfade benutzt.

Python 3.6.4 Shell

```
>>> help(analyze)
Help on module analyze:

NAME
    analyze

DESCRIPTION
    The analyze module uses the Flesch-Kincaid readability test to analyze text and
    produce a readability score. This score is then converted into a
    grade-based readability category.

FUNCTIONS
    compute_readability(text)
        This function takes a text string of any length and prints out a
        grade-based readability score.

    count_sentences(text)
        This function counts the number of sentences in a string of text
        using period, semicolon, question mark and exclamation mark as
        terminals.

    count_syllables(words)
        This function takes a list of words and returns a total
        count of syllables across all words in the list.

    count_syllables_in_word(word)
        This function takes a word in the form of a string
        and returns the number of syllables. Note this function is
        a heuristic and may not be 100% accurate.

    output_results(score)
        This function takes a Flesh-Kincaid score and prints the
        corresponding reading level.
```

Hier sehen Sie, wie das analyze-Modul importiert und aufgerufen wird.

Hier fragen wir nach Hilfe zum gesamten analyze-Modul.

Python 3.6.4 Shell

```
>>> help(analyze.compute_readability)
Help on function compute_readability in module analyze:

compute_readability(text)
    This function takes a text string of any length and prints out a
    grade-based readability score.
```

Sie können auch Hilfe zu einer bestimmten Funktion des Moduls anfordern.

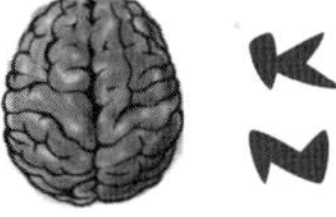

KOPF-NUSS

Überlegen Sie, wie andere Programmierer Ihr `analyze`-Modul benutzen könnten. Gibt es Möglichkeiten, das anders zu strukturieren? Vielleicht möchte ein anderer Programmierer auf den Lesbarkeitsindex zugreifen. Überlegen Sie, wie Sie den Code refaktorieren würden.

Andere Python-Module erforschen

Nachdem Sie Pythons Module besser verstehen und wissen, wie man das help-System benutzt, gibt es eine Vielzahl weiterer interessanter Module für Sie zu erforschen. Einige der interessanteren werden wir in diesem Buch bzw. im Anhang noch besprechen. Hier ein paar besonders beliebte Module, nur um Ihnen ein wenig den Mund wässrig zu machen …

Wir benutzen Pythons **datetime**-Modul für sämtliche Aufgaben. Wir sind eine Spedition, und das **datetime**-Modul bietet uns alle Werkzeuge, die für die Erstellung, Bearbeitung und den Vergleich von Kalenderdaten und Uhrzeiten gebraucht werden.

Wir setzen das **requests**-Modul ein, um auf Webseiten, die wir überwachen, zuzugreifen und sie auszulesen.

Ich liebe Pythons **turtle**-Modul (also »Schildkrötenmodul«). Ich unterrichte Kinder und Anfänger, und das Modul ist eine gute Möglichkeit, Grafiken auf dem Bildschirm zu erzeugen und damit zu spielen. Es wurde von Symour Paperts Arbeit am MIT inspiriert.

In meiner Computerphysik-Gruppe benutzen wir ständig das **math**-Modul.

In unserer Gesundheits-App ist die gesamte Benutzeroberfläche mit dem **Tkinter**-Modul umgesetzt. Es bietet alles, was man zur Programmierung von Desktop-Benutzeroberflächen so braucht.

Am liebsten würde ich gerne *richtige* Schildkröten mit Python programmieren.

Moment mal. Haben Sie gerade »Schildkröten« gesagt?!

Ah, eines unserer Lieblingsthemen. Sie werden sehen, dass Schildkröten (»turtles«) sehr gut dazu geeignet sind, mit Programmierung zu spielen – und sie sind fester Bestandteil von Python. Hierfür brauchen Sie nur das `turtle`-Modul zu importieren, und schon können Sie Ihre eigenen Schildkröten erschaffen. Vorher wollen wir aber sehen, wie die Schildkröten aus dem Python-Land aussehen:

In Python leben die Schildkröten auf einem Raster. Das Zentrum des Rasters befindet sich an den Koordinaten 0,0.

Auf dem Raster hat jede Schildkröte eine bestimmte Position, ausgedrückt als x/y-Koordinaten,

Jede Schildkröte zeigt in eine bestimmte Richtung.

In Python haben Schildkröten außerdem einen Stift, mit dem sie zeichnen können.

Der Stift ist entweder abgesenkt (auf der Zeichenfläche, hinterlässt eine Spur) oder angehoben (keine Spur). Er hat eine Farbe und eine Größe (Linienstärke).

Schildkröten können außerdem verschiedene Formen haben, z. B. die einer Schildkröte, eines Kreises oder eines Pfeils usw.

Stellen Sie sich das hier als die Attribute der Schildkröte vor.

Eine Schildkröte kann sich vorwärts, rückwärts oder zu einer bestimmten Position auf dem Raster bewegen.

Wenn sich der Stift der Schildkröte auf der Zeichenfläche befindet, hinterlässt er eine Spur.

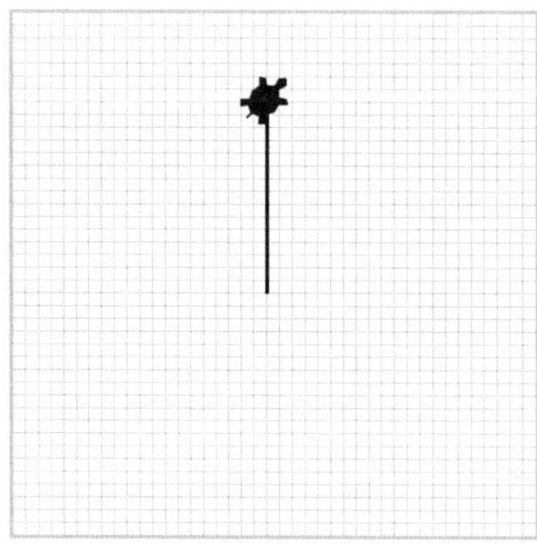

Eine Schildkröte kann außerdem ihre Richtung ändern, indem sie sich nach rechts und links dreht.

Stellen Sie sich dies als das Verhalten der Schildkröte vor.

Entschuldigung, haben Sie erwartet, dass wir Ihnen etwas auf MIT-Niveau bieten? Dann kommt hier eine Überraschung, denn genau das bekommen Sie! Turtle Graphics wurde am MIT (Massachusetts Institute of Technology) von Seymour Papert, einem Pionier der Computerwissenschaft, in den 1960er-Jahren erfunden. Seitdem haben die Turtle Graphics einen großen Einfluss auf viele spätere Programmiersprachen und helfen bei der Ausbildung von Informatikern und Mathematikern (und einer Menge Kindern). Wir möchten Sie bitten, mit Ihrem Urteil zu warten, bis Sie dieses Kapitel beendet haben (und ein paar weitere Kapitel dieses Buchs), denn wir glauben, dass Sie mit dem Ergebnis bei der Verwendung von Turtles sehr zufrieden sein werden.

Erschaffen Sie Ihre eigene Schildkröte!

Worauf warten wir noch? Lassen Sie uns eine (oder zwei) Schildkröten erschaffen. Dafür müssen wir zuerst das `turtle`-Modul importieren.

```
import turtle
```

Geben Sie den Code jetzt noch nicht ein. Das machen wir gleich gemeinsam.

Dann können wir, wie hier gezeigt, eine Schildkröte erstellen. Wir nennen sie »Slowpoke« (Schnarchnase), gespeichert in der Variablen `slowpoke`.

turtle-Modul

Punktoperator

Das sieht aus wie ein Funktionsaufruf, nur dass Funktionsnamen normalerweise nicht mit Großbuchstaben beginnen.

Wenn Sie eine Schildkröte erstellen, wird dieses Fenster angezeigt.

```
slowpoke = turtle.Turtle()
```

Dann weisen wir die neue Schildkröte der Variablen slowpoke zu.

Dies erzeugt eine neue Schildkröte.

Python Turtle Graphics

Und jetzt soll Slowpoke etwas tun:

Eine Variable, die auf unsere neue Schildkröte verweist.

Punktoperator

Eine der Verhaltensweisen der Schildkröte.

Ein Argument wie bei einem Funktionsaufruf.

```
slowpoke.forward(100)
```

Dies ist eine von Slowpokes Verhaltensweisen.

Hiermit weisen wir unsere Schildkröte namens Slowpoke an, sich um 100 Einheiten vorwärts zu bewegen.

Python Turtle Graphics

Unsere Schildkröte (Slowpoke) hat sich um 100 Einheiten vorwärts bewegt, um mit ihrem Stift eine Linie zu zeichnen. Aber haben Sie gemerkt, dass Slowpoke keine besondere Ähnlichkeit mit einer Schildkröte hat? Das ändern wir, indem wir eines seiner Attribute definieren und den Code erneut ausführen.

```
slowpoke.shape('turtle')
```

Hiermit legen wir fest, dass Slowpoke (in der Variablen slowpoke) die Form einer Schildkröte ('turtle') haben soll.

Schon besser!

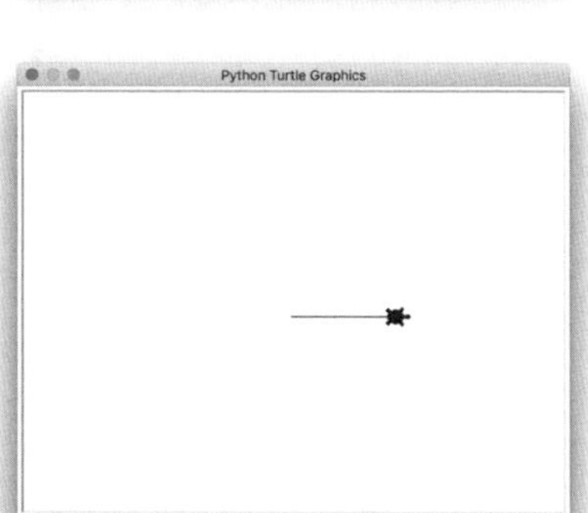

Tierversuche mit Schildkröten

So, jetzt sind Sie dran: Wir wollen etwas Code schreiben, um zu sehen, ob die Python-Schildkröten irgendetwas Interessantes zustande bringen. Geben Sie hierfür diesen Code in eine Datei namens *turtle_test.py* ein:

```
import turtle

slowpoke = turtle.Turtle()
slowpoke.shape('turtle')

slowpoke.forward(100)
slowpoke.right(90)
slowpoke.forward(100)
slowpoke.right(90)
slowpoke.forward(100)
slowpoke.right(90)
slowpoke.forward(100)
slowpoke.right(90)

turtle.mainloop()
```

Wieder importieren wir zuerst das turtle-Modul.

Wie zuvor erzeugen wir zuerst Slowpoke. Wir werden auf die Erstellung von Schildkröten später etwas genauer eingehen. Im Moment müssen Sie nur wissen, dass Ihnen diese Codezeile eine neue Schildkröte liefert.

Dann sorgen wir dafür, dass unsere Schildkröte anstelle des vorhin abgebildeten Dreiecks tatsächlich die Form einer Schildkröte hat.

Anschließend benutzen wir die forward-Funktion, um die Schildkröte anzuweisen, 100 Schritte vorwärts zu laufen. Mit der right-Funktion dreht sich die Schildkröte um 90 Grad nach rechts.

Danach soll sich Slowpoke wieder vorwärts bewegen und sich weitere dreimal nach rechts drehen.

Diese Zeile besprechen wir später genauer. Sie ermöglicht dem turtle-Modul, mitzuverfolgen, was im Fenster passiert. Hierzu gehört auch das Beenden, wenn Sie den »Schließen«-Button anklicken. Sie müssen die Zeile nur ans Ende Ihres Codes schreiben.

Jetzt können Sie einen Probelauf durchführen, um zu sehen, wie sich Ihre Schildkröte vorwärts und viermal nach rechts bewegt. Dabei hinterlässt sie eine Spur in der Form eines Quadrats.

Hier ist unser Ergebnis!

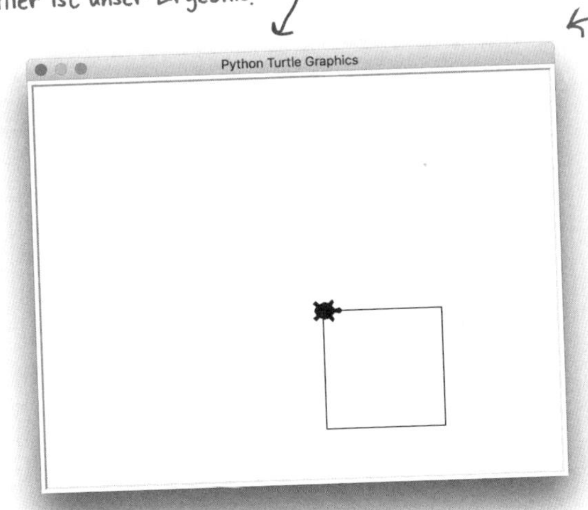

Wenn Sie dieses Fenster nicht sehen und in der Shell keine Fehler ausgegeben werden, sehen Sie hinter Ihren Python-Fenstern nach. Auf manchen Systemen wird das turtle-Fenster nicht automatisch vor den anderen angezeigt.

Aufgepasst

Nennen Sie Ihre Datei nicht turtle.py!

Passen Sie auf, dass Ihre Testdatei nicht den gleichen Namen trägt wie ein importiertes Modul. Sonst kann es bei der Ausführung zu Schwierigkeiten kommen: Sucht Python nach dem `turtle`-Modul, findet es Ihre Datei zuerst. Deshalb sollten Ihre Python-Dateien nicht den gleichen Namen haben wie häufig benutzte Python-Module. Das gilt besonders für Module, die Sie importieren.

Es gibt keine Dummen Fragen

F: Wenn wir eine Schildkröte anweisen, sich zu drehen, geben wir die Gradzahl an, richtig?

A: Korrekt. Eine Drehung um 360 Grad würde bedeuten, dass sich die Schildkröte einmal im Uhrzeigersinn um sich selbst dreht. 90 Grad bedeuten eine Vierteldrehung und so weiter.

F: Was bedeutet das Argument 100, wenn die Schildkröte sich vorwärts bewegt?

A: 100 Einheiten. Was ist eine Einheit? Ein Pixel auf Ihrem Bildschirm. Die Anweisung turtle.forward(50) würde die Schildkröte also um 50 Pixel geradeaus in die gerade eingeschlagene Richtung bewegen.

F: Warum mussten wir ausdrücklich sagen, dass die Form eine Schildkröte (turtle) sein soll? Ich dachte, es *sei* eine Schildkröte!

A: Das hat historische Gründe. Standardmäßig wird die Form der Schildkröte ähnlich einem Dreieck dargestellt. Sie können verschiedene Formen benutzen: ein Quadrat, einen Kreis, einen Pfeil, sogar Ihr eigenes Bild (mehr dazu in Kapitel 10). Aber was macht mehr Spaß als die Form einer echten Schildkröte?

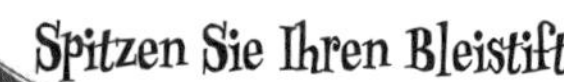

Spitzen Sie Ihren Bleistift

Da dies schon das siebte Kapitel ist, sind wir sicher, dass Sie den Schildkröten-Quadrat-Code (auf der vorigen Seite) problemlos in eine eigene Funktion verpacken können. Nennen Sie die Funktion `make_square`. Sie soll eine Schildkröte (turtle) als Parameter übernehmen. Schreiben Sie Ihren Code hier auf und überlegen Sie, wie weit Sie die Dinge aufräumen können, indem Sie doppelten Code entfernen. Sollten Sie einen Tipp brauchen, finden Sie unsere Version natürlich am Ende des Kapitels.

Sehen Sie sich auf jeden Fall unsere Version an, denn damit werden wir auf den folgenden Seiten arbeiten.

Eine zweite Schildkröte hinzufügen

Wie wäre es mit einem Freund für Slowpoke? Nutzen wir unseren Code, um eine zweite Schildkröte zu erschaffen:

Hier ist der neue Code, den wir in der letzten »Bleistift«-Übung verallgemeinert haben.

```
import turtle

slowpoke = turtle.Turtle()
slowpoke.shape('turtle')
pokey = turtle.Turtle()
pokey.shape('turtle')
pokey.color('red')

def make_square(the_turtle):
    for i in range(0,4):
        the_turtle.forward(100)
        the_turtle.right(90)

make_square(slowpoke)
pokey.right(45)
make_square(pokey)

turtle.mainloop()
```

Erschaffen Sie eine zweite Schildkröte namens Pokey und weisen Sie sie der Variablen pokey zu. Pokeys shape-Attribut bekommt ebenfalls den Wert turtle, das Attribut color erhält den Wert red.

Zu Beginn drehen wir Pokey um 45 Grad nach rechts.

Und dann übergeben wir Pokey (in der pokey-Variablen) an make_square.

In diesem Code zeichnet Slowpoke wie zuvor ein Quadrat. Pokey dreht sich ein wenig und zeichnet sein eigenes rotes Quadrat.

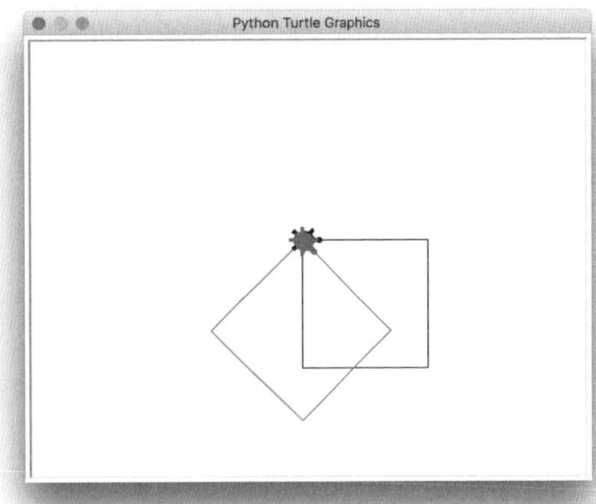

Wenn Ihnen die make_square-Funktion neu vorkommt, sehen Sie sich auf jeden Fall die Antwort zur »Spitzen Sie Ihren Bleistift«-Aufgabe auf der vorigen Seite an.

Wir wollen unsere neu gewonnene Superkraft zum Erstellen und Benutzen von Funktionen etwas erweitern. Wir schreiben eine Funktion, die `make_square` benutzt, um ein paar interessante Grafiken zu erzeugen.

```
import turtle

slowpoke = turtle.Turtle()
slowpoke.shape('turtle')
slowpoke.color('blue')
pokey = turtle.Turtle()
pokey.shape('turtle')
pokey.color('red')
```

Um die Sache etwas interessanter zu machen, setzen wir Slowpokes Stiftfarbe auf »blue« (Blau).

Den Rest des Codes finden Sie auf der folgenden Seite ...

```
def make_square(the_turtle):
    for i in range(0,4):
        the_turtle.forward(100)
        the_turtle.right(90)

def make_spiral(the_turtle):
    for i in range(0, 36):
        make_square(the_turtle)
        the_turtle.right(10)
```

Wir bauen eine weitere Funktion namens make_spiral ein.

make_spiral ruft make_square 36 Mal auf. Bei jedem Aufruf dreht sich die Schildkröte um weitere 10 Grad nach rechts.

~~make_square(slowpoke)~~
~~pokey.right(45)~~
~~make_square(pokey)~~

Diese Aufrufe von make_square werden nicht mehr gebraucht.

```
make_spiral(slowpoke)
pokey.right(5)
make_spiral(pokey)

turtle.mainloop()
```

Jetzt können wir make_spiral anstelle von make_square aufrufen.

Pokey muss sich um 5 Grad nach rechts drehen, bevor er eine Spirale zeichnen kann.

Probefahrt

Aktualisieren Sie *turtle_test.py* und machen Sie eine weitere Probefahrt. Entspricht die Ausgabe Ihren Erwartungen?

Python Turtle Graphics

Hier ist unser Resultat. Erinnert Sie das an was? An den Spirograph aus Kindertagen?

Spielen Sie nach Herzenslust mit den Attributen und Parametern und sehen Sie, was dabei herauskommt. Auf der folgenden Seite haben wir weitere Schildkröten-Experimente für Sie vorbereitet.

MEHR SCHILDKRÖTEN-EXPERIMENTE

Unten haben wir weitere Schildkröten-Experimente für Sie vorbereitet. Finden Sie heraus, welche Ergebnisse sie haben. Danach überprüfen Sie Ihre Annahmen, indem Sie den Code ausführen. Verändern Sie ein paar Werte. Wie wirkt sich das auf die Ausgaben aus?

Experiment Nr. 1

```
for i in range(5):
    slowpoke.forward(100)
    slowpoke.right(144)
```

Was passiert, wenn Sie diese Zahl ändern? Oder diese?

Löschen Sie in Ihrer turtle_test.py-Datei alles außer den ersten drei Zeilen (und der abschließenden mainloop-Zeile) und bauen Sie dazwischen diesen Code ein.

Zeichnen Sie hier Ihre Ausgabe.

Experiment Nr. 2

```
slowpoke.pencolor('blue')
slowpoke.penup()
slowpoke.setposition(-120, 0)
slowpoke.pendown()
slowpoke.circle(50)

slowpoke.pencolor('red')
slowpoke.penup()
slowpoke.setposition(120, 0)
slowpoke.pendown()
slowpoke.circle(50)
```

Hier benutzen wir einige neue turtle-Funktionen, wir legen die Stiftfarbe fest (pencolor), heben ihn hoch (penup), bewegen ihn zu einer bestimmten Position (setposition) und setzen ihn wieder ab (pendown), bevor wir einen Kreis zeichnen (circle).

Was passiert, wenn Sie den Aufruf von penup entfernen?

Experiment Nr. 3

```
def make_shape(t, sides):
    angle = 360/sides
    for i in range(0, sides):
        t.forward(100)
        t.right(angle)

make_shape(slowpoke, 3)
make_shape(slowpoke, 5)
make_shape(slowpoke, 8)
make_shape(slowpoke, 10)
```

Probieren Sie andere Werte. Wie wäre es mit 1, 2 oder 50?

Wie üblich finden Sie unsere Antworten am Ende des Kapitels.

Was sind diese Schildkröten überhaupt?

Kommen wir noch mal zu dem Code zurück, mit dem wir zu Beginn unsere Schildkröte erstellt haben. Auf den ersten Blick sieht das wie ein Aufruf der `Turtle`-Funktion aus, die sich im turtle-Modul befindet.

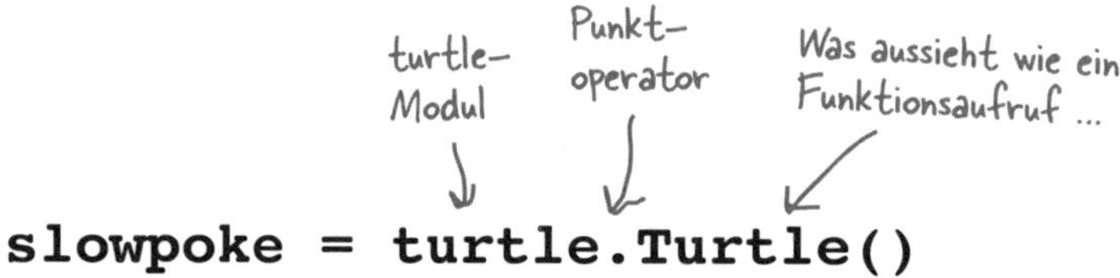


```
slowpoke = turtle.Turtle()
```

Besitzt das `turtle`-Modul also eine Funktion, die Schildkröten herstellen kann? Und was ist eine »Schildkröte« (bzw. eine »turtle«) hier überhaupt? Wir kennen Integer, Strings, Listen und boolesche Werte. Aber was ist eine »turtle«? Ist das ein neuer Datentyp? Um mehr herauszufinden, können wir Python jederzeit um Hilfe bitten:

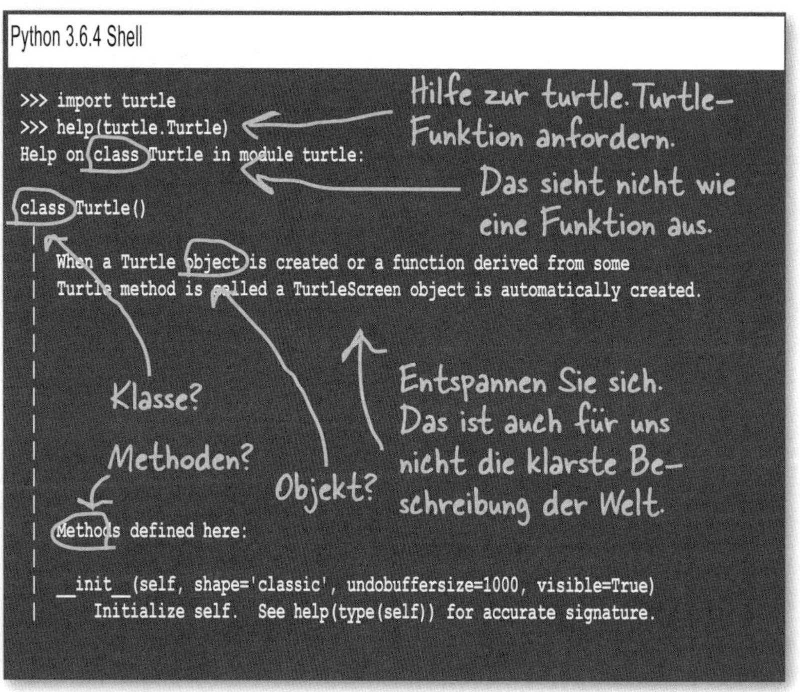

Wir haben die Ausgaben etwas eingedampft, um ein paar Bäume zu retten (oder Elektronen, sofern Sie die digitale Version des Buchs lesen).

Nachdem Sie den nicht gerade verständlichen Docstring gelesen haben, scheint `Turtle` entweder eine Klasse (»class«), ein Objekt (»object« – was auch immer das ist) oder beides zu sein. Und es scheint etwas zu besitzen, das *Methoden (»methods«)* genannt wird. Aber ist es nun eine Klasse oder ein Objekt? Wir haben zwar noch nicht davon gesprochen, aber Python ist, wie die meisten modernen Sprachen, eine sehr *objektorientierte Sprache*. Und nachdem Sie es mit Ihren Programmierfähigkeiten bis hierhin geschafft haben, ist jetzt die richtige Zeit gekommen, etwas über Objekte, Klassen und Methoden zu lernen.

Was sind Objekte?

Intuitiv kennen Sie Objekte natürlich schon. Sie sind geradezu von Objekten umgeben. Autos, iPhones, Radios, Toaster, Küchengeräte, was Sie wollen. Und eines haben alle diese Objekte gemeinsam: einen *internen Zustand* und ein bestimmtes *Verhalten*. Nehmen Sie beispielsweise ein Auto. Die folgenden Dinge beschreiben seinen Zustand:

- Hersteller (make)
- Modell (model)
- Benzinstand (fuel)
- Geschwindigkeit (speed, in Meilen)
- Laufleistung (mileage)
- Motorzustand (engine_on)

Dies sind nur ein paar Ideen. Ihnen fallen sicher noch bessere ein.

Und dieses Verhalten kann ein Auto zeigen:

- Starten (start)
- Ausschalten (turn_off)
- Fahren (drive)
- Bremsen (brake)

```
make: 'Chevy'
model: 'Bel Air'
fuel: 8
speed: 0
mileage: 1211
engine_on: False
def start():
def turn_off():
def brake():
```

'57 Chevy

Zustand und Verhalten, zusammen verpackt in einem Objekt.

```
make: 'Mini'
model: 'Cooper'
fuel: 2
speed: 14
mileage: 43190
engine_on: True
def start():
def turn_off():
def brake():
```

Mini

```
make: 'Pontiac'
model: 'Fiero'
fuel: 10
speed: 56
mileage: 196101
engine_on: True
def start():
def turn_off():
def brake():
```

Fiero

```
make: 'DeLorean'
model: 'DMC-12'
fuel: 6
speed: 88
mileage: 10125
engine_on: True
def start():
def turn_off():
def brake():
```

DeLorean

Objekte gibt es nicht nur in Python; fast alle modernen Programmiersprachen stellen Objekte zur Verfügung.

In der Programmierung funktionieren Objekte genauso. Der Grund für die Verwendung von Softwareobjekten ist die Möglichkeit, *Zustand und Verhalten gemeinsam zu verwalten*. Stellen Sie sich einen booleschen Wert vor: Er hat einen Zustand, aber kein Verhalten. Und nun stellen Sie sich eine Python-Funktion vor: Sie hat ein Verhalten, aber keinen Zustand. Bei Python-Objekten arbeitet beides zusammen. Wenn Sie beispielsweise das Auto starten, wird der Motorzustand (`engine_on`) von »aus« zu »an« geändert. Entsprechend wird sich natürlich die Eigenschaft »Geschwindigkeit« verringern, wenn das »Bremsen«-Verhalten angewandt wird (hoffentlich!).

Und was ist daran so besonders? Das ließe sich doch alles auch mit Funktionen und Variablen erledigen, oder? Wenn Sie sich eine Problemstellung in Form von Objekten vorstellen, können Sie die Lösung rechnerischer Probleme auf einer noch höheren Ebene angehen. Dann können Sie sich die Programmierung vorstellen, als erstellten Sie eine Reihe von Objekten, deren Interaktionen Sie steuern, anstatt sich um eine große Zahl von Variablen und Funktionen kümmern zu müssen.

Unsere Schildkröten (bzw. turtle-Objekte) sind dafür ein gutes Beispiel. Wir könnten Code schreiben, der die Positionen, Farben und Koordinaten beim Zeichnen der Grafiken (immer eine schwierige Aufgabe) verwaltet. Oder wir nutzen unsere turtle-Objekte, die ihren Zustand größtenteils ohne äußeres Zutun verwalten, und kümmern uns um die großen Aufgaben, beispielsweise wenn zwei Schildkröten gemeinsam eine Spirale zeichnen sollen. Das ist ein stark vereinfachtes Beispiel, aber gut für einen Einstieg ins Nachdenken über Objekte geeignet.

Okay, und was ist eine Klasse?

Wenn wir viele Objekte haben, beispielsweise eine Gruppe von Schildkröten, sollen alle Schildkröten bestimmte Verhaltensweisen teilen (schließlich wollen wir nicht jedes Mal das Rad neu erfinden, wenn eine Schildkröte sich vorwärts bewegen soll). Gleichzeitig soll jede Schildkröte ihren eigenen Zustand haben (denn es wäre ziemlich langweilig, wenn alle Schildkröten die gleiche Position, Richtung und Farbe hätte). Eine Klasse ist die Schablone oder der Bauplan, nach dem Objekte desselben Typs erstellt werden können.

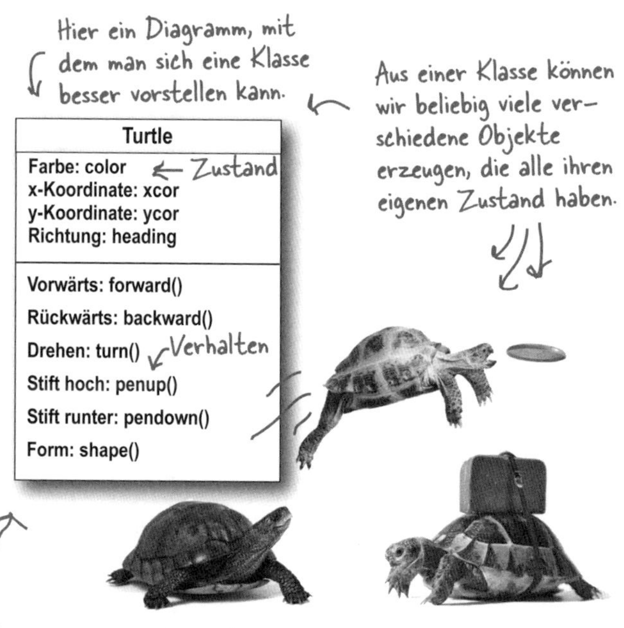

Eine Klasse ist kein Objekt. Sie wird verwendet, um Objekte zu erzeugen.

Eine Klasse weist Python an, ein Objekt eines bestimmten Typs zu erzeugen. Jedes aus der Klasse erstellte Objekt kann eigene Werte für seinen Zustand besitzen. Sie können die `Turtle`-Klasse benutzen, um Dutzende verschiedener Schildkröten zu erschaffen, wobei jede Schildkröte eigene Werte für Farbe, Größe, Form, Position und Stiftzustand (unten oder oben) usw. besitzt.

Alle aus derselben Klasse erzeugten Schildkröten besitzen dabei das gleiche Verhalten, wie die Fähigkeit, sich vorwärts, rückwärts oder zur Seite zu bewegen und den Stift zu kontrollieren.

Es gibt keine Dummen Fragen

F: Warum sollte man Objekte überhaupt aus Klassen erstellen?

A: Ohne Klassen und Objekte müssen Sie jedes Problem mit Pythons Grunddatentypen wie Strings, Zahlen, Listen usw. lösen. Mit Klassen und Objekten können Sie Datentypen verwenden, die sich auf einer höheren Ebene und näher am zu lösenden Problem befinden. Wenn Sie beispielsweise ein Angelspiel programmieren wollen, wäre es deutlich einfacher, Fisch-Objekte und ein Teich-Objekt zu verwenden, als eine Sammlung von Variablen und Funktionen verwalten zu müssen.

F: Ist eine Klasse so etwas wie ein Datentyp?

A: Genau. Stellen Sie sich eine Klasse wie einen Python-Datentyp vor, genau wie die Strings, Listen und Zahlen, die Sie bereits kennen.

F: Eine Klasse ist also eine Schablone zur Herstellung neuer Objekte. Kann ich denn auch meine eigene Klasse erstellen?

A: Aber sicher. Das ist ja gerade das Schöne an der objektorientierten Programmierung: Sie können Python (oder eine andere Sprache) mit Ihren eigenen Klassen erweitern oder sogar die Funktionalität der Klassen anderer Leute erweitern. In diesem Kapitel kümmern wir uns um den Einsatz bereits vorhandener Klassen. In Kapitel 12 zeigen wir Ihnen, wie man eigenen Klassen schreibt.

F: Objekte enthalten eine Menge Dinge (Daten und Funktionen). Wie kann eine einfache Variable wie slowpoke überhaupt ein Objekt enthalten?

A: Erinnern Sie sich noch, als wir einer Variablen eine Liste zugewiesen haben? Wir haben gesagt, die Variable enthalte einen Verweis (eine Referenz) auf den Speicherort der Liste, eine Art Zeiger. Objekte werden Variablen auf die gleiche Weise zugewiesen; die Variable enthält eine Referenz auf das Objekt in Pythons Arbeitsspeicher, nicht das Objekt selbst.

Eine Klasse sagt uns, was ein Objekt weiß und was es kann

Auf der vorigen Seite haben wir ein Diagramm gesehen, um eine Klasse zu skizzieren. Sehen wir uns jetzt etwas genauer an, was damit möglich ist. Ein Klassendiagramm teilt uns zwei (und später noch mehr) Dinge mit: was ein Objekt weiß und was ein Objekt tun kann.

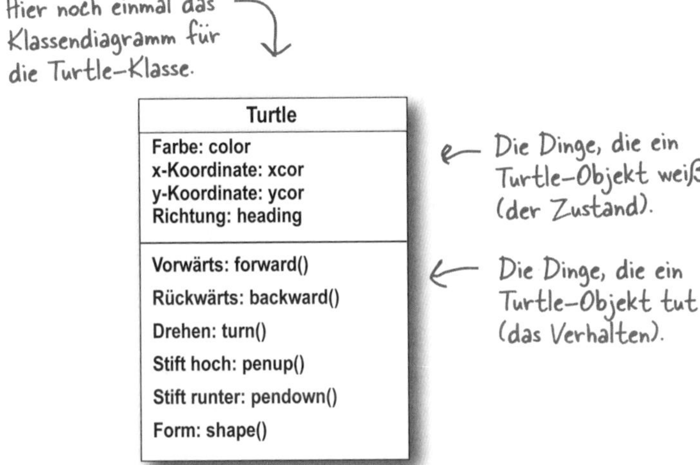

Dinge, die das Objekt über sich selbst weiß, heißen:

- **Attribute**

Dinge, die ein Objekt tun kann, heißen:

- **Methoden**

Attribute enthalten den Zustand eines Objekts (seine Daten). Dabei besitzt jedes Objekt eigene Attributwerte. Attribute sind so ähnlich wie lokale Variablen, nur dass sie in einem Objekt leben. Ebenso wie Variablen können die Werte von Attributen einen beliebigen Python-Datentyp enthalten. In einigen Programmierkreisen werden Sie auch den Begriff der *Instanzvariablen* hören. Eine Instanzvariable ist das Gleiche wie ein Objektattribut in Python. Wenn Sie das Wort *Instanz* hören, können Sie es einfach durch *Objekt* ersetzen. Eine Instanzvariable ist also nichts anderes als eine Objektvariable, die wiederum das Gleiche ist wie ein Python-Attribut.

Dinge, die ein Objekt tun kann, heißen Methoden. Stellen Sie sich Methoden als Funktionen vor, die zu einem Objekt gehören. Der Unterschied zwischen einer Methode und einer Funktion besteht darin, dass die von Methoden durchgeführten Aktionen (Werte lesen, schreiben, verändern, Entscheidungen treffen usw.) typischerweise basierend auf den Attributen des Objekts vorgenommen werden.

Objekte und Klassen verwenden

In diesem Kapitel lernen wir, Objekte und Klassen zu *benutzen*. Sie werden sehen, dass es bereits eine riesige Auswahl an Klassen anderer Entwickler gibt. Sie (die Klassen) warten nur darauf, von Ihnen verwendet zu werden. Um sie tatsächlich einsetzen zu können, müssen Sie allerdings die Fähigkeiten (d. h. die Methoden) des Objekts kennen und wissen, welche Attribute Sie gegebenenfalls nutzen wollen. Bevor Sie ein Objekt (auch als *Instanz* bezeichnet) benutzen, müssen Sie natürlich wissen, wie man es erstellt. Wir haben zwar schon einige Schildkröten- (bzw. `Turtle`-)Objekte erstellt, trotzdem wollen wir uns das noch einmal im Detail ansehen:

In Kapitel 12 lernen Sie, Ihre eigenen Klassen und Objekte zu erstellen.

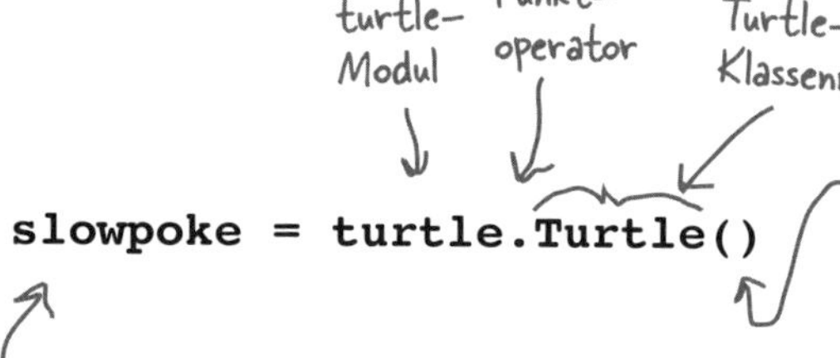

Hier wird die interne Initialisierungsmethode der Turtle-Klasse aufgerufen. Sie erzeugt ein neues Objekt und richtet mögliche Startwerte (bzw. Standardwerte) für Sie ein.

Das Ergebnis des Aufrufs der Initialisierungsmethode ist ein brandneues Turtle-Objekt, das aus dem Bauplan der Turtle-Klasse erzeugt wurde. Anschließend wird das neue Objekt der Variablen slowpoke zugewiesen.

In der objektorientierten Welt erzeugen wir nicht einfach neue Objekte, wir <u>instanziieren</u> sie. Und wir nennen jedes Objekt eine <u>Instanz</u>.

In dieser kleinen Codezeile passiert eine ganze Menge. Also der Reihe nach. Zuerst muss man wissen, dass wir hier auf die Klasse `Turtle` aus dem `turtle`-Modul zugreifen. Das ist der Grund dafür, dass wir hier die Punktschreibweise verwenden: Der Punkt hat in dieser Anweisung nichts mit Attributen oder Werten zu tun.

Per Konvention beginnen Klassennamen mit einem Großbuchstaben. Wie Sie weiter unten in diesem Kapitel noch sehen werden, gibt allerdings einige Ausnahmen.

Und hier holen wir uns die Turtle-KLASSE aus dem turtle-Modul.

Danach rufen wir die Klasse auf, als sei sie eine Funktion. Was genau passiert hier?

```
turtle.Turtle()
```

Die Klasse wie eine Funktion aufrufen?

In der objektorientierten Welt werden diese Methoden zur Einrichtung (oder »<u>Initialisierung</u>«, wie die ITler sagen) als Konstrukturen bezeichnet. Wenn Sie das Wort »Konstruktor« hören, denken Sie einfach: »Die Methode, die das Objekt initialisiert.«

Es passiert Folgendes: Jede Klasse besitzt eine spezielle Methode, den *Konstruktor*. Der Konstruktor richtet das Objekt mit den benötigten Standardwerten (und anderen benötigten Dingen) ein. Außerdem hat der Konstruktor eine weitere wichtige Rolle: Er gibt immer das neu erzeugte Objekt an Sie zurück. (Noch mal: Wir nennen das eine Instanz.)

Nachdem das Objekt erzeugt, initialisiert und zurückgegeben wurde, wird es der Variablen `slowpoke` zugewiesen.

```
slowpoke = turtle.Turtle()
```

Gibt ein neues Objekt zurück, das aus der Turtle-Schablone (Klasse) instanziiert wurde.

Konstruktoren können auch Argumente übernehmen, wie wir später sehen werden.

Worum geht es bei den Methoden und Attributen?

Wie bereits gesehen, können Sie die Methoden aufrufen, sobald Sie das Objekt haben:

```
slowpoke.turn(90)
slowpoke.forward(100)
```

Um eine Methode aufzurufen, beginnen Sie mit dem Namen des Objekts, gefolgt von einem Punkt, gefolgt vom Namen der Methode. Kommt Ihnen das bekannt vor? Kein Wunder, denn Methoden werden auf die gleiche Weise aufgerufen wie Funktionen, nur dass Sie der »Funktion« (Verzeihung, der Methode) einen Objektnamen (und einen Punkt) voranstellen.

Sie brauchen immer ein Objekt, um daran eine Methode aufrufen zu können. Ein Methodenaufruf ohne Objekt funktioniert nicht (der Zustand welches Objekts sollte dann verändert werden?).

Und was ist jetzt mit den Attributen? Bisher haben wir keinen Code gesehen, mit dem wir den Wert eines Attributs auslesen oder verändern können. Um auf ein Attribut in einem Objekt zuzugreifen, benutzen wir die Punktschreibweise. Angenommen, die `Turtle`-Klasse hat ein Attribut namens `shape` (hat sie nicht, aber bleiben Sie einen Moment bei uns). Dann könnten Sie den Wert des `shape`-Attributs wie hier gezeigt lesen oder verändern:

```
slowpoke.shape = 'turtle'
print(slowpoke.shape)
```

Den Wert eines Objektattributs können Sie mithilfe der Punktschreibweise lesen oder schreiben (dies ist die gleiche Syntax wie beim Zugriff auf eine Variable in einem Modul).

Wäre das gültiger Code, würde hier 'turtle' ausgegeben.

Sie wissen bereits, wie man die `shape`-Methode benutzt, um die Form der Schildkröte festzulegen. Aber warum hat das `Turtle`-Objekt dann kein `shape`-Attribut? Grundsätzlich wäre das durchaus möglich. Allerdings gibt es in der objektorientierten Programmierung eine übliche Strategie, Methoden zu benutzen, um einem Attribut einen Wert zuzuweisen oder diesen auszulesen. Der Grund stammt von einer Idee namens *Verkapselung*, über die wir ebenfalls in Kapitel 12 mehr erfahren werden. Die Verkapselung gibt dem Entwickler eines Objekts mehr Kontrolle über ein Objekt (anstatt zuzulassen, dass beliebiger Code den Wert eines Attributs direkt verändert). Auch hierzu erfahren Sie mehr in Kapitel 12.

Im Moment müssen Sie nur wissen, dass auf viele Attribute, die Sie vielleicht interessieren, nicht direkt, sondern über eigene Methoden zugegriffen wird. Hier ein Beispiel: Um den Zustand des shape-Attributs zu verändern, benutzen wir eine Methode mit dem treffenden Namen `shape`:

```
slowpoke.shape('circle')
print(slowpoke.shape())
```

Mit der shape-Methode können wir Slowpokes internes shape-Attribut in einen Kreis (circle) ändern.

Und wir können die shape-Methode aufrufen, um ihren aktuellen Wert abzufragen.

Klassen und Objekte überall

Mit diesem Hintergrundwissen erscheint die Python-Welt in einem ganz neuen Licht. Wir haben gesagt, dass Python eine sehr objektorientierte Sprache sei. Tatsächlich sind Sie die ganze Zeit von Objekten umgeben. Sehen Sie mal hier:

Eine Liste ist eigentlich eine Python-Klasse.

Hier rufen wir den list-Konstruktor auf und instanziieren eine neue leere Liste.

```
my_list = list()
my_list.append('first')
my_list.append('second')
my_list.reverse()
print(my_list)
```

Hier rufen wir die append-Methode auf ...

... und die reverse-Methode, die wir noch nicht gesehen haben.

Alle diese Methoden verändern den internen Zustand des Objekts.

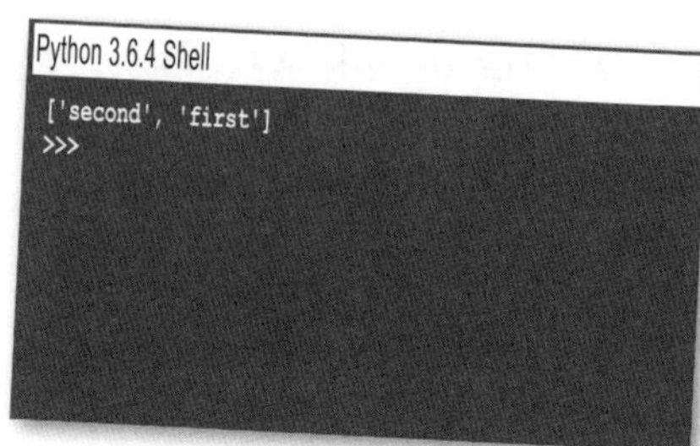

Erinnern Sie sich noch an unsere Aussage, dass Klassennamen mit einem Großbuchstaben beginnen? Leider gilt das nicht für einige der Python-eigenen Klassen (aus historischen Gründen). Sie müssen also wissen, dass die Namen der eingebauten Klassen mit Kleinbuchstaben beginnen. Alle anderen Klassen, die Ihnen begegnen, sollten dagegen mit einem Großbuchstaben beginnen.

Hier noch eine Klasse, die Ihnen bekannt vorkommen sollte:

Tatsächlich sind Strings Klassen. Sehen Sie, wie man einen String mit dem Konstruktor instanziiert.

```
greeting = str('hello reader')
shout = greeting.upper()
print(shout)
```

Hier übernimmt der Konstruktor ein Argument. Das werden wir in diesem Buch noch öfter sehen.

Eine der Stringmethoden aufrufen.

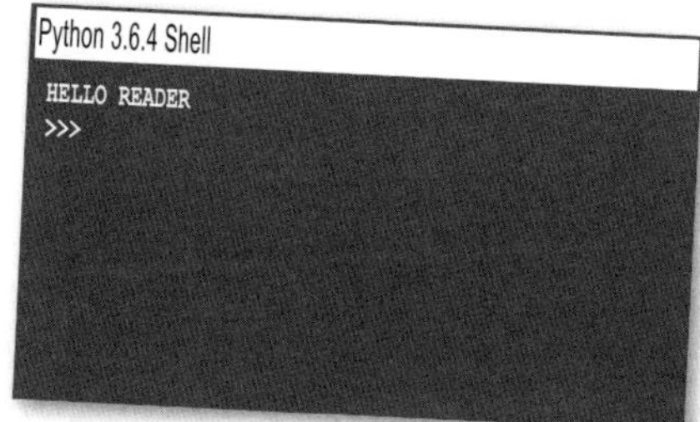

Was ist hiermit?

Richtig, noch eine Klasse ...

```
pi = float(3.1415)
is_int = pi.is_integer()
print(pi, is_int)
```

... und noch eine Methode.

Da Listen, Strings und Floats feste Bestandteile von Python sind, müssen sie den Konstruktor der Klasse nicht explizit aufrufen, wie wir das hier tun. Python kümmert sich hinter den Kulissen für Sie darum.

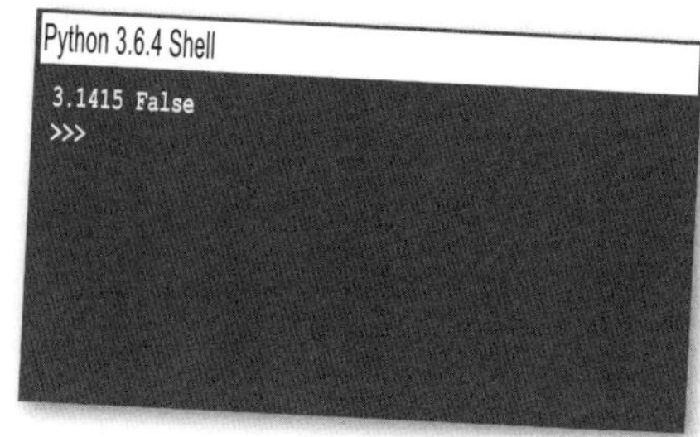

So ziemlich ... wenn Sie die Module für einen Augenblick vergessen. Immer wenn Sie sehen, dass auf eine Variable die Punktschreibweise folgt, handelt es sich entweder um ein Objektattribut oder eine Methode. Nicht nur das, sondern fast alles in Python, inklusive der eingebauten Datentypen, ist eigentlich eine Klasse. Wir sind bisher nicht darauf eingegangen, weil Python sich sehr viel Mühe gibt, die Dinge einfach zu halten. Nehmen Sie beispielsweise diese Eingabe:

```
my_list = []
```

Damit wird eine leere Liste erzeugt. Im Hintergrund schreibt Python das quasi um zu:

```
my_list = list()
```

Solange Sie also keine Methoden an Ihren Listen aufrufen, wie:

```
my_list.append(42)
```

brauchen Sie eigentlich nicht daran zu denken, dass Sie es hier mit einem Objekt zu tun haben.

Aber nachdem Sie die Wahrheit kennen, wissen Sie, dass Sie in Python von Objekten umgeben sind. Daher ist es vermutlich an der Zeit, sie etwas häufiger zu verwenden.

Bereitmachen zum Schildkrötenrennen

Der Hauptvorteil eines Objekts besteht darin, dass jedes Objekt seinen eigenen Zustand verwaltet. Aber Objekte profitieren auch davon, dass sie ihr Verhalten (die Methoden) mit allen anderen Objekten der gleichen Klassen teilen.

Sie wissen bereits, dass jede Schildkröte ein separates Objekt ist – eine eigenständige Instanz inklusive eigener Attribute. Das heißt, jede Schildkröte hat ihre eigene Farbe (color), Position (position), Richtung (heading) und Form (shape), um nur ein paar zu nennen. Das wollen wir nutzen, indem wir ein kleines Spiel programmieren. Wie wäre es mit einem Schildkrötenrennen?

Wir erschaffen mehrere Schildkröten, jede mit ihrer eigenen Farbe und Position, und lassen sie zu einem Rennen über die ganze Fensterbreite gegeneinander antreten. Platzieren Sie jetzt Ihre Wetten!

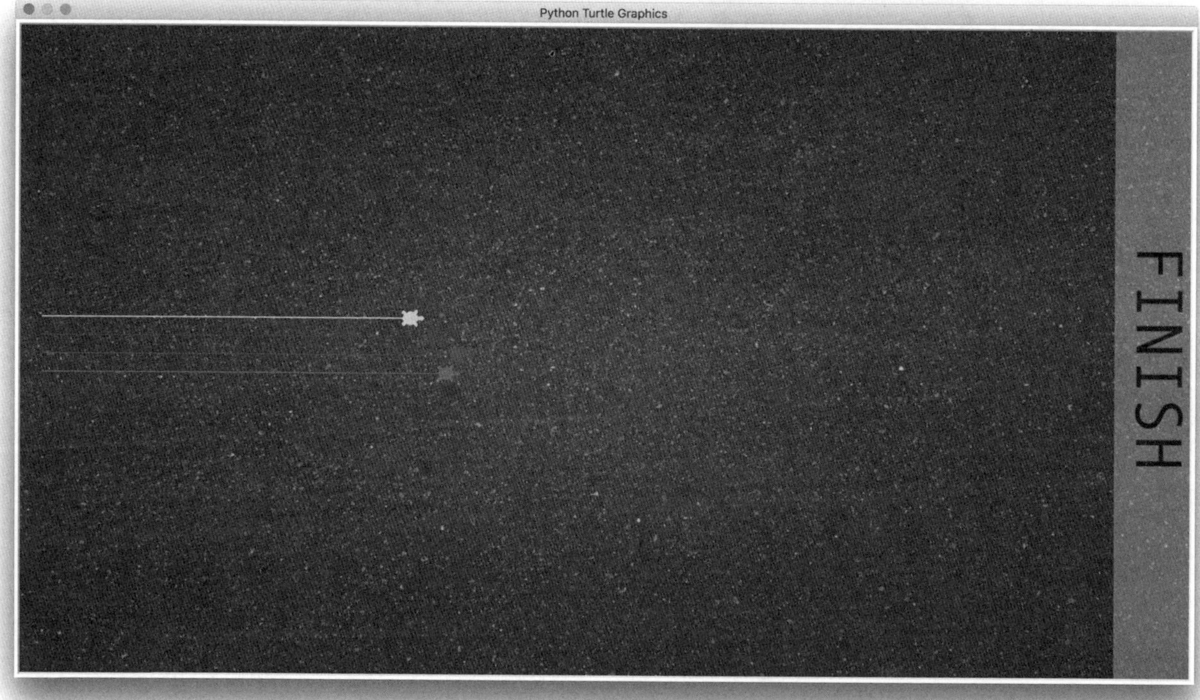

Die Startlinie für die Schildkröten ist die linke Fensterkante.

Das Ziel ist die rechte Kante des Fensters. Die erste Schildkröte, die die Ziellinie erreicht, gewinnt.

Das Spiel planen

Sie werden sehen, dass die Behandlung der Schildkröten als Objekte die Implementierung dieses Spiels deutlich erleichtert. Ohne Objekte müssten wir eine Menge Variablen erstellen und aktualisieren, um die Schildkröten und ihre Positionen mitzuverfolgen. Das wäre ziemlich unordentlich. Aber mit Schildkröten- bzw. Turtle-Objekten können wir Objektmethoden benutzen, um sie auf dem Bildschirm zu bewegen. Dabei können wir uns darauf verlassen, dass die Schildkröten sich ihren Zustand (ihre Position) selbst merken.

Lassen Sie uns ein bisschen Pseudocode schreiben, um zu sehen, wie das Rennspiel funktionieren soll:

Zuerst müssen wir die Schildkröten erstellen und ihnen eigene Farben und Positionen auf der Startlinie zuweisen. Jede Schildkröte ist eine eigene Instanz der Turtle-Klasse. Das kriegen wir also hin!

1 Spielvorbereitung.
Erstelle ein paar Schildkröten, jeweils mit eigener Farbe und Startposition.

Wir lassen die Schildkröten laufen, bis eine von ihnen die Ziellinie überquert. Allerdings brauchen wir eine Möglichkeit, festzustellen, ob eine gewonnen hat. Hierfür erstellen wir eine Variable namens winner mit dem Startwert False. Sobald eine Schildkröte das Ziel erreicht hat, setzen wir sie auf True.

2 Starte das Rennen.
Definiere eine Variable namens **winner** und gib ihr den Wert False.

Solange **winner** den Wert False hat:

A Für jede Schildkröte:

Das wird nun immer wieder für jede Schildkröte wiederholt. Dabei werden die Schildkröten weiterbewegt, bis schließlich eine gewinnt.

i Wähle einen Zufallswert zwischen 0 und 2, um den die Schildkröte vorwärts bewegt werden soll.

Bewege die Schildkröte vorwärts.

Um eine Bewegung auszuführen, erzeugen wir eine Zufallszahl zwischen 0 und 2 und bewegen die Schildkröte um diesen Wert vorwärts. Diese Schritte führen wir für jede Schildkröte aus.

ii Überprüfe, ob die Schildkröte die Ziellinie überschritten hat. Falls ja:

a Gib **winner** den Wert True.

Nach jeder Bewegung müssen wir überprüfen, ob die Schildkröte die Ziellinie überschritten hat. Falls ja, setzen wir winner auf True.

3 Spiel endet.
Gib den Namen des Gewinners bekannt!

Sobald winner den Wert True hat, endet die Schleife, und wir geben den Gewinner bekannt.

Fangen wir mit dem Programmieren an

Zuerst wollen wir das Spielfeld und die Schildkröten vorbereiten. Danach kümmern wir uns um die Implementierung der Spiellogik. Um in Schwung zu kommen, importieren wir als Erstes zwei Module, die wir schon kennen: `turtle` und `random`. Außerdem bauen wir eine globale Variable ein, die unsere Rennschildkröten enthalten wird. Erstellen Sie eine neue Datei namens *race.py* und geben Sie diesen Code ein:

```
import turtle
import random

turtles = list()
```

Wir brauchen diese Module.

Und wir benutzen eine Liste, die alle unsere Schildkröten enthält. Damit Sie die Konstruktorsyntax wirklich nicht vergessen, erstellen wir eine leere Liste, indem wir den list-Konstruktor aufrufen. Wir hätten auch wie bisher die Kurzschreibweise [] anwenden können.

Das Spiel vorbereiten

Nach unserem Pseudocode besteht der größte Teil in der Erstellung mehrerer Schildkröten, die jeweils ihre eigenen Attribute besitzen. Hierfür brauchen wir eine Vorstellung von den Schildkröten, die wir erstellen wollen. Wie wäre es mit diesen Schildkröten-Objekten:

Die Attribute xcor und ycor stehen für die x- und y-Koordinaten der Schildkröte im Fenster.

Schildkröte
Farbe: color x-Koordinate: xcor y-Koordinate: ycor Richtung: heading
Vorwärts: forward() Rückwärts: backward() Drehen: turn() Stift hoch: penup() Stift runter: pendown() Form: shape()

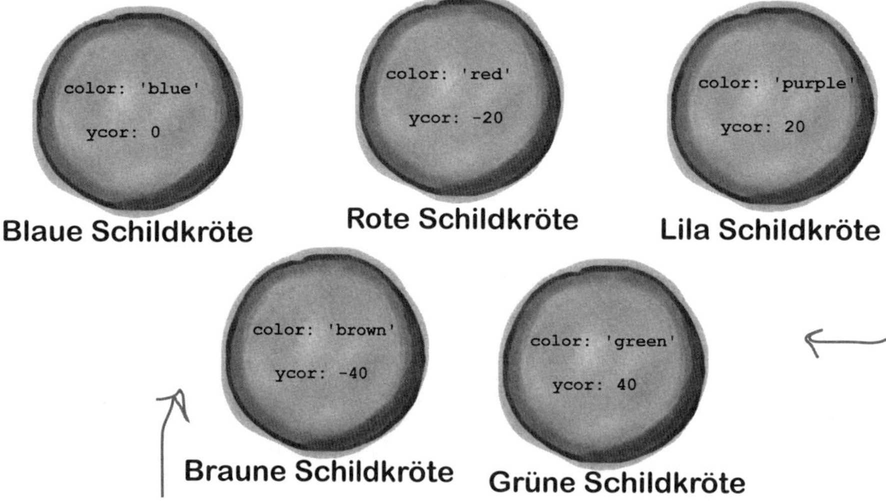

color: 'blue'
ycor: 0

Blaue Schildkröte

color: 'red'
ycor: -20

Rote Schildkröte

color: 'purple'
ycor: 20

Lila Schildkröte

color: 'brown'
ycor: -40

Braune Schildkröte

color: 'green'
ycor: 40

Grüne Schildkröte

Dies sind Objekte, die aus der Turtle-Klasse instanziiert wurden.

Jede Schildkröte hat einen Namen, eine Farbe und eine y-Koordinate für die vertikale Position auf der Startlinie. Mehr zur Verwendung dieser Werte erfahren Sie gleich. Natürlich besitzt die Schildkröte auch die übrigen Attribute. Aber diese müssen wir hier festlegen.

Den Setup-Code schreiben

Spielvorbereitung. Erstelle ein paar Schildkröten, jeweils mit eigener Farbe und Startposition.

Jetzt wollen wir den Code schreiben, um unsere Schildkröten-Objekte zu instanziieren. Anhand der Attribute auf der vorigen Seite sehen Sie, dass wir einen Ort brauchen, um sie zu speichern, damit wir unsere Schildkröten mit diesen Werten initialisieren können. Hierfür erstellen wir eine Liste, die die Attributwerte für die einzelnen Objekte enthält. Eigentlich brauchen wir sogar zwei Listen: eine für die y-Koordinaten und eine für die Farben. Danach instanziieren wir unsere turtle-Objekte und setzen ihre Attribute auf die passenden Werte. Das Ganze fassen wir in einer Setup-Funktion zusammen, wie hier gezeigt:

```
import turtle
import random

turtles = list()

def setup():
    global turtles
    startline = -480

    turtle_ycor = [-40, -20, 0, 20, 40]
    turtle_color = ['blue', 'red', 'purple', 'brown', 'green']

    for i in range(0, len(turtle_ycor)):
        new_turtle = turtle.Turtle()
        new_turtle.shape('turtle')
        new_turtle.setpos(startline, turtle_ycor[i])
        new_turtle.color(turtle_color[i])
        turtles.append(new_turtle)

setup()
turtle.mainloop()
```

Wir definieren eine Funktion mit dem Namen setup zum Erstellen und Positionieren unserer Schildkröten.

Im folgenden Kapitel werden wir eine Datenstruktur kennenlernen, die für das Speichern dieser Werte besser geeignet ist als zwei Listen.

Die Variable startline enthält nur die x-Koordinate der Startlinie. Ihre Verwendung zeigen wir gleich.

Dies sind die Startwerte, die wir für die Attribute der einzelnen turtle-Objekte brauchen. Sie sind in zwei parallelen Listen gespeichert.

Hier iterieren wir über die Anzahl der Schildkröten.

Und für jede instanziieren wir eine neue Schildkröte (turtle), verleihen ihr die passende Form (shape) und geben ihr die Rasterposition aus unserer Liste.

Außerdem definieren wir ihre Farbe.

Und hier fügen wir die neue Schildkröte der globalen Liste hinzu.

Vergessen Sie nicht, die setup-Funktion aufzurufen. Außerdem brauchen wir unsere turtle.mainloop.

Erinnern Sie sich an die append-Methode aus Kapitel 4? Sie hängt einer Liste ein Element an. In unserem Fall ist das die Liste turtles. Natürlich haben wir den Begriff »Methode« in Kapitel 4 noch nicht benutzt.

Zur Erinnerung: Mit der setpos-Methode können Sie die x- und y-Koordinaten für eine Schildkröte festlegen. Hier bewegen wir die Schildkröte auf die Startlinie.

Nicht so schnell!

Natürlich könnten wir den Code jetzt erst mal zeilenweise durchgehen, aber dies ist schon Kapitel 7, und Sie können ihn mit Sicherheit bereits selbstständig analysieren. Blättern Sie also noch einmal zurück und stellen Sie sicher, dass Sie jede Zeile verstehen und genau wissen, was der Code tut. Danach machen Sie weiter …

Probefahrt

Aktualisieren Sie Ihren Code und führen Sie, bevor Sie weitermachen, eine neue Probefahrt durch, um zu sehen, wie weit wir mit dem Code sind.

Eventuell ist die Standardfenstergröße auf Ihrem Rechner kleiner, als hier gezeigt. Wenn die Schildkröten links aus dem Fenster »herausfallen«, passen Sie die Breite Ihres Fensters an, bis Sie sie wieder sehen.

Ein Schritt in die richtige Richtung. Allerdings sieht das etwas seltsam aus. Was ist passiert?

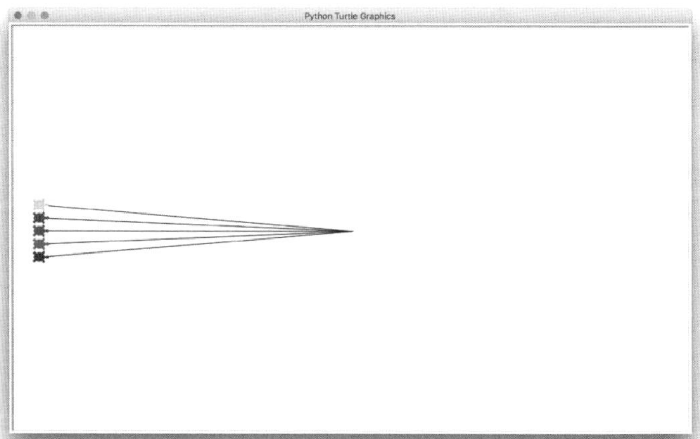

Unsere Schildkröten haben die richtige Farbe und offenbar auch die richtige Startposition. Aber vergessen Sie nicht, dass sie ihr Leben in der Fenstermitte bei den Koordinaten 0,0 beginnen. Offenbar haben sie auf dem Weg zum Start einige Linien gezeichnet. Das wollen wir aber nicht. Wir brauchen etwas Code, der die »Stifte« auf dem Weg zu den neuen Positionen hochhebt.

Und da wir uns gerade mit dem Erscheinungsbild des Spiels beschäftigen, können wir das Fenster gleich etwas größer machen und mit einem netten Hintergrund versehen.

Probefahrt

Hier sind unsere Anpassungen: Wir heben den Zeichenstift an, damit die Schildkröten auf ihrem Weg zur Startposition keine Linien zeichnen. Außerdem vergrößern wir das Fenster und versehen es mit einem Hintergrundbild. Bauen Sie diese Änderungen ein und machen Sie einen weiteren Test. Speichern Sie die Datei *pavement.gif* aus den Quelldateien zu diesem Kapitel im selben Ordner wie *race.py*.

```
import turtle
import random

turtles = list()

def setup():
    global turtles
    startline = -620
    screen = turtle.Screen()
    screen.setup(1290,720)
    screen.bgpic('pavement.gif')

    turtle_ycor = [-40, -20, 0, 20, 40]
    turtle_color = ['blue', 'red', 'purple', 'brown', 'green']

    for i in range(0, len(turtle_ycor)):
        new_turtle = turtle.Turtle()
        new_turtle.shape('turtle')
        new_turtle.penup()
        new_turtle.setpos(startline, turtle_ycor[i])
        new_turtle.color(turtle_color[i])
        new_turtle.pendown()
        turtles.append(new_turtle)

setup()
turtle.mainloop()
```

Übersehen Sie nicht die kleine Änderung. Wir bewegen die Schildkröten nach links. Das Zentrum befindet sich bei 0,0. Eine x-Koordinate von -620 bezeichnet also die linke Innenkante des Fensters.

Diese drei Zeilen verwenden ein Objekt, das wir noch nicht gesehen haben, das Screen-Objekt. Mit dem Screen-Objekt können Sie das Fenster vergrößern und verkleinern und ein Hintergrundbild einfügen.

Vor dem Bewegen heben wir den Stift an.

Hier wird er wieder abgesetzt, nachdem wir die Schildkröte an die Startlinie bewegt haben.

Inzwischen können Sie wahrscheinlich schon sagen, was dieser Code tut. In Kapitel 11 werden wir uns noch genauer mit dem Screen-Objekt befassen.

Die Ziellinie ist übrigens Teil des Hintergrundbilds.

So weit sind wir schon. Geht doch! Wir haben die Schildkröten an der Startlinie aufgereiht, bereit für das Rennen. Sieht aus, als könnten wir uns jetzt um das eigentliche Spiel kümmern.

Überlegen Sie, was hier passiert: Sie haben fünf neue Turtle-Objekte, jeweils mit eigenem Zustand sowie eigener Farbe und Position.

Das Rennen beginnen

Jetzt wollen wir die Schildkröten ans Rennen bringen. Hierfür haben wir ziemlich guten Pseudocode, an dem entlang wir uns vorarbeiten können. Also los:

Starte das Rennen.

Definiere eine Variable namens **winner** und gib ihr den Wert False.

Solange **winner** den Wert False hat:

A Für jede Schildkröte:

i Wähle einen Zufallswert zwischen 0 und 2, um den die Schildkröte vorwärts bewegt werden soll.

Bewege die Schildkröte vorwärts.

ii Überprüfe, ob die Schildkröte die Ziellinie überschritten hat. Falls ja:

a Gib **winner** den Wert True.

Zuerst müssen wir die winner-Variable vorbereiten. Hierfür erstellen wir eine neue Funktion namens `race`. Die Variable `winner` lässt sich einfach als boolescher Datentyp mit dem Startwert `False` (noch kein Gewinner) implementieren. Außerdem benutzen wir in dieser Funktion die globale Variable `turtles`. Das müssen wir im Code berücksichtigen.

```
def race():
    global turtles
    winner = False
```

Außerdem bauen wir eine lokale Variable ein, die die x-Position der Ziellinie enthält:

```
def race():
    global turtles
    winner = False
    finishline = 590
```

Der x-Wert von 590 befindet sich hier auf dem Raster.

Jetzt lassen wir das Spiel laufen, bis wir einen Gewinner haben. Dafür benutzen wir eine `while`-Schleife, die so lange ausgeführt wird, bis die Variable `winner` den Wert `True` erhält.

```
def race():
    global turtles
    winner = False
    finishline = 590

    while not winner:
```

Wir führen eine Endlosschleife aus, bis die Variable winner den Wert True hat.

A **Dann müssen die Schildkröten Gelegenheit bekommen, sich vorwärts zu bewegen.** Hierfür benutzen wir eine `for/in`-Anweisung, mit der wir über die globale `turtles`-Liste iterieren.

```
def race():
    global turtles
    winner = False
    finishline = 590

    while not winner:
        for current_turtle in turtles:
```

Bei jedem Durchgang durch die while-Schleife iterieren wir über alle Schildkröten und geben ihnen Gelegenheit, sich über den Bildschirm vorwärts zu bewegen.

i **Jetzt benutzen wir Zufallszahlen, um die Schildkröten vorwärts zu bewegen.** Wir errechnen eine Zahl zwischen 0 und 2 und bewegen die Schildkröte um diese Anzahl Einheiten vorwärts.

```
def race():
    global turtles
    winner = False
    finishline = 590

    while not winner:
        for current_turtle in turtles:
            move = random.randint(0,2)
            current_turtle.forward(move)
```

Eine Zufallszahl zwischen 0 und 2 erzeugen und die Schildkröte um diese Anzahl Einheiten vorwärts bewegen.

ii **Und schließlich müssen wir sehen, ob es einen Gewinner gibt.** Das ist der Fall, wenn das `xcor`-Attribut einer Schildkröte größer oder gleich der Koordinate für die Ziellinie (`590`) ist. Wir besorgen uns das `xcor`-Attribut, um den Vergleich durchzuführen. Hat die Schildkröte die Ziellinie erreicht, erhält `winner` den Wert `True`, und wir geben den Gewinner bekannt.

```
def race():
    global turtles
    winner = False
    finishline = 590

    while not winner:
        for current_turtle in turtles:
            move = random.randint(0,2)
            current_turtle.forward(move)

            xcor = current_turtle.xcor()
            if (xcor >= finishline):
                winner = True
                winner_color = current_turtle.color()
                print('The winner is', winner_color[0])
```

Wir lesen die x-Koordinate der Schildkröte aus, um zu sehen, ob sie die Ziellinie überschritten hat. Hierfür benutzen wir die xcor-Methode.

Vergleiche den Wert mit der Position der Ziellinie.

Ist der Wert größer, haben wir einen Gewinner.

Die Variable winner erhält den Wert True.

Anhand der color-Methode die Farbe der Gewinner-Schildkröte abfragen.

Die color-Methode gibt zwei Werte zurück: die Linienfarbe und die Füllfarbe. Wir brauchen den ersten Wert, also verwenden wir den Index 0.

3 Spiel endet.

Gib den Namen des Gewinners bekannt!

Jetzt sollten wir das Rennen durchführen können. Bauen Sie die Codeänderungen in Ihre *race.py*-Datei ein. Den vollständigen Code sehen Sie unten. Geben Sie jetzt Ihren Tipp ab und unternehmen Sie eine ordentliche Testfahrt.

```
import turtle
import random

turtles = list()

def setup():
    global turtles
    startline = -620
    screen = turtle.Screen()
    screen.setup(1290,720)
    screen.bgpic('pavement.gif')

    turtle_ycor = [-40, -20, 0, 20, 40]
    turtle_color = ['blue', 'red', 'purple', 'brown', 'green']

    for i in range(0, len(turtle_ycor)):
        new_turtle = turtle.Turtle()
        new_turtle.shape('turtle')
        new_turtle.penup()
        new_turtle.setpos(startline, turtle_ycor[i])
        new_turtle.color(turtle_color[i])
        new_turtle.pendown()
        turtles.append(new_turtle)

def race():
    global turtles
    winner = False
    finishline = 590

    while not winner:
        for current_turtle in turtles:
            move = random.randint(0,2)
            current_turtle.forward(move)

            xcor = current_turtle.xcor()
            if (xcor >= finishline):
                winner = True
                winner_color = current_turtle.color()
                print('The winner is', winner_color[0])

setup()
race()
turtle.mainloop()
```

Vergessen Sie nicht, race aufzurufen!

Bedenken Sie, dass die Schildkröten sich zufällig vorwärts bewegen. Das Ergebnis ist also nicht klar.

Braun gewinnt!

FINISH

Python 3.6.4 Shell

```
The winner is brown
>>>
```

Sehen Sie sich den Code auf der vorigen Seite noch mal an. Angenommen, es gäbe eine Zielkamera und zwei oder mehr Schildkröten überquerten die Ziellinie während der gleichen Iteration der `while`-Schleife. Was passiert? Wer gewinnt? Glauben Sie, das ist das korrekte Verhalten?

Mit der objektorientierten Programmierung gibt es eine Menge neuer Begriffe zu lernen. In diesem »Wer macht was«-Spiel sollen die einzelnen Fachbegriffe mit der passenden Bedeutung verbunden werden.

Klasse	Dinge, die ein Objekt »weiß«.
Objekt	Bauplan für ein Objekt.
Methode	Ein Objekt aus einer Klasse erzeugen.
Instanziieren	Das Verhalten eines Objekts.
Attribute	Erzeugt aus dem Bauplan.
Instanz	Ein anderer Name für ein Objekt.

Keine Sorge, das ist nicht das Ende der Objekte.

Sie haben recht. Das war gerade mal die Spitze des Eisbergs. Die objektorientierte Programmierung ist ein riesiges Thema. Ein Thema, mit dem wir dieses Buch komplett füllen könnten. Dabei ist dieses Kapitel gerade erst der Anfang. Das nächste Mal, wenn Ihnen eine Klasse in einem Modul begegnet, werden Sie wissen, dass Sie die Klasse mit dem dazugehörigen **Konstruktor instanziieren** können. Sie werden wissen, dass Sie auf bestimmte **Methoden** und **Attribute** zugreifen können. Und Sie wissen, dass jede **Instanz** eines Objekts seine eigenen Attribute besitzt.

Wie Sie wissen, können Sie Pythons help-Funktion auch für eine Klasse aufrufen, z.B. help(Turtle). Das funktioniert sogar mit einem Modul: help(turtle). Aber vergessen Sie nicht, das Modul zuerst zu importieren! Im weiteren Verlauf des Buchs werden wir außerdem mehr Erfahrung mit Klassen und Objekten sammeln.

Außerdem haben Sie ein allgemeines Verständnis davon bekommen, dass die Python-Datentypen eigentlich Klassen sind. Das ist praktisch, denn in den folgenden Kapiteln werden wir eine Menge neuer Klassen und Objekte kennenlernen. Und in Kapitel 12 tauchen wir richtig tief ein und erforschen die objektorientierte Programmierung. Dort lernen Sie beispielsweise, wie Sie Ihre eigenen Klassen erstellen können. Wir freuen uns schon auf Sie.

Übrigens ist dieses Kapitel gar nicht ganz zu Ende. Sie müssen noch ein Rätsel lösen, eine »Punkt für Punkt«-Liste lesen und ein Kreuzworträtsel knacken. Dann sollten Sie aber wirklich weitermachen. Wir wollen schließlich nicht, dass es zu verworren wird.

Beim Schildkrötenrennen gehen seltsame Dinge vor.

Nachdem Sie Ihren Code für das Schildkrötenrennen veröffentlicht haben, passieren seltsame Dinge: Die grüne Schildkröte gewinnt immer, und zwar mit großem Vorsprung. Die Polizei glaubt, jemand habe den Code gehackt. Können Sie herausfinden, was hier los ist?

```
import turtle
import random

turtles = list()

class SuperTurtle(turtle.Turtle):
    def forward(self, distance):
        cheat_distance = distance + 5
        turtle.Turtle.forward(self, cheat_distance)

def setup():
    global turtles
    startline = -620
    screen = turtle.Screen()
    screen.setup(1290,720)
    screen.bgpic('pavement.gif')

    turtle_ycor = [-40, -20, 0, 20, 40]
    turtle_color = ['blue', 'red', 'purple', 'brown', 'green']

    for i in range(0, len(turtle_ycor)):
        if i == 4:
            new_turtle = SuperTurtle()
        else:
            new_turtle = turtle.Turtle()
        new_turtle.shape('turtle')
        new_turtle.penup()
        new_turtle.setpos(startline, turtle_ycor[i])
        new_turtle.color(turtle_color[i])
        new_turtle.pendown()
        turtles.append(new_turtle)

def race():
    global turtles
    winner = False
    finishline = 590

    while not winner:
        for current_turtle in turtles:
            move = random.randint(0,2)
            current_turtle.forward(move)

            xcor = current_turtle.xcor()
            if (xcor >= finishline):
                winner = True
                winner_color = current_turtle.color()
                print('The winner is', winner_color[0])

setup()
race()

turtle.mainloop()
```

Grün ist wirklich ziemlich schnell!

Untersuchen Sie den Code sorgfältig. Was hat sich hier verändert? Was macht dieser neue Code? Sie werden das Rätsel nicht vor Kapitel 12 komplett lösen können. Versuchen Sie dennoch, so gut Sie können, herauszufinden, was dieser Code macht.

CRIME SCENE DO NOT ENTER CRIME SCENE DO NOT ENTER CRIME SCENE DO NOT ENTER

Punkt für Punkt

- Module sind Sammlungen aus Python-Variablen, -Funktionen und -Klassen.
- Mithilfe der __name__-Variablen können Sie feststellen, ob Ihr Code importiert wurde oder als Hauptprogramm ausgeführt wird (indem Sie nach dem Wert "__main__" suchen).
- In der Python-Shell können Sie die `help`-Funktion benutzen, um die Dokumentation zu Funktionen, Modulen und Klassen anzuzeigen.
- Sie können Ihren Code mit Docstrings versehen, um Programmierer, die Ihren Code benutzen, über die `help`-Funktion mit zusätzlichen Informationen zu versorgen.
- Es gibt eine Vielzahl von Python-Modulen zu entdecken. Hierzu gehören Themen wie Mathematik, Benutzerschnittstellen, Interaktion mit Webservices, Datum und Uhrzeit, Pädagogik und vieles mehr.
- Das turtle-Modul ist eine Implementierung des »Turtle Graphics«-Systems, das ursprünglich zu Lehrzwecken am MIT entwickelt wurde.
- Bei Turtle Graphics leben die Schildkröten-bzw. turtle-Objekte auf einem Raster und können sich bewegen und zeichnen.
- Turtles (Schildkröten) sind Python-Objekte, die Zustand und Verhalten besitzen.
- Die Daten von Python-Objekten werden als Attribute bezeichnet.
- Einige Sprachen nennen Objektattribute auch Instanzvariablen oder Eigenschaften.
- Einem Attribut kann jeder gültige Python-Wert zugewiesen werden.
- Das Verhalten von Python-Objekten wird in Form von Methoden umgesetzt.
- Eine Methode ist eine Python-Funktion, die zu einem Objekt gehört.
- Durch Verwendung der Punktschreibweise an einem Objket können Sie auf dessen Attribute und Methoden zugreifen.
- Objekte werden aus Klassen erzeugt. Klassen stellen einen »Bauplan« für die Erstellung von Objekten zur Verfügung.
- Wenn wir ein neues Objekt erstellen, sagen wir, wir instanziieren es.
- Ein aus einer Klasse instanziiertes Objekt wird auch als Instanz bezeichnet.
- Für die Instanziierung eines Objekts wird eine in der Klasse definierte Konstruktor-Methode verwendet.
- Konstruktoren sind für die Einrichtung und Initialisierung eines Objekts zuständig.
- Alle Datentypen in Python sind Klassen, inklusive Zahlen, Strings, Listen und so weiter.

Modulares Programmierer-Kreuzworträtsel

Dieses Rätsel macht Sie modularer.

Waagerecht

3. Anderer Name für Instanzvariable.
6. Wert der __name__-Variablen wenn das Modul als Hauptprogramm ausgeführt wird (ohne Unterstriche).
9. Ein anderes Wort für Objekt.
11. Berühmter Science-Fiction-Autor (Nachname).
13. Enthält den Bauplan für Objekte.
15. Grafiksystem vom MIT.
16. Verhalten eines Objekts.
17. Funktion zum Anzeigen der Dokumentation.

Senkrecht

1. Einheit für das Drehen einer Schildkröte.
2. Befehl zum Weiterbewegen.
4. Wer hat das erste Rennen gewonnen?
5. Methode, die ein Objekt vorbereitet.
7. Daten eines Objekts.
8. Name des anzeigbaren Hilfetexts im Code.
10. Jeder Datentyp in Python ist eine _____.
12. Ein anderes Wort für Instanz.
14. Welche Schildkröte wurde gehackt?

Spitzen Sie Ihren Bleistift Lösung

Da dies schon das siebte Kapitel ist, sind wir sicher, dass Sie den Schildkröten-Quadrat-Code problemlos in eine eigene Funktion verpacken können. Nennen Sie die Funktion `make_square`. Sie soll eine Schildkröte (turtle) als Parameter übernehmen. Schreiben Sie Ihren Code hier auf und überlegen Sie, wie weit Sie die Dinge aufräumen können, indem Sie doppelten Code entfernen.

```
import turtle

slowpoke = turtle.Turtle()
slowpoke.shape('turtle')

def make_square(the_turtle):
    the_turtle.forward(100)
    the_turtle.right(90)
    the_turtle.forward(100)
    the_turtle.right(90)
    the_turtle.forward(100)
    the_turtle.right(90)
    the_turtle.forward(100)
    the_turtle.right(90)

make_square(slowpoke)

turtle.mainloop()
```

Eine make_square-Funktion definieren.

Nicht vergessen, die Funktion aufzurufen.

Schritt 1: Den Code der Funktion laden und benutzen.

```
import turtle

slowpoke = turtle.Turtle()
slowpoke.shape('turtle')

def make_square(the_turtle):
    for i in range(0,4):
        the_turtle.forward(100)
        the_turtle.right(90)

make_square(slowpoke)

turtle.mainloop()
```

Wir können make_square eine beliebige Schildkröte übergeben, nicht nur slowpoke.

Der duplizierte Code wird nicht gebraucht. Wir können einfach viermal darüber iterieren.

Schritt 2: Sehen Sie sich den duplizierten Code in unserer Funktion an! Es reicht, wenn wir viermal über die Aufrufe von forward und right iterieren.

MEHR SCHILDKRÖTEN-EXPERIMENTE, LÖSUNGEN

Unten haben wir weitere Schildkröten-Experimente für Sie vorbereitet. Finden Sie heraus, welche Ergebnisse die Experimente haben. Danach überprüfen Sie Ihre Annahmen, indem Sie den Code ausführen. Verändern Sie ein paar Werte. Wie wirkt sich das auf die Ausgaben aus?

Experiment Nr. 1

```
for i in range(5):
    slowpoke.forward(100)
    slowpoke.right(144)
```

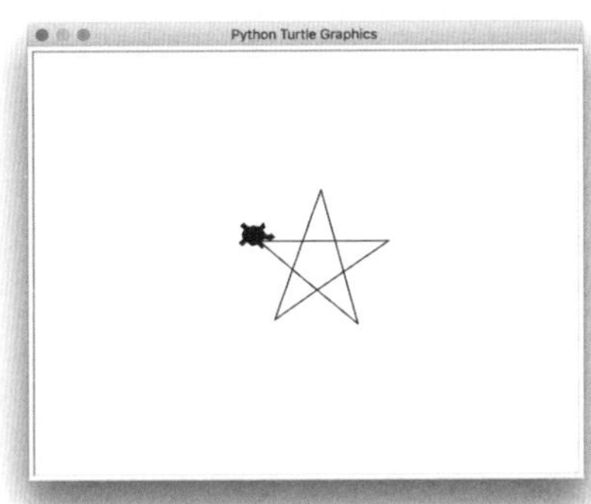

Hier sind unsere Ergebnisse. Haben Sie etwas Cooles herausbekommen, als Sie die Werte verändert haben?

Experiment Nr. 2

```
slowpoke.pencolor('blue')
slowpoke.penup()
slowpoke.setposition(-120, 0)
slowpoke.pendown()
slowpoke.circle(50)

slowpoke.pencolor('red')
slowpoke.penup()
slowpoke.setposition(120, 0)
slowpoke.pendown()
slowpoke.circle(50)
```

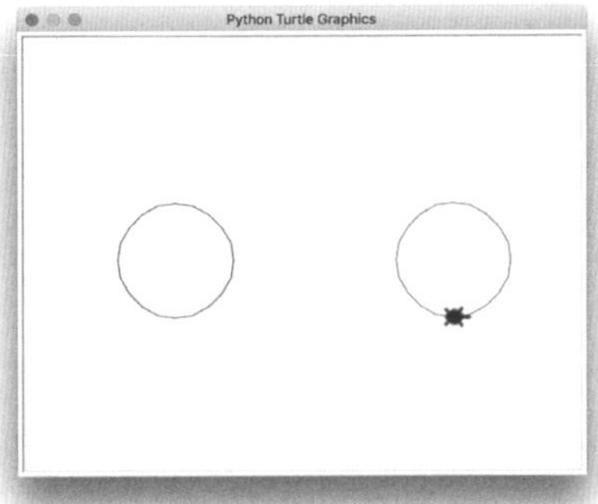

Experiment Nr. 3

```
def make_shape(t, sides):
    angle = 360/sides
    for i in range(0, sides):
        t.forward(100)
        t.right(angle)

make_shape(slowpoke, 3)
make_shape(slowpoke, 5)
make_shape(slowpoke, 8)
make_shape(slowpoke, 10)
```

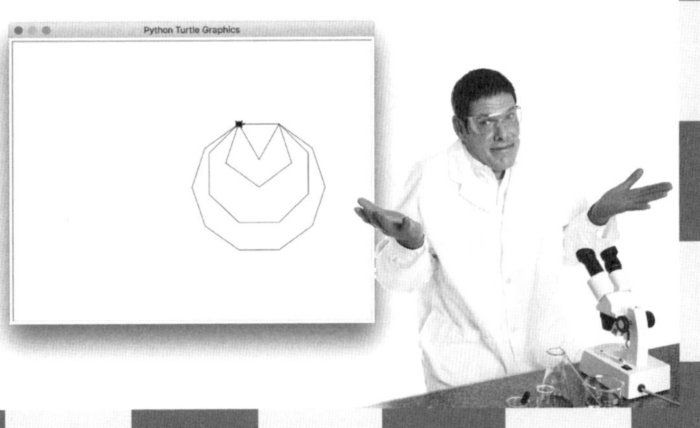

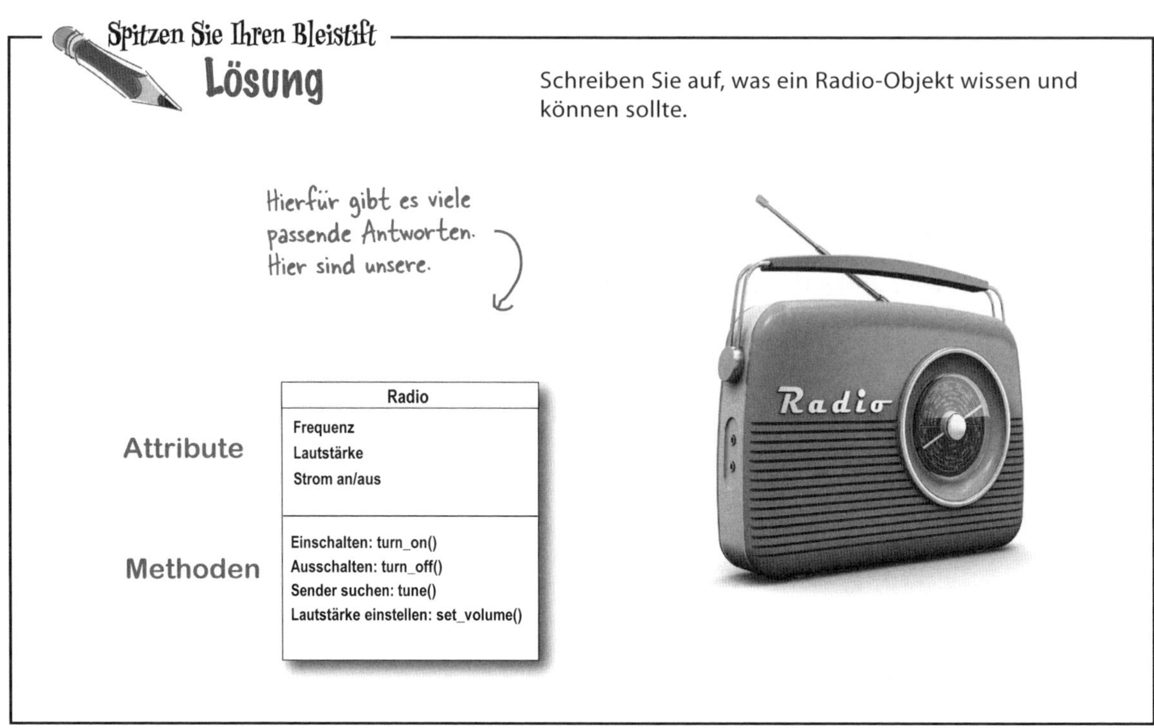
Spitzen Sie Ihren Bleistift
Lösung
Schreiben Sie auf, was ein Radio-Objekt wissen und können sollte.
Hierfür gibt es viele passende Antworten. Hier sind unsere.
Radio
Attribute
Frequenz
Lautstärke
Strom an/aus
Methoden
Einschalten: turn_on()
Ausschalten: turn_off()
Sender suchen: tune()
Lautstärke einstellen: set_volume()
Radio

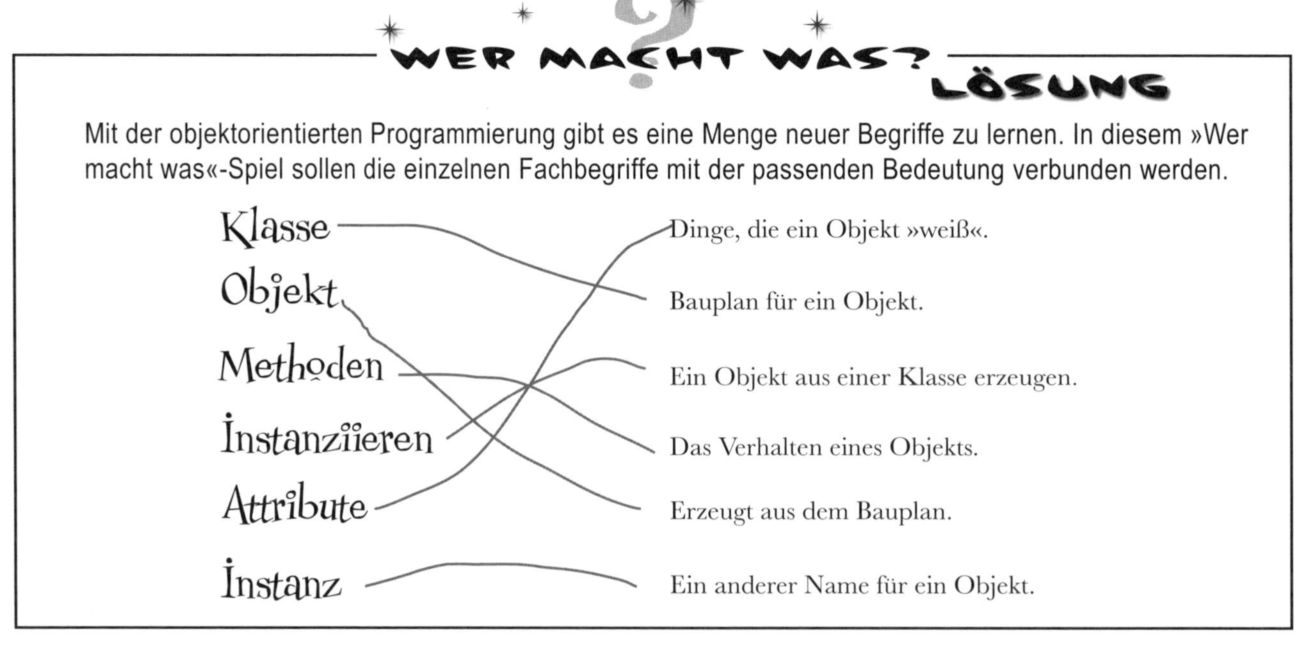
WER MACHT WAS? LÖSUNG
Mit der objektorientierten Programmierung gibt es eine Menge neuer Begriffe zu lernen. In diesem »Wer macht was«-Spiel sollen die einzelnen Fachbegriffe mit der passenden Bedeutung verbunden werden.
Klasse
Objekt
Methoden
Instanziieren
Attribute
Instanz
Dinge, die ein Objekt »weiß«.
Bauplan für ein Objekt.
Ein Objekt aus einer Klasse erzeugen.
Das Verhalten eines Objekts.
Erzeugt aus dem Bauplan.
Ein anderer Name für ein Objekt.

Modulares Programmierer-Kreuzworträtsel, Lösung

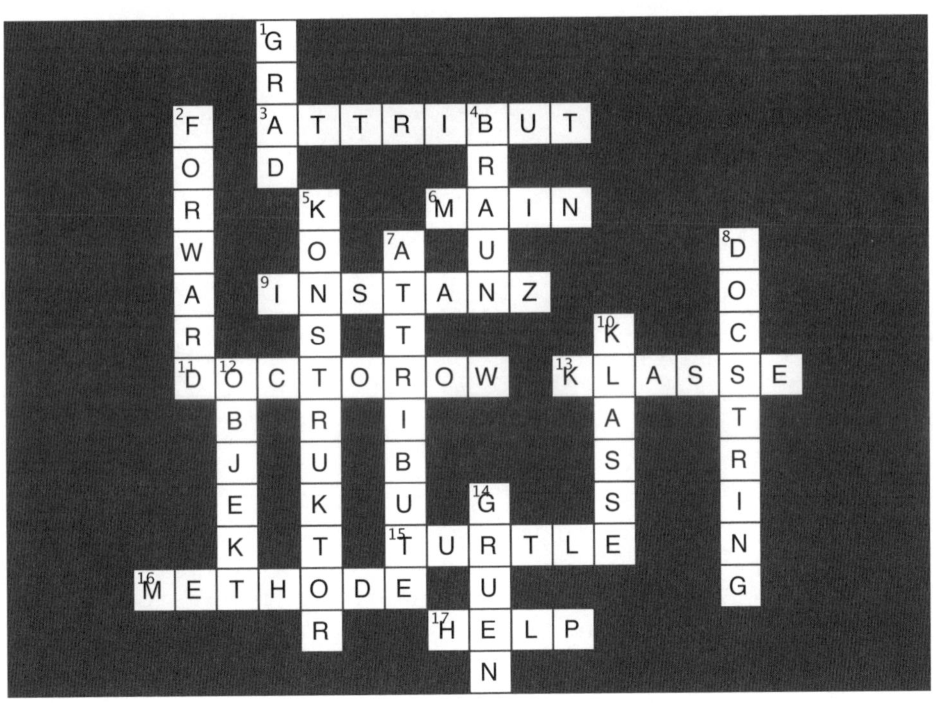

8 Rekursion und Dictionaries

Mehr als Iteration und Indizes

Es ist Zeit, Ihr rechnerisches Denken auf die nächste Ebene zu heben. Und genau das werden wir in diesem Kapitel tun. Bisher haben wir einen eher iterativen Programmierstil verwendet. Wir haben Datenstrukturen (z. B. Listen, Strings und Zahlenbereiche) erstellt und Code geschrieben, der darüber iteriert, um zu einer Lösung zu kommen. In diesem Kapitel vermitteln wir Ihnen eine neue Weltsicht: zuerst in Bezug auf die Art, Dinge zu berechnen, und dann in Bezug auf Datenstrukturen. Rechnerisch befassen wir uns mit einer Programmiertechnik, die *rekursiven* Code verwendet – Code, der sich selbst aufruft. Wir lernen außerdem eine neue Datenstruktur kennen, die funktioniert wie ein Wörterbuch, also eher wie *assoziative Beziehungen* und weniger wie eine Liste. Danach verbinden wir die beiden neuen Konzepte und verursachen eine Menge Schwierigkeiten. Seien Sie gewarnt: Diese Themen brauchen etwas Zeit, um sich in Ihrem Gehirn festzusetzen. Aber der Aufwand lohnt sich auf jeden Fall.

Eine andere Art, Dinge zu berechnen

Zeit für ein paar Dehnübungen für Ihr Hirn. Sie haben zu lange über den immer gleichen iterativen Programmierstil nachgedacht. Hier wollen wir Ihr Gehirn mit einer vollkommen anderen Art der Problemlösung konfrontieren.

Zum Einstieg nehmen wir ein einfaches Problem und lösen es, wie wir es bisher in diesem Buch getan haben. Nehmen Sie eine Liste mit Zahlen, die addiert werden sollen. In unserem Beispiel ist das die Zahl der Murmeln (marbles), die ihre Freunde jeweils in ihren Taschen haben. Für diesen Zweck besitzt Python eine `sum`-Funktion, mit der man eine Zahlenliste zusammenzählen kann:

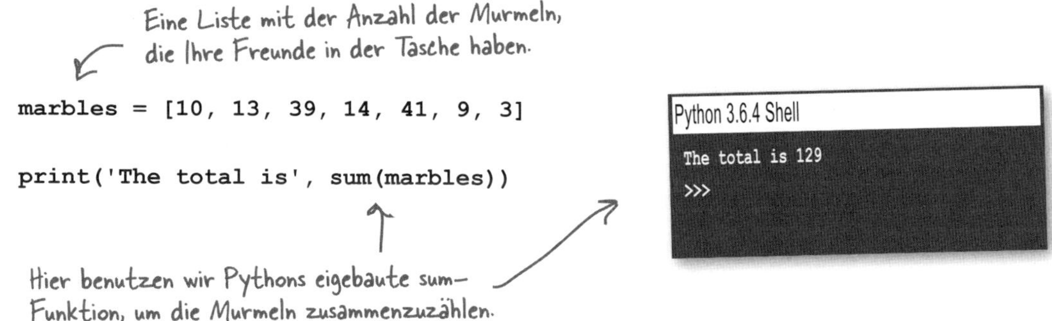


```
marbles = [10, 13, 39, 14, 41, 9, 3]

print('The total is', sum(marbles))
```

Allerdings kennen wir die neue Methode, Dinge zu berechnen, noch nicht. Also berechnen wir die Summe auf die altmodische Art (und benutzen das bisher in diesem Buch Gelernte). Hierfür schreiben wir Code, der eine Iteration verwendet, um die Liste zu verarbeiten, wie hier:

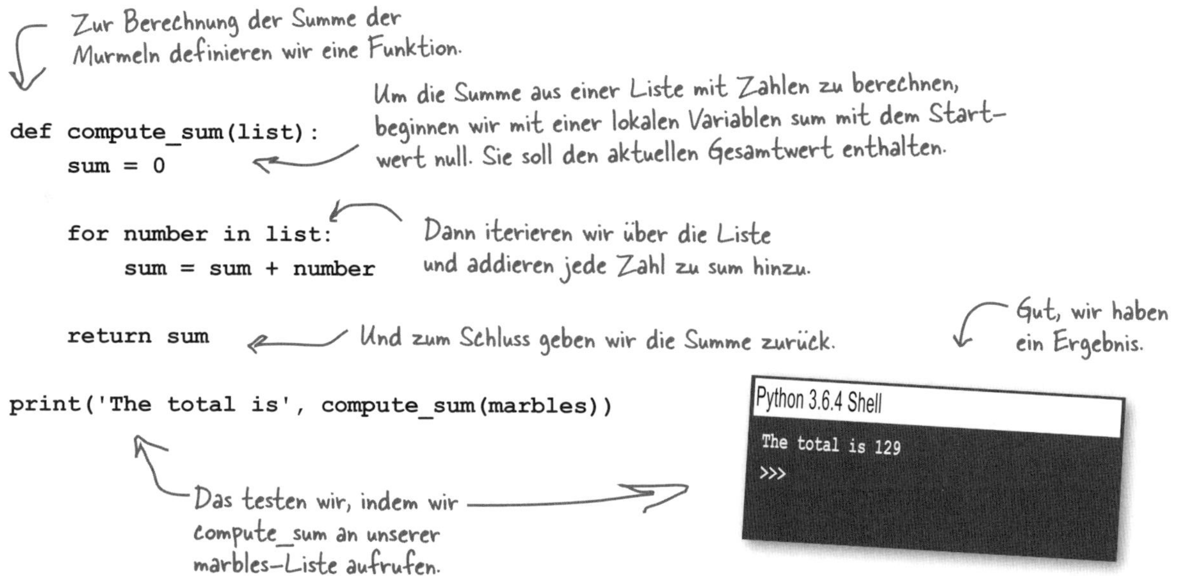


```
def compute_sum(list):
    sum = 0

    for number in list:
        sum = sum + number

    return sum

print('The total is', compute_sum(marbles))
```

Nehmen wir an, die Python-Erfinder haben entschieden, die Iteration aus der Sprache zu entfernen (z. B. die `for`- und `while`-Schleifen). Trotzdem müssen Sie die Summe einer Liste mit Zahlen berechnen. Geht das überhaupt ohne Iteration?

Nein. Die eingebaute sum-Funktion können Sie auch nicht benutzen.

Kommen wir jetzt zu etwas völlig anderem ...

Informatiker (und ein paar gut informierte Programmierer) kennen eine weitere Möglichkeit, Probleme in kleinere Aufgaben aufzuteilen. Auf den ersten Blick wirkt dieses Verfahren wie Magie (oder wie ein Taschenspielertrick). Versuchen wir, ein Gefühl dafür zu bekommen, indem wir uns die Aufgabe, die Murmeln zusammenzuzählen, noch einmal ansehen. Das funktioniert so: Es gibt zwei Fälle beim Zusammenzählen der Zahlenliste: einen *Basisfall* und einen *rekursiven Fall*.

Die wenigsten Probleme bereitet der einfachste vorstellbare Fall. Was ist der einfachste Fall einer Liste, deren Werte Sie addieren sollen? Vielleicht eine leere Liste? Welche Summe haben die Elemente? Natürlich null!

Eine leere Liste.

```
compute_sum([])
```

Hier ist der einfachste Fall: Ist die Liste leer, wissen wir, dass die Summe 0 sein wird.

Und jetzt zum rekursiven Fall. Hierbei lösen wir eine kleinere Version des gleichen Problems. Und zwar nach dieser Anweisung: Nimm das erste Listenelement und addiere es zur Summe der verbleibenden Liste hinzu ...

```
[10, 13, 39, 14, 41, 9, 3]

10 + compute_sum([13, 39, 14, 41, 9, 3])
```

Wie können wir das Problem vereinfachen? Wie wäre es mit der Summe einer Liste, die um ein Element kürzer ist?

Hier haben wir unser Problem reduziert: Um die Summe der Liste zu berechnen, addieren wir 10 zu einer etwas kleineren Liste.

Schreiben wir etwas Code für beide Fälle

Nachdem wir den Basisfall und den rekursiven Fall identifiziert haben, können wir diese neue Art der Summenberechnung programmieren. Wie bereits gesagt, kann das zu Beginn etwas verwirrend sein. Deshalb wollen wir die neue Summierfunktion ganz in Ruhe untersuchen.

Im Basisfall ist unsere Aufgabe einfach: Wir müssen nur überprüfen, ob die Liste leer ist. Falls ja, geben wir 0 als Summe der Liste zurück:

```
def recursive_compute_sum(list):
    if len(list) == 0:
        return 0
```

Hier wird überprüft, ob die Liste leer ist (sie also die Größe null hat). Falls ja, geben wir 0 zurück.

Der rekursive Fall ist nicht ganz so offensichtlich. Deshalb gehen wir schrittweise vor. Wir wissen, dass wir das erste Listenelement zur Summe der verbleibenden Liste hinzuaddieren wollen. Um Klarheit zu schaffen, definieren wir zuerst ein paar Variablen, die das Element bzw. den Rest der Liste (ohne das erste Element) enthalten sollen:

```
def recursive_compute_sum(list):
    if len(list) == 0:
        return 0
    else:
        first = list[0]
        rest = list[1:]
```

Hier ist wieder unser Basisfall.

Wir nutzen eine Variable für das erste Listenelement und eine weitere für den Rest der Liste.

Erinnern Sie sich an diese Listenschreibweise? Sie gibt eine Liste zurück, die bei Index 1 beginnt und bis zum Ende der Liste reicht.

Was ist der Restwert, wenn die Liste nur einen Wert hat? Die leere Liste.

Jetzt müssen wir das erste Element zur Summe der verbleibenden Liste hinzuaddieren:

```
def recursive_compute_sum(list):
    if len(list) == 0:
        return 0
    else:
        first = list[0]
        rest = list[1:]
        sum = first + Summe der verbleibenden Liste
```

Wir müssen den Rest der Liste zusammenzählen. Aber ist das nicht genau das, was wir gerade programmieren? Das fühlt sich an, als drehten wir uns im Kreis.

Die Summe ist das erste Element plus die Summe der verbleibenden Liste.

Aber wie programmieren wir das?

Wenn wir wüssten, wie die Summe der restlichen Liste berechnet werden kann, hätten wir alles Nötige beisammen. Aber wie? Kennen Sie irgendwelche Funktionen zur Berechnung der Summe einer Liste? Vielleicht etwas wie `recursive_compute_sum` (»summe_rekursiv_berechnen«)?

```
def recursive_compute_sum(list):
    if len(list) == 0:
        return 0
    else:
        first = list[0]
        rest = list[1:]
        sum = first + recursive_compute_sum(rest)
        return sum
```

Nicht vergessen, die Summe nach der Berechnung zurückzugeben!

Unsere Annahme war, dass recursive_compute_sum die Summe von Listen berechnet. Rufen wir die Funktion also auf, um die etwas kleinere Liste zu verarbeiten.

Probefahrt

Auch wenn Sie sich nicht vorstellen können, dass das funktioniert, sollten Sie den Code von `recursive_compute_sum` (unten mit etwas Testcode wiederholt) in einer Datei namens *sum.py* speichern. Danach können Sie das Programm über den Menübefehl **Run > Run Module** testen. Nach dem Test kehren Sie zur Shell zurück, um zu sehen, welche Summe hier auf magische Weise berechnet wurde.

```
marbles = [10, 13, 39, 14, 41, 9, 3]

def recursive_compute_sum(list):
    if len(list) == 0:
        return 0
    else:
        first = list[0]
        rest = list[1:]
        sum = first + recursive_compute_sum(rest)
        return sum

sum = recursive_compute_sum(marbles)
print('The total is', sum)
```

Wir erhalten das gleiche Ergebnis wie bei der Iteration!

```
Python 3.6.4 Shell
The total is 129
>>>
```

Nein. Der Funktionskörper wird erst ausgewertet, wenn die Funktion tatsächlich aufgerufen wird. In diesem Code wird `recursive_compute_sum` zuerst definiert. Später, wenn `recursive_compute_sum` aufgerufen wird, wie hier …

```
sum = recursive_compute_sum(marbles)
```

… wird der Funktionskörper erst ausgewertet und ruft sich dann selbst wieder auf. Danach ist `recursive_compute_sum` bereits definiert, und die Regel wird nicht verletzt.

Wenn Sie das nicht gleich verstehen, ist das völlig normal. Da hilft nur bewusstes Üben: Schreiben Sie so viele rekursive Funktionen, wie Sie können. Untersuchen Sie, wie sie ausgeführt werden, um zu verstehen, wie und warum rekursive Funktionen funktionieren.

Wir werden gleich noch mehr rekursiven Code sehen.

Da wir gerade dabei sind, gleich etwas mehr Übung …

Ein wenig mehr Übung

Keine Angst. Es braucht etwas Aufwand, Ihr Gehirn zum rekursiven Denken zu bewegen. Aber Engagement, Herzblut und Ihre Tränen (ja Tränen, ohne Scherz) machen sich bezahlt. Wir könnten hier auch anhalten und `recursive_compute_sum` zu Tode analysieren. Aber die beste Art, Ihr Hirn zum rekursiven Denken zu bewegen, ist beständiges Üben: Lösen Sie einfach eine Reihe von Probleme auf rekursive Weise. Und vergessen Sie dabei nicht, den nötigen Code zu schreiben.

Wir wollen das an einem anderen Problem üben. Erinnern Sie sich an die Palindrome aus Kapitel 4? Genau: Palindrome sind Wörter, die vorwärts wie rückwärts gelesen werden können, zum Beispiel »tacocat« oder «Gnudung« (ohne Abbildung):

Brauchen Sie mehr Beispiele? Wie wäre es mit »Madam« oder »Radar«. Das funktioniert sogar mit ganzen Sätzen (sofern Sie die Satzzeichen entfernen, versteht sich), wie »Einhorn roh? Nie!« oder noch eindrucksvoller: »Die Liebe ist Sieger, stets rege ist sie bei Leid.« Wenn Sie's nicht glauben, probieren Sie es aus. Das sind wirklich Palindrome.

Spitzen Sie Ihren Bleistift

Vergessen Sie die Rekursion für einen Augenblick und überlegen Sie, wie eine Funktion aussehen könnte, die überprüft, ob ein Wort ein Palindrom ist. Benutzen Sie Ihre Fertigkeiten aus den Kapiteln 1 bis 7. Fassen Sie Ihre Gedanken in einfachem Pseudocode zusammen. Sofern Sie gerade einen doppelten Espresso getrunken haben und gleich etwas Code schreiben wollen, werden wir Ihnen aber auch nicht im Weg stehen.

Rekursion zum Finden von Palindromen benutzen

Können wir eine rekursive Funktion zum Finden von Palindromen schreiben? Und falls ja, haben wir damit etwas gewonnen? Probieren wir es einfach aus. Wissen Sie noch, was zu tun ist? Um eine rekursive Funktion zu schreiben, brauchen wir einen Basisfall, und dann brauchen wir einen Fall, der sich wiederholt, indem das Problem verkleinert wird, und der die gleiche Funktion rekursiv aufruft. Kümmern wir uns zunächst um den Basisfall und den rekursiven Fall:

Der Basisfall ist der einfachste denkbare Fall. Tatsächlich gibt es hier sogar zwei Basisfälle. Wie wäre es zuerst mit einem leeren String? Ist der leere String ein Palindrom? Er ist vorwärts wie rückwärts gleich, also ja.

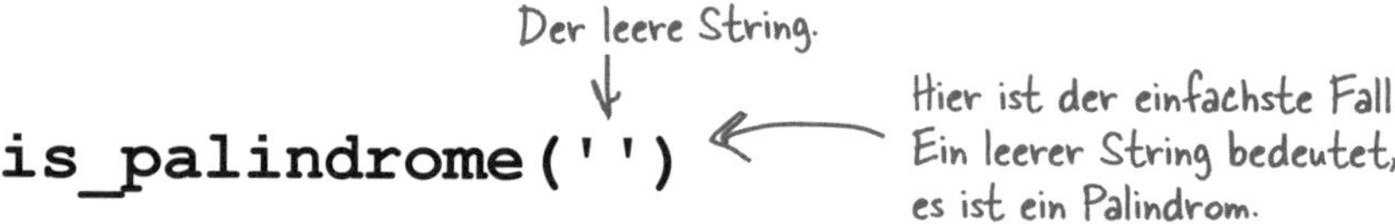

Es gibt noch einen weiteren sehr einfachen Fall: ein einzelner Buchstabe. Ist ein einzelner Buchstabe ein Palindrom? Er ergibt vorwärts und rückwärts gelesen das Gleiche. Also ja.

```
is_palindrome('a')
```

Auch ein einzelner Buchstabe ist im Prinzip ein Palindrom. Schließlich ergibt er vorwärts und rückwärts gelesen das Gleiche.

Und damit zum rekursiven Fall. Hier wird die Sache schon interessanter. Wir wollten das Problem reduzieren, indem wir die Überprüfung der `is_palindrome`-Funktion überlassen. Wie wäre es, wenn wir die äußeren zwei Zeichen vergleichen? Können wir dann testen, ob das, was sich dazwischen befindet (und etwas kleiner ist), auch ein Palindrom ist?

Einen rekursiven Palindrom-Detektor schreiben

Wir haben den Basis- und den rekursiven Fall identifiziert und können jetzt den rekursiven Code schreiben. Der Basisfall wird recht einfach zu implementieren sein. Danach müssen wir nur noch herausfinden, wie wir mit dem rekursiven Fall umgehen. Wie bei der Berechnung von Summen ist der Trick auch hier, das Problem schrittweise zu verkleinern und mit rekursiven Aufrufen zu lösen.

Beim Basisfall ist die Aufgabe leicht zu lösen: Wir müssen nur testen, ob das Wort leer ist oder aus einem einzelnen Buchstaben besteht:

```
def is_palindrome(word):
    if len(word) <= 1:
        return True
```

Überprüfen wir unseren Basisfall, um zu sehen, ob das Wort ein leerer String ist (len ist 0) oder nur aus einem Buchstaben besteht (len ist 1). Falls ja, geben wir True zurück.

Und damit zum rekursiven Fall. Zuerst grenzen wir das Problem ein, indem wir die beiden äußeren Zeichen überprüfen. Passen sie zusammen, haben wir ein Palindrom – sofern auch der Rest der Buchstaben ein Palindrom ergebt. Falls nicht, geben wir `False` zurück:

```
def is_palindrome(word):
    if len(word) <= 1:
        return True
    else:
        if word[0] == word[-1]:

        else:
            return False
```

Hier ist wieder unser Basisfall.

Überprüfen, ob das erste und letzte Zeichen gleich sind. Falls nicht, geben wir False zurück.

Den rekursiven Fall sehen wir uns im folgenden Schritt an.

Jetzt müssen wir uns um den rekursiven Fall kümmern. Der Code hat bemerkt, dass die äußeren Zeichen gleich sind, also ein Palindrom vorliegt, *sofern im Rest des Worts ebenfalls ein Palindrom vorliegt.* Das müssen wir jetzt programmieren.

```
def is_palindrome(word):
    if len(word) <= 1:
        return True
    else:
        if word[0] == word[-1]:
            return is_palindrome(word[1:-1])
        else:
            return False
```

Wenn beide Enden zueinanderpassen, können wir testen, ob die Wortmitte (das Wort ohne die äußeren Buchstaben) immer noch ein Palindrom ist. Gut, dass wir hierfür eine Funktion haben, die wir jetzt aufrufen.

Das Ergebnis des Aufrufs von is_palindrome (True oder False) müssen wir auf jeden Fall zurückgeben.

Probefahrt

Jetzt können Sie den `is_palindrome`-Code (unten wiederholt, inklusive einiger Tests) in einer Datei namens *palindrome.py* speichern und mit dem Menübefehl **Run > Run Module** einen Testlauf durchführen. Danach können Sie im Shell-Fenster nachsehen, ob das Programm die Palindrome korrekt findet. Probieren Sie das ruhig auch mit Ihren eigenen Palindrom-Kandidaten aus (wie wäre es mit »Vitaler Nebel mit Sinn ist im Leben relativ«?).

```
def is_palindrome(word):
    if len(word) <= 1:
        return True
    else:
        if word[0] == word[-1]:
            return is_palindrome(word[1:-1])
        else:
            return False

words = ['tacocat', 'radar', 'yak', 'rader', 'kayjak']
for word in words:
    print(word, is_palindrome(word))
```

Sehen Sie sich noch einmal den Code an. Ist er klarer als die iterative Version? Was meinen Sie?

Das scheint zu funktionieren!

```
Python 3.6.4 Shell
tacocat True
radar True
yak False
rader False
kayjak False
>>>
```

Es gibt keine Dummen Fragen

F: Woher wissen Sie, ob eine rekursive Funktion jemals beendet wird?

A: Mit anderen Worten, ob eine Funktion sich selbst immer und immer wieder aufruft, ohne anzuhalten? Da kommt der Basisfall ins Spiel. Die Grundbedingung ist der Teil des Problems, das wir sofort lösen können, ohne die Funktion rekursiv aufrufen zu müssen. Ist die Grundbedingung erfüllt, wissen wir, dass keine rekursiven Aufrufe mehr benötigt werden.

F: Gut, aber woher wissen wir, ob der Basisfall überhaupt erreicht wird?

A: Vergessen Sie nicht, dass wir das Problem bei jedem Aufruf verkleinern, bevor die Funktion erneut aufgerufen wird. Wenn Sie Ihren Code richtig entworfen haben, werden Sie sehen, dass der Basisfall irgendwann erreicht sein *muss*, da das Problem immer kleiner wird.

F: So langsam versehe ich, wie man eine Funktion aus sich selbst heraus aufruft. Schließlich ist das auch nur ein Funktionsaufruf. Aber kommen da nicht die ganzen Parameter durcheinander? Immer wenn ich eine Funktion rekursiv aufrufe, werden die Parameter einem neuen Satz Argumente zugewiesen, oder?

A: Das ist eine sehr gute Frage. Sie haben recht. Bei jedem Funktionsaufruf werden die Parameter an einen Satz Argumente gebunden. Um die Sache noch komplizierter zu machen, rufen wir bei einem rekursiven Aufruf *die gleiche Funktion* auf. Das würde bedeuten, dass die gleichen Parameter jetzt auf andere Argumente abgebildet werden. Die ganze Sache würde uns um die Ohren fliegen, falls diese Parameterwerte überschrieben werden, oder? Das passiert aber nicht. Glücklicherweise überwachen Python und alle anderen modernen Programmiersprachen jeden einzelnen Funktionsaufruf und die dazugehörigen Parameter (und lokalen Variablen). Bleiben Sie dran. Wir werden gleich sehen, wie das geht.

Hinter den Kulissen

Wie handhabt Python die Rekursion und überwacht dabei alle Aufrufe derselben Funktion? Blicken wir hinter die Kulissen, um zu sehen, wie `is_palindrome` vom Python-Interpreter verarbeitet wird.

```
def is_palindrome(word): ❶
    if len(word) <= 1: ❷
        return True
    else:
        first = word[0] ❸
        last = word[-1]
        middle = word[1:-1]
        if first == last: ❹
            return is_palindrome(middle)❺
        else:
            return False
```

Hier noch einmal der Code. Wir haben ein paar lokale Variablen eingebaut, um den Code etwas klarer zu machen. Dadurch können Sie außerdem sehen, was er hinter den Kulissen tut.

Diese Anweisung werten wir jetzt aus.

```
is_palindrome('radar')
```

❶ Wenn Python (wie fast jede Programmiersprache) einen Funktionsaufruf sieht, erzeugt es zuerst eine Datenstruktur, die ihre Parameter und lokalen Variablen enthält. Das wird typischerweise als *Frame* bezeichnet. Zuerst legt Python den Wert für den Wort-Parameter (`word`) im Frame ab.

Frame 1
```
word = 'radar'
```

❷ Danach wird überprüft, ob das Wort eine Länge von 1 oder weniger hat. Das ist nicht der Fall.

❸ Es folgen drei lokale Variablen, denen nach ihrer Erzeugung der erste (`first`) und letzte (`last`) Buchstabe sowie der Mittelteil (`middle`) des Worts zugewiesen werden. Diese Werte werden ebenfalls im Frame abgelegt.

Frame 1
```
word = 'radar'
first = 'r'
last = 'r'
middle = 'ada'
```

❹ Dann überprüfen wir, ob der erste und letzte Buchstabe gleich sind. Das ist der Fall, also rufen wir `is_palindrome` erneut (d.h. rekursiv) auf:

```
return is_palindrome(middle)
```

In Frame 1 hat middle den Wert 'ada'.

---

❶ Und damit sind wir in einem neuen Funktionsaufruf. Also brauchen wir einen neuen Frame, um die Parameter und lokalen Variablen zu speichern. Python speichert die verschiedenen Frames wie einen Stapel Teller, einen auf dem anderen. Ein Satz Frames wird deshalb auch als Stack, Stapel oder *Aufrufstapel* (engl. *Call Stack*) bezeichnet. Klingt sinnvoll, oder?

❷ Hier sehen wir, dass dieses Wort nicht kleiner oder gleich eins (<= 1) ist. Also machen wir mit der `else`-Anweisung weiter.

Frame 2
```
word = 'ada'
```

Frame 1
```
word = 'radar'
first = 'r'
last = 'r'
middle = 'ada'
```

❸ Ein weiteres Mal berechnen wir unsere lokalen Variablen und fügen sie dem Frame hinzu.

❹ Und wir sehen, dass der erste und letzte Buchstabe gleich sind.

Alles, was bleibt, ist ein weiterer Aufruf von `is_palindrome`.

```
return is_palindrome(middle)
```

In Frame 2 hat middle den Wert 'd'.

```
Frame 2
  word = 'ada'
  first = 'a'
  last = 'a'
  middle = 'd'
Frame 1
  word = 'radar'
  first = 'r'
  last = 'r'
  middle = 'ada'
```

---

❶ Wir sind bei einem neuen Funktionsaufruf angekommen. Also brauchen wir einen neuen Frame, um die Parameter und lokalen Variablen zu speichern. Jetzt enthält der `word`-Parameter nur noch den String `'d'`.

❷ Endlich ist die Wortlänge kleiner oder gleich 1, und wir können den Wert `True` zurückgeben. Ist der Aufruf beendet, wird der oberste Frame vom Stapel entfernt.

```
Frame 3
  word = 'd'
Frame 2
  word = 'ada'
  first = 'a'
  last = 'a'
  middle = 'd'
Frame 1
  word = 'radar'
  first = 'r'
  last = 'r'
  middle = 'ada'
```

Wenn wir aus der Funktion zurückkehren, wird der entsprechende Frame aus dem Call Stack entfernt.

---

❺ Jetzt müssen wir das Ergebnis des Funktionsaufrufs (`True`) von `is_palindrome` zurückgeben. Bei der Rückgabe von `True` wird ein weiterer Frame vom Stapel entfernt.

```
Frame 2
  word = 'ada'
  first = 'a'
  last = 'a'
  middle = 'd'
Frame 1
  word = 'radar'
  first = 'r'
  last = 'r'
  middle = 'ada'
```

Erneut: Wenn wir aus der Funktion zurückkehren, wird ihr Frame vom Stapel entfernt.

---

❻ Auch hier müssen wir das Ergebnis des Aufrufs von `is_palindrome` zurückgeben: `True`. Dies ist der letzte verbleibende Frame, der für die Aufrufe von `is_palindrome` erzeugt wurde. Unsere Aufgabe ist erfüllt (wieder mit dem Ergebnis `True`).

```
Frame 1
  word = 'radar'
  first = 'r'
  last = 'r'
  middle = 'ada'
```

Und wieder wird ein Frame vom Stack entfernt.

Wenn wir aus dem anfänglichen Aufruf von `is_palindrome` zurückkehren, geben wir den Wert `True` zurück.

```
is_palindrome('radar')
```

Wird zu True ausgewertet!

Der Stack enthält keine Aufrufe von is_palindrome mehr.

Spitzen Sie Ihren Bleistift

Versuchen Sie, selbst etwas rekursiven Code auszuwerten. Wie wäre es mit unserer `recursive_compute_sum`-Funktion?

```
def recursive_compute_sum(list):
    if len(list) == 0:
        return 0
    else:
        first = list[0]
        rest = list[1:]
        sum = first + recursive_compute_sum(rest)
        return sum

recursive_compute_sum([1, 2, 3])
```

Hier noch einmal der Code.

Und hier rufen wir die Funktion auf.

`recursive_compute_sum([1, 2, 3])`

Frame 1
list = [1, 2, 3]
first = 1
rest = [2, 3]

Den ersten Frame haben wir bereits für Sie erledigt. Die Parameterliste entspricht der Liste [1,2,3]. Danach werden die Variablen first und rest berechnet und ebenfalls dem Frame hinzugefügt.

`recursive_compute_sum([2, 3])`

Frame 2
list =
first =
rest =

Frame 1
list = [1, 2, 3]
first = 1
rest = [2, 3]

Gehen Sie die übrige Berechnung durch und tragen Sie die Details zum Stapel ein.

`recursive_compute_sum([3])`

Frame 3
list =
first =
rest =

Frame 2
list =
first =
rest =

Frame 1
list = [1, 2, 3]
first = 1
rest = [2, 3]

`recursive_compute_sum([])`

Frame 4
list =
Frame 3
list =
first =
rest =
Frame 2
list =
first =
rest =
Frame 1
list = [1, 2, 3]
first = 1
rest = [2, 3]

`recursive_compute_sum([3])`

Frame 3
list =
first =
rest =
sum =
Frame 2
list =
first =
rest =
Frame 1
list = [1, 2, 3]
first = 1
rest = [2, 3]

`recursive_compute_sum([2, 3])`

Frame 2
list =
first =
rest =
sum =
Frame 1
list = [1, 2, 3]
first = 1
rest = [2, 3]

`recursive_compute_sum([1, 2, 3])`

Frame 1
list = [1, 2, 3]
first = 1
rest = [2, 3]
sum =

Kamingespräche

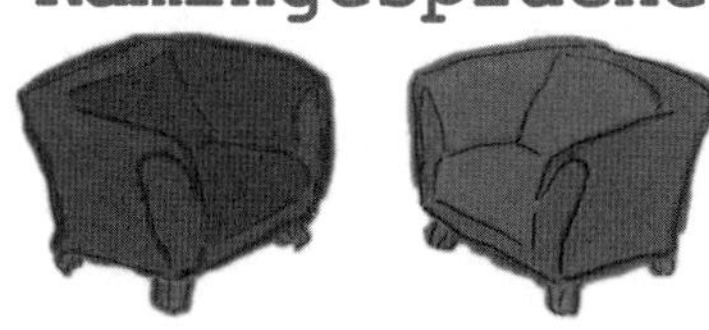

Heute: **Iteration und Rekursion beantworten die Frage: »Wer ist besser?«**

Iteration: Sie brauchen nur zu sehen, wie viel häufiger Programmierer eine Iteration anstelle der Rekursion verwenden. Dann merken Sie gleich, wer besser ist.

Rekursion: Ich denke, das kommt ganz auf die verwendete Sprache an.

Iteration: Was soll das denn heißen? Alle modernen Sprachen unterstützen Rekursion, und trotzdem entscheiden sich die Programmierer für mich.

Rekursion: Nehmen Sie zum Beispiel eine Sprache wie LISP, Scheme oder Clojure. Da wird deutlich mehr Rekursion als Iteration benutzt.

Iteration: Ich meine, mich erinnern zu können, dass es in diesem Buch bisher um Python ging.

Rekursion: Das ist nicht entscheidend. Der Punkt ist vielmehr, dass manche Programmierer die Rekursion sehr gut verstehen und die Schönheit und Effizienz in ihrem Einsatz erkennen.

Iteration: Sehr witzig! Effizient? Schon mal was vom Aufrufstapel gehört?

Rekursion: Allerdings. Und die Leser übrigens auch. Aber bitte: Klären Sie uns auf.

Iteration: Immer wenn eine Funktion sich selbst aufruft, erstellt der Python-Interpreter eine kleine Datenstruktur, um alle Parameter und lokalen Variablen der aktuellen Funktion darin zu speichern. Wird die Funktion rekursiv aufgerufen, muss Python einen ganzen Stapel dieser Strukturen verwalten. Und der wächst bei jedem Funktionsaufruf. Machen Sie das oft genug, ist irgendwann der Arbeitsspeicher voll, und Ihr Programm macht Puff! und ist futsch.

Iteration	Rekursion
	So funktionieren übrigens alle modernen (oder auch altertümlichen) Sprachen – auch Python. Das passiert bei jedem Funktionsaufruf.
Richtig. Aber wenn Sie das rekursiv machen, missbrauchen Sie das System, und früher oder später bekommen Sie Schwierigkeiten.	
	Stimmt nicht. Bei vielen rekursiven Algorithmen ist das kein Problem. Außerdem gibt es eine Technik, damit umzugehen. Sehen Sie sich einfach mal an, wie klar die rekursive Lösung ist. Palindrome waren eine gutes Beispiel. Schauen Sie sich im Vergleich dazu mal an, wie hässlich und unklar der iterative Code war.
Das hat Millionen von Programmierern nicht davon abgehalten, Palindrome iterativ zu verarbeiten.	
	Ich will nur sagen, dass der rekursive Weg für einige Algorithmen einfacher zu verstehen und zu programmieren ist.
Klar – für die Intelligenzbestien, die Rekursion benutzen, bestimmt.	
	Ach bitte … wir haben doch gesehen, dass es nur ein bisschen Übung braucht.
Aber Sie müssen zugeben, dass für viele Probleme die iterative Lösung besser ist.	
	Ich würde nicht »besser« sagen, sondern »natürlicher«. Ich sage aber auch, dass die Rekursion für manche Probleme einfach natürlicher ist.
Warum so viel Aufwand für ein bisschen mehr Klarheit?	
	Der Code ist nicht nur besser lesbar. Es gibt auch Algorithmen, die einfach schwer auf iterative Weise zu programmieren sind. Mit Rekursion geht es einfach und natürlich.
Sie meinen so weltbewegende und überlebenswichtige Probleme wie das Finden von Palindromen?	
	Natürlich nicht. Aber vielleicht sehen wir ja noch ein gutes Beispiel, bevor dieses Buch zu Ende ist. Übrigens, finden Sie nicht auch, dass *im Buch* über das Buch zu sprechen, schon ein wenig rekursiv ist? Ich sag's ja: Rekursion ist überall!
Sie meinen, im Buch über das Buch zu reden ist … ach du meine Güte!	

REKURSIONSLABOR

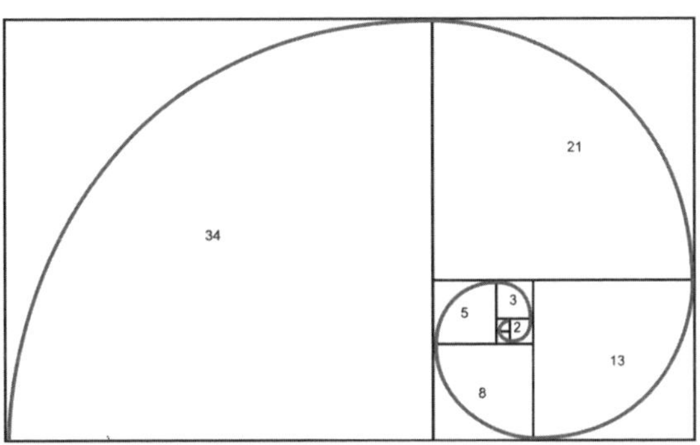

Heute testen wir den Code für einen rekursiven Algorithmus, der die *Fibonacci-Folge* berechnet. Die Folge erzeugt eine Zahlenreihe, die oft in der Natur vorkommt und bestimmte Formen beschreiben kann, wie beispielsweise das Muster der Samen einer Sonnenblume oder die Form von Galaxien.

Die Fibonacci-Folge ist mit dem »Goldenen Schnitt« verwandt, der oft in der Natur vorkommt und von vielen Künstlern als Teil guten Designs betrachtet wird.

Sie funktioniert so:

fibonacci(0) = 0
fibonacci(1) = 1

Wenn Sie die Funktion mit 0 auswerten, ist das Ergebnis 0, bei 1 ist das Ergebnis 1.

fibonacci(n) = fibonacci(n-1) + fibonacci(n-2)

Für jede weitere Zahl n errechnen wir die Fibonacci-Zahl, indem wir fibonacci(n-1) und fibonacci(n-2) addieren.

Hier ein paar Werte der Folge:

fibonacci(0) ist 0
fibonacci(1) ist 1
fibonacci(2) ist 1
fibonacci(3) ist 2
fibonacci(4) ist 3
fibonacci(5) ist 5
fibonacci(6) ist 8

Die Zahlen der Folge werden berechnet, indem die zwei vorherigen Fibonacci-Zahlen addiert werden.

Danach geht es weiter mit: 13, 21, 34, 55, 89, 144, 233, 377, 610, 987, 1597, 2584, 4181 … und so weiter.

Im Labor haben wir einen Algorithmus zum Berechnen der Fibonacci-Zahlen entwickelt:

Ausgehend von der oben stehenden Definition …

```
def fibonacci(n):
    if n == 0:          # Basisfall
        return 0
    elif n == 1:
        return 1
    else:               # Rekursiver Fall
        return fibonacci(n-1) + fibonacci(n-2)
```

Hat n den Wert 0 oder 1, geben wir einfach diese Zahl zurück.

Ansonsten geben wir die Summe der zwei vorherigen Fibonacci-Zahlen der Folge zurück, indem wir fibonacci rekursiv aufrufen.

Haben Sie gemerkt, dass der rekursive Fall die fibonacci-Funktion nicht ein-, sondern zweimal aufruft?

Jetzt können wir unseren Code testen. In unserem Rekursionslabor müssen wir vor allem korrekt und schnell sein. Dafür haben wir etwas Testcode geschrieben, der ein neues Modul namens `time` benutzt, um zu ermitteln, wie lange die Ausführung unseres Codes dauert.

```
import time

def fibonacci(n):
    if n == 0:
        return 0
    elif n == 1:
        return 1
    else:
        return fibonacci(n-1) + fibonacci(n-2)

for i in range(20, 55, 5):
    start = time.time()
    result = fibonacci(i)
    end = time.time()
    duration = end - start
    print(i, result, duration)
```

Wir benutzen Pythons time-Modul, um die Ausführungszeit unseres Codes zu messen, wie unten gezeigt.

Hier ist der rekursive Fibonacci-Code.

Testcode.

Zum Testen berechnen wir die Fibonacci-Zahlen zwischen 20 und 50 in Fünferschritten. Wenn das klappt, berechnen wir alle Zahlen bis 100.

Zeitmessung starten.

Die Fibonacci-Zahl berechnen.

Zeitmessung beenden.

Dauer berechnen.

Ergebnisse ausgeben.

Außerdem messen wir, wie lange die Berechnung der einzelnen Fibonacci-Zahlen dauert. Hierfür brauchen wir das time-Modul. Mehr zu kalendarischen Daten und Uhrzeiten finden Sie übrigens im Anhang.

Geben Sie diesen Code ein und führen Sie einen Probelauf durch. Schreiben Sie Ihre Ergebnisdaten unten auf, inklusive des Werts von `n`**, der Fibonacci-Zahl und der Berechnungsdauer in Sekunden. Damit dieser Code für den Produktionseinsatz geeignet ist, muss er die ersten 100 Fibonacci-Zahlen in weniger als fünf Sekunden berechnen. Würde unser Code den Test bestehen?**

Wenn das Programm bei der Ausführung zu lange braucht, können Sie es jederzeit anhalten, indem Sie einfach das Shell-Fenster, in dem das Programm läuft, schließen.

Hier unser erstes Ergebnis für den ersten Test mit n = 20. Ihre Messwerte können abhängig von der Geschwindigkeit Ihres Computers anders ausfallen.

Fibonacci-Testdaten

Zahl	Antwort	Berechnungszeit
20	6765	0.002 Sekunden

Unsere Ergebnisse sehen Sie auf der folgenden Seite. Vergleichen Sie sie mit Ihren eigenen!

Bis jetzt sieht das noch ganz schön schnell aus!

REKURSIONSLABOR-FEHLSCHLAG

Um die Standards des Rekursionslabors zu erfüllen, muss der Code die ersten 100 Fibonacci-Zahlen in unter fünf Sekunden berechnen. Wie haben Sie das gelöst? Was? Die Berechnung läuft noch, und Sie haben erst mal Mittagspause gemacht? Keine Sorge, wir haben die Ergebnisse für Sie berechnet. Unsere Zahlen sehen Sie unten, aber sie machen uns nicht gerade Mut.

Der Code funktioniert großartig, und wir bekommen die richtigen Antworten.

Fibonacci-Testdaten

Zahl	Antwort	Berechnungszeit
20	6765	0.002 Sekunden
25	75025	0.04 Sekunden
30	832040	04 Sekunden
35	9227465	4.8 Sekunden
40	102334155	56.7 Sekunden
45	1134903170	10.5 Minuten
50	12586269025	1.85 Stunden

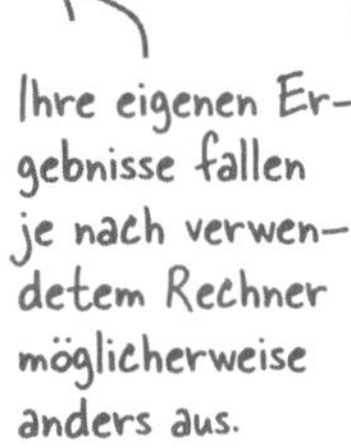

Ihre eigenen Ergebnisse fallen je nach verwendetem Rechner möglicherweise anders aus.

Auch wenn die Ausführungszeit am Anfang noch sehr schnell war, wächst sie mit der Größe von n immer stärker an. Bei 50 brauchen wir fast 111 Minuten für die Berechnung einer einzigen Fibonacci-Zahl!

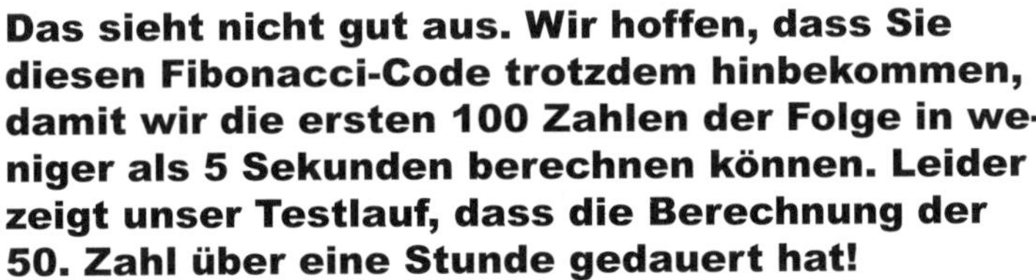

Das sieht nicht gut aus. Wir hoffen, dass Sie diesen Fibonacci-Code trotzdem hinbekommen, damit wir die ersten 100 Zahlen der Folge in weniger als 5 Sekunden berechnen können. Leider zeigt unser Testlauf, dass die Berechnung der 50. Zahl über eine Stunde gedauert hat!

Sind wir verflucht? Was zum Henker braucht da so lange? Denken Sie nach. Nachdem wir eine interessante neue Datenstruktur kennengelernt haben (die uns vielleicht helfen kann), machen wir mit dem Thema weiter.

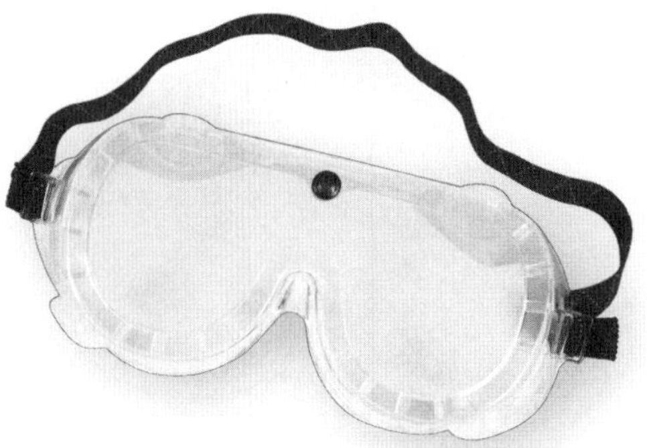

Das Unsoziale Netzwerk

So langsam werden Ihre Programmierfähigkeiten erwachsen. Wir glauben, dass Sie in der Lage sind, Ihr eigenes Start-up zu gründen. Und hier ist unsere Idee: *ein neues soziales Netzwerk*. Wie? Was? Sie haben eigentlich die Nase voll von Facebook und seinen Konkurrenten? Keine Sorge. Eigentlich wollen wir eher ein *Unsoziales Netzwerk* aufbauen. Unser Unsoziales Netzwerk soll Gefühle zulassen wie: »Grins nicht so blöd!« oder »Lass mich bloß in Ruhe mit deiner guten Laune«. Ihre »Freunde« werden Ihnen dankbar sein. Das Unsoziale Netzwerk hat außerdem ein echtes Killer-Feature: Man kann nämlich jederzeit sehen, wer gerade der unfreundlichste Benutzer ist. Klingt wie das nächste Milliarden-Dollar-Ding, oder? Sie müssen nur noch anfangen.

Wir beginnen einfach. Zuerst brauchen wir eine Liste mit Benutzern, von denen wir Name und E-Mail-Adresse speichern.

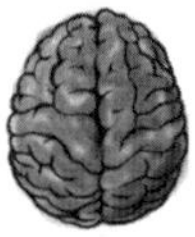

KOPF-NUSS

Um den Namen und die E-Mail-Adresse der Benutzer zu speichern, können wir auf unser vorhandenes Wissen zurückgreifen: Wir erstellen eine Liste, die die Namen enthält, und eine weitere zum Speichern der entsprechenden E-Mail-Adresse. Diese Listen funktionieren parallel (siehe Kapitel 4). Wenn wir an Index `42` in der Namensliste einen Namen speichern, finden Sie am gleichen Index in der E-Mail-Liste die jeweilige Adresse.

```
names = ['Kim', 'John', 'Josh']
emails = ['kim@oreilly.com', 'john@abc.com', 'josh@wickedlysmart.com']
```

Das funktioniert so ähnlich wie die Speicherung der Farben und Orte für unsere Rennschildkröten im vorigen Kapitel.

Können Sie sich den Nachteil dieses Ansatzes denken?

- ☐ Werden neue Namen und Adressen hinzugefügt, müssen die Dinge zwischen beiden Listen abgeglichen werden.
- ☐ Wir müssen die gesamte Liste durchsuchen, um jemanden zu finden.
- ☐ Was passiert, wenn wir weitere Attribute wie das Geschlecht oder die Telefonnummer speichern wollen? Das wird immer komplexer.
- ☐ Keine Probleme. Funktioniert tadellos.
- ☐ In seiner jetzigen Form ist die Beziehung der Daten zueinander schwer zu erkennen, weil sich Name und Adresse in verschiedenen Listen befinden.
- ☐ Wird ein Benutzer gelöscht, müssen beide Listen aktualisiert werden.
- ☐ ______________________

Fallen Ihnen weitere Probleme ein?

Ach gäbe es doch nur eine Datenstruktur, in der ich jedem Element einen gut zu merkenden Namen geben könnte, anstatt mich mit Indizes rumschlagen zu müssen. Und eine Datenstruktur, die ich einfach erweitern könnte, ohne überlegen zu müssen, wo in der Liste ich etwas ablege. Und eine Datenstruktur, in der die Werte schnell gefunden würden, ohne eine ganze Liste durchsuchen zu müssen. Das wäre wunderbar. Aber ich weiß ja, es ist nur ein Traum …

Das Dictionary

Hier stellen wir Ihnen einen neuen Python-Datentyp vor: das *Dictionary*, auch als *Map* oder *assoziatives Array* bezeichnet (zumindest von manchen Informatikern). Das Dictionary ist eine mächtige und vielseitige Datenstruktur. Aufgrund ihrer Vielseitigkeit werden Sie mehrere verschiedene Verwendungsmöglichkeiten kennenlernen. Eine ist beispielsweise die Lösung unserer Probleme mit dem Unsozialen Netzwerk (d. h. eine besserer Möglichkeit, Benutzerinformationen zu speichern und auszulesen). Vorher wollen wir uns noch ein wenig mit dem Dictionary vertraut machen und sehen, wie es funktioniert.

Dafür müssen Sie zunächst wissen, dass Dictionaries im Gegensatz zu Listen ein *ungeordneter* Datentyp sind. Bei einer Liste wird jeder Wert an einer ganz bestimmten Stelle in der Liste gespeichert und ist über seinen Index in der Reihenfolge der Elemente auffindbar. Wir können also auf das dritte Element anhand seines Index zugreifen. In einem Dictionary haben die Elemente dagegen keine feste Reihenfolge. Stattdessen wird auf jeden im Dictionary gespeicherten *Wert* über einen passenden *Schlüssel* zugegriffen.

Sehen wir, wie ein Dictionary erstellt wird.

```
my_dictionary = {}
```

Um ein leeres Dictionary für die Schlüssel und Werte zu erstellen, benutzen Sie ein Paar geschweifter Klammern.

Nicht vergessen: eckige Klammern für Listen, geschweifte Klammern für Dictionaries.

Dann können Sie neue Elemente hinzufügen.

In einem Dictionary werden Elemente als Paare aus Schlüssel und Wert gespeichert, zum Beispiel die Telefonnummer 867-5309 für unsere Freundin Jenny:

```
my_dictionary['jenny'] = '867-5309'
```

Hier speichern wir diesen Wert (eine Telefonnummer) als String unter dem Schlüssel 'jenny' (ebenfalls ein String).

Und Sie können beliebig viele Schlüssel/Wert-Paare speichern, wie hier:

```
my_dictionary['paul'] = '555-1201'
my_dictionary['david'] = '321-6617'
my_dictionary['jamie'] = '771-0091'

my_dictionary['paul'] = '443-0000'
```

Es können beliebig viele Schlüssel/Wert-Paare gespeichert werden.

Speichert man einen Wert bei einem bereits vorhandenen Schlüssel, wird der vorige Wert überschrieben.

Nun lesen wir die Werte anhand ihrer Schlüssel aus.

Um einen Wert aus einem Dictionary auszulesen, benutzen wir einfach den Schlüssel:

```
phone_number = my_dictionary['jenny']
print("Jenny's number is", phone_number)
```

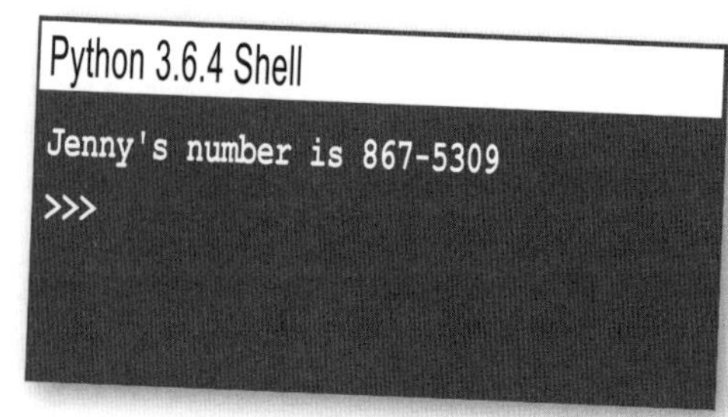

Schlüssel und Werte müssen keine Strings sein.

Als Schlüssel können Zahlen, Strings und boolesche Werte benutzt werden. Der Wert kann ein beliebiger gültiger Python-Datentyp sein. Hier ein paar Beispiele:

```
my_dictionary['age'] = 27
my_dictionary[42] = 'answer'
my_dictionary['scores'] = [92, 87, 99]
```

Wir können Strings als Schlüssel und Integerwerte als Werte benutzen oder einen Integerschlüssel und einen Stringwert, einen Stringschlüssel und eine Liste als Wert und so weiter. Der Wert kann ein beliebiger Python-Datentyp sein.

Es gibt noch mehr Typen, die als Schlüssel dienen können, die wir aber noch nicht vorgestellt haben.

Natürlich können Sie die Schlüssel auch wieder entfernen.

```
del my_dictionary['david']
```

Hierdurch werden der Schlüssel 'david' und sein Wert aus dem Dictionary entfernt.

Wir können die del-Anweisung auch mit anderen Dingen benutzen, z. B. mit Pythons Listen.

Auch die pop-Methode funktioniert mit einem Dictionary. Der Schlüssel wird entfernt, und der dazugehörige Wert wird zurückgegeben.

Vielleicht wollen Sie aber zuerst überprüfen, ob er überhaupt existiert.

Python ist ziemlich konsistent, wenn getestet werden soll, ob sich ein Element in einer Sammlung von Dingen (auch *Collection* genannt), etwa einer Liste oder einem String, befindet. Das Gleiche gilt für Dictionaries. Um zu sehen, ob ein Dictionary einen bestimmten Schlüssel enthält, können Sie vorgehen wie hier:

```
if 'jenny' in my_dictionary:
    print('Found her', my_dictionary['jenny'])
else:
    print('I need to get her number')
```

Mit dem in-Operator können Sie testen, ob ein bestimmter Schlüssel im Dictionary vorhanden ist.

Den oben stehen Code zum Löschen hätten wir also auch so schreiben können:

```
if 'david' in my_dictionary:
    del(my_dictionary['david'])
```

Es gibt keine Dummen Fragen

F: Was passiert, wenn ich versuche, einen nicht existierenden Schlüssel zu entfernen?

A: Python löst einen Laufzeitfehler aus, genauer gesagt, einen KeyError. Die Behandlung solcher Ausnahmen werden wir später im Buch noch besprechen. Sie können diesen Fehler vermeiden, indem Sie zunächst testen, ob der Schlüssel existiert.

F: Und jeder Schlüssel kommt im Dictionary nur einmal vor, oder?

A: Richtig. Jeder Schlüssel eines Dictionary ist einmalig. So gibt es nur einen Schlüssel 'Kim' in my_dictionary. Weisen Sie dem Schlüssel erneut einen Wert zu, würde der vorige Wert überschrieben.

F: Die Verwendung von Dictionaries scheint sehr bequem zu sein. Trotzdem habe ich das Gefühl, dass die Dinge ohne Indizes ziemlich ineffizient werden. Muss ich mir Sorgen um die Performance machen, wenn ich große Datenmengen in einem Dictionary speichere?

A: Erinnern Sie sich? Am Anfang des Kapitels haben wir gesagt, dass es Zeit sei, ein paar Dehnübungen fürs Gehirn zu machen. Tatsächlich sind Dictionaries in vielen Fällen sogar wesentlich effizienter für die Datenspeicherung als Listen. Behalten Sie das im Kopf. Wir kommen gleich darauf zurück.

F: Wir wissen, dass wir den eingebauten del-Operator mit einem Dictionary verwenden können. Geht das auch mit len?

A: Aber sicher! Der **len**-Operator gibt Ihnen die Anzahl der Schlüssel des Dictionary zurück.

Kann man über Dictionaries auch iterieren?

Vergessen Sie auf keinen Fall, dass Dictionaries ungeordnet sind. Sie können zwar über die Schlüssel iterieren, dürfen dabei aber keine bestimmte Reihenfolge erwarten.

Wie bei Listen und Strings benutzen wir eine for/in-Anweisung, um über die Schlüssel eines Dictionary zu iterieren.

```
for key in my_dictionary:
    print(key, ':', my_dictionary[key])
```

Geben wir den Schlüssel aus ...

... gefolgt von seinem Wert im Dictionary.

Python 3.6.4 Shell

```
jenny : 867-5309
paul : 443-0000
jamie : 771-0091
age : 27
42 : answer
scores : [92, 87, 99]
>>>
```

Ihre Reihenfolge ist vermutlich eine andere, aber natürlich vollkommen in Ordnung.

Können wir kurz mal literal werden?

Wie bei Listen gibt es auch für die Definition eines Dictionary eine literale Schreibweise:

```
harry = {'firstname': 'Harry',
         'lastname': 'Potter',
         'house': 'Gryffindor',
         'friends': ['Ron', 'Hermine'],
         'born': 1980}
```

Schlüssel und Werte werden jeweils durch einen Doppelpunkt getrennt. Auf jedes Schlüssel/Wert-Paar folgt ein Komma (außer beim letzten Paar).

Das erzeugt ein vollständiges Dictionary.

Sie können ein Dictionary auch per `print` ausgeben, um seine literale Form zu sehen:

```
print(my_dictionary)
```

Python 3.6.4 Shell

```
{'jenny': '867-5309', 'paul': '443-0000', 'jamie': '771-0091', 'age': 27, 42: 'answer', 'scores': [92, 87, 99]}
>>>
```

Aufgepasst

Verlassen Sie sich niemals auf die Reihenfolge eines Dictionary.

Selbst wenn die Schlüssel in Ihrem Dictionary immer die gleiche Reihenfolge zu haben scheinen, werden Sie sich nicht darauf verlassen können, dass das auf verschiedenen Betriebssystemen und Python-Implementierungen auch der Fall ist. Tun Sie das doch, werden Sie eher früher als später Schwierigkeiten bekommen.

Spitzen Sie Ihren Bleistift

Nachdem Sie wissen, wie Dictionaries funktionieren, ist es Zeit, Ihr Wissen anzuwenden. Arbeiten Sie den unten stehenden Code durch und finden Sie heraus, was er tut.

Liste (zeigt auf `movies = []`)

Dictionary (zeigt auf `movie = {}`)

```
movies = []
movie = {}

movie['name'] = 'Forbidden Planet'
movie['year'] = 1957
movie['rating'] = '*****'
movie['year'] = 1956

movies.append(movie)

movie2 = {'name': 'I Was a Teenage Werewolf',
          'year': 1957, 'rating': '****'}
movie2['rating'] = '***'

movies.append(movie2)

movies.append({'name': 'Viking Women and the Sea Serpent',
          'year': 1957,
          'rating': '**'})

movies.append({'name': 'Vertigo',
          'year': 1958,
          'rating': '*****'})

print('Head First Movie Recommendations')
print('--------------------------------')
for movie in movies:
    if len(movie['rating']) >= 4:
        print(movie['name'], '(' + movie['rating'] + ')', movie['year'])
```

Dictionaries für das Unsoziale Netzwerk einsetzen

Wenn Sie die vorheigen Seiten gelesen haben, kennen Sie schon 95 % aller wichtigen Dinge zu Pythons Dictionaries. Nur eines fehlt noch: ihre *Verwendung*. Sie können Werte speichern und auslesen, aber das kann doch nicht alles sein, oder? Stimmt, die Einfachheit kann täuschen. Sehen wir mal, wie wir Dictionaries für unser Unsoziales Netzwerk einsetzen können.

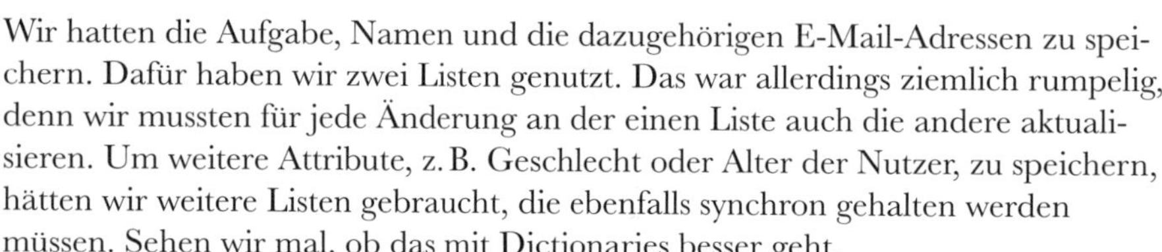

Wir hatten die Aufgabe, Namen und die dazugehörigen E-Mail-Adressen zu speichern. Dafür haben wir zwei Listen genutzt. Das war allerdings ziemlich rumpelig, denn wir mussten für jede Änderung an der einen Liste auch die andere aktualisieren. Um weitere Attribute, z. B. Geschlecht oder Alter der Nutzer, zu speichern, hätten wir weitere Listen gebraucht, die ebenfalls synchron gehalten werden müssen. Sehen wir mal, ob das mit Dictionaries besser geht.

```
names = ['Kim', 'John', 'Josh']
emails = ['kim@oreilly.com', 'john@abc.com', 'josh@wickedlysmart.com']
```

Hier haben wir ein paar Nutzer und E-Mail-Adressen in zwei Listen gespeichert.

Mal sehen, ob ein Dictionary uns hier helfen kann.

```
users = {'Kim'  : 'kim@oreilly.com',
         'John': 'john@abc.com',
         'Josh': 'josh@wickedlysmart.com'}
```

Das ist auf jeden Fall besser lesbar!

Was ist mit dem Hinzufügen oder Entfernen von Benutzern?

```
users['Avary'] = 'avary@gmail.com'
del users['John']
```

Hinzufügen

Entfernen

Prima. Das war einfach. Und wir müssen nicht mehr zwei Listen synchronisieren.

Wie wäre es, mal eben die E-Mail-Adresse eines Nutzers auszulesen? Vielleicht die für Josh:

```
if 'Josh' in users:
    print("Josh's email address is:", users['Josh'])
```

Zuerst überprüfen wir, ob der Schlüssel 'Josh' existiert. Wenn ja, lesen wir die E-Mail-Adresse aus.

```
Python 3.6.4 Shell
Josh's email address is: josh@wickedlysmart.com
>>>
```

Zugegeben, aus Programmiersicht ist das viel schöner, als mit zwei Listen arbeiten zu müssen. Aber ist das wirklich effizienter als explizite Indizes?

Das Dictionary ist deutlich effizienter. Um zu verstehen, warum, müssen Sie wissen, wie Dictionaries hinter den Kulissen funktionieren. Beginnen wir mit dem Beispiel einer Liste: Wenn Sie in einer Liste der Benutzer nach »Josh« suchen, müssen Sie alle Benutzer durchgehen, um den richtigen Eintrag zu finden. Im schlimmsten Fall heißt das, jedes einzelne Listenelement zu untersuchen.

Python benutzt für Dictionaries im Hintergrund eine Datenstruktur, die als *Hash Map* bezeichnet wird. Bei einer Hash Map speichert das Dictionary seine Werte in einer Liste oder Array-artigen Datenstruktur. Allerdings wird hierbei eine spezielle *Hash-Funktion* eingesetzt. Sie berechnet, an welcher Stelle in der Liste sich der Wert basierend auf dem Schlüssel befindet. Anstatt also mit Gewalt die ganze Liste zu durchforsten, kann durch die Hash-Funktion direkt zu dem Index gesprungen werden, an dem sich der gewünschte Wert befindet. Gut, dass das Dictionary das alles für Sie erledigt.

Allerdings sind Hashing-Funktionen nicht perfekt, und manchmal werden mehrere Werte auf den gleichen Ort abgebildet (keine Sorge, das Dictionary weiß, wie es damit umgehen muss). Das passiert aber wahrscheinlich nicht sehr oft. Die durchschnittliche Zeit für das Auffinden eines Werts anhand seines Schlüssels wird daher auch als *konstante Zeit* bezeichnet (man könnte sagen, die Zeit, die für die Ausführung einer einzelnen Operation gebraucht wird). Das Ergebnis ist, dass Dictionaries bei der Suche nach einem bestimmten Schlüssel blitzschnell sind.

Noch so ein Informatik-Begriff

Aber wie fügen wir weitere Attribute hinzu?

Die Verwendung eines Dictionary zum Verwalten der Benutzernamen und E-Mail-Adressen in unserem Unsozialen Netzwerk ist ein echter Gewinn. Allerdings wollen wir vermutlich weitere Attribute hinzufügen, z. B. Geschlecht oder Alter. Bei der Verwendung paralleler Listen müssten wir für jedes Attribut eine neue Liste definieren. Brauchen wir jetzt auch ein weiteres Dictionary? Vielleicht so etwas hier?

```
email = {'Kim' : 'kim@oreilly.com',
         'John': 'john@abc.com',
         'Josh': 'josh@wickedlysmart.com'}

genders = {'Kim' : 'f',
           'John': 'm',
           'Josh': 'm'}
```

Dies ist ein möglicher Weg. Allerdings müssen wir jetzt wieder für jeden Benutzer zwei Datenstrukturen pflegen. Pfui Deibel!

Das würde sicher funktionieren. Allerdings müssten wir dann wieder zwei Datenstrukturen verwalten. Das wollen wir sicher nicht. Um das Problem zu lösen, müssen wir etwas mehr über die Verwendung von Dictionaries nachdenken. Wie wäre es, wenn wir ein Dictionary benutzen, um die Attribute aller Benutzer zu speichern, wie hier:

```
attributes = {
        'email' : 'kim@oreilly.com',
        'gender': 'f',
        'age': 27,
        'friends': ['John', 'Josh']
}
```

Dies ist ein Dictionary, das die Attribute für Kim enthält. Solch ein Dictionary können wir für jeden Benutzer anlegen.

Hier haben wir jedem Benutzer eine neue Liste seiner Freunde hinzugefügt. Das brauchen wir für unser »Killer-Feature«.

Benutzen wir das neue Schema und machen wir einen Neuanfang, indem wir ein brandneues users-Dictionary anlegen und Kims Attribute darin speichern:

```
users = {}
users['Kim'] = attributes
```

Die Variable users haben wir als leeres Dictionary eingerichtet, dem wir unter dem Schlüssel 'Kim' das Dictionary attributes hinzufügen.

Huschen Sie nicht zu schnell darüber hinweg, was in diesem Code passiert. Wir definieren den Wert von 'Kim' als neues Dictionary, in diesem Fall das attributes-Dictionary.

Nun bauen wir auch John und Josh ein:

```
users['John'] = {'email' : 'john@abc.com','gender': 'm', 'age': 24, 'friends': ['Kim', 'Josh']}
users['Josh'] = {'email' : 'josh@wickedlysmart.com','gender': 'm', 'age': 32, 'friends': ['Kim']}
```

Auch hier: Sehen Sie genau hin, was in diesem Code passiert. Wir weisen sowohl 'John' als auch 'Josh' ein Dictionary zu.

Wir weisen den Schlüsseln 'John' und 'Josh' Dictionaries zu. Die Dictionaries werden in literaler Schreibweise angegeben.

Spitzen Sie Ihren Bleistift

Dictionaries in Dictionaries kommen ziemlich häufig vor. Sehen Sie sich die Auswirkungen beim Kino an. Führen Sie dafür den unten stehenden Code im Kopf aus.

```
movies = {}
movie = {}

movie['name'] = 'Forbidden Planet'
movie['year'] = 1957
movie['rating'] = '*****'
movie['year'] = 1956

movies['Forbidden Planet'] = movie

movie2 = {'name': 'I Was a Teenage Werewolf',
               'year': 1957, 'rating': '****'}
movie2['rating'] = '***'
movies[movie2['name']] = movie2

movies['Viking Women and the Sea Serpent'] = {'name': 'Viking Women and the Sea Serpent',
                                                'year': 1957,
                                                'rating': '**'}


movies['Vertigo'] =  {'name': 'Vertigo',
                      'year': 1958,
                      'rating': '*****'}

print('Head First Movie Recommendations')
print('--------------------------------')
for name in movies:
    movie = movies[name]
    if len(movie['rating']) >= 4:
        print(movie['name'], '(' + movie['rating'] + ')',  movie['year'])

print('Head First Movie Staff Pick')
print('--------------------------')
movie = movies['I Was a Teenage Werewolf']
print(movie['name'], '(' + movie['rating'] + ')',  movie['year'])
```

Hanteltraining fürs Gehirn

Nachdem wir wissen, wie wir die Benutzer unseres Unsozialen Netzwerks speichern, wird es Zeit, etwas Code zu schreiben. Wir beginnen mit einer Funktion, die das Durchschnittsalter der Freunde eines Benutzers berechnet. Wir nennen sie passenderweise `average_age`. Den Rest bekommen Sie selbst heraus. Schließlich ist das hier schon Kapitel 8. Vergessen Sie nicht, etwas Pseudocode zu schreiben oder Ihre Funktion auf ähnliche Weise zu planen. Das hilft, den korrekten Code gleich beim ersten Versuch richtig hinzubekommen.

```
users = {}
users['Kim'] = {'email' : 'kim@oreilly.com','gender': 'f', 'age': 27, 'friends': ['John', 'Josh']}
users['John'] = {'email' : 'john@abc.com','gender': 'm', 'age': 24, 'friends': ['Kim', 'Josh']}
users['Josh'] = {'email' : 'josh@wickedlysmart.com','gender': 'm', 'age': 32, 'friends': ['Kim']}
```

Notieren Sie hier Ihre average_age-Funktion.

```
average_age('Kim')
average_age('John')
average_age('Josh')
```

Der Testcode sollte diese Ausgaben erzeugen.

```
Python 3.6.4 Shell
Kim's friends have an average age of 28.0
John's friends have an average age of 29.5
Josh's friends have an average age of 27.0
>>>
```

Erinnern Sie sich an das Killer-Feature unseres Unsozialen Netzwerks?

Sie haben es doch nicht vergessen, oder? Das wird unser wichtigstes Feature, wenn wir die erste Runde Risikokapital einsammeln wollen. Das Killer-Feature für das Unsoziale Netzwerk besteht darin, die am wenigsten soziale Person zu finden, d. h. die mit den wenigsten Freunden. Wir müssen nur noch den Code schreiben.

Wer wird es sein?

Eine kurze Bestandsaufnahme: Wir haben ein Dictionary mit unseren Benutzern. Jeder Eintrag besteht aus einem Schlüssel (dem Benutzernamen) und einem Wert. Der Wert ist ein weiteres Dictionary, das die Attribute des Benutzers enthält. Eines der Attribute ist eine Liste der Freunde. Wir müssen also über alle Benutzer iterieren, um herauszufinden, wer die wenigsten Freunde hat. Unternehmen wir gleich mal einen ersten Versuch.

Den unsozialsten Benutzer finden

Wir haben schon Komplexeres geschrieben als den Code zum Finden des unsozialsten Benutzers. Wir wollen trotzdem zuerst etwas Pseudocode erzeugen, um ein klares Bild davon bekommen, was hier zu tun ist:

1. Setze `max` auf eine große Zahl. ← Wir erzeugen eine Variable, die die geringste Anzahl Freunde enthalten soll. Wir nennen sie max und geben ihr zu Beginn einen möglichst hohen Wert.
2. Für jeden Namen in `users`. ← Iteriere über alle Schlüssel im users-Dictionary.
   - A. Gehe zum Dictionary mit den Attributen des Benutzers. ← Öffne für jeden Benutzer das zu diesem Namen gehörende Attribut-Dictionary.
   - B. Besorge dir die Liste der Freunde aus dem Dictionary. ← Benutze den Schlüssel 'friends', um an die Liste der Freunde zu gelangen.
   - C. Ist die Anzahl der Freunde kleiner als der Wert von `max` ... ← Ist die Anzahl der Freunde kleiner als unser bisheriger Wert (in max), dann ist dies unser aktuell unsozialster Benutzer.
     - i. ... dann gib der Variablen `most_anti_social` den Wert von name. ← Weise der Variablen most_anti_social den Wert von name zu ...
     - ii. ... weise `max` die Anzahl der Freunde zu. ← ... und max die neue Anzahl der Freunde.
3. Gibt den Benutzer mit dem Schlüssel `most_anti_social` aus. ← Sind alle Schlüssel in names durchlaufen, haben wir den unsozialsten Benutzer (in most_anti_social) gefunden und können ihn ausgeben.

Spitzen Sie Ihren Bleistift

Nachdem der Pseudocode fertig ist, können Sie Ihr neu gewonnenes Dictionary-Wissen einsetzen, um diesen Code zu vervollständigen. Danach bringen wir ihn zum Laufen.

```
max = 1000
for name in __________:
    user = ______[________]
    friends = user[_________]
    if len(_________) < max:
        most_anti_social = _______
        max = len(________)

print('The most_anti_social user is', _______________)
```

Jetzt können wir unseren neuen Code testen (es ist schon ein paar Seiten her, seit wir das letzte Mal richtigen Code ausgeführt haben). Speichern Sie den unten stehenden Code in einer Datei namens *antisocial.py*. Starten Sie dann einen Probelauf und sehen Sie sich die Ausgaben genau an.

```
users = {}
users['Kim'] = {'email' : 'kim@oreilly.com','gender': 'f', 'age': 27, 'friends': ['John', 'Josh']}
users['John'] = {'email' : 'john@abc.com','gender': 'm', 'age': 24, 'friends': ['Kim', 'Josh']}
users['Josh'] = {'email' : 'josh@wickedlysmart.com','gender': 'm', 'age': 32, 'friends': ['Kim']}

max = 1000
for name in users:
    user = users[name]
    friends = user['friends']
    if len(friends) < max:
        most_anti_social = name
        max = len(friends)

print('The most_anti_social user is', most_anti_social)
```

Python 3.6.4 Shell

```
The most_anti_social user is Josh
>>>
```

Das ist Josh!

Jetzt sind Sie dran!

Wir sind davon überzeugt, dass Sie das Unsoziale Netzwerk ab hier selbst weiterentwickeln können. Die Idee und der Code gehören Ihnen. Machen Sie was draus und schicken Sie uns eine Postkarte, sobald Sie reich und berühmt sind (obwohl eine Postkarte eigentlich schon zu sozial für jemanden ist, der gerade das Unsoziale Netzwerk gegründet hat).

Mit Dictionaries sind wir allerdings noch lange nicht fertig. Wir haben ein paar weitere Kunststücke vorbereitet, die Sie lernen sollten …

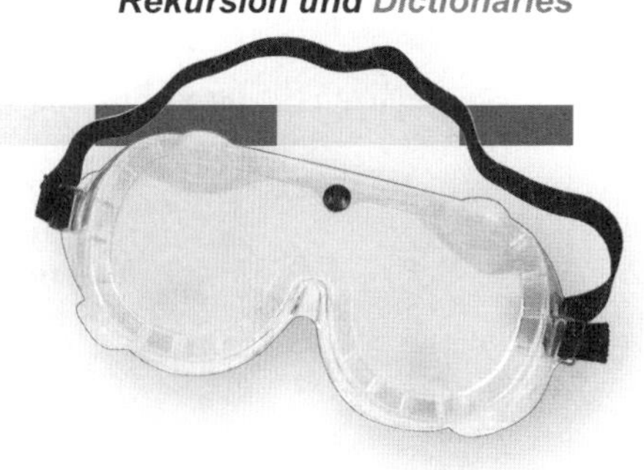

Inzwischen im
REKURSIONSLABOR

Wir haben das Rekursionslabor etwas demoralisiert verlassen. Wir sollten die ersten 100 Zahlen der Fibonacci-Folge in unter 5 Sekunden berechnen. Tatsächlich hat das aber viel länger gedauert. Die Berechnung der 50. Zahl allein hat über eine Stunde gedauert. Gibt es dennoch Hoffnung? Aber sicher!

Allerdings kommen wir nicht weiter, ohne dass wir wissen, was unsere Berechnung so ausgebremst hat. Sehen wir uns hierfür die rekursiven Aufrufe an, die beispielsweise bei der Berechnung von `fibonacci(50)` vorgenommen werden:

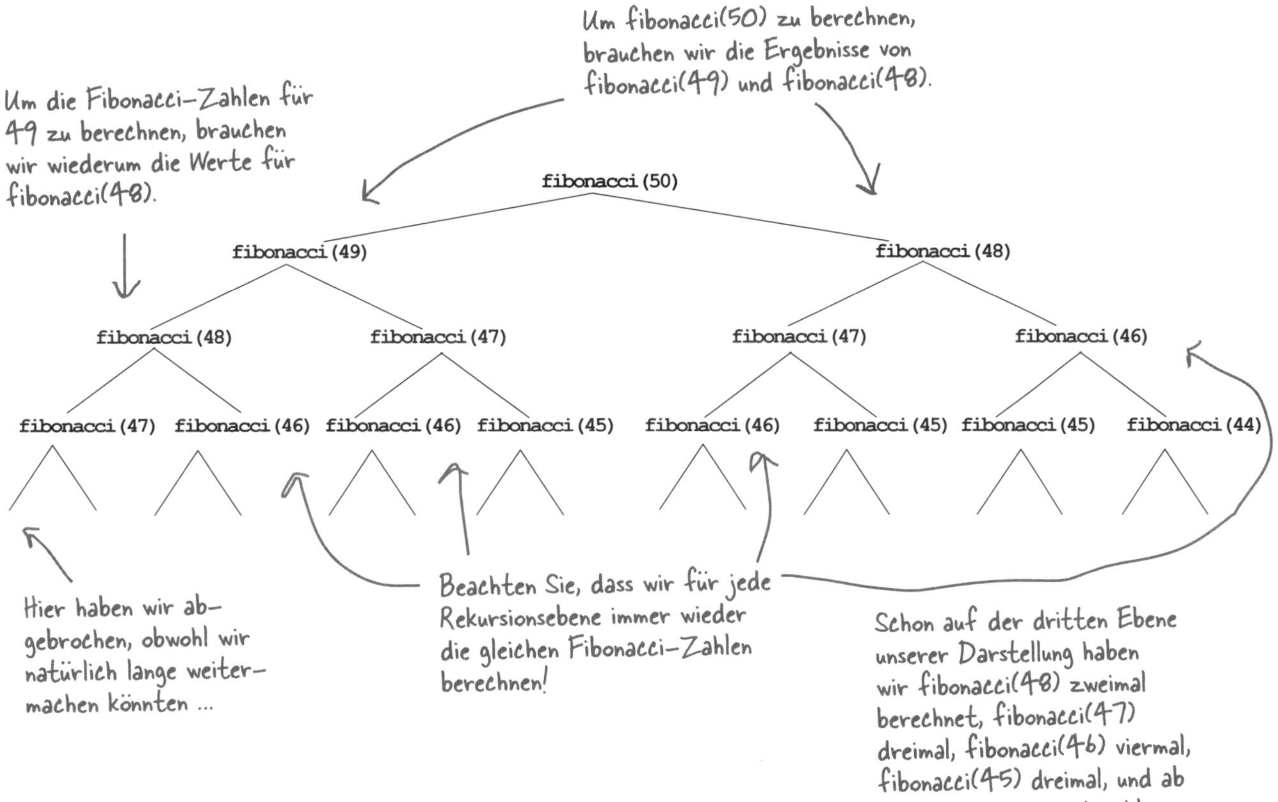

Das heißt, obwohl unser Code klar und logisch korrekt ist, ist er sehr ineffizient. Für jede Zahl muss der Algorithmus alle vorangehenden Fibonacci-Zahlen ermitteln. Das sind viele unnötige Berechnungen, da wir die gleichen Fibonacci-Zahlen immer und immer wieder neu ermitteln. Jedes Mal, wenn wir `fibonacci(5)` brauchen, müssen wir `fibonacci(4)`, `fibonacci(3)` und `fibonacci(2)` erneut berechnen.

Spitzen Sie Ihren Bleistift

Versuchen Sie, eine grafische Darstellung aller Funktionsaufrufe zu erstellen, die für die Berechnung von `fibonacci(7)` nötig sind. Danach notieren Sie, wie viele Mehrfachaufrufe für jeden Wert zwischen 0 und 7 benötigt werden.

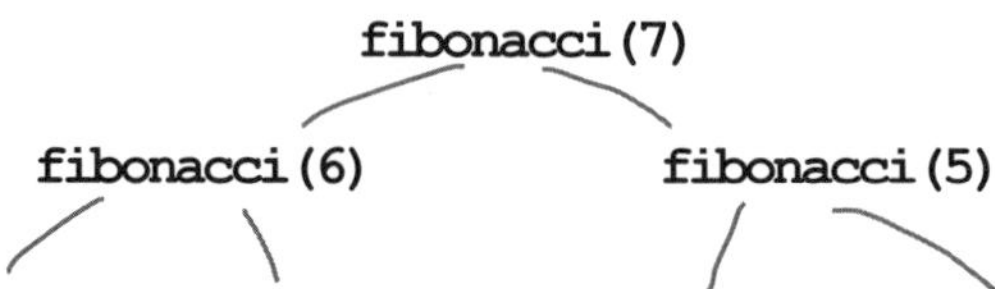

fibonacci(7): 1x **fibonacci(6):** 1x **fibonacci(5):** _____

fibonacci(4): _____ **fibonacci(3):** _____ **fibonacci(2):** _____

fibonacci(1): _____ **fibonacci(0):** _____

Warnung: Die Antwort könnte Sie schockieren.

Haben Sie eine Vermutung, wie oft `fibonacci(50)` den Wert von `fibonacci(3)` berechnen muss? ___________

KOPF-NUSS

Wir müssen immer wieder die gleichen Fibonacci-Zahlen berechnen. Überlegen Sie, wie Sie den Code effizienter machen können, ohne ihn drastisch zu verändern. Schreiben Sie Ihre Ideen hier auf.

Es wäre traumhaft, wenn es eine Möglichkeit gäbe, die Aufrufe vorheriger Funktionsaufrufe zu speichern. Wenn die Funktion erneut mit dem gleichen Wert aufgerufen wird, müssen wir nur noch das vorherige Ergebnis nachschlagen, anstatt den Wert neu zu berechnen. Ach, das wäre einfach zu schön ...

Können wir uns die Ergebnisse der Funktionsaufrufe nicht einfach merken?

Das ist keine schlechte Idee. Wird `fibonacci` beispielsweise mit dem Argument `49` aufgerufen, wird das Ergebnis berechnet und gespeichert, damit die Funktion beim nächsten Aufruf von `fibonacci(49)` das Ergebnis einfach nachschlagen kann, ohne es neu berechnen zu müssen.

Damit der Fibonacci-Code nicht bei jedem Funktionsaufruf alle nötigen Zahlen neu berechnen muss, wäre es besser, die bereits vorhandenen Ergebnisse einfach zu speichern. Das würde eine Menge Ausführungszeit sparen. Aber spart uns das wirklich mehrere Stunden Rechenzeit? Wir werden sehen.

Was brauchen wir, um die Ergebnisse der Aufrufe unserer Fibonacci-Funktion zu speichern? Wir müssen den Wert des Arguments `n` und das Ergebnis von `fibonacci(n)` speichern. Und außerdem brauchen wir eine Möglichkeit, schnell auf das berechnete Ergebnis für einen beliebigen Wert `n` zuzugreifen.

Irgendwelche Ideen? Kommt Ihnen das bekannt vor?

Ein Dictionary zum Speichern der Fibonacci-Ergebnisse

Sieht das nicht aus wie eine Aufgabe für ein Dictionary? Sehen wir, wie das funktionieren könnte.

Cache ist der übliche Name eines Speichers für Daten, auf die Sie schnell zugreifen wollen.

1. Erstelle ein Dictionary und nenne es `cache`.
2. Jedes Mal, wenn `fibonacci` mit einer Zahl `n` aufgerufen wird:
   - A. Überprüfe, ob es im Cache einen Schlüssel `n` gibt.
     - i. Falls ja, gib den Wert des Schlüssels `n` zurück.
   - B. Ansonsten berechne die Fibonacci-Zahl für `n`.
   - C. Das Ergebnis unter dem Schlüssel n im Cache ablegen.
   - D. Den Wert der Fibonacci-Zahl zurückgeben.

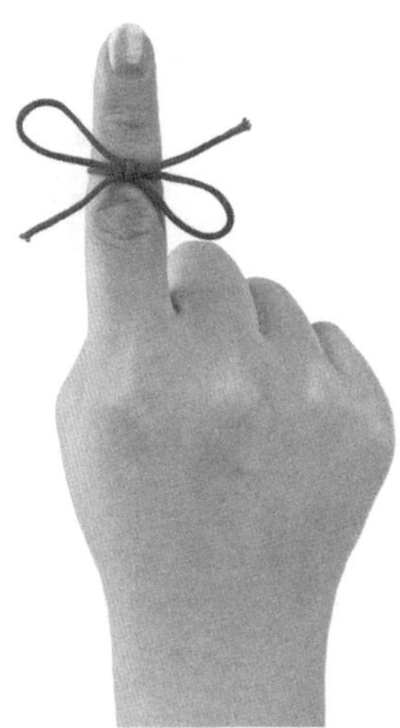

Das heißt, bei jedem Aufruf unserer Fibonacci-Funktion mit dem Wert `n` müssen wir zuerst in unserem Dictionary – wir nennen es `cache` (Zwischenspeicher) – nachsehen, ob es schon einen Schlüssel `n` in `cache` gibt. Falls ja, haben wir die Fibonacci-Zahl bereits errechnet und können den Wert als Ergebnis des Funktionsaufrufs verwenden.

Falls nicht, berechnen wir die Fibonacci-Zahl wie bisher. Bevor wir das Ergebnis zurückgeben, speichern wir es jedoch im Cache für den Schlüssel `n`.

Etwas gegen teure Berechnungen: Memoisation

Sie täuschen sich, wenn Sie glauben, die Ergebnisse von Funktionsaufrufen zwischenzuspeichern, sei unsere Idee. Tatsächlich benutzen wir eine einfache, aber sehr mächtige Technik namens *Memoisation*. Memoisation ist eine Möglichkeit, ein Programm zu optimieren, indem die Ergebnisse teurer Funktionsaufrufe zwischengespeichert werden. Was heißt teuer? Na ja, wie viel wollen Sie denn ausgeben? Im Ernst: In der Informatik spricht man von »teuer«, wenn eine Berechnung entweder sehr viel Zeit oder sehr viel Platz (typischerweise Arbeitsspeicher) braucht. Ob Sie versuchen, auf Zeit oder auf Platz zu optimieren, hängt davon ab, was Ihr Code tut. In unserem Fall optimieren wir hauptsächlich die Ausführungszeit.

Aber wie funktioniert Memoisation? Das wissen Sie bereits, weil der Pseudocode von der vorigen Seite bereits eine Implementierung der Memoisation darstellt.

Um das besser zu verstehen, wollen wir den vorhandenen Code anhand unseres Pseudocodes umarbeiten. Das ist nicht besonders schwer:

```
import time

cache = {}

def fibonacci(n):
    global cache
    if n in cache:
        return cache[n]

    if n == 0:
        result = 0
    elif n == 1:
        result = 1
    else:
        result = fibonacci(n-1) + fibonacci(n-2)
    cache[n] = result
    return result

start = time.time()

for i in range(0, 101):
    result = fibonacci(i)
    print(i, result)

finish = time.time()
duration = finish - start
print('Computed all 100 in', duration, 'seconds')
```

Dieses Dictionary werden wir als Cache benutzen.

Als Erstes müssen wir herausbekommen, ob n ein Schlüssel im cache-Dictionary ist. Falls ja, geben wir den für diesen Schlüssel n gespeicherten Wert zurück.

Anstatt das Ergebnis sofort zurückzugeben, weisen wir n der lokalen Variablen result zu, falls n gleich 0 oder 1 ist.

Wenn wir das Ergebnis rekursiv berechnen müssen, weisen wir das Ergebnis außerdem der lokalen Variablen result zu.

Bevor wir das Ergebnis zurückgeben, speichern wir es im Cache unter dem Schlüssel n. Schließlich können in Python viele Datentypen als Schlüssel für Dictionaries benutzt werden, auch Integerwerte.

Offenbar sind wir sehr zuversichtlich, denn wir haben den Code zum Messen der Rechenzeit so eingestellt, dass er die Berechnung der gesamten ersten 100 Fibonacci-Zahlen aufzeichnet.

REKURSIONSLABOR: ERFOLG

Worauf warten Sie? Sind Sie skeptisch, dass ein paar Codezeilen und ein Dictionary die Berechnungszeit um Stunden auf weniger als fünf Sekunden verringern können? Also, bauen Sie die Codeaktualisierungen in Ihr Programm ein und lassen Sie es laufen!

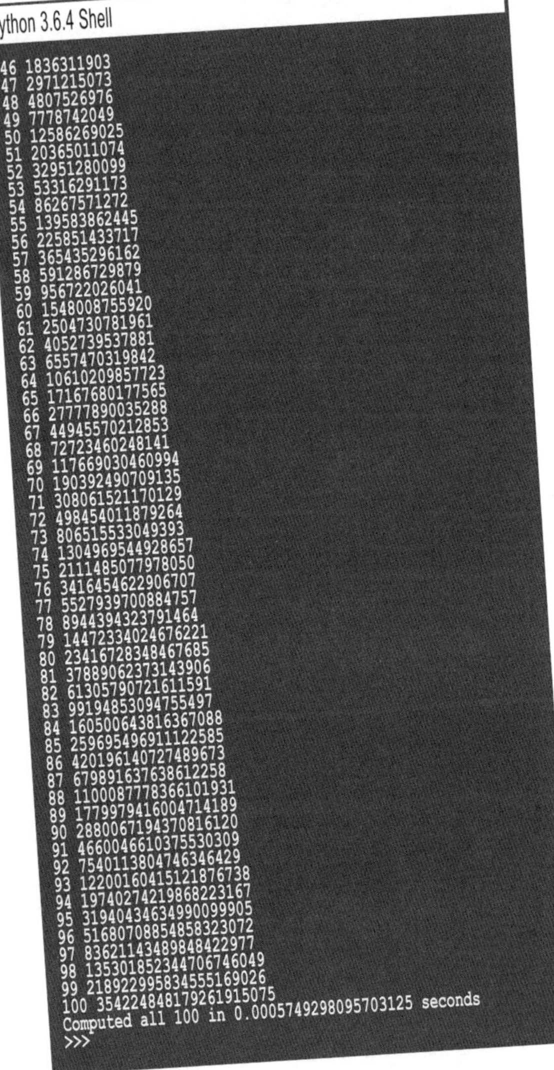

Beeindruckend! Die Berechnung hat nicht einmal eine Sekunde gedauert!

Die Optimierung unseres Codes kann sein Laufzeitverhalten ENORM beeinflussen.

Hanteltraining fürs Gehirn

Hoffentlich haben sich die versprochenen Dehnübungen für Ihr Gehirn in diesem Kapitel gelohnt. Bevor wir zum Ende kommen, wollen wir Ihnen noch zeigen, das rekursiver Code sich nicht nur zur Berechnung von Fibonacci-Folgen und Palindromen eignet. Wir wollen die Rekursion jetzt benutzen, um Computergrafiken zu erzeugen, genauer gesagt *Fraktale*. Den Begriff kennt inzwischen jeder, aber was bedeutet er tatsächlich? Stellen Sie sich ein Fraktal als eine geometrische Form vor, die sich in einem beliebigen Maßstab selbst ähnlich ist. Wenn Sie an ein Fraktal heranzoomen, sehen Sie die gleiche Grundform. Die beste Art, ein Gefühl für Fraktale zu bekommen, ist, selbst eines zu erstellen. Dafür müssen wir uns zunächst etwas Code ansehen.

```
import turtle

def setup(pencil):
    pencil.color('blue')
    pencil.penup()
    pencil.goto(-200,100)
    pencil.pendown()

def koch(pencil, size, order):
   if order == 0:
       pencil.forward(size)
   else:
       for angle in [60, -120, 60, 0]:
           koch(pencil, size/3, order-1)
           pencil.left(angle)

def main():
    pencil = turtle.Turtle()
    setup(pencil)

    order = 0
    size = 400
    koch(pencil, size, order)

if __name__ == '__main__':
    main()
    turtle.tracer(100)
    turtle.mainloop()
```

Unsere Schildkröten sind zurück …

Diese Setup-Funktion definiert die Farbe einer Schildkröte (die hier »pencil« – Stift – heißt) und bewegt sie an eine Position, die unsere Zeichnung etwas besser zentriert.

Dies ist die rekursive Funktion. Die werden wir uns gleich genauer ansehen.

Die main-Funktion erzeugt eine Schildkröte (unseren Stift) und definiert zwei Variablen: order (Wiederholung) und size (Größe). Dann ruft sie die rekursive Funktion auf und übergibt alle drei Argumente.

Hier beginnt order bei 0 und size bei 400. Die Verwendung dieser Variablen sehen wir gleich.

Das entspricht ungefähr dem, was wir in diesem Codestück erwarten. Wir rufen main auf und stellen sicher, dass die Hauptschleife turtle mainloop läuft. Außerdem benutzen wir eine neue Funktion namens tracer. Sie erhöht die Geschwindigkeit unserer Schildkröte.

Ein genauer Blick auf die koch-Funktion

Unser Code (auf der vorigen Seite) ist recht einfach. Er erzeugt eine Schildkröte (einen Stift), positioniert sie und gibt ihr eine Farbe. Darüber hinaus ruft er nur die koch-Funktion auf. Aber was macht die koch-Funktion? Sehen wir uns das noch einmal genau an:

Wir sehen uns hier lediglich die koch-Funktion an. Den Rest des Codes finden Sie auf der vorigen Seite.

koch übernimmt einen Stift (pencil), eine Größe (size) und die Anzahl der Wiederholungen (order).

```
def koch(pencil, size, order):
    if order == 0:
        pencil.forward(size)
    else:
        for angle in [60, -120, 60, 0]:
            koch(pencil, size/3, order-1)
            pencil.left(angle)
```

Basisfall

Hat order den Wert 0, zeichnen wir eine gerade Linie mit der durch length definierten Länge.

Rekursiver Fall

Ansonsten rufen wir die koch-Funktion viermal auf, übergeben ihr den size-Parameter geteilt durch 3 und verringern order jeweils um eins.

Bei jedem Aufruf der koch-Funktion passen wir den Winkel der Schildkröte (bzw. des Stifts) an.

Niels Fabian Helge von Koch war ein schwedischer Mathematiker. Nach ihm wurde das Fraktal »kochsche Schneeflocke« benannt. Mehr zu Helge von Koch: https://de.wikipedia.org/wiki/Helge_von_Koch.

Am besten versteht man das anhand einiger Beispiele.

Wir haben bereits eine abstrakte Vorstellung davon, was diese Funktion tut. Die Einzelheiten fehlen aber noch. Wir wissen, dass der Parameter `order` eine wichtige Rolle zu spielen scheint. Beginnen wir mit dem Wert `0` für `order` und sehen wir, was dabei herauskommt. Wenn `0` der Basisfall ist, sollte einfach eine Linie gezeichnet werden.

Geben Sie den Code ein und machen Sie eine Probefahrt. Hier ist unser Ergebnis:

Probefahrt

Der Basisfall: eine Linie mit 400 Pixeln Länge (da unser Wert für size auf 400 festgelegt ist).

Erhöhen wir `order` um `1`, sollte der rekursive Fall verwendet werden. Geben Sie hierfür der lokalen Variablen `order` den Wert `1` und testen Sie erneut.

Probefahrt

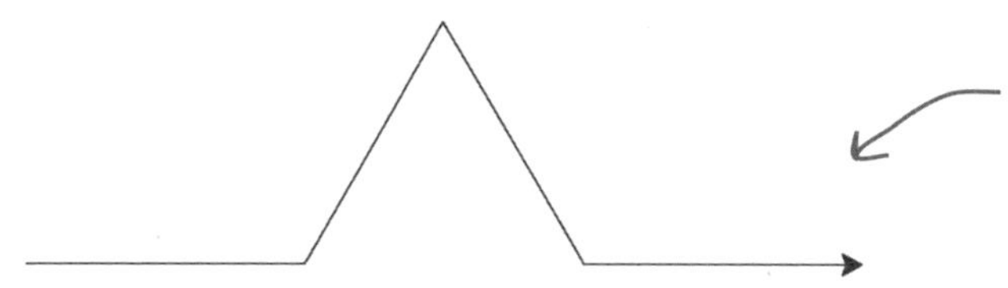

Hat order den Wert 1, verwenden wir im Code den rekursiven Fall: Wir zeichnen vier Segmente in verschiedenen Winkeln. Das Zeichnen passiert, indem wir die koch-Funktion rekursiv aufrufen. Dies ist der Basisfall der koch-Funktion: Es wird eine Linie der Länge 400/3 gezeichnet.

Spitzen Sie Ihren Bleistift

Wenn Sie sehen, welche Veränderungen `koch` beim Wechsel von order `0` zu order `1` hervorruft, können Sie sich vorstellen, was passiert, wenn wir die Anzahl der Wiederholungen auf `2` oder `3` erhöhen? Bedenken Sie, dass ein Fraktal bei jedem Maßstab gleich ist. Versuchen Sie, herauszubekommen, wie die Grafik bei order `1` aussieht und wie sie sich bei order `2` und order `3` verändert. Wir haben nicht gesagt, dass es leicht ist, sich das vorzustellen. Aber es ist eine gute Übung fürs Gehirn.

Wiederholung 0:

Wiederholung 1:

Zeichnen Sie hier Ihre Ergebnisse hin.

Wiederholung 2:

Tipp: Sehen Sie sich an, was zwischen order 0 und 1 geschehen ist. Was passiert, wenn Sie das mit jedem Teilsegment von order 1 machen, um order 2 zu bekommen?

Wiederholung 3:

Tipp: Können Sie das mit order 3 noch einen Schritt weitertreiben?

Das Koch-Fraktal eingehend erforschen

Hat Ihnen die Übung geholfen, etwas rekursiver oder fraktaler zu denken? Dann wollen wir die Sache jetzt zu Ende bringen und den Code mit order 4 und 5 ausführen. Ändern Sie Ihre order-Werte und machen Sie jeweils einen Probelauf.

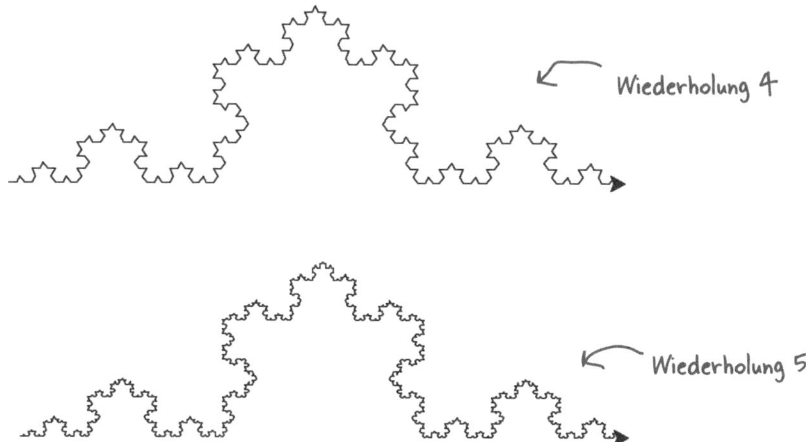

Mehr zur kochschen Schneeflocke finden Sie unter https://de.wikipedia.org/wiki/Koch-Kurve.

Es heißt nicht umsonst kochsche Schneeflocke.

Und hier noch ein letzter Dreh (entschuldigen Sie das Wortspiel). Ändern Sie die `main`-Funktion so, dass die `koch`-Funktion dreimal aufgerufen wird und bei jedem Aufruf eine Drehung um 120 Grad vorgenommen wird.

```
def main():
    pencil = turtle.Turtle()
    setup(pencil)
    turtle.tracer(100)

    order = 5
    size = 400
    koch(pencil, size, order)

    for i in range(3):
        koch(pencil, size, order)
        pencil.right(120)
```

(Die Zeile `koch(pencil, size, order)` nach `size = 400` ist durchgestrichen.)

Nicht schlecht für eine sechszeilige rekursive Funktion. Das ist eine echte Superkraft.

Die koch-Funktion dreimal aufrufen und jeweils um 120 Grad drehen.

Und damit geben wir Ihnen Gelegenheit, über die Macht von Rekursion und Fraktalen, nicht zu vergessen Dictionaries, zu meditieren. Großartige Arbeit. In diesem Kapitel sind Sie wirklich über sich selbst hinausgewachsen. Jetzt sollten Sie Ihrem Gehirn aber eine Auszeit gönnen. Gleich nach der »Punkt für Punkt«-Liste und dem Kreuzworträtsel.

Punkt für Punkt

- Iteration und Rekursion können bei der Lösung von Problemen helfen.
- Rekursion definiert eine Lösung, die sich selbst aufruft.
- Rekursion besteht typischerweise aus einem Basisfall und einem rekursiven Fall.
- Im rekursiven Fall verkleinern wir das Problem ein wenig und nehmen dann einen rekursiven Funktionsaufruf vor.
- Programmiersprachen handhaben rekursive Aufrufe, indem sie Parameter und lokale Variablen in einem Aufrufstapel (Call Stack) ablegen.
- Rekursion kann gelegentlich zu Problemen führen, wenn der Aufrufstapel zu groß wird.
- Einige Lösungen sind durch den Einsatz eines rekursiven Programmierstils natürlicher, andere eher durch die Verwendung von Iteration.
- Für manche Probleme kann die Rekursion sehr klare und einfache Lösungen bieten.
- Python-Dictionaries sind eine Art assoziativer Arrays oder Maps.
- Dictionaries speichern Paare aus Schlüssel und Wert.
- In Python können Strings, Zahlen oder boolesche Werte als Schlüssel eines Dictionary verwendet werden. Als Werte können beliebige Python-Datentypen benutzt werden.
- Die Schlüssel eines Dictionary sind einmalig.
- Die Zuweisung eines Werts zu einem bereits vorhandenen Schlüssel überschreibt dessen vorigen Wert.
- Dictionaries können programmatisch oder mit einer literalen Syntax erstellt werden.
- Schlüssel und die dazugehörigen Werte können aus einem Dictionary gelöscht werden.
- Das Nachschlagen eines Schlüssels in einem Dictionary geschieht in einer konstanten Zeit.
- Dictionaries können für Memoisation als Optimierungstechnik verwendet werden.
- Memoisation ist eine Technik, um die Ergebnisse vorheriger Funktionsaufrufe zu speichern.
- Indem »teure« Funktionsaufrufe nicht wiederholt ausgeführt werden müssen, kann die Ausführungsgeschwindigkeit von Berechnungen deutlich erhöht werden.
- Fraktale sind Formen, die sich in beliebigem Maßstab selbst ähnlich sind.

Programmierer-Kreuzworträtsel

Keine Sorge: Dieses Kreuzworträtsel ist nicht rekursiv.

Waagerecht

3. Berechnet eine Zahlenfolge, die häufig in der Natur vorkommt.
4. Ein Dictionary »wörtlich« eingeben.
7. Dictionaries speichern ______ aus Schlüssel und Wert.
10. Ein langer Name für ein Dictionary.
14. Hier werden Parameter und lokale Variablen abgelegt.
16. Unser Netzwerk ist _______.
17. Ermöglicht den Zugriff auf einen Wert im Dictionary.
18. Gnudung ist eines.

Senkrecht

1. Ergebnisse von Funktionsaufrufen speichern, statt sie neu zu berechnen.
2. Ein anderer Name für ein Dictionary.
3. Form, die sich bei jedem Maßstab selbst ähnlich ist.
5. Alternative zur Rekursion.
6. Macht das Nachschlagen in Dictionaries schnell.
8. Einfachster Fall.
9. Funktionen, die sich selbst aufrufen.
11. Dictionaries haben keine feste ______.
12. Daraus besteht der Aufrufstapel.
13. Jeder Schlüssel ist _________.
15. Nach ihm ist die Schneeflocke benannt.

Spitzen Sie Ihren Bleistift Lösung

Vergessen Sie die Rekursion für einen Augenblick und überlegen Sie, wie eine Funktion aussehen könnte, die überprüft, ob ein Wort ein Palindrom ist. Benutzen Sie Ihre Fertigkeiten aus den Kapiteln 1 bis 7. Fassen Sie Ihre Gedanken in einfachem Pseudocode zusammen. Sofern Sie gerade einen doppelten Espresso getrunken haben und gleich etwas Code schreiben wollen, werden wir Ihnen aber auch nicht im Weg stehen.

Grundsätzlich wollen wir die äußeren Zeichen vergleichen und uns dann nach innen bewegen, bis wir ein Zeichen finden, das keinen »Partner« hat, oder bis wir die Mitte erreicht haben und alle Zeichenpaare zueinanderpassen. Im zweiten Fall haben wir ein Palindrom gefunden.

Wir könnten einen Index namens i benutzen, der an Position 0 beginnt …

… und einen weiteren namens j, der am Ende beginnt.

Wir beginnen am Wortende und vergleichen die Buchstabenpaare von außen nach innen.

```
is_palindrome(word):
    set i to 0
    set j to length of word (minus 1)
    while i < j:
        if characters at i and j are not equal then return False
        increment i
        decrement j
    if the loop completes, return True
```

Wenn i >= j, haben wir die Mitte des Strings erreicht und alles verglichen.

Wenn die äußeren Zeichen irgendwann nicht gleich sind, ist das Wort kein Palindrom.

```
def is_palindrome(word):
    i = 0
    j = len(word) - 1
    while i < j:
        if word[i] != word[j]:
            return False
        i = i + 1
        j = j - 1
    return True
```

Okay, wir mussten den Code einfach schreiben. Und Sie?

Das funktioniert vermutlich ohne Probleme. Allerdings müssen wir sehr viel über Indizes nachdenken. Auch ist es nicht gerade der klarste Code der Welt. Das geht bestimmt noch besser.

Studieren Sie diesen Code so lange, bis Sie davon überzeugt sind, dass er funktioniert.

Spitzen Sie Ihren Bleistift
Lösung

Versuchen Sie selbst, etwas rekursiven Code auszuwerten. Wie wäre es mit unserer `recursive_compute_sum`-Funktion?

```
def recursive_compute_sum(list):
    if len(list) == 0:
        return 0
    else:
        first = list[0]
        rest = list[1:]
        sum = first + recursive_compute_sum(rest)
        return sum

recursive_compute_sum([1, 2, 3])
```

Hier noch einmal der Code

Und hier rufen wir die Funktion auf.

`recursive_compute_sum([1, 2, 3])`

```
Frame 1
  list = [1, 2, 3]
  first = 1
  rest = [2, 3]
```

Den ersten Frame haben wir bereits für Sie erledigt. Die Parameterliste entspricht der Liste [1,2,3]. Danach werden die Variablen first und rest berechnet und ebenfalls dem Frame hinzugefügt.

`recursive_compute_sum([2, 3])`

```
Frame 2
  list = [2, 3]
  first = 2
  rest = [3]
Frame 1
  list = [1, 2, 3]
  first = 1
  rest = [2, 3]
```

Hier startet die Rekursion, indem wir recursive_compute_sum erneut aufrufen. Also fügen wir einen neuen Frame zum Stapel hinzu und fügen list als Parameter hinzu. Hier hat sie den Wert [2, 3].

Wir müssen first und rest ein weiteres Mal berechnen.

`recursive_compute_sum([3])`

```
Frame 3
  list = [3]
  first = 3
  rest = []
Frame 2
  list = [2, 3]
  first = 2
  rest = [3]
Frame 1
  list = [1, 2, 3]
  first = 1
  rest = [2, 3]
```

Wir rufen recursive_compute_sum erneut auf, also erstellen wir einen dritten Frame und übergeben list als Parameter. Diesmal hat sie den Wert [3].

Wie zuvor müssen wir first und rest berechnen.

recursive_compute_sum([])

```
Frame 4
  list = []
Frame 3
  list = [3]
  first = 3
  rest = []
Frame 2
  list = [2, 3]
  first = 2
  rest = [3]
Frame 1
  list = [1, 2, 3]
  first = 1
  rest = [2, 3]
```

Dies ist unser letzter Aufruf von recursive_compute_sum. Wir haben es mit dem Basisfall zu tun, da die Liste leer ist.

Diese Funktion kehrt einfach zurück. Also werden first und rest nicht berechnet.

recursive_compute_sum([3])

```
Frame 3
  list = [3]
  first = 3
  rest = []
  sum = 3
Frame 2
  list = [2, 3]
  first = 2
  rest = [3]
Frame 1
  list = [1, 2, 3]
  first = 1
  rest = [2, 3]
```

Im vorigen Schritt sind wir auf den Basisfall getroffen und haben 0 zurückgegeben. Also können wir diesen Frame vom Stapel entfernen.

Unser Code addiert den Wert zu first hinzu und speichert das Ergebnis in sum.

Dann gibt unser Code den Wert von sum zurück.

recursive_compute_sum([2, 3])

```
Frame 2
  list = [2, 3]
  first = 2
  rest = [3]
  sum = 5
Frame 1
  list = [1, 2, 3]
  first = 1
  rest = [2, 3]
```

Im vorigen Schritt wurde der Wert 3 zurückgegeben. Dieser wird zu first hinzuaddiert, das nun den Wert 2 hat, und in sum gespeichert.

Danach geben wir die Summe 5 zurück, und der Stack wird um ein Frame reduziert.

recursive_compute_sum([1, 2, 3])

```
Frame 1
  list = [1, 2, 3]
  first = 1
  rest = [2, 3]
  sum = 6
```

Schließlich erhalten wir den Wert 5 zurück und addieren ihn zu first hinzu (mit dem Wert 1). Das Ergebnis ist 6. Der Stapel wird um einen Frame reduziert und 6 als Ergebnis des Aufrufs von recursive_compute_sum([1, 2, 3]) zurückgegeben.

Spitzen Sie Ihren Bleistift
Lösung

Nachdem Sie wissen, wie Dictionaries funktionieren, ist es Zeit, Ihr Wissen anzuwenden. Sie sollten den angegebenen Code durcharbeiten und herausfinden, was er tut.

Haben Sie auch dieses Ergebnis erhalten?

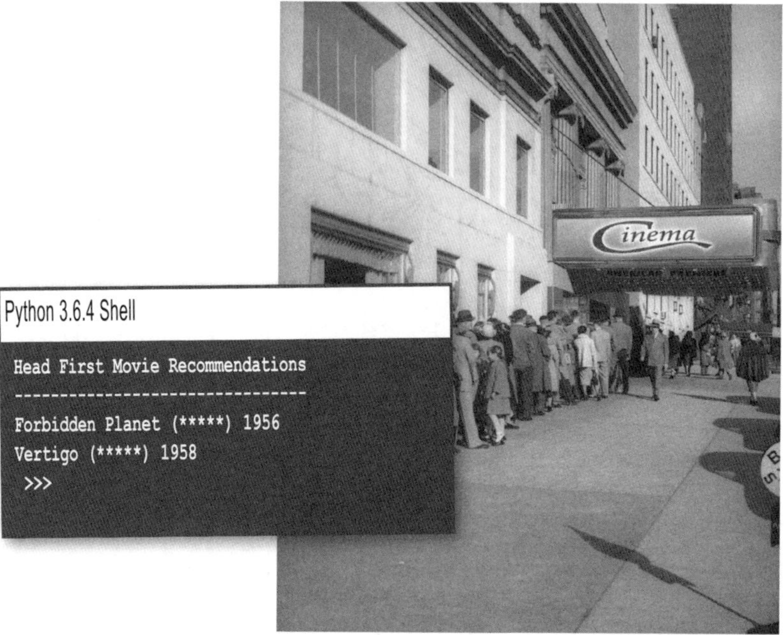

Dictionaries in Dictionaries kommen ziemlich häufig vor. Sehen Sie sich die Auswirkungen beim Kino an. Sie sollten dafür den angegebenen Code im Kopf ausführen.

Etwas kniffliger mit zwei Dictionaries?

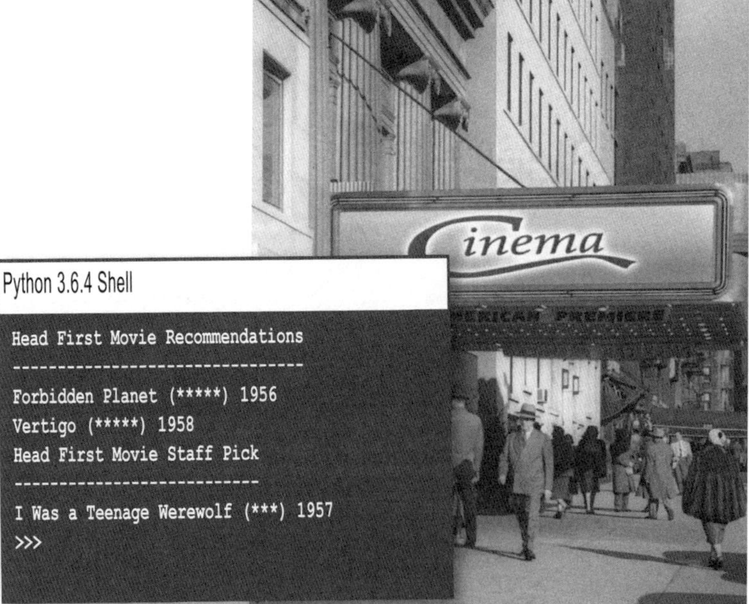

Hanteltraining fürs Gehirn, Lösung

Nachdem wir wissen, wie wir die Benutzer unseres Unsozialen Netzwerks speichern, wird es Zeit, etwas Code zu schreiben. Wir beginnen mit einer Funktion, die das Durchschnittsalter der Freunde eines Benutzers berechnet.

```
users = {}
users['Kim'] = {'email' : 'kim@oreilly.com','gender': 'f', 'age': 27, 'friends': ['John', 'Josh']}
users['John'] = {'email' : 'john@abc.com','gender': 'm', 'age': 24, 'friends': ['Kim', 'Josh']}
users['Josh'] = {'email' : 'josh@wickedlysmart.com','gender': 'm', 'age': 32, 'friends': ['Kim']}

def average_age(username):
    global users

    user = users[username]
    friends = user['friends']

    sum = 0

    for name in friends:
        friend = users[name]
        sum = sum + friend['age']

    average = sum/len(friends)
    print(username + "'s friends have an average age of", average)

average_age('Kim')
average_age('John')
average_age('Josh')
```

Dies ist unsere Funktion. Sie übernimmt einen Benutzernamen in Stringform.

Hier greifen wir auf das verschachtelte Dictionary attributes des Benutzers zu.

Danach können wir uns die Liste der Freunde aus dem attributes-Dictionary des Benutzers holen.

Dies ist eine lokale Variable, in der die Summe aller Altersangaben der Freunde gespeichert wird.

Und hier iterieren wir über alle Freunde.

Wir brauchen den Namen (name) des Freundes. Dann greifen wir auf sein attributes-Dictionary innerhalb des users-Dictionary zu.

Danach lesen wir das Alter aus dem attributes-Dictionary aus und addieren es zu sum.

Nach der Addition der Altersangaben können wir den Durchschnitt berechnen ...

... und geben das Ergebnis aus.

Hier noch einmal unser Testcode.

Dies sind die Ausgaben, die Sie mit dem Testcode erhalten sollten.

```
Python 3.6.4 Shell
Kim's friends have an average age of 28.0
John's friends have an average age of 29.5
Josh's friends have an average age of 27.0
>>>
```

Spitzen Sie Ihren Bleistift – Lösung

Nachdem der Pseudocode fertig ist, können Sie Ihr neu gewonnenes Wissen zu Dictionaries einsetzen, um diesen Code zu vervollständigen. Danach bringen wir ihn zum Laufen.

```
max = 1000
for name in users :
    user = users [ name ]
    friends = user[ 'friends' ]
    if len( friends ) < max:
        most_anti_social = name
        max = len(friends )

print('The most_anti_social user is', most_anti_social)
```

Spitzen Sie Ihren Bleistift – Lösung

Versuchen Sie, eine grafische Darstellung aller Funktionsaufrufe zu erstellen, die für die Berechnung von `fibonacci(7)` nötig sind. Danach notieren Sie, wie viele Mehrfachaufrufe für jeden Wert zwischen 0 und 7 benötigt werden.

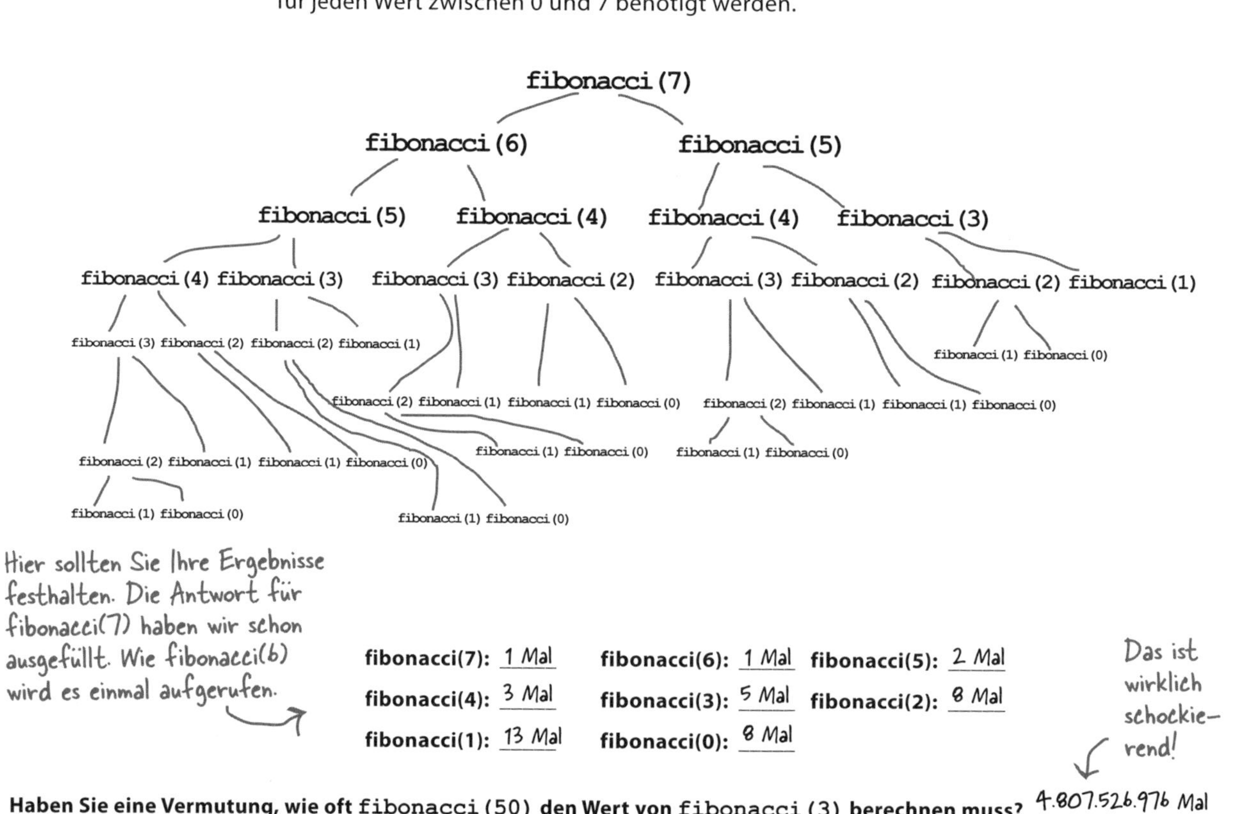

fibonacci(7): 1 Mal **fibonacci(6):** 1 Mal **fibonacci(5):** 2 Mal

fibonacci(4): 3 Mal **fibonacci(3):** 5 Mal **fibonacci(2):** 8 Mal

fibonacci(1): 13 Mal **fibonacci(0):** 8 Mal

Haben Sie eine Vermutung, wie oft `fibonacci(50)` den Wert von `fibonacci(3)` berechnen muss? 4.807.526.976 Mal

Wenn Sie sehen, welche Veränderungen `koch` beim Wechsel von order `0` zu order `1` hervorruft, können Sie sich vorstellen, was passiert, wenn wir die Anzahl der Wiederholungen auf `2` oder `3` erhöhen? Bedenken Sie, dass ein Fraktal bei jedem Maßstab gleich ist. Versuchen Sie, herauszubekommen, wie die Grafik bei order `1` aussieht und wie sie sich bei order `2` und order `3` verändert. Wir haben nicht gesagt, dass es leicht ist, sich das vorzustellen. Aber es ist eine gute Übung fürs Gehirn.

Wiederholung 0:

Wiederholung 1:

In diesem Schritt haben wir eine Form wie diese gezeichnet ...

... und zwar auf jeder Seite (hier gab es nur eine).

Wiederholung 2:

Für jede gerade Seite der vorigen Wiederholung haben wir eine weitere hinzugefügt.

Wiederholung 3:

Während die Seiten kürzer werden, fügen wir neue Linien hinzu ...

... und verringern jedes Mal den Maßstab.

Programmierer-Kreuzworträtsel, Lösung

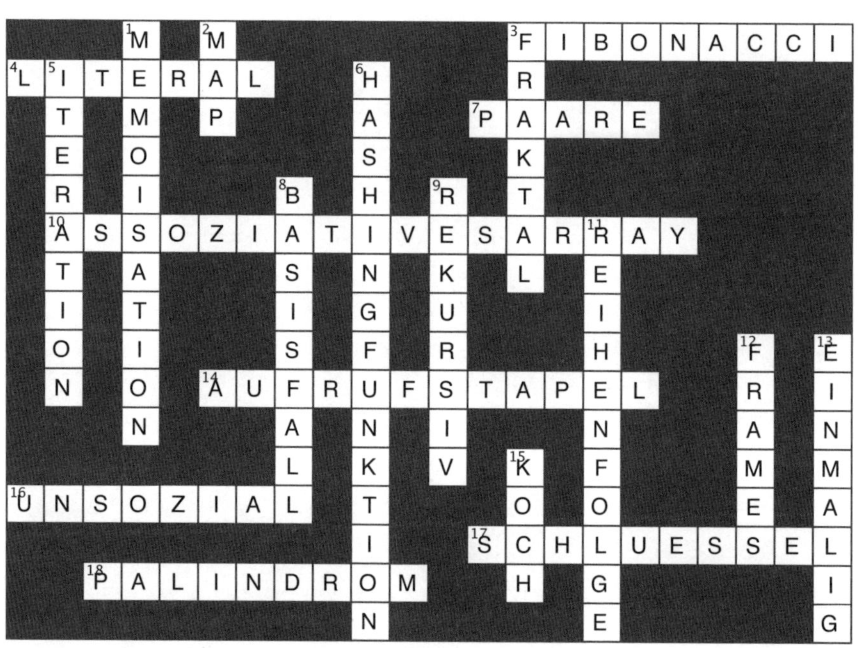

9 Dateien speichern und auslesen

Persistenz

Sie wissen, dass Sie Werte in Variablen speichern können. Aber sobald Ihr Programm endet, sind sie für immer verloren. Genau da kommt die *persistente Speicherung* ins Spiel – eine Möglichkeit, Werte und Daten über die Laufzeit des Programms hinaus zu speichern. Die meisten Geräte, auf denen Python läuft, besitzen die eine oder andere Form von persistenter Speicherung, z. B. Festplatten, SD-Karten oder Cloud-Speicher. In diesem Kapitel lernen Sie, Code zu schreiben, der Daten in Dateien speichert und wieder ausliest. Und wann hilft uns das? Zum Beispiel jedes Mal, wenn Sie Benutzereinstellungen oder die Ergebnisse einer Analyse für den Chef speichern wollen, ein Bild zur Bearbeitung einlesen, die E-Mails der letzten zehn Jahre durchsuchen oder bestimmte Daten in einer Tabellenkalkulation berechnen wollen. Wir könnten die Liste noch endlos weiterführen, aber wir fangen wohl besser mit dem Kapitel an.

Bereit für Crazy Libs?

Eine gute Art, Ihre Englischkenntnisse aufzufrischen: Wir programmieren unsere eigene Version des englischen Improvisationsspiels Mad Libs™ mit dem Namen *Crazy Libs*. Weitere Informationen finden Sie hier: https://de.wikipedia.org/wiki/Mad_Libs.

Falls Sie Mad Libs-Spiele nicht kennen, zeigen wir Ihnen hier, wie sie funktionieren.

Sie können Crazy Libs mit jeder beliebigen Geschichte spielen. Wir haben einen Text verwendet, den Sie schon kennen.

Um ein Crazy Lib zu erstellen, entfernen Sie einfach einige Wörter. Die Leerstellen werden durch eigene Begriffe ersetzt (Substantiv, Verb usw.).

Spielanleitung

1. Bitten Sie einen Freund (oder eine Freundin), Ihnen für jedes freigelassene Substantiv, Verb und Adjektiv je ein eigenes Wort zu nennen, aber zeigen Sie ihm die Geschichte noch nicht.
2. Lesen Sie Ihrem Freund die Geschichte vor und bauen Sie seine Wörter ein.
3. Jede Menge Spaß!

Crazy Libs

The first thing that stands between you and ________ (VERB ENDET AUF 'ING') your first, real, piece of ________ (SUBSTANTIV), is ________ (VERB ENDET AUF 'ING') the skill of breaking problems down into achievable ________ (ADJEKTIV) actions that a ________ (SUBSTANTIV) can do for you. Of course, you and the computer will also need to be ________ (VERB ENDET AUF 'ING') a common ________ (SUBSTANTIV), but we'll get to that topic in just a bit.

Der englische Text des ersten Absatzes aus Kapitel 1.

Okay, ich nehme das hier: VERB, ENDET AUF ING: buying, SUBSTANTIV: pudding, VERB, ENDET AUF ING: forgetting, ADJEKTIV: crazy, SUBSTANTIV: monkey, VERB, ENDET AUF ING: eating, SUBSTANTIV: pizza.

Das ergibt: »The first thing that stands between you and **buying** your first real piece of **pudding** is **forgetting** the skill of breaking problems down into achievable **crazy** actions that a **monkey** can do for you. Of course, you and the computer will also need to be **eating** a common **pizza,** but we'll get to that topic in just a bit.«

Mal sehen, was der Übersetzer daraus macht: »Das erste Hindernis beim Schreiben Ihres ersten richtigen Stücks **Pudding** ist die Fähigkeit, Probleme in kleine **verrückte** Ziele aufzuteilen, die Ihr **Affe** *für Sie ausführen* kann. Natürlich müssen Sie und Ihr Computer dafür eine gemeinsame **Pizza essen**, aber dazu kommen wir erst etwas später.«

Wie Crazy Libs funktionieren soll

Um Crazy Libs als Computerspiel umzusetzen, müssen wir die Geschichte aus der Textdatei auslesen, den Benutzer zur Eingabe der fehlenden Wörter auffordern und dann eine neue Textdatei erstellen, in der die Platzhalter durch die Benutzereingaben ersetzt wurden. Das sehen wir uns jetzt einmal im Detail an:

Mit »Textdatei« meinen wir einfach eine auf Ihrem Gerät gespeicherte Datei, die Text enthält.

1 Wir beginnen mit einer Schablone.

Wir brauchen eine Schablone, die den gesamten Text der Geschichte enthält. Dabei werden die Wörter, die sich der Benutzer ausdenken soll, durch Platzhalter ersetzt. Außerdem müssen wir angeben, um welche Art von Wort es sich handelt. Um die Platzhalter leichter zu erkennen, schreiben wir sie in Großbuchstaben direkt in den Text, z. B. NOUN (Substantiv), VERB und ADJECTIVE (Adjektiv).

Der Code für das Spiel.

Der Python-Interpreter.

Hier eine Beispielschablone:

```
The first thing that stands between you
and VERB_ING your first, real, piece of NOUN,
is VERB_ING the skill of breaking
problems down into achievable ADJECTIVE
actions that a NOUN can do for you. Of
course, you and the computer will also
need to be VERB_ING a common NOUN, but
we'll get to that topic in just a bit.
```

lib.txt

Eine Schablone ist einfach eine Textdatei auf Ihrem Computer, die eine Geschichte und die Platzhalter für Substantive, Verben, Verben, die auf 'ing' enden, Adjektive usw. enthalten.

Sie finden die Datei lib.txt im Ordner ch9 als Teil des Quellcodes zu diesem Buch.

Sie können natürlich auch eine andere Geschichte nehmen oder selbst eine schreiben!

❷ Die Schablone einlesen.

Beim Ausführen des Spiels liest der Code zuerst die Schablonendatei von der Festplatte und sucht nach enthaltenen Platzhaltern. In unserem Fall sind das großgeschriebene Wörter wie NOUN, VERB usw., die in den Text eingebettet sind.

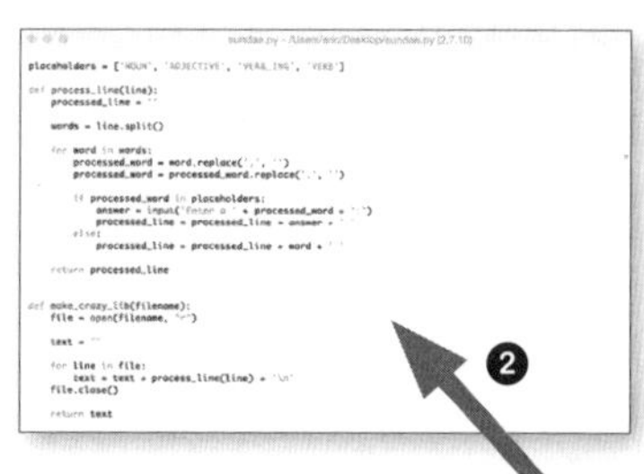

```
placeholders = ['NOUN', 'ADJECTIVE', 'VERB_ING', 'VERB']

def process_line(line):
    processed_line = ''

    words = line.split()

    for word in words:
        processed_word = word.replace(',', '')
        processed_word = processed_word.replace('.', '')

        if processed_word in placeholders:
            answer = input('Enter a ' + processed_word + ': ')
            processed_line = processed_line + answer + ' '
        else:
            processed_line = processed_line + word + ' '

    return processed_line


def make_crazy_lib(filename):
    file = open(filename, 'r')

    text = ''

    for line in file:
        text = text + process_line(line) + '\n'
    file.close()

    return text
```

```
The first thing that stands between you
and VERB_ING your first, real, piece of NOUN,
is VERB_ING the skill of breaking
problems down into achievable ADJECTIVE
actions that a NOUN can do for you. Of
course, you and the computer will also
need to be VERB_ING a common NOUN, but
we'll get to that topic in just a bit.
```

lib.txt

❸ Benutzereingaben einlesen.

Für jeden Platzhalter fordert unser Programm den Benutzer zur Eingabe eines passenden Worts auf. Dieses wird dann anstelle des Platzhalters in den Text eingefügt.

```
Give me a VERB: bu  g
Give me a NOUN: pu  ng
Give me a VERB_WITH_ING:
Give me a ADJECTIVE: cra
Give me a NOUN: monkey
Giveme a VERB_WITH_ING:
```

Haben wir alle Benutzereingaben beisammen, erstellen wir eine neue Datei, in die unsere verrückte Version der Geschichte geschrieben wird.

❹ Zum Schluss schreiben wir eine neue Datei, die das vervollständigte Crazy Lib enthält.

Nachdem wir alle Platzhalter vom Benutzer abgefragt haben, erstellen wir eine neue Datei und schreiben das vervollständigte Crazy Lib hinein.

Hier ist das vollständige Crazy Lib. Die Platzhalter wurden durch die Benutzereingaben ersetzt.

The first thing that stands between you
and **buying** your first, real, piece of **pudding**,
is **forgetting** the skill of breaking
problems down into achievable **crazy**
actions that a **monkey** can do for you. Of
course, you and the computer will also
need to be **eating** a common **pizza**, but
we'll get to that topic in just a bit.

crazy_lib.txt

Für den Namen der Ausgabedatei stellen wir dem ursprünglichen Dateinamen einfach ein »crazy_« voran.

Jetzt sind wir schon in Kapitel 9. Daher sind wir sicher, dass Sie es schaffen werden, auf Basis der vorherigen zwei Seiten etwas Pseudocode zu schreiben. Dadurch bekommen Sie eine klarere Vorstellung davon, wie man das Crazy Libs-Spiel programmieren könnte. Überspringen Sie diese Übung nicht! Selbstverständlich finden Sie unsere Version wieder am Ende des Kapitels.

Schreiben Sie hier Ihren Pseudocode auf. Bedenken Sie, dass die Geschichte in einer Datei gespeichert ist, die gelesen werden muss. Sie müssen herausbekommen, wo sich die Platzhalter befinden, und den Benutzer auffordern, Wörter einzugeben, durch die die Platzhalter ersetzt werden. Schließlich muss die neue Datei geschrieben werden.

Wir wissen noch nicht, wie wir Daten in eine Datei schreiben oder sie auslesen. Konzentrieren Sie sich also erst einmal auf die Logik des Codes und machen Sie sich zu den Details keine Gedanken (darum geht es schließlich beim Pseudocode!).

Schritt 1: Text der Geschichte aus einer Datei lesen

Zuerst müssen Sie Zugriff auf die Datei bekommen, in der Ihre Beispielgeschichte gespeichert ist. Sie finden die Datei mit dem Namen *lib.txt* im Ordner *ch9* unter den Quelldateien zu diesem Buch. Werfen Sie einen kurzen Blick darauf. Auch wenn eine eigene Geschichte natürlich noch besser ist, sollten Sie zuerst *lib.txt* nehmen, damit wir die gleiche Ausgangsbasis haben.

```
The first thing that stands between you
and VERB_ING your first, real, piece of NOUN,
is VERB_ING the skill of breaking
problems down into achievable ADJECTIVE
actions that a NOUN can do for you. Of
course, you and the computer will also
need to be VERB_ING a common NOUN, but
we'll get to that topic in just a bit.
```

lib.txt

Die Datei mit unserer Geschichte und den Platzhaltern.

Um eine Datei in Python lesen zu können, muss sie zuerst geöffnet werden.

Damit wir an die Daten in einer Datei kommen, müssen wir diese zuerst *öffnen*. Was passiert dabei genau? Aus Ihrer Sicht eigentlich nicht viel. Hinter den Kulissen stellt Python sicher, dass die Datei existiert, und findet heraus, wo sie liegt. Dann bittet Python das Betriebssystem um Zugriff, denn es kann ja sein, dass Sie gar keine Erlaubnis dazu haben.

Das ist bei praktisch jeder Programmiersprache so. Um eine Datei zu lesen, muss sie zuerst geöffnet werden.

Hierfür benutzen Sie die Python-eigene open-Funktion. Sie übernimmt einen Dateinamen (oder -pfad) und einen *Modus* als Argumente.

Wir benutzen Pythons open-Funktion, um eine Datei zu öffnen.

Sie übernimmt den Namen der zu öffnenden Datei ...

... und einen Modus.

Der Modus kann entweder ein 'r' sein für »read« (Datei lesen) oder ein 'w' für »write« (Datei schreiben).

```
my_file = open('lib.txt', 'r')
```

Die open-Funktion gibt die Datei als Objekt zurück, das wir der Variablen my_file zuweisen.

Der Dateiname kann eine einfache Datei sein, die im gleichen Verzeichnis wie Ihr Code liegt, oder ein expliziter Pfad zu einer Datei. Hier benutzen wir einen einfachen Dateinamen. Mehr zu Pfaden auf der folgenden Seite.

Wir verwenden die Begriffe »Ordner« und »Verzeichnis« in diesem Kapitel gleichbedeutend, auch wenn wir im Zusammenhang mit Dateien und Dateipfaden eher von »Verzeichnis« sprechen.

Dateipfade richtig benutzen

Als wir auf der vorherigen Seite die open-Funktion einsetzten, haben wir als Dateinamen einfach `'lib.txt'` benutzt. Und da wir nicht angegeben haben, wo sich die Datei befindet, geht Python davon aus, dass sie im gleichen Verzeichnis liegt wie unser Python-Hauptprogramm. Aber was ist zu tun, wenn die Datei woanders gespeichert ist? Wie können wir sie trotzdem öffnen? Dafür müssen wir den Dateinamen um einen *Pfad* ergänzen. Dieser teilt open mit, wo es nach der Datei suchen soll. Es gibt übrigens zwei Arten von Pfaden: *relative* und *absolute Pfade*. Ein relativer Pfad beschreibt den Speicherort der Datei bezogen auf das Verzeichnis (oder relativ zu dem Verzeichnis), aus dem Sie Ihren Python-Code ausführen.

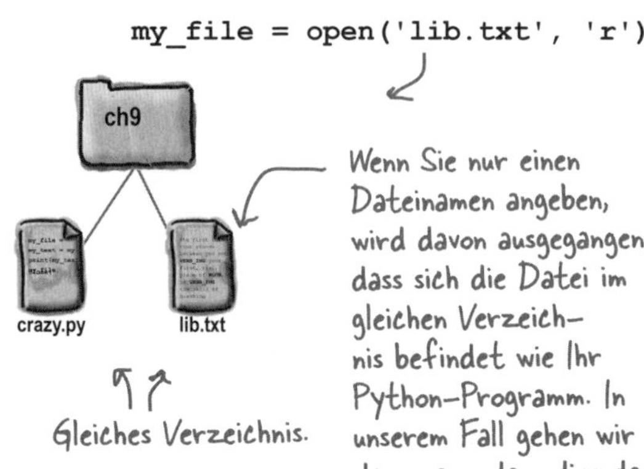

Relative Pfade

Sehen wir uns zuerst die relativen Pfade an. Sie beziehen sich immer auf das aktuelle Verzeichnis (aus dem Sie Ihr Programm ausführen). Angenommen, Sie speicherten *lib.txt* in einem Unterordner (typischerweise Unterverzeichnis genannt) namens *libs*. Dann können Sie Ihrem Dateinamen den Pfad zur Datei voranstellen, wie hier: `'libs/lib.txt'`. Dadurch wechselt die open-Funktion zuerst in das Unterverzeichnis *libs*, bevor sie dort versucht, die Datei *lib.txt* zu finden.

Sie können beliebig viele Unterverzeichnisse angeben, die jeweils durch einen einfachen Schrägstrich (/) getrennt werden.

Windows-Benutzer sollten unbedingt den Aufgepasst-Kasten unten auf dieser Seite beachten.

```
my_file = open('libs/lib.txt', 'r')
```

ch9 – crazy.py, libs – lib.txt

Bezogen auf unseren ch9-Ordner, bewegen Sie sich zuerst in das Verzeichnis libs, um dort die Datei lib.txt zu finden.

Mac und Windows setzen verschiedene Verzeichnistrennzeichen ein.

Mac- und Linux-Rechner benutzen einen Schrägstrich (/) als Trennzeichen, während Windows einen Backslash (\) verwendet. In Python können Sie unabhängig vom System einen normalen Schrägstrich als Trennzeichen einsetzen. Wenn der Pfad unter Windows so aussähe:

```
C:\Users\eric\code\hfcode\ch9\lib.txt
```

benutzen Sie in Python:

```
C:/Users/eric/code/hfcode/ch9/lib.txt
```

Und was passiert, wenn Sie eine Datei in einem benachbarten Verzeichnis (*ch9* und *libs* sind z. B. benachbart) öffnen wollen oder in einem darüberliegenden Verzeichnis (*hfcode* ist beispielsweise eine Ebene höher als *libs*)? Dann können Sie die Zwei-Punkte-Schreibweise (`..`) verwenden, um auf ein Verzeichnis zu verweisen, das eine Ebene höher liegt. Ein Beispiel: Wenn Sie Ihren Code aus dem *ch9*-Verzeichnis ausführen und auf die *lib.txt*-Datei im benachbarten *libs*-Verzeichnis zugreifen wollen, können Sie dies als `'../libs/lib.txt'` schreiben. Wir bewegen uns also eine Verzeichnisebene nach oben und steigen dann ins Verzeichnis *libs* ab, wo wir unsere *lib.txt*-Datei finden.

Oder wenn Sie auf die Datei *lib.txt* im Verzeichnis *oldlibs* zugreifen wollen, können Sie hierfür den Pfad `'../../oldlibs/lib.txt'` benutzen.

Hier bewegen wir uns zwei Verzeichnisse nach oben, bevor wir in das Verzeichnis oldlibs absteigen und dort die gesuchte lib.txt-Datei finden.

```
my_file = open('../libs/lib.txt', 'r')
```



```
my_file = open('../../oldlibs/lib.txt', 'r')
```

Das Dateisystem ähnelt einem auf dem Kopf stehenden Baum. Das Wurzelverzeichnis bildet die Spitze.

Absolute Pfade

Ein *absoluter Pfad* beginnt immer mit dem Wurzelverzeichnis. Absolute Pfade geben genau an, wo im Dateisystem sich eine Datei befindet. Das ist eine wesentlich klarere Form, den Speicherort einer Datei anzugeben. Allerdings sind absolute Pfade nicht so flexibel wie relative Pfade. Wenn Sie Ihren Code und Ihre Dateien beispielsweise auf einen anderen Rechner übertragen, müssen Sie alle absoluten Pfade in Ihrem Code aktualisieren. Trotzdem gibt es Fälle, in denen die Verwendung absoluter Pfade bequemer ist.

Dies ist der Ordner der obersten Ebene, hier gezeigt am macOS-Dateisystem.

Angenommen, Sie wollten den absoluten Pfad zu unserer *lib.txt*-Datei angeben. Dann sähe das auf unserem Rechner so aus:

```
my_file = open('/usr/eric/code/hfcode/ch9/lib.txt', 'r')
```

Auf Mac- und Linux-Systemen beginnen Sie mit einem Schrägstrich für das Wurzelverzeichnis und fügen dann den Rest des Dateipfads durch Schrägstriche getrennt hinzu.

Auf einem Windows-Rechner, bei dem das Programm auf Laufwerk *C:* gespeichert ist, sieht das so aus:

```
my_file = open('C:/Users/eric/code/hfcode/ch9/lib.txt', 'r')
```

Auf Windows-Systemen beginnen Sie mit dem Laufwerkbuchstaben, einem Doppelpunkt und einem Schrägstrich. Danach fügen Sie den übrigen Dateipfad hinzu, wobei die Verzeichnisnamen durch Schrägstriche voneinander getrennt werden.

Spitzen Sie Ihren Bleistift

Zeichnen Sie jeden Pfad nach, um zur angegebenen Datei zu gelangen. Für relative Pfade beginnen Sie im Codeverzeichnis (»code«). Den ersten Pfad haben wir schon für Sie eingezeichnet.

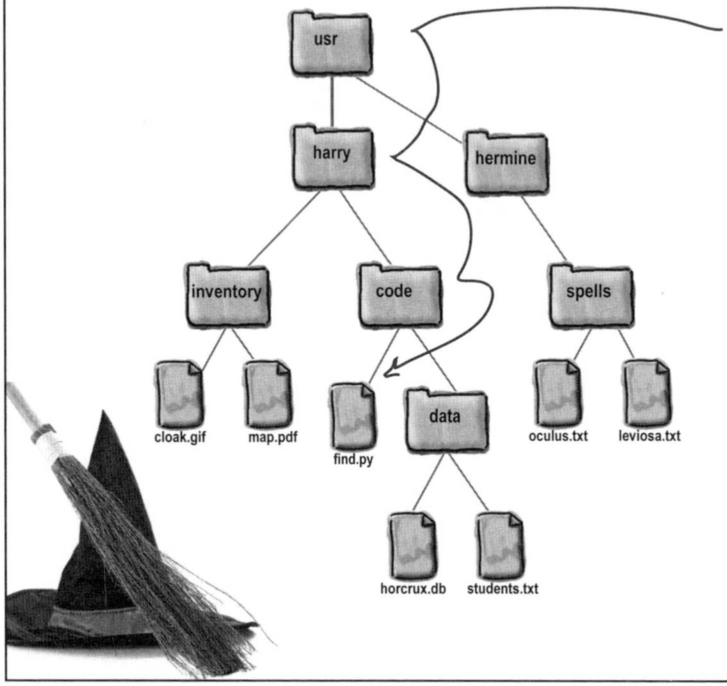

/usr/harry/code/find.py

../inventory/map.pdf

../../hermine/spells/leviosa.txt

find.py

data/students.txt

Oh, und vergessen Sie nicht, wieder aufzuräumen, wenn Sie fertig sind.

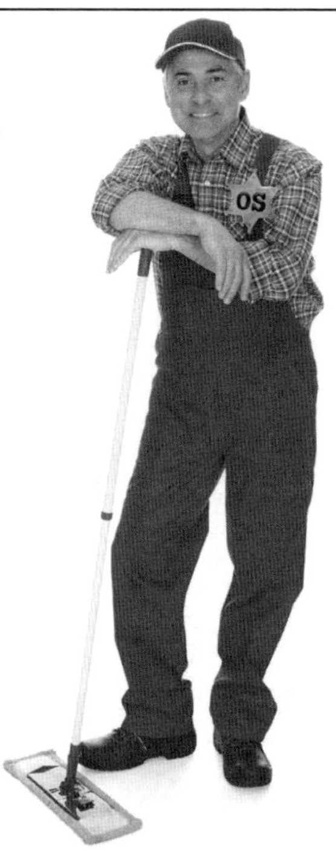

Bevor wir weitermachen, erst ein paar Etikette. Wenn Sie nach dem Öffnen einer Datei mit der Arbeit daran fertig sind, müssen Sie die Datei auch wieder *schließen*. Warum? Weil geöffnete Dateien Ressourcen im Betriebssystem Ihres Rechners verbrauchen. Das gilt besonders für Programme, die lange laufen. Dateien, die nicht geschlossen wurden, führen schnell zu Code, der abstürzt. Wenn Sie eine Datei öffnen, sollten Sie sie also auch wieder schließen. Und das geht so:

Hier ist unsere my_file-Variable, der das Dateiobjekt zugewiesen wurde.

Um die Datei zu schließen, rufen Sie einfach die close-Methode des Dateiobjekts auf.

```
my_file.close()
```

Behalten Sie diese Methode im Hinterkopf. Wir werden sie gleich noch brauchen ...

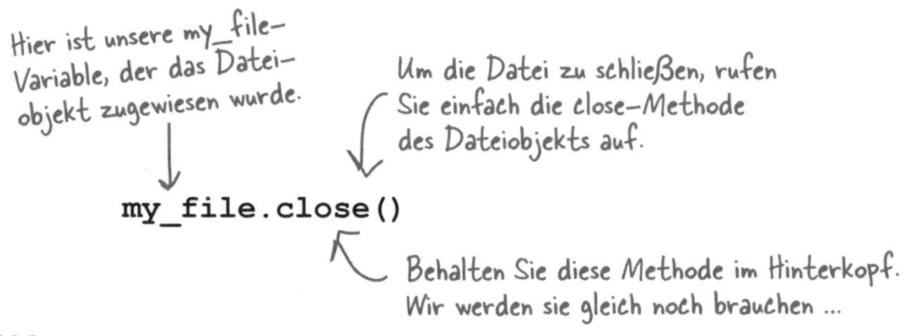

Dateien im Python-Code lesen

Was bedeutet das überhaupt, eine Datei in Python zu lesen? In Python wird der Inhalt der Datei in einem String gespeichert, den Sie dann wie jeden anderen Python-String untersuchen und mit den üblichen Stringoperationen weiterverarbeiten können.

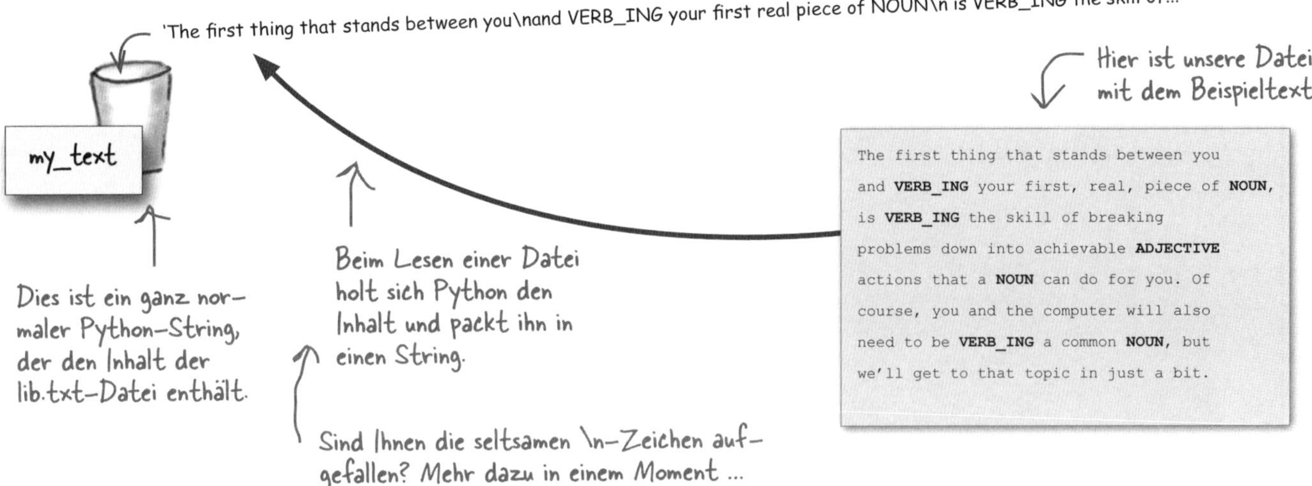

Das Dateiobjekt benutzen, um die Datei zu lesen

Tatsächlich gibt es sogar zwei Wege, den Inhalt einer Datei in einem String zu speichern: Sie können die gesamte Datei auf einmal einlesen oder die Datei zeilenweise verarbeiten. Wir beginnen damit, die gesamte Datei auf einmal zu lesen. Hierfür benutzen wir die `read`-Methode des Dateiobjekts:

Technisch gesehen, gibt es noch andere Wege, aber wir werden uns auf die am häufigsten eingesetzten Möglichkeiten, Dateien zu lesen, konzentrieren.

Hier benutzen wir die read-Methode, um den gesamten Inhalt von lib.txt auszulesen ...

... den wir dann der Variablen my_text zuweisen.

```
my_file = open('lib.txt', 'r')
my_text = my_file.read()
print(my_text)
my_file.close()
```

Nicht vergessen, die Datei wieder zu schließen!

Dann geben wir den String aus. Der gesamte Inhalt der Datei wird nun in der Python-Shell angezeigt.

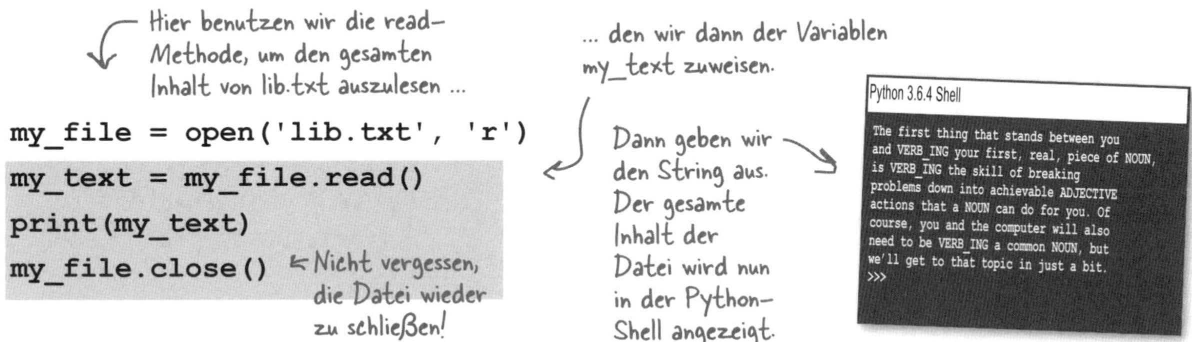

Code-Magneten

Können Sie uns helfen, die Nadel im Heuhaufen zu finden? Wir haben ein Verzeichnis mit 1.000 Dateien, die mit *0.txt* bis *999.txt* benannt sind. Nur eine dieser Dateien enthält das Wort *needle* (Nadel). Wir hatten den Code für die Suche bereits sorgfältig am Kühlschrank angeordnet. Dann kam irgendein Dussel und hat alles wieder durcheinandergebracht. Können Sie uns helfen, den Code wieder zusammenzusetzen? Beachten Sie, dass nicht alle Magneten gebraucht werden. Überprüfen Sie Ihre Antwort am Ende des Kapitels.

```
for i in range(0, 1000):
```

```
file.close()
```

```
if 'needle' in text:
```

```
print('Found needle in file ' + str(i) + '.txt')
```

```
filename = str(i) + '.txt'
```

```
for i in range(0, 999):
```

```
text = file.read()
```

```
file = open(filename, 'r')
```

Ordnen Sie die Magneten hier an.

Ich habe mir den Code aus der vorherigen Übung angesehen, und irgendetwas stört mich daran. Selbst wenn wir den String needle bereits in einer Datei gefunden haben, überprüft der Code auch die übrigen Dateien. Das ist aber nicht nötig, denn Sie haben ja gesagt, dass sich der String nur in einer Datei befindet.

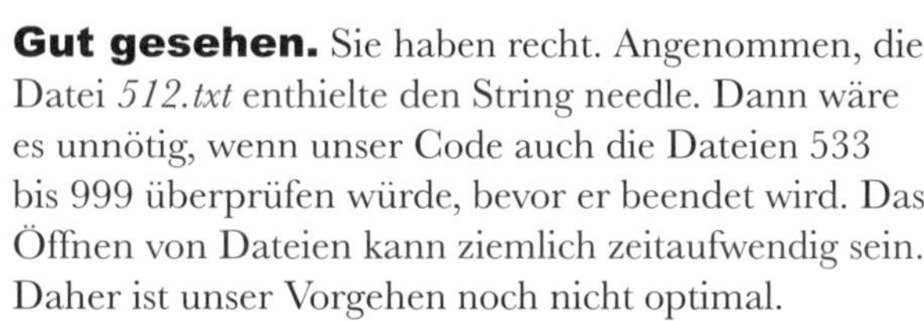

Gut gesehen. Sie haben recht. Angenommen, die Datei *512.txt* enthielte den String needle. Dann wäre es unnötig, wenn unser Code auch die Dateien 533 bis 999 überprüfen würde, bevor er beendet wird. Das Öffnen von Dateien kann ziemlich zeitaufwendig sein. Daher ist unser Vorgehen noch nicht optimal.

Beim genaueren Betrachten des Codes erkennen wir das Problem darin, dass wir für die Iteration eine `for`-Schleife benutzen. Die können wir nicht einfach mittendrin anhalten. Oder etwa doch?

Damit kommen wir zu einem Punkt, den wir noch nicht besprochen haben – der Möglichkeit, eine Iteration vorzeitig abzubrechen, falls wir feststellen, dass die Schleife nicht bis zum bitteren Ende durchlaufen muss. Wenn es hierfür einen Mechanismus gäbe, könnten wir den Code anhalten, sobald die Nadel gefunden ist. Und den gibt es auch: In Python und vielen anderen Programmiersprachen gibt es eine `break`-(Abbrechen)-Anweisung, mit der eine Schleife vorzeitig beendet werden kann. Sehen wir uns das einmal an.

Jetzt hör schon auf!

Wenn wir eine for-Anweisung benutzen, um beispielsweise über einen Zahlenbereich zu iterieren, wissen wir, dass die for-Anweisung alle Zahlen abarbeitet, bevor sie beendet wird. Manchmal ist es jedoch nicht nötig, eine Berechnung bis zum Ende durchzuführen. Ein Beispiel ist unsere Nadel im Heuhaufen. Wir haben sie bereits gefunden. Es gibt also keinen Grund, die Iteration der for-Schleife bis zum Ende weiterlaufen zu lassen und die verbleibenden Dateien (in denen sich mit Sicherheit keine Nadel befindet) auch noch zu öffnen.

Mit der break-Anweisung können Sie vorher aus der Schleife ausbrechen und die Schleife so zu jeder beliebigen Zeit beenden. Sehen wir uns das mal an:

Vergessen Sie nicht, dass die break-Anweisung auch mit unserer while-Schleife funktioniert!

while-Schleife

```
for i in range(0, 1000):
    filename = str(i) + '.txt'
    file = open(filename, 'r')
    text = file.read()
    if 'needle' in text:
        print('Found needle in file ' + str(i) + '.txt')
        break
    file.close()
print('Scan complete')
```

Hier noch mal unser Code zum Finden der Nadel im Heuhaufen.

Treffen wir auf die break-Anweisung, springen wir sofort aus der Schleife heraus.

Sobald wir die Nadel gefunden haben, benutzen wir die break-Anweisung, umgehen den Rest des Codeblocks und springen stattdessen sofort aus der Schleife heraus.

Durch das Hinzufügen der break-Anweisung hat sich im obigen Code ein kleiner Bug eingeschlichen. Können Sie ihn finden und beheben? Worin besteht das Problem?

Tipp: Werden alle Dateien trotzdem geschlossen?

Hallo! Wir müssen noch unser Crazy Libs-Spiel fertigstellen!

Manchmal ist es sinnvoll, etwas vom Weg abzukommen, um neue Dinge über das Programmieren zu lernen. Wir haben allerdings ein Spiel fertigzustellen. Zuletzt haben wir die gesamte Datei in einem Stück eingelesen. Das ist sicher einfach, hat aber mindestens einen Nachteil: Bei großen Dateien werden hierfür extrem viele Ressourcen benötigt. Stellen Sie sich vor, Sie müssten eine Datei mit Hunderttausenden von Zeilen verarbeiten. In dem Fall wollen Sie die Datei sehr wahrscheinlich nicht komplett in den Arbeitsspeicher einlesen. Ansonsten kann es leicht zu »Out-of-Memory-Fehlern« (Nicht genug Speicher-Fehlern) in Ihrem Programm oder sogar im Betriebssystem kommen.

Stellen Sie sich eine alte Schreibmaschine mit Wagenrücklauf vor. Bei Betätigung des Wagenrücklaufhebels wird das Papier um eine Zeile weitergeschoben.

Häufig wird der Inhalt von Dateien daher *zeilenweise* gelesen. Aber was ist eine Zeile überhaupt? Genau das, was Sie denken: sämtlicher Text vom Zeilenanfang bis zum nächsten Zeilenumbruch. Wenn wir unsere *lib.txt*-Datei in einem speziellen Texteditor öffnen, der uns auch die Steuerzeichen anzeigt, würden wir Folgendes sehen:

```
The first thing that stands between you\n
and VERB your first, real, piece of NOUN,\n
is VERB_WITH_ING the skill of breaking\n
problems down into acheivable ADJECTIVE\n
actions that a NOUN can do for you. Of\n
course, you and the computer will also\n
need to be VERB_WITH_ING a common NOUN, but\n
we'll get to that topic in just a bit.
```

lib.txt

Jede Zeile endet mit einem Newline-Zeichen, das durch die Escape-Sequenz '\n' (hier hervorgehoben) dargestellt wird.

Textverarbeitungsprogramme zeigen Newline-Zeichen normalerweise nicht an, sondern betrachten sie als Anweisung, den folgenden Text auf einer neuen Zeile anzuzeigen.

Verwendung der readline-Methode am Dateiobjekt

Um eine Zeile aus der Datei zu lesen, benutzen wir die `readline`-Methode des Dateiobjekts. Versuchen wir erneut, unsere Datei *lib.txt* zu lesen, diesmal unter Verwendung von `readline`:

```
my_file = open('lib.txt', 'r')
line1 = my_file.readline()
print(line1)
line2 = my_file.readline()
print(line2)
```

Dieses Mal benutzen wir die readline-Methode, um die ersten beiden Zeilen in die Variablen line1 und line2 einzulesen.

Das Dateiobjekt verfolgt beim Lesen der Datei seine Position. Dadurch macht das Objekt bei jedem Aufruf der readline-Methode dort weiter, wo es aufgehört hat.

```
Python 3.6.4 Shell
The first thing that stands between you

and VERB_ING your first, real, piece of NOUN,
```

Warum befand sich Ihrer Meinung nach zwischen den Zeilen »The first thing that stands between you« und »and VERB_ING your first, real, piece of NOUN,« ein Extra-Newline-Zeichen?

```
Python 3.6.4 Shell
The first thing that stands between you

and VERB_ING your first, real, piece of NOUN,
```

Ist Ihnen das zusätzliche Newline-Zeichen aufgefallen?

Jetzt mal langsam. Auf der vorigen Seite haben Sie den Begriff »Escape-Sequenz« benutzt. Entschuldigung? Den haben Sie noch nicht einmal definiert.

Merkwürdiger Name, klares Konzept.

Wollen Sie einen String erstellen, der einen Zeilenumbruch enthält, gibt es keine Möglichkeit, das entsprechende Steuerzeichen (wir nennen es »Newline-Zeichen«) direkt einzugeben. Stellen Sie sich vor, Sie wollten einen Python-String eingeben. Sie beginnen mit einem Anführungszeichen, gefolgt von etwas Text. Brauchen Sie eine neue Zeile, drücken Sie normalerweise die Enter-Taste, und der Editor springt automatisch eine Zeile weiter. Stattdessen benutzen wir hier eine besondere Zeichenfolge, um das Newline-Zeichen im String darzustellen: `\n`. Wenn Sie die Zeichenfolge sehen, stellen Sie sich das nicht als zwei Zeichen vor, sondern als Möglichkeit, ein (eigentlich unsichtbares) Newline-Zeichen darzustellen. Angenommen, Sie wollten etwas Text ausgeben, auf den fünf Leerzeilen folgen. Dann könnten Sie das so schreiben:

```
print('Get ready for new lines:\n\n\n\n\n')
```

Manche Programmierer bezeichnen die Zeichenfolge '\n' auch als Zeilenumbruch.

Newline-Zeichen sind nicht die einzigen Escape-Sequenzen. So gibt es `\t` für Tabulatorzeichen, `\b` für einen Rückwärtsschritt (Backspace) und `\v` für einen vertikalen Tabulator.

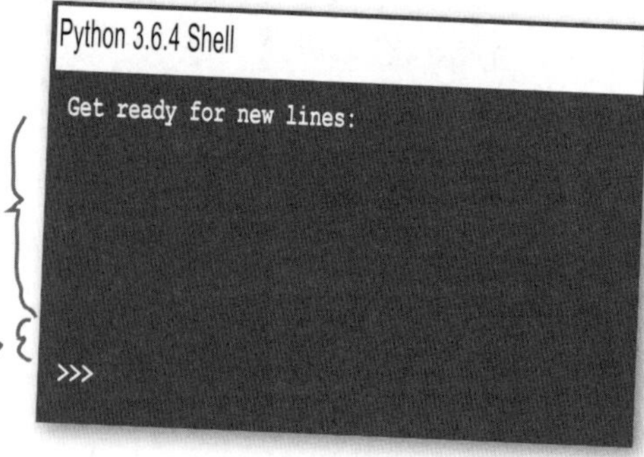

Hier sehen wir den Text »Get ready for new lines:«, gefolgt von wie vielen Newline-Zeichen? Fünf? Nein! Sechs! Fünf stammen vom String selbst. Die print-Funktion fügt seinen Ausgaben aber standardmäßig ebenfalls ein Newline-Zeichen hinzu!

Damit haben Sie auch gleichzeitig die Antwort auf die Kopfnuss-Aufgabe oben auf dieser Seite.

Woher wissen wir, wann die letzte Zeile gelesen wurde?

Stellen Sie sich vor, dass `readline` eine Art Zeiger besitzt, der auf die Position des letzten Lesevorgangs verweist. Sobald eine neue Zeile gelesen wird, macht `readline` dort weiter, wo es aufgehört hat, und liest die nächste Zeile. Sind keine Zeilen zum Lesen mehr übrig, gibt `readline` einen leeren String zurück. Hier sehen Sie, wie man alle Zeilen einer Datei nacheinander lesen kann:

Eine Leerzeile würde immer noch ein Newline-Zeichen enthalten, während line am Dateiende ein leerer String (ohne Newline) zugewiesen wird.

```
my_file = open('lib.txt', 'r')
while True:
    line = my_file.readline()
    if line != '':
        print(line)
    else:
        break
my_file.close()
```

Wenn wir eine while-True-Bedingung benutzen, wird die Schleife FÜR IMMER ausgeführt.

Bei jedem Schleifendurchlauf lesen wir die nächste Zeile und geben sie aus, sofern wir das Dateiende (zu erkennen an einem leeren String) noch nicht erreicht haben.

Ist das Dateiende erreicht, benutzen wir unsere neu erlernte break-Anweisung, um aus der while-Schleife auszubrechen. Zum Glück, denn für immer ist eine ziemlich lange Zeit.

Aha, aber die Macht von Pythons Folgen weist noch einen einfacheren Weg.

Wir freuen uns, dass Sie sich so schnell an die `break`-Anweisung gewöhnt haben. Hier gibt es aber noch einen schöneren und saubereren Weg, um über die Zeilen einer Datei zu iterieren. Erinnern Sie sich, wie wir mit einer `for`-Schleife über bestimmte Folgen iteriert haben? Das funktionierte mit Listenelementen wie auch mit den Zeichen eines Strings. Aber eine Textdatei ist doch ebenfalls nur eine Folge von Zeilen, oder? Können wir `for` also auch benutzen, um über die Zeilen einer Datei zu iterieren? Aber sicher. Dafür müssen wir unseren vorherigen Code ein wenig verändern:

```
my_file = open('lib.txt', 'r')
for line in my_file:
    print(line)
my_file.close()
```

Das ist nicht nur kürzer, sondern auch noch besser lesbar! Klasse!

Ernsthaftes Coden

Immer wenn wir `for` mit dem Schlüsselwort `in` benutzen, ob nun für eine Liste, einen String oder eine Datei, verwenden wir ein Konzept, das *Iterator* genannt wird.

Bei einem Iterator wird davon ausgegangen, dass es einen standardisierten Weg gibt, über die Folge der Werte zu iterieren. Wie das funktioniert, ist für uns nicht so wichtig – die `for`-Schleife erledigt das für uns. Wir müssen nur wissen, dass wir die Werte nacheinander bearbeiten können, bis keiner mehr da ist.

Iteratoren gibt es in vielen modernen Programmiersprachen. Sie basieren auf einem allgemeinen Konzept des Softwaredesigns namens *Entwurfsmuster* (Design Patterns).

Eine Crazy Lib-Schablone einlesen

Jetzt wissen Sie so ziemlich alles, was es zum Öffnen und zeilenweisen Lesen einer Textdatei zu wissen gibt, und wir können unser Wissen nutzen, um den ersten Teil unseres Crazy Libs-Programms zu schreiben. Wir beginnen mit der Definition einer Funktion namens `make_crazy_lib`. Sie übernimmt einen Dateinamen und gibt den Text des Crazy Lib als String zurück, in dem die Platzhalter bereits durch die vom Benutzer angegebenen Wörter ersetzt wurden.

Des Weiteren erstellen wir eine Hilfsfunktion namens `process_line`, die jede Zeile auf Platzhalter untersucht. Außerdem ist `process_line` dafür verantwortlich, die Ersatzwörter vom Benutzer abzufragen und sie in den Text einzufügen.

Eine Hilfsfunktion ist einfach ein üblicher Name für eine Funktion, die eine Teilaufgabe für eine andere Funktion übernimmt. In unserem Fall ruft make_crazy_lib die Hilfsfunktion process_line auf, um einzelne Zeilen auf Platzhalter zu untersuchen und zu verarbeiten.

Hier ist unsere Funktion: Sie übernimmt den Namen einer Datei und öffnet sie zum Lesen.

```
def make_crazy_lib(filename):
    file = open(filename, 'r')

    text = ''

    for line in file:
        text = text + process_line(line)

    file.close()

    return text

def process_line(line):
    return line

def main():
    lib = make_crazy_lib('lib.txt')
    print(lib)

if __name__ == '__main__':
    main()
```

Wir benutzen die Variable text, um den verarbeiteten Text wieder zusammenzusetzen.

Jede Zeile der Datei wird mithilfe der process_line-Funktion verarbeitet und dem neu zusammengesetzten Text hinzugefügt.

Nachdem wir jede Zeile der Datei durchlaufen haben, müssen wir die Datei nur noch schließen und den Text zurückgeben.

Zu Testzwecken lassen wir process_line den übergebenen Text einfach wieder ausgeben. So können wir sehen, ob das Einlesen der Datei und das Verketten der Strings in make_crazy_lib korrekt funktionieren.

Und selbstverständlich müssen wir die make_crazy_lib-Funktion aufrufen. Das erledigen wir in der neuen main-Funktion.

Stellen Sie sicher, dass die Datei »lib.txt« im gleichen Verzeichnis liegt wie Ihr Code.

Probefahrt

Speichern Sie den obigen Code in einer Datei namens *crazy.py* und benutzen Sie den Menübefehl **Run > Run Module**, um ihn auszuführen. Überprüfen Sie sorgfältig Ihre Ausgaben.

```
Python 3.6.4 Shell

The first thing that stands between you
and VERB_ING your first, real, piece of NOUN,
is VERB_ING the skill of breaking
problems down into achievable ADJECTIVE
actions that a NOUN can do for you. Of
course, you and the computer will also
need to be VERB_ING a common NOUN, but
we'll get to that topic in just a bit.
>>>
```

Und ein weiteres Mal sollte die gesamte Datei inklusive der Platzhalter zu sehen sein. Auch hier verarbeiten wir die ganze Datei, wenngleich zeilenweise, und setzen sie in der Variablen text ohne weitere Verarbeitung wieder zusammen.

Den Schablonentext verarbeiten

Laut unserem Pseudocode müssen wir den Text nun verarbeiten. Das heißt, die `process_line`-Funktion bekommt jetzt wirklich etwas zu tun. Zunächst müssen wir, wie in Schritt 2A beschrieben, über jedes Wort einer Zeile iterieren. Zum Glück haben wir in Kapitel 6 gelernt, wie das geht, als wir das Programm zur Bestimmung der Lesbarkeit geschrieben haben. Die gleiche Technik können wir auch hier anwenden. Dies ist unser erster Versuch, eine `process_line`-Funktion zu schreiben:

1. Textdatei für die Geschichte aus der Datei lesen.
2. Text verarbeiten.
   Für jedes Wort im Text:
   - A. Falls das Wort ein Platzhalter ist (NOUN, VERB, VERB_ING oder ADJECTIVE):
     1. Benutzer zur Eingabe der Ersatzwörter auffordern.
     2. Platzhalter durch die Benutzereingabe ersetzen.
   - B. Ansonsten ist das Wort okay und wird nicht ausgetauscht.
3. Ergebnisse speichern.
   Verarbeiteten Text mit ersetzten Platzhaltern in einer Datei speichern. Dabei dem Dateinamen ein »crazy_« voranstellen.

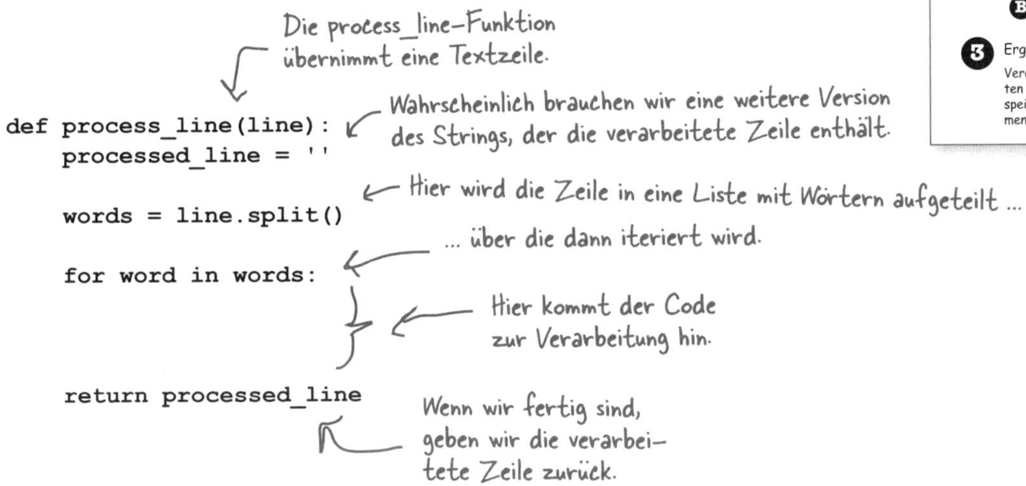

Jetzt können wir den Text verarbeiten

Das ist schon ein ziemlich gutes Grundgerüst. Und jetzt? Nach unserem Pseudocode müssen wir jetzt nach den Platzhaltern suchen und diese gegebenenfalls durch das vom Benutzer angegebene Ersatzwort austauschen.

```
placeholders = ['NOUN', 'ADJECTIVE', 'VERB_ING', 'VERB']

def process_line(line):
    global placeholders
    processed_line = ''

    words = line.split()

    for word in words:
        if word in placeholders:
            answer = input('Enter a ' + word + ":")
            processed_line = processed_line + answer + ' '
        else:
            processed_line = processed_line + word + ' '

    return processed_line + '\n'
```

Eine Liste der Platzhalter. Wir benutzen hier eine globale Variable, weil wir sie in mehreren Funktionen brauchen werden.

Dann können wir überprüfen, ob es sich beim jeweiligen Wort um einen Platzhalter handelt.

Falls ja, fordern wir den Benutzer zur Eingabe auf ...

... und fügen die Antwort der verarbeiteten Zeile hinzu.

Ansonsten fügen wir der verarbeiteten Zeile einfach das Wort (das kein Platzhalter ist) wieder hinzu.

Außerdem müssen wir der Zeile das von split entfernte Newline-Zeichen wieder anhängen.

Jetzt können wir Crazy Libs testen. Eigentlich haben wir alles beisammen. Es fehlt nur noch das Zurückschreiben des Texts in eine Datei. Nehmen Sie die nötigen Änderungen in *crazy.py* vor und wählen Sie erneut den Menübefehl **Run > Run Module**. Unten sehen Sie noch einmal den vollständigen Code. Überprüfen Sie Ihre Ausgaben sehr genau.

```
def make_crazy_lib(filename):
    file = open(filename, 'r')

    text = ''

    for line in file:
        text = text + process_line(line) + '\n'

    file.close()

    return text

placeholders = ['NOUN', 'ADJECTIVE', 'VERB_ING', 'VERB']

def process_line(line):
    global placeholders
    processed_line = ''

    words = line.split()

    for word in words:
        if word in placeholders:
            answer = input('Enter a ' + word + ":")
            processed_line = processed_line + answer + ' '
        else:
            processed_line = processed_line + word + ' '

    return processed_line + '\n'

def main():
    lib = make_crazy_lib('lib.txt')
    print(lib)

if __name__ == '__main__':
    main()
```

Es lohnt sich, noch einen Blick auf die Struktur dieses Codes zu werfen. Die for-Schleife geht jede Zeile Wort für Wort durch. Ist das aktuelle Wort ein Platzhalter, wird der Benutzer aufgefordert, ein Ersatzwort einzugeben, durch das der Platzhalter in der verarbeiteten Zeile schließlich ausgetauscht wird.

Python 3.6.4 Shell

```
Enter a VERB_ING:buying
Enter a VERB_ING:pudding
Enter a ADJECTIVE:forgetting
Enter a NOUN:monkey
Enter a VERB_ING:eating
The first thing that stands between you
and buying your first, real, piece of NOUN,
is pudding the skill of breaking
problems down into achievable forgetting
actions that a monkey can do for you. Of
course, you and the computer will also
need to be eating a common NOUN, but
we'll get to that topic in just a bit.
>>>
```

So weit sind wir jetzt. Aber offenbar überspringt der Code einige Platzhalter.

Wir haben ein Problem!

Spitzen Sie Ihren Bleistift

Warum überspringt der Code ein paar der Substantiv-Platzhalter (NOUN)? Liegt es an den Substantiven oder am System selbst? Sehen Sie sich die Ein- und Ausgaben (und natürlich den Code) an und überlegen Sie, ob Sie das Problem finden. Schreiben Sie Ihre Beobachtungen hier auf.

Wir haben drei Platzhalter für Substantive, werden aber nur einmal zur Eingabe eines Ersatzworts aufgefordert.

Hat sich bei den Platzhaltern für die Substantive (NOUN) etwas verändert?

Oder stimmt mit dem Code etwas anderes nicht?

Python 3.6.4 Shell

```
Enter a VERB_ING:buying
Enter a VERB_ING:pudding
Enter a ADJECTIVE:forgetting
Enter a NOUN:monkey
Enter a VERB_ING:eating
The first thing that stands between you
and buying your first, real, piece of NOUN,
is pudding the skill of breaking
problems down into achievable forgetting
actions that a monkey can do for you. Of
course, you and the computer will also
need to be eating a common NOUN, but
we'll get to that topic in just a bit.
>>>
```

Den Bug mit einer neuen Stringmethode beseitigen

Wir lösen das Problem ein wenig anders als in Kapitel 6. Hier verwenden wir die neue Stringmethode `strip`. `strip` gibt einen neuen String zurück, bei dem bestimmte Zeichen entfernt wurden. Und das funktioniert so:

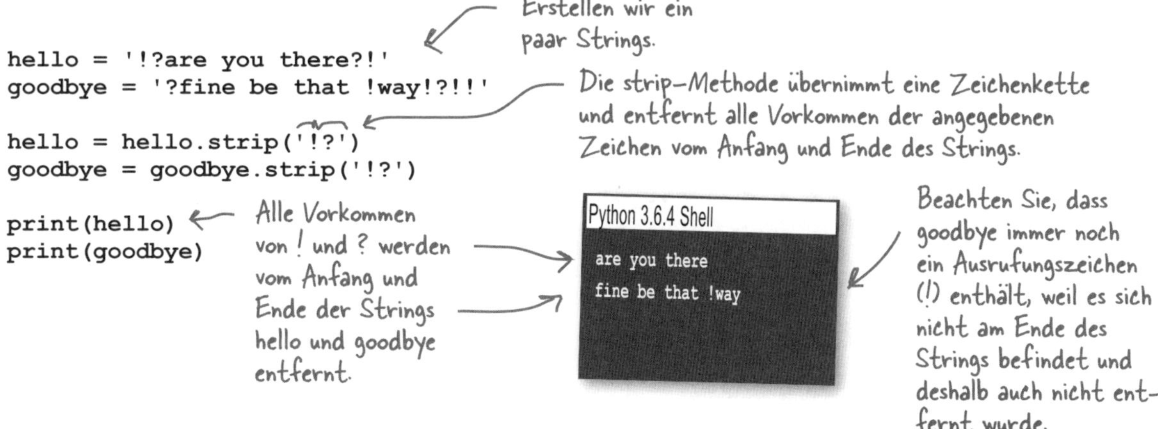

```
hello = '!?are you there?!'
goodbye = '?fine be that !way!?!!'

hello = hello.strip('!?')
goodbye = goodbye.strip('!?')

print(hello)
print(goodbye)
```

Erstellen wir ein paar Strings.

Die strip-Methode übernimmt eine Zeichenkette und entfernt alle Vorkommen der angegebenen Zeichen vom Anfang und Ende des Strings.

Alle Vorkommen von ! und ? werden vom Anfang und Ende der Strings hello und goodbye entfernt.

Python 3.6.4 Shell

```
are you there
fine be that !way
```

Beachten Sie, dass goodbye immer noch ein Ausrufungszeichen (!) enthält, weil es sich nicht am Ende des Strings befindet und deshalb auch nicht entfernt wurde.

Verwenden Sie die `strip`-Methode, um die `process_line`-Funktion so zu überarbeiten, dass sie Platzhalter korrekt behandelt, die mit einer Interpunktion enden (Kommas, Punkte, Semikolons, Fragezeichen und so weiter). Hierfür müssen nicht nur die Platzhalter korrekt erkannt werden; die Interpunktionszeichen müssen in der Ausgabe wieder an der richtigen Stelle eingesetzt werden. Geben Sie Ihrem Hirn zuerst die Chance, selbst eine Lösung zu finden, bevor wir zusammen daran arbeiten. Nicht schummeln!

```
def process_line(line):
    global placeholders
    processed_line = ''
    words = line.split()
    for word in words:
        if word in placeholders:
            answer = input('Enter a ' + word + ":")
            processed_line = processed_line + answer + ' '
        else:
            processed_line = processed_line + word + ' '
    return processed_line + '\n'
```

Diesen Code müssen wir verbessern.

Den Bug tatsächlich beheben

Um diesen Bug zu beheben, müssen wir unseren Code etwas abändern. Hier kann man gut sehen, wie eine kleine Änderung an der Funktionalität eine Menge Änderungen im Code nach sich ziehen kann – sei es das Beheben eines Bugs oder das Hinzufügen eines neuen Features. Es wäre wesentlich effektiver gewesen, wenn wir dieses Problem bereits beim Schreiben unseres Pseudocodes berücksichtigt hätten.

Sie werden merken, dass viele Änderungen am Code leicht zu neuen Bugs führen können.

Wir werden von jedem Wort die Interpunktionszeichen entfernen und dann die »nackte« Version des Worts mit dem Platzhalter vergleichen. Außerdem dürfen wir nicht vergessen, die Interpunktionszeichen zur Auswahl des Benutzers wieder hinzuzufügen, sobald wir fertig sind. Hier ist unser Code:

```
def process_line(line):
    global placeholders
    processed_line = ''
    words = line.split()
    for word in words:
        stripped = word.strip('.,;?!')
        if stripped in placeholders:
            answer = input('Enter a ' + stripped + ":")
            processed_line = processed_line + answer
            if word[-1] in '.,;?!':
                processed_line = processed_line + word[-1] + ' '
            else:
                processed_line = processed_line + ' '
        else:
            processed_line = processed_line + word + ' '
    return processed_line + '\n'
```

Zuerst entfernen wir alle Interpunktionszeichen aus dem Wort (Punkte, Kommata, Semikola und so weiter).

Wir vergleichen die bearbeitete Version mit den Platzhaltern.

Wir wollen den Platzhaltertext ohne Interpunktionszeichen ausgeben.

Stand am Ende ein Interpunktionszeichen, bauen wir es wieder ein. Ansonsten wird ein Leerzeichen eingefügt.

Bauen Sie die Änderungen der vorherigen Seite in Ihre *crazy.py*-Datei ein und wählen Sie den Menübefehl **Run > Run Module**. Überprüfen Sie sorgfältig Ihre Ausgaben.

Um Ihre eigene Geschichte ins Spiel zu bringen, rufen Sie make_crazy_lib einfach mit der Datei auf, die Ihre Geschichte enthält.

Endlich haben wir das gewünschte Ergebnis! Wir hoffen, Sie haben das auch mit Ihren eigenen Substantiven, Verben und Adjektiven ausprobiert.

Test Sie das auch anhand Ihrer eigenen Geschichte, um zu sehen, ob das genauso gut funktioniert.

```
Python 3.6.4 Shell
Enter a VERB_ING:buying
Enter a NOUN:pudding
Enter a VERB_ING:forgetting
Enter a ADJECTIVE:crazy
Enter a NOUN:monkey
Enter a VERB_ING:eating
Enter a NOUN:pizza
The first thing that stands between you
and buying your first, real, piece of pudding,
is forgetting the skill of breaking
problems down into achievable crazy
actions that a monkey can do for you. Of
course, you and the computer will also
need to be eating a common pizza, but
we'll get to that topic in just a bit.
>>>
```

Der eine oder andere Code hat echte Probleme

Probieren Sie das einmal aus: Öffnen Sie die *crazy.py*-Datei und ändern Sie den Dateinamen von `'lib.txt'` in `'lib2.txt'`. Danach führen Sie den Code erneut aus.

Wenn Sie versuchen, eine nicht existierende Datei zum Lesen zu öffnen, gibt es eine FileNotFoundError-Ausnahme.

```
Python 3.6.4 Shell
Traceback (most recent call last):
  File "crazy.py", line 45, in <module>
    main()
  File "crazy.py", line 41, in main
    crazy_lib = make_crazy_lib(filename)
  File "crazy.py", line 2, in make_crazy_lib
    file = open(filename, 'r')
FileNotFoundError: [Errno 2] No such file or directory: 'lib2.txt'
>>>
```

Hat unser letzter Bugfix wirklich alle möglichen Probleme mit den Interpunktionszeichen behoben? Oder fallen Ihnen weitere Punkte ein, die noch Fehler in unserem Code verursachen könnten?

Tipp: Würde z. B. 'VERB!!!' korrekt behandelt, oder würde am Ende nur ein ! wieder eingefügt werden? Wie würden Sie das beheben?

Seien Sie der Python-Interpreter.

Nehmen Sie sich etwas Zeit für eine kleine Übung. Sie soll Ihnen einige Probleme vor Augen führen, mit denen sich der Python-Interpreter im Alltag so herumschlagen muss. Danach sehen wir, wie wir das im Code beheben können. Tun Sie, als seien Sie der Python-Interpreter. Sie müssen jedes Codestück untersuchen und ausführen. Schreiben Sie alle Ausgaben und Fehler in das passende Python-Shell-Fenster.

Es würde helfen, den Code tatsächlich auszuführen. Sogar sehr.

```
list = [1, 2, 3, 4]
item = list[5]
```

Schreiben Sie hier Ihre Ergebnisse hin.

```
filename = 'document' + 1 + '.txt'
```

Python 3.6.4 Shell

```
int('1')
int('2')
int('E')
int('4')
int('5')
int('6')
```

Python 3.6.4 Shell

```
msg = 'hello'

def hi():
    print(msg)
    msg = 'hi'

hi()
```

Python 3.6.4 Shell

```
firstname = 'Beethoven'
print('First name: ' + name)
```

Python 3.6.4 Shell

Mit Ausnahmen umgehen

Wir haben bereits über Fehler gesprochen: Das können Syntaxfehler sein (d. h. Tippfehler in Ihrem Code), semantische Fehler (logische Probleme mit Ihrem Code) oder Laufzeitfehler (Dinge, die beim Ausführen Ihres Codes schiefgehen). Laufzeitfehler haben wir bis jetzt unter den Tisch fallen lassen. Bisher hat der Python-Interpreter in diesem Fall eine Fehlermeldung ausgespuckt, und das Programm hat die Notbremse gezogen. Das muss aber nicht so enden, besonders wenn Laufzeitfehler während der normalen Ausführung Ihres Codes auftreten können. Das passiert beispielsweise, wenn Sie versuchen, eine Datei zum Lesen zu öffnen, die nicht (mehr) existiert. Wir werden gleich sehen, was man da tun kann.

Sprechen wir aber zunächst darüber, was ein Laufzeitfehler – oder eine *Ausnahme* (Exception) – eigentlich ist. Eine Ausnahme ist ein Ereignis, das während der Ausführung Ihres Codes auftritt, wenn der Python-Interpreter etwas findet, mit dem er nicht umgehen kann. In dem Fall beendet der Interpreter die Ausführung und erzeugt ein Ausnahmeobjekt, das Informationen über den aufgetretenen Fehler enthält. Standardmäßig werden diese Informationen in Form einer Traceback-(Rückverfolgungs-)Nachricht ausgegeben, die Sie bereits aus der Python-Shell kennen.

Diese Fehler können, wie gesagt, auch während ihres Auftretens behandelt werden, ohne dass der Interpreter gleich aufgibt. Ihr Code kann dem Interpreter sogar mitteilen, dass er übernehmen will, falls ein bestimmter Fehler auftritt, dass er sich also selbst um die Fehlerbehandlung kümmert. Hierfür müssen Sie Ihren Code in einen `try/except`-Block verpacken, wie hier:

Beginnen Sie mit dem Schlüsselwort try ...

... gefolgt vom Codeblock, in dem der Fehler auftreten könnte ...

... gefolgt vom Schlüsselwort except.

```
try:
    filename = 'notthere.txt'
    file = open(filename, 'r')
except:
    print('Sorry, an error occured opening', filename)
else:
    print('Glad we got that file open')
    file.close()
```

Danach ergänzen Sie einen Codeblock, der ausgeführt wird, falls eine Ausnahme auftritt.

Dann fügen Sie einen optionalen else-Block hinzu, der ausgeführt wird, falls keine Ausnahmen aufgetreten sind.

Das können Sie auch in einem abschließenden Codeblock tun, der unabhängig vom Auftreten einer Ausnahme ausgeführt wird. Mehr dazu in einem Moment.

Ausdrücklich mit Ausnahmen umgehen

Folgt auf das Schlüsselwort `except` ein Codeblock, erhalten Sie eine »Catch-all«-Ausnahme. Der `except`-Block fängt alle Ausnahmen ab, die im `try`-Block auftreten. Sie können das präzisieren, indem Sie einen expliziten Namen für die gewünschte Ausnahme angeben, wie hier:

```
try:
    filename = 'notthere.txt'
    file = open(filename, 'r')
except FileNotFoundError:
    print('Sorry,', filename, 'could not be found.')
except IsADirectoryError:
    print("That's a directory not a file!")
else:
    print("It's a good thing we could open that file.")
    file.close()
finally:
    print("I'm running no matter what happens")
```

Dies ist wieder unser try-Block.

Hier haben wir eine except-Anweisung für eine ganz bestimmte Ausnahme definiert.

Dieser Codeblock wird nur ausgeführt, wenn ein FileNotFoundError auftritt.

Wir können auch zusätzliche Ausnahmen hinzufügen. Dieser Block wird nur ausgeführt, wenn Sie versuchen, anstelle einer Datei ein Verzeichnis zu öffnen.

Wie zuvor ist alles in Ordnung, dieser Block wird ausgeführt.

Hier können Sie einen finally-Block einfügen. Er wird auf jeden Fall ausgeführt (auch wenn es keine Ausgabe gab)!

Es gibt keine Dummen Fragen

F: Gibt es eine Obergrenze für die Zahl der maximal offenen Dateien?

A: In Python selbst gibt es keine Grenze für die Anzahl der offenen Dateien, in Ihrem Betriebssystem schon. Dies ist ein weiterer Grund dafür, dass Sie Dateien ausdrücklich schließen sollten, wenn Ihre Arbeit daran beendet ist. Das Systemlimit kann oft heraufgesetzt werden, allerdings müssen Sie dafür die Prozessressourcen Ihres Systems anpassen. (In diesem Fall sollten Sie sich fragen, ob und warum das wirklich nötig ist.)

F: Gibt es eine Liste aller möglichen Ausnahmen?

A: Aber sicher. Wie immer finden Sie die Antwort auf python.org, genauer gesagt unter *https://docs.python.org/3/library/exceptions.html*.

F: Kann ich auch eigene Ausnahmetypen definieren?

A: Ja. Ausnahmen sind einfach nur Objekte. Sie können Python erweitern, indem Sie Ihre eigenen neuen Ausnahmeobjekte hinzufügen. Das genau zu erklären, würde zwar für dieses Kapitel zu weit gehen, aber Sie finden einiges an Informationen online und natürlich unter python.org. Außerdem sollten Sie Kapitel 11 lesen.

F: Kann ich mehrere Ausnahmen mit einem einzelnen Block abfangen? Wie geht das?

A: Sie können nach dem Schlüsselwort except mehrere Ausnahmen innerhalb runder Klammern und durch Kommata getrennt angeben, z. B.:

```
except (FileNotFoundError, IOError):
```

Wie Sie bereits wissen, können Sie auch ganz auf die Angabe einer Ausnahme verzichten, wodurch der except-Block alle möglichen Ausnahmen (»catch-all«) abfängt.

Spitzen Sie Ihren Bleistift

Gehen Sie den unten stehenden Code dreimal durch. Geben Sie beim ersten Mal eine beliebige Zahl außer 0 ein. Beim nächsten Durchgang geben Sie 0 ein und beim dritten Mal den String "zero". Schreiben Sie unten auf, welche Ausgaben Sie erwarten.

```
try:
    num = input('Got a number? ')
    result = 42 / int(num)
except ZeroDivisionError:
    print("You can't divide by zero!")
except ValueError:
    print("Excuse me, we asked for a number.")
else:
    print('Your answer is', result)
finally:
    print('Thanks for stopping by.')
```

Geben Sie eine andere Zahl als 0 ein.

Geben Sie 0 ein.

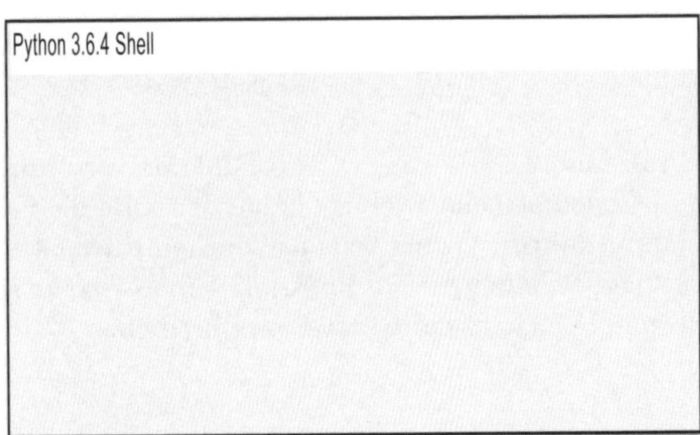

Geben Sie den String "zero" ein.

Crazy Libs aktualisieren, um mit Ausnahmen umzugehen

Mit unserem neuen Wissen zu Ausnahmen wollen wir den Code zum Öffnen der Datei so aktualisieren, dass einige der möglichen Ausnahmen abgefangen werden:

```
def make_crazy_lib(filename):
    try:
        file = open(filename, 'r')
        text = ''

        for line in file:
            text = text + process_line(line)
        file.close()

        return text

    except FileNotFoundError:
        print("Sorry, couldn't find", filename + '.')
    except IsADirectoryError:
        print("Sorry", filename, 'is a directory.')
    except:
        print("Sorry, could not read", filename)
```

Der größte Teil dieses Codes verwendet eine Datei. Also packen wir alles in einen try-Block.

Schauen wir, ob es einen FilenotfoundError (»Datei nicht gefunden-Fehler«) gibt oder der Benutzer versucht hat, ein Verzeichnis zu öffnen (falls der Dateiname im Code geändert wurde).

Beachten Sie, dass es hier keine else- oder finally-Klausel gibt.

Und hier fangen wir alle anderen Ausnahmen ab, die bei einer Bearbeitung der Datei vorkommen könnten.

Damit ist unsere `make_crazy_lib`-Funktion versorgt. Allerdings gibt es bei diesem Code noch eine wichtige Frage: Was gibt die Funktion zurück, falls eine Ausnahme auftritt? Da wir keinen expliziten Rückgabewert haben, ist dies der Wert `None`. Behalten Sie das im Kopf, denn *Sie werden es brauchen*, wenn wir den Code zum Speichern der Crazy Libs schreiben.

Wir haben Ihnen gesagt, dass uns der None-Wert hin und wieder begegnen wird.

Probefahrt

Speichern Sie den obigen Code in der Datei *crazy.py*. Machen Sie eine Probefahrt und überprüfen Sie Ihre Ausgaben. Achten Sie bei der Vergabe des Dateinamens darauf, dass dieser noch nicht existiert (auch nicht als Verzeichnisname), und sehen Sie, was passiert.

Je nach Betriebssystem können sich Ihre Fehler von unseren unterscheiden.

Sie sollten die gleichen Ausgaben wie zuvor erhalten. Ändern Sie den Dateinamen in crazy.py, um die Behandlung der verschiedenen Ausnahmen zu überprüfen.

Python 3.6.4 Shell

```
Enter a VERB_ING:buying
Enter a NOUN:pudding
Enter a VERB_ING:forgetting
Enter a ADJECTIVE:crazy
Enter a NOUN:monkey
Enter a VERB_ING:eating
Enter a NOUN:pizza
The first thing that stands between you
and buying your first, real, piece of pudding,
is forgetting the skill of breaking
problems down into achievable crazy
actions that a monkey can do for you. Of
course, you and the computer will also
need to be eating a common pizza, but
we'll get to that topic in just a bit.
>>>
```

Unser letzter Schritt: Das Crazy Lib speichern

Durch die `write`-Methode des Dateiobjekts ist das Speichern unseres Crazy Lib oder auch anderer Texte in einer Datei ganz einfach. Dazu müssen wir zuerst eine Datei im *Schreibmodus* ("w", write) öffnen. Hierfür erstellen wir eine neue Funktion namens `save_crazy_lib`. Sie übernimmt als Parameter einen Dateinamen und einen String. Bei ihrem Aufruf erzeugt `save_crazy_lib` die Datei, speichert darin den String und schließt die Datei wieder. Sehen Sie sich dazu diesen Code an:

1. Textdatei für die Geschichte aus der Datei lesen.
2. Text verarbeiten.
   Für jedes Wort im Text:
   - A. Falls das Wort ein Platzhalter ist (NOUN, VERB, VERB_ING oder ADJECTIVE):
     1. Benutzer zur Eingabe der Ersatzwörter auffordern.
     2. Platzhalter durch die Benutzereingabe ersetzen.
   - B. Ansonsten ist das Wort okay und wird nicht ausgetauscht.
3. Ergebnisse speichern.
   Verarbeiteten Text mit ersetzten Platzhaltern in einer Datei speichern. Dabei dem Dateinamen ein »crazy_« voranstellen.

Unsere save-Funktion erwartet einen Dateinamen und etwas Text in Form eines Strings.

```
def save_crazy_lib(filename, text):
    file = open(filename, "w")

    file.write(text)
    file.close()
```

Zuerst öffnen wir die Datei im 'w'-Modus (write, schreiben), damit wir sie schreiben können. Existiert die Datei noch nicht, erzeugt Python sie für uns.

Dann benutzen wir die write-Methode des Dateiobjekts und übergeben ihr den Textstring, der in die Datei geschrieben werden soll.

Am Ende wird die Datei wieder geschlossen.

In vielen Programmiersprachen muss eine Datei ausdrücklich geschlossen werden, damit auch tatsächlich alle Daten in die Datei geschrieben werden.

Aufgepasst

Vorsicht beim Öffnen von Dateien im 'w'-Modus!

Öffnen Sie eine bereits existierende Datei im `'w'`-Modus, wird ihr Inhalt gelöscht und durch Ihren neuen Inhalt ersetzt. Wir haben Sie gewarnt!

Den Rest des Code aktualisieren

Nun, da unsere `save_crazy_lib`-Funktion fertig ist, müssen wir sie aus der `main`-Funktion heraus aufrufen. Hierfür müssen wir sicherstellen, dass `make_crazy_lib` tatsächlich den Text für unser Crazy Lib zurückgegeben hat. Nicht vergessen: Bei einer Ausnahme lautet der Rückgabewert `None`.

Aus Gründen der Bequemlichkeit speichern wir den Dateinamen für das Crazy Lib in einer Variablen.

```
def main():
    filename = 'lib.txt'
    lib = make_crazy_lib(filename)
    print(lib)    [durchgestrichen]
    if (lib != None):
        save_crazy_lib('crazy_' + filename, lib)
```

Tritt beim Öffnen oder Lesen der Datei ein Fehler auf, hat lib den Wert None. Also müssen wir überprüfen, ob lib einen Wert hat, bevor wir die Variable als Argument an save_crazy_lib übergeben.

Für die neue Datei stellen wir dem Originalnamen ein >>crazy_<< voran.

Jetzt wird es verrückt, denn unser Crazy Lib ist fertig. Wir müssen lediglich die letzten Änderungen in die *crazy.py*-Datei übertragen. Auf dieser Seite sehen Sie noch einmal das komplette Spiel. Wir haben sogar etwas Code zur Fehlerbehandlung für Sie eingebaut. Aktualisieren Sie Ihren Code und testen Sie ihn sorgfältig.

```
def make_crazy_lib(filename):
    try:
        file = open(filename, 'r')

        text = ''

        for line in file:
            text = text + process_line(line)

        file.close()

        return text

    except FileNotFoundError:
        print("Sorry, couldn't find", filename + '.')
    except IsADirectoryError:
        print("Sorry", filename, 'is a directory.')
    except:
        print("Sorry, could not read", filename)

placeholders = ['NOUN', 'ADJECTIVE', 'VERB_ING', 'VERB']

def process_line(line):
    global placeholders
    processed_line = ''

    words = line.split()

    for word in words:
        stripped = word.strip('.,;?!')
        if stripped in placeholders:
            answer = input('Enter a ' + stripped + ":")
            processed_line = processed_line + answer
            if word[-1] in '.,;?!':
                processed_line = processed_line + word[-1] + '
            else:
                processed_line = processed_line + ' '
        else:
            processed_line = processed_line + word + ' '
    return processed_line + '\n'

def save_crazy_lib(filename, text):
    try:
        file = open(filename, 'w')
        file.write(text)
        file.close()
    except:
        print("Sorry, couldn't write file.", filename)

def main():
    filename = 'lib.txt'
    lib = make_crazy_lib(filename)
    print(lib)
    if (lib != None):
        save_crazy_lib('crazy_' + filename, lib)

if __name__ == '__main__':
    main()
```

Wir haben den Ausnahmecode in save_crazy_lib schon für Sie eingebaut. Testen Sie es einfach mal aus.

Ja, das würde unserem Code den letzten Schliff geben.

Wir haben Python zwar noch nicht auf der Kommandozeile benutzt, aber wenn Sie Ihre Kommandozeile öffnen und in das Verzeichnis mit Ihrer *crazy.py*-Datei wechseln (wie das geht, zeigen wir auf der folgenden Seite), können Sie Ihren Code auf dem Mac wie hier gezeigt ausführen:

```
python3 crazy.py
```

Auf einem Windows-Rechner geht das so:

```
python crazy.py
```

Um die Crazy Libs-Schablone anzugeben, nutzen Sie ein Kommandozeilenargument wie das hier:

```
python3 crazy.py lib.txt
```

Führen Sie das Programm in crazy.py aus und verwenden Sie die lib.txt-Schablone.

Um das *lib.txt*-Argument von der Kommandozeile in unser Programm einzulesen, setzen wir Pythons `sys`-Modul ein. Es stellt ein Attribut namens `argv` zur Verfügung. Das Attribut `argv` enthält eine Liste der Begriffe, die Sie auf der Kommandozeile angegeben haben (bis auf den `python3`-Befehl). Wenn Sie beispielsweise schreiben:

```
python3 crazy.py lib.txt
```

... enthält das Element `0` von `argv` den Programmnamen (*crazy.py*), und Element `1` enthält *lib.txt*. Sehen wir, wie wir unserem Crazy Libs-Spiel damit den letzten Schliff verleihen können.

Geben wir unserem Programm den letzten Schliff. Wir erlauben unseren Benutzern, auf der Kommandozeile einen Dateinamen für die Schablone anzugeben. Hierfür sind zwei einfache Erweiterungen nötig. Bauen Sie die Ergänzungen in Ihren Code ein und machen Sie eine letzte Probefahrt.

1. Zuerst importieren wir das `sys`-Modul, indem wir die Anweisung `import sys` am Anfang von *crazy.py* hinzufügen.

```
import sys
```

Bauen Sie dies am Anfang Ihrer Datei ein.

2. Dann nehmen wir ein paar letzte Änderungen an der main-Funktion in *crazy.py* vor.

```
def main():
    if len(sys.argv) != 2:
        print("crazy.py <filename>")
    else:
        filename = sys.argv[1]
        lib = make_crazy_lib(filename)
        if (lib != None):
            save_crazy_lib('crazy_' + filename, lib)
```

Wir brauchen genau zwei Argumente, ansonsten hat der Benutzer keinen Dateinamen angegeben. In dem Fall erhält der Benutzer eine entsprechende Meldung.

Ansonsten befindet sich der Dateiname (unserer Schablone) im Kommandozeilenargument beim Element mit dem Index 1.

Diesmal müssen wir Python auf der Kommandozeile ausführen. Auf dem Mac heißt das nötige Programm Terminal. Sie finden es im Ordner Programme → Dienstprogramme.

Auf einem Windows-Rechner heißt es Eingabeaufforderung. Sie finden es, indem Sie »cmd« ins Suchfeld der Taskleiste eingeben.

Terminal

```
$ cd /Users/eric/code/ch9
$ python3 crazy.py lib.txt
Enter a VERB_ING:running
Enter a NOUN:hotdog
Enter a VERB_ING:eating
Enter a ADJECTIVE:spicy
Enter a NOUN:taco
Enter a VERB_ING:breaking
Enter a NOUN:glass
$ cat lib.txt
The first thing that stands between you
and running your first, real, piece of hotdog,
is eating the skill of breaking
problems down into achievable spicy
actions that a taco can do for you. Of
course, you and the computer will also
need to be breaking a common glass, but
we'll get to that topic in just a bit.
$
```

Sie müssen in das Verzeichnis wechseln, das Ihre crazy.py-Datei enthält. Hierfür benutzen Sie den cd-Befehl Ihres Betriebssystems (kurz für »change directory« – Verzeichnis wechseln).

Dies ist unsere Kommandozeile auf dem Mac.

Unter Windows heißt der Befehl einfach »python«.

Auf Ihrem Windows-Rechner geben Sie den Befehl python anstelle von python3 ein.

Hier der Inhalt der Datei crazy_lib.txt.

Punkt für Punkt

- Um in Python auf eine Datei zuzugreifen, muss sie zuerst geöffnet werden.
- Zum Öffnen einer Datei benutzen wir Pythons `open`-Funktion.
- Beim Öffnen einer Datei wird ein Modus angegeben: `'r'` zum Lesen (read) oder `'w'` zum Schreiben (write).
- Der `open`-Funktion kann entweder ein relativer oder ein absoluter Pfad zur Datei übergeben werden.
- Wenn Sie mit dem Lesen oder Schreiben einer Datei fertig sind, rufen Sie die `close`-Methode des Dateiobjekts auf.
- Die `open`-Funktion unterstützt mehrere Möglichkeiten, Standardtextdateien zu lesen.
- Um den gesamten Inhalt einer Datei auf einmal einzulesen, verwenden Sie die `read`-Methode.
- Das Einlesen einer kompletten Datei kann bei größeren Dateien sehr ressourcenintensiv sein.
- Um eine Textdatei zeilenweise einzulesen, benutzen Sie die `readline`-Methode.
- Der leere String zeigt an, dass `readline` die letzte Zeile der Datei gelesen hat.
- Oder Sie können die Datei als Folge von Zeilen behandeln und mit einer `for`-Schleife darüber iterieren, z. B.: `for zeile in datei`.
- Ein Iterator ermöglicht das Iterieren über eine Folge anhand der `for/in`-Anweisung.
- Die `break`-Anweisung kann die Ausführung einer `for`- oder `while`-Schleife vorzeitig beenden.
- In den meisten Textdateien werden die Zeilen durch ein Newline-Zeichen (Zeilenumbruch) voneinander getrennt.
- Die Escape-Sequenz `\n` steht für das Newline-Zeichen.
- Die `strip`-Methode entfernt ein oder mehrere Vorkommen der angegebenen Zeichen vom Anfang und Ende eines Strings. Wurde kein Zeichen angegeben, entfernt `strip` standardmäßig Whitespace-Zeichen (Leerzeichen, Tabulator usw.).
- Benutzen Sie `try/except`, um Ausnahmen abzufangen. Platzieren Sie hierfür den Code, der den Fehler erzeugt, im `try`-Block. Die Ausnahmen können dann über einen oder mehrere `except`-Blöcke behandelt werden.
- Ein `except`-Block ohne die Angabe einer bestimmten Ausnahme fängt alle Ausnahmen ab (»catch-all«).
- Die `finally`-Anweisung wird immer ausgeführt, egal ob es eine Ausnahme gab oder nicht.
- Das `sys`-Modul besitzt das Attribut `argv`. Dieses enthält die Kommandozeilenargumente Ihres Programms.
- Das `argv`-Attribut enthält eine Liste mit jedem auf der Kommandozeile angegebenen Wort.

Programmierer-Kreuzworträtsel

Geben Sie Ihrem Gehirn die Gelegenheit, anhand dieses Kreuzworträtsels die Arbeit mit Dateien zu verinnerlichen.

Waagerecht

1. Wann eine finally-Anweisung ausgeführt wird.
3. Dateien sollte man am Ende immer ______.
5. Die Zeichenfolge \n ist so eine.
7. Ist der Pfad nicht relativ, so ist er dies.
9. Unser neues Spiel.
10. Können mit try/except abgefangen werden.
13. except-Block ohne explizite Ausnahme (englischer Name).
14. Enthält die Kommandozeilenargumente.
15. Gibt an, ob eine Datei gelesen oder geschrieben wird.
18. Auf Mac und PC unterschiedlich (Verzeichnis-_________).
19. Ein Entwurfsmuster.
20. Funktion zum Öffnen einer Datei.

Senkrecht

2. Liest eine Datei zeilenweise.
3. Beim Einlesen großer Dateien kann dieser knapp werden.
4. Zeigt das Dateiende an.
6. Modul, das argv bereitstellt.
8. Datentyp von argv.
11. Dieser Befehl beendet die Arbeit an einer Datei.
12. Ein anderer Name für \n.
16. Säubert den Anfang und das Ende von Strings.
17. Liest die gesamte Datei ein.

Lösung

Jetzt sind wir schon in Kapitel 9. Daher sind wir sicher, dass Sie es schaffen werden, auf Basis der Seiten 396 und 397 etwas Pseudocode zu schreiben. Dadurch bekommen Sie eine klarere Vorstellung davon, wie man das Crazy Libs-Spiel programmieren könnte.

Hier ist unser Ergebnis. Je nachdem, wie detailliert Sie geschrieben haben, kann es natürlich Unterschiede geben. Stellen Sie einfach sicher, dass die allgemeine Logik stimmt, bevor Sie weitermachen.

1. Textdatei für die Geschichte aus der Datei lesen.

   Irgendwie werden wir den Inhalt der Geschichte in unser Python-Programm einlesen.

2. Text verarbeiten.

   Dann beginnen wir mit der Verarbeitung des Texts. Dabei untersuchen wir jedes einzelne Wort.

   Für jedes Wort im Text:

   A. Falls das Wort ein Platzhalter ist (NOUN, VERB, VERB_ING oder ADJECTIVE):

      Finden wir einen Platzhalter, müssen wir den Benutzer zur Eingabe eines Ersatzworts auffordern.

      1. Benutzer zur Eingabe der Ersatzwörter auffordern.
      2. Platzhalter durch die Benutzereingabe ersetzen.

      Dann müssen wir den Platzhalter in der Geschichte durch das Ersatzwort austauschen.

   B. Ansonsten ist das Wort okay und wird nicht ausgetauscht.

      Ist das Wort kein Platzhalter, behalten wir einfach das ursprüngliche Wort.

3. Ergebnisse speichern.

   Verarbeiteten Text mit ersetzten Platzhaltern in einer Datei speichern. Dabei dem Dateinamen ein »crazy_« voranstellen.

   Ist jedes Wort verarbeitet, schreiben wir den Text der Geschichte in eine neue Datei.

Spitzen Sie Ihren Bleistift Lösung

Zeichnen Sie jeden Pfad nach, um zur angegebenen Datei zu gelangen. Für relative Pfade beginnen Sie im Codeverzeichnis (»code«).

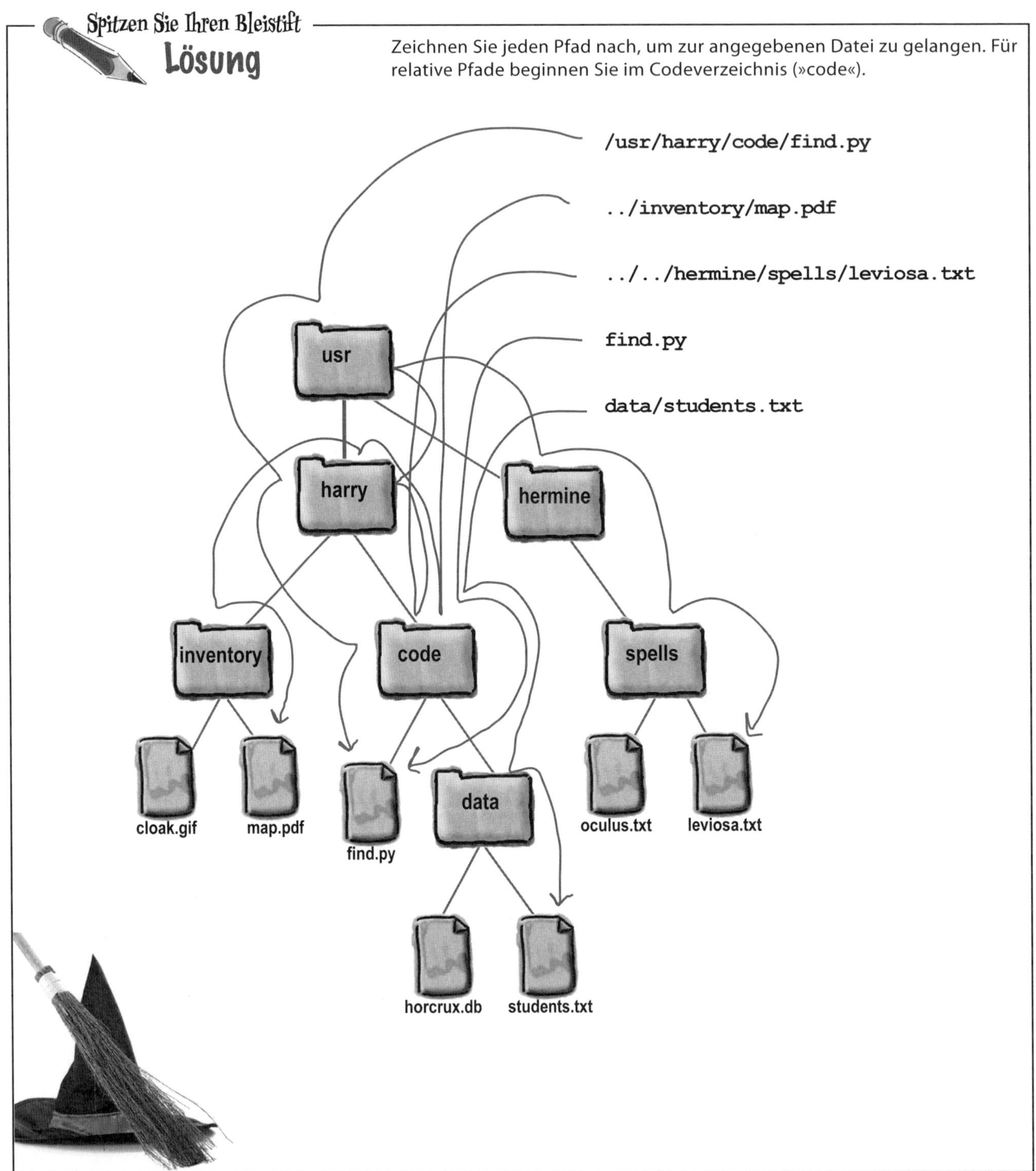

Code-Magneten, Lösung

Können Sie uns helfen, die Nadel im Heuhaufen zu finden? Wir haben ein Verzeichnis mit 1.000 Dateien, die mit *0.txt* bis *999.txt* benannt sind. Nur eine dieser Dateien enthält das Wort *needle* (Nadel). Wir hatten den Code für die Suche bereits sorgfältig am Kühlschrank angeordnet. Dann kam irgendein Dussel und hat alles wieder durcheinandergebracht. Können Sie uns helfen, den Code wieder zusammenzusetzen? Beachten Sie, dass nicht alle Magneten gebraucht werden.

Ordnen Sie die Magneten hier an.

```
for i in range(0, 1000):
    filename = str(i) + '.txt'
    file = open(filename, 'r')
    text = file.read()
    if 'needle' in text:
        print('Found needle in file ' + str(i) + '.txt')
    file.close()
```

Über alle 1.000 Dateien iterieren. Für jede Datei einen Dateinamen erzeugen: 0.txt, 1.txt, 2.txt, ... usw.

Datei zum Lesen öffnen.

Datei einlesen und den zurückgegebenen String der Variablen text zuweisen.

Überprüfen, ob sich die Nadel (»needle«) im String befindet, und ...

... wenn gefunden, den Dateinamen ausgeben.

Nicht vergessen, die Dateien wieder zu schließen!

Probieren Sie das selbst aus! Betrachten Sie dazu die Dateien 0.txt bis 999.txt im Verzeichnis 'needle'. Sie finden es im Quellcodeverzeichnis ch9 zu diesem Kapitel.

Spitzen Sie Ihren Bleistift
Lösung

Warum überspringt der Code ein paar der Substantiv-Platzhalter (NOUN)? Liegt es an den Substantiven oder am System selbst? Sehen Sie sich die Ein- und Ausgaben (und natürlich den Code) an und überlegen Sie, ob Sie das Problem finden.

Offenbar werden zwei Substantive, das erste und das letzte, übersprungen.

```
The first thing that stands between you
and VERB_ING your first, real, piece of NOUN,
is VERB_ING the skill of breaking
problems down into achievable ADJECTIVE
actions that a NOUN can do for you. Of
course, you and the computer will also
need to be VERB_ING a common NOUN, but
we'll get to that topic in just a bit.
```

Python 3.6.4 Shell

```
Enter a VERB_ING:buying
Enter a VERB_ING:pudding
Enter a ADJECTIVE:forgetting
Enter a NOUN:monkey
Enter a VERB_ING:eating
The first thing that stands between you
and buying your first, real, piece of NOUN,
is pudding the skill of breaking
problems down into achievable forgetting
actions that a monkey can do for you. Of
course, you and the computer will also
need to be eating a common NOUN, but
we'll get to that topic in just a bit.
>>>
```

Wenn wir uns die übersprungenen Substantiv-Platzhalter in der Ein- oder Ausgabedatei ansehen, stellen wir fest, dass sie am Ende Interpunktionszeichen besitzen.

Sehr blöd! Das ist der gleiche alte Bug, den wir bereits aus Kapitel 6 von der Textanalyse kennen. Wir müssen beim Vergleich des Texts mit den Platzhaltern die Kommata (und Punkte) berücksichtigen.

Seien Sie der Python-Interpreter, Lösung

Nehmen Sie sich etwas Zeit für eine kleine Übung. Sie soll Ihnen einige Probleme vor Augen führen, mit denen sich der Python-Interpreter im Alltag so herumschlagen muss. Danach sehen wir, wie wir das im Code beheben können. Tun Sie, als seien Sie der Python-Interpreter. Sie müssen jedes Codestück untersuchen und ausführen. Schreiben Sie alle Ausgaben und Fehler in das passende Python-Shell-Fenster.

```
list = [1, 2, 3, 4]
item = list[5]
```

Python 3.6.4 Shell

```
Traceback (most recent call last):
  File "/Users/eric/code/ch8/errors/list.py", line 2, in <module>
    item = list[5]
IndexError: list index out of range
>>>
```

```
filename = 'document' + 1 + '.txt'
```

Python 3.6.4 Shell

```
Traceback (most recent call last):
  File "/Users/eric/code/ch8/errors/filename.py", line 1, in <module>
    filename = "document" + 1 + ".txt"
TypeError: must be str, not int
>>>
```

```
int('1')
int('2')
int('E')
int('4')
int('5')
int('6')
```

Python 3.6.4 Shell

```
Traceback (most recent call last):
  File "/Users/eric/code/ch8/errors/ints.py", line 3, in <module>
    int('E')
ValueError: invalid literal for int() with base 10: 'E'
>>>
```

```
msg = 'hello'

def hi():
    print(msg)
    msg = 'hi'

hi()
```

Python 3.6.4 Shell

```
Traceback (most recent call last):
  File "/Users/eric/code/ch8/errors/function.py", line 7, in <module>
    hi()
  File "/Users/eric/Documents/code/ch8/errors/function.py", line 4, in hi
    print(msg)
UnboundLocalError: local variable 'msg' referenced before assignment
>>>
```

```
firstname = 'Beethoven'
print('First name: ' + name)
```

Python 3.6.4 Shell

```
Traceback (most recent call last):
  File "/Users/eric/code/ch8/errors/print.py", line 2, in <module>
    print('First name: ' + name)
NameError: name 'name' is not defined
>>>
```

Gehen Sie den unten stehenden Code dreimal durch. Geben Sie beim ersten Mal eine beliebige Zahl außer `0` ein. Beim nächsten Durchgang geben Sie `0` ein und beim dritten Mal den String `"zero"`. Schreiben Sie unten auf, welche Ausgaben Sie erwarten.

```
try:
    num = input('Got a number? ')
    result = 42 / int(num)
except ZeroDivisionError:
    print("You can't divide by zero!")
except ValueError:
    print("Excuse me, we asked for a number.")
else:
    print('Your answer is', result)
finally:
    print('Thanks for stopping by.')
```

Geben Sie eine andere Zahl als 0 ein.

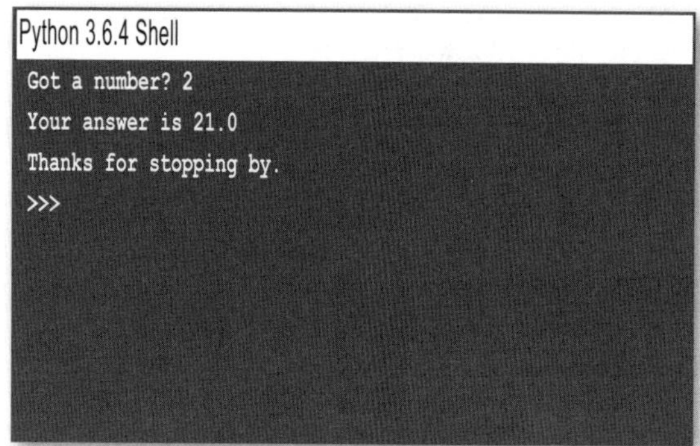

Geben Sie 0 ein.

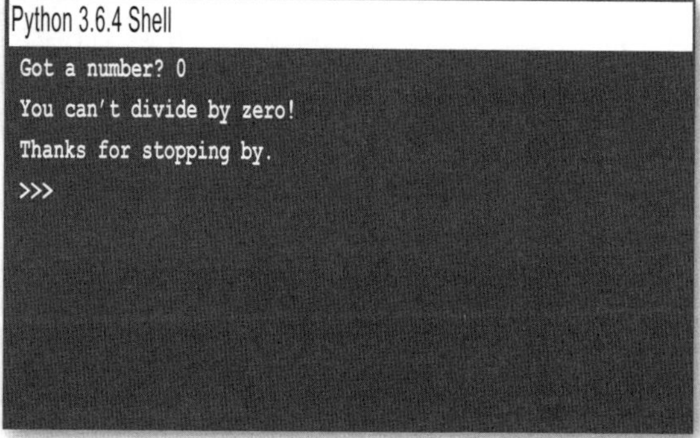

Geben Sie den String "zero" ein.

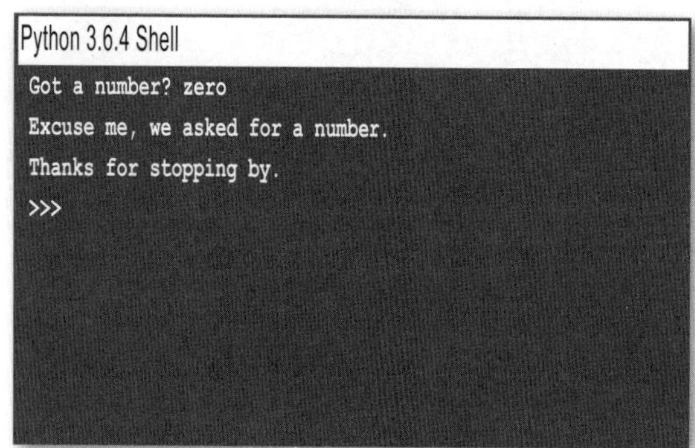

Programmierer-Kreuzworträtsel, Lösung

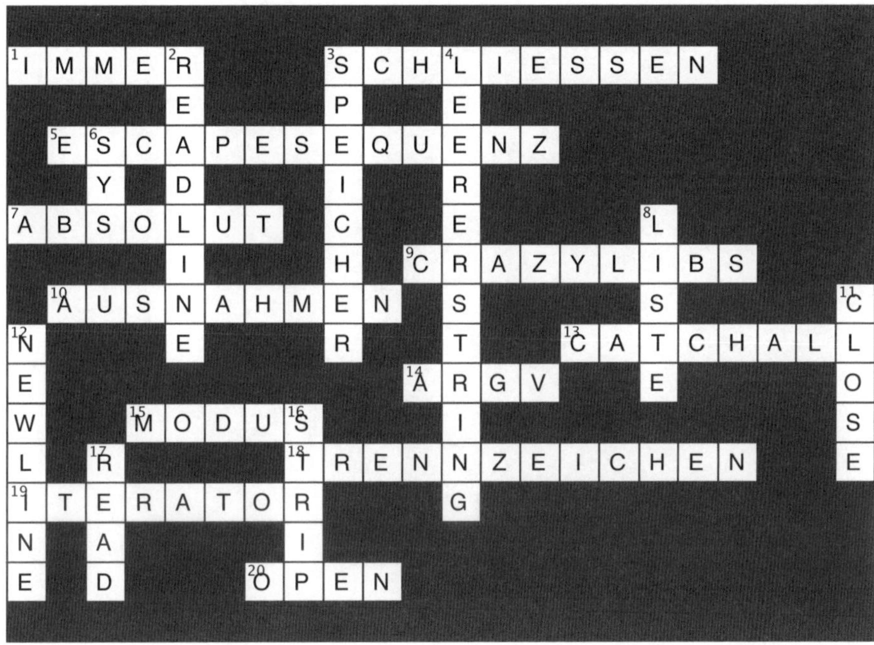

10 Web-APIs benutzen

Sie sollten wirklich öfter mal ausgehen

Sie haben großartigen Code geschrieben, aber Sie sollten wirklich öfter ausgehen. Im Web wartet die ganze Welt der **Daten** auf Sie: Brauchen Sie Informationen zum Wetter? Oder wollen Sie auf eine riesige Datenbank mit Kochrezepten zugreifen? Oder stehen Sie mehr auf Sportergebnisse? Vielleicht eine Musikdatenbank mit Künstlern, Alben und Titeln? Mit **Web-APIs** brauchen Sie nur zuzugreifen. Um APIs zu benutzen, benötigen Sie lediglich ein paar Informationen über ihre Funktionsweise, die Aussprache des lokalen Dialekts und die Verwendung einiger neuer Python-Module: `requests` und `json`. In diesem Kapitel werden wir Web-APIs erforschen und Ihre Python-Fähigkeiten auf eine neue Ebene heben. Tatsächlich nehmen wir Sie mit in den Weltraum – und wieder zurück.

Sie glauben, wir machen Witze?

Erweitern Sie Ihre Reichweite mit Web-APIs

In diesem Buch gibt es ein sich wiederholendes Muster: Zuerst haben Sie Ihren Code in Funktionen abstrahiert. Danach konnten Sie die Funktionalität nutzen, ohne sich darüber Gedanken zu machen, was die Funktion im Inneren tut und wie sie es tut. Dadurch konnten Sie Ihr Denken ausgehend von einfachen Anweisungen auf eine höhere Ebene heben.

Anschließend haben Sie die Dinge in Module verpackt, die einen ganzen Satz an Funktionen und Werten enthalten können. Erinnern Sie sich noch an den Code, den Sie an Cory gegeben haben? Ein kurzer Blick auf Ihre Dokumentation reichte, um zu sehen, welche Funktionen zur Verfügung stehen und wie sie benutzt werden. *Das ist bereits eine API.* Stellen Sie sich eine API (auch als *Application Programming Interface* bezeichnet) als einen Satz dokumentierter Funktionen vor, die Sie in Ihrem Code verwenden können.

Ein weiteres Beispiel für Abstraktion haben Sie bei der objektorientierten Programmierung gesehen. Mehr dazu finden Sie in Kapitel 12, in dem Sie lernen, Ihre eigenen Objekte zu erstellen.

Sie haben außerdem Module anderer Entwickler betrachtet, die Sie sich ebenfalls als APIs vorstellen können, die Ihnen in Python zur Verfügung stehen. Diese Module, z. B. für mathematische Funktionen, Zufallszahlen, Grafiken, Schildkröten und so weiter, ermöglichen Ihnen auf einfache Weise, die Fähigkeiten Ihres eigenen Codes zu erweitern.

Und jetzt treiben wir die Abstraktion noch einen Schritt weiter und befassen uns mit Code im Internet, mit dem Sie die Fähigkeiten Ihrer Programme erweitern können. Dabei muss dieser Code nicht einmal unbedingt in Python geschrieben sein. Der Code wird über das Web ausgeführt und ist über eine Web-API zugänglich.

Jetzt wollen Sie vermutlich wissen, was für APIs man im Web so finden kann? Wie wäre es mit einer API, die das aktuelle Wetter berechnet und zurückgibt, oder einer mit Informationen zu Songs und Musikern? Oder hätten Sie lieber eine API, die Ihnen den aktuellen Ort von Objekten im Weltraum mitteilt?

Die Web-APIs gibt es wirklich, und dies sind nur ein paar Beispiele für die Informationen, die Sie über das Internet *in Ihrem Code* nutzen können.

Stellen Sie sich vor, Ihr Chef sei gerade hereingekommen und hat Sie gebeten, mal eben ein Programm zu schreiben, das den lokalen Wetterbericht ausgibt. Wie könnte eine Web-API hierbei helfen? Wie würden Sie das Programm ohne solch einen Dienst schreiben? Und wie lange würden Sie Ihrer Meinung nach in beiden Fällen brauchen, um das Programm zu schreiben?

Die Funktionsweise von Web-APIs

Bei Web-APIs rufen wir keine Funktion in einem Modul oder einer Bibliothek auf. Stattdessen schicken wir eine Anfrage (einen »Request«) über das Web. Anstelle bestimmter *Funktionen* benutzen wir verschiedene *Web-Requests*, die einem Webserver über eine Web-API übergeben werden.

Wenn Sie wissen, wie man einen Webbrowser benutzt, wissen Sie bereits, wie man einen Web-Request abschickt. Denn wer tut das nicht? Das passiert bei jedem Aufruf einer Webseite. Der Hauptunterschied liegt darin, dass bei einer Web-API *Ihr Code* den Request (die Anfrage) an den Webserver vornimmt. Anstelle einer Webseite besteht die Antwort (»Response«) dann aus *Daten*, die Sie in Ihrem Programm verarbeiten können.

In diesem Kapitel werden wir uns genau ansehen, wie das alles funktioniert und welchen Platz Python darin einnimmt. Sehen wir zunächst, wie ein Request an eine Web-API normalerweise abläuft:

Klar!
22,0 Grad mit einer Regenwahrscheinlichkeit von 58 %!

Um eine Web-API zu benutzen, schicken Sie ihr einen Request.

Stellen Sie sich eine Web-API einfach als Webserver vor, der keine Webseiten, sondern *Daten* zurückliefert. Um die Web-API zu verwenden, schickt Ihr Code eine Anfrage (einen sogenannten **Request**) an den Webserver. Dieser erzeugt eine entsprechende Antwort (**Response**) und schickt sie an Ihren Code zurück.

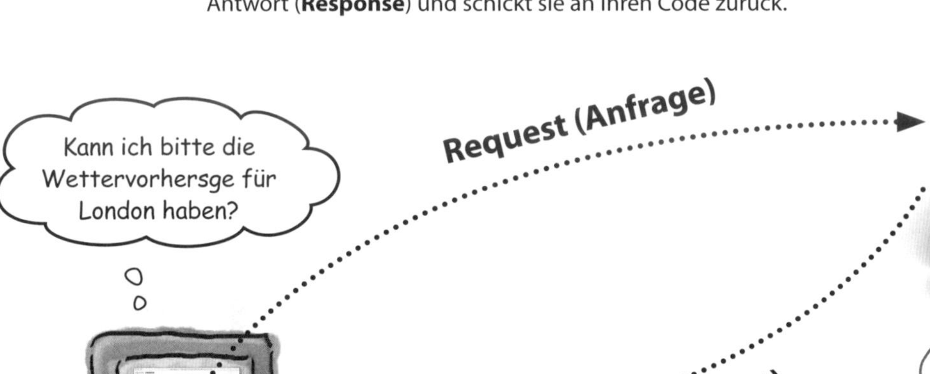

Ein Webserver, der auf API-Anfragen wartet.

Response (Antwort)

Ihr Python-Code.

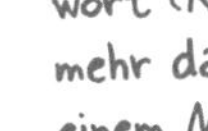

Hier ist die Antwort (Response); mehr dazu in einem Moment.

Alle Web-APIs besitzen eine Webadresse

Für Web-APIs benutzen wir so ähnliche Webadressen wie die, die Sie in Ihren Browser eingeben. Sie bestehen aus einem Servernamen und einer Beschreibung der gewünschten Ressource. Bei einem Webbrowser ist diese Ressource typischerweise eine Webseite. Bei einer Web-API besteht die Ressource aus Daten, die sehr unterschiedlich sein können. Die Art, wie die Ressource für die Web-API angegeben wird, kann je nach API ebenfalls sehr unterschiedlich ausfallen. Sehen wir uns hierzu ein paar Beispiele an:

Eine Webadresse wird »Uniform Resource Locator« bzw. URL genannt. Meistens wird sie buchstabiert ausgesprochen: »U-R-L.«

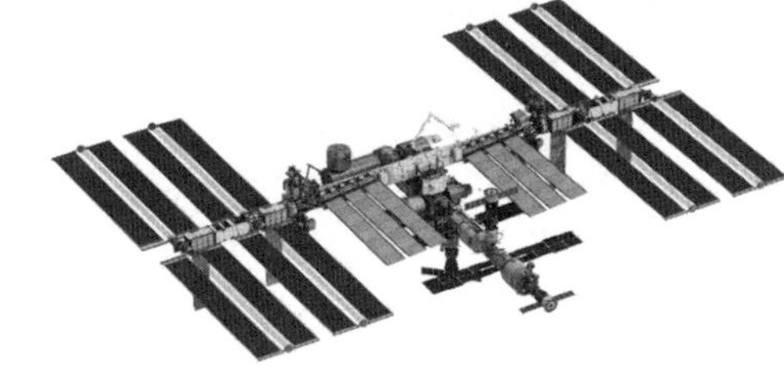

`http://api.open-notify.org/iss-now.json`

URLs beginnen immer mit dem Kommunikationsprotokoll, hier ist es das Hypertext Transfer Protocol, kurz HTTP, das auch Ihr Browser verwendet.

Es folgt der Name, über den der Server über das Internet erreicht werden kann.

Dann kommt eine Beschreibung der gewünschten Ressource. Hier interessiert uns der aktuelle Ort der internationalen Raumstation ISS.

HTTP steht für das Hypertext Transfer Protocol. Mehr dazu finden Sie unter https://de.wikipedia.org/wiki/Hypertext_Transfer_Protocol.

Sehen wir uns ein weiteres Beispiel an. Diesmal benutzen wir Wetterdaten für London, die von der OpenWeatherMap-Organisation bereitgestellt werden:

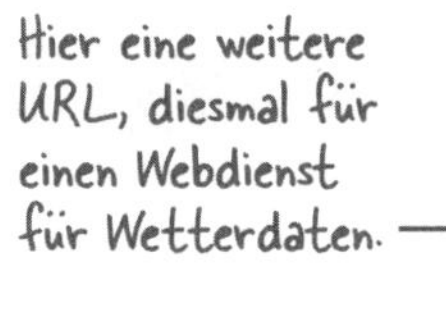

Hier eine weitere URL, diesmal für einen Webdienst für Wetterdaten.

Und hier ist wieder der Server für die API.

Diese Beschreibung der gewünschten Ressource sieht ganz anders aus.

`http://api.openweathermap.org/data/2.5/weather?q=London`

Bei dieser API beginnen wir, indem wir sagen, dass wir Daten benötigen …

… und die Version 2.5 der API benutzen …

… und wir brauchen die Wetterdaten für London.

Und noch ein Beispiel: Wie wäre es mit einer Abfrage von Informationen zu ähnlichen Künstlern bei Spotify?

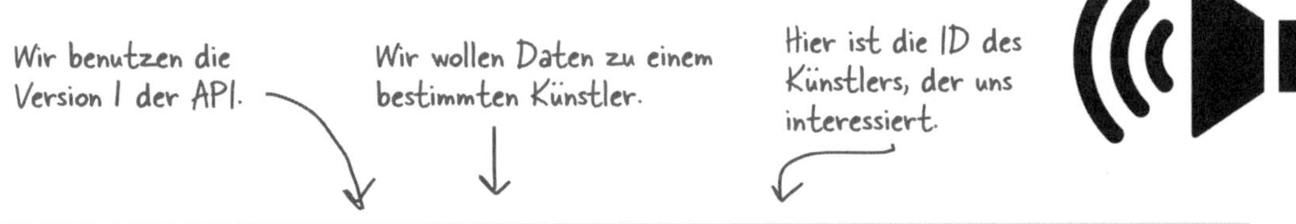


```
http://api.spotify.com/v1/artists/43ZHCT0cAZBISjO8DG9PnE/related-artists
```

Wie immer haben wir hier unseren Servernamen.

Irgendeine Idee, welcher Künstler das sein könnte? Hilft der Spitzname »The King« vielleicht weiter?

Und wir wollen Daten zu ähnlichen Künstlern abfragen.

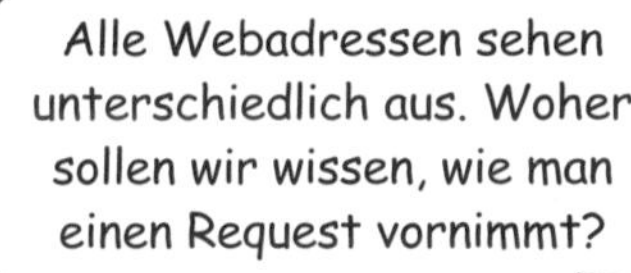

Lesen Sie die Dokumentation der API

Im Ernst. Das ist nicht so schlimm, wie es klingt. Alle Web-APIs folgen der Standardsyntax für Web-URLs (und auch das können Sie bei Interesse nachschlagen). Allerdings gibt es für unterschiedliche Arten von Daten verschiedene APIs. Dadurch ist die Art, wie die Daten abgefragt werden, nicht einheitlich. Sehen Sie sich unsere Beispiele an: Die URL für Open Notify ist recht einfach, während die für Spotify schon komplexer ausfällt.

Sie werden sehen, dass die meisten Web-APIs gut dokumentiert sind. In der Dokumentation erfahren Sie, wie eine Request-URL aufgebaut sein muss, damit Sie an die gewünschten Informationen (Daten) kommen. Bleiben Sie dran, wir werden uns die Open Notify-API gleich genauer ansehen.

Ich habe die Spotify-URL eingegeben und bekomme eine »no token«-Fehlermeldung.

Gut gesehen.

Das Verschicken eines API-Requests über einen Browser ist häufig eine gute Methode, eine API zu erforschen. Allerdings müssen Sie sich oftmals als Entwickler registrieren (normalerweise kostenlos), um eine API benutzen zu können. Bei der Registrierung erhalten Sie in der Regel ein Zugangstoken (ein Code, der Sie als berechtigten Benutzer ausweist) oder einen Schlüssel, den Sie beim Verschicken der Requests mit angeben. Geben Sie das Token nicht an, antworten viele APIs mit einer Fehlermeldung, z. B. »no token«.

Am besten ist es daher, in der API-Dokumentation nachzusehen, ob es irgendwelche Zugangsbeschränkungen gibt.

In unseren bisherigen Beispielen werden für APIs von Spotify und OpenWeatherWeb Zugangscodes benötigt. Für die Open Notify-API wird dagegen kein spezieller Code gebraucht.

Geben Sie die folgende URL in Ihren Browser ein. Wie sieht das Ergebnis aus?

```
http://api.open-notify.org/iss-now.json
```

Versuchen Sie, diese URL mehrmals aufzurufen. Sie können auch probieren, den Längen- und Breitengrad direkt in Google Maps einzugeben (Breitengrad zuerst), z. B. »-0.2609, 118.8982«.

Zeit für ein schnelles Upgrade

Bevor wir beginnen, Requests an Web-APIs vorzunehmen, erweitern wir Python noch schnell um ein *neues Package*, das uns bei der Durchführung der Requests hilft. Was ist ein Python-Package? Wie in Kapitel 7 gesagt, ist ein Package, also ein Paket, einfach ein formaler Name für eine Reihe zusammengehöriger Python-Module. Sie können aber auch einfach den Begriff »Bibliothek« benutzen.

Um unserer Python-Installation ein neues Package hinzuzufügen (oder es später wieder zu entfernen), benutzen wir das Hilfsprogramm `pip` (ein Akronym für »Pip Installs Package«).

Können Sie »rekursives Akronym« sagen?

Mit `pip` installieren wir ein praktisches Package namens `requests`, das uns ermöglicht, Requests an Web-APIs zu stellen. Genauer gesagt, benutzen wir das `requests`-Modul, das Teil des `requests`-Packages ist (damit es nicht zu verwirrend wird). Hierbei sollten Sie wissen, dass Python bereits ein eigenes Modul für Web-Requests besitzt. Trotzdem finden viele Programmierer das `requests`-Modul funktionaler und leichter zu benutzen. Außerdem dient uns das `requests`-Modul als Ausrede, etwas Erfahrung in der Verwendung von `pip` zu sammeln.

Wen könnten wir damit meinen? Ach, nur Twitter, Spotify, Microsoft, Amazon, Lyft, BuzzFeed, Reddit, die NSA – und damit ist die Liste noch lange nicht zu Ende …

Installieren wir also das `requests`-Package, um zu sehen, was es damit auf sich hat.

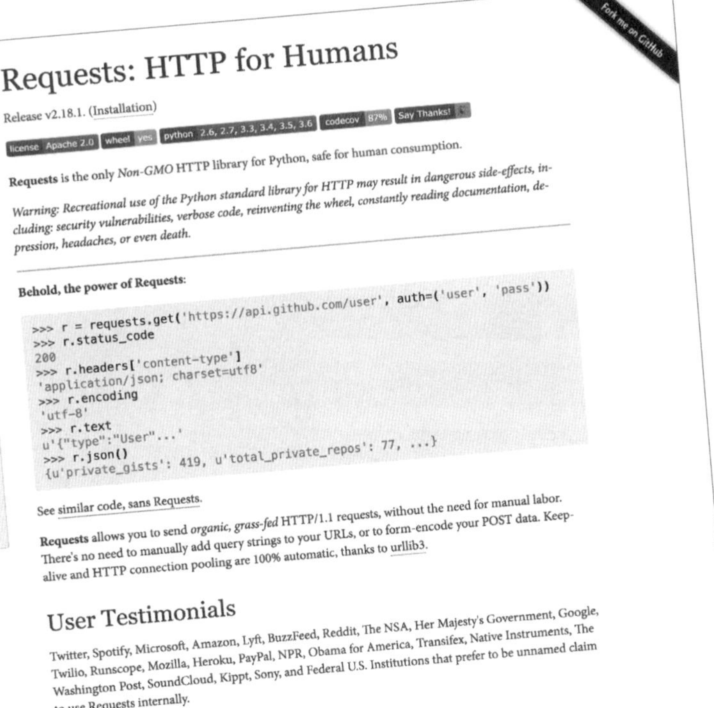

Mehr über requests-Paket und -Modul erfahren Sie unter: http://docs.python-requests.org.

Pakete, die von anderen Entwicklern und Firmen (außerhalb des Python-Kernentwicklerteams) geschrieben werden, nennt man Drittherstellerpakete.

Das Upgrade durchführen

Das Hilfsprogramm `pip` ist Teil der Python-Installation. Sie brauchen nur die Kommandozeile Ihres Betriebssystems aufzurufen und können das `requests`-Package installieren.

Gehen Sie zur Kommandozeile Ihres Betriebssystems, wie in Kapitel 9 gezeigt. Auf dem Mac benutzen Sie hierfür das Programm »Terminal«, auf einem Windows-Rechner die Eingabeaufforderung. Und unter Linux? Da brauchen wir nichts zu sagen, Sie leben auf der Kommandozeile.

[Hinweis des Herausgebers: Anscheinend gefällt Ihnen dieser Linux-Witz.]

Terminal

```
$ python3 -m pip install requests
```

Windows-Benutzer sollten »python« anstelle von »python3« benutzen.

Geben Sie den oben stehenden Befehl ein, um die Installation zu beginnen. Damit pip Packages herunterladen und installieren kann, brauchen Sie eine Internetverbindung. Beachten Sie außerdem, dass die Dateien in Pythons Bibliotheksverzeichnis installiert werden und nicht in Ihrem aktuellen Arbeitsverzeichnis. Erhalten Sie Fehlermeldungen wegen der Benutzerrechte, sollten Sie sicherstellen, dass Sie die nötigen Rechte für die Installation von Packages besitzen.

Terminal

```
$ python3 -m pip install requests
Collecting requests
  Downloading requests-2.18.1-py2.py3-none-any.whl (88kB)
    100% |████████████████████████████████| 92kB 1.4MB/s
Collecting idna<2.6,>=2.5 (from requests)
  Downloading idna-2.5-py2.py3-none-any.whl (55kB)
    100% |████████████████████████████████| 61kB 2.5MB/s
Collecting urllib3<1.22,>=1.21.1 (from requests)
  Downloading urllib3-1.21.1-py2.py3-none-any.whl (131kB)
    100% |████████████████████████████████| 133kB 2.5MB/s
Collecting certifi>=2017.4.17 (from requests)
  Downloading certifi-2017.4.17-py2.py3-none-any.whl (375kB)
    100% |████████████████████████████████| 378kB 2.2MB/s
Collecting chardet<3.1.0,>=3.0.2 (from requests)
  Downloading chardet-3.0.4-py2.py3-none-any.whl (133kB)
    100% |████████████████████████████████| 143kB 4.1MB/s
Installing collected packages: idna, urllib3, certifi, chardet, requests
$
```

Sie sehen, wie pip das requests-Modul und weitere benötigte Packages herunterlädt. Hier sehen Sie die Installation auf einem Mac, d.h. bei Ihnen sehen die Ausgaben möglicherweise anders aus.

Es gibt keine Dummen Fragen

F: Warum bevorzugen Sie das requests-Modul, obwohl Python die Funktionen schon mitbringt? Ist ein Python-eigenes Modul nicht grundsätzlich die bessere Wahl?

A: Die Autoren des requests-Packages haben eine Bibliothek für Web-Requests geschaffen, die wesentlich leichter benutzbar ist und bessere Funktionalität bietet als das von Python bereitgestellte Modul. Das Package ist so viel besser, dass viele Onlineprodukte und -dienste damit arbeiten. Trotzdem ist mit Pythons eigenem requests-Modul alles in Ordnung. (Das übrigens urllib heißt – oder war es urllib2? Sehen Sie, schon kommt Verwirrung auf!) Benutzen Sie es ruhig, falls Sie unbedingt wollen.

Einer der großen Vorteile von Python, eigentlich sogar der meisten Programmiersprachen, ist ihre Erweiterbarkeit. Entwickler können ihre eigenen Erweiterungen schreiben und mit anderen teilen.

F: Das ist toll, dass ich Python um neue Packages erweitern kann. Wie finde ich heraus, welche Packages es gibt?

A: Sie können direkt auf der Kommandozeile nach neuen Packages suchen, wie hier:

```
python3 -m pip search hue
```

Damit wird nach Packages gesucht, auf die das Schlüsselwort hue passt. Eine weitere gute Methode, Python-Packages zu finden, ist eine Google-Suche mit Begriffen wie beispielsweise »python3 request module« oder »python3 hue lighting«. Eine große Sammlung mit Python-Software finden Sie außerdem unter http://pypi.org.

F: Ich benutze Python 3, aber es scheint pip nicht zu unterstützen.

A: pip liegt Python seit der Version 3.4 bei. Überprüfen Sie genau, welche Version Sie benutzen, und aktualisieren Sie bei Bedarf auf die neueste Version. Informationen hierzu finden Sie unter https://www.python.org.

Jetzt brauchen wir nur noch eine gute Web-API …

Ist das `requests`-Package installiert, können Sie Ihren ersten Web-Request mit Python durchführen. Hierfür benötigen Sie natürlich noch eine interessante Web-API, an die der Request geschickt wird. Am Anfang des Kapitels haben wir gesagt, dass wir Sie bis in den Weltraum mitnehmen. Dafür benutzen wir eine Web-API, die uns die aktuelle Position der internationalen Raumstation ISS mitteilt. Sehen wir einmal, was Open Notify so zu bieten hat:

Mehr Dokumentation zur ISS-API finden Sie unter open-notify.org. Die wichtigsten Punkte sehen Sie hier.

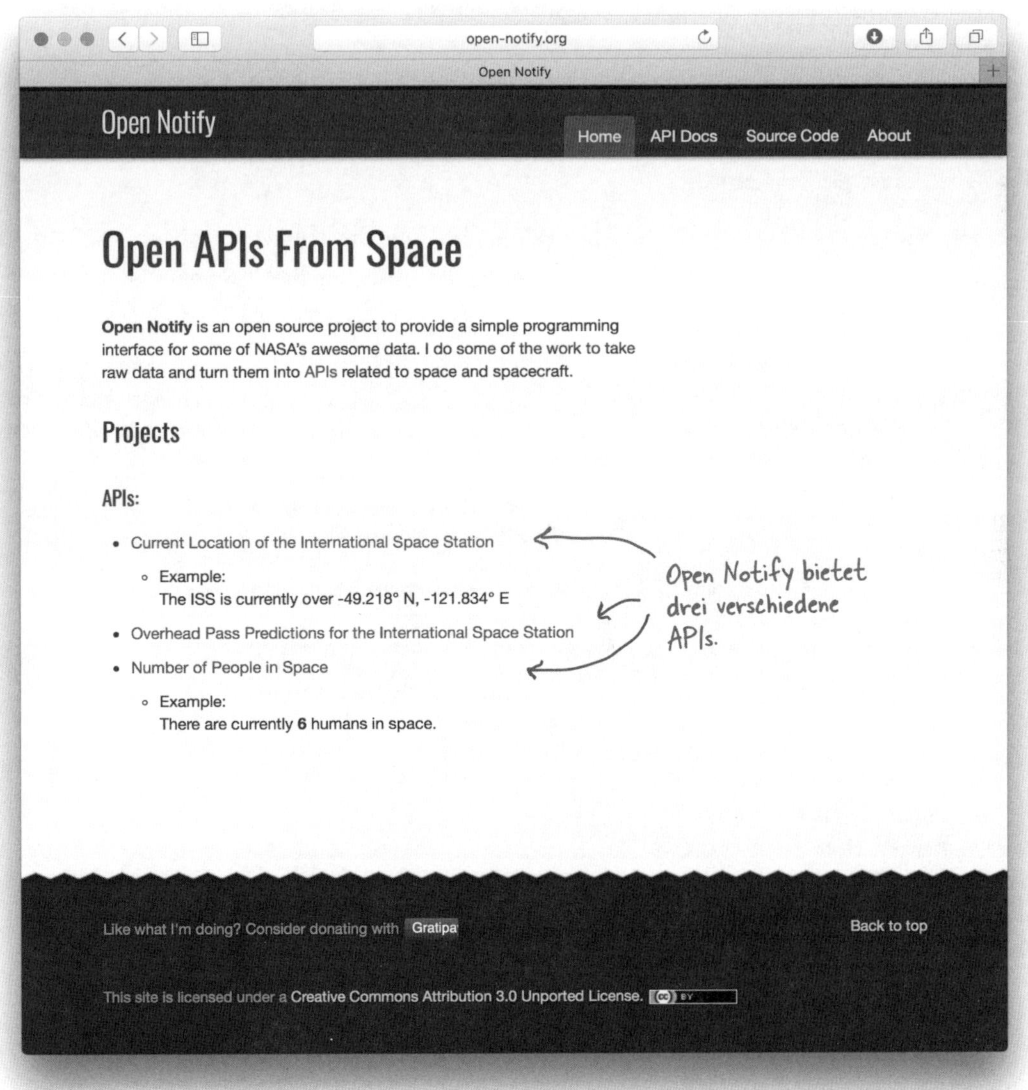

Ein genauerer Blick auf die API

Wie auf der Startseite von *open-notify.org* zu sehen ist, gibt es drei »Open APIs From Space«: eine API zum Ermitteln der aktuellen Position der ISS, eine API zum Erstellen von Überflugprojektionen und eine API, mit der die Anzahl der Personen im Weltraum ermittelt werden kann. Wir beginnen, indem wir uns die Positions-API ansehen. Weitere Details finden Sie durch einen Klick auf den »Current Location of …«-Link:

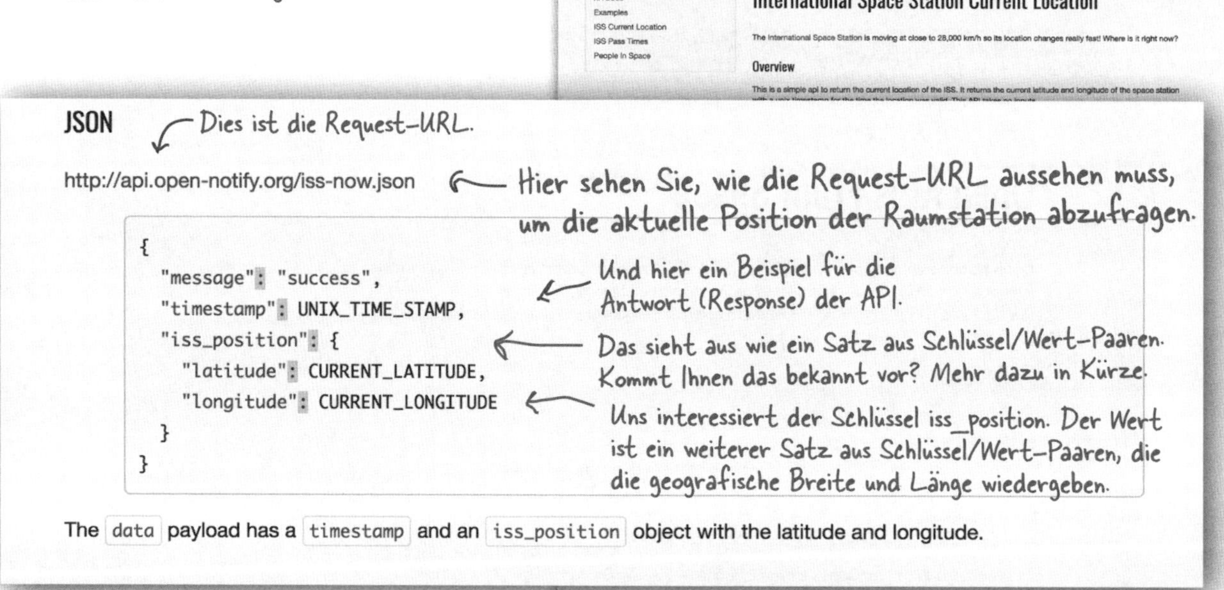

Die von der Open Notify-Web-API zurückgegebenen Daten sollten Ihnen bekannt vorkommen. Erinnert Sie das an einen bestimmten Python-Datentyp?

Web-APIs verwenden JSON für die Rückgabe der Daten

Ausgesprochen wie der englische Vorname »Jason«.

Und wer ist dieser JSON? War das nicht der Anführer der Argonauten? Nicht ganz. JSON ist eine Objektnotation, die von den meisten Web-APIs verwendet wird, um Daten auszutauschen. Die Schreibweise wird Ihnen bekannt vorkommen, da die Syntax den Python-Dictionaries ziemlich ähnlich ist.

Es gibt noch mehr Formate für den Datenaustausch über das Web, allerdings ist JSON bei Weitem das beliebteste.

Stellen Sie sich JSON als Schlüssel/Wert-Paare in Textform vor. Angenommen, eine API soll Ihnen die aktuellen Wetterdaten für London liefern. Dann würde die API JSON-Daten wie diese erzeugen und an Sie ausliefern:

```
{
  "temperature": 22.0,
  "precip_prob": "58%",
  "location": {
    "city": "London",
    "country": "UK"
  }
}
```

Beim JSON-Format wird eine Gruppe von Schlüssel/Wert-Paaren mit geschweiften Klammern umgeben.

Jedes Paar besteht aus einem String, der als Schlüssel dient, und einem Wert …

… die Werte können Strings oder Zahlen sein.

Alle Schlüssel sind JSON-Strings.

Die Werte können sogar weitere verschachtelte Schlüssel/Wert-Paare enthalten.

In JSON können Sie auch Listen definieren, die dort als Arrays bezeichnet werden.

Bei der Verwendung mit einer Web-API wird die gesamte Definition in einen Textstring gepackt und als Response zurückgeschickt.

Request

Response

Zurückgegebene JSON-Daten.

Es gibt keine Dummen Fragen

F: Sind Python-Dictionaries und JSON das Gleiche?

A: Bei der Ähnlichkeit kann man beide leicht verwechseln. Stellen Sie sich das so vor: Wenn Sie in Python ein Dictionary definieren, wird es vom Interpreter gelesen und zur weiteren Verwendung in Ihrem Code in eine interne Datenstruktur umgewandelt. Bei JSON können wir Schlüssel/Wert-Paare in reiner Textform über ein Netzwerk an ein anderes Programm oder einen anderen Dienst (oder eine API) senden. JSON ist also nicht Python. Es ist eher ein allgemeines Format, das von einer beliebigen Sprache gelesen und ausgewertet werden kann. Trotzdem ist es nett, dass sich beide Strukturen so ähnlich sehen.

F: Aber wie kann mein Code JSON verwenden, wenn die Daten in reiner Textform ankommen?

A: Bleiben Sie dran. Sie stellen die richtigen Fragen, und wir werden gleich genauer darauf eingehen.

F: Warum heißt das überhaupt JSON?

A: Obwohl JSON ein programmiersprachenunabhängiges Format ist, stammt es ursprünglich aus einer bestimmten Sprache: JavaScript. Deshalb steht JSON eigentlich für JavaScript Object Notation.

F: Ich bin immer noch durcheinander. Woher weiß ich, welche Web-APIs es gibt und wie ich sie benutzen kann?

A: Es gibt spezielle Websites mit Listen webbasierter APIs, wie z. B. *www.programmableweb.com*. Die meisten Unternehmen mit APIs stellen außerdem eine Dokumentation zur Verfügung, wie beispielsweise *dev.twitter.com* oder *developer.spotify.com*, um nur ein paar zu nennen.

Spitzen Sie Ihren Bleistift

Nehmen Sie den oben stehenden JSON-Code, konvertieren Sie ihn von Hand in ein Python-Dictionary und schreiben Sie es unten auf. Danach vervollständigen Sie den unten stehenden Code. Um herauszufinden, was er tut, müssen Sie sich die Ausgaben ansehen.

```
current = ____________________________________
          ____________________________________
          ____________________________________
          ____________________________________
          ____________________________________
          ____________________________________
          ____________________________________

loc = ______________________
print('In',
      loc['city'] + ', ' + ____________,
      'it is',
      __________________,'degrees')
```

Bald wird Ihr Code das für Sie erledigen.

Python 3.6.4 Shell

```
In London, UK it is 22.0 degrees
>>>
```

Sehen wir uns das requests-Modul noch einmal an

Um einen Web-Request durchzuführen, verwenden Sie die `get`-Funktion des `requests`-Moduls. Das funktioniert so:

❶ Benutzen Sie get, um den Request auszuführen.

Zuerst rufen wir die `get`-Funktion des `requests`-Moduls auf, um einen Request an den entfernten Webserver zu schicken.

```
url = 'http://api.open-notify.org/iss-now.json'

response = requests.get(url)
```

Hier ist die URL aus der Open Notify-Dokumentation.

Die URL übergeben wir der get-Funktion. Diese kontaktiert daraufhin den entfernten Webserver.

Wird vom entfernten Webserver eine Antwort (Response) empfangen, verpackt die Funktion diese in ein Response-Objekt und gibt dieses zurück.

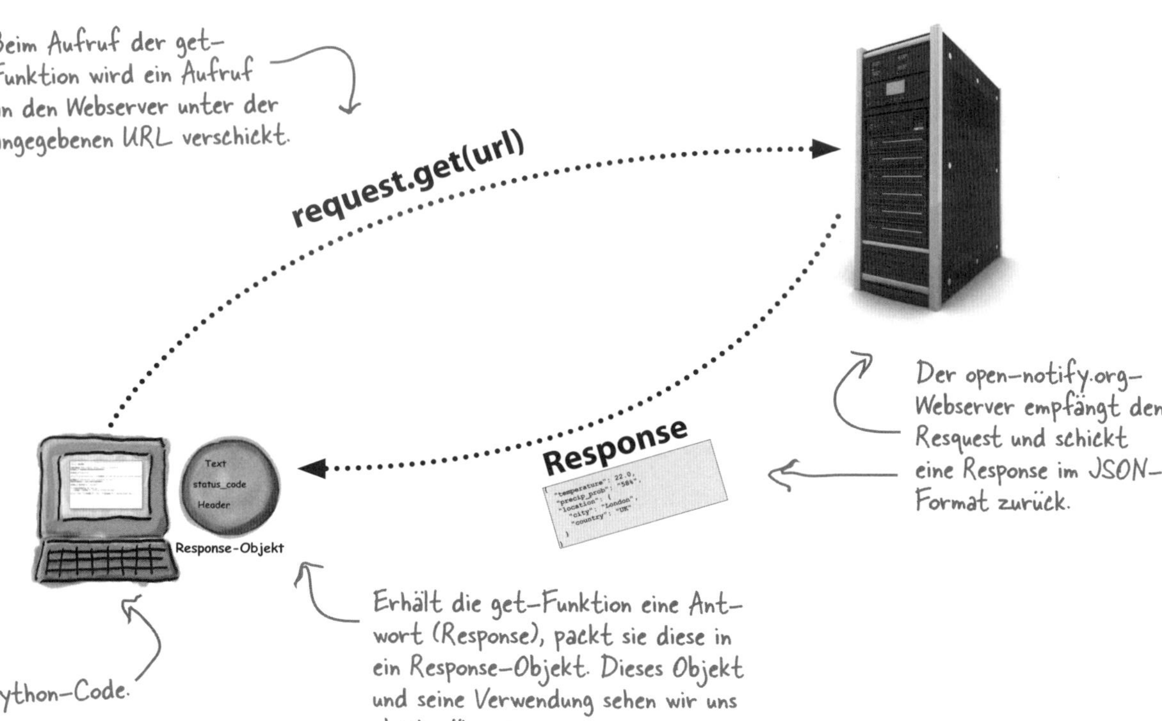

Das Response-Objekt untersuchen.

Erhält die `get`-Funktion eine Response vom Server, verpackt sie die Informationen in ein Response-Objekt. Sehen wir uns das mal an:

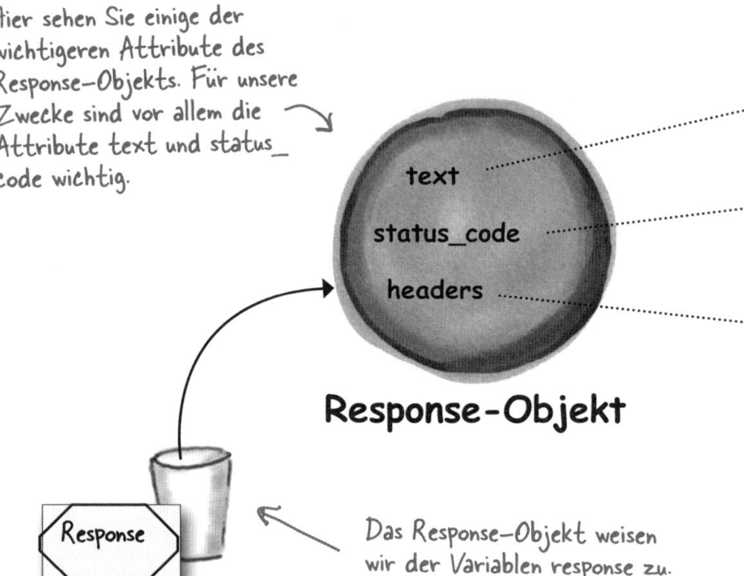

3 Den Wert von status_code überprüfen und die Textdaten auslesen.

Erhalten wir eine Antwort vom Webserver, müssen wir zunächst den Statuscode überprüfen. Code 200 bedeutet, dass der Request ausgeführt wurde. Natürlich sind auch andere Statuscodes möglich, z. B. Fehlercodes. Gehen wir davon aus, dass wir den Statuscode 200 erhalten haben, können wir das `text`-Attribut verwenden, um auf die von der Web-API zurückgegebenen Daten zuzugreifen. Hier ein weiteres Codefragment, das diese Aufgabe erledigt. Werfen Sie einen Blick darauf. Auf der folgenden Seite bauen wir dann alles zusammen.

Wir benutzen das gerade erhaltene Response-Objekt … ❶

Hier überprüfen wir den Statuscode. Lautet der Code 200, war unser Request erfolgreich.

```
if (response.status_code == 200):
    print(response.text)
else:
    print("Houston, we have a problem:", response.status_code)
```

Beim Statuscode 200 sollten sich im text-Attribut Daten befinden.

Ansonsten haben wir ein Problem. Im Moment geben wir den Fehler einfach aus. Eine vollständige Liste der HTTP-Statuscodes finden Sie übrigens unter https://de.wikipedia.org/wiki/HTTP-Statuscode.

Die Einzelteile zusammensetzen: einen Request an Open Notify verschicken

Jetzt haben wir wirklich alles beisammen, um unseren Request endlich ausführen zu können. Also los. Sie wissen, wie man die `get`-Funktion mit einer URL aufruft, um einen Request an eine Web-API zu senden. Von der *open-notify.org*-Website wissen wir außerdem, welche URL hierfür gebraucht wird. Und Sie wissen, dass das Response-Objekt ein `status_code`-Attribut besitzt, das Sie überprüfen sollten. Dabei sollten Sie sichergehen, dass der Status 200, also Erfolg, lautet, bevor Sie das `text`-Attribut des `response`-Objekts verwenden.

Jetzt wollen wir die Einzelteile zusammensetzen und endlich auf die Open Notify-Web-API zugreifen:

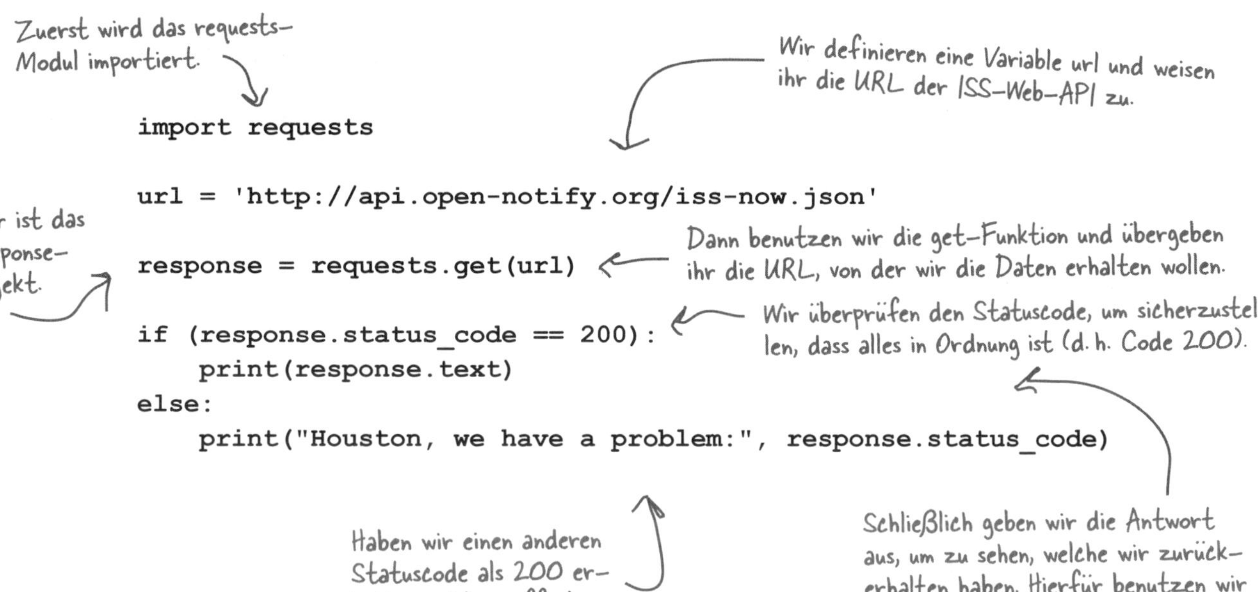


```
import requests

url = 'http://api.open-notify.org/iss-now.json'

response = requests.get(url)

if (response.status_code == 200):
    print(response.text)
else:
    print("Houston, we have a problem:", response.status_code)
```

Bevor wir weitermachen, wollen wir noch einen schnellen Sicherheitscheck durchführen ...

Während dieses Buch geschrieben wurde, hat die Web-API für die ISS-Position noch tadellos funktioniert. Natürlich gibt es keine Garantie, dass dies auch in der Zukunft so sein wird. Sollte die API also nicht mehr funktionieren, wenn Sie dieses Buch im Jahr 2036 lesen, haben wir einen Backup-Plan. Gehen Sie zur Adresse http://wickedlysmart.com/hflearntocode, *um zu sehen, ob Sie irgendwelche Änderungen in diesem Kapitel vornehmen müssen. Auch wenn das vermutlich nicht nötig sein wird, kann eine Überprüfung nicht schaden!*

Speichern Sie den Code der vorherigen Seite in einer Datei namens *iss.py*. Danach können Sie über den Menübefehl **Run > Run Module** überprüfen, ob alles funktioniert.

Hier ist die Antwort, die wir bekommen haben.

Für diesen Testlauf benötigen Sie eine funktionierende Internetverbindung!

Python 3.6.4 Shell

```
{"iss_position": {"longitude": "-146.2862", "latitude":
"-51.0667"}, "message": "success", "timestamp": 1507904011}
>>>
```

Haben Sie irgendeine Idee, wo das sein könnte?

Probleme?

Wenn Sie diese Ausgabe nicht sehen, sollten Sie zuerst prüfen, ob ein anderer Statuscode als 200 zurückgegeben wurde (und lesen Sie auch nach, was er bedeutet). Überhaupt kein Statuscode? Geben Sie dann die URL in Ihren Browser ein und stellen Sie sicher, dass die API funktioniert. Überprüfen Sie auch Ihren Code und dass das requests-Package tatsächlich installiert ist. Sehen Sie nach, ob die Shell irgendwelche Ausnahmen anzeigt. Falls mit der Open Notify-API etwas nicht zu stimmen scheint, lesen Sie noch einmal den Aufgepasst-Abschnitt auf der vorigen Seite.

JSON in Python verarbeiten

Die ISS-Positions-API hat eine Antwort im JSON-Format zurückgeliefert. Innerhalb von Python ist es aber *nur ein Textstring*. Viel mehr, als ihn auszugeben, geht nicht. Aber Pythons `json`-Modul kann helfen. Das Modul stellt die Funktion `loads` bereit, die einen String mit JSON-Inhalt in ein Python-Dictionary übersetzen kann. Ganz schön praktisch, oder? Hier ein Beispiel für die `loads`-Funktion des `json`-Moduls:

Zuerst müssen wir das json-Modul importieren.

Dies ist ein String mit JSON-Daten. Für Python ist das im Moment ein einfacher Textstring ohne weitere Bedeutung.

```
import json

json_string = '{"first": "Emmett", "last": "Brown", "prefix": "Dr."}'

name = json.loads(json_string)

print(name['prefix'], name['first'], name['last'])
```

Hier rufen wir die Methode json.loads beim String auf und weisen das resultierende Dictionary der Variablen name zu.

Schließlich können wir das Python-Dictionary benutzen, um auf die Attribute für den Vor- und Nachnamen sowie für das Präfix (first, last und prefix) zuzugreifen.

Nur zur Erinnerung: Wenn Sie den Code testen, nennen Sie ihn nicht json.py (genauso wie das json-Modul). Den Grund haben wir in Kapitel 7 besprochen.

Python 3.6.4 Shell

```
Dr. Emmett Brown
>>>
```

Das JSON-Modul zum Auslesen der ISS-Daten

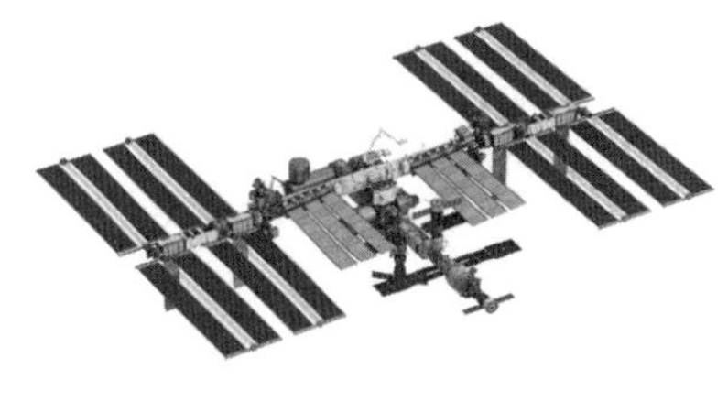

Nachdem wir wissen, wie das `json`-Modul funktioniert, können wir uns wieder unserem eigenen Code zuwenden, um auf die geografische Breite und Länge der Raumstation zuzugreifen. Das ist ganz einfach: Der JSON-Code vom Open Notify-Server befindet sich schon in unserem Response-Objekt. Jetzt müssen wir nur noch die `loads`-Funktion des `json`-Moduls benutzen, um den String in ein Python-Dictionary umzuwandeln.

Wir erweitern die import-Anweisung, damit auch das json-Modul geladen wird. Die Modulnamen werden durch Kommata voneinander getrennt, damit wir sie auf die gleiche Zeile schreiben können.

```
import requests, json

url = 'http://api.open-notify.org/iss-now.json'

response = requests.get(url)

if (response.status_code == 200):
    response_dictionary = json.loads(response.text)
    print(response.text)
    position = response_dictionary['iss_position']
    print('International Space Station at ' +
        position['latitude'] + ', ' + position['longitude'])
else:
    print("Houston, we have a problem:", response.status_code)
```

Mit json.loads verwandeln wir die JSON-Antwort in Stringform in ein Python-Dictionary.

Jetzt holen wir uns den iss_position-Wert, der wiederum ein Dictionary ist.

Dann werden die Werte für lat und long aus dem position-Dictionary ausgegeben.

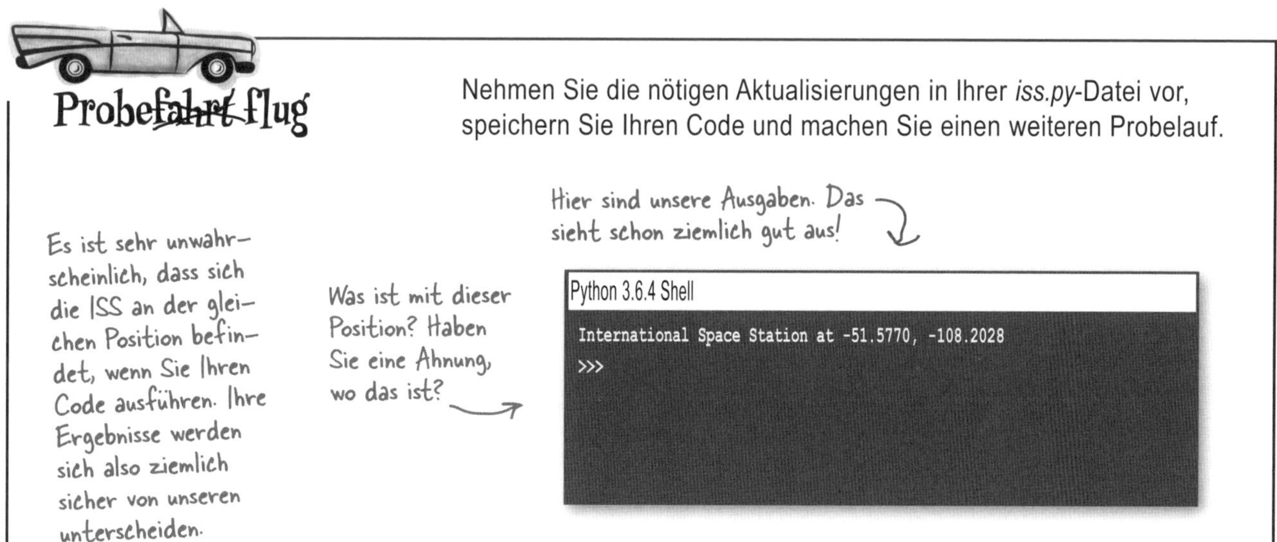

Probe~~fahrt~~flug

Nehmen Sie die nötigen Aktualisierungen in Ihrer *iss.py*-Datei vor, speichern Sie Ihren Code und machen Sie einen weiteren Probelauf.

Hier sind unsere Ausgaben. Das sieht schon ziemlich gut aus!

```
Python 3.6.4 Shell
International Space Station at -51.5770, -108.2028
>>>
```

Es ist sehr unwahrscheinlich, dass sich die ISS an der gleichen Position befindet, wenn Sie Ihren Code ausführen. Ihre Ergebnisse werden sich also ziemlich sicher von unseren unterscheiden.

Was ist mit dieser Position? Haben Sie eine Ahnung, wo das ist?

Wir brauchen etwas mehr Grafik

Die Darstellung der ISS-Position im Textformat ist vollkommen inakzeptabel. Immerhin ist das hier bereits Kapitel 10. Also sollten wir die Position der ISS am besten auf einer Weltkarte anzeigen. Die nötige Technologie haben wir auf jeden Fall. Also holen wir noch mal unsere Python-Schildkröten hervor, um in kürzester Zeit eine grafische Positionsanzeige für die ISS zu zaubern – *kein Scherz*!

»Wenn ich noch eine Python-Shell-App sehe, sind Sie gefeuert!«

Das screen-Objekt

Jetzt wollen wir Ihre turtle-Fähigkeiten erweitern. Auch hier benutzen wir das `screen`-Objekt, das Sie bereits aus Kapitel 7 kennen. Anhand des `screen`-Objekts können Sie verschiedene Eigenschaften des `turtle`-Fensters ändern.

Wir sind zwar immer noch der Meinung, dass »window« (Fenster) ein besserer Name für das Objekt wäre als »screen«, aber uns hat ja niemand nach unserer Meinung gefragt.

Also importieren wir das `turtle`-Modul in unseren Code und sehen, was wir mit dem `screen`-Objekt anfangen können. Bauen Sie die folgenden Änderungen in Ihre *iss.py*-Datei ein.

Das turtle-Modul hinzufügen.

Die erste Zeile speichert eine Referenz auf das screen-Objekt des Turtle-Moduls.

Wir vergrößern das Fenster auf 1.000 x 500 Pixel, um genug Platz für das Bild zu haben, das wir gleich einbauen.

Damit wird das Bild als Hintergrund für das Fenster definiert.

Das Bild »earth.gif« finden Sie im Quellcode zu diesem Buch im Ordner ch10.

Damit wird das Koordinatensystem des turtle-Fensters auf die Ausgangswerte zurückgesetzt. Mehr hierzu auf der folgenden Seite.

```
import requests, json, turtle

screen = turtle.Screen()
screen.setup(1000,500)
screen.bgpic('earth.gif')
screen.setworldcoordinates(-180, -90, 180, 90)

url = 'http://api.open-notify.org/iss-now.json'

response = requests.get(url)

if (response.status_code == 200):
    response_dictionary = json.loads(response.text)
    position = response_dictionary['iss_position']
    print('International Space Station at ' +
         position['latitude'] + ', ' + position['longitude'])
else:
    print("Houston, we have a problem:", response.status_code)

turtle.mainloop()
```

Die Standardroutine, um das turtle-Fenster anzuzeigen (siehe Kapitel 7).

Sie finden dieses Bild im ch10-Ordner. Kopieren Sie es in Ihr eigenes Verzeichnis.

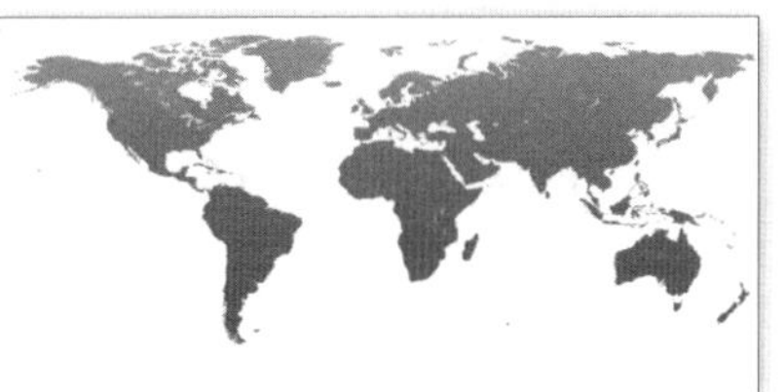

earth.gif

Schildkröten-Koordinaten und Koordinaten auf der Erde

Sehen wir uns die `setworldcoordinates`-Methode etwas genauer an. Sie spielt eine große Rolle bei der Anzeige der ISS-Position auf unserer Weltkarte.

Wie Sie bereits wissen, leben die Schildkröten auf einem Raster, das an den x- und y-Koordinaten 0,0 zentriert ist. Wir haben die Größe unseres Rasters auf 1.000 × 500 Pixel festgelegt. Unser Raster reicht im Moment also von –500,–250 in der linken unteren Ecke bis zu den Koordinaten 500,250 in der rechten oberen Ecke.

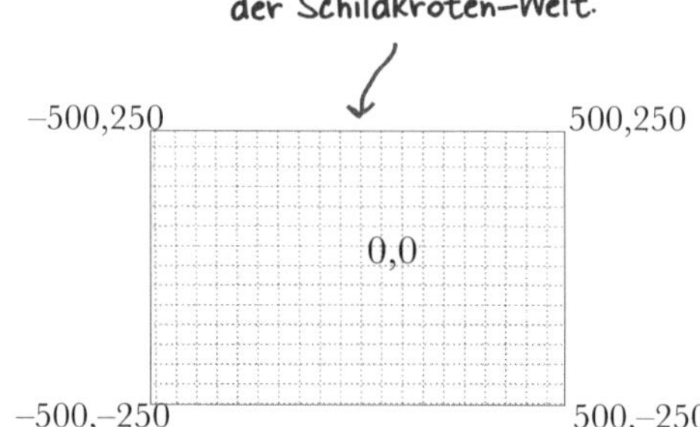

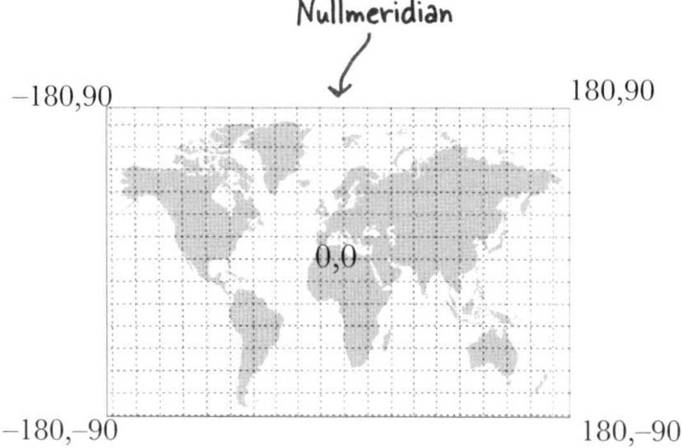

Die Erde besitzt ihr eigenen Koordinatensystem, bei dem die Breitengrade von Westen nach Osten und die Längengrade von Norden nach Süden verlaufen. Die Längengrade reichen von –180° bis 180°, wobei 0° als Nullmeridian die Mitte des Systems markiert. Für die Breitengrade hat der Äquator den Wert 0°, der Nordpol liegt bei 90°, der Südpol bei –90°.

Das turtle-Raster lässt sich leicht anpassen, sodass es zu den Erdkoordinaten passt. Hierfür benutzen wir folgende Anweisung:

screen.setworldcoordinates(-180, -90, 180, 90)

Damit wird festgelegt, dass die linke untere Ecke des Systems bei den Koordinaten –180, –90 liegen soll. Die rechte obere Ecke des Systems erhält die Koordinaten 180, 90. Das Fenster behält dabei Form und Größe, die Bewegungen der Schildkröten werden aber mit dem neuen Koordinatensystem ausgedrückt.

Das heißt, wir können jetzt gemeinsame Längen- und Breitenkoordinaten benutzen, um die Schildkröten im Fenster zu positionieren.

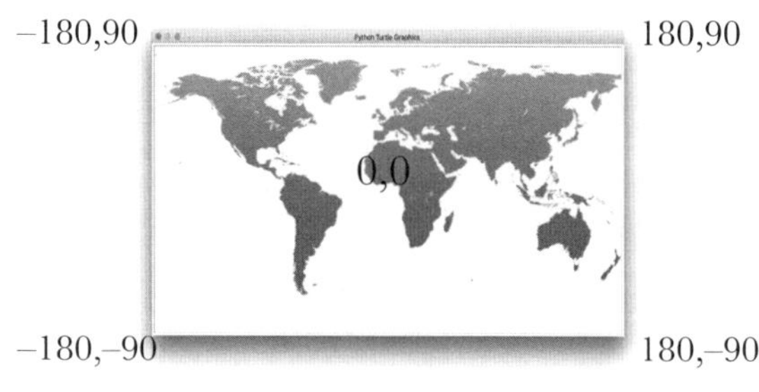

Mit der setworldcoordinates-Methode legen wir fest, dass das gleiche Koordinatensystem wie für die Erde benutzt wird.

Wir benutzen eine Schildkröte, um die ISS darzustellen

Haben Sie herausbekommen, wie man eine Schildkröte einsetzen kann, um die Position der ISS auf der Karte darzustellen? Nein? Dann erstellen wir eben zusammen ein turtle-Objekt und finden es heraus. Erweitern Sie Ihre *iss.py*-Datei dafür um den folgenden Code:

```
import requests, json, turtle

screen = turtle.Screen()
screen.setup(1000,500)
screen.bgpic('earth.gif')
screen.setworldcoordinates(-180, -90, 180, 90)

iss = turtle.Turtle()
iss.shape('circle')
iss.color('red')

url = 'http://api.open-notify.org/iss-now.json'

response = requests.get(url)

if (response.status_code == 200):
    response_dictionary = json.loads(response.text)
    position = response_dictionary['iss_position']
    print('International Space Station at ' +
        position['latitude'] + ', ' + position['longitude'])
else:
    print("Houston, we have a problem:", response.status_code)

turtle.mainloop()
```

Wir instanziieren ein turtle-Objekt und legen seine Form als roten Kreis (circle) fest.

Auf der Karte wird dieser Kreis (jedenfalls im Moment) die Position der ISS über der Erde markieren.

Bevor es weitergeht, führen wir noch einen Test durch. Bauen Sie die Codeanpassungen der vorherigen Seiten ein und stellen Sie sicher, dass sich das Bild *earth.gif* (es liegt als Teil des Quellcodes zu diesem Buch im Verzeichnis *ch10*) im selben Ordner wie Ihr Quellcode befindet. Dann machen Sie einen Probelauf.

Und das soll schon alles sein?

Wenn Sie das hier sehen, hat es geklappt. Bisher ändern wir nur die Auflösung des Fensters, zeigen ein Hintergrundbild an, ändern Form und Farbe der Schildkröte und passen das Koordinatensystem an.

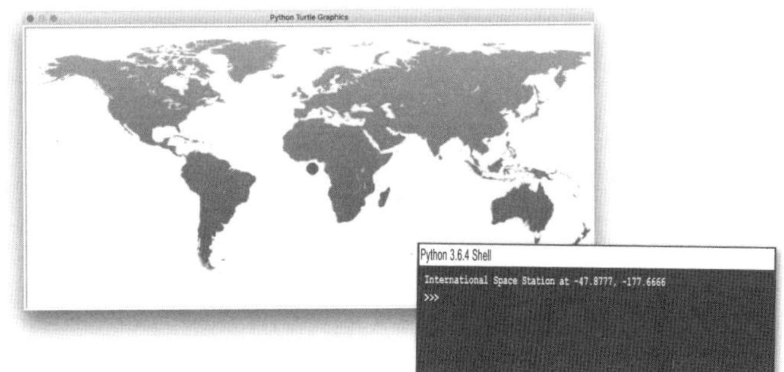

Sie sollten einen roten Kreis sehen (eigentlich natürlich eine Schildkröte), der sich an der Startposition 0,0 befindet. Diesmal beziehen sich die Angaben jedoch auf einen Längen- und Breitengrad.

Schildkröten können auch wie Weltraumstationen aussehen

Was wir hier tun, ist für die Erstellung einer App, die eine Web-API verwendet, nicht lebensnotwendig. Trotzdem sorgt es für etwas mehr Realismus und macht außerdem noch Spaß, wenn wir unserer Schildkröte das Aussehen einer Weltraumstation geben. Hier der Code:

```
import requests, json, turtle

screen = turtle.Screen()
screen.setup(1000,500)
screen.bgpic('earth.gif')
screen.setworldcoordinates(-180, -90, 180, 90)

iss = turtle.Turtle()
turtle.register_shape("iss.gif")
iss.shape("iss.gif")
iss.shape('circle')
iss.color('red')

url = 'http://api.open-notify.org/iss-now.json'

response = requests.get(url)

if (response.status_code == 200):
    response_dictionary = json.loads(response.text)
    position = response_dictionary['iss_position']
    print('International Space Station at ' +
        position['latitude'] + ', ' + position['longitude'])
else:
    print("Houston, we have a problem:", response.status_code)

turtle.mainloop()
```

Die Datei »iss.gif« finden Sie ebenfalls im Quellcode-Ordner ch10.

Dieser Weg, eine Form ausdrücklich festzulegen, ist im turtle-Modul ein bisschen seltsam, aber so funktioniert das nun einmal. Viele andere bildbasierte Bibliotheken brauchen diesen Registrierungsschritt nicht.

Wir teilen dem turtle-Modul mit, dass wir ein Bild für die Form (shape) verwenden wollen.

Dann legen wir fest, dass das Bild als Form für unsere Schildkröte genutzt werden soll.

Nehmen Sie die oben stehenden Änderungen an Ihrem Code vor und sorgen Sie dafür, dass sich die Datei *iss.gif* im selben Ordner wie Ihr Code befindet. Das Bild ist ebenfalls Teil des Quellcodes zu diesem Buch. Sie finden es im Ordner *ch10*.

Schick! Jetzt haben wir ein Bild der Raumstation.

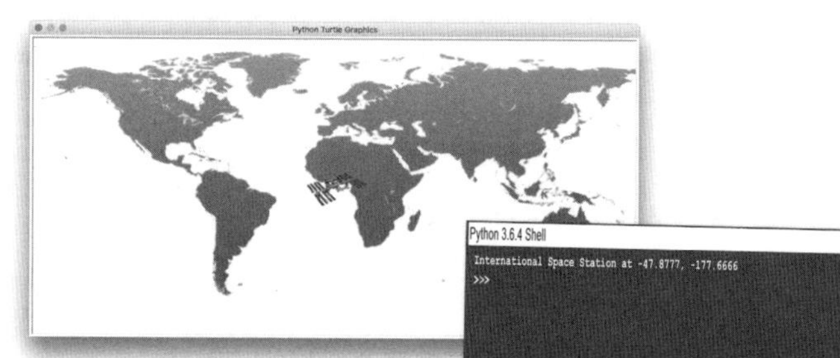

Vergessen Sie die ISS. Wo sind WIR?

Wir sind ganz nah dran! Wir haben alles, was wir brauchen, und eine Position von der Open Notify-API haben wir auch schon. Jetzt müssen wir die Einzelteile nur noch zusammenbauen. Dafür müssen wir Längen- und Breitengrad Variablen zuweisen, um unsere Schildkröte anzuweisen, sich auf dem Bildschirm zu bewegen. Noch ein Hinweis: Haben Sie bemerkt, dass die von der Open Notify-API zurückgegebenen Werte keine Zahlen sind, sondern Strings? Das müssen wir noch beheben. Am besten machen wir das sofort:

Im Augenblick ist das hier nur ein Codefragment. Dieser Teil des Programms überprüft die Antwort und liest Länge und Breite aus.

```
if (response.status_code == 200):
    response_dictionary = json.loads(response.text)
    position = response_dictionary['iss_position']
    print('International Space Station at ' +
        position['latitude'] + ', ' + position['longitude'])
    lat = float(position['latitude'])
    long = float(position['longitude'])
else:
    print("Houston, we have a problem:", response.status_code)
```

Wir holen uns die Werte für Breite (latitude) und Länge (longitude) aus dem position-Dictionary. Da beide Werte noch Strings sind, müssen wir sie zuerst per float in Fließkommazahlen umwandeln.

Sie müssen diesen Code jetzt noch nicht eingeben. Wir werden die Änderungen ein paar Seiten weiter im Gesamten vornehmen.

Der nächste Schritt besteht darin, die ISS auf dem Bildschirm an ihre tatsächliche Position zu bewegen. Inzwischen sind Sie ein alter Schildkröten-Profi. Wir müssen nur noch eine einfache Funktion schreiben – nennen wir sie `move_iss`. Sie übernimmt die numerischen Koordinaten und bewegt die Schildkröte. Außerdem müssen wir sicherstellen, dass der Stift vor der Bewegung angehoben wird.

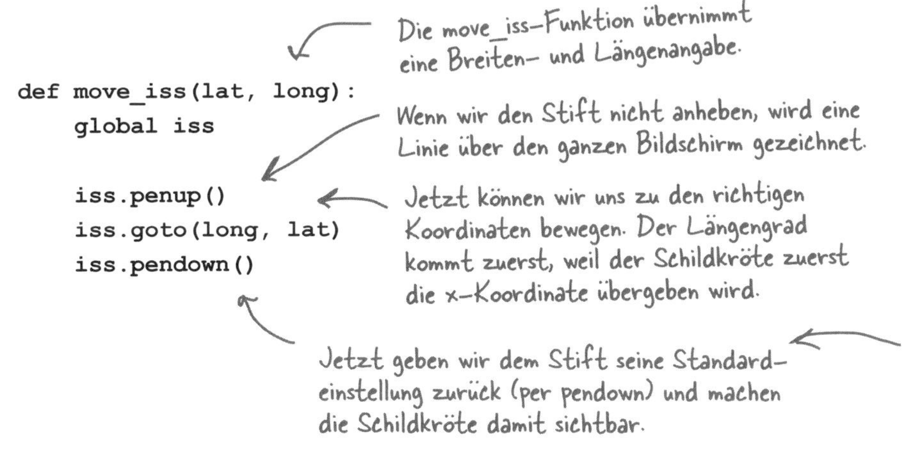

```
def move_iss(lat, long):
    global iss

    iss.penup()
    iss.goto(long, lat)
    iss.pendown()
```

Den ISS-Code fertigstellen

Jetzt können wir die `move_iss`-Funktion und den Code zum Abfragen der Länge und Breite aus dem `position`-Dictionary in unser Programm einbauen. Danach rufen wir `move_iss` mit diesen Werten auf:

```
import requests, json, turtle

def move_iss(lat, long):
    global iss

    iss.penup()
    iss.goto(long, lat)
    iss.pendown()

screen = turtle.Screen()
screen.setup(1000,500)
screen.bgpic('earth.gif')
screen.setworldcoordinates(-180, -90, 180, 90)

iss = turtle.Turtle()
turtle.register_shape("iss.gif")
iss.shape("iss.gif")

url = 'http://api.open-notify.org/iss-now.json'

response = requests.get(url)

if (response.status_code == 200):
    response_dictionary = json.loads(response.text)
    position = response_dictionary['iss_position']
    print('International Space Station at ' +
        position['latitude'] + ', ' + position['longitude'])
    lat = float(position['latitude'])
    long = float(position['longitude'])
    move_iss(lat, long)
else:
    print("Houston, we have a problem:", response.status_code)

turtle.mainloop()
```

Die Funktion move_iss bauen wir am Anfang der Datei ein.

Die print-Anweisung für die Ausgabe der Position wird nicht mehr gebraucht. Schließlich haben wir jetzt eine Grafik!

Wir nehmen die Strings für die geografische Breite (latitude) und Länge (longitude), konvertieren sie in Fließkommazahlen und übergeben sie zusammen mit unserer ISS-Schildkröte an die move_iss-Funktion.

Endlich! Stellen Sie sicher, dass Ihr Code komplett eingegeben und aktualisiert ist. Danach sollten Sie in der Lage sein, die Position der ISS auf Ihrer Karte zu sehen. Probieren Sie das gleich einmal aus!

Die ISS bewegt sich übrigens mit 7,6 Kilometer pro Sekunde.

Die ISS umkreist die Erde alle 92 Minuten. Führen Sie Ihren Code also mehrmals aus, um zu sehen, wie sich die Position verändert.

Glückwunsch. Mission erfolgreich!

Hanteltraining fürs Gehirn

Großartig! Mit ein paar Codezeilen haben wir die Position der ISS bestimmt und in einer coolen Grafik dargestellt. Aber wissen Sie, was unseren Code noch cooler machen würde? Wenn er die Position der ISS über einen bestimmten Zeitraum *mitverfolgen* könnte und nicht nur für einen Moment. Bevor wir das umsetzen, sollten wir unseren Code etwas aufräumen. Schließlich haben wir unsere Abstraktionsfähigkeiten schon lange nicht mehr genutzt. Hier ist unser Versuch, den Code ein wenig zu refaktorieren. Das ist doch schon viel besser lesbar (und Sie werden es auf der folgenden Seite auch brauchen):

```
import requests, json, turtle

iss = turtle.Turtle()

def setup(window):
    global iss

    window.setup(1000,500)
    window.bgpic('earth.gif')
    window.setworldcoordinates(-180, -90, 180, 90)
    turtle.register_shape("iss.gif")
    iss.shape("iss.gif")

def move_iss(lat, long):
    global iss

    iss.penup()
    iss.goto(long, lat)
    iss.pendown()


def track_iss():
    url = 'http://api.open-notify.org/iss-now.json'
    response = requests.get(url)
    if (response.status_code == 200):
        response_dictionary = json.loads(response.text)
        position = response_dictionary['iss_position']
        lat = float(position['latitude'])
        long = float(position['longitude'])
        move_iss(lat, long)
    else:
        print("Houston, we have a problem:", response.status_code)


def main():
    global iss
    screen = turtle.Screen()
    setup(screen)
    track_iss()

if __name__ == "__main__":
    main()
    turtle.mainloop()
```

Wir verschieben die Einrichtung für das Fenster und die Schildkröten in eine eigene Setup-Funktion.

Hier haben wir übrigens »window« (Fenster) als Parameternamen verwendet (der eigentlich ein screen-Objekt ist). Ob das eine gute Idee ist oder nicht, müssen Sie selbst entscheiden. Wir konnten es einfach nicht lassen. Dies ist vermutlich eine gute Stelle für einen Codekommentar, damit andere Programmierer nicht darüber stolpern.

Viele Änderungen an der move_iss-Funktion gibt es nicht.

Wir haben den Code, der mit der Web-API spricht, in eine Funktion namens track_iss verpackt.

Und schließlich benehmen wir uns wie gute Programmierer und stellen eine main-Funktion bereit.

Hier ist der Code, um die ISS in Echtzeit mitzuverfolgen. In diesem Beispiel ändert sich die Position der ISS alle fünf Sekunden. Da dies als »Hanteltraining fürs Gehirn« gilt, sollen Sie herausfinden, wie der Code funktioniert. Lesen Sie ihn sorgfältig und versuchen Sie, ihn zu verstehen. Im folgenden Kapitel werden wir dann im Detail erklären, was hier genau passiert.

```
import requests, json, turtle

iss = turtle.Turtle()

def setup(window):
    global iss

    window.setup(1000,500)
    window.bgpic('earth.gif')
    window.setworldcoordinates(-180, -90, 180, 90)
    turtle.register_shape("iss.gif")
    iss.shape("iss.gif")

def move_iss(lat, long):
    global iss

    iss.hideturtle()
    iss.penup()
    iss.goto(long, lat)
    iss.pendown()
    iss.showturtle()

def track_iss():
    url = 'http://api.open-notify.org/iss-now.json'
    response = requests.get(url)
    if (response.status_code == 200):
        response_dictionary = json.loads(response.text)
        position = response_dictionary['iss_position']
        lat = float(position['latitude'])
        long = float(position['longitude'])
        move_iss(lat, long)
    else:
        print("Houston, we have a problem:", response.status_code)
    widget = turtle.getcanvas()
    widget.after(5000, track_iss)

def main():
    global iss
    screen = turtle.Screen()
    setup(screen)
    track_iss()

if __name__ == "__main__":
    main()
    turtle.mainloop()
```

Wir haben zwei Codezeilen hinzugefügt.

Mit diesem Code wird die Position der ISS alle fünf Sekunden aktualisiert.

Punkt für Punkt

- Sie können Python nutzen, um mit einer Web-API zu kommunizieren und die zurückgelieferten Daten in Ihrem Programm weiterzuverwenden.
- Eine Web-API (Application Programming Interface) besitzt normalerweise eine Dokumentation, die beschreibt, welche Daten und Dienste zur Verfügung stehen.
- Oft müssen Sie sich registrieren und einen Schlüssel oder ein Autorisierungstoken angeben, um eine Web-API benutzen zu können.
- Um eine Web-API in Python einzusetzen, führen Sie einen HTTP-Request aus, wie das auch ein Browser tun würde.
- Web-APIs liefern ihre Antwort oft im JSON-Format zurück.
- **JSON** steht für JavaScript Object Notation und wurde entwickelt, um eine Standardmethode für den Datenaustausch zwischen verschiedenen Sprachen bereitzustellen.
- Die JSON-Syntax hat große Ähnlichkeit mit Python-Dictionaries.
- Das requests-Package ist kostenlos und quelloffen erhältlich und dient der Ausführung von Web-Requests.
- Ein Package ist eine Sammlung von Python-Modulen.
- Das requests-Package kann mit dem Hilfsprogramm **pip** installiert werden.
- **pip** steht für »**pip** installs packages«.
- Wir haben die **get**-Methode aus der requests-Bibliothek benutzt, um einen Web-Request durchzuführen.
- Die **get**-Methode gibt ein **Response**-(»Serverantwort«-)Objekt zurück, das einen Statuscode, den Text der Response (oftmals im JSON-Format) und die Header des Requests enthält.
- Der Statuscode 200 bedeutet, dass der Request erfolgreich ausgeführt wurde.
- Das json-Modul ist fester Bestandteil von Python. Es stellt Methoden bereit, mit denen JSON-Strings in eine Python-Datenstruktur (z. B. ein Dictionary oder eine Liste) umgewandelt werden können.
- Das screen-Objekt aus der turtle-Bibliothek bietet die Möglichkeit, ein Hintergrundbild für ein Fenster zu definieren. Außerdem kann das Koordinatensystem für das Schildkröten-Raster angepasst werden.

Programmierer-Kreuzworträtsel

Willkommen zurück auf der Erde. Geben Sie Ihrer rechten Hirnhälfte mal etwas anderes zu tun. Wie immer ist dies ein ganz normales Kreuzworträtsel, bei dem alle Lösungswörter aus diesem Kapitel stammen.

Waagerecht

3. Format für den Datenaustausch.
5. Sollte man vor der Verwendung einer Web-API lesen.
7. Datenattribut des Response-Objekts.
8. Erstrecken sich von Norden nach Süden.
10. Das hatte unser Code nötig.
11. Er hat die API zur ISS-Positionsbestimmung geschrieben (Vorname).
12. Für Web-Requests verwendetes Protokoll.
13. Welche Raumstation?
15. Bei einem Statuscode 200 war der Request _______.
16. Ein Open-Source-Paket für Web-Requests.

Senkrecht

1. Was befindet sich in einem Package?
2. Minuten für eine Erdumrundung
4. Sprache, für die JSON ursprünglich entwickelt wurde.
6. Was installiert pip?
7. Wird oft gebraucht, um auf eine Web-API zuzugreifen.
9. 200 ist einer.
10. Auf so einem leben unsere Schildkröten.
14. Dies mussten wir beim turtle-Modul anmelden, um die Raumstation zu zeigen.

LÖSUNG ZUR ÜBUNG

Geben Sie die folgende URL in Ihren Browser ein. Wie sieht das Ergebnis aus?

http://api.open-notify.org/iss-now.json

Sehr cool. Wir haben gerade die aktuelle Position der ISS ermittelt. Beachten Sie, dass die Antwort mehrere Schlüssel enthält und der Schlüssel iss_position einen weiteren Satz von Schlüssel/Wert-Paaren beinhaltet (die geografische Breite und Länge).

Hier ist unser Ergebnis.

```
{
 "message": "success",
 "timestamp": 1500664795,
 "iss_position":
      {
         "longitude": "-110.6066",
         "latitude": "-50.4185"
      }
}
```

Die Formatierung hängt von Ihrem Browser ab. Einige Browser laden das eventuell sogar als Datei herunter, die Sie mit einem Texteditor öffnen und untersuchen können.

Beachten Sie, dass die Breite und Länge als Strings bei uns ankommen. Wenn die Zeit reif ist, müssen wir sie in Fließkommazahlen (Floats) umwandeln, um sie weiterverwenden zu können.

Spitzen Sie Ihren Bleistift Lösung

Nehmen Sie den JSON-Code von Seite 445, konvertieren Sie ihn von Hand in ein Python-Dictionary und schreiben Sie es unten auf. Danach vervollständigen Sie den unten stehenden Code. Um herauszufinden, was er tut, müssen Sie sich die Ausgaben ansehen.

```
current = {'temperature': 22.0,
           'precip_prob': '58%',
           'location': {
                   'city': 'London',
                   'country': 'UK'
             }
          }
loc = current['location']
print('In',
      loc['city'] + ', ' + loc['country'],
      'it is',
      current['temperature'],'degrees')
```

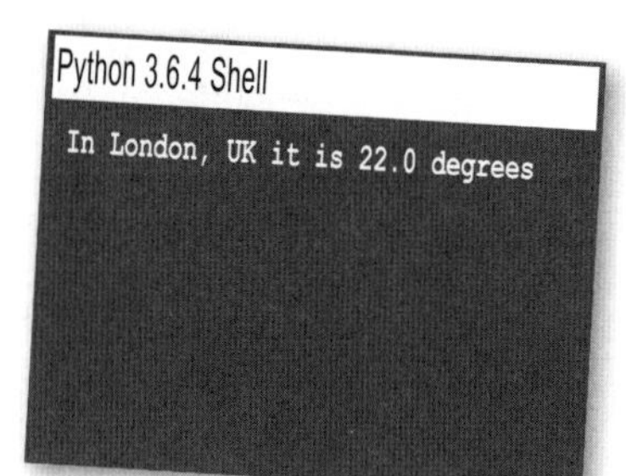

Programmierer-Kreuzworträtsel, Lösung

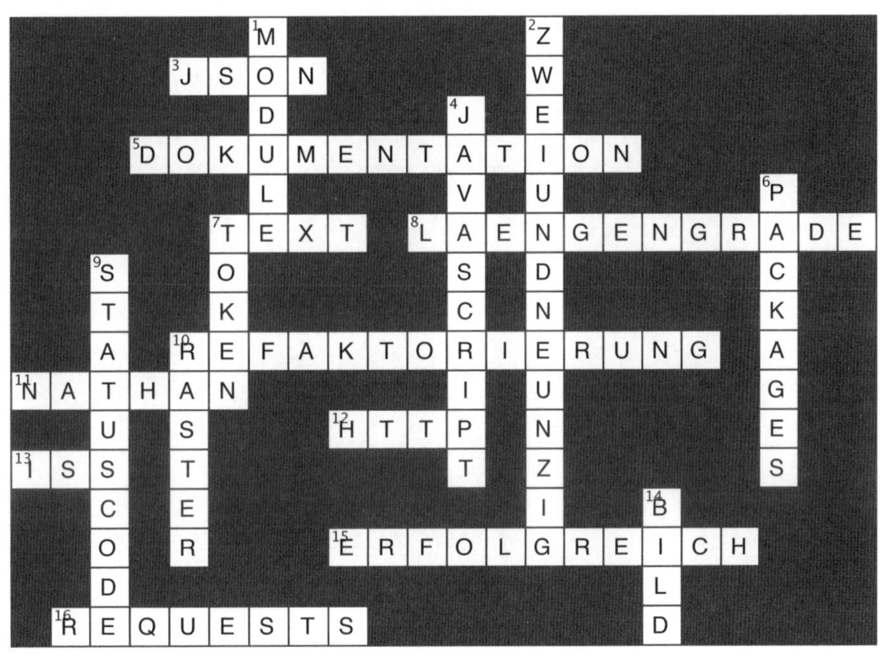

11 Widgets, Events und emergentes Verhalten

Interaktivität

In diesem Kapitel geht es um Hardcore-Programmierung. Arbeiten Sie hart, schlafen Sie genug, trinken Sie viel Wasser, seien Sie geduldig, bleiben Sie dran – am anderen Ende haben Sie das nächste Level geknackt!

Sie haben inzwischen schon einige grafische Applikationen geschrieben. Eine echte grafische Benutzerschnittstelle fehlt aber noch. Das heißt, Sie haben noch nichts programmiert, mit dessen Hilfe der Benutzer mit einer grafischen Benutzeroberfläche (auch als GUI bezeichnet) interagieren kann. Hierfür brauchen Sie eine neue Denkweise dazu, wie ein Programm ausgeführt wird, sodass es direkt auf die Benutzereingaben **reagiert**. Hat der Benutzer gerade einen Button angeklickt? Dann sollte Ihr Code auch wissen, wie er darauf reagieren muss und was als Nächstes zu tun ist. Die Programmierung von Benutzeroberflächen unterscheidet sich stark von der bisher verwendeten prozeduralen Vorgehensweise. Sie brauchen eine neue Art, über das Problem nachzudenken. In diesem Kapitel werden Sie Ihr erstes echtes GUI programmieren. Das wird übrigens weder ein einfacher To-do-Listenmanager noch ein Höhe/Breite-Rechner. Wir machen etwas viel Interessanteres. Wir schreiben einen Simulator für künstliches Leben mit emergentem (sich weiterentwickelndem) Verhalten. Und was heißt das? Blättern Sie um und finden Sie es heraus.

Ausgesprochen wird es >>Guh-Ih<<

Willkommen in der WUNDERVOLLEN WELT des KÜNSTLICHEN LEBENS

Einfach CODE HINZUFÜGEN und FERTIG! Mit unserem **absolut einfachen Algorithmus** und vier simplen Regeln werden Sie in kürzester Zeit echtes künstliches Leben mit **emergentem Verhalten** zu sehen bekommen. Und das funktioniert so:

Unser künstliches Leben besteht aus mehreren Zellen, die auf einem Raster leben.

Auf jedem Feld des Rasters kann eine Zelle entweder lebendig oder tot sein.

Lebendige Zellen werden schwarz dargestellt.

Wir berechnen die nächste Generation der Zellen nach vier einfachen Regeln.

DIE REGELN

1. **GEBURT**: Eine neue Zelle wird geboren, wenn sie von genau drei lebendigen Zellen umgeben ist.
2. **LEBEN**: Eine Zelle lebt, solange sie von zwei oder drei lebendigen Zellen umgeben ist.
3. **TOD**: Eine Zelle stirbt an Einsamkeit, wenn sie von weniger als zwei lebendigen Zellen umgeben ist.
4. Eine Zelle stirbt an zu viel Enge, wenn sie von vier oder mehr Zellen umgeben ist.

Diese einfachen Regeln sind auch als *Spiel des Lebens* bekannt. Um das Spiel zu spielen, platzieren Sie lebendige Zellen auf dem Raster. Dann werden anhand der Regeln neue Generationen berechnet. Obwohl die Regeln ziemlich einfach sind, lässt sich nur herausfinden, wie sich das Leben entwickelt, indem man *das Spiel spielt*. Richtig gelesen. Das interessante Verhalten ergibt sich aus diesen einfachen Regeln. Ohne die Berechnungen auszuführen, können wir Ihnen nicht einmal sagen, ob das Spiel jemals aufhört, sich weiterzuentwickeln. Mehr zu diesem dramatischen Thema erfahren Sie gleich. Um das Spiel überhaupt spielen zu können, müssen wir also erst einmal unseren eigenen »Spiel des Lebens«-Simulator schreiben. Also nichts wie los!

Das Spiel des Lebens wurde von dem britischen Mathematiker John Conway entdeckt. Mehr dazu unter https://de.wikipedia.org/wiki/Conways_Spiel_des_Lebens.

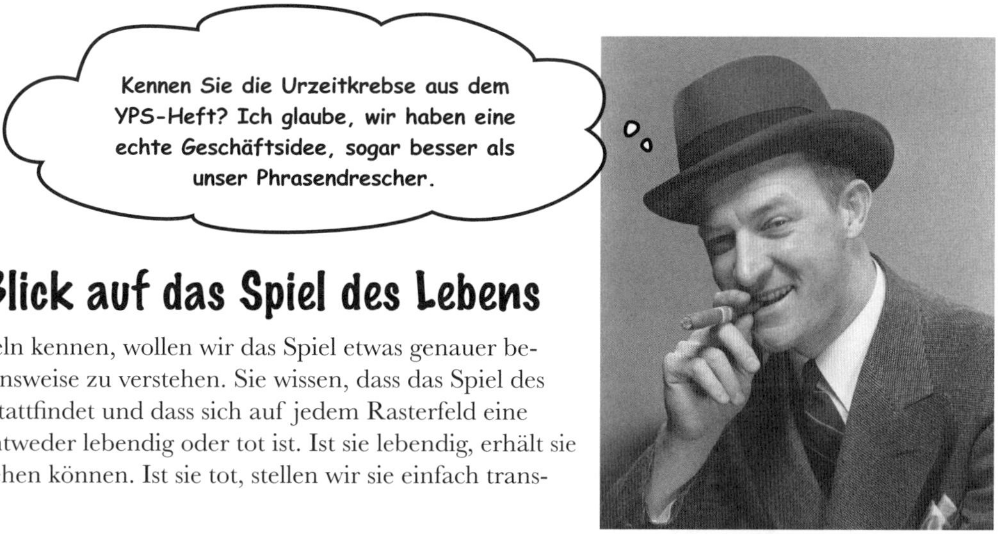

Kennen Sie die Urzeitkrebse aus dem YPS-Heft? Ich glaube, wir haben eine echte Geschäftsidee, sogar besser als unser Phrasendrescher.

Ein genauerer Blick auf das Spiel des Lebens

Nachdem Sie die vier Regeln kennen, wollen wir das Spiel etwas genauer betrachten, um seine Funktionsweise zu verstehen. Sie wissen, dass das Spiel des Lebens auf einem Raster stattfindet und dass sich auf jedem Rasterfeld eine Zelle befinden kann, die entweder lebendig oder tot ist. Ist sie lebendig, erhält sie eine Farbe, damit wir sie sehen können. Ist sie tot, stellen wir sie einfach transparent dar.

Unser Spiel des Lebens-Simulator berechnet nacheinander neue Zellgenerationen. Hierfür werden die vier Regeln auf jede Zelle im Raster angewandt. Danach werden die Zellen, basierend auf dem Ergebnis, gemeinsam aktualisiert. Dieser Vorgang wiederholt sich ständig, wobei immer neue Generationen berechnet werden. Sehen wir, welche Auswirkungen die Regeln in einigen unterschiedlichen Fällen haben.

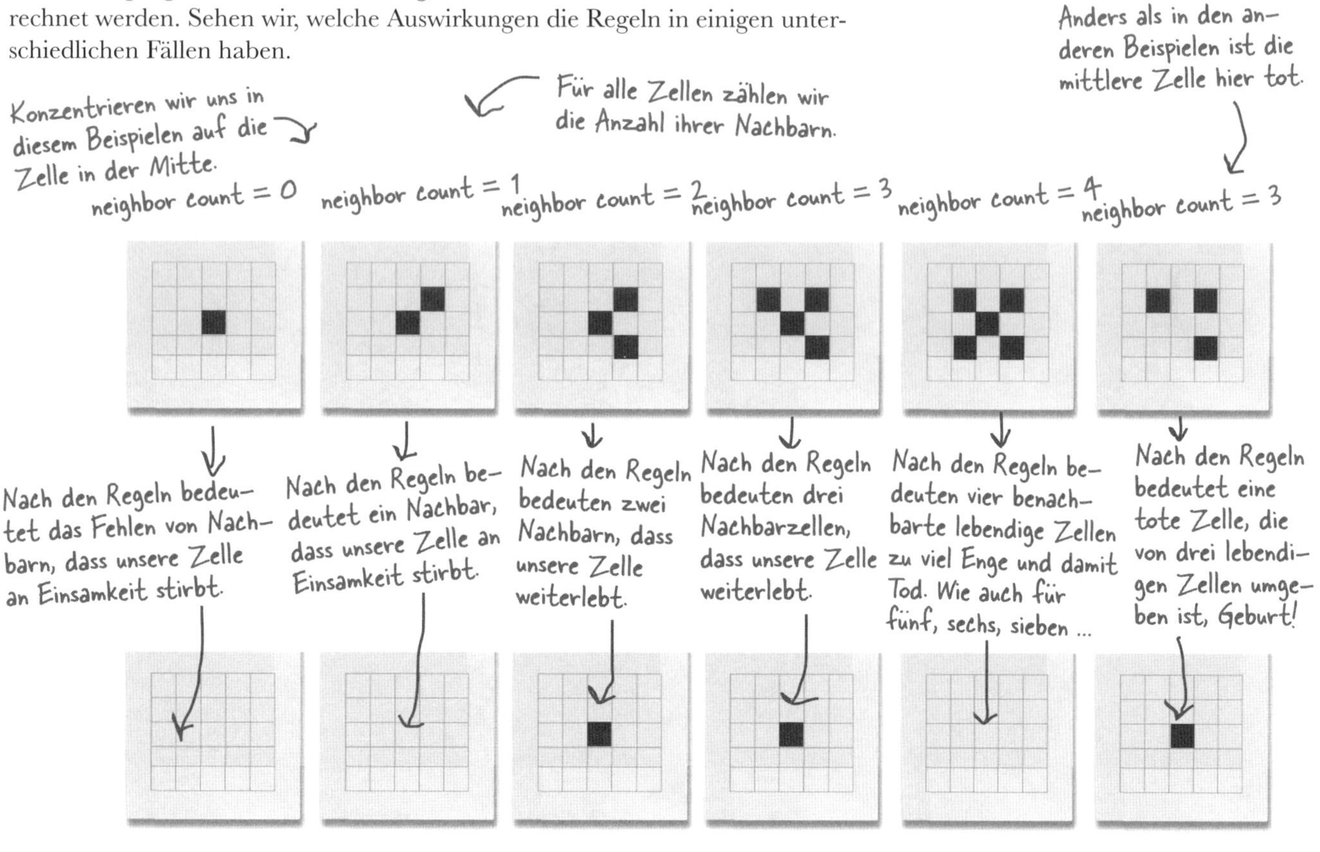

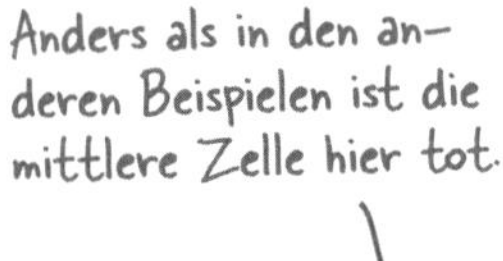

Anders als in den anderen Beispielen ist die mittlere Zelle hier tot.
Für alle Zellen zählen wir die Anzahl ihrer Nachbarn.
Konzentrieren wir uns in diesem Beispielen auf die Zelle in der Mitte.
neighbor count = 0
neighbor count = 1
neighbor count = 2
neighbor count = 3
neighbor count = 4
neighbor count = 3
Nach den Regeln bedeutet das Fehlen von Nachbarn, dass unsere Zelle an Einsamkeit stirbt.
Nach den Regeln bedeutet ein Nachbar, dass unsere Zelle an Einsamkeit stirbt.
Nach den Regeln bedeuten zwei Nachbarn, dass unsere Zelle weiterlebt.
Nach den Regeln bedeuten drei Nachbarzellen, dass unsere Zelle weiterlebt.
Nach den Regeln bedeuten vier benachbarte lebendige Zellen zu viel Enge und damit Tod. Wie auch für fünf, sechs, sieben …
Nach den Regeln bedeutet eine tote Zelle, die von drei lebendigen Zellen umgeben ist, Geburt!

Echt jetzt? Vier Regeln? Und das soll interessant sein?

Sie werden überrascht sein …

Das Spiel des Lebens ist ein **generatives System**. Es besitzt eine Reihe vordefinierter oft einfacher Regeln. Dabei erzeugt es unerwartete und nicht vorhersehbare Verhaltensweisen. Generative Systeme wurden im Bereich der Kunst und Musik, als Basis philosophischer Diskussionen über das Universum sowie beim maschinellen Lernen eingesetzt. Es gibt kein besseres Beispiel für generative Systeme als Conways Spiel des Lebens. Basierend auf vier einfachen Regeln, gibt es einige Verhaltensweisen, die Sie im Simulator (den Sie gleich anschließend bauen) sehen werden …

Muster, die sich zwischen zwei Zuständen hin- und herbewegen.

»Gleiter«, die sich über das Raster bewegen.

Stabile Strukturen, die ewig leben, wenn man sie nicht stört.

Chaotische Zustände entwickeln sich unvorhersehbar.

Wie wird das enden? Gibt es überhaupt ein Ende? Das kriegen wir nur heraus, wenn wir es berechnen.

Spitzen Sie Ihren Bleistift

Bevor Sie anfangen zu programmieren, sollten Sie sich manuell durch ein paar Generationen des Spiels des Lebens arbeiten. Benutzen Sie Generation 1 als Startpunkt und berechnen Sie dann die Generationen 2 bis 6, indem Sie die folgenden Spielregeln immer wieder anwenden:

- Hat eine Zelle drei lebendige Nachbarn, wird sie in der folgenden Generation lebendig.
- Hat eine lebendige Zelle zwei oder drei lebendige Nachbarn, lebt sie in der folgenden Generation weiter.
- Hat eine lebendige Zelle weniger als zwei lebendige Nachbarn, stirbt sie in der folgenden Generation.
- Hat eine lebendige Zelle mehr als drei lebendige Nachbarn, stirbt sie in der folgenden Generation.

Dies ist Ihr Startpunkt.

Vergessen Sie nicht, die toten Zellen um die lebendigen zu berechnen: Es könnte eine Geburt geben!

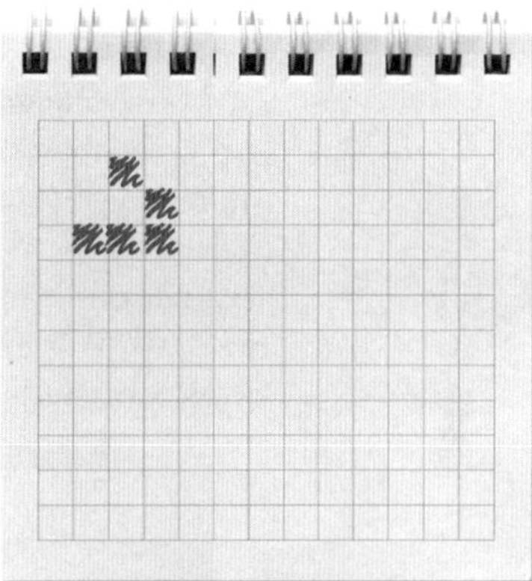

Generation 1

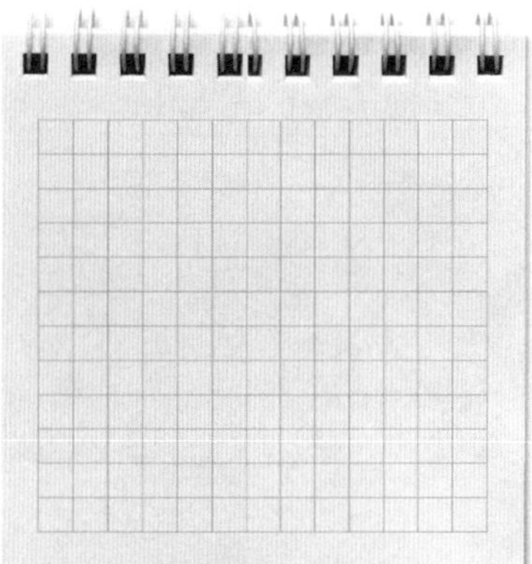

Generation 2

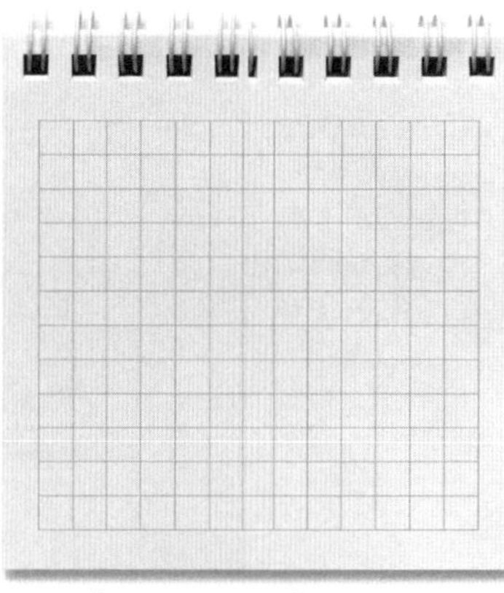

Generation 3

Wenden Sie die Regeln des Spiels des Lebens an und markieren Sie die Ergebnisse in Generation 2.

Danach werden die Regeln auf Generation 2 angewandt und so weiter.

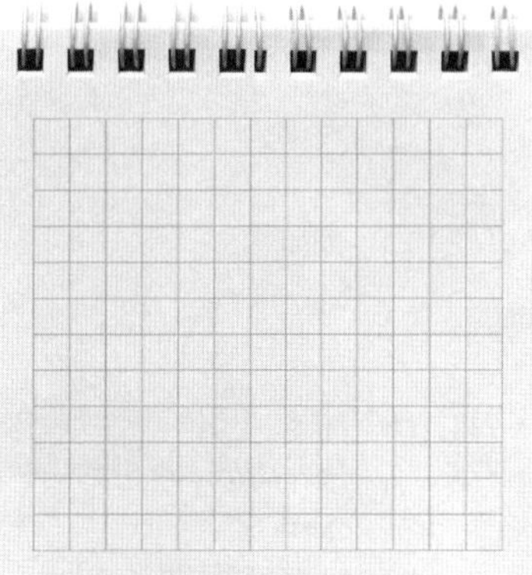

Generation 4

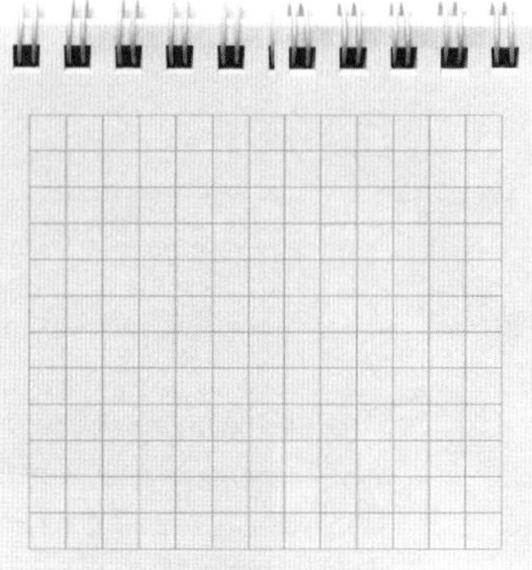

Generation 5

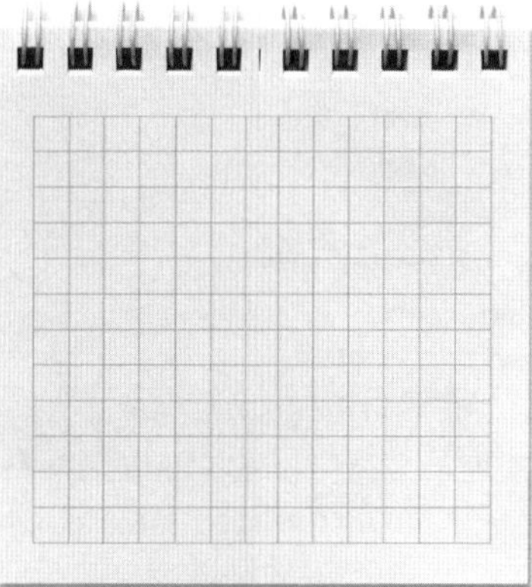

Generation 6

Was wir bauen werden

Wie die Übung auf dem Papier zeigt, ist es schwierig, ein Gefühl dafür zu bekommen, warum das Spiel des Lebens ein »generatives System mit emergentem Verhalten« sein soll, ohne einen Computer zu Hilfe zu nehmen. Deshalb werden wir uns jetzt einen »Spiel des Lebens«-*Simulator* programmieren. Dieser stellt die Felder des Rasters dar und ermöglicht Benutzern, das Raster anzuklicken, um Zellen eingeben zu können. Außerdem gibt es ein paar Buttons, mit denen die Aktionen des Simulators kontrolliert werden können. Und wir brauchen eine Möglichkeit, das Raster zu leeren und neu anzufangen oder es mit vordefinierten Mustern zu befüllen. Wir reden also über eine ausgewachsene Benutzeroberfläche.

Ein Vorteil bei der Erstellung von Benutzeroberflächen ist die Möglichkeit, sie selbst auf einem Stück Papier skizzieren zu können. Das ist kein Witz, sondern eine großartige Technik. Machen wir eine Skizze:

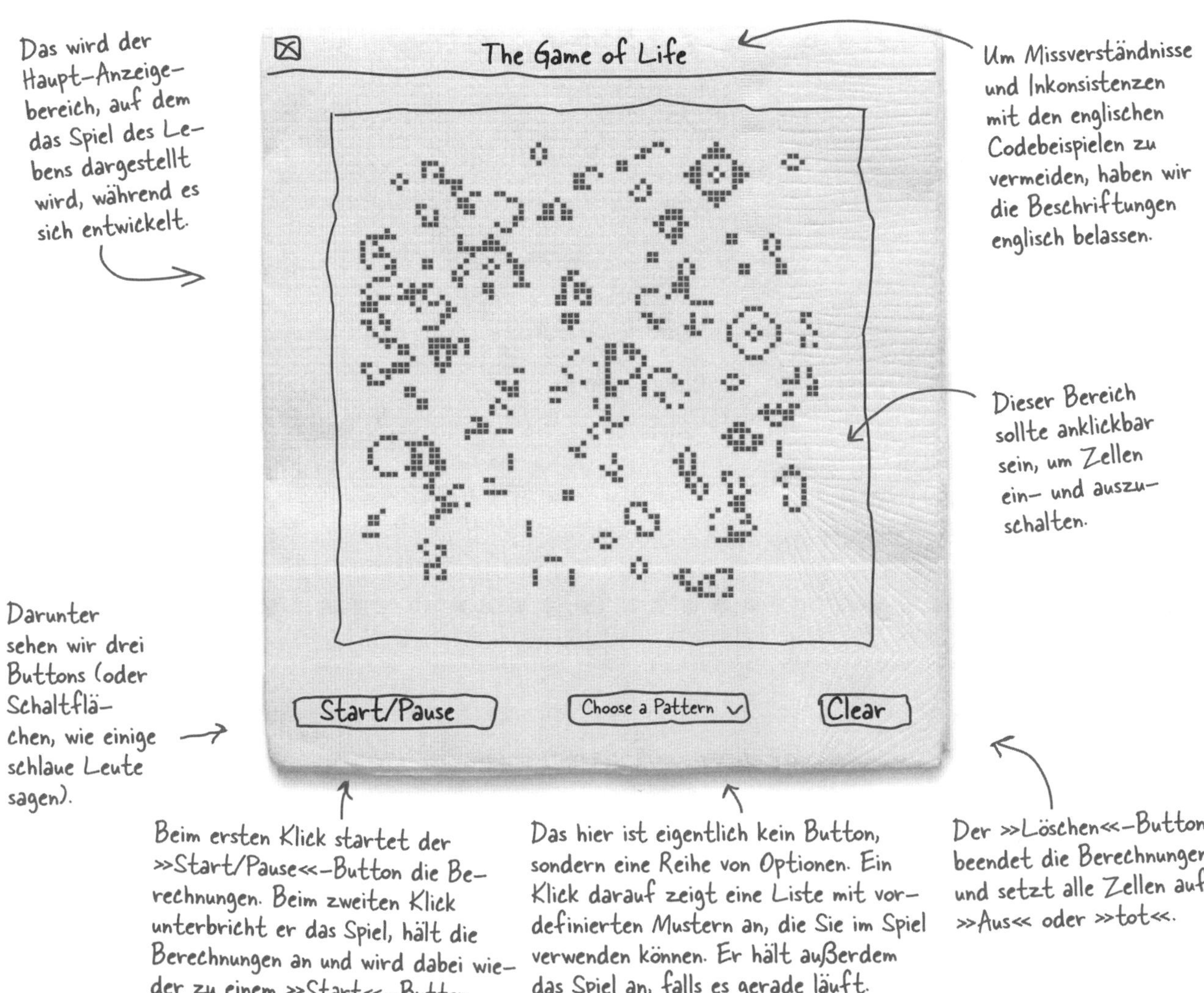

Haben wir das richtige Design?

Die Gestaltung und das Testen von Schnittstellen (»Interface-Design«) ist eine Kategorie für sich. Es gibt Leute, die ihre gesamte Karriere damit verbringen, Benutzerschnittstellen zu gestalten, zu testen und zu perfektionieren. Um Ihre eigenen Schnittstellen zu verbessern, gibt es einfachere Techniken, für die Sie kein sechsstelliges Budget brauchen. Eine davon heißt *Paper Prototyping*. Beim Paper Prototyping zeichnen wir die Benutzerschnittstelle auf ein Stück Papier (das haben wir schon getan) und führen dann unsere Testbenutzer durch eine Reihe von *Anwendungsfällen*. Dabei wird die Papierschnittstelle wie eine echte Benutzerschnittstelle am Computer benutzt. Auf diese Weise können Sie feststellen, wie echte Benutzer Ihr Design verwenden und welche Fehler und Missverständnisse dabei auftreten.

Beim Testen der Benutzbarkeit probieren echte Anwender ein Produkt aus, um zu sehen, wie gut es funktioniert (oder auch nicht).

Stellen Sie sich die Anwendungsfälle als Reihe von Aktionen oder Szenarien vor, die ein typischer Anwender durchlaufen kann.

Experten für Benutzbarkeit sind der Meinung, dass sich ungefähr 85 % aller Benutzbarkeitsprobleme auf diese Weise lösen lassen.

ÜBUNG

Jetzt müssen wir unseren Papier-Prototyp testen. Machen Sie ein paar Kopien dieser und der folgenden Seite (oder drucken Sie sich eine Kopie von *http://wickedlysmart.com/hflearntocode* aus) und schneiden Sie das Spielfeld aus. Dann suchen Sie sich ein paar Freunde, legen ihnen das Spielfeld vor und stellen ihnen ein paar Fragen (zwei Seiten weiter finden Sie ein kleines Skript dafür).

Schneiden Sie das aus. Das wird Ihre Papierschnittstelle.

Haupt-Schnittstelle

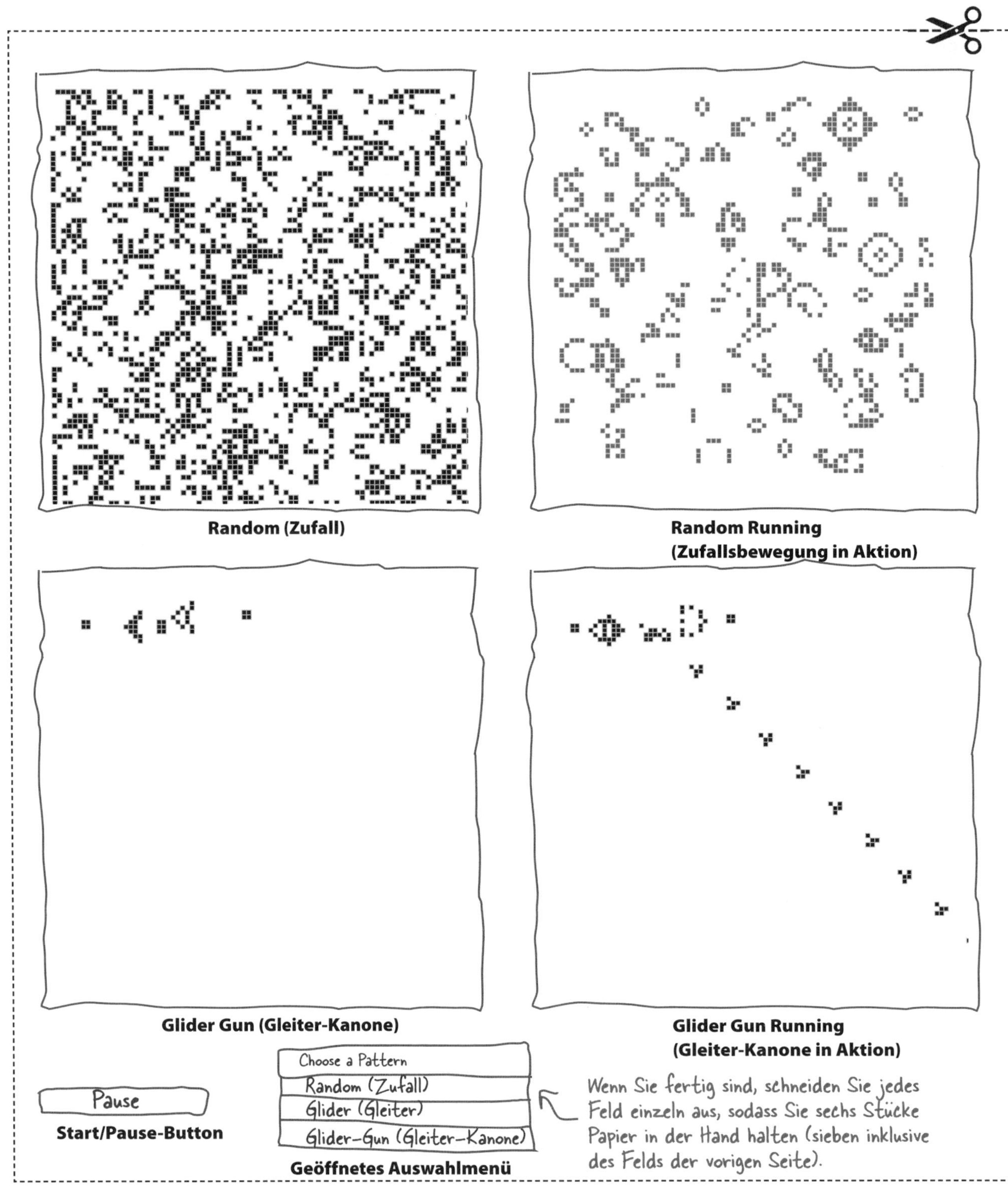
Random (Zufall)
Random Running
(Zufallsbewegung in Aktion)
Glider Gun (Gleiter-Kanone)
Glider Gun Running
(Gleiter-Kanone in Aktion)
Choose a Pattern
Random (Zufall)
Glider (Gleiter)
Glider-Gun (Gleiter-Kanone)
Pause
Start/Pause-Button
Geöffnetes Auswahlmenü
Wenn Sie fertig sind, schneiden Sie jedes Feld einzeln aus, sodass Sie sechs Stücke Papier in der Hand halten (sieben inklusive des Felds der vorigen Seite).

Dieses Skript können Sie mit Ihren Testpersonen durchgehen. Fordern Sie sie auf, laut zu äußern, was sie beim Ausführen der Übung denken. Machen Sie sich Notizen über möglicherweise auftretende Fehler und Missverständnisse bei der Benutzung Ihrer Schnittstelle. Natürlich sollten Sie sich auch die Dinge aufschreiben, die gut funktionieren.

1. Platzieren Sie den Ausschnitt mit der **Haupt-Schnittstelle** vor Ihrer Testperson.
2. Geben Sie Ihrer Testperson eine kurze Erklärung zum Spiel des Lebens und der Funktionsweise des Simulators.
3. Sagen Sie Ihrer Testperson, dass eine einfache Startmöglichkeit darin besteht, ein Zufallsmuster in das Raster zu laden. Fragen Sie die Testperson, ob sie selbstständig herausfinden kann, was dafür zu tun ist.

   Antwortet die Testperson, dass sie auf »Choose a Pattern« klickt, verdecken Sie diesen Button mit dem Ausschnitt für das geöffnete Auswahlmenü.

   Antwortet die Testperson, dass sie die Option »Random« (Zufall) anklickt, legen Sie den Ausschnitt **Random (Zufall)** über das Raster und entfernen den **Choose a Pattern**-Ausschnitt wieder.

   Sagen Sie der Testperson, dass sie ein neues Raster mit einer zufälligen Auswahl lebendiger Zellen geladen haben.
4. Fragen Sie Ihre Testperson, ob sie herausfinden kann, wie man neue Generationen berechnet.

   Warten Sie, bis Ihre Testperson auf den Start/Pause-Button klickt. Tut sie das nicht, geben Sie ihr ein paar Tipps. Wurde der Button angeklickt, platzieren Sie den Ausschnitt **Random Running (Zufallsbewegung in Aktion)** über dem Raster. Verdecken Sie außerdem den Start/Pause-Button mit dem Ausschnitt für den Pause-Button. Erklären Sie der Testperson, dass sie eine sich entwickelnde Szene lebender und sterbender Zellen sieht.
5. Fordern Sie Ihre Testperson auf, das Raster zu leeren. Kann sie den »Clear«-(Löschen-)Button nicht finden, geben Sie Hinweise, bis der Button gefunden wird. Klickt die Testperson auf den »Clear«-Button, entfernen Sie die Ausschnitte **Random Running (Zufallsbewegung in Aktion)** und **Pause-Button**.
6. Fordern Sie Ihre Testperson auf, einige lebendige Zellen auf dem Raster zu platzieren. Falls nötig, helfen Sie ihr, bis sie das Raster anklickt. Benutzen Sie einen Stift, um Punkte auf dem Raster einzuzeichnen.
7. Fordern Sie Ihre Testperson auf, eine neue Generation Zellen zu erzeugen. Auch diesmal sollte die Testperson den Start/Pause-Button anklicken. Ist das geschehen, platzieren Sie wieder den **Zufallsbewegung in Aktion**-Ausschnitt über dem Raster und den Ausschnitt mit dem **Pause-Button** über dem Platzhalter für den Start/Pause-Button. Erklären Sie der Testperson, dass sie eine sich entwickelnde Szene lebendiger und sterbender Zellen sieht.
8. Fordern Sie Ihre Testperson auf, die Erzeugung von Zellen zu unterbrechen. Sie sollte den Pause-Button finden. In diesem Fall entfernen Sie den **Pause-Button**-Ausschnitt.
9. Fordern Sie Ihre Testperson nun auf, das »Gleiter-Kanone«-Muster zu laden. Klickt die Testperson auf »Choose a Pattern«, platzieren Sie den Ausschnitt mit dem geöffneten Auswahlmenü über dem »Choose a Pattern«-Button. Klickt die Testperson auf »Glider Gun«, platzieren Sie den Ausschnitt **Glider Gun (Gleiter-Kanone)** auf dem Raster und entfernen den **Choose a Pattern**-Ausschnitt.
10. Fordern Sie die Testperson auf, den Simulator neu zu starten. Klickt die Person auf den Start/Pause-Button, platzieren Sie den Ausschnitt **Glider Gun Running (Gleiter-Kanone in Aktion)** auf dem Raster und verdecken den Start/Pause-Button mit dem Ausschnitt **Pause-Button**. Erklären Sie der Testperson, dass sie einen unendlichen Strom von Gleitern sieht, die sich das Raster hinabbewegen.
11. Sagen Sie Ihrer Testperson, dass der Test damit abgeschlossen ist, und bedanken Sie sich für die Teilnahme.

TIPP: Treten beim Testen größere Probleme auf, sollten Sie anhalten und sie ausräumen. Da dies ein gedrucktes Buch ist, können wir uns diesen Luxus hier leider nicht erlauben. Merken Sie sich diese Dinge, während wir uns durch das Kapitel bewegen, und überlegen Sie, was Sie ändern würden.

Es kann nicht schaden, ein paar Kekse als Dankeschön bereitzuhalten.

Wie wir den Simulator erstellen

Nachdem Sie auf dem Papier ein Design für die Schnittstelle erstellt haben und wir außerdem ein paar Prototypentests auf dem Papier durchgeführt haben, können wir sicher sein, dass wir die Implementierung umsetzen können. Dafür müssen wir uns gut überlegen, wie das geschehen soll.

Wir verwenden ein bewährtes Design, das im professionellen Bereich sehr oft für die Erstellung von Schnittstellen eingesetzt wird. Hierbei wird der Code auf drei konzeptuelle Bereiche aufgeteilt: das *Model*, also das zugrunde liegende Datenmodell, den *View*-Code für die Darstellung und den *Controller*, bekannt als MVC.

Die Trennung in eigenständige Model-, View- und Controller-Komponenten bedeutet üblicherweise, dass ein objektorientierter Ansatz nötig ist, etwas, über das wir erst im folgenden Kapitel detailliert sprechen werden. Trotzdem folgt unser Konzept diesem Design. Anders gesagt: Wir werden uns vom MVC-Entwurfsmuster zwar inspirieren lassen, ihm aber hier nicht buchstabengetreu folgen. Dabei halten wir die Dinge so einfach wie möglich.

Dieses Design wird oft als MVC-Entwurfsmuster bezeichnet: Model-View-Controller.

Das Design sieht ungefähr so aus:

Der View

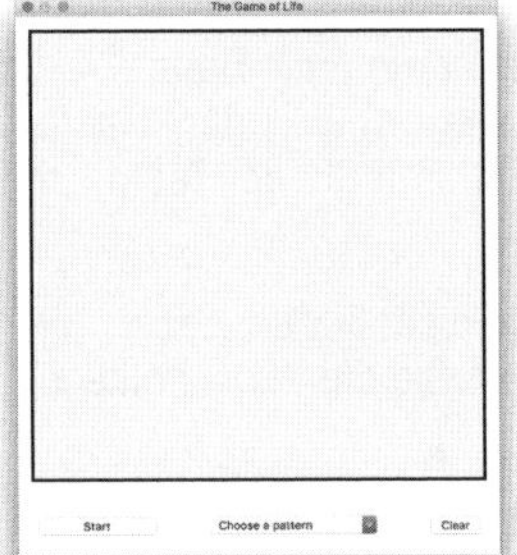

Der **View**-Code ist für die Darstellung in der Schnittstelle, dem Interface, zuständig. Er kümmert sich nicht darum, was berechnet wird, sondern muss nur wissen, dass Daten auf dem Raster dargestellt werden müssen.

Der Controller

Der **Controller** übernimmt die bei der Benutzerschnittstelle eingehenden Benutzereingaben (z.B. um das Spiel zu beginnen) und bildet sie auf Anfragen an das Model oder den View ab.

Das Model

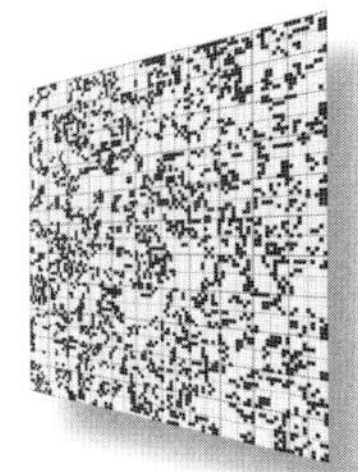

Der Code für das **Model** kümmert sich um die Daten für das Raster und die Felder und darum, wie neue Generationen berechnet werden, aber nicht um die Darstellung. Dafür ist der View zuständig.

Ein komplettes Subgenre namens »Software Design Patterns« (Software-Entwurfsmuster) beschäftigt sich mit der Funktionsweise dieser Designs und wie sie sich im Laufe der Zeit verändert haben.

Der Code besteht also aus drei unterschiedlichen Teilen: einem View, der sich um die Darstellung kümmert, einem Model, das sich nur darum kümmert, das Raster mit Zellen zu berechnen (wobei ihm die Darstellung ziemlich egal ist), und einem Controller, der die Benutzerinteraktionen mit verwaltet und bei Bedarf Befehle an View und Model weiterreicht.

Aber wozu der Aufwand? Warum brauchen wir dieses MVC-Design überhaupt? Im Laufe der Zeit haben Programmierer gelernt, dass Programme mit Benutzerschnittstellen oft viel zu schnell zu einem unentwirrbaren Knäuel Spaghetticode (ja, diesen Begriff gibt es wirklich, Google weiß mehr darüber) werden, der kaum noch zu handhaben ist. Das MVC-Design hilft, dies zu vermeiden, indem sich die einzelnen Teile nur um eine bestimmte Aufgabe kümmern (neben weiteren Gründen).

Sie müssen das MVC-Konzept jetzt noch nicht komplett verstehen. Aber nachdem Sie zumindest mit dem Grundgedanken vertraut sind, wird es uns bei der Erstellung des Simulators eine große Hilfe sein. Also, an die Arbeit!

Das Datenmodell (Model) entwickeln

Nach der Arbeit an der Gestaltung unserer Schnittstelle wollen wir zunächst am Datenmodell des Simulators arbeiten. Wie gesagt, das Model braucht eine interne Darstellung aller Felder des Rasters und eine Möglichkeit, die einzelnen Generationen des Spiels auf dem Raster zu berechnen. Dann mal los.

Das Raster im Code abbilden

Im Raster des Simulators speichern wir für jedes Feld einen Integerwert. 0 steht für eine tote Zelle, bei 1 ist sie lebendig.

Sie haben bereits viel Code geschrieben, der einfache, eindimensionale Listen verwendet. Unser Raster hat jedoch zwei Dimensionen (Höhe und Breite). Wie erstellt man eine 2-D-Liste? Dafür benutzen wir eine Technik, die als »verschachtelte Listen« bezeichnet wird. Ein Raster, das drei Einheiten hoch und vier Einheiten breit ist, könnten wir beispielsweise so formulieren:

```
my_grid = [[0, 1, 2, 3],
           [4, 5, 6, 7],
           [8, 9, 10, 11]]
```

Ein zweidimensionales Raster können wir als verschachtelte Liste abbilden (eine Liste, die eine weitere Liste enthält).

Ein zweidimensionales Raster, drei Einheiten hoch und vier Einheiten breit.

Durch eine spezielle Syntax für den Zugriff auf die zweidimensionale Liste erleichtert Python uns das sogar.

```
value = my_grid[2][3]
print(value)
```

Nicht vergessen, dass Listenindizes bei null beginnen!

Den Wert des Felds bei height = 2 und width = 3 auslesen.

```
Python 3.6.4 Shell
11
>>>
```

Wie erstellen eine Liste, die alle Felder unseres Rasters enthalten soll:

Studieren Sie diesen Code und überzeugen Sie sich, dass er tatsächlich eine verschachtelte Liste erzeugt, die ein Raster abbildet, das height × width Felder enthält.

```
height = 100
width = 100

grid_model = [0] * height

for i in range(height):
    grid_model[i] = [0] * width
```

Diese globalen Variablen enthalten die Breite und Höhe des Rasters.

Erinnern Sie sich an die Listenmultiplikation aus Kapitel 4? Das hier erzeugt eine Liste und füllt sie mit der in height gespeicherten Anzahl von Nullen.

Dann iterieren wir über die Elemente der grid_model-Liste und ersetzen sie jeweils mit einer Liste aus Nullen. Die Anzahl der Nullen entspricht dem Wert von width.

Vermutlich haben Sie sich gefragt, warum wir für die Werte der Felder keine booleschen Werte benutzen (mit denen man »lebendig oder tot« auch ausdrücken kann). Das wäre doch durchaus sinnvoll, oder? Allerdings verringert die Verwendung von Integerwerten die Komplexität unseres Codes – besonders wenn wir die Anzahl der lebenden Nachbarn einer Zelle berechnen müssen.

Eine Generation des Spiels des Lebens berechnen

Nachdem wir einen Ort zum Speichern unserer Zellen haben, benötigen wir etwas Code, um die aufeinanderfolgenden Generationen im Spiel des Lebens zu berechnen. Hierfür müssen wir uns jede einzelne Zelle ansehen und feststellen, ob sie lebt, stirbt oder in der nächsten Runde geboren wird. Zuerst finden wir heraus, wie wir über jede Zelle der Liste iterieren können:

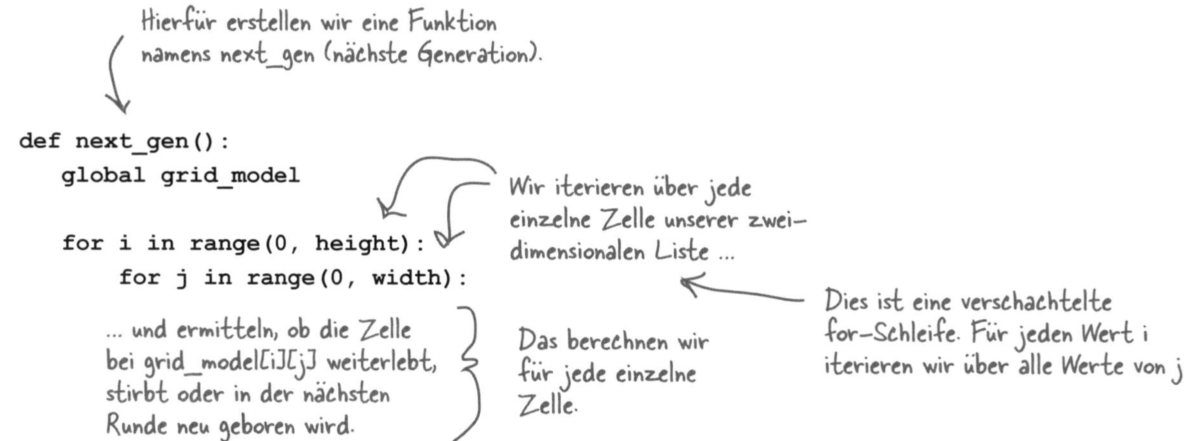

Das Schicksal aller Zellen berechnen

Das Schicksal der einzelnen Zellen wird von den Regeln des Spiels des Lebens bestimmt. Sehen wir uns das noch einmal an:

- Hat eine tote Zelle drei lebendige Nachbarn, erwacht sie in der folgenden Generation zum Leben.
- Hat eine lebende Zelle zwei oder drei lebendige Nachbarn, lebt sie in der folgenden Generation weiter.
- Hat eine lebendige Zelle weniger als zwei lebende Nachbarn, stirbt sie in der folgenden Generation.
- Hat eine lebende Zelle mehr als drei lebendige Nachbarn, stirbt sie in der folgenden Generation.

Auf jede Zelle, über die iteriert wird, müssen diese Regeln angewandt und die entsprechenden Entscheidungen getroffen werden. Ist eine Zelle tot, müssen wir überprüfen, ob sie drei lebendige Nachbarn hat. Falls ja, wird sie geboren. Ist eine Zelle bereits lebendig, benötigt sie zwei oder drei lebendige Nachbarn, um weiterzuleben. In allen andere Fällen stirbt die Zelle in der nächsten Runde. Selbst wenn wir vier Regeln hätten, sind es diese beiden Bedingungen, die bestimmen, ob eine Zelle lebendig oder tot ist. Wir werden diese Logik gleich anwenden. Bevor wir mit der Berechnung beginnen können, brauchen wir allerdings noch eine sehr wichtige Information: die Anzahl der lebendigen Nachbarn jeder Zelle. Um das herauszufinden, müssen wir uns sämtliche Nachbarzellen ansehen.

Dies ist die count_neighbors-Funktion. Sie übernimmt ein Raster sowie eine Zeile und eine Spalte darin und gibt die Anzahl der lebenden Nachbarn für dieses Feld zurück.

```
def count_neighbors(grid, row, col):
    count = 0
    if row-1 >= 0:
        count = count + grid[row-1][col]
    if (row-1 >= 0) and (col-1 >= 0):
        count = count + grid[row-1][col-1]
    if (row-1 >= 0) and (col+1 < width):
        count = count + grid[row-1][col+1]
    if col-1 >= 0:
        count = count + grid[row][col-1]
    if col + 1 < width:
        count = count + grid[row][col+1]
    if row + 1 < height:
        count = count + grid[row+1][col]
    if (row + 1 < height) and (col-1 >= 0):
        count = count + grid[row+1][col-1]
    if (row + 1 < height) and (col+1 < width):
        count = count + grid[row+1][col+1]
    return count
```

Dieser Code addiert die Anzahl der lebendigen Nachbarzellen für die angegebene Zelle.

Dieser Code wird allerdings noch komplexer, weil wir auch den Zustand der Zellen am Rand des Rasters berücksichtigen müssen.

Auf die Plätzchen, fertig ...

Diesen Code brauchen Sie nur einzugeben (oder aus dem Quellcode-Ordner zu diesem Buch zu kopieren). Da wir sicher sind, dass Sie den Code auch selbst schreiben könnten (an diesem Punkt wissen wir, dass Sie sich mit Bedingungen auskennen), werden wir uns in diesem Kapitel nicht mehr detailliert damit auseinandersetzen.

Dennoch ist es eine gute Gehirnübung, den Code durchzugehen und zu verstehen. Die Schwierigkeit besteht hierbei vor allem darin, dass der Code den Zustand der Zellen an den Kanten des Rasters berücksichtigen muss. Sie sollten sich also die Zeit nehmen, diesen Code zumindest zu verstehen. Wenn Sie mehr wollen, können Sie gern eine eigene `count_neighbors`-Funktion schreiben, nachdem Sie dieses Kapitel beendet haben.

Also: Auf die Plätzchen, fertig, Code! Viel Spaß!

Und so greifen Sie auf die Nachbarn einer bestimmten Zelle zu.

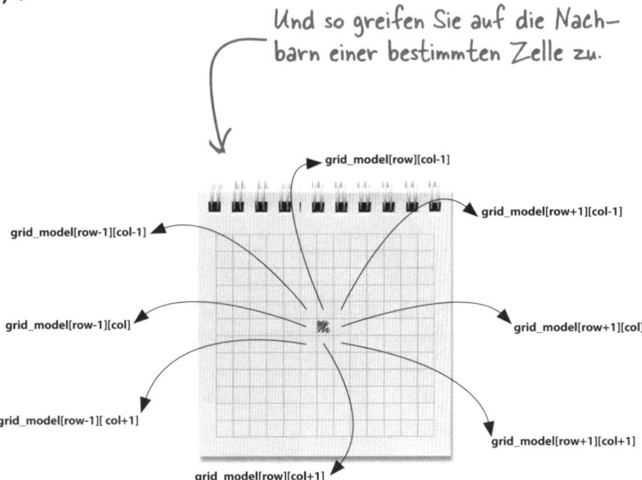

Code-Magneten

Glück gehabt. Während Sie sich mit Plätzchenbacken beschäftigten, haben wir bereits die `next_gen`-Funktion geschrieben und die Magneten an die Kühlschranktür geheftet. Aber, wie immer in den *Von Kopf bis Fuß*-Büchern, kam jemand und hat sie durcheinandergebracht. Können Sie uns helfen, sie in die richtige Reihenfolge zu bringen? Vorsicht! Es gibt ein paar Magneten, die nicht gebraucht werden.

Hier noch einmal die Regeln:

DIE REGELN

GEBURT: Eine neue Zelle wird geboren, wenn sie von genau drei lebendigen Zellen umgeben ist.

LEBEN: Eine Zelle lebt, solange sie von zwei oder drei lebendigen Zellen umgeben ist.

TOD: Eine Zelle stirbt an Einsamkeit, wenn sie von weniger als zwei lebendigen Zellen umgeben ist.

Eine Zelle stirbt an zu viel Enge, wenn sie von vier oder mehr Zellen umgeben ist.

Diese Magneten haben wir schon für Sie platziert.

```
def next_gen():
    global grid_model
    for i in range(0, height):
        for j in range(0, width):
            cell = 0
```

```
cell = 1
and
or
if count == 2 or count == 3:
else:
if count == 3:
elif grid_model[i][j] == 1:
cell = 1
if grid_model[i][j] == 0:
count < 2:
if count > 4
cell = 0
count = count_neighbors(grid_model, i, j)
```

Probefahrt

Bevor wir zu sehr ins Details gehen, wollen wir den Code etwas ordnen und ihn in einer Probefahrt testen, um sicher zu sein, dass wir wirklich auf dem gleichen Stand sind. Kopieren Sie den unten stehenden Code in eine Datei namens *model.py*. Vergessen Sie nicht, auch den »Auf die Plätzchen«-Code einzubauen. Auch wenn der Code (noch) nicht besonders viel tut, sollten Sie jetzt einen Probelauf durchführen und mögliche Fehler beheben, bevor es weitergeht.

```
height = 100
width = 100

grid_model = [0] * height
for i in range(height):
    grid_model[i] = [0] * width

def next_gen():
    global grid_model

    for i in range(0, height):
        for j in range(0, width):
            cell = 0
            print('Checking cell', i, j)
            count = count_neighbors(grid_model, i, j)


            if grid_model[i][j] == 0:
                if count == 3:
                    cell = 1
            elif grid_model[i][j] == 1:
                if count == 2 or count == 3:
                    cell = 1

def count_neighbors(grid, row, col):

if __name__ == '__main__':
    next_gen()
```

Jetzt bauen wir den Code der vorigen Seiten zusammen.

Übergehen Sie diese Zeile nicht, selbst wenn sie nur zu Testzwecken eingefügt wurde.

Fügen Sie den Funktionskörper aus dem »Auf die Plätzchen«-Abschnitt zwei Seiten weiter vorne hier ein.

Auf die Plätzchen, fertig …

So weit sind wir jetzt. Das ist noch nicht viel, aber immerhin ein guter Anfang.

```
Python 3.6.4 Shell
Checking cell 99 76
Checking cell 99 77
Checking cell 99 78
Checking cell 99 79
Checking cell 99 80
Checking cell 99 81
Checking cell 99 82
Checking cell 99 83
Checking cell 99 84
Checking cell 99 85
Checking cell 99 86
Checking cell 99 87
Checking cell 99 88
Checking cell 99 89
Checking cell 99 90
Checking cell 99 91
Checking cell 99 92
Checking cell 99 93
Checking cell 99 94
Checking cell 99 95
Checking cell 99 96
Checking cell 99 97
Checking cell 99 98
Checking cell 99 99
>>>
```

Sollte die Ausgabe auf Ihrem Rechner zu lange dauern, können Sie das Programm jederzeit über den Menübefehl Shell > Interrupt Execution abbrechen.

Wenn alles korrekt funktioniert, sollten Sie sehen, dass alle Zellen überprüft werden.

Den Model-Code fertigstellen

Wir sind noch nicht ganz fertig. Die Logik unseres Codes ist völlig in Ordnung, aber im Moment *berechnen* wir nur den Wert der einzelnen Zellen. Darüber hinaus *machen wir aber noch nichts* damit. Allerdings gibt es ein Problem, wenn wir die Werte der Zellen der nächsten Generation (während der Berechnung) im aktuellen Raster speichern. Die `count_neighbor`-Berechnungen würden vollkommen durcheinandergeraten, da wir gleichzeitig eine Mischung aus Werten der aktuellen und der folgenden Generation verwenden würden. Um das Problem zu lösen, brauchen wir *ein zweites Raster*. Ein Raster enthält also die aktuellen Werte und eines die Werte der folgenden Generation. Haben wir die nächste Generation komplett berechnet, können wir die alte Liste gegen die neue austauschen, wie hier gezeigt:

```
grid_model = [0] * height
next_grid_model = [0] * height

for i in range(height):
    grid_model[i] = [0] * width
    next_grid_model[i] = [0] * width

def next_gen():
    global grid_model, next_grid_model

    for i in range(0, height):
        for j in range(0, width):
            cell = 0
            print('Checking cell', i, j)
            count = count_neighbors(grid_model, i, j)

            if grid_model[i][j] == 0:
                if count == 3:
                    cell = 1
            elif grid_model[i][j] == 1:
                if count == 2 or count == 3:
                    cell = 1
            next_grid_model[i][j] = cell

    temp = grid_model
    grid_model = next_grid_model
    next_grid_model = temp
```

Anstatt die gesamte Datei zu zeigen, sehen Sie hier nur die Änderungen. Bauen Sie diese in Ihren Code ein.

Wir erstellen ein neues Raster mit dem Namen next_grid_model.

Eine globale Variable deklarieren.

Nachdem wir eine Zelle berechnet haben, speichern wir sie an der korrekten Position in next_grid_model.

Unser next_grid_model ist vollständig berechnet. Wir müssen es zum grid_model machen. Tauschen Sie hierfür beide gegeneinander aus, sodass grid_model die Daten im Raster von next_grid_model zeigt und umgekehrt.

Es gibt keine Dummen Fragen

F: Warum müssen wir grid_model und next_grid_model vertauschen? Reicht es nicht, wenn wir grid_model die Werte von next_grid_model zuweisen?

A: Das würde funktionieren, bis Sie eine weitere Generation berechnen, denn dann enthalten **grid_model** und **next_grid_model** die gleiche Liste. Sie würden die Nachbarzellen also in der gleichen Liste zählen und verändern. Das ist keine gute Idee. Daher tauschen wir beide Listen gegeneinander aus. Berechnen wir dann eine weitere Generation, wird **grid_model** die aktuelle Generation zugewiesen, während **next_grid_model** wiederum die Werte der Folgegeneration erhält.

Der `next_gen`-Code wird nicht wirklich ausgeführt, solange wir ihn mit einem Raster voller Nullen testen. Schreiben Sie eine Funktion namens `randomize`. Sie übernimmt ein Raster, eine Höhe und eine Breite und platziert zufällige Nullen und Einsen in den einzelnen Feldern des Rasters.

```
import random

def randomize(grid, width, height):
```

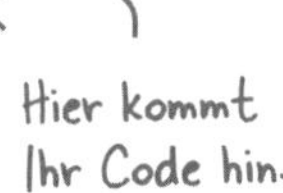

Hier kommt Ihr Code hin.

Lassen Sie uns noch einen Probelauf unternehmen. Auch wenn wir noch keine Möglichkeit haben, unser Model zu betrachten – schließlich soll das einmal die Benutzerschnittstelle erledigen –, ist dies ein guter Moment, die Dinge auszuprobieren. Hier noch einmal der gesamte Code.

```
import random

height = 100
width = 100

def randomize(grid, width, height):
   for i in range(0, height):
       for j in range(0, width):
           grid[i][j] = random.randint(0,1)

grid_model = [0] * height
next_grid_model = [0] * height
for i in range(height):
   grid_model[i] = [0] * width
   next_grid_model[i] = [0] * width

randomize(grid_model, width, height)
```

Wir verwenden das random-Modul.

Fügen Sie die randomize-Funktion am Anfang hinzu ...

... und rufen Sie sie auf, sobald das Raster erzeugt ist.

Fortsetzung auf der folgenden Seite ...

```
def next_gen():
    global grid_model, next_grid_model

    for i in range(0, height):
        for j in range(0, width):
            cell = 0
            print('Checking cell', i, j)
            count = count_neighbors(grid_model, i, j)

            if grid_model[i][j] == 0:
                if count == 3:
                    cell = 1
            elif grid_model[i][j] == 1:
                if count == 2 or count == 3:
                    cell = 1
            next_grid_model[i][j] = cell
            print('New value is', next_grid_model[i][j])
    temp = grid_model
    grid_model = next_grid_model
    next_grid_model = temp

def count_neighbors(grid, row, col):


if __name__ == '__main__':
    next_gen()
```

Sollte die Ausgabe auf Ihrem Rechner zu lange dauern, können Sie die Ausführung jederzeit über den Menübefehl Shell > Interrupt Execution abbrechen.

Hier ist unser Ergebnis. Ihre Werte werden sich wegen der Zufallswerte für die Zellen unterscheiden.

Python 3.6.4 Shell

```
New value is 1
Checking cell 99 91
New value is 0
Checking cell 99 92
New value is 0
Checking cell 99 93
New value is 0
Checking cell 99 94
New value is 1
Checking cell 99 95
New value is 0
Checking cell 99 96
New value is 0
Checking cell 99 97
New value is 1
Checking cell 99 98
New value is 1
Checking cell 99 99
New value is 1
>>>
```

Eine weitere print-Anweisung. Nur zu Testzwecken.

Auf die Plätzchen, fertig ...

Wo sind wir?

Das war ein ziemlich dicker Brocken Code. Damit ist der größte Teil des Model-Codes für unseren Simulator fertig. Und obwohl Sie das Raster im Moment noch nicht visuell darstellen können, haben wir jetzt eine Möglichkeit, die einzelnen Generationen unseres Spiels zu berechnen und zu speichern.

Jetzt werden wir *model.py* wie ein Modul behandeln. Im nächsten Schritt werden wir die Benutzerschnittstelle programmieren, die das Model visualisiert und steuert

Also los!

Übung

Bevor Sie weitermachen, sollten Sie die beiden `print`-Anweisungen aus der `next_gen`-Funktion entfernen. Sie werden nicht mehr gebraucht.

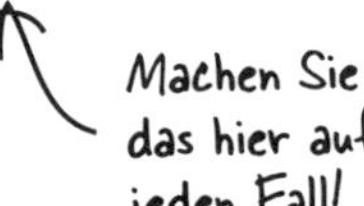

Machen Sie das hier auf jeden Fall!

Den View erstellen

Wollen Sie endlich etwas auf dem Bildschirm sehen? Wir auch. Deshalb beginnen wir jetzt mit der Erstellung unseres Views, der Bildschirmdarstellung unseres Simulators. Für die Programmierung des Views benutzen wir das Python-Modul tkinter. Damit können wir GUIs erstellen, die viele der üblichen Komponenten verwenden, die man typischerweise in einer solchen Schnittstelle sieht. Dazu gehören Buttons, Texteingabefelder, Menüs und eine Zeichenfläche (»Canvas«), auf der Sie programmgesteuert zeichnen können. In tkinter werden diese Komponenten als *Widgets* bezeichnet. Hier einige der Widgets, die wir in unserem Programm verwenden werden:

Auch wenn es keine offizielle Aussprache von tkinter gibt, nennen es die meisten Leute »T-K-Inter«.

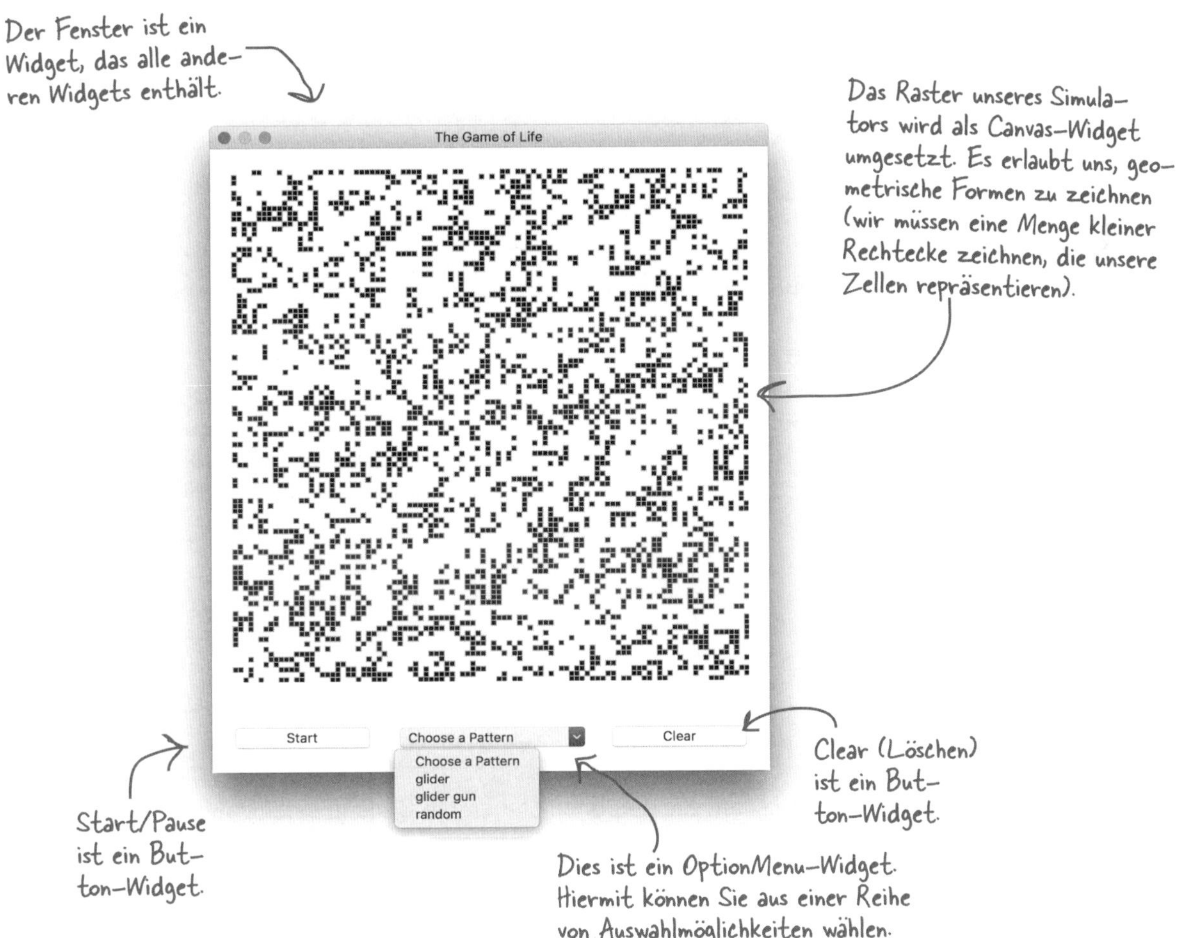

Dies ist nur eine kleine Kostprobe für die Widgets, die tkinter zur Verfügung stellt. Bei Interesse finden Sie weitere Informationen unter https://de.wikipedia.org/wiki/tkinter.

Das erste Widget erstellen

Sie haben bereits eine Vorstellung davon, wie ein Widget auf dem Bildschirm aussehen wird. Aber wie stellt man ein Widget im Code dar, und wie lässt sich das in Python ausdrücken? Im Sinne der Programmierung sind Widgets einfach Objekte. Typischerweise instanziieren wir zuerst ein Fenster-Widget (»window«), das auf dem Bildschirm erscheint, sobald Sie es instanziieren. Danach instanziieren wir weitere Widgets, die dem Hauptfenster (oder »Root-Fenster«) hinzugefügt werden. Wir beginnen mit der Erstellung eines Start/Pause-Buttons. In tkinter heißt die Klasse, die ein Fenster darstellt, übrigens `Tk`.

Ernsthaftes Coden

Hier benutzen wir eine neue Art, Module zu importieren. Dafür setzen wir das Schlüsselwort `from` wie hier ein:

```
from tkinter import *
```

Dadurch müssen den Funktionen, Variablen und Klassennamen keinen Modulnamen mehr voranstehen. Anstelle von `tkinter.Tk()` können wir jetzt einfach `Tk()` schreiben.

Beginnen wir mit dem Import des tkinter-Moduls. Allerdings machen wir das hier ein wenig anders als sonst.

Vergessen Sie nicht, dass zwischen Groß- und Kleinschreibung unterschieden wird. Es gibt das kleingeschriebene tkinter, Tk (großes T, kleines k) und so weiter.

```
from tkinter import *

root = Tk()
root.title('The Game of Life')

start_button = Button(root, text='Start', width=12)

start_button.pack()

mainloop()
```

Üblicherweise bezeichnet man das Widget der obersten Ebene als Root (Wurzel). Entsprechend heißt unsere Variable ebenfalls root.

Jetzt wollen wir mithilfe der Tk-Klasse ein neues Fenster instanziieren.

Über das title-Attribut legen wir fest, was in der Titelleiste des Fensters angezeigt wird.

Beim Erstellen eines Widgets übergeben wir das Root-Widget, zu dem das Widget gehören soll.

Dann instanziieren wir ein Button-Objekt und übergeben ihm eine Reihe von Argumenten, die die Beschriftung des Buttons und dessen Breite (als Anzahl von Zeichen) auf dem Bildschirm kontrollieren.

Diese Zeile weist tkinter an, den Button an der bestmöglichen Stelle im Fenster zu platzieren. Das nennt man einen Layout-Manager. Mehr dazu in einem Moment. Einfach gesagt: Wenn Sie mehrere Widgets in einem Fenster verwalten wollen, brauchen Sie einen Layout-Manager, der Ihnen bei der Positionierung der Elemente hilft.

Und schließlich müssen wir, wie bei unseren Schildkröten, die Kontrolle an tkinter abgeben, damit es auf Klicks und andere Events aus dem Fenster reagieren kann.

Dies ist eine Funktion aus dem tkinter-Modul. Durch die besondere Art, wie wir tkinter importiert haben, müssen wir den Modulnamen nicht mehr voranstellen.

Probefahrt

Speichern Sie den oben stehenden Code in einer Datei namens *view.py* und machen Sie eine Probefahrt.

Auf Ihrem Bildschirm sollten Sie jetzt ein Fenster wie das hier gezeigte sehen. Je nach Betriebssystem und Version kann sich das Aussehen ein wenig unterscheiden.

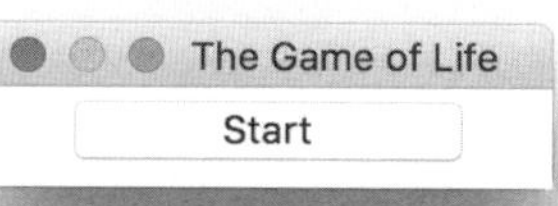

Klicken Sie auf den Button. Was passiert?

Wenn Sie den Titel nicht ganz sehen, können Sie das Fenster manuell anpassen.

Die fehlenden Widgets hinzufügen

Jetzt wollen wir die restlichen Widgets hinzufügen, die wir für unseren Simulator brauchen. Wir haben einen Start/Button-Button, es fehlt aber noch eine Zeichenfläche, ein Löschen-Button und ein Auswahlmenü (intern auch OptionMenu genannt). Wir bauen gleich noch ein paar weitere Dinge ein und verpacken alles in einer Setup-Funktion. Möglicherweise ist es einfacher, wenn Sie diesen Code komplett neu in *view.py* eingeben, als die vorige Version anzupassen. Beides ist in Ordnung.

The Game of Life

Start/Pause | Choose a Pattern | Clear

```
from tkinter import *
import model

cell_size = 5

def setup():
    global root, grid_view, cell_size, start_button, clear_button, choice

    root = Tk()
    root.title('The Game of Life')

    grid_view = Canvas(root, width=model.width*cell_size,
                             height=model.height*cell_size,
                             borderwidth=0,
                             highlightthickness=0,
                             bg='white')

    start_button = Button(root, text='Start', width=12)
    clear_button = Button(root, text='Clear', width=12)

    choice = StringVar(root)
    choice.set('Choose a Pattern')
    option = OptionMenu(root, choice, 'Choose a Pattern', 'glider', 'glider gun', 'random')
    option.config(width=20)

    grid_view.pack()
    start_button.pack()
    option.pack()
    clear_button.pack()

if __name__ == '__main__':
    setup()
    mainloop()
```

Der View muss auf das (gerade geschriebene) Model-Modul zugreifen können. Daher wird es hier importiert.

Was das hier soll, werden Sie gleich sehen. Unsere Zellen auf dem Bildschirm sind größer als ein Pixel, daher müssen wir den Darstellungsmaßstab entsprechend anpassen.

Hier sehen Sie unsere setup-Funktion. Kümmern wir uns zunächst um die globalen Variablen und dann um die Widgets.

Wie Sie sehen, benutzen wir hier Schlüsselwortargumente. Das tkinter-Modul ist voll davon.

Hier ist wieder das Tk-Hauptfenster.

Zuerst brauchen wir eine Zeichenfläche, auf der die Zellen dargestellt werden. Wie Sie sehen, geben wir eine große Zahl an Argumenten an, um Breite, Höhe, Rahmenbreite und Hintergrundfarbe zu definieren.

Hier ist unser Start/Pause-Button von vorhin. Außerdem brauchen wir noch einen Löschen-Button.

Das funktioniert mit dem Optionsmenü. Gleich mehr dazu.

Und dies ist das OptionMenu-Widget, das wir bereits aus unserem ursprünglichen Design kennen. Wie Sie gleich sehen werden, wird ein OptionMenu-Objekt auf die gleiche Weise instanziert wie die übrigen Widgets. Allerdings gibt es hier noch ein paar zusätzliche Dinge zu besprechen. Wir kommen gleich dazu.

Wir brauchen einen Layout-Manager, um die Widgets im Fenster zu platzieren. Dafür rufen wir die pack-Methode an jedem Widget auf.

Den Aufruf von setup dürfen wir nicht vergessen!

Speichern Sie den gesamten Code der vorigen Seite in *view.py* und machen Sie eine Probefahrt.

Hier ist unsere Ausgabe. Je nach Umgebung sieht das bei Ihnen vermutlich etwas anders aus.

Sehen Sie das Problem? Der Layout-Manager tut nicht ganz das, was er soll. Die Buttons sollen nicht übereinander angeordnet werden.

Hier ist zum Vergleich unser Design.

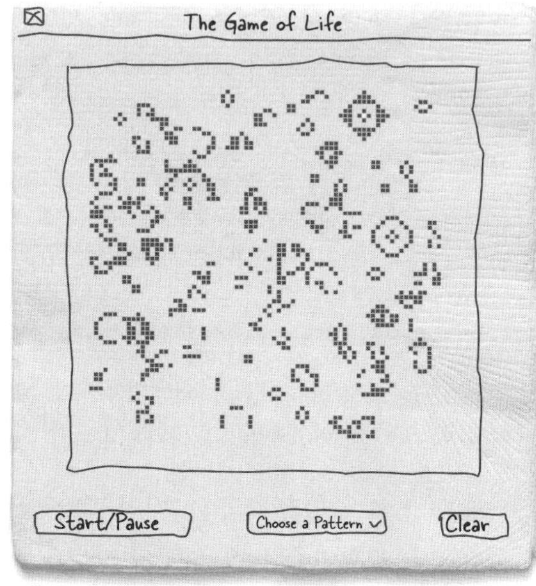

Unsere Buttons sollen so angeordnet werden. Der Rahmen um den Zeichenbereich ist nicht so wichtig. Das sieht in der tatsächlichen Darstellung in Ordnung aus.

Das Layout korrigieren

Der tkinter-Layout-Manager ordnet die Widgets im Fenster an, so gut er kann. Unser gewünschtes Layout sieht aber anders aus. Wir könnten jetzt versuchen, den pack-Layout-Manager anzupassen. Allerdings stellt tkinter verschiedene Layout-Manager zur Verfügung. Wir benutzen also einfach einen Manager, der für unser Layout besser geeignet ist: den *grid-Layout-Manager*. Der Name hat übrigens nur scheinbar etwas mit unserem Simulator-Raster zu tun. (Daher benutzen wir zur besseren Unterscheidung für das Widget-Raster den Begriff »Gitter«.) Er platziert die Widgets innerhalb einer Gitterstruktur im Hauptfenster. Da wir wissen, wo unsere Widgets hinsollen, ist die Verwendung recht einfach.

Die Buttons sollen nicht vertikal angeordnet werden.

Die Widgets auf einem Gitter anordnen

Wir nehmen unser Design und positionieren es auf einem gedachten Gitter, wie hier gezeigt:

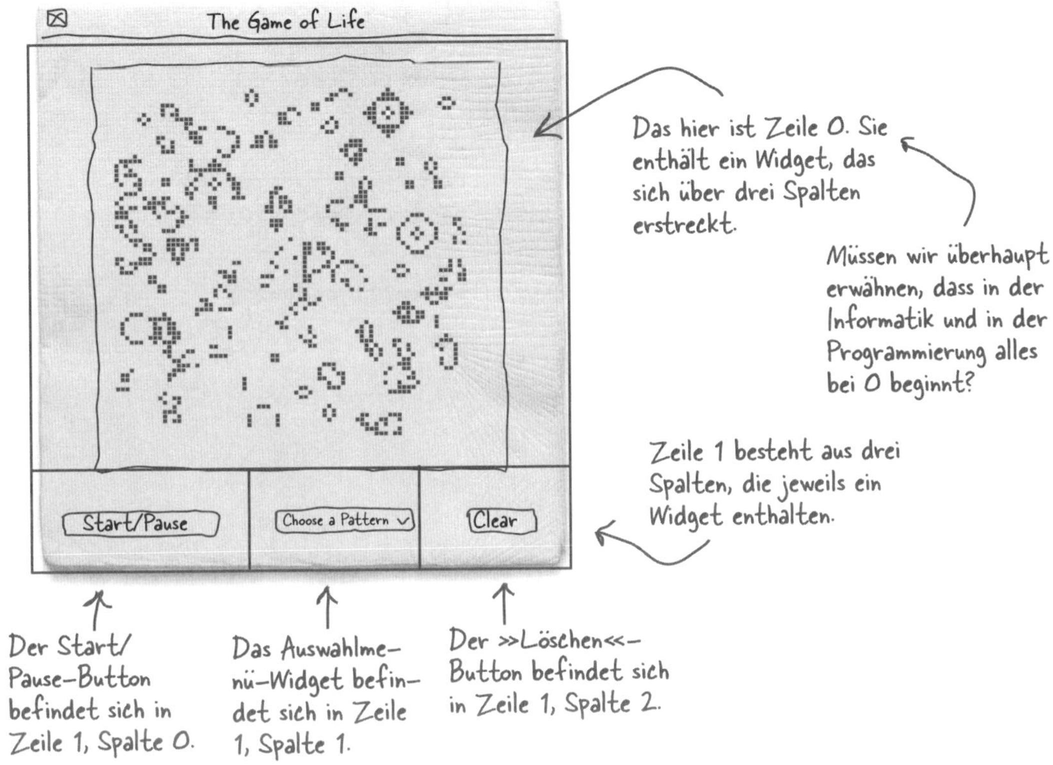

Das Gitter-Layout in Code übersetzen

Nachdem wir wissen, wo die einzelnen Widgets hinkommen, können wir den Layout-Manager anweisen, die Widgets innerhalb des Gitters zu platzieren:

```
grid_view.grid(row=0, columnspan=3, padx=20, pady=20)
start_button.grid(row=1, column=0, sticky=W, padx=20, pady=20)
option.grid(row=1, column=1, padx=20)
clear_button.grid(row=1, column=2, sticky=E, padx=20, pady=20)
```

Innerhalb von grid_view platzieren wir den Zeichenbereich in Zeile 0. Er erstreckt sich über drei Spalten. Damit es schöner aussieht, versehen wir ihn außerdem mit ein wenig Abstand (padding) zu den anderen Elementen.

Die Buttons und das Auswahlmenü-Widget werden in Zeile (row) 1 jeweils in einer eigenen Spalte (column) platziert. Dazwischen lassen wir etwas Platz (padding).

Der Parameter sticky teilt dem Layout-Manager mit, dass die Buttons nicht zentriert, sondern links und rechts platziert werden sollen (hier ausgedrückt durch die Kürzel »W« für Westen/links und »E« für East, also Osten/rechts). Das hilft, die Buttons auch bei verschiedenen Fenstergrößen gut zu positionieren.

Probefahrt

Öffnen Sie *view.py* und ersetzen Sie den bisherigen Layout-Manager-Code durch unseren neuen gitterbasierten Code. Danach unternehmen Sie eine Probefahrt, um herauszufinden, ob das besser aussieht. Falls Sie das noch nicht getan haben, sollten Sie außerdem beide `print`-Anweisungen aus *model.py* entfernen.

```
grid_view.pack()
start_button.pack()
clear_button.pack()
option.pack()
```

Suchen Sie den links stehenden Code in view.py und ersetzen Sie ihn durch den unten stehenden Code.

```
grid_view.grid(row=0, columnspan=3, padx=20, pady=20)
start_button.grid(row=1, column=0, sticky=W, padx=20, pady=20)
option.grid(row=1, column=1, padx=20)
clear_button.grid(row=1, column=2, sticky=E, padx=20, pady=20)
```

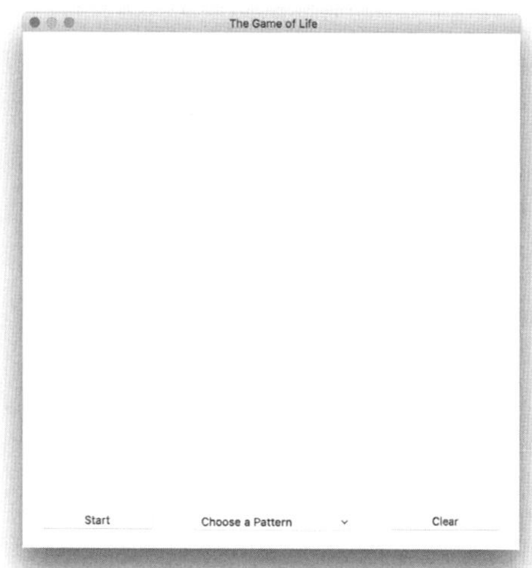

Viel besser. Bis auf die Darstellung der Zellen sieht der View schon aus wie gewünscht.

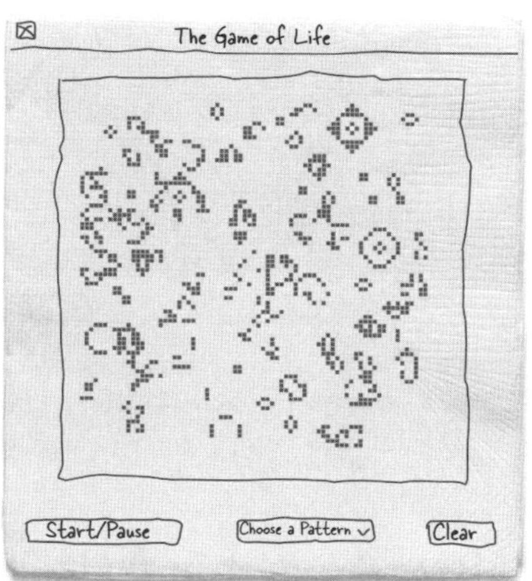

Es gibt keine Dummen Fragen

F: Warum ist es üblich, das Hauptfenster als »Root« (Wurzel), wie bei einem Baum, zu bezeichnen?

A: »Wurzel« bzw. »Root« ist ein Begriff aus der Informatik, und die Analogie mit dem Baum passt ganz gut. Wie eine Baumwurzel verzweigt sich solch ein System nach unten hin immer weiter. Auf die gleiche Weise wird das Hauptfenster in weitere kleinere Einheiten unterteilt. Ein Auswahlmenü-(OptionMenu-)Widget besitzt ein Aufklappmenü, das Optionen enthält, aus denen gewählt werden kann. Jede Option besitzt einen String, der angezeigt wird, und so weiter, kleiner und kleiner, wie die Wurzeln eines Baums. Wurzel- und Baumanalogien kommen in der Informatik ständig vor: die Wurzel eines Dateisystems, einer komplexen Datenstruktur und so weiter.

F: Warum machen unsere Buttons nichts, wenn man sie anklickt?

A: Weil wir ihnen bisher nicht gesagt haben, was sie tun sollen. Ein bisschen Geduld noch!

Mit dem Controller weitermachen

Wir kommen gut voran. Unser Model kann bereits die Zellen enthalten und neue Generationen berechnen. Außerdem haben wir einen View, der aussieht wie unser Papier-Prototyp. Unsere Aufgabe ist es jetzt, die Einzelteile miteinander zu verbinden und dafür zu sorgen, dass die Schnittstelle wirklich etwas tut. Das heißt, wir müssen uns um die Aufgaben des Controllers in unserem Simulator kümmern. Hierfür müssen Sie Ihrem Hirn eine weitere neue rechnerische Denkweise beibringen. Aber keine Sorge! So schlimm wie bei der Umleitung, die wir bei den rekursiven Funktionen genommen haben, wird es nicht. Das ist hier viel einfacher. Trotzdem unterscheidet es sich von dem, was wir bisher gewohnt sind.

Zuerst wollen wir aber unseren View mit dem Model verbinden. Das ist unser erster echter Schritt zu einem funktionierenden Simulator. Nachdem wir beide verbunden haben, beginnen wir, unseren Controller zu schreiben. Schritt für Schritt implementieren wir die Funktionalität hinter den einzelnen Bestandteilen unserer Schnittstelle.

Entspannen Sie sich

Dies ist ein langes Kapitel mit viel Code und einer Menge neuer Konzepte. Atmen Sie tief durch, machen Sie ein Nickerchen und geben Sie Ihrem Gehirn Zeit, das Material aufzunehmen. Jetzt ist ein guter Moment für eine Pause.

Es gibt keine Dummen Fragen

F: Gibt es keine Konflikte mit meinen eigenen Variablen, Funktionen und Klassennamen, wenn ich tkinter import * benutze?

A: Die **from/import**-Anweisung importiert ein Modul so, dass alle seine Variablen-, Funktions- und Klassennamen auf der obersten Ebene Ihres Programms definiert werden. Dadurch brauchen Sie ihnen bei der Benutzung keinen Modulnamen mehr voranzustellen. Das kann eine Menge Tipperei sparen. Der Nachteil ist, dass Ihre eigenen Variablen-, Funktions- und Klassennamen mit denen des importierten Moduls kollidieren können. Warum also das Risiko eingehen? Wenn es aber unwahrscheinlich ist, dass Sie die gleichen Namen wie ein importiertes Modul (bei **tkinter** wären das z. B. Namen wie Button, Tk oder die Namen von Widgets) verwenden, kann dieses Vorgehen Ihren Code oft lesbarer machen.

Eine Aktualisierungsfunktion einbauen

Um View und Model zu verbinden, schreiben wir eine Aktualisierungsfunktion namens `update`, die wir immer wieder verwenden werden. Sie ist dafür zuständig, die `next_gen`-Funktion des Models aufzurufen und dann mithilfe des Views die Zellen aus dem Model in der Zeichenfläche unserer Schnittstelle darzustellen.

Um die `update`-Funktion besser zu verstehen, schreiben wir erst einmal etwas Pseudocode:

```
DEFINIERE update():
    RUFE next_gen() AUF
    FÜR JEDE variable i in range(0, height):
        FÜR JEDE variable j in range(0, width):
        cell = model.grid_model[i][j]
        FALLS cell == 1:
            ZEICHNE schwarze Zelle an Position i, j in grid_view
```

Zuerst wird eine neue Generation berechnet.

Danach wird über jede Zelle im Model iteriert.

Ist die Zelle lebendig, färben wir ein Pixel (bzw. Rechteck) an dieser Position im View ein.

Der einzige Unterschied zwischen diesem Pseudocode und dem Code, den wir schreiben, besteht darin, dass wir auf der Zeichenfläche anstelle von einzelnen Pixeln kleine Quadrate zeichnen werden. Warum? Kleine Pixel sind sehr schwer zu sehen. Deshalb stellen wir jede Zelle als Quadrat aus 5 × 5 Pixeln dar. Sie werden vielleicht noch wissen, dass das durch die globale Variable `cell_size` gesteuert wird. Wie das funktioniert, werden wir gleich sehen. Und noch was: Wir zeichnen nur die lebendigen Zellen. Um die Zellen loswerden, die seit der vorigen Generation gestorben sind, müssen wir die Zeichenfläche daher löschen, bevor wir die neuen Zellen darstellen. Sehen Sie sich dazu den Code an …

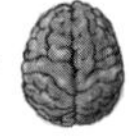

KOPF-NUSS

Warum, glauben Sie, zeichnen wir nur die lebendigen Zellen, aber nicht die toten?

```
def update():
    global grid_view

    grid_view.delete(ALL)
    model.next_gen()

    for i in range(0, model.height):
        for j in range(0, model.width):
            if model.grid_model[i][j] == 1:
                draw_cell(i, j, 'black')
```

Damit ist die Logik unserer `update`-Funktion implementiert. Eine Sache fehlt aber noch: die Funktion `draw_cell`, mit der das Rechteck gezeichnet wird. Das wollen wir jetzt tun:

```
def draw_cell(row, col, color):
    global grid_view, cell_size

    if color == 'black':
        outline = 'grey'
    else:
        outline = 'white'

    grid_view.create_rectangle(row*cell_size,
                               col*cell_size,
                               row*cell_size+cell_size,
                               col*cell_size+cell_size,
                               fill=color, outline=outline)
```

Stellen Sie sich `draw_cell` als Hilfsfunktion vor. Sie benutzt die tkinter-Methode `create_rectangle`, um ein Rechteck zu zeichnen. Diese Funktion »hilft« beim Ausrechnen der benötigten linken oberen und rechten unteren Koordinaten des Rechtecks anhand des Werts von `cell_size`.

Probefahrt

Jetzt wird es langsam interessant. Öffnen Sie *view.py* und bauen Sie die Definitionen der Funktionen `update` und `draw_cell` ein. Fügen Sie außerdem einen Aufruf von `update` ein, um das Ganze auszuprobieren.

```
def update():
   global grid_view

   grid_view.delete(ALL)

   model.next_gen()
   for i in range(0, model.height):
       for j in range(0, model.width):
           if model.grid_model[i][j] == 1:
                draw_cell(i, j, 'black')


def draw_cell(row, col, color):
    global grid_view, cell_size

    if color == 'black':
        outline = 'grey'
    else:
        outline = 'white'

    grid_view.create_rectangle(row*cell_size,
                               col*cell_size,
                               row*cell_size+cell_size,
                               col*cell_size+cell_size,
                               fill=color, outline=outline)

if __name__ == '__main__':
    setup()
    update()
    mainloop()
```

Platzieren Sie die neuen Definitionen unterhalb der setup-Funktion und oberhalb des Tests auf __main__.

Hier bauen wir unseren Aufruf von update ein.

Unser momentanes Ergebnis sieht schon ziemlich gut aus!

Bereit für eine neue Art der Programmierung?

Wenn Sie sich Ihren bisher geschriebenen Code ansehen, hatten Sie stets die Kontrolle darüber, was als Nächstes passiert. Es gab immer Code, der bestimmte, was als Nächstes zu tun war. Das ist aber nicht in jedem Fall so. Oft muss der Code auf etwas *reagieren*.

Um das zu verstehen, stellen Sie sich Ihren Start/Pause-Button vor. Der sitzt einfach da und macht erst mal gar nichts. Plötzlich kommt jemand und klickt ihn an. Und dann? Irgendein Codestück muss jetzt aufwachen und anfangen, etwas zu tun. Anders gesagt: Sie brauchen Code, der auf *Ereignisse (Events) reagiert*, die in Ihrem Programm passieren. Oftmals bedeutet das, dass ein Benutzer einen Button anklickt, einen Menüeintrag auswählt, etwas in ein Textfeld eingibt und so weiter. Es können aber auch andere Ereignisse eintreten: Ein Timer läuft aus, Daten kommen über das Netzwerk herein und so weiter. In allen diesen Fällen sprechen wir von *ereignisbasierter* oder *eventgesteuerter* Programmierung.

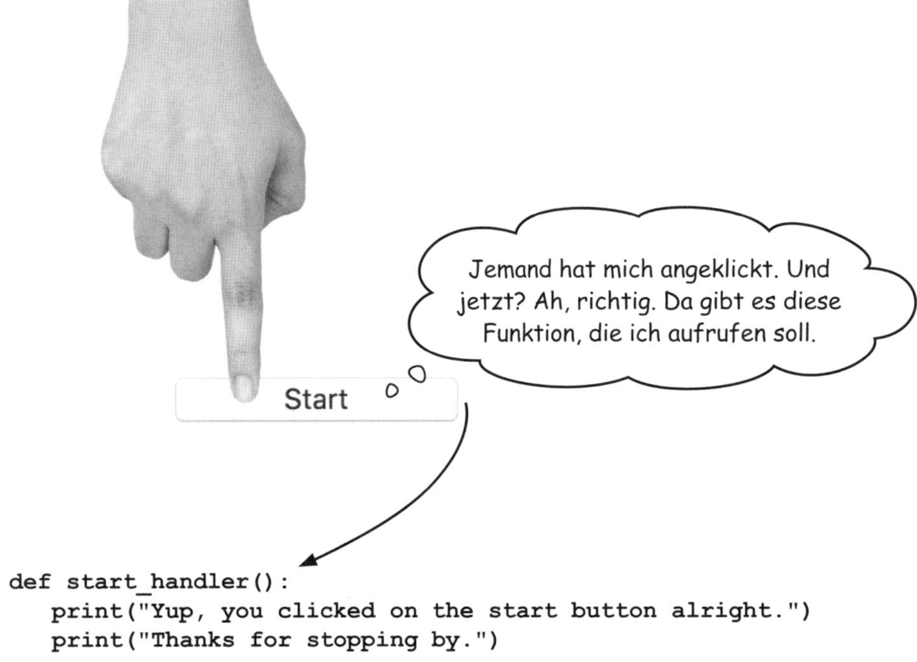


```
def start_handler():
    print("Yup, you clicked on the start button alright.")
    print("Thanks for stopping by.")
```

Der Code, der basierend auf einem Event ausgeführt wird, hat je nach Sprache verschiedene Namen: Event-Handler, Observer (Beobachter) und Callback, um nur ein paar zu nennen. Wir bleiben bei dem Begriff *Event-Handler*, weil wir Code schreiben, der ein Event handhabt (engl. to handle), das in unserem Code stattfindet. Egal wie wir diese Art von Code nennen, seine Konstruktion ist sprachübergreifend sehr ähnlich. Wir teilen dem Objekt, das das Event erzeugt (z. B. einem Button), mit, welche Funktion aufgerufen werden soll, wenn das Event auftritt. Außerdem wird einem Event-Handler bei seinem Aufruf zusätzlich ein spezielles Event-Objekt übergeben. Mehr dazu in einem Moment. Zuerst wollen wir sehen, ob wir einen Event-Handler schreiben und zum Laufen bringen können.

Wir bauen einen Klick-Handler ein

Für unseren Controller müssen wir nicht viel Code schreiben. Daher speichern wir ihn einfach zusammen mit dem View-Code in *view.py* (anstatt eine separate *controller.py*-Datei zu erstellen). Öffnen Sie *view.py* also noch einmal und bauen Sie diese Zeile direkt unterhalb der Zeile ein, die das Objekt für den Start/Pause-Button instanziiert.

```
start_button = Button(root, text='Start', width=12)
start_button.bind('<Button-1>', start_handler)
```

Bei jedem Klick des Buttons soll die Funktion start_handler aufgerufen werden.

Sie können bind an einem beliebigen Widget aufrufen, um eine Funktion an ein bestimmtes Event zu binden. Die Funktion wird aufgerufen, wenn dieses Event auftritt.

Uns interessiert als Event ein Klick der linken Maustaste (das funktioniert eigentlich auf jedem Rechner mit einer Maus).

Jetzt bauen Sie zwischen der `setup`- und der `update`-Funktion die neue Funktion `start_handler` ein.

Dies ist die Funktion, die der Start/Pause-Button aufrufen sollte, wenn er angeklickt wird.

Dem Handler wird ein Event-Objekt übergeben, das Informationen über das Event enthält, z B. welcher Button angeklickt wurde. Hier brauchen wir diese Informationen nicht unbedingt, aber später im Kapitel werden wir darauf zurückkommen.

```
def start_handler(event):
    print("Yup, you clicked on the start button alright.")
    print("Thanks for stopping by.")
```

Probefahrt

Nehmen Sie diese beiden Änderungen in *view.py* vor und machen Sie eine Probefahrt. Klicken Sie ein paarmal auf den Start/Pause-Button und beobachten Sie dabei die Ausgaben der Python-Shell.

Wir haben den Start/Pause-Button ein paarmal angeklickt.

Beachten Sie, dass bei jedem Klick sofort die Funktion start_hander aufgerufen wird.

Python 3.6.4 Shell

```
Yup, you clicked on the start button
alright.
Thanks for stopping by.
Yup, you clicked on the start button
alright.
Thanks for stopping by.
```

Richtig. Ob der Benutzer einen Button anklickt, eine Option aus dem Auswahlmenü wählt, auf die Zeichenfläche klickt, um eine Zelle hinzuzufügen (ja, das machen wir auch noch), oder ein anderes Ereignis (bzw. Event) eintritt – für alle Fälle gibt es einen üblichen Programmierstil. Hierbei werden die Funktionen registriert, die ausgeführt werden sollen, wenn ein bestimmtes Event eintritt. Sobald Sie sich einmal an diesen Programmierstil gewöhnt haben, wird er Ihnen vollkommen natürlich vorkommen.

Eventuell fragen Sie sich jetzt, warum das Programm nicht einfach endet, wenn kein Code ausgeführt, sondern nur auf ein Event gewartet wird. Das liegt an der `mainloop`-Funktion. Vermutlich haben Sie bemerkt, dass die letzte Anweisung in diesem Code, wie auch bei den `turtle`-Beispielen, ein Aufruf der `mainloop`-Funktion ist. Dadurch übernimmt der in `mainloop` enthaltene Code die Aufgabe, die Ereignisse in der Schnittstelle mitzuverfolgen. Findet eine Benutzerinteraktion statt, wird die entsprechende Funktion aufgerufen. Wie der Name suggeriert, ist `mainloop` eine Schleife. Der enthaltene Code wird so lange ausgeführt, bis Ihr Programm beendet wird.

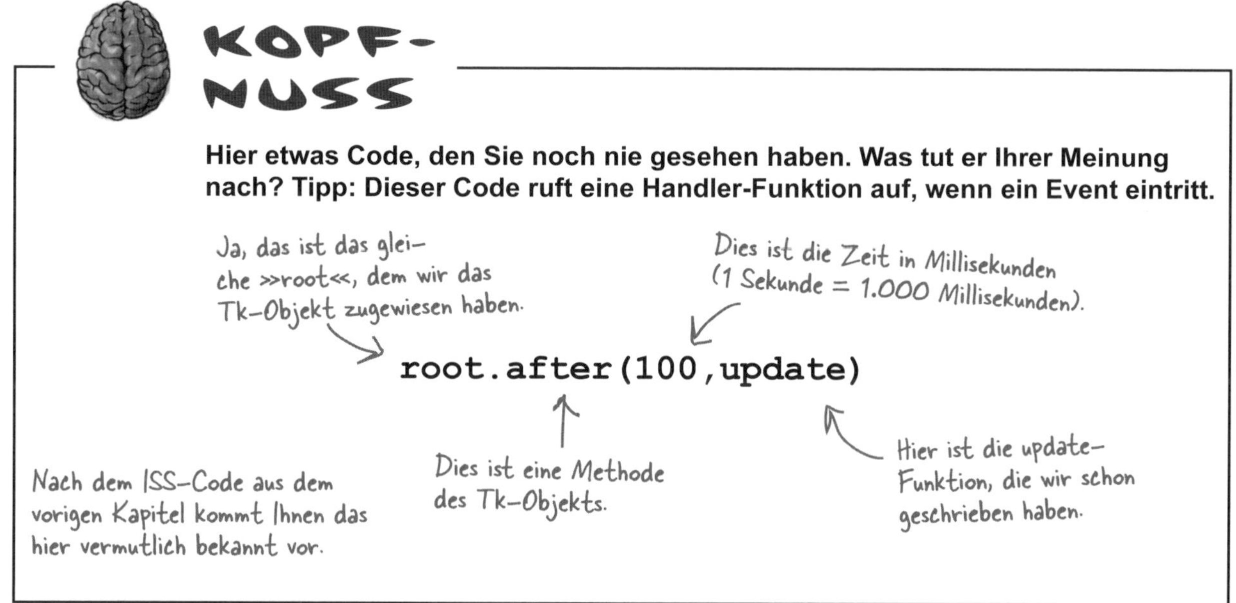

Die Funktionsweise des Start/Pause-Buttons

Der Start/Pause-Button ist wichtig. Wird er angeklickt, muss er den Simulator anweisen, mit der Berechnung neuer Generationen zu beginnen. Nach den Vorgaben unseres Papier-Prototyps muss er außerdem seine Beschriftung zu »Pause« wechseln. Zum besseren Verständnis erstellen wir ein *Zustandsdiagramm*, das zeigt, wie der Start/Pause-Button funktioniert, bevor wir uns mit dem Code befassen. In diesem Diagramm benutzen wir eine neue globale Variable namens `is_running`. Sie hat den Wert `True`, wenn der Start/Pause-Button angeklickt wurde und der Simulator neue Generationen berechnet. Hat das Spiel noch nicht begonnen oder wurde es unterbrochen, hat `is_running` den Wert `False`.

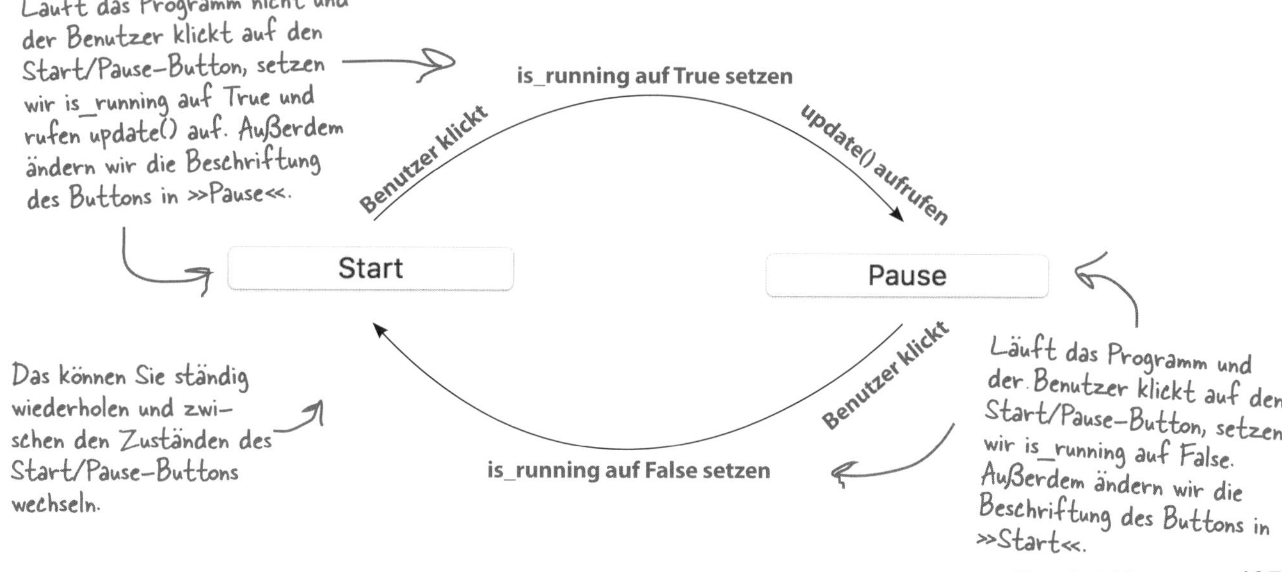

Den Start/Pause-Button implementieren

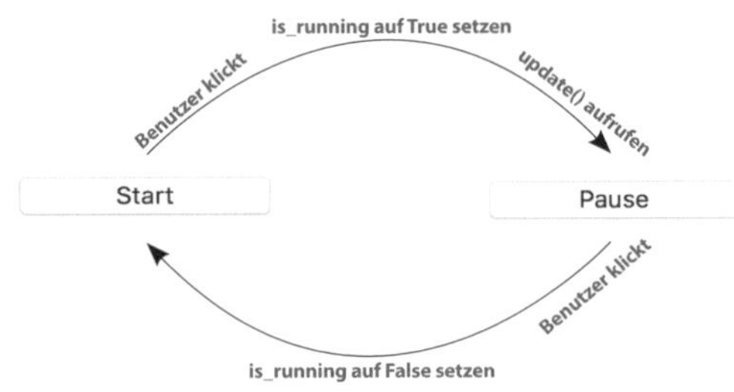

Zunächst brauchen wir eine globale Variable, die speichert, ob die Berechnungen laufen. Wir nennen sie `is_running` und platzieren sie am Anfang von *view.py*.

```
from tkinter import *
import model

cell_size = 5
is_running = False
```

Diese neue globale Variable erhält den Startwert False.

Jetzt müssen wir nur dem Zustandsdiagramm folgen. Dafür müssen wir an der gerade geschriebenen `start_handler`-Funktion noch ein paar Änderungen vornehmen.

```
def start_handler(event):
    print("Yup, you clicked on the start button alright.")
    print("Thanks for stopping by.")
    global is_running, start_button

    if is_running:
        is_running = False
        start_button.configure(text='Start')
    else:
        is_running = True
        start_button.configure(text='Pause')
        update()
```

Diesen alten Code brauchen wir nicht mehr. (die beiden durchgestrichenen print-Zeilen)

Läuft das Programm bereits (d. h., is_running hat aktuell den Wert True und die Beschriftung lautet »Pause«), weisen wir is_running den Wert False zu und ändern die Beschriftung in »Start«.

Ansonsten setzen wir is_running auf True, ändern die Beschriftung des Buttons in »Pause« und rufen dann update auf, um eine neue Generation zu berechnen.

Probefahrt

Bauen Sie diese Aktualisierungen in *view.py* ein und unternehmen Sie eine Probefahrt mit dem Code. Versuchen Sie, den Start/Pause-Button wiederholt anzuklicken. Sehen Sie, wie die Generationen berechnet werden?

Sicherstellen, dass die Beschriftung des Start/Pause-Buttons zwischen Start und Pause wechselt.

Wenn Sie wiederholt auf den Start/Pause-Button klicken, sollten Sie sehen, wie neue Generationen berechnet werden.

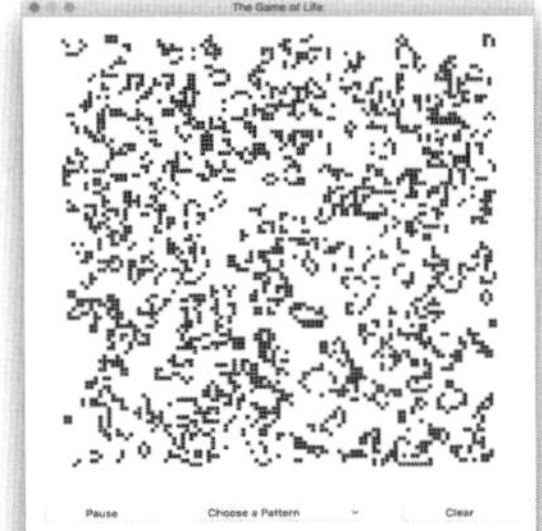

Ein weiteres Beispiel für ein kleines Codestück, das einen großen Unterschied macht.

Eine andere Art von Event

Wenn Sie schnell genug klicken, können Sie sogar dabei zusehen, wie Ihre `next_gen`-Funktion neue Zellgenerationen berechnet. Das kann man durchaus von Hand machen, aber irgendwann werden Ihre Finger müde. Und außerdem arbeiten wir hier mit einem Computer. Vermutlich wollen Sie, dass die Generationen etwas schneller berechnet werden, als Sie klicken können. Dafür benutzen wir ein Event, das nicht durch eine Benutzerinteraktion (z. B. den Klick auf einen Button) ausgelöst wird, sondern zeitgesteuert funktioniert.

Hierfür stellt das `Tk`-Objekt eine interessante Methode namens `after` zur Verfügung. Sehen wir uns die einmal genauer an:

Ähnliche Funktionalität finden Sie auch in den meisten anderen Programmiersprachen.

Sie können die after-Methode am Tk-root-Objekt aufrufen.

Das erste Argument gibt an, wie viele Millisekunden gewartet werden soll.

Eine Sekunde hat 1.000 Millisekunden.

Das zweite Argument ist die Funktion, die aufgerufen werden soll, wenn die Zeit vergangen ist.

```
root.after(100, update)
```

In Ordnung, aber was macht sie genau? Versetzen wir uns kurz in den Code, der die `after`-Methode aufruft.

Hallo, root-Objekt. Ich habe hier eine Funktion, die nach 100 Millisekunden ausgeführt werden muss.

```
def update():
    global grid_view
    grid_view.delete(ALL)
    model.next_gen()

    for i in range(0, model.height):
        for j in range(0, model.width):
            if model.grid_model[i][j] == 1:
                draw_cell(i, j, 'black')
```

Verstanden – 100 Millisekunden. Ich gebe der **update**-Funktion Bescheid, dass es Zeit ist, zu laufen. Keine Sorge, ich kümmere mich darum.

Ihr Code.

Die after-Funktion des Tk-root-Objekts.

Spitzen Sie Ihren Bleistift

Sehen Sie sich diesen Code an. Können Sie herausfinden, was er ausgibt? Wie funktioniert er? Überprüfen Sie Ihre Antwort am Ende des Kapitels.

Hanteltraining fürs Gehirn

Meinen Sie, das geht als rekursive Funktion durch?

```
from tkinter import *

root = Tk()
count = 10

def countdown():
    global root, count


    if count > 0:
        print(count)
        count = count - 1
        root.after(1000, countdown)
    else:
        print('Blastoff')

countdown()
mainloop()
```

Die nötige Technologie haben wir: die after-Methode

Die `after`-Methode ist genau das Richtige, um unseren Simulator in regelmäßigen Abständen neue Generationen berechnen zu lassen. Wir hoffen, Sie haben sich bei der letzten »Spitzen Sie Ihren Bleistift«-Übung genug Zeit genommen, um sie ganz zu verstehen, denn wir werden eine ähnliche Technik in unserer `update`-Methode verwenden.

```
def update():
    global grid_view, root, is_running

    grid_view.delete(ALL)
    model.next_gen()

    for i in range(0, model.height):
        for j in range(0, model.width):
            if model.grid_model[i][j] == 1:
                draw_cell(i, j, 'black')
    if (is_running):
        root.after(100,update)
```

Die globalen Variablen root und is_running brauchen wir noch, also bauen wir sie hier ein.

Hat is_running beim Aufruf von update den Wert True, legt dieser Aufruf eine weitere Ausführung von update in 100 Millisekunden (einer Zehntelsekunde) fest.

Manchmal macht *eine einzige Codezeile* einen Riesenunterschied. Und wissen Sie was? Dies ist einer dieser Momente. Bauen Sie die letzten Änderungen in *view.py* ein und machen Sie sich bereit, mit anzusehen, wie sich Ihr Programm in einen »Spiel des Lebens«-Simulator verwandelt.

(1) Klicken Sie auf den Start/Pause-Button und sehen Sie, wie der Simulator läuft.

(2) Klicken Sie auf den Start/Pause-Button, um ihn zeitweilig anzuhalten.

(3) Wiederholen Sie das, sooft Sie wollen, und starten Sie den Simulator neu, um eine neue Runde zufälliger Startzellen zu erhalten.

Langsam sieht das nach mehr aus als nur nach einer zufälligen Auswahl von Zellen.

Haben Sie oszillierende Muster gesehen? Gleiter, die sich über den Bildschirm bewegen? Bereiche mit Chaos, das kommt und geht?

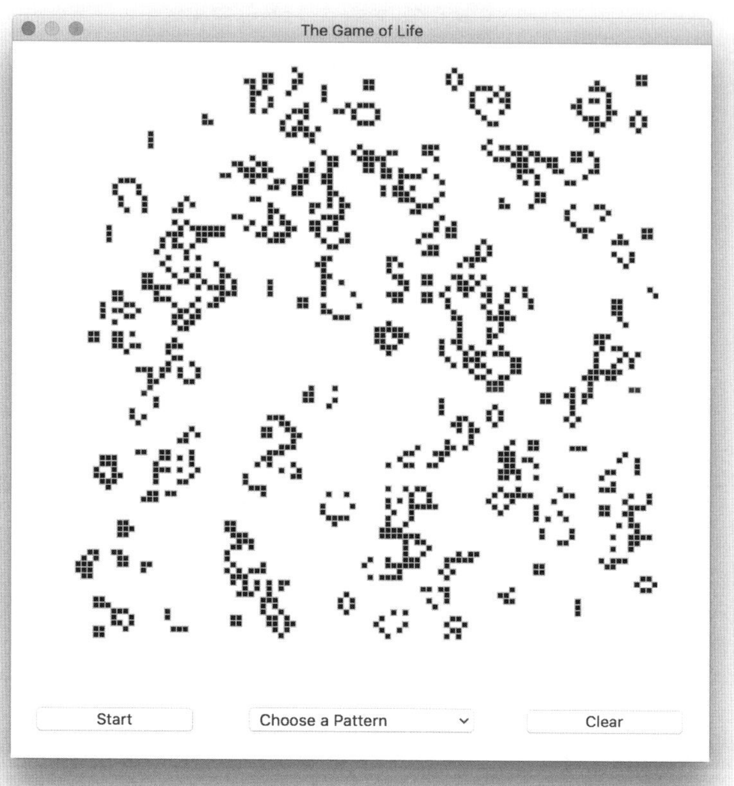

Sind wir schon da?

Das war mit Sicherheit ein langer Weg. Die wichtigen Teile funktionieren immerhin schon. Wir müssen nur noch ein paar Details der Schnittstelle zu Ende bringen. Zuerst müssen wir den Löschen-Button implementieren, der dafür sorgt, dass der Anzeigebereich gelöscht und alle Zellen auf »tot« gesetzt werden. Zusammen mit dem leeren Anzeigebereich wollen wir die Möglichkeit haben, per Mausklick unsere eigenen lebendigen Zellen darauf zu platzieren. Und schließlich fehlt noch unser Auswahlmenü, mit dem wir das Raster mit vordefinierten Mustern füllen können. Wir gehen der Reihe nach vor und beginnen mit dem Löschen-Button.

ÜBUNG

Was ist mit dem Löschen-(Clear-)Button? Er muss die globale Variable `is_running` auf `False` setzen und den Wert jeder Zelle auf `0`. Außerdem muss die Beschriftung des Start/Pause-Buttons wieder in »Start« geändert und die `update`-Funktion aufgerufen werden. Dadurch wird der Anzeigebereich vor dem Ende aktualisiert. (Wenn alle Zellen im Model den Wert `0` haben, sollte der Anzeigebereich leer sein.)

Verwenden Sie den Start/Pause-Button als Beispiel, um den Code für den Löschen-Button zu schreiben:

```
start_button.bind('<Button-1>', start_handler)

def start_handler(event):
   global is_running, start_button

   if is_running:
       is_running = False
       start_button.configure(text='Start')
   else:
       is_running = True
       start_button.configure(text='Pause')
       update()
```

Wie beim Start/Pause-Button müssen Sie auch dem Löschen-Button mitteilen, welchen Handler er verwenden soll.

Und hier haben wir wieder den start_handler, der ein gutes Beispiel abgeben sollte.

Hier kommt Ihr Code hin!

Wenn Sie nicht wissen, wie Sie die Zellen auf null setzen sollen, sehen Sie sich an, wie die update-Funktion über die Zellen iteriert.

Wenn Sie Ihren Code geschrieben haben, sollten Sie ihn sorgfältig mit unserer Lösung am Ende des Kapitels vergleichen. Danach können Sie ihn in Ihrer *view.py*-Datei speichern. Am besten probieren Sie das gleich einmal aus.

Zellen direkt eingeben und bearbeiten

Im Moment funktioniert das Spiel, indem zufällig eine Reihe lebendiger Zellen ausgewählt wird. Klickt der Benutzer auf den Start/Pause-Button, beginnt unser Simulator mit der Berechnung neuer Generationen. Es wäre schön, wenn wir unsere eigenen lebendigen Zellen auf dem Raster platzieren könnten. Dafür benutzen wir eine ähnliche Technik wie bei der Verarbeitung der Klicks auf die Buttons. Auch verwenden wir einen Event-Handler, also eine Funktion, die den Klick in eine lebendige Zelle im Anzeigebereich und im Model übersetzt.

... wodurch ein Event erzeugt wird. Dadurch wird ein Event-Objekt zusammen mit den x- und y-Koordinaten des Klicks weitergegeben.

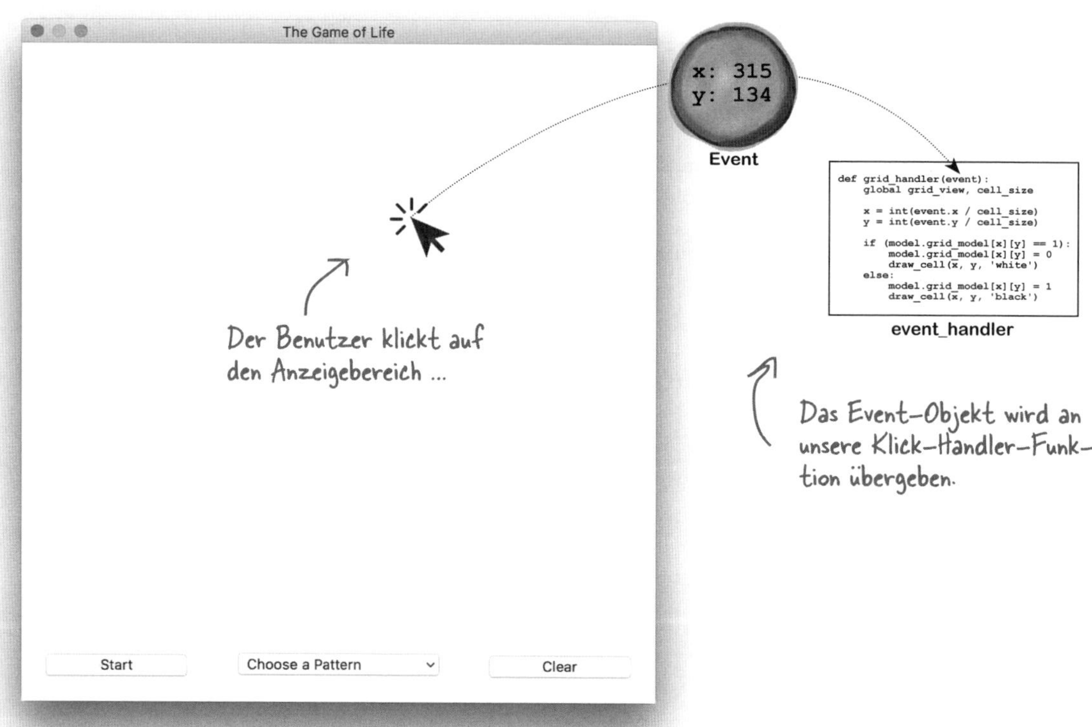

Das Event-Objekt wird an unsere Klick-Handler-Funktion übergeben.

Wir beginnen, indem wir diesen Code an einen Klick mit der linken Maustaste auf den Anzeigebereich binden, wie wir das auch mit dem Start/Pause- und dem Löschen-Button getan haben.

```
grid_view.bind('<Button-1>', grid_handler)
```

Rufe die grid_handler-Funktion auf, wenn der Benutzer auf den linken Button im grid_view-Anzeigebereich klickt.

Den grid_view-Event-Handler schreiben

Denken wir kurz darüber nach, was die `grid_handler`-Funktion tun soll. Wie wäre es hiermit: Klickt der Benutzer auf eine weiße (tote) Zelle auf dem Raster, verwandeln wir sie in eine lebendige Zelle und färben sie schwarz ein. Ist sie bereits schwarz, ändern wir ihren Zustand zu »tot« und ändern ihre Farbe von Schwarz nach Weiß. Natürlich müssen sich diese Änderungen auch im View, also in der tatsächlichen Ansicht, sowie im Model widerspiegeln.

Sehen wir, wie wir das in Code umsetzen können:

Nicht vergessen: Die grid_handler-Funktion übernimmt ein Event-Objekt als Argument.

Die x- und y-Koordinaten des Mausklicks finden wir als separate Attribute im Event-Objekt.

```
def grid_handler(event):
    global grid_view, cell_size

    x = int(event.x / cell_size)
    y = int(event.y / cell_size)

    if (model.grid_model[x][y] == 1):
        model.grid_model[x][y] = 0
        draw_cell(x, y, 'white')
    else:
        model.grid_model[x][y] = 1
        draw_cell(x, y, 'black')
```

Unser Raster wurde um die Größe einer Zelle (5 x 5 Pixel) skaliert. Daher müssen wir die tatsächliche Zeile und Spalte in unserem Raster herausfinden. Hierfür dividieren wir die Koordinaten im Event durch die Zellgröße. Mithilfe der int-Funktion stellen wir sicher, dass das Ergebnis tatsächlich ganzzahlig und keine Fließkommazahl ist.

Hat die aktuelle Zelle im Model den Wert 1, setzen wir ihn auf 0 und rufen unsere draw_cell-Funktion auf, um die Zelle weiß einzufärben.

Ansonsten setzen wir den Wert der Zelle im Model auf 1 und rufen draw_cell auf, um die Zelle schwarz einzufärben.

Probefahrt

Bauen Sie die oben stehende `grid_handler`-Funktion direkt unterhalb der `setup`-Funktion in *view.py* ein. Denken Sie auch daran, in Ihrem Code die `bind`-Methode aufzurufen (siehe unten). *Dann ist es Zeit, den Aufruf von randomize aus* model.py *zu entfernen. Auf diese Weise starten Sie mit einem leeren Raster.*

Lassen Sie diesen Schritt nicht aus!

```
grid_view.grid(row=0, columnspan=3, padx=20, pady=20)
grid_view.bind('<Button-1>', grid_handler)
```

Platzieren Sie den Aufruf von bind direkt unterhalb der Einrichtung des Rasters mit grid_view.grid.

Wenn Sie den Simulator jetzt starten, ist der Anzeigebereich einfach weiß. Um lebendige Zellen auf dem Raster zu platzieren, klicken Sie auf den Anzeigebereich und dann auf den Start/Pause-Button.

Wir empfehlen, ein Gleiter-Muster zu zeichnen und dann den Start/Pause-Button anzuklicken. Geht etwas schief, klicken Sie einfach noch einmal, um die Zelle wieder zu löschen.

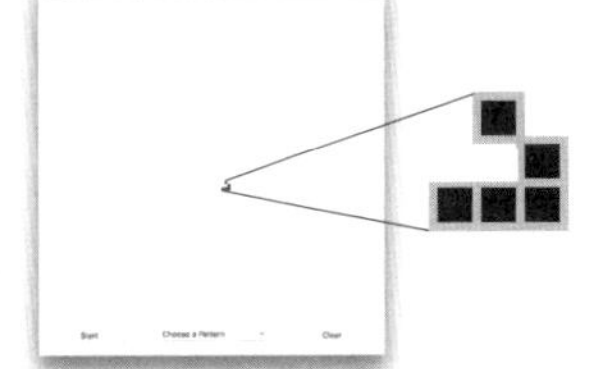

Wenn die Klicks nicht funktionieren, stellen Sie sicher, dass Sie in die Fenstermitte klicken.

Jetzt können wir ein paar Muster hinzufügen.

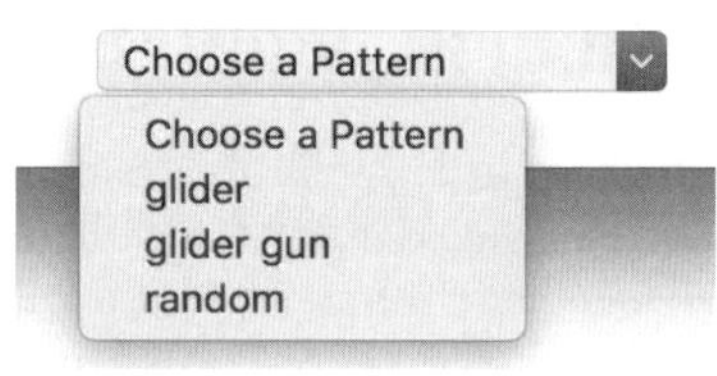

Wir werden unser Programm jetzt richtig zum Glänzen bringen, weil wir ein Auswahlmenü zur Verfügung stellen, in dem Benutzer aus einer Liste vordefinierter Muster wählen können. Unser Design enthält drei Muster, die Sie natürlich um eigene Ideen erweitern dürfen.

Das Auswahlmenü haben Sie bereits in Ihrem Code instanziiert. Dies haben wir allerdings noch nicht besprochen, weil die Funktionsweise des Widgets für Auswahlmenüs sich von der für Buttons und den Zeichenbereich (Canvas) unterscheidet. Hier noch einmal der Code, mit dem wir das Auswahlmenü (OptionMenu) erzeugen:

Das tkinter-Modul stellt ein Objekt zum Speichern von Werten bereit. Wir erstellen ein Objekt zum Speichern von Strings und weisen es der Variablen choice zu. Die Verwendung (und ihren Grund) erklären wir gleich.

Das choice-(»Auswahl«-)Objekt erhält den Wert 'Choose a Pattern' (Wählen Sie ein Muster). Dies verwenden wir im Widget als Standardauswahl.

```
choice = StringVar(root)
choice.set('Choose a Pattern')
option = OptionMenu(root, choice, "Choose a Pattern",
                                  "glider",
                                  "glider gun",
                                  "random")
option.config(width=20)
```

Dann instanziieren wir das Auswahlmenü und übergeben ihm (wie immer bei Widgets) das Root-Fenster, unser String-Objekt und verschiedene Optionen, die im Menü angezeigt werden sollen.

Damit es besser aussieht, haben wir dem Widget die Breite 20 gegeben.

Die Schnittstelle sieht schon ziemlich gut aus. Allerdings passiert noch nichts. Wie bei den Buttons und der Zeichenfläche müssen wir das Auswahlmenü mit einem Event-Handler verbinden. Diesmal funktioniert das allerdings ein wenig anders als bisher. Hier sehen Sie, wie wir die Bindung für das Auswahlmenü hinzufügen:

Der OptionMenu-Konstruktor erhält ein weiteres Argument: den Befehl (oder »Handler«), der ausgeführt werden soll, wenn der Benutzer eine Option wählt.

```
choice = StringVar(root)
choice.set('Choose a Pattern')
option = OptionMenu(root, choice, "Choose a Pattern",
                                  "glider",
                                  "glider gun",
                                  "random",
                    command=option_handler)
option.config(width=20)
```

ÜBUNG

Bevor wir es vergessen: Bauen Sie diesen Codeschnipsel in Ihre *view.py*-Datei ein!

Einen Handler für das Auswahlmenü schreiben

Das Schreiben eines Handlers für ein Auswahlmenü (OptionMenu) unterscheidet sich von den übrigen Handlern, weil wir nicht einfach auf einen Button-Klick reagieren. Stattdessen hat der Benutzer eine Option im Menü ausgewählt. Wir müssten also die gewählte Option herausfinden und entsprechend darauf reagieren.

Wie Sie vermutlich schon gemerkt haben, ist das erste Element unseres »Choose a Pattern«-(Wählen Sie ein Muster-)Menüs eine Anweisung an den Benutzer. Sie soll keine Aktion im Programm auslösen. Für die übrigen Optionen schreiben wir etwas Code, um zu sehen, wie wir damit umgehen:

Auch dieser Handler erhält ein Event, obwohl wir es nicht benutzen werden.

Wir verwenden das gerade gezeigte tkinter-StringVar-Objekt.

```
def option_handler(event):
    global is_running, start_button, choice

    is_running = False
    start_button.configure(text='Start')

    selection = choice.get()

    if selection == 'glider':
        model.load_pattern(model.glider_pattern, 10, 10)

    elif selection == 'glider gun':
        model.load_pattern(model.glider_gun_pattern, 10, 10)

    elif selection == 'random':
        model.randomize(model.grid_model, model.width, model.height)

    update()
```

Wir halten die Simulation an und ändern die Beschriftung des Start/Pause-Buttons wieder in »Start«.

Die Variable choice enthält ein StringVar-Objekt mit dem Wert, den der Benutzer im Auswahlmenü gewählt hat. Ein StringVar-Objekt besitzt eine get-Methode, um den enthaltenen Wert auszulesen.

Sobald wir die Auswahl des Benutzers kennen, können wir überprüfen, welche Option das ist, und entweder das entsprechende Muster laden oder randomize aufrufen.

Beachten Sie, dass wir die load_pattern-Funktion noch schreiben müssen. Außerdem fehlen bisher die Definitionen der Muster.

Wählt der Benutzer die Option »random« (Zufall), brauchen wir nur unsere bereits geschriebene randomize-Funktion aufzurufen.

Nach den Änderungen am Model müssen wir auch die Darstellung für den Benutzer aktualisieren.

Fügen Sie diesen Code in Ihre *view.py*-Datei oberhalb der `start_handler`-Funktion ein. Wir können den Code jetzt nicht ausführen, weil wir die `load_pattern`-Methode des Models noch schreiben und die Muster noch definieren müssen. Das machen wir im folgenden Schritt und unternehmen dann eine Probefahrt.

Das *ist* ein wenig verwirrend. Bisher haben wir beim Programmieren einfache Python-Variablen benutzt, und plötzlich wirft tkinter uns seine eigene Variablen in Objektform zu. Dafür gibt es eine Reihe von Gründen. Einer ist, dass die Tk-Grafikbibliothek (auf der tkinter basiert) *plattformübergreifend* arbeitet (d. h., sie funktioniert mit vielen Sprachen, nicht nur mit Python). Wenn Sie etwas mehr Erfahrung mit tkinter haben, werden Sie feststellen, dass manches so funktioniert wie in Python, weil Tk eben nicht speziell für Python entwickelt wurde.

Der andere Grund ist, dass die `StringVar`-Klasse viel mehr kann, als nur Werte zu speichern und auszulesen. Das `StringVar`-Objekt ermöglicht es, Änderungen des Werts mitzuverfolgen. Angenommen, Sie schreiben ein Programm zur Wetterbeobachtung, das die Anzeige bei einer Temperaturänderung aktualisieren soll. Dann können Sie durch die `trace`-Methode des `StringVar`-Objekts bei Änderungen des Werts eine Aktion auszuführen, wie hier:

```
temperature = StringVar()
temperature.trace("w", my_handler)
```

Bei jeder Änderung von temperature (bzw. beim »Schreiben« von temperature, wie man in Tk sagt) wird my_handler aufgerufen.

Wir werden diese zusätzliche Funktionalität von `StringVar` in unserem Code nicht nutzen. Dennoch ist es sinnvoll für zukünftige Anwendungen, darüber Bescheid zu wissen. Zudem ist es ein sehr gutes Beispiel für die eventgesteuerte Programmierung.

Die Muster definieren

Wir definieren die Muster in Form einer zweidimensionalen Liste – wie bei unserem Raster. Das Muster für einen Gleiter (glider) sähe beispielsweise so aus:

```
glider_pattern = [[0, 0, 0, 0, 0],
                  [0, 0, 1, 0, 0],
                  [0, 0, 0, 1, 0],
                  [0, 1, 1, 1, 0],
                  [0, 0, 0, 0, 0]]
```

Sehen Sie die Ähnlichkeit?

Die Gleiter-Kanone (Glider Gun) ist etwas komplizierter:

```
glider_gun_pattern = [[0, 0, 0, 0, 0, 0, 0, 0, 0, 0, 0, 0, 0, 0, 0, 0, 0, 0, 0, 0, 0, 0, 0, 0, 0, 0, 0, 0, 0, 0, 0, 0, 0, 0, 0, 0, 0, 0],
                      [0, 0, 0, 0, 0, 0, 0, 0, 0, 0, 0, 0, 0, 0, 0, 0, 0, 0, 0, 0, 0, 0, 0, 0, 0, 1, 0, 0, 0, 0, 0, 0, 0, 0, 0, 0, 0, 0],
                      [0, 0, 0, 0, 0, 0, 0, 0, 0, 0, 0, 0, 0, 0, 0, 0, 0, 0, 0, 0, 0, 0, 0, 1, 0, 1, 0, 0, 0, 0, 0, 0, 0, 0, 0, 0, 0, 0],
                      [0, 0, 0, 0, 0, 0, 0, 0, 0, 0, 0, 0, 0, 1, 1, 0, 0, 0, 0, 0, 0, 1, 1, 0, 0, 0, 0, 0, 0, 0, 0, 0, 0, 0, 0, 1, 1, 0],
                      [0, 0, 0, 0, 0, 0, 0, 0, 0, 0, 0, 0, 1, 0, 0, 0, 1, 0, 0, 0, 0, 1, 1, 0, 0, 0, 0, 0, 0, 0, 0, 0, 0, 0, 0, 1, 1, 0],
                      [0, 1, 1, 0, 0, 0, 0, 0, 0, 0, 0, 1, 0, 0, 0, 0, 0, 1, 0, 0, 0, 1, 1, 0, 0, 0, 0, 0, 0, 0, 0, 0, 0, 0, 0, 0, 0, 0],
                      [0, 1, 1, 0, 0, 0, 0, 0, 0, 0, 0, 1, 0, 0, 0, 1, 0, 1, 1, 0, 0, 0, 0, 1, 0, 1, 0, 0, 0, 0, 0, 0, 0, 0, 0, 0, 0, 0],
                      [0, 0, 0, 0, 0, 0, 0, 0, 0, 0, 0, 1, 0, 0, 0, 0, 0, 1, 0, 0, 0, 0, 0, 0, 0, 1, 0, 0, 0, 0, 0, 0, 0, 0, 0, 0, 0, 0],
                      [0, 0, 0, 0, 0, 0, 0, 0, 0, 0, 0, 0, 1, 0, 0, 0, 1, 0, 0, 0, 0, 0, 0, 0, 0, 0, 0, 0, 0, 0, 0, 0, 0, 0, 0, 0, 0, 0],
                      [0, 0, 0, 0, 0, 0, 0, 0, 0, 0, 0, 0, 0, 1, 1, 0, 0, 0, 0, 0, 0, 0, 0, 0, 0, 0, 0, 0, 0, 0, 0, 0, 0, 0, 0, 0, 0, 0],
                      [0, 0, 0, 0, 0, 0, 0, 0, 0, 0, 0, 0, 0, 0, 0, 0, 0, 0, 0, 0, 0, 0, 0, 0, 0, 0, 0, 0, 0, 0, 0, 0, 0, 0, 0, 0, 0, 0]]
```

Fällt Ihnen hier die Ähnlichkeit auf?

Sie brauchen diese Muster nicht von Hand einzugeben. Sehen Sie einfach im Quellcode zu Kapitel 11 in den Dateien *glider.py* und *glider_gun.py* nach. Öffnen Sie die Dateien und fügen Sie die beiden Zuweisungen am Ende Ihrer *model.py*-Datei ein (direkt unterhalb der `count_neighbors`-Funktion). Sie müssen den Code jetzt noch nicht testen. Sorgen Sie nur dafür, dass er keine Syntaxfehler enthält.

Die Ladefunktion für das Muster schreiben

Jetzt müssen wir den Code schreiben, um das Muster in unser Raster zu laden. Hierfür muss die Ladefunktion nur die Einsen und Nullen aus der Liste in das Modell unseres Rasters kopieren. Vorher sollte das Raster allerdings gelöscht und alle Zellen sollten mit Nullen überschrieben werden.

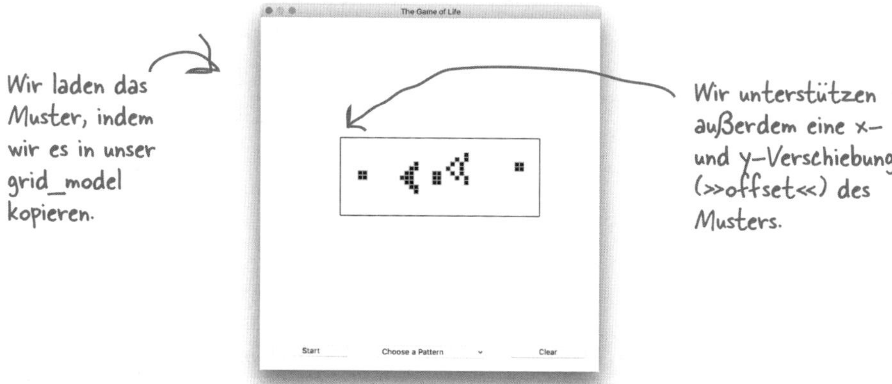

Außerdem sollte es die Möglichkeit geben, das Muster zu verschieben, damit es beispielsweise in der Mitte des Rasters platziert werden kann. Zu diesem Zweck übergeben wir die Verschiebung auf der x- und y-Achse als Argumente (`x_offset` **und** `y_offset`). Anstatt das Muster an der Position 0,0 zu positionieren, wird es um die angegebenen Werte nach rechts und nach unten verschoben. Hier der Code:

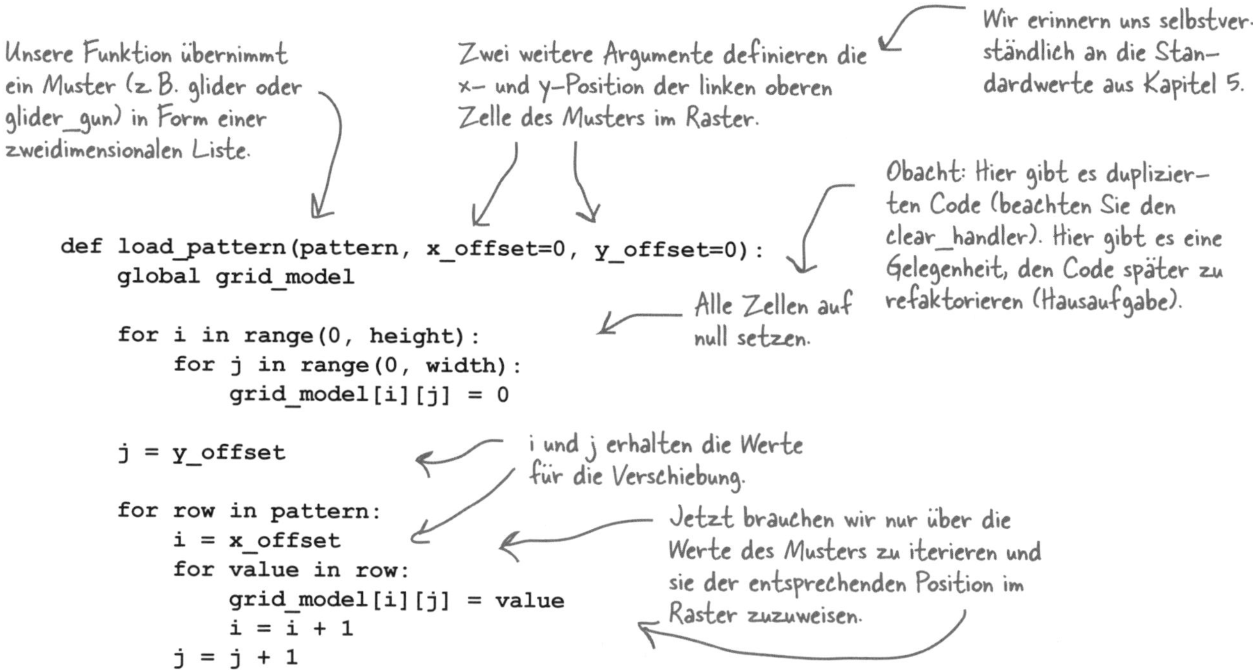


```
def load_pattern(pattern, x_offset=0, y_offset=0):
    global grid_model

    for i in range(0, height):
        for j in range(0, width):
            grid_model[i][j] = 0

    j = y_offset

    for row in pattern:
        i = x_offset
        for value in row:
            grid_model[i][j] = value
            i = i + 1
        j = j + 1
```

Bauen Sie die `load_pattern`-Funktion von der vorigen Seite in Ihre *model.py*-Datei direkt unterhalb der Muster ein. Danach sollten Sie alles beisammen haben, um unseren »Spiel des Lebens«-Simulator ausgiebig zu testen. Wegen der vielen Code-änderungen in diesem Kapitel haben wir den gesamten Quellcode für den Simulator hier und auf den folgenden Seiten noch einmal vollständig abgedruckt.

model.py

```
import random

height = 100
width = 100

def randomize(grid, width, height):
    for i in range(0, height):
        for j in range(0, width):
            grid[i][j] = random.randint(0,1)


grid_model = [0] * height
next_grid_model = [0] * height
for i in range(height):
    grid_model[i] = [0] * width
    next_grid_model[i] = [1] * width

def next_gen():
    global grid_model, next_grid_model

    for i in range(0, height):
        for j in range(0, width):
            cell = 0
            count = count_neighbors(grid_model, i, j)


            if grid_model[i][j] == 0:
                if count == 3:
                    cell = 1
            elif grid_model[i][j] == 1:
                if count == 2 or count == 3:
                    cell = 1
            next_grid_model[i][j] = cell

    temp = grid_model
    grid_model = next_grid_model
    next_grid_model = temp
```

```
def count_neighbors(grid, row, col):

    count = 0
    if row-1 >= 0:
         count = count + grid[row-1][col]
    if (row-1 >= 0) and (col-1 >= 0):
        count = count + grid[row-1][col-1]
    if (row-1 >= 0) and (col+1 < width):
        count = count + grid[row-1][col+1]
    if col-1 >= 0:
        count = count + grid[row][col-1]
    if col + 1 < width:
        count = count + grid[row][col+1]
    if row + 1 < height:
        count = count + grid[row+1][col]
    if (row + 1 < height) and (col-1 >= 0):
        count = count + grid[row+1][col-1]
    if (row + 1 < height) and (col+1 < width):
        count = count + grid[row+1][col+1]
    return count

glider_pattern = [[0, 0, 0, 0, 0],
                  [0, 0, 1, 0, 0],
                  [0, 0, 0, 1, 0],
                  [0, 1, 1, 1, 0],
                  [0, 0, 0, 0, 0]]

glider_gun_pattern = [[0, 0, 0, 0, 0, 0, 0, 0, 0, 0, 0, 0, 0, 0, 0, 0, 0, 0, 0, 0, 0, 0, 0, 0, 0,
0, 0, 0, 0, 0, 0, 0, 0, 0, 0, 0, 0, 0],
              [0, 0, 0, 0, 0, 0, 0, 0, 0, 0, 0, 0, 0, 0, 0, 0, 0, 0, 0, 0, 0, 0, 0, 0, 0, 1, 0,
0, 0, 0, 0, 0, 0, 0, 0, 0, 0, 0],
              [0, 0, 0, 0, 0, 0, 0, 0, 0, 0, 0, 0, 0, 0, 0, 0, 0, 0, 0, 0, 0, 0, 0, 1, 0, 1, 0,
0, 0, 0, 0, 0, 0, 0, 0, 0, 0, 0],
              [0, 0, 0, 0, 0, 0, 0, 0, 0, 0, 0, 0, 0, 1, 1, 0, 0, 0, 0, 0, 0, 1, 1, 0, 0, 0, 0,
0, 0, 0, 0, 0, 0, 0, 0, 1, 1, 0],
              [0, 0, 0, 0, 0, 0, 0, 0, 0, 0, 0, 0, 1, 0, 0, 0, 1, 0, 0, 0, 0, 1, 1, 0, 0, 0, 0,
0, 0, 0, 0, 0, 0, 0, 0, 1, 1, 0],
              [0, 1, 1, 0, 0, 0, 0, 0, 0, 0, 0, 1, 0, 0, 0, 0, 0, 1, 0, 0, 0, 1, 1, 0, 0, 0, 0,
0, 0, 0, 0, 0, 0, 0, 0, 0, 0, 0],
              [0, 1, 1, 0, 0, 0, 0, 0, 0, 0, 0, 1, 0, 0, 0, 1, 0, 1, 1, 0, 0, 0, 0, 1, 0, 1, 0,
0, 0, 0, 0, 0, 0, 0, 0, 0, 0, 0],
              [0, 0, 0, 0, 0, 0, 0, 0, 0, 0, 0, 1, 0, 0, 0, 0, 0, 1, 0, 0, 0, 0, 0, 0, 0, 1, 0,
0, 0, 0, 0, 0, 0, 0, 0, 0, 0, 0],
              [0, 0, 0, 0, 0, 0, 0, 0, 0, 0, 0, 0, 1, 0, 0, 0, 1, 0, 0, 0, 0, 0, 0, 0, 0, 0, 0,
0, 0, 0, 0, 0, 0, 0, 0, 0, 0, 0],
              [0, 0, 0, 0, 0, 0, 0, 0, 0, 0, 0, 0, 0, 1, 1, 0, 0, 0, 0, 0, 0, 0, 0, 0, 0, 0, 0,
0, 0, 0, 0, 0, 0, 0, 0, 0, 0, 0],
              [0, 0, 0, 0, 0, 0, 0, 0, 0, 0, 0, 0, 0, 0, 0, 0, 0, 0, 0, 0, 0, 0, 0, 0, 0, 0, 0,
0, 0, 0, 0, 0, 0, 0, 0, 0, 0, 0]]
```

```
def load_pattern(pattern, x_offset=0, y_offset=0):
    global grid_model

    for i in range(0, height):
        for j in range(0, width):
            grid_model[i][j] = 0

    j = y_offset

    for row in pattern:
        i = x_offset
        for value in row:
            grid_model[i][j] = value
            i = i + 1
        j = j + 1

if __name__ == '__main__':
    next_gen()
```

view.py

```
from tkinter import *
import model

cell_size = 5
is_running = False



def setup():
    global root, grid_view, cell_size, start_button, clear_button, choice

    root = Tk()
    root.title('The Game of Life')

    grid_view = Canvas(root, width=model.width*cell_size,
                             height=model.height*cell_size,
                             borderwidth=0,
                             highlightthickness=0,
                             bg='white')

    start_button = Button(root, text='Start', width=12)
    clear_button = Button(root, text='Clear', width=12)

    choice = StringVar(root)
    choice.set('Choose a Pattern')
    option = OptionMenu(root, choice, 'Choose a Pattern', 'glider', 'glider gun', 'random',
                        command=option_handler)
    option.config(width=20)
```

```
  grid_view.grid(row=0, columnspan=3, padx=20, pady=20)
    grid_view.bind('<Button-1>', grid_handler)
    start_button.grid(row=1, column=0, sticky=W,padx=20, pady=20)
    start_button.bind('<Button-1>', start_handler)
    option.grid(row=1, column=1, padx=20)
    clear_button.grid(row=1, column=2, sticky=E, padx=20, pady=20)
    clear_button.bind('<Button-1>', clear_handler)

def option_handler(event):
    global is_running, start_button, choice

    is_running = False
    start_button.configure(text='Start')

    selection = choice.get()

    if selection == 'glider':
        model.load_pattern(model.glider_pattern, 10, 10)

    elif selection == 'glider gun':
        model.load_pattern(model.glider_gun_pattern, 10, 10)

    elif selection == 'random':
        model.randomize(model.grid_model, model.width, model.height)

    update()

def start_handler(event):
   global is_running, start_button

   if is_running:
       is_running = False
       start_button.configure(text='Start')
   else:
       is_running = True
       start_button.configure(text='Pause')
       update()

def clear_handler(event):
   global is_running, start_button

   is_running = False
   for i in range(0, model.height):
       for j in range(0, model.width):
           model.grid_model[i][j] = 0

   start_button.configure(text='Start')
   update()

def grid_handler(event):
    global grid_view, cell_size

    x = int(event.x / cell_size)
    y = int(event.y / cell_size)

    if (model.grid_model[x][y] == 1):
        model.grid_model[x][y] = 0
        draw_cell(x, y, 'white')
    else:
        model.grid_model[x][y] = 1
        draw_cell(x, y, 'black')
```

```
def update():
   global grid_view, root, is_running

   grid_view.delete(ALL)

   model.next_gen()
   for i in range(0, model.height):
       for j in range(0, model.width):
           if model.grid_model[i][j] == 1:
                draw_cell(i, j, 'black')
   if (is_running):
       root.after(100,update)

def draw_cell(row, col, color):
    global grid_view, cell_size

    if color == 'black':
        outline = 'grey'
    else:
        outline = 'white'

    grid_view.create_rectangle(row*cell_size,
                               col*cell_size,
                               row*cell_size+cell_size,
                               col*cell_size+cell_size,
                               fill=color, outline=outline)

if __name__ == '__main__':
    setup()
    update()
    mainloop()
```

Klasse. Hier ist unser Ergebnis, nachdem wir ein wenig mit der Gleiter-Kanone gespielt haben. Faszinierend, oder?

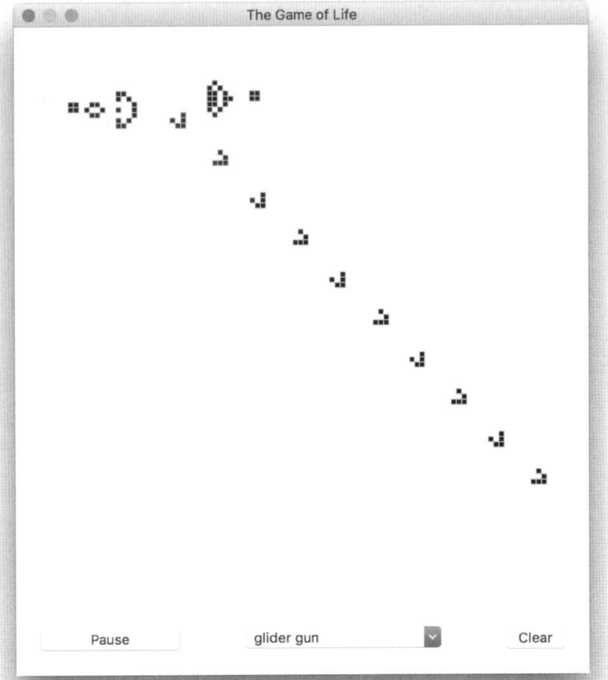

Um das auszuprobieren, wählen Sie die Option »Glider Gun« und klicken auf den Start/Pause-Button.

Punkt für Punkt

- Generativer Code erzeugt Ausgaben, die man durch Betrachten des Codes nicht erraten kann.
- Das Spiel des Lebens wurde vom Mathematiker John Conway entdeckt.
- GUIs sind grafische Benutzerschnittstellen.
- Paper Prototyping ist eine Methode, GUIs bereits vor der Programmierung zu testen.
- Wir haben unser Programm entwickelt, indem wir die Aufgaben auf Model, View und Controller aufgeteilt haben.
- tkinter ist ein Python-Modul für die Erstellung grafischer Benutzerschnittstellen.
- tkinter stellt Widgets zur Verfügung, die im Code als Objekte und auf dem Bildschirm als Komponenten der Benutzerschnittstelle dargestellt werden.
- Das Tk-Objekt steht für das Hauptfenster.
- tkinter stellt verschiedene Layout-Manager zur Verfügung, mit denen man die Widgets in einem Fenster anordnen kann.
- Wir haben den grid-(Raster-)Layout Manager benutzt, um unsere Widgets im Ansichtsbereich zu platzieren.
- Bei der Erstellung von Benutzerschnittstellen haben wir oft eine reaktive oder eventbasierte Form der Programmierung verwendet.
- Hierbei werden sogenannte Handler in Form von Funktionen verwendet, die aufgerufen werden, wenn ein Ereignis (Event) eintritt.
- Events sind Ereignisse, wie beispielsweise das Anklicken eines Buttons, die Auswahl in einem Menü, das Ablaufen eines Timers usw.
- Wir verwenden die bind-Methode am tkinter-Widget, um eine Funktion als Handler (»Handhaber«) für ein Event zu registrieren.
- Den meisten Handlern wird ein Event-Objekt übergeben, das weitere Informationen über ein Event enthält.
- Die meisten Programmiersprachen bieten außerdem die Möglichkeit, einen Handler aufzurufen, nachdem eine bestimmte Zeit vergangen ist.
- tkinter bietet die after-Methode am Tk-Objekt, um Code zu einem späteren Zeitpunkt auszuführen.
- Das OptionMenu-Widget (Auswahlmenü) speichert die Auswahl des Benutzers in einem StringVar-Objekt.
- Die tkinter-Hauptschleife (mainloop) überwacht die Schnittstelle auf Benutzerinteraktionen.

Den Spiel des Lebens-Simulator weiterentwickeln

NOCH WEITER!

Sie haben einen großartigen kleinen Simulator programmiert. Und das ist erst der Anfang, denn die Möglichkeiten sind noch lange nicht ausgeschöpft. Anstelle eines Kreuzworträtsels hier ein paar Ideen.

MEHR LERNEN

- Beginnen Sie, mehr zu lernen: *http://web.stanford.edu/~cdebs/GameOfLife/*.
- Googeln Sie »Game of Life« zusammen mit den Begriffen »Maze«, »Night/Day«, »Walled Cities« oder »Reverse«, um ein paar Beispiele für alternative Regeln zu entdecken.
- Recherchieren Sie zu zellulären Automaten, um mehr über das Spiel des Lebens und seine mathematischen Grundlagen zu erfahren: *https://de.wikipedia.org/wiki/Zellulärer_Automat*.

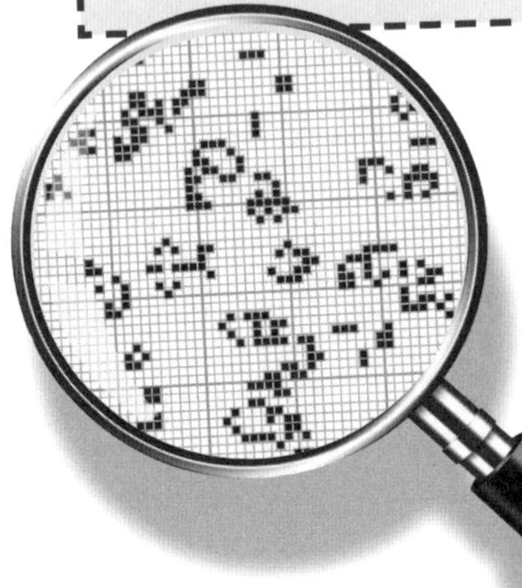

MEHR PROGRAMMIEREN

- Ändern Sie die Regeln. Hier ein anderer Satz Regeln zum Ausprobieren:
  1. Ist eine Zelle lebendig, bleibt sie in der folgenden Generation am Leben.
  2. Hat eine tote Zelle zwei lebendige Nachbarn, erwacht die tote Zelle zum Leben.
- Schreiben Sie den Code, um Ihre Muster in einer Datei zu speichern und von dort zu laden.
- Implementieren Sie einen Torus: Unsere Implementierung verwendet ein Rechteck, das von einem Rahmen begrenzt ist. Verändern Sie Ihren Code so, dass die linke Seite auf der rechten Seite fortgeführt wird und die obere Seite an der Unterseite. Dadurch bildet das gesamte Raster eine durchgehende Oberfläche (mit ein wenig Nachdenken ist das gar nicht so schwer).
- Verwenden Sie Farben: Wie wäre es, die Zellen unterschiedlich einzufärben, je nachdem, wie lange sie schon leben?
- Machen Sie Zellen zu »Geistern«: Stirbt eine Zelle, geben Sie ihr einen hellen Grauton, der sich im Laufe der Zeit nach Schwarz verändert.
- Finden Sie Möglichkeiten, den Code zu optimieren und superschnell zu machen.

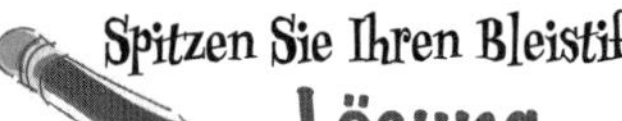

Spitzen Sie Ihren Bleistift Lösung

Bevor Sie anfangen zu programmieren, sollten Sie sich manuell durch ein paar Generationen des Spiels des Lebens arbeiten. Benutzen Sie Generation 1 als Startpunkt und berechnen Sie dann die Generationen 2 bis 6, indem Sie die folgenden Spielregeln immer wieder anwenden:

- Hat eine Zelle drei lebendige Nachbarn, wird sie in der folgenden Generation lebendig.
- Hat eine lebendige Zelle zwei oder drei lebendige Nachbarn, lebt sie in der folgenden Generation weiter.
- Hat eine lebendige Zelle weniger als zwei lebendige Nachbarn, stirbt sie in der folgenden Generation.
- Hat eine lebendige Zelle mehr als drei lebendige Nachbarn, stirbt sie in der folgenden Generation.

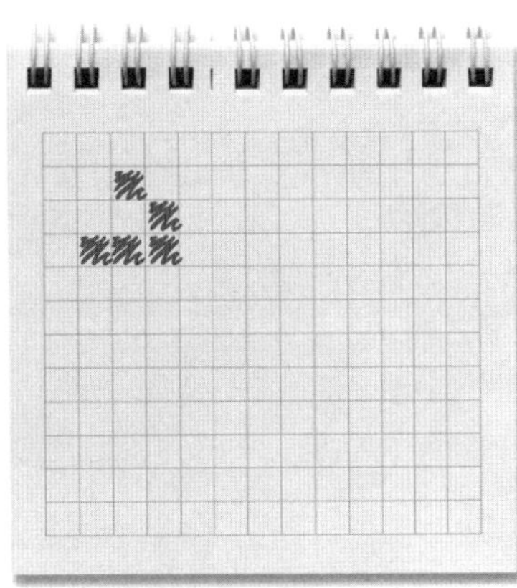

Generation 1

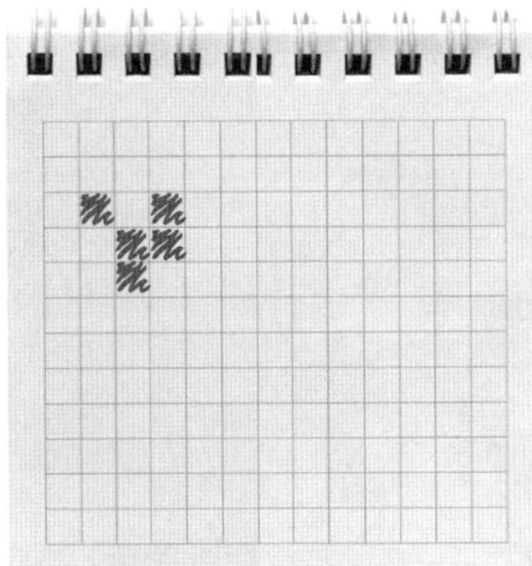

Generation 2

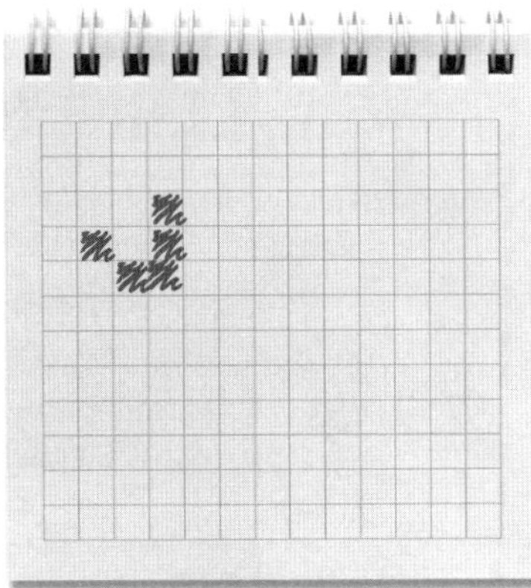

Generation 3

Was fällt Ihnen bei diesen beiden Generationen auf?

In vier Generationen hat sich der Ablauf wiederholt, und dabei wurde das Ganze um ein Feld nach unten und um eines zur Seite bewegt. Berechnen wir das immer weiter, bewegen sich diese Zellen über das gesamte Raster!

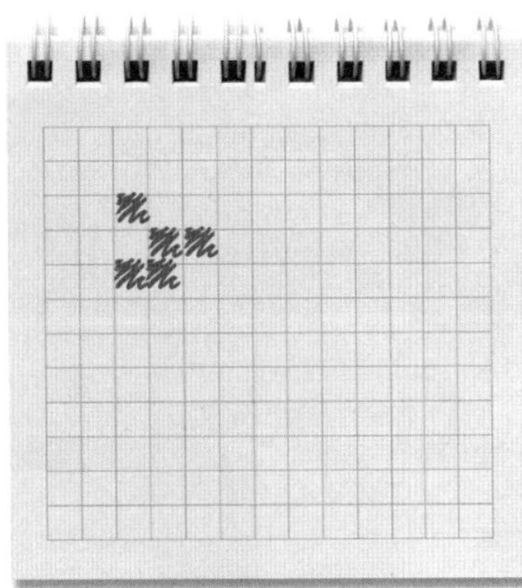

Generation 4

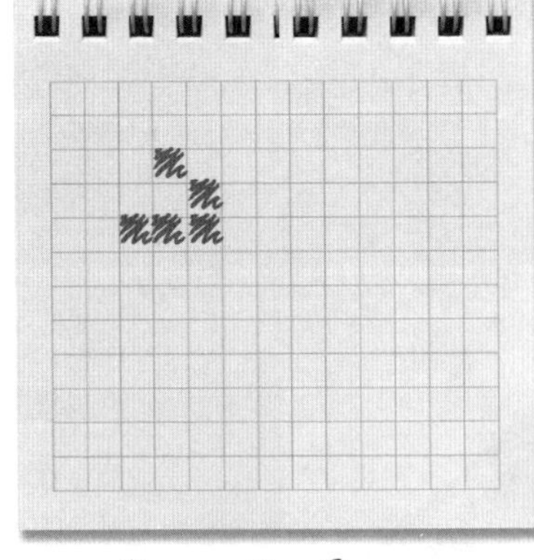

Generation 5

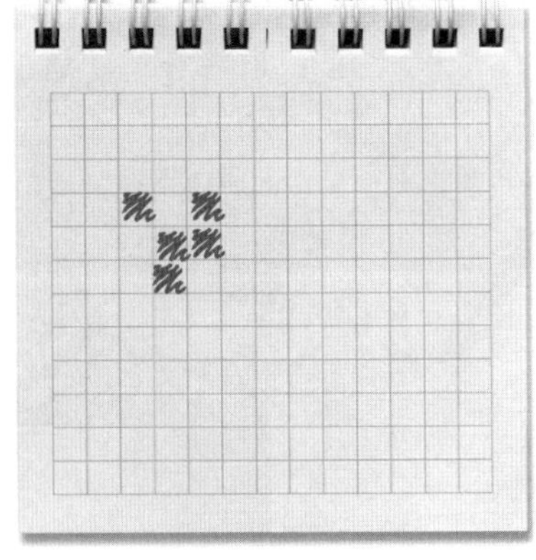

Generation 6

Code-Magneten, Lösung

Glück gehabt. Während Sie sich mit Plätzchenbacken beschäftigten, haben wir bereits die `next_gen`-Funktion geschrieben und die Magneten an die Kühlschranktür geheftet. Aber, wie immer in den *Von Kopf bis Fuß*-Büchern, kam jemand und hat sie durcheinandergebracht. Konnten Sie uns helfen, sie in die richtige Reihenfolge zu bringen? Vorsicht! Es gibt ein paar Magneten, die nicht gebraucht werden.

DIE REGELN

GEBURT: Eine neue Zelle wird geboren, wenn sie von genau drei lebendigen Zellen umgeben ist.

LEBEN: Eine Zelle lebt, solange sie von zwei oder drei lebendigen Zellen umgeben ist.

TOD: Eine Zelle stirbt an Einsamkeit, wenn sie von weniger als zwei lebendigen Zellen umgeben ist.

Eine Zelle stirbt an zu viel Enge, wenn sie von vier oder mehr Zellen umgeben ist.

```
def next_gen():
    global grid_model
    for i in range(0, height):
        for j in range(0, width):
            cell = 0
            count = count_neighbors(grid_model, i, j)
            if grid_model[i][j] == 0:
                if count == 3:
                    cell = 1
            elif grid_model[i][j] == 1:
                if count == 2 or count == 3:
                    cell = 1
```

Die meisten Fälle führen dazu, dass eine Zelle in der nächsten Generation stirbt. Also benutzen wir das als Startwert.

Dies implementiert die GEBURT-Regel.

Dies implementiert die LEBEN-Regeln

Diese Magneten haben wir nicht gebraucht

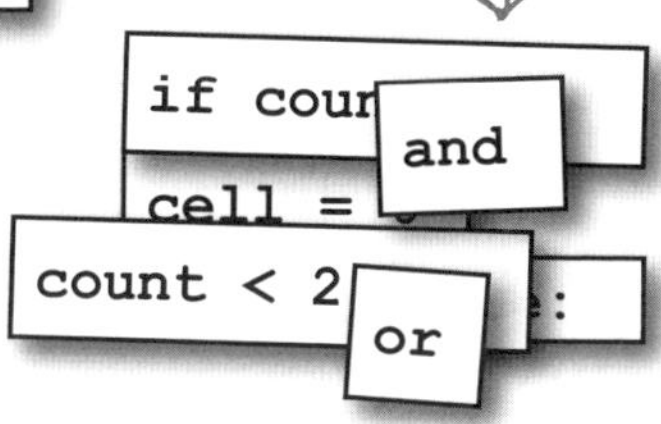

Spitzen Sie Ihren Bleistift – Lösung

Der `next_gen`-Code wird nicht wirklich ausgeführt, solange wir ihn mit einem Raster voller Nullen testen. Schreiben Sie eine Funktion namens `randomize`. Sie übernimmt ein Raster, eine Höhe und eine Breite und platziert zufällige Nullen und Einsen in den einzelnen Feldern des Rasters.

```
import random

def randomize(grid, width, height):
    for i in range(0, height):
        for j in range(0, width):
            grid[i][j] = random.randint(0,1)
```

Über das Raster iterieren und einen zufälligen Integerwert an jeder Position einfügen.

Spitzen Sie Ihren Bleistift – Lösung

Sehen Sie sich diesen Code an. Können Sie herausfinden, was er ausgibt? Wie funktioniert er?

Beim ersten Mal rufen wir countdown explizit auf. Das definiert den ersten »after«-Aufruf von countdown eine Sekunde später. Dies geschieht so lange, bis count schließlich den Wert 0 hat und die Funktion ohne einen weiteren Aufruf beendet wird.

```
from tkinter import *

root = Tk()
count = 10

def countdown():
    global root, count


    if count > 0:
        print(count)
        count = count - 1
        root.after(1000, countdown)
    else:
        print('Blastoff')

countdown()
mainloop()
```

Hanteltraining fürs Gehirn
Meinen Sie, das geht als rekursive Funktion durch?

Technisch gesehen ruft die countdown-Funktion sich nicht selbst auf. Stattdessen fordert sie das Tk-root-Objekt auf, sie zu einem Zeitpunkt in der Zukunft (in diesem Fall in einer Sekunde) aufzurufen. Aber sie fühlt sich auf jeden Fall rekursiv an!

Da Sie ein Tk-Widget instanziieren, wird beim Ausführen dieses Codes ein neues Fenster angezeigt.

Was ist mit dem Löschen-(Clear-)Button? Er muss die globale Variable `is_running` auf `False` setzen und den Wert jeder Zelle auf `0`. Außerdem muss die Beschriftung des Start/Pause-Buttons wieder in »Start« geändert und die `update`-Funktion aufgerufen werden. Dadurch wird die Anzeigefläche vor dem Ende aktualisiert. (Wenn alle Zellen im Model den Wert `0` haben, sollte der Anzeigebereich leer sein.)

Verwenden Sie den Start/Pause-Button als Beispiel, um den Code für den Löschen-Button zu schreiben:

```
start_button.bind('<Button-1>', start_handler)

def start_handler(event):
   global is_running, start_button

   if is_running:
       is_running = False
       start_button.configure(text='Start')
   else:
       is_running = True
       start_button.configure(text='Pause')
       update()
```

Wie beim Start/Pause-Button müssen Sie den Löschen-Button mit dem Handler verbinden.

Und hier noch einmal der start_handler, der uns als gutes Beispiel dient.

```
clear_button.bind('<Button-1>', clear_handler)

def clear_handler(event):
   global is_running, start_button

   is_running = False
   for i in range(0, model.height):
       for j in range(0, model.width):
           model.grid_model[i][j] = 0

   start_button.configure(text='Start')
   update()
```

Hier der Code zum Hinzufügen von clear_handler.

Zuerst setzen wir is_running auf False.

Dann erhalten alle Zellen im Model den Wert 0.

Hier erhält der Button wieder die Beschriftung Start.

Am Ende wird die Anzeige aktualisiert.

Wenn Sie Ihren Code geschrieben haben, sollten Sie ihn sorgfältig mit unserer Lösung vergleichen. Danach können Sie ihn in Ihrer *view.py*-Datei speichern. Am besten probieren Sie das gleich einmal aus.

Der Löschen-(Clear-)Button funktioniert ausgezeichnet. Trotzdem brauchen wir ziemlich dringend eine Möglichkeit, unsere eigenen Zellen anzuklicken und hinzuzufügen.

12 Objektorientierte Programmierung

Ausflug nach Objekthausen

In diesem Buch haben Sie meist Funktionen benutzt, um Code zu abstrahieren. Bisher haben Sie für die Programmierung einen **prozeduralen Ansatz** verwendet: einfache Anweisungen, Bedingungen und `for`/`while`-Schleifen mit Funktionen. Nichts davon ist wirklich **objektorientiert**. Eigentlich ist es *überhaupt nicht* objektorientiert! Im Code haben wir uns Objekte und ihre Verwendung bereits angesehen. Aber eigene Objekte haben Sie bisher nicht erstellt, und mit dem objektorientierten Design Ihres Code haben Sie sich auch noch nicht beschäftigt. Daher ist es jetzt Zeit, diese langweilige prozedurale Stadt hinter sich zu lassen. In diesem Kapitel finden Sie heraus, warum die Verwendung von Objekten Ihr Leben deutlich erleichtern kann – zumindest bei der **Programmierung** (für Unterstützung in anderen Lebensbereichen reicht dieses Buch einfach nicht aus). Nur eine Warnung: Sobald Sie Objekte entdeckt haben, wollen Sie nicht mehr zurück. Schicken Sie uns eine Postkarte, wenn Sie angekommen sind.

Die Dinge anders aufteilen

In Kapitel 1 haben wir gesagt, dass Sie zwei Fertigkeiten brauchen, um programmieren zu lernen. Die erste Fähigkeit war, ein Problem in kleine Einzelaktionen aufzuteilen, die zweite bestand darin, eine Programmiersprache zu lernen, mit der Sie diese Aktionen für einen Computer beschreiben können. Inzwischen haben Sie eine Menge zu beiden Fertigkeiten gelernt.

Und das ist auch gut so, denn diese Fertigkeiten bilden das Fundament für jede Programmierung, die Sie (oder jemand anderes) jemals durchführen werden. Allerdings kann man die Probleme auch noch anders aufteilen. Fast alle modernen Programmiersprachen unterstützen diese von den meisten professionellen Programmierern bevorzugte Herangehensweise: die *objektorientierte Programmierung* (OOP), die wir zuerst in Kapitel 7 kennengelernt haben.

Anstatt die bisher erlernten Techniken zu Abstraktion, Bedingungslogik usw. zu benutzen, um einen Algorithmus zu schreiben, modellieren wir eine Reihe von Objekten und beschreiben, wie sie miteinander arbeiten. Einerseits ist die objektorientierte Programmierung eine fortgeschrittene Technik mit einer eigenen Fachsprache, eigenen Techniken und besten Vorgehensweisen, andererseits ist sie oft ein intuitiver Weg, Probleme in kleine Einheiten aufzuteilen, wie Sie bald sehen werden.

Erinnern Sie sich an die Klassen aus Kapitel 7?

Die objektorientierte Programmierung ist ein Thema, mit dem man viele Bücher füllen kann (und das auch getan hat). In diesem Kapitel versuchen wir, Ihnen die wesentlichen Punkte der OOP zu vermitteln. Damit sollten Sie einen guten Startpunkt haben, objektorientierten Code zu lesen und zu verstehen. Wir zeigen Ihnen außerdem, wie Sie objektorientierte Techniken in Ihrem eigenen Code verwenden können. Dazu gehört auch die Erstellung eigener Klassen. Am Ende dieses Kapitels sollten Sie in der Lage sein, Ihre objektorientierten Studien selbstständig fortführen zu können.

Worum geht es bei der objektorientierten Programmierung überhaupt?

Mit OOP können Sie Code auf einer höheren Ebene entwickeln. Das erleichtert es, den Überblick über das große Ganze zu behalten.

Das kennen Sie schon. Erinnern Sie sich, dass Sie gelernt haben, Ihren Code in eine Reihe von Funktionen zu abstrahieren? Dadurch mussten Sie sich nicht mehr durch einen mentalen Dschungel aus Spaghetticode schlagen, voll von `if`s, `elif`s, `for/in`s und Zuweisungen. OOP hebt Ihren Code noch eine Ebene höher; mit OOP modellieren Sie echte (oder virtuelle) Objekte, ihren Zustand und ihr Verhalten und lassen sie interagieren, um Probleme zu lösen.

Hier ein Beispiel, das die Unterschiede veranschaulichen soll. Angenommen, Sie müssten:

1. eine Heizspirale aus Draht wickeln,
2. sie mit einem Stromkreis verbinden,
3. den Strom einschalten,
4. ein Stück Brot nehmen,
5. es in 2 cm Entfernung zur Heizspirale platzieren,
6. das Brot festhalten, bis es fertig ist,
7. das Brot entfernen,
8. den Strom wieder ausschalten.

Prozedurales Toasten.

Und jetzt das Gleiche mit Objekten:

1. **Brot** in den **Toaster** legen,
2. den Schalter (**toast_button**) herunterdrücken,
3. das **Toast** entnehmen, wenn der **Toaster** fertig ist.

Objektorientiertes Toasten.

Die erste Liste beschreibt das prozedurale Vorgehen, während die zweite einen objektorientieren Ansatz zeigt: Sie haben eine Reihe von Objekten (Brot, Toaster und einen Schalter zum Herunterdrücken). Sie denken auf der Ebene des Problems (das Brot ist im Toaster, also muss ich den Schalter herunterdrücken). Dafür müssen Sie nicht wissen, wie der Toaster im Einzelnen funktioniert (z. B. dass die Heizspirale ca. 120 °C heiß sein muss, das Toast 2 cm von der Heizspirale entfernt sein muss und eine bestimmte Zeit vergehen muss).

Toast
kind (Art)
eat() (essen)

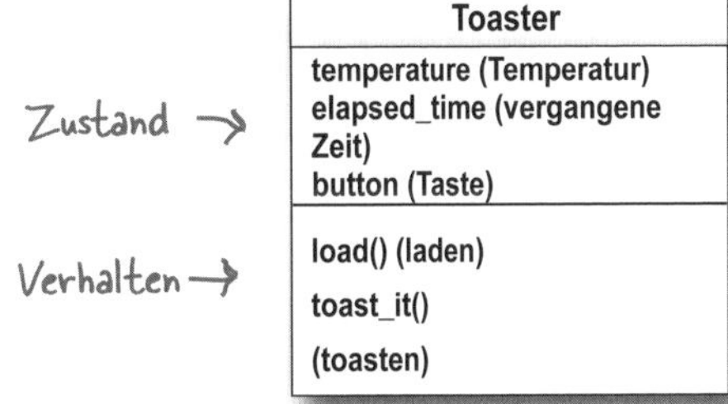

Button
is_pressed (ist gedrückt)
push() (herunterdrücken)

Erinnern Sie sich noch an die Objekte aus Kapitel 7, die aus Klassen instanziiert wurden und Attribute (Zustand) und Methoden (Verhalten) besaßen?

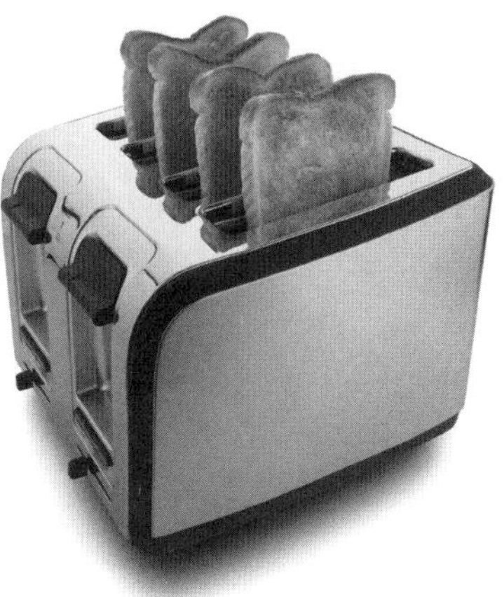

Angenommen, Sie wollten das klassische Computerspiel Pong implementieren. Welche Objekte würden Sie hierfür wählen? Welchen Zustand und welches Verhalten müssten die Objekte haben?

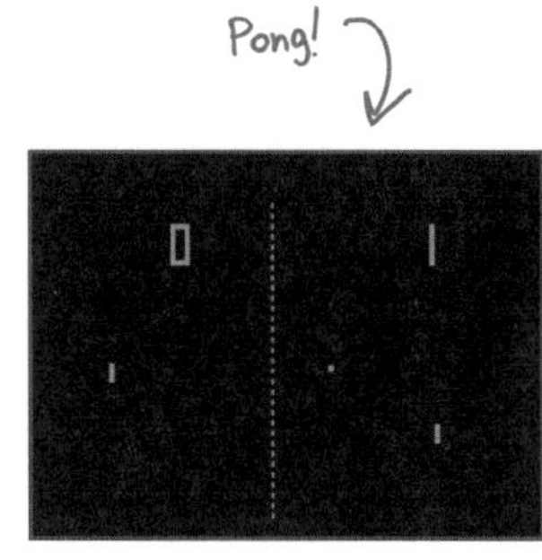

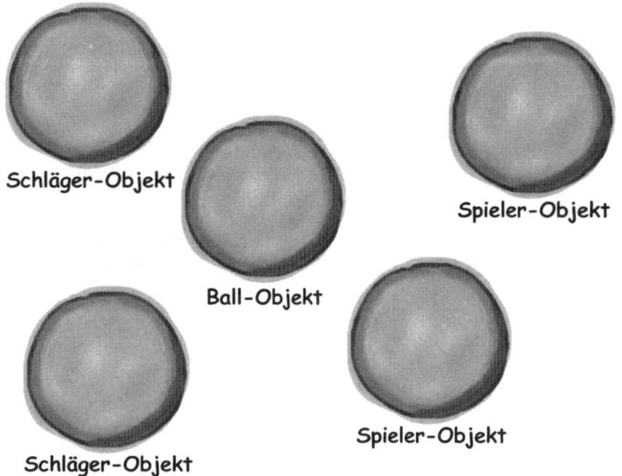

Was gefällt Ihnen an objektorientierten Sprachen am meisten?

»Es ist einfacher, die Verwendung eines Objekts zu verstehen, als einen zufälligen Haufen Funktionen und Daten in einem Modul.«

— Joy, 27, Softwarearchitektin

»Es gefällt mir, dass sich die Daten und die Funktionen für ihre Verarbeitung in einem gemeinsamen Objekt befinden.«

— Brad, 19, Programmierer

»Objekte helfen mir, natürlicher zu programmieren. Ich habe das Gefühl, näher am eigentlichen Problem zu arbeiten.«

— Chris, 39, Projektmanager

»Ich kann nicht glauben, dass Chris das gerade gesagt hat. Der hat doch in den letzten fünf Jahren keine einzige Zeile Code geschrieben.«

— Daryl, 44, arbeitet für Chris (noch)

»Sie meinen außer Schildkröten?«

— Avary, 7, Junior-Programmierer

Ihre erste Klasse planen

In Kapitel 7 haben wir gezeigt, wie Sie Klassen benutzen können, um Objekte zu instanziieren. Seitdem haben Sie eine Vielzahl weiterer Objekte kennengelernt: die eingebauten Datentypen (Strings, Fließkommazahlen und so weiter), Schildkröten (turtles), Widgets und das HTTP-`requests`-Objekt, um nur ein paar zu nennen. Aber eine eigene Klasse haben Sie bisher noch nicht erstellt. Das wollen wir jetzt tun.

Ähnlich der Verwendung von Pseudocode zur Planung von prozeduralem Code hilft es, Ihre Objekte zu planen (bzw. die Klassen, aus denen die Objekte erzeugt werden), bevor wir uns an die Programmierung machen. Wir beginnen einfach und planen eine Hunde-Klasse (Dog):

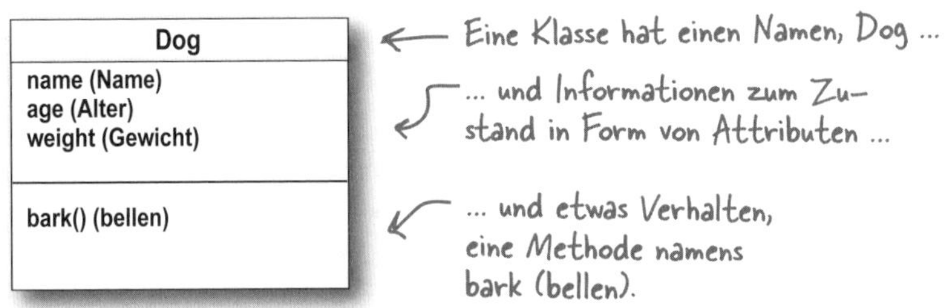

Bevor wir den Code für diese Klasse schreiben, wollen wir darüber nachdenken, wie er benutzt wird. Hier sehen Sie etwas Code, der unsere noch nicht implementierte Dog-Klasse verwendet:

Sie müssen den Code jetzt noch nicht eingeben oder laufen lassen.

```
codie = Dog('Codie', 12, 38)
jackson = Dog('Jackson', 9, 12)
codie.bark()
jackson.bark()
```

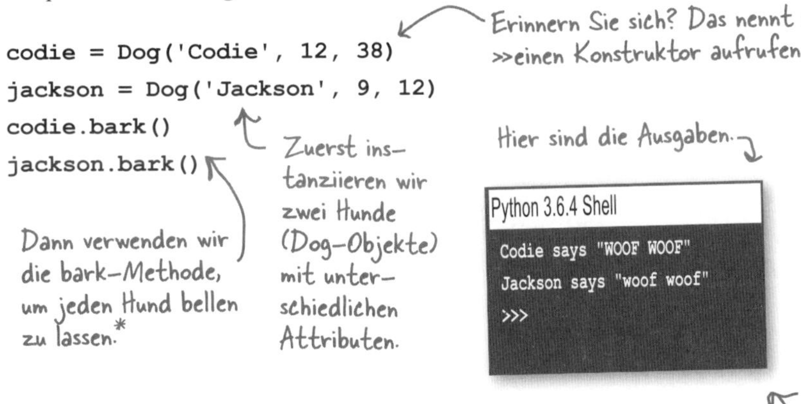

* Haben Sie bemerkt, dass die Hunde auf unterschiedliche Weise bellen? Wie ist das denn passiert?

Basierend auf diesem Codebeispiel muss der Konstruktor der Dog-Klasse Name, Alter und Gewicht des neuen Hundes übernehmen, um daraus ein neues Hund-Objekt zu erzeugen. Wir haben außerdem eine `bark`-Methode. Abhängig von bestimmten Attributen des Hundes erzeugt sie unterschiedliche Ausgaben. Ein großer Hund macht »WOOF WOOF«, ein kleiner macht »woof woof«. Kommt Ihnen das bekannt vor? Dann wollen wir jetzt den dafür nötigen Code schreiben.

Ihre erste Klasse schreiben

Wir beginnen mit dem sogenannten Konstruktor. Das heißt, wir schreiben den Code, der unsere Dog-Objekte initialisiert. Danach implementieren wir die `bark`-Methode.

Sehen Sie sich diesen Code erst mal genau an, wir werden ihn anschließend besprechen:

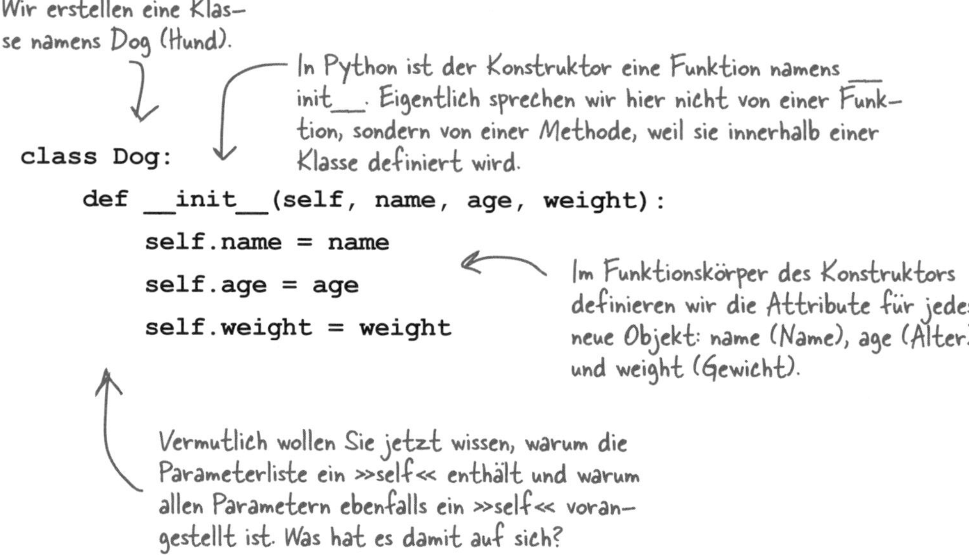

Wie der Konstruktor funktioniert

Um zu verstehen, wie der Konstruktor und andere Methoden funktionieren, müssen Sie zunächst durchschauen, welche Rolle der Parameter `self` spielt. Sehen wir uns an, was beim Aufruf des Konstruktor passiert. Verfolgen Sie das Geschehen besonders aufmerksam, sonst verpassen Sie noch etwas.

```
codie = Dog('Codie', 12, 38)
```

1. Wir rufen den Konstruktor auf, indem wir den Klassennamen zusammen mit einigen Argumenten in runden Klammern verwenden. Als Erstes erzeugt Python nun ein neues leeres Dog-Objekt.

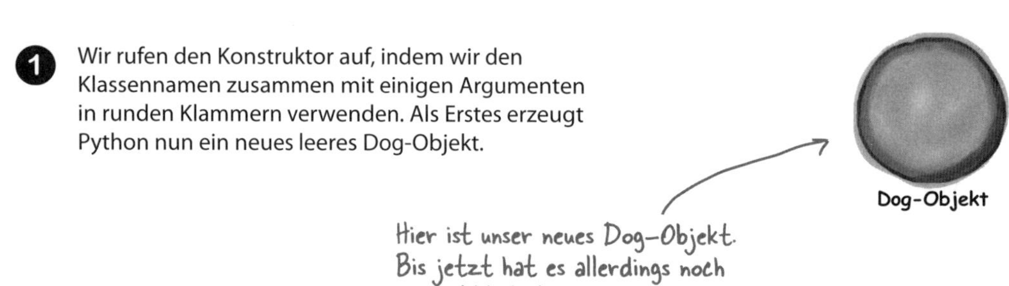

2 Als Nächstes werden Ihre Argumente an die `__init__`-Funktion übergeben. Dabei passiert noch etwas anderes: Python übergibt das neu erzeugte Objekt als erstes Argument, das wir `self` genannt haben.

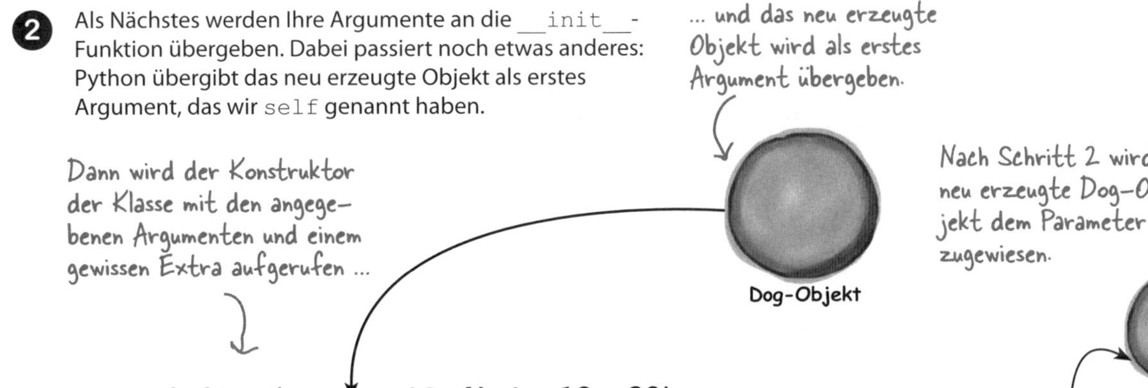

---

3 Dann wird der Körper des Konstruktors ausgeführt. Die Parameter (name, age und weight) weisen wir mithilfe der Punktnotation jeweils einem Attribut gleichen Namens im Dog-Objekt zu.

Unser brandneues Dog-Objekt wird erneut als erstes Argument übergeben.

```
def __init__(self, name, age, weight):
    self.name = name
    self.age = age
    self.weight = weight
```

Da self das neue Dog-Objekt ist, weisen wir den Attributen im Dog-Objekt die Werte von name, age und weight zu.

---

4 Ist der Konstruktor mit seiner Arbeit fertig, gibt er als Ergebnis seines Aufrufs das fertige Dog-Objekt zurück. Dieses weisen wir schließlich der Variablen codie zu.

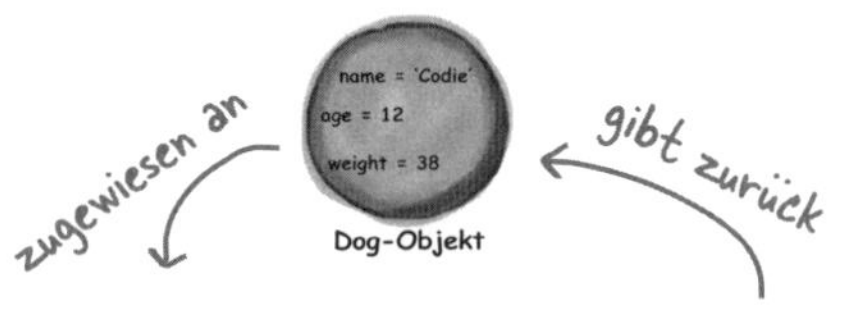


```
codie = Dog('Codie', 12, 38)
```

Nach Schritt 4 ist das neue Dog-Objekt fertig und wird inklusive seiner Attribute name, age und weight der Variablen codie zugewiesen.

name = 'Codie'
age = 12
weight = 38
Dog-Objekt
codie

F: Wieso erhalten wir beim Aufruf des Konstruktors einen Rückgabewert, obwohl __init__ eigentlich keinen Wert zurückgibt?

A: Bei der Verwendung von Konstruktoren passieren viele Dinge hinter den Kulissen. Wenn Sie einen Konstruktor aufrufen, erstellt er zuerst ein Objekt für Sie und sorgt dafür, dass es als erstes Argument an ***__init__*** übergeben wird. Schließlich kümmert er sich darum, das Objekt an Sie zurückzugeben. Oder einfach gesagt: So funktioniert das in Python nun einmal.

F: Gibt es beim Namen »self« etwas Besonderes?

A: Nein. Bei jedem Aufruf eines Konstruktors wird eine Kopie des neuen Objekts als erstes Argument an die ***__init__***-Methode übergeben. Dieser Parameter wird per Konvention ***self*** genannt. Das ist aber nicht zwingend notwendig. Allerdings ist es eine so gängige Praxis, dass Sie zumindest seltsame Blicke von Ihren Entwicklerkollegen ernten werden, wenn Sie nicht ***self*** verwenden.

Viele objektorientierte Programmiersprachen besitzen ein ähnliches Konzept. Dort heißt self beispielsweise »this«.

Vermeiden Sie auch, ***self*** als Name für eine lokale oder globale Variable zu benutzen, denn das kann leicht zu einer Massenverwirrung führen.

F: Sind Objektattribute also einfach Variablen, die normale Python-Werte enthalten?

A: So ziemlich. Einem Attribut kann ein beliebiger Python-Wert zugewiesen werden, wie bei einer Variablen. Und bevor Sie fragen: Methoden sind im Prinzip auch nur Python-Funktionen, nur dass sie nicht global, sondern innerhalb eines Objekts definiert werden. Tatsächlich gibt es noch einen weiteren Unterschied: Methoden besitzen ebenfalls einen `self`-Parameter, den wir uns in Kürze ansehen werden.

Probefahrt

Es fehlt noch die `bark`-Methode. Trotzdem wollen wir testen, was wir bereits haben. Kopieren Sie den unten stehenden Code in ***dog.py*** und machen Sie eine Probefahrt.

Hier ist unsere neue Klasse ...

```
class Dog:
    def __init__(self, name, age, weight):
        self.name = name
        self.age = age
        self.weight = weight
```

Diese Art, unsere Hunde auszugeben, ist nicht besonders objektorientiert. Ein paar Seiten weiter zeigen wir Ihnen, wie das besser geht.

... und eine Funktion zum Ausgeben der Eigenschaften der Hunde.

```
def print_dog(dog):
    print(dog.name + "'s", 'age is', dog.age,
                           'and weight is', dog.weight)
```

Wir erzeugen zwei Instanzen von Dog-Objekten und übergeben sie an print_dog.

```
codie = Dog('Codie', 12, 38)
jackson = Dog('Jackson', 9, 12)
print_dog(codie)
print_dog(jackson)
```

Solange wir unserer print_dog-Funktion einen Hund (Dog-Objekt) übergeben, funktioniert alles wie erwartet.

Python 3.6.4 Shell

```
Codie's age is 12 and weight is 38
Jackson's age is 9 and weight is 12
>>>
```

Die bark-Methode schreiben

Bevor wir die `bark`-Methode schreiben, wollen wir uns über den Unterschied zwischen Methoden und Funktionen unterhalten. Klar, Methoden werden in einer Klasse definiert, aber das ist noch nicht alles. Überlegen Sie, wie eine Methode aufgerufen wird: Sie wird immer *bezogen auf ein Objekt* aufgerufen, wie hier:

```
codie.bark()
```

Oder:

```
jackson.bark()
```

Objekte

Wie Sie gleich sehen, werden die Methoden typischerweise auf die Attribute des aktuellen Objekts angewandt. Daher wird Methoden als erstes Argument immer das Objekt übergeben, an dem sie aufgerufen wurden (`self`).

So ähnlich wie die Übergabe des Objekts als erstes Argument für __init__.

Um zu sehen, wie das funktioniert, wollen wir nun unsere `bark`-Methode schreiben:

```
class Dog:
    def __init__(self, name, age, weight):
        self.name = name
        self.age = age
        self.weight = weight

    def bark(self):
        if self.weight > 29:
            print(self.name, 'says "WOOF WOOF"')
        else:
            print(self.name, 'says "woof woof"')
```

Die Methode wurde mit der gleichen Syntax definiert wie auch bei einer Funktion.

bark wird als erstes Argument das Objekt übergeben, an dem die Methode aufgerufen wurde (andere Parameter sind nicht nötig).

Hier überprüfen wir das Gewicht des Hundes. Liegt der Wert über 29, geben wir WOOF WOOF aus, ansonsten woof woof.

Beachten Sie, dass wir immer self benutzen, um auf die Attribute des Objekts zuzugreifen.

Da uns immer die Instanz übergeben wird, an der die Methode als erstes Argument aufgerufen wurde, können wir auf dessen Attribute über den Parameter self zugreifen.

Außerdem geben wir immer den Namen des Hundes aus.

Die Funktionsweise von Methoden

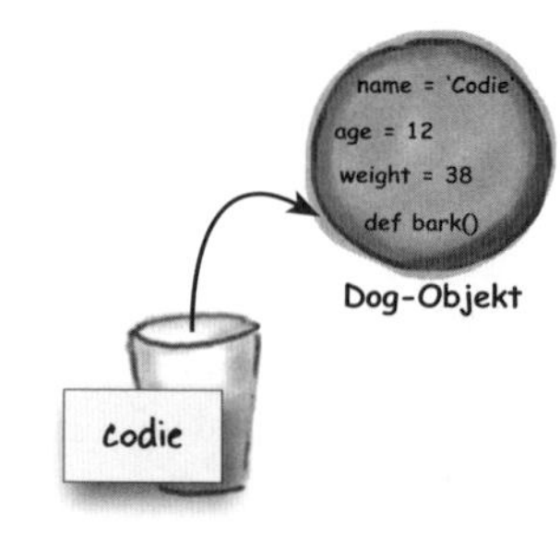

Gehen wir den Methodenaufruf Schritt für Schritt durch, um sicherzustellen, dass Sie auch alles verstehen.

```
codie.bark()
```

Wir wollen sehen, wie die bark-Methode funktioniert, wenn sie am Codie-Objekt aufgerufen wird.

1 Rufen wir eine Methode an einem Objekt auf (hier dem Codie-Objekt), übergibt Python dieses Objekt als erstes Argument zusammen mit möglichen weiteren Argumenten (die `bark` offensichtlich nicht hat) an die Methode.

Beim Aufruf der bark-Methode an Codies Objekt übergibt Python dieses Objekt als erstes Argument, das an den Parameter self gebunden wird.

```
def bark(self):
    if self.weight > 29:
        print(self.name, 'says "WOOF WOOF"')
    else:
        print(self.name, 'says "woof woof"')
```

self enthält aktuell Codies Objekt. self.weight hat den Wert 38 und ist größer als 29. Daher wird hier der if-Block ausgeführt.

2 Danach wird der Körper der Methode ausgewertet. Die erste Zeile vergleicht den Wert von `self.weight` mit `29`. In diesem Fall wurde self Codies Dog-Objekt zugewiesen, und der Wert von `self.weight` ist `38`. Die Bedingung wird zu `True` ausgewertet, und der `if`-Block wird ausgeführt.

```
print(self.name, 'says "WOOF WOOF"')
```

Die print-Anweisung gibt zuerst das name-Attribut des Objekts aus, das self zugewiesen ist.

3 Wir führen die `print`-Anweisung aus, die als Erstes den Wert von `self.name` ausgibt. Auch hier enthält `self` das Objekt, an dem die `bark`-Methode aufgerufen wurde. In diesem Fall ist das Codies Objekt. Die Ausgabe lautet also `Codie says WOOF WOOF`.

4 Damit wird die Methode beendet. In ihrer jetzigen Form gibt die `bark`-Methode keinen Wert zurück, obwohl das wie bei einer Funktion möglich ist.

Spitzen Sie Ihren Bleistift

In Kapitel 2 haben wir etwas Code geschrieben, der das Alter eines Hundes in Menschenjahre umrechnet. Erweitern Sie unsere `Dog`-Klasse um eine Methode namens `human_years`, die diese Berechnung vornimmt. Sie übernimmt keine Argumente (außer `self`) und gibt das Ergebnis als ganzzahligen Wert (Integer) zurück.

```
dog_name = input("What is your dog's name? ")
dog_age = input("What is your dog's age? ")
human_age = int(dog_age) * 7
print('Your dog',
      dog_name,
      'is',
      human_age,
      'years old in human years')
```

Hier ist unser Code aus Kapitel 2. Ach, das waren noch Zeiten …

Hier ist unser bisheriger Code. Bauen Sie eine Methode namens human_years ein, die das Hundealter in Menschenjahre umrechnet.

```
class Dog:
    def __init__(self, name, age, weight):
        self.name = name
        self.age = age
        self.weight = weight

    def bark(self):
        if self.weight > 29:
            print(self.name, 'says "WOOF WOOF"')
        else:
            print(self.name, 'says "woof woof"')
```

Bauen Sie hier die neue Methode ein.

```
def print_dog(dog):
    print(dog.name + "'s", 'age is', dog.age,
                    'and weight is', dog.weight)


codie = Dog('Codie', 12, 38)
jackson = Dog('Jackson', 9, 12)
print(codie.name + "'s age in human years is ", codie.human_years())
print(jackson.name + "'s age in human years is ", jackson.human_years())
```

Vererbung nutzen

Angenommen, Sie wollten einen Diensthund (engl. service dog) programmieren. Diese vertrauenswürdigen Begleiter wurden sorgfältig ausgebildet, um hilfsbedürftigen Personen zur Seite zu stehen. Sie sind Hunde, besitzen aber besonderen Fähigkeiten. Müssen wir also eine völlig neue Klasse `ServiceDog` definieren? Das wäre eine Schande, denn wir haben schon ziemlich viel Zeit in die Entwicklung unserer `Dog`-Klasse gesteckt. Besser wäre es, wenn wir unsere Arbeit wiederverwenden könnten. Und das geht auch.

In fast allen modernen Programmiersprachen können Klassen Attribute und Verhalten von anderen Klassen übernehmen. Diese Fähigkeit nennt man *Vererbung*. Die Vererbung ist ein Grundpfeiler der objektorientierten Programmierung.

Um einen Diensthund zu erstellen, können wir die Klasse `ServiceDog` so definieren, dass sie die Attribute (`name`, `age` und `weight`) und die Fähigkeit zu bellen (`bark`) von der Klasse `Dog` erben. Unsere neue Klasse kann zudem neue Attribute hinzufügen, zum Beispiel einen Hundeführer (`handler`, die Person, der der Hund assistiert – nicht zu verwechseln mit dem Event-Handler aus dem vorigen Kapitel), und vielleicht eine `walk`-Methode, die dem Hundeführer hilft, den richtigen Weg zu finden.

Sehen wir, wie man die `ServiceDog`-Klasse definieren kann …

Hier ein Beispiel für ein Klassendiagramm, das zeigt, wie ServiceDog von der Klasse Dog erbt.

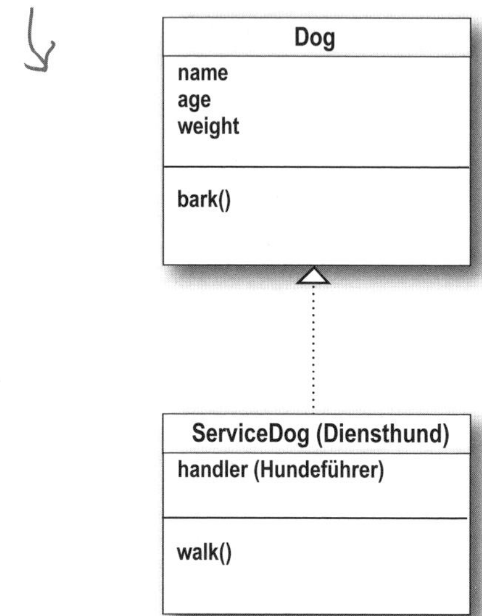

Welche anderen Hunde können Ihrer Meinung nach von der `Dog`-Klasse erben? Welche neuen Attribute könnten sie haben? Welche neuen Methoden?

Die ServiceDog-Klasse implementieren

Jetzt implementieren wir die `ServiceDog`-Klasse und sehen uns dann ihre Syntax und Semantik an.

Wie gesagt, es geht bei der Syntax um die Dinge, die Sie eingeben können. Die Semantik kümmert sich darum, was diese Dinge zu bedeuten haben.

Diese Syntax besagt, dass wir eine neue Klasse namens ServiceDog definieren, die von der Klasse Dog erbt.

Unser neuer Klassenname.

Die Klasse, von der wir erben.

Dies ist der Service-Dog-Konstruktor.

Dies sind die gleichen Parameter wie bei der Dog-Klasse. Hier gibt es jedoch noch einen Parameter mehr.

Der Konstruktor für ServiceDog erwartet außerdem ein zusätzliches handler-Argument.

```
class ServiceDog(Dog):
    def __init__(self, name, age, weight, handler):
        Dog.__init__(self, name, age, weight)
        self.handler = handler

    def walk(self):
        print(self.name,'is helping its handler', self.handler, 'walk')
```

Diese Zeile ruft den Konstruktor der Dog-Klasse auf und übergibt ihm alle benötigten Argumente inklusive self.

Hiermit wird self das neue Attribut handler hinzugefügt.

Die walk-Methode verwendet Attribute aus den Klassen Dog und ServiceDog.

Es gibt eine neue Methode: walk.

Das ist ganz schön viel auf einmal. Schauen wir, wie dieser Code funktioniert.

Erstellen wir ein ServiceDog-Objekt mit einem Hundeführer (handler) namens Joseph.

```
rody = ServiceDog('Rody', 8, 38, 'Joseph')
print("This dog's name is", rody.name)
print("This dog's handler is", rody.handler)
print_dog(rody)
rody.bark()
rody.walk()
```

Wir können auf geerbte Attribute wie z. B. name zugreifen …

… oder auf Attribute aus ServiceDog, wie beispielsweise handler.

Ein Diensthund (ServiceDog) ist eine Art Hund (Dog). Dadurch funktioniert der Aufruf von print_dog ohne Probleme.

Außerdem können wir geerbte Methoden aufrufen, wie z. B. bark …

… oder Methoden, die nur ein ServiceDog ausführen kann, wie z. B. walk …

```
Python 3.6.4 Shell
This dog's name is Rody
This dog's handler is Joseph
Rody's age is 8 and weight is 38
Rody says "WOOF WOOF"
Rody is helping its handler Joseph walk
>>>
```

Mist. Diensthunde sollten nicht so laut bellen …

Rody, ein Diensthund (ServiceDog).

Ein genauerer Blick auf abgeleitete Klassen

Erstellen wir eine Klasse, die von einer anderen erbt, sagen wir, die neue Klasse ist eine *Unterklasse*, die von der anderen *abgeleitet* wurde. Bei der Definition von `ServiceDog` haben wir diese von der Klasse `Dog` abgeleitet.

Sehen wir uns zunächst aber an, welche Syntax und Semantik bei der Erstellung der Unterklasse `ServiceDog` verwendet wurde. Wir beginnen mit der Anweisung `class`:

Bei der Definition einer Klasse können Sie entweder ganz von vorn anfangen, oder Sie geben eine andere Klasse in runden Klammern an, von der die neue Klasse abgeleitet werden soll.

Noch mehr Fachsprache: Dog wird als <u>Basis</u>klasse bezeichnet, weil alle von ihr abgeleiteten Klassen auf ihr <u>basieren</u> (im Moment ist das nur ServiceDog, aber wir werden gleich weitere erstellen).

```
class ServiceDog(Dog):
```

Häufig wird die Basisklasse auch als <u>Superklasse</u> bezeichnet. Dog ist also die Superklasse von ServiceDog.

Haben wir schon gesagt, dass OOP eine umfangreiche Terminologie besitzt?

Sehen wir uns nun die Konstruktormethode `__init__` an:

Die Parameterdeklaration ist nichts Besonderes. Sie können hier beliebig viele zusätzliche Parameter angeben. In unserem Fall ist es nur einer (handler).

```
def __init__(self, name, age, weight, handler):
    Dog.__init__(self, name, age, weight)
    self.handler = handler
```

Die folgende Zeile sieht möglicherweise etwas anders aus. Hier rufen wir den Konstruktor der Dog-Klasse auf, wodurch die Attribute, die allen Hunden gemeinsam sind, eingerichtet werden. Täten wir das nicht, gäbe es in den ServiceDog-Objekten keine Attribute für Name, Alter und Gewicht (name, age, weight).

In der letzten Zeile weisen wir dem handler-Attribut den Parameter gleichen Namens zu.

Nur Diensthunde (vom Typ ServiceDog) besitzen dieses Attribut, weil nur für sie diese __init__-Methode aufgerufen wird.

Beim Ableiten von einer Klasse sollte dies typischerweise der erste Schritt in einem Konstruktor sein.

Und dann haben wir noch die neue `walk`-Methode

In einer Unterklasse können Sie Methoden auf die gleiche Weise definieren wie in der Basisklasse. Diese Methode steht allerdings nur in Objekten zur Verfügung, die von ServiceDog instanziert wurden, nicht aber von Dog.

```
def walk(self):
    print(self.name,'is helping its handler', self.handler, 'walk')
```

Ein ServiceDog IST EIN Dog

Erbt eine Klasse von einer anderen, sprechen wir auch von einer IST-Beziehung. Ein Diensthund (`ServiceDog`) IST ein Hund (`Dog`). Das Konzept gilt übrigens nicht nur für direkte Nachkommen: Unten sehen Sie beispielsweise, dass ein `SeeingEyeDog` (Blindenhund) von `ServiceDog` erbt. Das heißt, ein Blindenhund (`SeeingEyeDog`) IST ein Diensthund (`ServiceDog`), gleichzeitig IST ein Blindenhund auch ein Hund (`Dog`). Andererseits IST ein `ServiceDog` ein Hund (`Dog`), aber er IST KEIN `SeeingEyeDog` (weil `SeeingEyeDog` von `ServiceDog` erbt und Dinge tun kann, von denen ein `ServiceDog` keine Ahnung hat).

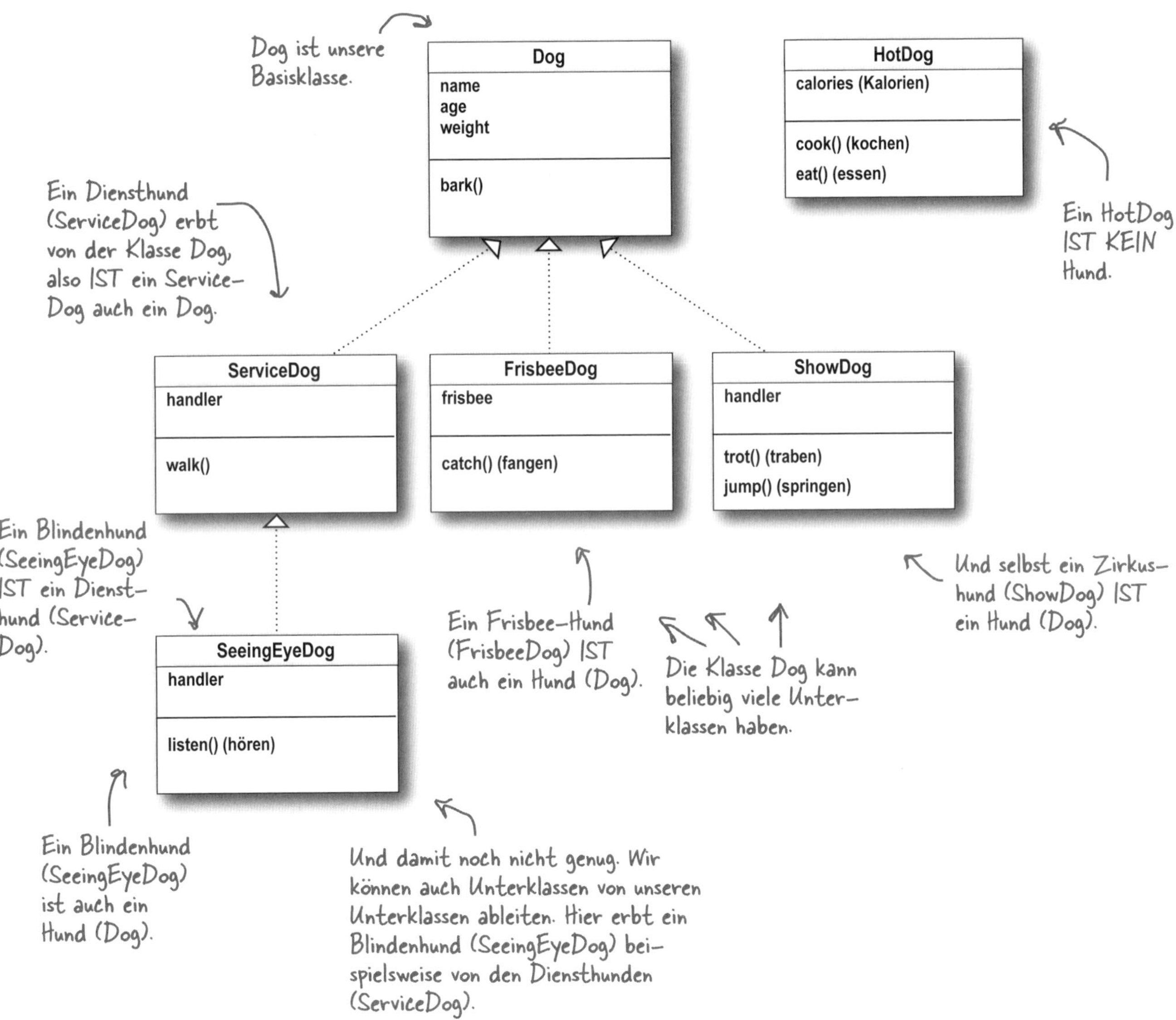

IST-Beziehungen im Code überprüfen

Können wir feststellen, ob ein beliebiges Objekt eine IST-Beziehung zu einer bestimmten Klasse hat? Angenommen, wir instanziierten dieses Objekt:

```
mystery_dog = ServiceDog('Mystery', 5, 13, 'Helen')
```

Wie sollen Sie jetzt feststellen, ob dieses Objekt ein Hund (`Dog`) ist? Vielleicht sogar ein Diensthund (`ServiceDog`)? Oder etwas anderes?

Bei der Klärung hilft uns die Python-eigene Funktion `isinstance`. Sie funktioniert so:

isinstance übernimmt als Argumente ein Objekt und eine Klasse.

```
if isinstance(mystery_dog, ServiceDog):
    print("Yup, it's a ServiceDog")
else:
    print('That is no ServiceDog')
```

isinstance wertet zu True aus, wenn das Objekt die gleiche Klasse hat oder von dieser erbt.

In diesem Beispiel evaluiert isinstance zu True, denn mystery_dog IST ein ServiceDog.

```
Python 3.6.4 Shell
Yup, it's a ServiceDog
>>>
```

Noch ein Versuch:

```
if isinstance(mystery_dog, Dog):
    print("Yup, it's a Dog")
else:
    print('That is no Dog')
```

Jetzt hat der Test mit isinstance das Ergebnis True, falls das Objekt ein Hund (Dog-Objekt) IST.

In diesem Beispiel hat isinstance das Ergebnis True, weil mystery_dog von Dog erbt.

Und noch ein Versuch:

Jetzt ist isinstance True, sofern das Objekt ein SeeingEyeDog IST.

```
if isinstance(mystery_dog, SeeingEyeDog):
    print("Yup, it's a SeeingEyeDog")
else:
    print('That is no SeeingEyeDog')
```

Diesmal nicht: isinstance hat das Ergebnis False, weil ServiceDog KEIN SeeingEyeDog IST.

```
Python 3.6.4 Shell
That is no SeeingEyeDog
>>>
```

Benutzen Sie das Klassendiagramm auf der linken Seite, um herauszufinden, welches Ergebnis der Aufruf von `isinstance` auf der rechten Seite hat. Nicht vergessen: `isinstance` wertet immer zu `True` oder zu `False` aus. Die erste Aufgabe haben wir schon für Sie gelöst.

Cake (Torte)
- flavor (Geschmack)
- bake() (backen)
- cut() (schneiden)
- eat() (essen)

FrostedCake (glasierte Torte)
- frosting (Glasur)
- frost() (glasieren)

BirthdayCake (Geburtstagstorte)
- name_on_cake (Name auf Torte)
- add_name() (Name hinzufügen)
- add_candles() (Kerzen hinzufügen)

Ihre Antwort, True oder False

```
simple_cake = Cake()
chocolate_cake = FrostedCake()
bills_birthday_cake = BirthdayCake()
```

Ihre Antwort	
False	`isinstance(simple_cake, BirthdayCake)`
______	`isinstance(simple_cake, FrostedCake)`
______	`isinstance(simple_cake, Cake)`
______	`isinstance(chocolate_cake, Cake)`
______	`isinstance(chocolate_cake, FrostedCake)`
______	`isinstance(chocolate_cake, BirthdayCake)`
______	`isinstance(bills_birthday_cake, FrostedCake)`
______	`isinstance(bills_birthday_cake, Cake)`
______	`isinstance(bills_birthday_cake, BirthdayCake)`

Unterklassen sind nicht auf Ihre eigenen Klassen beschränkt. Sie können auch von Pythons eigenen Klassen ableiten. Wie wäre es mit einer Unterklasse für Pythons String-Klasse (`str`)? Wir erstellen eine Unterklasse namens `PalindromeString`. Sie enthält eine Methode namens `is_palindrome`. Sehen Sie sich den unten stehenden Code genau an und machen Sie einen Testlauf. Fallen Ihnen weitere Methoden ein, um die Sie `str` erweitern könnten? Zu dieser Übung gibt es keine Lösung am Ende des Kapitels. Sie finden alles auf dieser Seite.

Wir erstellen eine neue Klasse namens PalindromeString. Sie ist eine Unterklasse von Pythons eingebauter str-Klasse (auch als String bezeichnet).

Wir erweitern unsere Unterklasse nur um eine neue Methode, damit wir keinen neuen Konstruktor implementieren müssen.

Wenn Sie keinen Konstruktor angeben, wird diese Klasse mit dem Konstruktor der Basisklasse instanziiert (d. h. dem Konstruktor von str).

```
class PalindromeString(str):

    def is_palindrome(self):
        i = 0
        j = len(self) - 1
        while i < j:
            if self[i] != self[j]:
                return False
            i = i + 1
            j = j - 1
        return True
```

Hier ist unsere neue Methode. Erinnern Sie sich noch an die iterative Version von is_palindrome?

Beachten Sie die Verwendung von self. Hier steht self für das eigentliche str-Objekt. Wir können also alles damit tun, was auch mit einem String möglich ist.

Jetzt wollen wir unsere Unterklasse testen. Wie wir wissen, IST ein PalindromeString ein str. Wir können also alles damit tun, was auch mit einem String möglich ist. Dabei erbt PalindromeString eine Menge Funktionalität von str.

```
word = PalindromeString('radar')
word2 = PalindromeString('rader')
print(word, 'length is', len(word), 'and uppercase is', word.upper())
print(word, word.is_palindrome())
print(word2, 'length is', len(word2), 'and uppercase is', word2.upper())
print(word2, word2.is_palindrome())
```

Hier sind die Ausgaben. Fallen Ihnen weitere Möglichkeiten ein, wie wir unsere neue Fähigkeit, von der str-Klasse abzuleiten, nutzen können?

Python 3.6.4 Shell

```
radar length is 5 and uppercase is RADAR
radar True
rader length is 5 and uppercase is RADER
rader False
>>>
```

Erinnern Sie sich daran, dass wir in Kapitel 9 nach einer Möglichkeit gesucht haben, verschiedene Variationen der Groß- und Kleinschreibung eines Worts zu finden, also etwa Verb, VERB, VeRB oder verb? Um ein Wort vor dem Vergleich in Groß- oder Kleinbuchstaben umzuwandeln, können Sie die Methoden upper bzw. lower verwenden.

Wie würden Sie sich selbst beschreiben?

Na, wie würden Sie sich denn selbst beschreiben? Natürlich mit der `__str__`-Methode! Es ist Zeit, die `print_dog`-Funktion durch etwas Objektorientierteres zu ersetzen. Dazu benutzen wir eine Python-Konvention: Erweitern Sie Ihre Klasse mit einer Methode namens `__str__`, in der Sie eine Beschreibung in Stringform zurückgeben. Wird nun an einem beliebigen Objekt aus dieser Klasse `print` aufgerufen, wird für die Ausgabe Ihre Beschreibung verwendet.

```
class Dog:
    def __init__(self, name, age, weight):
        self.name = name
        self.age = age
        self.weight = weight

    def bark(self):
        if self.weight > 29:
            print(self.name, 'says "WOOF WOOF"')
        else:
            print(self.name, 'says "woof woof"')

    def human_years(self):
        human_age = self.age * 7
        return human_age

    def __str__(self):
        return "I'm a dog named " + self.name
```

Erweitern Sie die Dog-Klasse um eine `__str__`-Methode, damit ein spezieller String für die print-Ausgaben verwendet wird.

Das testen wir, indem wir print an ein paar Objekten aufrufen.

```
codie = Dog('Codie', 12, 38)
jackson = Dog('Jackson', 9, 12)
rody = ServiceDog('Rody', 8, 38, 'Joseph')
print(codie)
print(jackson)
print(rody)
```

Wir ändern nicht die Funktionsweise von print, sondern nur, wie eine Instanz der Klasse Dog seine Ausgaben vornimmt.

Python 3.6.4 Shell

```
I'm a dog named Codie
I'm a dog named Jackson
I'm a dog named Rody
>>>
```

Wow, das hat sogar für den Diensthund (ServiceDog) Rody funktioniert.

Es gibt keine Dummen Fragen

F: Wenn ich eine Klasse wie ServiceDog habe und daraus ein ServiceDog-Objekt erstelle, entstehen hinter den Kulissen eigentlich zwei Objekte, eines mit den Attributen und Methoden von Dog und eines mit denen von ServiceDog, oder?

A: Nein. Es gibt nur ein Objekt, das alle Attribute und Methoden enthält. Die Methoden holt sich das Objekt aus den entsprechenden Klassen. Sie befinden sich also nicht im Objekt selbst. Vom Konzept her stellen Sie sich einfach vor, dass Sie ein einzelnes ServiceDog-Objekt instanziieren.

F: Ich habe gehört, dass Python die sogenannte mehrfache Vererbung beherrscht. Stimmt das?

A: Ja. Das passiert, wenn Sie nicht nur von einer, sondern von mehreren Klassen erben. Ein Flugauto könnte beispielsweise von der Klasse `Auto` und von der Klasse `Flugzeug` erben. Es ist gut zu wissen, dass es die mehrfache Vererbung gibt. Allerdings sind sich die Experten nicht einig, ob das wirklich so eine gute Sache ist. Einige Sprachen betrachten die mehrfache Vererbung als furchtbare und fehleranfällige Praxis und verbieten sie komplett. Schreiben Sie sich das auf Ihre Liste mit den Dingen, die Sie sich ansehen, wenn Sie mehr Erfahrung mit der OOP gesammelt haben. Vergessen Sie nicht, dass es oft noch bessere Wege gibt, Ihre objektorientierten Designs umzusetzen.

Verhalten überschreiben und erweitern

Ein paar Seiten weiter vorne hatten wir das Problem, dass Rody ein großes »WOOF WOOF« gebellt hat. Das Verhalten ist vermutlich nicht gern gesehen, solange Rody als Diensthund arbeitet. In der `Dog`-Klasse ist definiert, dass sich Hunde mit einem Gewicht (weight) über 29 so verhalten sollen. Müssen Diensthunde das also übernehmen? Nein, denn wir können das Verhalten von Klassen, aus denen wir geerbt haben, jederzeit überschreiben. Das geht so:

```
class Dog:
    def __init__(self, name, age, weight):
        self.name = name
        self.age = age
        self.weight = weight

    def bark(self):
        if self.weight > 29:
            print(self.name, 'says "WOOF WOOF"')
        else:
            print(self.name, 'says "woof woof"')

    def human_years(self):
        human_age = self.age * 7
        return human_age

    def __str__(self):
        return "I'm a dog named " + self.name

class ServiceDog(Dog):
    def __init__(self, name, age, weight, handler):
        Dog.__init__(self, name, age, weight)
        self.handler = handler
        self.is_working = False

    def walk(self):
        print(self.name,'is helping its handler', self.handler, 'walk')

    def bark(self):
        if self.is_working:
            print(self.name, 'says, "I can\'t bark, I\'m working"')
        else:
            Dog.bark(self)
```

In der __init__-Methode können Sie eine Klasse um beliebige Attribute erweitern, um den internen Zustand Ihrer Objekte zu gestalten. Attribute müssen nicht die Parameter der Methode wiedergeben.

Wir erweitern ServiceDog um ein boolesches Attribut mit dem Namen is_working (»arbeitet gerade«). Der Startwert ist False.

In diesem String brauchen wir doppelte und einfache Anführungszeichen. Daher schützen wir die einfachen Anführungszeichen mit einem Backslash (\).

Jetzt werden wir die bark-Methode in ServiceDog neu definieren. Wird diese Methode nun für einen Hund aus der Klasse ServiceDog aufgerufen, wird die klasseneigene bark-Methode ausgeführt und nicht die aus Dog. In diesem Fall sagt man, wir überschreiben die bark-Methode.

Hat is_working (»arbeitet gerade«) den Wert True, sagt der Hund, dass er gerade arbeitet und jetzt nicht bellen kann. Ansonsten rufen wir die bark-Methode der Dog-Klasse auf und übergeben ihr self. In diesem zweiten Fall macht die bark-Methode einfach das, was sie sonst auch tut (bellen).

Probefahrt

Jetzt können wir diesen Code ausprobieren. Ersetzen Sie den Inhalt Ihrer *dog.py*-Datei mit dem Code der vorigen Seite. Dann fügen Sie den unten stehenden Code hinzu und probieren ihn aus.

```
rody = ServiceDog('Rody', 8, 38, 'Joseph')

rody.bark()

rody.is_working = True
rody.bark()
```

Den neuen Diensthund Rody erstellen.

Rody soll bellen (denn is_working wurde mit dem Startwert False initialisiert).

Setzen Sie is_working jetzt auf True und probieren Sie es noch einmal.

Das ist neu. Die Änderung eines Attributwerts für eine Objekt funktioniert, als würden Sie einer Variablen einen neuen Wert zuweisen.

Jetzt erweitert ServiceDog das Verhalten von Dog. Hat is_working dagegen den Wert False, verhält es sich wie ein normales Dog-Objekt.

Python 3.6.4 Shell

```
Rody says "WOOF WOOF"
Rody says "I can't bark, I'm working"
>>>
```

Noch mehr Fachjargon ...

Erinnern Sie sich? Wir haben gesagt, dass OOP eine eigene Fachsprache besitzt. Bevor wir weitermachen, wollen wir einige der wichtigsten Begriffe noch einmal auffrischen.

Klassen können **Attribute** und **Methoden** besitzen.

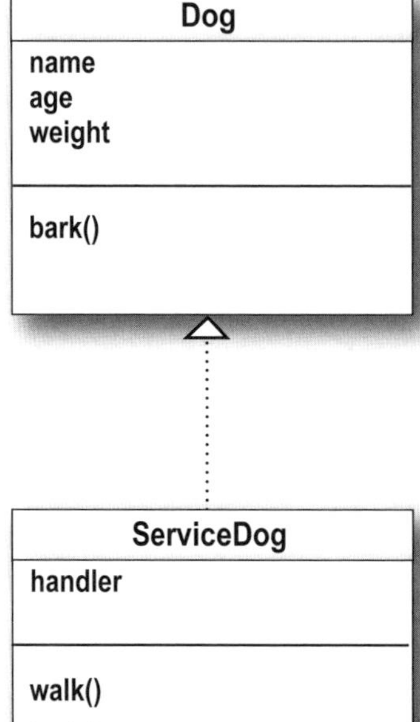

Wir sagen, Dog sei die **Basisklasse** von ServiceDog. Außerdem bezeichnen wir Dog oft auch als **Superklasse**.

Dog und ServiceDog sind **Klassen**.

Wir sagen, dass ServiceDog von Dog **erbt**.

Wir sagen, ServiceDog sei eine **Unterklasse** von Dog. Wir nennen sie auch **abgeleitete** Klasse, weil sie auf Dog basiert.

Wir sagen, dass Service-Dog die bark-Methode in Dog **überschreibt**.

Wir können Dog- oder ServiceDog-Objekte **instanziieren**, indem wir ihre **Konstruktoren** aufrufen.

Wahr oder falsch? Alle ServiceDogs (Diensthunde) sind Dogs (Hunde), aber nicht alle Dogs sind ServiceDogs.

Antwort: Wahr.

Spitzen Sie Ihren Bleistift

Sehen Sie sich die Klassendefinitionen auf der linken Seite an, die ein paar überschriebene Methoden enthalten. Führen Sie den unten stehenden Code (im Kopf) aus und schreiben Sie Ihre Ausgaben hier auf. Wie immer finden Sie die Lösungen am Ende des Kapitels.

```
class Car():
   def __init__(self):
       self.speed = 0
       self.running = False

   def start(self):
       self.running = True

   def drive(self):
       if self.running:
            print('Car is moving')
       else:
            print('Start the car first')

class Taxi(Car):
   def __init__(self):
       Car.__init__(self)
       self.passenger = None
       self.balance = 0.0

   def drive(self):
       print('Honk honk, out of the way')
       Car.drive(self)

   def hire(self, passenger):
       print('Hired by', passenger)
       self.passenger = passenger

   def pay(self, amount):
       print('Paid', amount)
       self.balance = self.balance + amount
       self.passenger = None

class Limo(Taxi):
   def __init__(self):
       Taxi.__init__(self)
       self.sunroof = 'closed'

   def drive(self):
       print('Limo driving in luxury')
       Car.drive(self)

   def pay(self, amount, big_tip):
       print('Paid', amount, 'Tip', big_tip)
       Taxi.pay(self, amount + big_tip)

   def pour_drink(self):
       print('Pouring drink')

   def open_sunroof(self):
       print('Opening sunroof')
       self.sunroof = 'open'

   def close_sunroof(self):
       print('Closing sunroof')
       self.sunroof = 'closed'
```

Gehen Sie diesen Code in Ihrem Kopf durch und schreiben Sie die erwarteten Ausgaben unten auf.

```
car = Car()
taxi = Taxi()
limo = Limo()

car.start()
car.drive()

taxi.start()
taxi.hire('Kim')
taxi.drive()
taxi.pay(5.0)

limo.start()
limo.hire('Jenn')
taxi.drive()
limo.pour_drink()
limo.pay(10.0, 5.0)
```

Obacht, das hier ist etwas knifflig. (zu `taxi.drive()`)

Hier kommen Ihre Ausgaben hin.

Objekt HAT ein anderes Objekt

Objektattribute sind nicht auf einfache Datentypen wie Zahlen und Strings beschränkt. Listen und Dictionaries sind genauso gut möglich. Attribute können sogar anderen Objekten zugewiesen werden. Enthält ein Attribut ein anderes Objekt, spricht man von einer HAT-Beziehung. Angenommen, wir hätten eine `Haus`-Klasse, und deren Objekte besitzen wiederum ein Attribut, das ein `Küchen`-Objekt enthält. Dann sagt man: »Das Haus HAT eine Küche.«

Haben zwei Objekte eine HAT-Beziehung, sagt man, das eine Objekt wurde mit einem anderen Objekt **komponiert** (ein `Haus` wird mit einer `Küche` komponiert). OOP-Experten unterscheiden sogar noch genauer, ob beide Objekte für sich allein stehen können oder nicht (eine Küche ist wenig sinnvoll ohne ein Haus, während eine Person, die ein Haus besitzt, durchaus auch ohne ein Haus existieren kann). Und auch dafür gibt es eigene Fachbegriffe. Wir überlassen es Ihnen, diese Beziehungen weiter zu erforschen, sobald Sie mehr Erfahrung gesammelt haben.

Möglicherweise fragen Sie sich, was der ganze Aufwand soll. Ein Objekt kann ein anderes Objekt als Attribut haben. Das ist nicht unerwartet. Warum also so viel Aufhebens darum machen?

Wir haben gesehen, dass ein Objekt Verhalten erben kann. So erhält ein `ServiceDog` sein `human_years`-Verhalten sowie einen Teil seines `bark`-Verhaltens von der `Dog`-Klasse. Häufig wird ein Objekt mit zusätzlichem Verhalten ausgestattet, indem es mit einem anderen Objekt komponiert wird. Wenn Sie *Komposition* verwenden, um ein `Haus`-Objekt mit einem `Küche`-Objekt auszustatten, haben Sie ohne weiteres Zutun die Möglichkeit zu kochen.

Wir wollen sehen, wie man Objekte komponiert, und dann untersuchen, wie man ein anderes Objekt mit zusätzlichem Verhalten ausstatten kann (und einiges an Verantwortung delegieren kann).

Welche Klassen würden Sie definieren, um ein objektorientiertes Haus zu bauen?

Angenommen, Sie bekämen für jedes schlaue Wort 5 Dollar. Wie reich wären Sie wohl am Ende des Kapitels?

Jetzt sind Sie dran, eine neue Klasse zu erstellen. Wie wäre es mit einem Hund, der Frisbeescheiben fangen kann? Die Frisbee-Klasse haben wir schon für Sie geschrieben:

```
class Frisbee:
    def __init__(self, color):
        self.color = color

    def __str__(self):
        return "I'm a " + self.color + ' frisbee'
```

Eine Frisbeescheibe kann selbst nicht viel tun. Sie hat einfach eine Farbe (color) und eine __str__-Methode, um passende print-Ausgaben zu erzeugen.

Dies ist eine anspruchsvolle Übung. Nehmen Sie sich genug Zeit, sie durchzuarbeiten. Nutzen Sie, soweit nötig, die Lösung am Ende des Kapitels. Haben Sie Geduld mit sich selbst.

Helfen Sie uns, den `FrisbeeDog` fertigzustellen. Er muss eine Frisbeescheibe fangen und zurückgeben können. Außerdem sollte er eine `__str__`-Methode besitzen. Natürlich kann er mit einer Frisbeescheibe im Maul nicht bellen, am besten überschreiben Sie hierfür die `bark`-Methode.

```
class FrisbeeDog(Dog):
    def __init__(self, name, age, weight):
        Dog.__init__(self, name, age, weight)
        self.frisbee = None

    def bark(self):




    def catch(self, frisbee):




    def give(self):




    def __str__(self):
```

Ein FrisbeeDog soll wie andere Hunde bellen (bark) können, außer er hält eine Frisbeescheibe im Maul. Dann soll er sagen: »I can't bark, I have a frisbee in my mouth«.

Beim Aufruf von catch wird die übergebene Frisbeescheibe im frisbee-Attribut gespeichert.

Beim Aufruf von give setzen Sie das Attribut auf None und geben die Frisbeescheibe (Frisbee) zurück

Hat der Hund (Dog) eine Frisbeescheibe (Frisbee), geben Sie den String »I'm a dog named <Name des Hundes> and I have a frisbee« zurück. Falls nicht, geben Sie zurück, was alle Hunde zurückgeben.

Bauen Sie diesen Code in Ihre ***dog.py***-Datei ein, nachdem Sie Ihre Antwort aus der letzten Übung sorgfältig überprüft haben. Entfernen Sie den vorherigen Testcode und ersetzen Sie ihn durch den unten stehenden Testcode am Ende Ihrer Datei.

```
def test_code():
    dude =  FrisbeeDog('Dude', 5, 20)
    blue_frisbee = Frisbee('blue')

    print(dude)
    dude.bark()
    dude.catch(blue_frisbee)
    dude.bark()
    print(dude)
    frisbee = dude.give()
    print(frisbee)
    print(dude)

test_code()
```

Einen FrisbeeDog und eine Frisbee(scheibe) erstellen.

Dieser Code sieht schon viel objektorientierter und weniger prozedural aus.

Den Hund ausgeben und zum Bellen bringen. Danach soll er erneut eine Frisbeescheibe fangen.

Jetzt soll der Hund mit der Frisbeescheibe in der Schnauze bellen.

Den Hund erneut ausgeben (jetzt hat er eine Frisbeescheibe im Maul), dann den Hund anweisen, die Frisbeescheibe zurückzugeben.

Die vom Hund zurückgegebene Frisbeescheibe (frisbee) ausgeben. Danach erneut den Hund ausgeben (nachdem er die Frisbeescheibe zurückgegeben hat).

Hier sind unsere Ausgaben.

Python 3.6.4 Shell

```
I'm a dog named Dude
Dude says "woof woof"
Dude caught a blue frisbee
Dude says, "I can't bark, I have a frisbee
in my mouth"
I'm a dog named Dude and I have a frisbee
Dude gives back blue frisbee
I'm a blue frisbee
I'm a dog named Dude
>>>
```

Dude, ein Hund, der Frisbeescheiben fängt.

Ein Hundehotel entwickeln

Wie Sie wissen, sind wir guten Geschäften immer aufgeschlossen. Hundehotels sind eine echte Wachstumsbranche. Hierfür brauchen wir nur ein paar Hunde, müssen dafür sorgen, dass sie ein- und ausgecheckt werden können, und natürlich sollten sie gelegentlich auch bellen können. Den Code dafür wollen wir jetzt schreiben. Um das Hotel zu planen, erstellen wir zunächst ein Klassendiagramm.

Jedes Hotel besitzt ein name-Attribut, in dem der Name des Hotels gespeichert wird, wie z. B. »Doggie Hotel«, »Doggie Ranch« oder »Puppy Playground«.

Hotel
name (Name des Hotels) names (Hundenamen) dogs (Dog-Objekte)
check_in() check_out()

Dog
name age weight
bark()

Ein Hotel besitzt zwei Attribute, die hier als parallele Listen umgesetzt sind. Die Listen enthalten die Namen der Hunde und die dazugehörigen Dog-Objekte.

Und hier sind zwei Methoden …

Die check_in-Methode übernimmt einen Hund und einen Namen und checkt den Hund ins Hotel ein.

Die check_out-Methode übernimmt einen Namen (name) und gibt den passenden Hund (dog) zurück, sofern dieser im Hotel wohnt.

Unser Hotel besteht aus einer Reihe von Dog-Objekten, die im dogs-Attribut gespeichert werden.

Wenn wir den Code für die Hotel-Klasse schreiben, müssen wir einige Dinge beachten. Es sollte sichergestellt werden, dass tatsächlich nur Hunde in das Hotel einchecken können. (Es wäre furchtbar, wenn sich eine Katze einschleichen würde!) Um als Hund zu gelten, muss ein Objekt entweder eine Instanz der `Dog`-Klasse oder einer Unterklasse von `Dog` sein. Außerdem können wir nur Hunde aus dem Hotel auschecken, die vorher auch eingecheckt wurden. Diese Bedingung müssen wir also auch überprüfen.

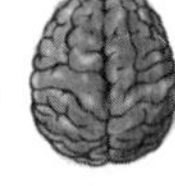

KOPF-NUSS

Kennen Sie eine bessere Möglichkeit, die Hunde im Hotelzimmer zu speichern, als mit zwei parallelen Listen?

Das Hundehotel implementieren

Nachdem das Diagramm für die `Hotel`-Klasse steht, können wir uns mit der Implementierung beschäftigen. Wir beginnen mit dem Konstruktor und kümmern uns dann um die Methoden `check_in` und `check_out`.

Beim Instanziieren der Hotel-Klasse geben wir dem Hotel-Objekt einen Namen, z. B. »Doggie Hotel«.

```
class Hotel:
    def __init__(self, name):
        self.name = name
        self.kennel_names = []
        self.kennel_dogs = []
```

Und hier verwenden wir zwei Listen, eine für die Namen der Hunde und eine zum Speichern der entsprechenden Dog-Objekte.

Wir haben eine Methode, um Hunde in das Hotel einzuchecken. Die Methode übernimmt ein Dog-Objekt.

Zuerst wird überprüft, ob es sich wirklich um ein Dog-Objekt handelt. Katzen und andere Objekte sind nicht erlaubt.

Beim Einchecken (check_in) werden der Name des Hundes und das Dog-Objekt den entsprechenden Listen hinzugefügt …

… und ein paar Ausgaben zum Testen.

Ist der an check_in übergebene Wert kein Hund, wird er nicht eingecheckt. Tja Katzen – tut uns leid.

```
    def check_in(self, dog):
        if isinstance(dog, Dog):
            self.kennel_names.append(dog.name)
            self.kennel_dogs.append(dog)
            print(dog.name, 'is checked into', self.name)
        else:
            print('Sorry only Dogs are allowed in', self.name)
```

Um einen Hund aus dem Hotel auszuchecken, müssen wir nur seinen Namen angeben.

Zuerst überprüfen, ob der Hund sich im Zwinger befindet …

… ist das der Fall, wird das Dog-Objekt aus der Liste ausgelesen. Danach werden Name und Objekt aus den Zwinger-(kennel-)Listen gelöscht.

Nachdem der Hund ausgecheckt ist, geben wir außerdem das Dog-Objekt zurück. Schließlich sollten Sie Ihren Hund ja wiederbekommen, oder?

```
    def check_out(self, name):
        for i in range(0, len(self.kennel_names)):
            if name == self.kennel_names[i]:
                dog = self.kennel_dogs[i]
                del self.kennel_names[i]
                del self.kennel_dogs[i]
                print(dog.name, 'is checked out of', self.name)
                return dog
        print('Sorry,', name, 'is not boarding at', self.name)
        return None
```

Ist der Hund nicht im Zwinger, wird der Benutzer darüber informiert, dass es sich um den falschen Zwinger handelt, und None wird zurückgegeben.

Probefahrt

Bauen Sie die `Hotel`-Klasse von der vorigen Seite in Ihre ***dog.py***-Datei ein. Ersetzen Sie den bisherigen Testcode durch den Code auf dieser Seite am Ende Ihrer Datei. Und vergessen Sie dabei nicht die `Cat`-Klasse.

```
class Cat():
    def __init__(self, name):
        self.name = name

    def meow(self):
        print(self.name, 'Says, "Meow"')

def test_code():
    codie = Dog('Codie', 12, 38)
    jackson = Dog('Jackson', 9, 12)
    sparky =  Dog('Sparky', 2, 14)
    rody = ServiceDog('Rody', 8, 38, 'Joseph')
    dude =  FrisbeeDog('Dude', 5, 20)
    kitty = Cat('Kitty')

    hotel = Hotel('Doggie Hotel')
    hotel.check_in(codie)
    hotel.check_in(jackson)
    hotel.check_in(rody)
    hotel.check_in(dude)
    hotel.check_in(kitty)

    dog = hotel.check_out(codie.name)
    print('Checked out', dog.name, 'who is', dog.age, 'and', dog.weight, 'lbs')
    dog = hotel.check_out(jackson.name)
    print('Checked out', dog.name, 'who is', dog.age, 'and', dog.weight, 'lbs')
    dog = hotel.check_out(rody.name)
    print('Checked out', dog.name, 'who is', dog.age, 'and', dog.weight, 'lbs')
    dog = hotel.check_out(dude.name)
    print('Checked out', dog.name, 'who is', dog.age, 'and', dog.weight, 'lbs')
    dog = hotel.check_out(sparky.name)

test_code()
```

Schauen Sie mal! Unsere neue Cat-Klasse!

Wir erstellen ein paar Hunde verschiedenen Typs, wie ServiceDogs und FrisbeeDogs.

Zur Sicherheit versuchen wir das auch mit einer Katze. Man weiß ja nie!

Erstellen Sie ein Hotel und checken Sie alle diese Tiere ein.

Jetzt checken wir alle aus und überprüfen, ob wir auch den richtigen Hund zurückbekommen.

Hiermit halten wir die Doggie-Hotel-Belegschaft auf Trab. Sparky wurde nicht eingecheckt!

Die Ausgaben finden Sie auf der folgenden Seite.

Python 3.6.4 Shell

```
Codie is checked into Doggie Hotel
Jackson is checked into Doggie Hotel
Rody is checked into Doggie Hotel
Dude is checked into Doggie Hotel
Sorry only Dogs are allowed in Doggie Hotel
Codie is checked out of Doggie Hotel
Checked out Codie who is 12 and 38 lbs
Jackson is checked out of Doggie Hotel
Checked out Jackson who is 9 and 12 lbs
Rody is checked out of Doggie Hotel
Checked out Rody who is 8 and 38 lbs
Dude is checked out of Doggie Hotel
Checked out Dude who is 5 and 20 lbs
Sorry, Sparky is not boarding at Doggie Hotel
>>>
```

Die Benutzung von Listen in unserem Hotel wirkt ziemlich rumpelig. Nach all der Arbeit, die wir uns gemacht haben, um Dictionaries zu verstehen, scheint das doch ein viel besserer Weg zu sein, oder?

Gut gemerkt. Uns ist das auch schon aufgefallen, aber Sie waren schneller. Jetzt könnte man denken, dass die Änderung von Listen in Dictionaries sich auch auf den Rest des Codes auswirkt, und am Ende müssen wir alles abändern.

Stimmt aber nicht! Schließlich benutzen wir hier objektorientierte Programmierung, und einer der großen Vorteile ist die sogenannte **Verkapselung**. Stellen Sie sich das so vor: Unsere Objekte halten ihren internen Zustand und ihr Verhalten zusammen. Solange von außen alles wie erwartet funktioniert, geht unsere Implementierung innerhalb des Objekts niemanden etwas an. Unsere Änderung sollte also keine Auswirkungen auf den Code haben, der unsere Objekte benutzt.

Lassen Sie uns das Hotel renovieren, damit Sie sehen, was wir meinen.

Das Hundehotel renovieren

Lassen wir die Baumaschinen anrollen. Es ist Zeit, unser Hotel umzubauen. Wir erstellen die Methoden `check_in` und `check_out` von Grund auf neu. Die Änderungen sind leicht zu sehen:

Wenn wir die Hotel-Klasse instanziieren, geben wir dem resultierenden Objekt einen Namen, wie etwa »Doggie Hotel«.

```
class Hotel:
    def __init__(self, name):
        self.name = name
        self.kennel_names = []
        self.kennel_dogs = []
        self.kennel = {}
```

Diesmal verwenden wir ein Dictionary, um die Hunde zu speichern. Wir nennen es kennel (Zwinger).

Wir haben immer noch eine Methode, um Hunde in das Hotel einzuchecken. Die Methode übernimmt ein Dog-Objekt. Zuerst wird sichergestellt, dass es sich um einen Hund handelt. Katzen oder andere Objekte sind nicht erlaubt.

```
    def check_in(self, dog):
        if isinstance(dog, Dog):
            self.kennel[dog.name] = dog
            print(dog.name, 'is checked into', self.name)
        else:
            print('Sorry only Dogs are allowed in', self.name)
```

Beim Einchecken fügen wir den Hund dem Dictionary hinzu, wobei wir seinen Namen als Schlüssel verwenden ...

... sowie ein paar Ausgaben zum Testen.

Um einen Hund aus dem Hotel auszuchecken, müssen wir seinen Namen angeben.

```
    def check_out(self, name):
        if name in self.kennel:
            dog = self.kennel[name]
            print(dog.name, 'is checked out of', self.name)
            del self.kennel[dog.name]
            return dog
        else:
            print('Sorry,', name, 'is not boarding at', self.name)
            return None
```

Zuerst wird überprüft, ob sich der Hund im Zwinger befindet ...

... ist das der Fall, holen wir uns das Dog-Objekt und entfernen es anschließend aus dem Dictionary.

Am Ende des Check-outs geben wir außerdem das Dog-Objekt zurück. Schließlich wollen Sie Ihren Hund ja wiederhaben, oder?

Schön! Dieser Code ist viel klarer!

Ist der Hund nicht im Zwinger, informieren wir den Benutzer darüber, dass es der falsche Zwinger ist.

Wie Sie aus Kapitel 8 wissen, sind Dictionaries wesentlich effizienter als Listen, wenn ein Element gefunden werden muss.

Ersetzen Sie die Methoden `check_in` und `check_out` in der Datei ***dog.py***. Dann unternehmen Sie eine weitere Probefahrt.

Wie Sie sehen, musste hierfür kein anderer Code verändert werden! Trotzdem haben wir die Art, wie Hunde gespeichert werden und wie darauf zugegriffen wird, komplett verändert. Das ist die Verkapselung. Der übrige Code muss nicht wissen, wie Sie die Hunde implementiert haben, solange Sie die Objektschnittstelle nicht verändern (d. h. die Methoden, die an einem Dog-Objekt aufgerufen werden können).

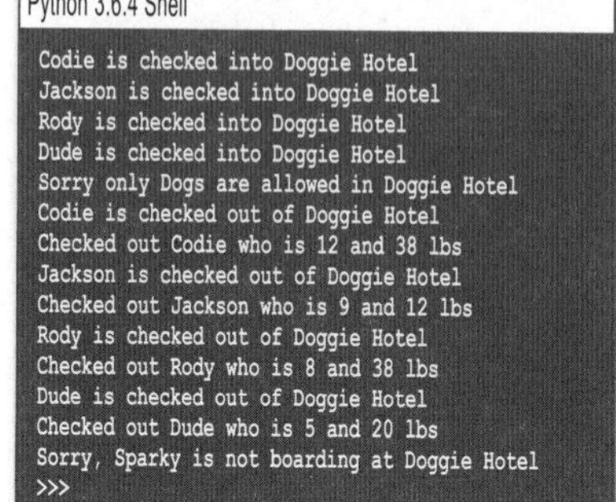

Das Hotel um ein paar Aktivitäten erweitern

Und was ist Ihrer Meinung nach die beliebteste Freizeitbeschäftigung im Hotel? Bellen natürlich! Hierfür erweitern wir das Hotel um eine `barktime`-Methode. Sie gibt allen Hunden Gelegenheit, ordentlich Krach zu machen.

```
def barktime(self):
    for dog_name in self.kennel:
        dog = self.kennel[dog_name]
        dog.bark()
```

Über jeden Hundenamen im Zwinger iterieren und ihn als Schlüssel für das dazugehörige Dog-Objekt verwenden.

Und die Hunde bellen lassen.

Erweitern Sie Ihre ***dog.py***-Datei um die `barktime`-Methode. Ersetzen Sie den bisherigen Testcode am Ende der Datei durch diesen Testcode und lassen Sie ihn laufen.

```
def test_code():
    codie = Dog('Codie', 12, 38)
    jackson = Dog('Jackson', 9, 12)
    rody = ServiceDog('Rody', 8, 38, 'Joseph')
    frisbee = Frisbee('red')
    dude =  FrisbeeDog('Dude', 5, 20)
    dude.catch(frisbee)

    hotel = Hotel('Doggie Hotel')
    hotel.check_in(codie)
    hotel.check_in(jackson)
    hotel.check_in(rody)
    hotel.check_in(dude)

    hotel.barktime()

test_code()
```

Sieht aus, als würden alle Hunde bellen.

```
Python 3.6.4 Shell
Dude caught a red frisbee
Codie is checked into Doggie Hotel
Jackson is checked into Doggie Hotel
Rody is checked into Doggie Hotel
Dude is checked into Doggie Hotel
Codie says "WOOF WOOF"
Jackson says "woof woof"
Rody says "WOOF WOOF"
Dude says, "I can't bark, I have a frisbee in my mouth"
>>>
```

Ich kann alles, was du auch kannst, oder: Polymorphismus

Werfen wir noch einmal einen Blick auf die Ausgaben unseres `barktime`-Tests:

Codie ist ein Hund (Dog).

```
Codie says "WOOF WOOF"
Jackson says "woof woof"
Rody says "WOOF WOOF"
Dude says, "I can't bark, I have a frisbee in my mouth"
```

Jackson ist ebenfalls ein Hund (Dog).

Rody ist ein Diensthund (ServiceDog).

Und Dude ist ein FrisbeeDog.

Technisch gesehen, hatten alle Hunde einen anderen Typ (mit Ausnahme von Codie und Jackson, die beide einfache `Dog`-Objekte sind). Trotzdem konnten wir Code schreiben, der über alle Hunde iteriert, sie einheitlich behandelt und die `bark`-Methode aufruft.

```
for dog_name in self.kennel:
    dog = self.kennel[dog_name]
    dog.bark()
```

Egal um was für eine Art von Hund es sich handelt, bellen kann er immer. Garantiert.

Was passiert, wenn `ServiceDog` oder `FrisbeeDog` keine `bark`-Methode besitzt? Keine Sorge. Sie besitzen garantiert eine `bark`-Methode, denn sie sind Unterklassen von `Dog` (d. h., sie erben von der `Dog`-Klasse), und diese besitzt eine `bark`-Methode. In unserem Fall überschreiben Hunde vom Typ `ServiceDog` und `FrisbeeDog`s diese Methode. Trotzdem haben beide eine `bark`-Methode.

Aber warum ist das so wichtig? Weil wir uns auf die Qualität unserer Objekte verlassen können. Wir können Code schreiben, der funktioniert, ohne dass wir uns Sorgen machen müssten, was die Objekte tun. Und das gilt selbst, wenn wir unterwegs die interne Funktionsweise der Objekte verändern oder völlig neue `Dog`-Typen erstellen, auf die wir gar nicht vorbereitet waren (z. B. ein `ShowDog` oder ein `PoliceDog`). Tatsächlich können alle aktuellen und zukünftigen `Dog`-Typen die `barktime`-Methode nutzen, ohne dass wir den Code für unser Doggie Hotel hierfür verändern müssten.

Je mehr Programmiererfahrung Sie sammeln, desto mehr werden Sie den letzten Teil als riesigen Vorteil erkennen.

Die hier besprochene Qualität hat einen eigenen Fachbegriff: **Polymorphismus**. Das ist noch so ein schlaues Wort aus der Welt der Objektorientierung. Polymorphismus heißt, dass verschiedene Objekte, die unterschiedlich implementiert sein können (wie `FrisbeeDog` und `ServiceDog`), die gleiche Programmierschnittstelle verwenden können (d. h., sie besitzen beide eine `bark`-Methode). Diese Qualität wirkt sich in der objektorientierten Programmierung auf verschiedene Weise auf. Gerade in Bezug auf die Vererbung gibt hierzu eine Menge zu entdecken. Im Moment müssen Sie nur wissen, dass Sie Code schreiben können, der auf verschiedene Objekte angewendet werden kann, solange die erwarteten Methoden vorhanden sind.

Entspannen Sie sich

Dieses Kapitel enthält viele neue Konzepte. Machen Sie Pausen, schlafen Sie, geben Sie Ihrem Hirn Gelegenheit, das Material aufzunehmen. Ein guter Zeitpunkt für eine Pause ist genau jetzt.

Es ist Zeit, den Hunden das Gassigehen beizubringen

Im Moment sind die Diensthunde (`ServiceDog`) die einzigen Hunde in unserer Implementierung, die Gassi gehen können (eine `walk`-Methode besitzen). Das ergibt keinen Sinn. Alle Hunde sollten das können. Wir haben die Basisklasse `Dog` und die Klasse `FrisbeeDog`, die von `Dog` erbt. Beide müssen Gassi gehen können. Müssen wir jetzt beide mit einer `walk`-Methode versehen? Wie bereits bei der `__str__`-Methode gesehen, erbt `FrisbeeDog` von `Dog`. Versehen wir `Dog` mit einer `walk`-Methode, sollte sie auch in `FrisbeeDog` zur Verfügung stehen. Damit wir das in unserem Code nutzen können, müssen wir ihn entsprechend anpassen. Und wenn wir schon dabei sind, können wir `ServiceDog` auch gleich verbessern.

```
class Dog:
    def __init__(self, name, age, weight):
        self.name = name
        self.age = age
        self.weight = weight

    def bark(self):
        if self.weight > 29:
            print(self.name, 'says "WOOF WOOF"')
        else:
            print(self.name, 'says "woof woof"')

    def human_years(self):
        human_age = self.age * 7
        return human_age

    def walk(self):
        print(self.name, 'is walking')

    def __str__(self):
        return "I'm a dog named " + self.name

class ServiceDog(Dog):
    def __init__(self, name, age, weight, handler):
        Dog.__init__(self, name, age, weight)
        self.handler = handler
        self.is_working = False

    def walk(self):
        if self.is_working:
            print(self.name,'is helping its handler',
                  self.handler, 'walk')
        else:
            Dog.walk(self)

    def bark(self):
        if self.is_working:
            print(self.name, 'says, "I can\'t bark, I\'m working"')
        else:
            Dog.bark(self)
```

Wir zeigen nur die Klasse, die sich geändert hat.

Wir erweitern die Dog-Klasse um eine einfache walk-Methode.

Arbeitet der Diensthund (ServiceDog) gerade, zeigen wir eine besondere Nachricht. Ansonsten tun wir einfach, was alle anderen Hunde tun.

Probefahrt

Bauen Sie den `walk`-Code und die Erweiterungen und Änderungen von der letzten Seite in Ihre ***dog.py***-Datei ein. Entfernen Sie den vorherigen Testcode und ersetzen Sie ihn durch den unten stehenden Testcode am Ende Ihrer Datei. Dann gehen Sie mit Ihrem Code Gassi.

```
def test_code():
    codie = Dog('Codie', 12, 38)
    jackson = Dog('Jackson', 9, 12)
    rody = ServiceDog('Rody', 8, 38, 'Joseph')
    frisbee = Frisbee('red')
    dude =  FrisbeeDog('Dude', 5, 20)
    dude.catch(frisbee)

    codie.walk()
    jackson.walk()
    rody.walk()
    dude.walk()

test_code()
```

Sieht aus, als ob jetzt alle Hunde Gassi gehen können.

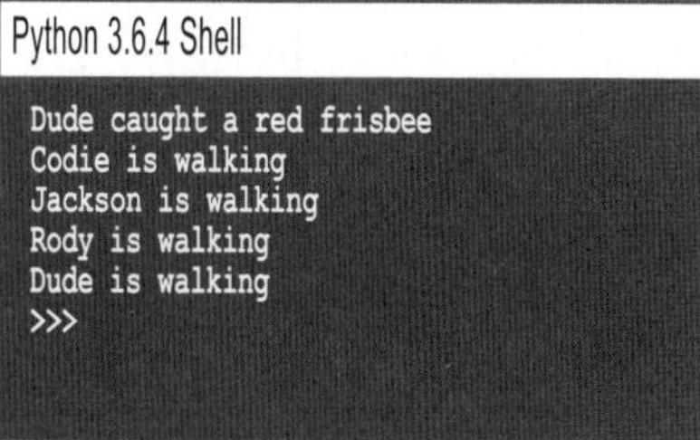

Übung

Überschreiben Sie die `walk`-Methode in `FrisbeeDog` so, dass jeder Hund mit einer Frisbeescheibe sagt: »I can't walk, I'm playing Frisbee!« Ansonsten verhält sich ein `FrisbeeDog` wie ein normaler Hund. Fügen Sie diesen Code Ihrer ***dog.py***-Datei hinzu. Benutzen Sie den gleichen Testcode wie bei der letzten Probefahrt.

```
class FrisbeeDog(Dog):
    def __init__(self, name, age, weight):
        Dog.__init__(self, name, age, weight)
        self.frisbee = None

    def bark(self):
        if self.frisbee != None:
            print(self.name,
                  'says, "I can\'t bark, I have a frisbee in my mouth"')
        else:
            Dog.bark(self)

     def walk():



    def catch(self, frisbee):
        self.frisbee = frisbee
        print(self.name, 'caught a', frisbee.color, 'frisbee')

:
:
```

Hier wird die walk-Methode überschrieben.

Der Rest der FrisbeeDog-Klasse kommt hierhin.

Die Macht und Verantwortung der Vererbung

Wir mussten die Basisklasse `Dog` nur um die neue `walk`-Methode erweitern, und wie von Zauberhand konnten auch die anderen Hunde (`ServiceDog` und `FrisbeeDog`) Gassi gehen. Das ist die Macht der Vererbung. Wir können das Verhalten einer ganzen Gruppe von Klassen verändern und erweitern, indem wir einfach eine Klasse anpassen, von der die anderen erben. Im Allgemeinen ist das ein mächtiges Werkzeug. Aber wie bei allen Werkzeugen kommt es auch hier darauf an, wie es benutzt wird. Bei der Vererbung können unerwünschte Folgeeffekte auftreten, wenn wir neues Verhalten hinzufügen. Was würde wohl ein Diensthund (`ServiceDog`) tun, wenn wir unsere `Dog`-Klasse mit einer `chase_squirrel`-(Eichhörnchen jagen-)Methode versehen?

Schnell wird die Vererbung überstrapaziert, um die Funktionalität Ihrer Klassen zu erweitern. Hierfür gibt es andere Wege, zum Beispiel die Komposition. Durch die Verbindung zweier Klassen, bzw. deren *Komposition*, lassen sich oft deutlich flexiblere objektorientierte Designs erreichen als allein durch Vererbung.

Um die Vererbung korrekt zu nutzen, ohne sie überzustrapazieren, braucht man gute objektorientierte Design- und Analysefähigkeiten (etwas, das Sie lernen, wenn Sie Ihre OOP-Fähigkeiten weiterentwickeln). Diese Dinge sind in der objektorientierten Programmierung zwar eher subtil, trotzdem ist es sinnvoll, sich dieser Konzepte bewusst zu sein, besonders als Anfänger. Viele Programmierer erkennen mögliche Alternativen, wie die Komposition, erst sehr spät in ihrer Karriere.

Also noch einmal: Diese Dinge sind recht subtil. Mit mehr OOP-Erfahrung werden Sie tiefer in die Materie eindringen. Im Augenblick wollen wir unser Hotel nur ein wenig weiterentwickeln; eventuell benutzen wir dabei auch die Komposition.

Jetzt wissen Sie, wie man Vererbung mit einem Klassendiagramm darstellt. Hier erbt eine Küche (Kitchen) von einer Raum-(Room-)Klasse. Wir können also sagen: Eine Küche IST ein Raum.

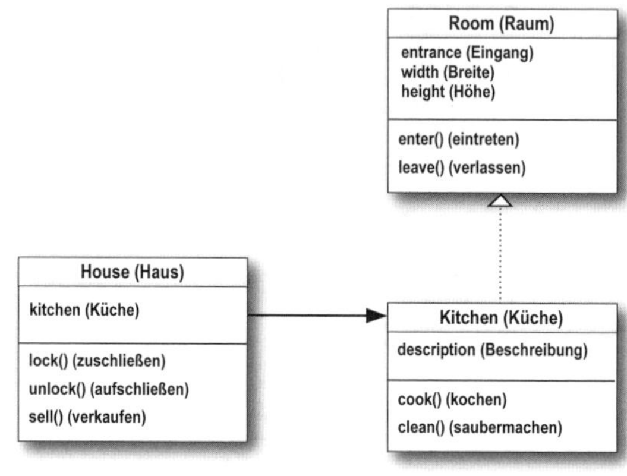

Eine Komposition kann man etwa so darstellen: Hier HAT ein Haus (House) eine Küche (Kitchen). HAT steht für Komposition.

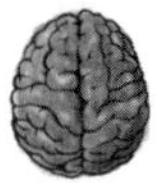

KOPF-NUSS

Mit der Implementierung unserer Dictionary-basierten Hotel-Klasse gibt es noch ein Problem. Was passiert beispielsweise, wenn zwei Hunde mit dem gleichen Namen eingecheckt werden? Wie würden Sie das Problem lösen?

Ein Ausführservice für unser Hundehotel

Unser Hundehotel sucht nach zusätzlichen Einkunftsmöglichkeiten. Wie wäre es mit dem Angebot, die Hunde auszuführen? Klingt nach einer guten Idee. Implementieren wir das gleich einmal:

```
class Hotel:
    def __init__(self, name):
        self.name = name
        self.kennel = {}

    def check_in(self, dog):
        if isinstance(dog, Dog):
            self.kennel[dog.name] = dog
            print(dog.name, 'is checked into', self.name)
        else:
            print('Sorry only Dogs are allowed in', self.name)

    def check_out(self, name):
        if name in self.kennel:
            dog = self.kennel[name]
            print(dog.name, 'is checked out of', self.name)
            del self.kennel[dog.name]
            return dog
        else:
            print('Sorry,', name, 'is not boarding at', self.name)
            return None

    def barktime(self):
        for dog_name in self.kennel:
            dog = self.kennel[dog_name]
            dog.bark()

    def walking_service(self):
        for dog_name in self.kennel:
            dog = self.kennel[dog_name]
            dog.walk()
```

Das Hinzufügen eines Hunde-Ausführdiensts ist nicht schwer. Tatsächlich hat dieser große Ähnlichkeit mit der barktime-Methode unseres Hotels, nur dass die Hunde nicht bellen, sondern Gassi gehen.

Iterieren Sie über jeden Hund im Zwinger und rufen Sie dessen walk-Methode auf.

Das war jetzt nicht so schwer. Aber angenommen, wir müssten mit einer Zillion von Hunden Gassi gehen. Wie soll das gehen? Sie müssen doch das Hotel am Laufen halten! Am besten *delegieren* wir die Verantwortung an jemand anderen.

Wie wollen wir ohne Personen-Objekte jemanden einstellen, der unsere Hunde ausführt?

Gut gesehen. Das ändern wir jetzt. Wie wäre es mit einer einfachen `Person`-Klasse? Daraus erstellen wir eine Unterklasse namens `DogWalker` (Hundebetreuer), die weiß, wie man mit Hunden Gassi geht.

Auch als >>Ableitung<< bezeichnet.

Ernsthaftes Coden

Weist in der OOP ein Objekt ein anderes an, eine bestimmte Aufgabe auszuführen, sprechen wir von **Delegation**. Anhand der Delegation können Sie ein Objekt mit zusätzlichem Verhalten ausstatten, ohne dass dieses geerbt oder im Objekt selbst implementiert werden muss.

```
class Person:
    def __init__(self, name):
        self.name = name

    def __str__(self):
        return "I'm a person and my name is " + self.name
```

Eine einfache Person-Klasse mit einem Namen, die wir bei Bedarf erweitern können.

```
class DogWalker(Person):
    def __init__(self, name):
        Person.__init__(self, name)

    def walk_the_dogs(self, dogs):
        for dog_name in dogs:
            dogs[dog_name].walk()
```

Ein DogWalker ist eine Person, die eine walk_the_dogs-Methode besitzt.

Diese Methode iteriert einfach über die Hunde und ruft dabei ihre walk-Methode auf.

Gut. Jetzt können wir unsere `Hotel`-Klasse so verändern, dass wir einen Hundebetreuer (`DogWalker`) einstellen können. Danach können wir das Ausführen der Hunde über die `walking_service`-Methode delegieren:

Diese Methoden kommen in die Hotel-Klasse.

```
def hire_walker(self, walker):
    if isinstance(walker, DogWalker):
        self.walker = walker
    else:
        print('Sorry,', walker.name, ' is not a Dog Walker')

def walking_service(self):
    if self.walker != None:
        self.walker.walk_the_dogs(self.kennel)
```

In der hire_walker-Methode überprüfen wir, ob das Objekt tatsächlich ein DogWalker (Hundebetreuer) ist. Falls ja, stellen wir ihn ein, indem wir ihn (oder sie) als Attribut hinzufügen.

Wird in walking_service ein walker-Attribut gefunden, fordern wir den Hundebetreuer (walker) auf, mit den Hunden Gassi zu gehen.

Die DogWalker-Klasse weiß, dass die Hunde in einem Dictionary gespeichert sind. Ändern wir den Code, sodass wieder Listen verwendet werden, wird die DogWalker-Klasse nicht mehr funktionieren. Sollte die Verkapselung solche Probleme nicht verhindern?

Gute Frage. Es stimmt, dass der Hundebetreuer (DogWalker) weiß, dass die Hunde in einem Dictionary gespeichert sind bzw. in einem verschachtelten Dictionary. Dennoch ist ein Dictionary eine häufig verwendete Datenstruktur und bietet einen angemessenen Weg, dem Hundebetreuer eine Reihe von Hunden zu übergeben. Das Hotel könnte im Prinzip auch eine komplexe interne Datenstruktur zum Speichern der Hunde verwenden. Sollen die Hunde an den Betreuer übergeben werden, könnten wir die Hunde immer noch in ein sauberes Dictionary verpacken.

Aber Sie haben recht: Wenn wir die interne Implementierung des Hotels ändern, müssen wir beachten, dass die Betreuer ein Dictionary mit Hunden erwarten. Dieser Aspekt des Hotels ist also nicht vollständig verkapselt.

Wenn Sie wirklich jedes Detail des Hotels verkapseln wollen, um den Hundebetreuer (DogWalker) stärker vom Hotel zu trennen (damit der Hundebetreuer sich nicht auf eine bestimmte Implementierung des Hotels verlassen muss), könnten Sie die Implementierung anhand des Iterator-Entwurfsmusters aus Kapitel 9 verbessern. Damit können Sie über eine Folge von Werten iterieren, ohne zu wissen, wie diese implementiert sind.

Das genau zu erklären, würde allerdings den Rahmen dieses ohnehin schon dicken Buchs sprengen. Trotzdem ist es eine gute Frage und etwas, das Sie in Ihrem Design durchaus weiter erforschen sollten.

Probefahrt

Jetzt ist es Zeit, die Klassen `Person` und `DogWalker`, die wir ein paar Seiten weiter vorne besprochen haben, einzubauen. Außerdem müssen wir die `Hotel`-Klasse um die Methoden `hire_walker` und `walking_service` erweitern. (Ersetzen Sie den bisherigen Testcode durch die unten stehenden Anweisungen):

```
def test_code():
    codie = Dog('Codie', 12, 38)
    jackson = Dog('Jackson', 9, 12)
    sparky =  Dog('Sparky', 2, 14)
    rody = ServiceDog('Rody', 8, 38, 'Joseph')
    rody.is_working = True
    dude =  FrisbeeDog('Dude', 5, 20)

    hotel = Hotel('Doggie Hotel')
    hotel.check_in(codie)
    hotel.check_in(jackson)
    hotel.check_in(rody)
    hotel.check_in(dude)

    joe = DogWalker('joe')
    hotel.hire_walker(joe)

    hotel.walking_service()

test_code()
```

Rody arbeitet vermutlich nicht im Hotel. Wir probieren das trotzdem einmal aus.

Hier erstellen wir den Hundebetreuer und stellen ihn ein ...

... und delegieren die Verantwortung an Joe.

Python 3.6.4 Shell

```
Codie is checked into Doggie Hotel
Jackson is checked into Doggie Hotel
Rody is checked into Doggie Hotel
Dude is checked into Doggie Hotel
Codie is walking
Jackson is walking
Rody is helping its handler Joseph walk
Dude is walking
>>>
```

Sieht aus, als ob die Delegation des Gassigehens so richtig abhebt!

Inzwischen beim Schildkrötenrennen ...

Erinnern Sie sich noch an Kapitel 7? Seltsamerweise gewann die grüne Schildkröte jedes Mal mit einem Riesenvorsprung. Die Polizei ist immer noch nicht weiter. Vielleicht können Sie mit Ihrem neuen OOP-Wissen einmal einen Blick auf den Code werfen, um zu sehen, was hier vorgeht.

```
import turtle
import random

turtles = []

class SuperTurtle(turtle.Turtle):
    def forward(self, distance):
        cheat_distance = distance + 5
        turtle.Turtle.forward(self, cheat_distance)

def setup():
    global turtles
    startline = -620
    screen = turtle.Screen()
    screen.setup(1290,720)
    screen.bgpic('pavement.gif')

    turtle_ycor = [-40, -20, 0, 20, 40]
    turtle_color = ['blue', 'red', 'purple', 'brown', 'green']

    for i in range(0, len(turtle_ycor)):
        if i == 4:
            new_turtle = SuperTurtle()
        else:
            new_turtle = turtle.Turtle()
        new_turtle.shape('turtle')
        new_turtle.penup()
        new_turtle.setpos(startline, turtle_ycor[i])
        new_turtle.color(turtle_color[i])
        new_turtle.pendown()
        turtles.append(new_turtle)

def race():
    global turtles
    winner = False
    finishline = 560

    while not winner:
        for current_turtle in turtles:
            move = random.randint(0,2)
            current_turtle.forward(move)

            xcor = current_turtle.xcor()
            if (xcor >= finishline):
                winner = True
                winner_color = current_turtle.color()
                print('The winner is', winner_color[0])

setup()
race()

turtle.mainloop()
```

Gehen Sie den Code noch einmal sorgfältig durch. Irgendjemand hat das Programm ziemlich sicher gehackt und neuen Code eingeschleust. Was macht er? Auf welchen objektorientierten Konzepten basiert der Hack?

Die Lösung finden Sie zwei Seiten weiter hinten!

CRIME SCENE DO NOT ENTER CRIME SCENE DO NOT ENTER CRIME SCENE DO NOT ENTER

Willkommen in Objekthausen

Eine Anleitung zum besseren Leben durch Objekte.

Willkommen, neuer Objekthausen-Bürger! In dieser kleinen Anleitung haben wir Ihnen eine Reihe von Tipps und Tricks zusammengestellt, die Ihnen das Leben in Objekthausen erleichtern sollen. Wir hoffen, Sie genießen Ihren Aufenthalt.

- ☞ Machen Sie sich mit der neuen Umgebung vertraut. Nehmen Sie sich Zeit, die Objekte (und Klassen) um Sie herum zu erforschen. Sehen Sie sich anderen objektorientierten Python-Code an, um ein Gefühl für seinen Aufbau und die Verwendung von Objekten zu bekommen.
- ☞ Trauen Sie sich, Pythons eingebaute Klassen zu erweitern. Das funktioniert auf die gleiche Weise wie mit Ihren eigenen Klassen.
- ☞ Seien Sie sich bewusst, dass es ein lebenslanger Lernprozess ist, sich in Objekthausen auszukennen.
- ☞ Lernen Sie weiter. Sie kennen die Grundlagen; jetzt brauchen Sie Erfahrung. Die einzige Möglichkeit, Erfahrung zu erlangen, besteht darin, zu studieren und motiviert zu üben. Anders gesagt: »Bauen Sie etwas!«
- ☞ Verbringen Sie mehr Zeit mit den OOP-Grundlagen wie Vererbung und verwenden Sie Polymorphismus in Ihren Designs.
- ☞ Halten Sie Ihre Objekte einfach und auf das Wesentliche beschränkt. Von dort können Sie sich nach und nach zu komplexeren Objekten vorarbeiten. Üben Sie, kleine Häuser zu bauen, bevor Sie sich an die Wolkenkratzer wagen.
- ☞ Lernen Sie mehr über die Verwendung von Komposition und Delegation in Ihrem Code. Sie werden merken, dass Ihre Designs dadurch flexibler werden.
- ☞ Hören Sie jetzt nicht auf. Jetzt sind Sie in Schwung, also lernen Sie weiter.

Das Schildkrötenrennen: Fall GELÖST

Haben Sie herausgefunden, was hier schiefgelaufen ist? Offenbar hat der Hacker seine Fähigkeit zum Erstellen von Unterklassen genutzt, um eine Unterklasse von `Turtle` mit dem Namen `SuperTurtle` zu erstellen. In `SuperTurtle` hat er dann die `forward`-Methode überschrieben, sodass bei jedem Aufruf fünf Einheiten zum `distance`-Parameter hinzuaddiert werden, bevor die forward-Methode der Basisklasse (`Turtle`) aufgerufen wird. Der Hacker kannte sich offenbar gut mit **Polymorphismus** aus, denn er wusste, dass die `race`-Methode des Spiels `forward` an jedem beliebigen Objekt aufrufen würde, sofern es ein `Turtle`-Objekt IST. Wie Sie sehen, KANN etwas OOP-Wissen durchaus gefährlich sein!

```
import turtle
import random

turtles = []

class SuperTurtle(turtle.Turtle):
    def forward(self, distance):
        cheat_distance = distance + 5
        turtle.Turtle.forward(self, cheat_distance)

def setup():
    global turtles
    startline = -620
    screen = turtle.Screen()
    screen.setup(1290,720)
    screen.bgpic('pavement.gif')

    turtle_ycor = [-40, -20, 0, 20, 40]
    turtle_color = ['blue', 'red', 'purple', 'brown', 'green']

    for i in range(0, len(turtle_ycor)):
        if i == 4:
            new_turtle = SuperTurtle()
        else:
            new_turtle = turtle.Turtle()
        new_turtle.shape('turtle')
        new_turtle.penup()
        new_turtle.setpos(startline, turtle_ycor[i])
        new_turtle.color(turtle_color[i])
        new_turtle.pendown()
        turtles.append(new_turtle)

def race():
    global turtles
    winner = False
    finishline = 560

    while not winner:
        for current_turtle in turtles:
            move = random.randint(0,2)
            current_turtle.forward(move)

            xcor = current_turtle.xcor()
            if (xcor >= finishline):
                winner = True
                winner_color = current_turtle.color()
                print('The winner is', winner_color[0])

setup()
race()

turtle.mainloop()
```

Eine Unterklasse von Turtle wird definiert!

Für Schildkröte Nummer 4 (die grüne Schildkröte) wird jedes Mal ein SuperTurtle-Objekt instanziert.

Polymorphismus bei der Arbeit: Dieser Code ruft forward an jedem Objekt auf, das eine Schildkröte (ein Turtle-Objekt) IST, auch wenn es sich um eine Superschildkröte (SuperTurtle) handelt.

Der Hacker hat eine Unterklasse von Turtle erstellt, die die forward-Methode überschreibt. Bei jedem Aufruf von forward werden so fünf weitere Einheiten addiert.

CRIME SCENE DO NOT ENTER CRIME SCENE DO NOT ENTER CRIME SCENE DO NOT ENTER

Haben Sie daran gedacht, die Programmierung zu Ihrem Beruf zu machen?

Wenn Sie diese Seite lesen: herzlichen Glückwunsch. (Wir nehmen natürlich an, dass Sie nichts übersprungen haben!) Sie sollten sich wirklich fragen, wie weit Sie das noch treiben können! Falls Sie es nicht gemerkt haben: Sie haben in diesem Buch einen ziemlich weiten Weg zurückgelegt. Das Aufregende und gleichzeitig Traurige daran ist, dass wir die Softwareentwicklung in diesem Buch gerade einmal oberflächlich streifen. Vielleicht sehen Sie sich unsere Vorschläge einmal an, denn Sie haben mit Sicherheit das Zeug, die Dinge noch viel weiter zu treiben.

Hier ein paar Anregungen dazu, womit Sie weitermachen können:

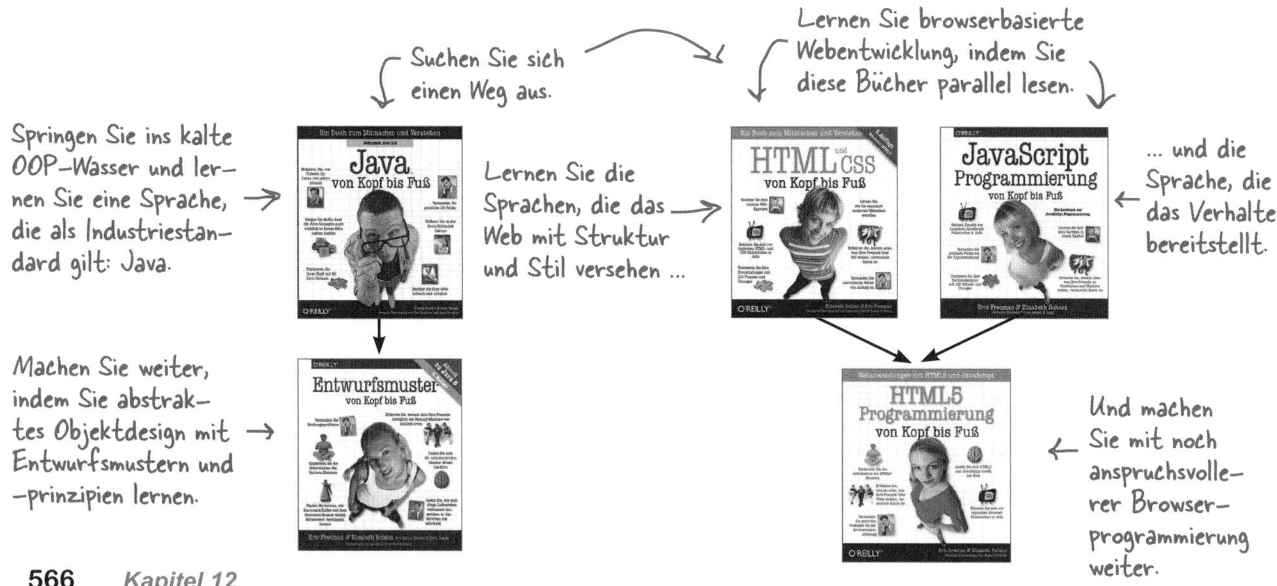

Punkt für Punkt

- **Objektorientierte Programmierung** (kurz: **OOP**) konzentriert sich auf Problemlösungen durch die Modellierung realer (oder virtueller) Objekte.
- Objekte besitzen **Zustand** und **Verhalten**.
- Objekte werden aus Klassen erzeugt, die als »Bauplan« dienen.
- Die Erstellung eines neuen Objekts bezeichnet man auch als **Instanziierung**.
- Ein **Konstruktor** ist eine Methode, die eine Klasse instanziiert.
- In Python wird der Konstruktor `__init__` genannt.
- Dem Konstruktor wird das zu erzeugende Objekt als erstes Argument übergeben.
- Per Konvention wird der erste Parameter eines Konstruktors `self` genannt.
- **Attribute** sind wie Variablen innerhalb eines Objekts. Ihnen können beliebige Python-Werte zugewiesen werden.
- **Methoden** sind wie Funktionen, außer dass Ihnen das Argument **self** übergeben wird.
- Durch die Verwendung von **Unterklassen** können die Attribute und Methoden einer anderen Klasse vererbt werden.
- Die Klasse, von der abgeleitet wird, wird oft als **Basisklasse** oder Superklasse bezeichnet.
- Methoden der Basisklasse können **überschrieben** werden, indem in der Unterklasse Methoden gleichen Namens definiert werden.
- Bei der Verwendung von Unterklassen spricht man von einer **IST**-Beziehung.
- Mit der `isinstance`-Funktion kann man in Python überprüfen, ob eine IST-Beziehung vorliegt.
- Die `isinstance`-Funktion gibt `True` zurück, wenn ein Objekt eine Instanz der angegebenen Klasse ist (oder einer ihrer Superklassen).
- Überschreiben Sie die `__str__`-Methode, um einen String zurückzugeben, der verwendet wird, wenn das Objekt per `print` ausgegeben wird.
- Wenn wir Code für Objekte schreiben, die die gleiche Schnittstelle verwenden, nutzen wir **Polymorphismus**.
- Wir stellen uns die **Schnittstelle** als die Methode vor, die wir an einem Objekt aufrufen können.
- Wir können Objekte **komponieren**, indem wir einem Objekt weitere Objekte als Attribute hinzufügen.
- Die **Komposition** ist eine übliche Technik, um das Verhalten einer Klasse zu erweitern.
- Wenn wir eine externe Klasse verwenden, um eine Aufgabe zu erledigen, sagen wir, die Aufgabe wird an die externe Klasse **delegiert**.
- Wenn Sie Verhalten und Zustand von mehr als einer Klasse vererben, spricht man von **Mehrfachvererbung**.

Programmierer-Kreuzworträtsel

Dies ist das letzte Kreuzworträtsel, und es ist objektorientiert.
Na ja, zumindest die Wörter.

Waagerecht

2. Klasse, von der andere Klassen abgeleitet werden.
6. Erzeugt ein Objekt und initialisiert es.
8. Eingebaute Funktion zum Testen auf eine IST-Beziehung.
11. Besitzt eine Menge Fachsprache.
12. Von mehreren Basisklassen erben.
14. Code, der für Objekte mit der gleichen Schnittstelle funktioniert.
16. Eine Klasse aus einer anderen Klasse definieren.
17. Die Arbeit an ein anderes Objekt abgeben.
18. Klasse für Hunde, die Dinge fangen.

Senkrecht

1. Funktion, die zu einem Objekt gehört.
3. Enthält den Zustand eines Objekts.
4. HAT-Beziehung.
5. Klasse für Hunde, die Menschen helfen.
7. Verhalten einer Methode in einer Unterklasse neu definieren.
9. Implementierungsdetails verstecken.
10. IST-Beziehung.
13. Im Hotel nicht erlaubt.
15. Per Konvention der Name des ersten Parameters einer Methode.

In Kapitel 2 haben wir etwas Code geschrieben, der das Alter eines Hundes in Menschenjahre umrechnet. Erweitern Sie unsere `Dog`-Klasse um eine Methode namens `human_years`, die diese Berechnung vornimmt. Sie übernimmt keine Argumente (außer `self`) und gibt das Ergebnis als ganzzahligen Wert (Integer) zurück.

Hier ist unser bisheriger Code. Bauen Sie eine Methode namens human_years ein, die das Hundealter in Menschenjahren berechnet.

```
class Dog:
    def __init__(self, name, age, weight):
        self.name = name
        self.age = age
        self.weight = weight

    def print_dog(dog):
        print(dog.name + "'s", 'age is', dog.age,
                              'and weight is', dog.weight)

    def bark(self):
        if self.weight > 29:
            print(self.name, 'says "WOOF WOOF"')
        else:
            print(self.name, 'says "woof woof"')

    def human_years(self):
        years = self.age * 7
        return years


codie = Dog('Codie', 12, 38)
jackson = Dog('Jackson', 9, 12)
print(codie.name + "'s age in human years is ", codie.human_years())
print(jackson.name + "'s age in human years is ", jackson.human_years())
```

Um das Hundealter in Menschenjahren zu berechnen, nehmen wir den Wert des age-Attributs und multiplizieren ihn mit 7.

Hier sind die Ausgaben.

```
Python 3.6.4 Shell
Codie's age in human years is  84
Jackson's age in human years is  63
>>>
```

Benutzen Sie das Klassendiagramm auf der linken Seite, um herauszufinden, welches Ergebnis der Aufruf von `isinstance` auf der rechten Seite hat. Nicht vergessen: `isinstance` wertet immer zu `True` oder zu `False` aus.

Cake (Torte)
flavor (Geschmack)
bake() (backen) cut() (schneiden) eat() (essen)

FrostedCake (glasierte Torte)
frosting (Glasur)
frost() (glasieren)

BirthdayCake (Geburtstagstorte)
name_on_cake (Name auf Torte)
add_name() (Name hinzufügen) add_candles() (Kerzen hinzufügen)

Ihre Antwort, True oder False

```
simple_cake = Cake()
chocolate_cake = FrostedCake()
bills_birthday_cake = BirthdayCake()
```

Ihre Antwort	Aufruf
False	`isinstance(simple_cake, BirthdayCake)`
False	`isinstance(simple_cake, FrostedCake)`
True	`isinstance(simple_cake, Cake)`
True	`isinstance(chocolate_cake, Cake)`
True	`isinstance(chocolate_cake, FrostedCake)`
False	`isinstance(chocolate_cake, BirthdayCake)`
True	`isinstance(bills_birthday_cake, FrostedCake)`
True	`isinstance(bills_birthday_cake, Cake)`
True	`isinstance(bills_birthday_cake, BirthdayCake)`

Spitzen Sie Ihren Bleistift
Lösung

Sehen Sie sich die Klassendefinitionen auf der linken Seite an, die ein paar überschriebene Methoden enthalten. Führen Sie den unten stehenden Code (im Kopf) aus und schreiben Sie Ihre Ausgaben hier auf.

```
class Car():
   def __init__(self):
       self.speed = 0
       self.running = False

   def start(self):
       self.running = True

   def drive(self):
       if self.running:
            print('Car is moving')
       else:
            print('Start the car first')

class Taxi(Car):
   def __init__(self):
       Car.__init__(self)
       self.passenger = None
       self.balance = 0.0

   def drive(self):
       print('Honk honk, out of the way')
       Car.drive(self)

   def hire(self, passenger):
       print('Hired by', passenger)
       self.passenger = passenger

   def pay(self, amount):
       print('Paid', amount)
       self.balance = self.balance + amount
       self.passenger = None

class Limo(Taxi):
   def __init__(self):
       Taxi.__init__(self)
       self.sunroof = 'closed'

   def drive(self):
       print('Limo driving in luxury')
       Car.drive(self)

   def pay(self, amount, big_tip):
       print('Paid', amount, 'Tip', big_tip)
       Taxi.pay(self, amount + bi

   def pour_drink(self):
       print('Pouring drink')

   def open_sunroof(self):
       print('Opening sunroof')
       self.sunroof = 'open'

   def close_sunroof(self):
       print('Closing sunroof')
       self.sunroof = 'closed'
```

Gehen Sie diesen Code in Ihrem Kopf durch und schreiben Sie die erwarteten Ausgaben unten auf.

```
car = Car()
taxi = Taxi()
limo = Limo()

car.start()
car.drive()

taxi.start()
taxi.hire('Kim')
taxi.drive()
taxi.pay(5.0)

limo.start()
limo.hire('Jenn')
taxi.drive()
limo.pour_drink()
limo.pay(10.0, 5.0)
```

Obacht, das hier ist etwas knifflig. (zu `taxi.drive()`)

Hier kommen Ihre Ausgaben hin.

Python 3.6.4 Shell

```
Car is moving
Hired by Kim
Honk honk, out of the way
Car is moving
Paid 5.0
Hired by Jenn
Honk honk, out of the way
Car is moving
Pouring drink
Paid 10.0 Tip 5.0
Paid 15.0
>>>
```

Lösung zur Übung

Jetzt sind Sie dran, eine neue Klasse zu erstellen. Wie wäre es mit einem Hund, der Frisbeescheiben fangen kann? Die Frisbee-Klasse haben wir schon für Sie geschrieben:

```
class Frisbee:
    def __init__(self, color):
        self.color = color

    def __str__(self):
        return "I'm a " + self.color + ' frisbee'
```

Eine Frisbeescheibe kann selbst nicht viel tun. Sie hat einfach eine Farbe (color) und eine __str__-Methode, um passende print-Ausgaben zu erzeugen.

Helfen Sie uns, den `FrisbeeDog` fertigzustellen. Er muss eine Frisbeescheibe fangen und zurückgeben können. Außerdem sollte er eine `__str__`-Methode besitzen.

```
class FrisbeeDog(Dog):
    def __init__(self, name, age, weight):
        Dog.__init__(self, name, age, weight)
        self.frisbee = None

    def bark(self):
        if self.frisbee != None:
            print(self.name,
                    'says, "I can\'t bark, I have a frisbee in my mouth"')
        else:
            Dog.bark(self)

    def catch(self, frisbee):
        self.frisbee = frisbee
        print(self.name, 'caught a', frisbee.color, 'frisbee')

    def give(self):
        if self.frisbee != None:
            frisbee = self.frisbee
            self.frisbee = None
            print(self.name, 'gives back', frisbee.color, 'frisbee')
            return frisbee
        else:
            print(self.name, "doesn't have a frisbee")
            return None

    def __str__(self):
        str = "I'm a dog named " + self.name
        if self.frisbee != None:
            str = str + ' and I have a frisbee'
        return str
```

Dieser Konstruktor ist ziemlich einfach. Er versieht das frisbee-Attribut mit einem Wert. Beachten Sie, dass frisbee ein weiteres Objekt ist. Es handelt sich also um eine Komposition.

Die bark-Methode wird überschrieben. Hat der FrisbeeDog eine Frisbeescheibe (Frisbee-Objekt), kann er nicht bellen. Ansonsten bellt er wie jeder andere Hund auch.

Die catch-Methode übernimmt ein Frisbee-Objekt und weist es dem eigenen frisbee-Attribut zu.

Die give-Methode setzt das frisbee-Attribut auf None und gibt es zurück.

Und hier ist die __str__-Methode. Je nachdem, ob der Hund eine Frisbeescheibe hat, wird eine passende Ausgabe erzeugt.

LÖSUNG ZUR ÜBUNG

Überschreiben Sie die `walk`-Methode in `FrisbeeDog` so, dass jeder Hund mit einer Frisbeescheibe sagt: »I can't walk, I'm playing Frisbee!« Ansonsten verhält sich ein `FrisbeeDog` wie ein normaler Hund. Fügen Sie diesen Code Ihrer ***dog.py***-Datei hinzu. Benutzen Sie den gleichen Testcode wie bei der letzten Probefahrt.

```
class FrisbeeDog(Dog):
    def __init__(self, name, age, weight):
        Dog.__init__(self, name, age, weight)
        self.frisbee = None

    def bark(self):
        if self.frisbee != None:
            print(self.name,
                    'says, "I can\'t bark, I have a frisbee in my mouth"')
        else:
            Dog.bark(self)

    def walk(self):
        if self.frisbee != None:
            print(self.name, 'says, "I can\'t walk, I'm playing Frisbee!"')
        else:
            Dog.walk(self)

    def catch(self, frisbee):
        self.frisbee = frisbee
        print(self.name, 'caught a', frisbee.color, 'frisbee')

    def give(self):
        if self.frisbee != None:
            frisbee = self.frisbee
            self.frisbee = None
            print(self.name, 'gives back', frisbee.color, 'frisbee')
            return frisbee
        else:
            print(self.name, "doesn't have a frisbee")
            return None

    def __str__(self):
        str = "I'm a dog named " + self.name
        if self.frisbee != None:
            str = str + ' and I have a frisbee'
        return str
```

Der Hund hat eine Frisbeescheibe, sofern der Wert von self.frisbee nicht None ist.

Hat der Hund eine Frisbeescheibe, geben wir aus, dass der Hund gerade spielt. Ansonsten greift das Standardverhalten, und die walk-Methode der Superklasse wird aufgerufen.

Python 3.6.4 Shell

```
Dude caught a red frisbee
Codie is walking
Jackson is walking
Rody is walking
Dude says, "I can't walk, I'm playing Frisbee!"
>>>
```

Programmierer-Kreuzworträtsel, Lösung

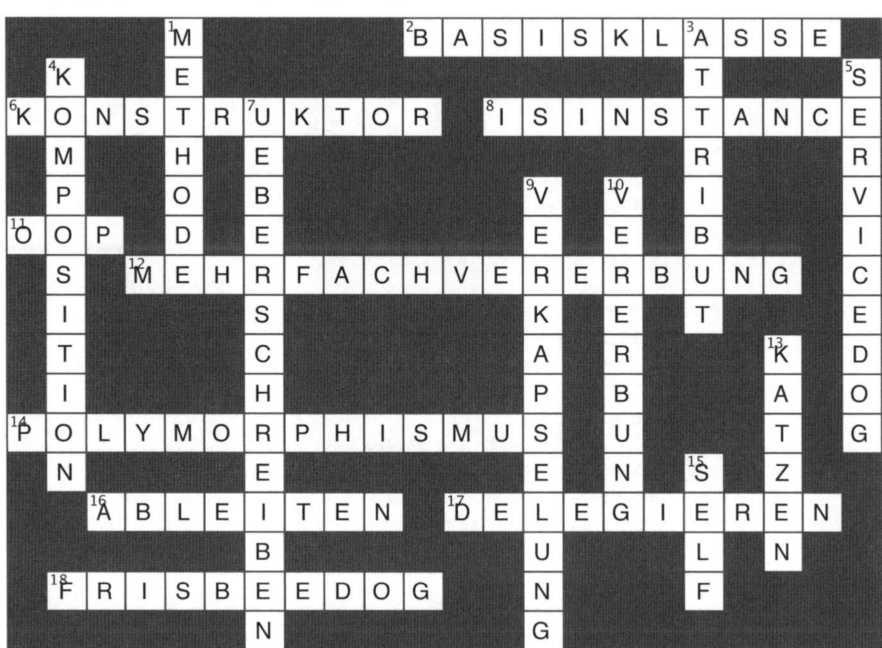

Anhang: Was übrig bleibt

Die Top Ten der Themen, die wir nicht behandelt haben

Wir haben eine Menge Themen behandelt, und Sie haben das Buch fast durchgelesen. Wir werden Sie vermissen. Aber ganz ohne etwas mehr Vorbereitung wollen wir Sie auch nicht in die Welt entlassen. Natürlich passt nicht alles, was Sie wissen müssen, in diesen relativ kurzen Anhang. Ursprünglich hatten wir sogar sämtliche Informationen über die Programmierung mit Python (die in den anderen Kapiteln bisher nicht zur Sprache kamen) für Sie hier hineingepackt, indem wir die Schriftgröße auf 0,00004 Punkt reduziert hatten. Hat alles wunderbar gepasst. Nur konnte es leider niemand mehr lesen. Also haben wir das meiste wieder rausgeschmissen und nur die besten Dinge für diesen Top-Ten-Anhang behalten. Dies ist *wirklich* das Ende des Buchs. Natürlich bis auf den Index (absolut lesenswert!).

#1 Listen-Comprehensions

Sie haben gesehen, wie man die `range`-Funktion einsetzt, um eine Liste mit Zahlen zu erstellen. Es gibt aber noch einen mächtigeren Weg zur Erzeugung von Listen. Er hat Ähnlichkeit mit der Erzeugung mathematischer Mengen. Diese heißen in Python *Listen-Comprehensions*. Sie können Listen mit beliebigen Datentypen erstellen. Sehen wir uns zunächst ein Beispiel mit Zahlen an:

```
[x + x for x in range(10)]
```

Verdoppelt jede Zahl im Bereich zwischen 0 und 9.

Python 3.6.4 Shell

```
[0, 2, 4, 6, 8, 10, 12, 14, 16, 18]
>>>
```

Oder vielleicht ein Beispiel mit Strings:

```
lyric = ['I', 'saw', 'heard', 'on', 'you', 'the', 'wireless', 'back', 'in', '52']
[s[0] for s in lyric]
```

Holt sich den ersten Buchstaben jedes Worts in der Liste lyric.

Python 3.6.4 Shell

```
['I', 's', 'h', 'o', 'y', 't', 'w', 'b', 'i', '5']
>>>
```

Und wie funktioniert das jetzt? Im Grunde erzeugt eine Listen-Comprehension eine Liste aus einer anderen Liste. Um die Funktionsweise zu verstehen, sehen wir uns das Format einer Listen-Comprehension an:

Sehen Sie sich die oben stehenden Beispiele noch einmal mit dieser Formel im Hinterkopf an.

Der erste Teil ist ein Ausdruck, der eine Variable verwendet, die für jedes Element der Liste steht.

Dann kommt ein for-Ausdruck mit der Variablen und der alten Liste.

Und schließlich gibt es eine Bedingung; das haben wir noch nicht gesehen.

[AUSDRUCK for ELEMENT in LISTE if BEDINGUNG]

Und so kann man unser Beispiel um eine Bedingung erweitern:

```
[s[0] for s in lyric if s[0] > 'm']
```

Element nur zur Liste hinzufügen, wenn das Zeichen größer ist als 'm'.

Python 3.6.4 Shell

```
['s', 'o', 'y', 't', 'w']
>>>
```

Wie mit vielen Dingen in diesem Kapitel kommt die Meisterschaft mit dem Studium. Aber Sie können sehen, dass dies eine mächtige Technik zur Erstellung von Listen ist.

#2 Datum und Uhrzeit

Datum und Uhrzeit sind für viele Programme wichtig. Pythons `datetime`-Modul wird importiert wie folgt:

```
import datetime
```

Anschließend können Sie ein `date`-Objekt erzeugen, indem Sie es mit einem beliebigen Datum bis zum Jahr 9999 (beginnend mit dem Jahr 1) instanziieren.

Jahr, dann Monat, dann Tag

```
my_date = datetime.date(2015, 10, 21)
```

Sie können auch ein `time`-Objekt erstellen, indem Sie es mit einer beliebigen Zeitangabe in Stunden, Minuten und Sekunden initialisieren.

```
my_time = datetime.time(7, 28, 1)
```

Stunden, Minuten und Sekunden.

Oder Sie kombinieren alles mit dem `datetime`-Objekt:

Oder alles kombinieren.

```
my_datetime = datetime.datetime(2015, 10, 21, 7, 28, 1)
```

Und geben alles aus:

Um zu sehen, was die date- und time-Objekte enthalten, können wir sie einfach ausgeben.

```
print(my_date)
print(my_time)
print(my_datetime)
print(my_date.year, my_date.month, my_date.day)
print(my_time.hour, my_time.minute, my_time.second)
```

```
Python 3.6.4 Shell
2015-10-21
07:28:01
2015-10-21 07:28:01
2015 10 21
7 28 1
>>>
```

Die aktuelle Uhrzeit erhalten Sie mit:

```
now = datetime.datetime.today()
print(now)
```

Die feinste Auflösung für die Zeit sind Mikrosekunden.

```
Python 3.6.4 Shell
2017-07-27 19:12:07.785931
```

Oder Sie benutzen die `datetime`-eigenen Formatierungsmöglichkeiten:

```
output = '{:%A, %B %d, %Y}'
print(output.format(my_date))
```

Das date-Objekt besitzt reichhaltige Formatierungsmöglichkeiten.

```
Python 3.6.4 Shell
Wednesday, October 21, 2015
```

Das ist nur ein Anfang. In jeder Sprache gibt es viel zur Arbeit mit Datum und Uhrzeit zu wissen. Wenn Sie mehr über dieses Thema erfahren wollen, sehen Sie sich das Python-Modul `datetime` und seine Verwandten an.

#3 Reguläre Ausdrücke

'ac*\dc?'

Erinnern Sie sich an die Schwierigkeiten, die wir bei der Untersuchung von Text auf bestimmte Wörter und Interpunktionszeichen hatten? Formal ist ein *regulärer Ausdruck* eine Grammatik zur Beschreibung von Textmustern. Sie können beispielsweise einen regulären Ausdruck (kurz: Regex) schreiben, der auf Text passt, der mit einem *t* beginnt und auf *e* endet, mindestens ein *a* und mehr als zwei *u* enthält.

Reguläre Ausdrücke können schnell sehr komplex werden. Wenn Sie einen Regex zum ersten Mal sehen, wirkt er vermutlich wie Aliensprache. Mit einfachen regulären Ausdrücken ist der Einstieg aber nicht so schwierig, wie es scheint. Und mit ein wenig Übung werden Sie schnell zum RegExperten.

Die meisten modernen Sprachen unterstützen reguläre Ausdrücke, und Python bildet da keine Ausnahme. Hier ein paar Beispiele für die Verwendung regulärer Ausdrücke:

```
import re

for term in ['I heard you on the wireless back in 52',
             'I heard you on the Wireless back in 52',
             'I heard you on the WIRELESS back in 52']:

    result = re.search('[wW]ire', term)
    if result:
        loc = result.span()

        print('found a match between:', loc)
    else:
        print('No match found')
```

Das Modul re für reguläre Ausdrücke importieren.

Untersuchen wir ein paar Strings …

Suche anhand eines regulären Ausdrucks.

Hier ist der Teil mit dem regulären Ausdruck. Er passt auf 'wire' oder 'Wire'.

Gibt es ein Ergebnis, haben wir einen Treffer, und die span-Methode teilt uns mit, wo im String sich der Treffer befindet.

Wir geben aus, wo der Treffer erzielt wurde …

… oder dass nichts gefunden wurde.

Python 3.6.4 Shell

```
found a match between: (19, 23)
found a match between: (19, 23)
No match found>>>
```

In diesem Beispiel haben wir einen sehr einfachen regulären Ausdruck verwendet. Mit regulären Ausdrücken lassen sich auch sehr komplexe Muster beschreiben, z. B. gültige Benutzernamen, Passwörter und URLs. Wenn Sie also das nächste Mal Code schreiben, um einen Benutzernamen zu verifizieren, sollten Sie stattdessen einen regulären Ausdruck benutzen. Ein paar Zeilen Regex-Code kann Ihnen eine Menge Programmierung ersparen.

Search ist nur eine Python-Methode von vielen zum Finden von Treffern in Strings mittels eines regulären Ausdrucks. Python besitzt mit dem `re`-Modul außerdem einen hoch entwickelten Regex-Compiler, der sich für intensive Mustererkennungen sehr gut eignet.

Um reguläre Ausdrücke zu verstehen und richtig anzuwenden, müssen Sie lernen, Muster zu lesen und selbst zu erstellen. Dafür ist es sinnvoll, reguläre Ausdrücke im Allgemeinen und Pythons Regex-Syntax im Speziellen zu studieren.

#4 Andere Datentypen: Tupel

Zu Pythons Listen gibt es einen Schwesterdatentyp, von dem wir Ihnen noch nicht erzählt haben: Tupel. Syntaktisch gibt es kaum einen Unterschied. Sehen Sie mal hier:

```
my_list = ['Back to the Future', 'TRON', 'Buckaroo Bonzai']
```

Eine Python-Liste mit Filmen, also eigentlich Strings.

```
my_tuple = ('Back to the Future', 'TRON', 'Buckaroo Bonzai')
```

Ein Python-Tupel mit Strings.

Und wo ist der Unterschied? Syntaktisch gesehen, benutzen Listen eckige Klammern, während Tupel runde Klammern verwenden.

Sie wissen bereits, wie sie verwendet werden, zum Beispiel in einer Iteration:

```
for movie in my_list:
    print(movie)
for movie in my_tuple:
    print(movie)
```

Die gleichen Ausgaben!

```
Python 3.6.4 Shell
Back to the Future
TRON
Buckaroo Bonzai
Back to the Future
TRON
Buckaroo Bonzai
```

Und natürlich können Sie auf die Elemente eines Tupels ebenfalls über ihren Index zugreifen, z. B. als `my_tuple[2]`, was `Buckaroo Bonzai` ergibt. Tupel unterstützen außerdem die meisten Methoden, die auch für Listen benutzt werden können. Worin besteht also der Unterschied? *Tupel sind immutabel*, das heißt, sie können nicht wie Listen verändert werden. Wenn Sie ein Tupel erstellt haben, war's das. Sie können auf die Elemente zugreifen, sie aber nicht mehr verändern.

Warum sollte man Tupel dann überhaupt verwenden? Welchen Nutzen haben sie? Das hat mit Dingen wie *Raum* und *Zeit* zu tun. Tupel brauchen weniger Arbeitsspeicher und lassen sich schneller verarbeiten als Listen. Wenn Sie sehr große Datensammlungen haben, an denen möglicherweise viele Berechnungen vorgenommen werden müssen, sollten Sie die Verwendung von Tupeln erwägen. Sie können den Speicherverbrauch und die Ausführungszeit deutlich verringern.

Rechnerisch kann es sicherer sein, mit Datenstrukturen zu arbeiten, die sich nicht ändern können.

Außerdem gibt es ein paar Dinge, die syntaktisch mit Tupeln möglich sind, nicht aber mit Listen:

```
x, y, z = (1, 2, 3)
```

Das nennt man Entpacken: Python weist jedes Element des Tupels der passenden Variablen zu.

```
apples = 'mac', 'red', 'green'
```

Auch ohne runde Klammern werden durch Kommata getrennte Elemente zu einem Tupel.

```
single = (3.14159265,)
```

Zusätzliches Komma!

Durch das Auspacken gibt es eine Sache zu beachten: Wenn Sie ein Tupel mit nur einem Element einer Variablen zuweisen, müssen Sie am Ende ein zusätzliches Komma einfügen!

#5 Andere Datentypen: Sets

Einen weiteren Datentyp haben wir ebenfalls noch nicht besprochen: Sets (Mengen). Erinnern Sie sich noch an die Mengenlehre aus der Schule? Jedes Element muss einmalig sein, und es gibt keine feste Reihenfolge. Übliche Operationen sind z. B. die Ermittlung von Schnittmengen, Teilmengen oder Vereinigungsmengen. Python kann auch damit umgehen. Hier ein paar Beispiele:

Sets werden mit geschweiften Klammern umgeben. Die Elemente werden durch Kommata getrennt.

```
set = {1, 3.14159264, False, 77}
```

Bei Dictionaries gibt es Schlüssel/Wert-Paare in geschweiften Klammern, während Sets nur Werte haben.

Sets können beliebige Python-Datentypen enthalten. Allerdings müssen die Werte einmalig sein.

Im Gegensatz zu Tupeln sind Sets wie Listen mutabel. Werte können beispielsweise hinzugefügt …

```
set.add(99)
```

… oder entfernt werden:

```
set.remove(1)
```

Und natürlich gibt es noch weitere interessante Methoden:

```
even = {2, 4, 6, 8, 10}
odd = {1, 3, 5, 7, 9}
prime = {1, 3, 5, 7}

even_and_prime = even.intersection(prime)
print(even_and_prime)

odd_and_prime = odd.intersection(prime)
print(odd_and_prime)

even_or_prime = even.union(prime)
print(even_or_prime)
```

Ein leeres Set (ohne Elemente) wird in Python als set() dargestellt.

```
Python 3.6.4 Shell

set()
{1, 3, 5, 7}
{1, 2, 3, 4, 5, 6, 7, 8, 10}
>>>
```

Mit der bekannten Schreibweise `if x in set` können Sie testen, ob sich ein Wert in einem Set befindet. Weitere interessante Methoden finden Sie in der Python-Dokumentation zu Sets, wie beispielsweise Funktionen zur Mengenlehre.

#6 Serverseitige Programmierung

Clientseitiger Code wird auf dem Client, d. h. Ihrem Computer (meist im Browser), ausgeführt.

Viele Programme laufen als Webdienste, wie beispielsweise die Google-Suche, soziale Netzwerke und E-Commerce-Anwendungen. Diese Applikationen können in vielen verschiedenen Sprachen programmiert sein, darunter auch in Python.

Um die serverseitige Programmierung zu lernen, sollten Sie sich mit Technologien wie dem HyperText Transfer Protocol (HTTP), HTML (zur Strukturierung von Webseiten) und JSON (für den Datenaustausch) auskennen, um nur ein paar zu nennen. Je nach Sprache wollen Sie möglicherweise ein Web-Framework oder -Paket benutzen. Diese Pakete stellen Funktionalität bereit, die sich um die Details »unter der Haube« kümmert, z. B. das Ausliefern von Webseiten und Daten.

Zwei sehr beliebte Python-Frameworks sind Flask und Django.

```
@app.route("/")
def hello():
  return "Hello, Web!"
```

Hier ein kleines Beispiel für Flask. Mit Flask können Sie Web-Traffic von der »Wurzel« (root, z. B. der Homepage) einer Website auf die Funktion hello abbilden. Sie gibt einen einfachen String aus.

Typischerweise würden Sie hier HTML oder JSON ausgeben.

Flask ist ein kleines, minimalistisches Framework für kleinere Projekte, die Sie schnell zum Laufen bringen wollen. Django ist deutlich schwergewichtiger und zielt eher auf große Projekte ab. Es dauert länger, Django zu lernen. Dafür kann es aber auch mit Seitenschablonen, Formularen und Authentifizierung umgehen und Datenbanken administrieren. Da Sie vermutlich erst mit der Webentwicklung anfangen, empfehlen wir Ihnen hier Flask. Mit etwas mehr Erfahrung können Sie dann immer noch auf Django umsteigen.

Bei der Erstellung von Webseiten kommt man um HTML und CSS nicht herum. Nachdem Sie dieses Buch bewältigt haben, sind Sie mehr als qualifiziert, das dazu passende »Von Kopf bis Fuß«-Buch durchzuarbeiten. Vielleicht sogar parallel zum entsprechenden Buch über JavaScript, die De-facto-Programmiersprache im Browser.

#7 Lazy Evaluation

Angenommen, Sie wollten Code schreiben wie diesen hier:

```
def nth_prime(n):
    count = 0
    for prime in list_of_primes():
        count = count + 1
        if count == n:
            return prime

def list_of_primes():
    primes = []
    next = 1
    while True:
        next_prime = get_prime(next)
        next = next + 1
        primes.append(next_prime)
    return primes
```

Dieser Code gibt die n-te Primzahl zurück …

… aus einer Liste mit Primzahlen.

Wir könnten auch eine Obergrenze angeben, z.B. 1.000. Das wäre allerdings sehr ineffizient.

Das geht natürlich nicht, denn die Erstellung einer unendlichen Liste mit Primzahlen würde ebenfalls unendlich lange dauern.

Wir überlassen Ihnen diese Funktion als Hausaufgabe (oder für eine kurze Google-Suche).

Wir können das Problem lösen, indem wir eine Technik namens *Lazy Evaluation* (»faule« Auswertung) oder *Calculation on Demand* (Berechnung nach Bedarf) verwenden. In Python benutzt man dafür einen sogenannten Generator. Um diesen Generator einzusetzen, passen wir den Code wie folgt:

```
def list_of_primes():
    next = 1
    while True:
        next_prime = get_prime(next)
        next = next + 1
        yield next_prime
```

Unsere Liste mit Primzahlen wird nicht mehr gebraucht. Also haben wir sie entfernt.

Jedes Mal wenn eine neue Primzahl berechnet werden soll, verwenden wir die yield-Anweisung.

Und was macht `yield`? Ein wenig Zauberei. Stellen Sie sich das so vor: Mit der `nth_prime`-Funktion iterieren wir über alle Primzahlen. Wird `list_of_primes` in der `for`-Anweisung aufgerufen und dabei `yield` benutzt, wird ein sogenannter Generator (oder Iterator) erzeugt. Der Generator ist ein Objekt, das eine Methode namens `next` besitzt. Diese kann aufgerufen werden, um das folgende Element zu erhalten (bei der `for`-Anweisung passiert das im Hintergrund). Bei jedem Aufruf von `next` macht `list_of_primes` wie von Zauberhand dort weiter, wo es zuletzt aufgehört hat (und berechnet die nächste Primzahl). Sobald die `yield`-Anweisung aufgerufen wird, wird ein neuer Wert zurückgegeben. Das wird so oft wiederholt, wie Werte erzeugt werden.

Lazy Evaluation ist eine faszinierende und mächtige Form der Berechnung. Ein tieferer Blick lohnt sich allemal.

#8 Dekoratoren

Dekoratoren stammen aus einer objektorientierten Entwicklungspraxis namens Entwurfsmuster (Design Patterns). In Python gibt es eine lose Implementierung des Dekorator-Musters, da Sie Funktionen mit anderen Funktionen »dekorieren« können. Angenommen, Sie hätten eine Funktion, die einfach etwas Text zurückgibt. Dann könnten Sie eine Reihe von Dekoratoren definieren, die diesem Text bestimmte Dinge hinzufügen, z. B. HTML-Formatierung. Wollen Sie das Textstück beispielsweise mit HTML-<p>-Tags umgeben, setzen Sie dafür Dekoratoren ein, wie hier geschehen:

In HTML wird ein Absatz mit <p> eingeleitet und mit </p> beendet.

```
def paragraph(func):
    def add_markup():
        return '<p>' + func() + '</p>'
    return add_markup
```

Hierfür müssen wir wissen, wie Funktionen arbeiten. Zuerst wird eine Funktion, func, übergeben. Dann erstellen wir eine weitere Funktion und geben diese zurück. In unserem Beispiel umgibt sie den Rückgabewert von func mit den gewünschten <p>- und </p>-Tags.

```
@paragraph
def get_text():
    return 'hello head first reader'
```

Dann benutzen wir die @-Syntax, um eine andere Funktion, z. B. get_text, damit zu dekorieren.

```
print(get_text())
```

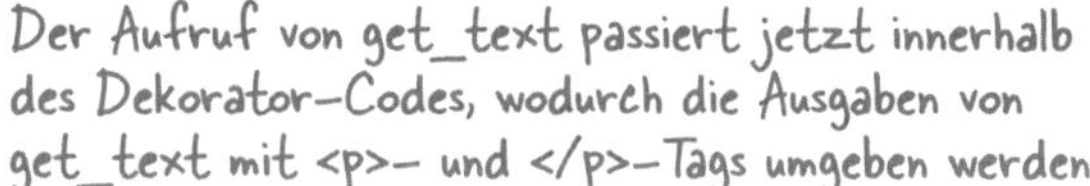

Das kann einem schon ein bisschen das Hirn verdrehen und zeigt Ihnen wahrscheinlich, dass es sich lohnt, »Higher-Order«-Funktionen eingehender zu studieren.

Dekoratoren sind sehr leistungsstark und können für deutlich mehr Dinge benutzt werden als das Ausschmücken von Text. Tatsächlich können Sie jede Art von Funktion mit Dekoratoren ausstatten, um sie mit zusätzlichen Fähigkeiten zu versehen, ohne die ursprüngliche Funktion hierfür verändern zu müssen.

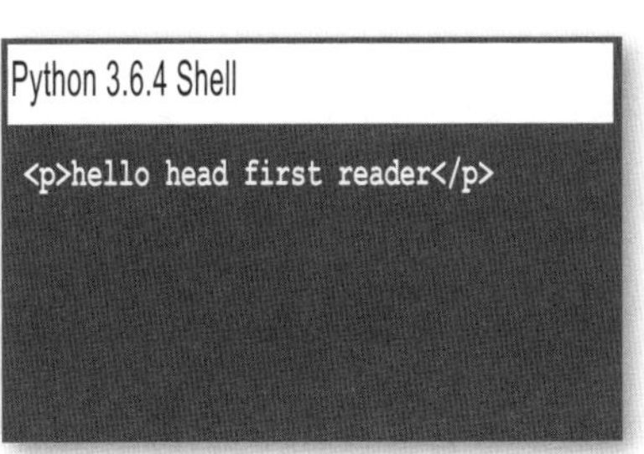

#9 Higher-Order- und First-Class-Funktionen

Um Funktionen zu verstehen, haben Sie einen weiten Weg zurückgelegt. Wir haben Funktionen als eine Möglichkeit vorgestellt, Code zu abstrahieren. Damit sind die Möglichkeiten aber noch lange nicht ausgeschöpft. Tatsächlich können Sie mit Funktionen alles anstellen, was auch mit anderen Datentypen möglich ist: Sie können eine Funktion einer Variablen zuweisen, einer anderen Funktion übergeben und sogar aus einer anderen Funktion zurückgeben. Wenn wir eine Funktion wie ein beliebiges Objekt oder beliebige Daten behandeln, sprechen wir von einer *First-Class*-Funktion. Und immer wenn wir einer Funktion eine andere Funktion übergeben oder eine Funktion aus einer anderen zurückgeben, sagen wir, es handele sich um *Higher-Order-Funktionen* (Funktionen höherer Ordnung). Aber was heißt das? Und wie funktioniert es?

Es lohnt sich auf jeden Fall, sich eingehend mit Higher-Order-Funktionen zu beschäftigen. Wir wollen Ihren Appetit mit etwas Code anregen, der zeigt, wie Higher-Order-Funktionen benutzt werden können:

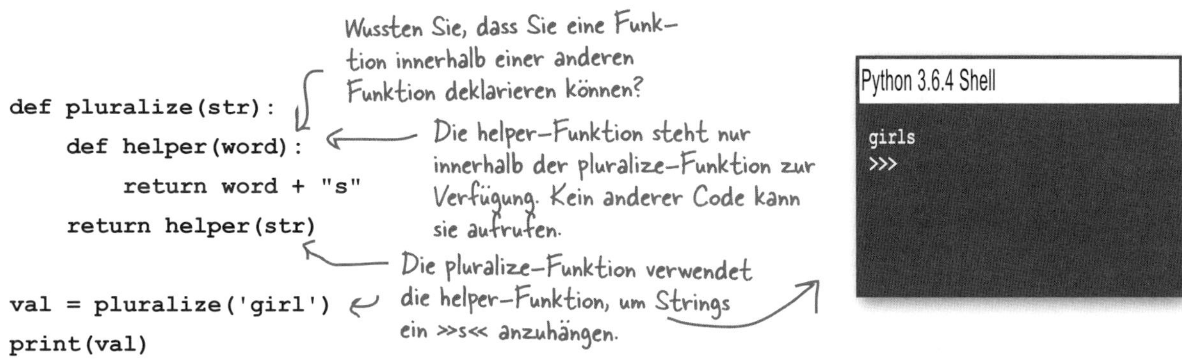

Okay, das ist neu, aber jetzt wollen wir eine wahrhaft *höhere Ordnung* einführen. Achtung, festhalten:

```
def addition_maker(n):
    def maker(x):
        return n + x
    return maker

add_two = addition_maker(2)

val = add_two(1)
print(val)
```

Die Funktion addition_maker übernimmt eine Zahl n …

… und definiert eine Funktion, die eine weitere Zahl x übernimmt und mit n addiert.

Und dann gibt sie diese Funktion als Ergebnis des Aufrufs von addition_maker zurück.

Übergeben wir addition_maker die Zahl 2, gibt sie eine Funktion zurück, die wir hier der Variablen add_two zuweisen …

… die, wenn sie aufgerufen wird, 2 zum übergebenen Wert addiert. Hier ist es die Zahl 1.

```
Python 3.6.4 Shell
3
>>>
```

Wenn Sie das nicht gleich verstehen, sind Sie damit nicht allein. Wie bei der Rekursion werden auch Higher-Order-Funktionen Ihnen aber mit etwas Übung schnell in Fleisch und Blut übergehen.

#10 Eine Menge Bibliotheken

Wir haben in diesem Buch eine ganze Reihe von Python-Bibliotheken kennengelernt. Es gibt aber noch viel mehr »eingebaute« (zur Python-Standarddistribution gehörige) und von Drittherstellern bereitgestellte Python-Packages, die nur auf Sie warten. Hier sind ein paar, die Sie sich auf jeden Fall ansehen sollten:

requests

Es lohnt sich, dieses Drittherstellerpaket noch einmal zu erwähnen. Wenn Ihr Programm HTTP-Requests durchführen soll, ist es die richtige Wahl.

Flask, Django

Im Vorübergehen haben Sie diese Frameworks bereits gesehen. Wenn Sie serverseitigen Python-Code schreiben müssen, sollten Sie sich beide Frameworks genauer anschauen. Flask eignet sich eher für kleine Projekte, während Django mehr für große Applikationen benutzt wird. Beide sollten Ihnen gute Dienste leisten.

sched

Muss Ihr Code zu einer bestimmten Zeit oder nach einem Zeitplan wiederholt ausgeführt werden? Das `sched`-Modul ist ein Standard-Python-Modul, mit dem Sie Zeitpläne definieren können, nach denen Code ausgeführt werden kann.

logging

Als Upgrade zu einfachen `print`-Anweisungen in Ihrem Code gehört das `logging`-Modul standardmäßig zu Python und gibt Ihnen die Möglichkeit, informative Warn- und Fehlermeldungen auszugeben. Ein besonderer Vorteil besteht darin, die Meldungen vom Typ der Ausführung (z. B. in einer Test- oder Produktionsumgebung) abhängig machen zu können.

Pygame

Pygame ist eine Bibliothek zum Programmieren von Videospielen. Pygame enthält Module für die Arbeit mit Spielegrafiken und Ton. Wenn Sie gerade anfangen, das Programmieren von Spielen zu lernen, ist sie ein guter Startpunkt.

Beautiful Soup

Webdaten stehen nicht immer im JSON-Format zur Verfügung. Oftmals müssen Sie den HTML-Code einer Website nach den gewünschten Informationen durchsuchen und diese ausfiltern. Leider enthalten viele Webseiten schlecht geschriebenen HTML-Code. Die Beautiful Soup-Bibliothek versucht, Ihnen das Leben zu erleichtern, indem sie eine hübsche, nein, schöne Schnittstelle zu Webseiten in Python bereitstellt.

Pillow

Pillow ist eine Bildbibliothek. Sie enthält alles, was Sie zum Lesen, Schreiben und Verarbeiten vieler häufig vorkommender Bilddateiformate benötigen. Pillow unterstützt die Darstellung von Bilddateien und deren Konvertierung.

Vieles mehr finden Sie unter ***https://wiki.python.org/moin/UsefulModules***

Keine Sorge. Dies ist kein Abschied.

Und auch nicht das Ende. Nachdem Sie sich ein erstaunlich gutes Fundament gebaut haben, um das Programmieren wirklich zu lernen, ist es Zeit, wahre Meisterschaft zu erlangen. Auf ***http://wickedlysmart.com*** können Sie sehen, wie es weitergeht!

Und was kommt jetzt? So viel mehr!

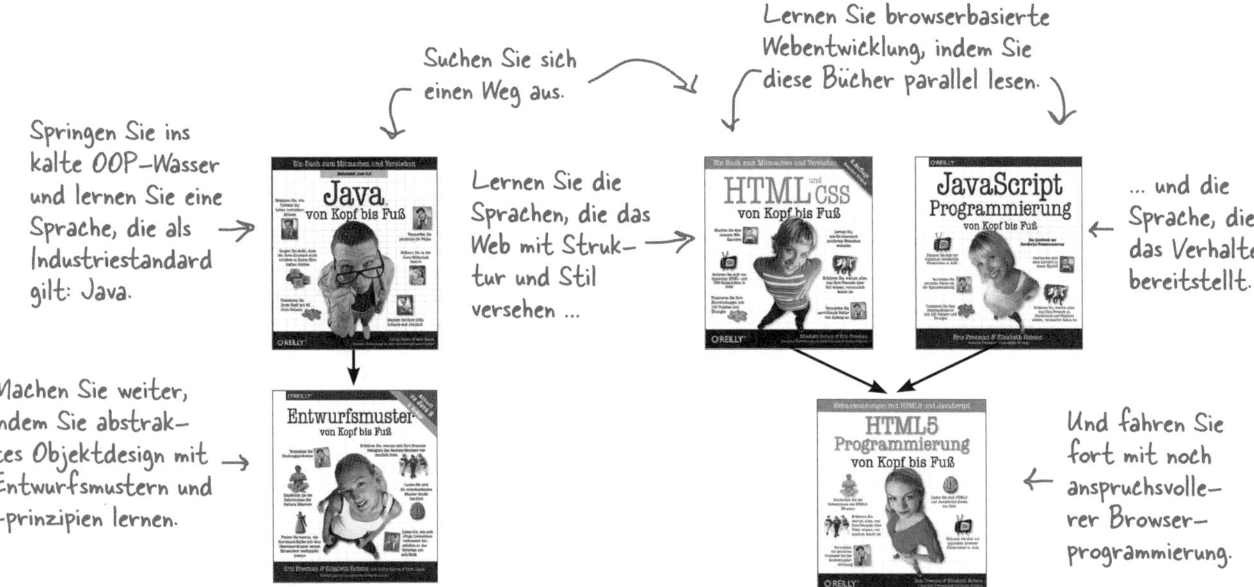

Index

Symbole

A

B

C

D

E

F

G

H

K

L

M

N

O

P

Q

R

S

T

U

V

Besuchen Sie wickedlysmart.com … und bringen Sie Ihr Hirn mit.